Séances animées

Histoire CM

Jérémie Pointu
Professeur d'Histoire-Géographie
au collège Marie Curie, Troyes
et formateur en master MEEF à l'INSPE de Troyes

Myriam Notteau
Professeure des écoles

Suzanne Pointu
Professeure des écoles

Didier Wojszvzyk
Professeur d'Histoire-Géographie
au collège Marie Curie, Troyes

Nathan

AVANT-PROPOS

- Au cycle 2, les élèves ont questionné le monde. Ils ont construit les premiers repères temporels et spatiaux, comparé des modes de vie et exploré les organisations du monde.
- **Au cycle 3, les élèves découvrent l'Histoire et la Géographie.** Ces deux disciplines occupent une place inédite dans la scolarité des élèves français si on la compare avec les autres pays. L'Histoire est ainsi étudiée de manière continue du CM1 à la classe de Terminale quand, dans de nombreux pays, cette discipline est optionnelle. C'est que l'enseignement de l'Histoire est indissociable de la mise en place de la République en France.

> *« Le projet de formation du cycle 3 ne vise pas une connaissance linéaire et exhaustive de l'Histoire. Les moments historiques retenus ont pour objectif de mettre en place des repères historiques communs, qui permettent de comprendre que le monde d'aujourd'hui et la société contemporaine sont les héritiers de longs processus, de ruptures, de choix effectués par les femmes et les hommes du passé. »*
>
> Conseil supérieur des programmes,
> « Projet de programmes pour les cycles, 2, 3 et 4 »,
> septembre 2015, page 166.

- Le programme du cycle 3 ne cherche donc pas à couvrir l'histoire de la France de manière exhaustive, mais **à donner des repères et des clés de compréhension de notre monde**. Faire de l'histoire avec des élèves, c'est découvrir la méthode critique de l'analyse des documents. **Questionner le document, l'interroger, le comprendre voire le critiquer : autant de d'attitudes et de capacités essentielles dans le monde actuel. Il s'agit de former des citoyens éclairés, capable de comprendre les enjeux et le monde dans lequel ils vivent.**

- C'est pourquoi notre guide des séances animées suit parfaitement l'esprit des programmes (voir p. 12). Notre objectif, en tant qu'auteurs, est de vous proposer un dispositif nouveau, inédit, permettant **d'éveiller la curiosité des élèves**. Les séances proposées sont riches de documents récents, valides sur le plan scientifique, et adaptés au niveau des élèves.
  Elles permettent non seulement de construire des repères fondamentaux de notre histoire, mais également de travailler la méthode critique en Histoire. S'interroger sur les sources et leur fiabilité, c'est aussi **susciter l'esprit critique de nos élèves** vis-à-vis des réseaux sociaux et lutter contre les théories du complot. La dimension citoyenne de l'Histoire est et demeure fondamentale.

Les auteurs

ISBN : 978-2-09-124279-8

UN OUVRAGE BI-MÉDIA

L'ouvrage *Histoire CM* est un **ouvrage bi-média** : en plus du guide pour l'enseignant que vous tenez dans les mains, vous avez accès à 56 diaporamas à vidéoprojeter et à des outils variés pour travailler avec vos élèves.

Comment utiliser cet ouvrage et ses compléments numériques ?

1 Téléchargez vos ressources numériques (voir page 11)

- 56 diaporamas à vidéoprojeter + un accès à des outils pour l'élève (traces écrites, évaluations)

2 Préparer vos séances avec le guide de l'enseignant

- Le guide de l'enseignant détaille toutes les étapes de la séance animée en lien avec les écrans projetés en classe. Il explicite les traces écrites à conserver dans le cahier de l'élève (cahier du jour ou cahier dédié à l'histoire) et renvoie aux outils pour l'élève disponibles pour chaque séance.

3 Vidéoprojetez les séances animées

- Animez votre classe en affichant les écrans du diaporama au rythme de vos élèves.
- Chaque séance se déroule en trois étapes :
  1. Mise en situation
  2. Étude de divers documents
  3. Synthèse et trace écrite

4 Imprimez ou vidéoprojetez les outils élèves

- Des activités à réaliser en autonomie et à coller dans le cahier
- Les traces écrites (au choix : texte à trous, carte mentale ou texte complet)
- Des fiches de révision pour les élèves + des quiz
- Les évaluations avec corrigés

FORMAT MODIFIABLE !

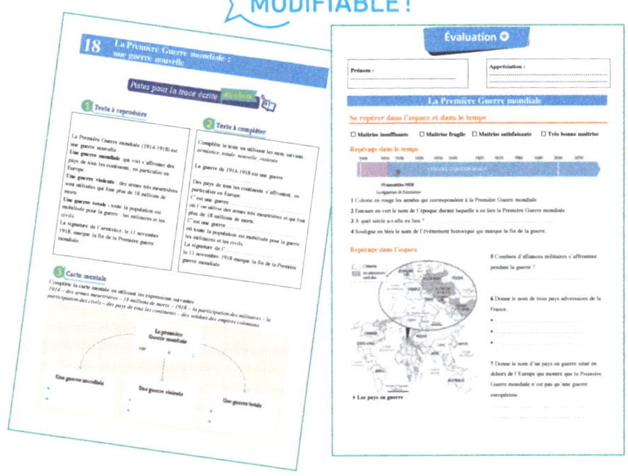

SOMMAIRE

- Nos partis-pris pédagogiques ... 6
- Découvrir et utiliser *Histoire CM* ... 8
- Accéder à vos séances animées ... 11
- Le programme d'Histoire ... 12

CM1

THÈME 1 Et avant la France ?

1. Comment fait-on de l'Histoire ? ... 17
2. Les traces des débuts de l'humanité • TRACES ... 21
3. Du Paléolithique au Néolithique ... 25
4. Les premiers habitants de la Gaule ... 31
5. La conquête de la Gaule par Jules César ... 37
6. La vie des Gallo-Romains • TRACES ... 41
7. Les grandes migrations de population aux IVe et Ve siècles ... 47
8. Clovis et les Mérovingiens ... 51
9. Charlemagne et l'Empire carolingien ... 55
10. L'école sous Charlemagne • AVOIR 10 ANS sous... ... 59

THÈME 2 Le temps des rois

11. Le royaume de France après Charlemagne : les Capétiens ... 67
12. Les cathédrales romanes et gothiques • HISTOIRE des ARTS ... 71
13. La société médiévale ... 75
14. Les villes et les châteaux au Moyen Âge • TRACES ... 81
15. Louis IX et les croisades ... 85
16. La vie des enfants au Moyen Âge • AVOIR 10 ANS sous... ... 89
17. François Ier, Marguerite de Navarre et la Renaissance • HISTOIRE des ARTS ... 93
18. Henri IV et les guerres de religion ... 97
19. Grandir au XVIIe siècle • AVOIR 10 ANS sous... ... 101
20. Louis XIV, le Roi-Soleil ... 105
21. Le premier empire colonial français ... 109

THÈME 3 Le temps de la Révolution et de l'Empire

22. 1789 : la Révolution française ... 115
23. Les idées nouvelles sous la Révolution française ... 119
24. La déclaration des droits de l'homme et du citoyen • EMC ... 123
25. De la monarchie à la République ... 129
26. Napoléon et l'Empire ... 137
27. Le sacre de Napoléon Ier • HISTOIRE des ARTS ... 133
28. Les héritages de la Révolution française et du Premier Empire • HÉRITAGES ... 141

CM2

THÈME 4 Le temps de la République

1. La République s'installe 149
2. L'école primaire, gratuite, laïque et obligatoire 153
3. L'école à la fin du XIXe siècle • AVOIR 10 ANS sous... 157
4. Les symboles de la République française • EMC 163
5. La colonisation sous la IIIe République 167
6. La séparation des Églises et de l'État 171
7. La République : de nouvelles libertés et de nouveaux droits 175
8. Vers le suffrage universel • HÉRITAGES 179

THÈME 5 L'âge industriel en France

9. Les grandes inventions du XIXe siècle 185
10. La révolution des transports 191
11. La naissance des grands magasins 195
12. Les transformations des campagnes au XIXe siècle 199
13. La tour Eiffel • HISTOIRE des ARTS 205
14. Avoir 10 ans au XIXe siècle en France • AVOIR 10 ANS sous... 209
15. Les transformations des villes au XIXe siècle 215
16. La ville industrielle dans les arts • HISTOIRE des ARTS 219

THÈME 6 La France, des guerres mondiales à l'Union européenne

17. Les traces de la Première Guerre mondiale en France • TRACES 225
18. La Première Guerre mondiale (1914-1918) 231
19. La guerre des tranchées : la bataille de Verdun 237
20. Le bilan de la Première Guerre mondiale 243
21. La bataille de la Somme • HISTOIRE des ARTS 247
22. Les traces de la Seconde Guerre mondiale en France • TRACES 251
23. La Seconde Guerre mondiale (1939-1945) 255
24. La Seconde Guerre mondiale en France 261
25. Le génocide des Juifs et des Tsiganes • AVOIR 10 ANS sous... 267
26. La Résistance • EMC 271
27. Bâtir la paix : la construction européenne 275
28. L'Union européenne aujourd'hui • EMC 281

NOS PARTIS-PRIS PÉDAGOGIQUES

L'Histoire s'intéresse à la vie des femmes, des hommes et des enfants. Tous les documents proposés cherchent à questionner ces vies du passé pour mieux comprendre le monde dans lequel on vit. Les études de documents cherchent à susciter l'intérêt des élèves en éveillant leur curiosité, voire en les surprenant.

Les séances d'Histoire qui figurent dans ce guide se prêtent essentiellement à un travail collectif. Elles permettent une transmission des connaissances et une meilleure compréhension des évènements passés. **Ce travail collectif s'accompagne d'un travail individuel que les élèves peuvent conserver dans leur cahier :** travail sur des frises chronologiques à compléter, des documents à légender, des questionnaires à remplir, des traces écrites à rédiger ou à compléter.

Cette diversité de situations d'apprentissage proposées vise à aider le plus possible les enseignants dans leur pratique de classe en leur proposant **un outil clé en main.**

Ce guide propose quatre axes principaux.

L'étude de documents variés

- **L'histoire se fait à partir de traces.** Il s'agit en particulier de distinguer la fiction et l'Histoire. **Tous les documents proposés ont été soigneusement choisis pour qu'ils soient évidemment valides sur le plan scientifique, mais surtout compréhensibles et adaptés au niveau des élèves.** De nombreux documents sont proposés, mais deux ou trois documents importants sont exploités dans chaque séance dans le cahier du jour afin que les élèves en gardent une trace.
- Chaque séance commence par un document d'accroche pour permettre aux élèves d'entrer dans le thème ou un repérage dans le temps. Il s'agit ici de permettre la **contextualisation** du thème étudié avec les leçons précédentes. Une **problématique** est systématiquement proposée : elle est simple et adaptée aux élèves. Cela montre qu'en Histoire, on se questionne, on cherche, on enquête avec des documents de nature variée.

  La vidéo est très largement utilisée pour capter l'attention et permettre de **développer des images mentales dans l'esprit des élèves.** Plus qu'une date, l'objectif est que les élèves associent des images mentales à une période historique. Le Moyen Âge ? C'est évidemment la période de 476 à 1492, mais c'est surtout celle des châteaux forts, des seigneurs et des cathédrales.

Susciter l'intérêt des élèves

- Pour susciter l'intérêt des élèves, maintenir leur attention et les aider à réussir, l'ouvrage propose de nombreux outils. **Des vidéos** ouvrent souvent la séance et permettre de lancer la problématique. **Des animations et des exercices interactifs** permettent de dynamiser la séance. **Des situations de recherche** sont régulièrement proposées afin que les élèves soient actifs, se questionnent et réfléchissent ensemble. Le guide propose une **démarche explicite avec des questions à poser aux élèves indiquées en bleu et les réponses attendues des élèves qui figurent en rouge.** Des compléments sont parfois proposés aux enseignants afin de les aider à exploiter et à contextualiser certains documents.
- Les auteurs ont privilégié des **documents simples**, **à hauteur d'enfants** pour amener les élèves à saisir les enjeux du programme. Par exemple, pour étudier que la Première guerre est totale, on montre que même les animaux ont participé à la guerre comme le chien américain le plus célèbre de la Première guerre mondiale, Stubby, promu au grade de sergent.

Une histoire incarnée

- **Les auteurs ont donc privilégié une histoire incarnée.** Le programme propose l'étude de concepts comme le pouvoir royal, la monarchie, la République, l'âge industriel. Mais **l'Histoire est avant tout faite par des femmes et des hommes.** Les personnages occupent donc une place centrale : des puissants comme Clovis, Charlemagne, Louis IX, mais aussi des anonymes devenus des témoins de l'Histoire comme Francine Christophe ou Ceija Stojka, victimes de la déportation nazie.
- **Certaines séances, estampillées** AVOIR 10 ANS sous... **permettent d'étudier la vie des enfants à différentes époques.** Ce choix, assumé par les auteurs, a un double objectif :
  - mettre les enfants (souvent sous-représentés dans les manuels) comme champ d'étude historique, car ils vivent et font partie de l'Histoire ;
  - permettre aux élèves de s'identifier, de comparer et de questionner le mode de vie des enfants à différentes époques.
- Enfin, **le rôle des femmes** dans l'histoire est souligné avec l'étude de figures historiques comme Marguerite de Navarre ou Olympe de Gouge.

Cette histoire incarnée et les séances centrées sur la vie des enfants dans les différentes périodes historiques permettent aux élèves de développer des images mentales et de mieux comprendre le passé.

Des séances clés en main

- Ce guide offre enfin des **séances clé en main avec un point sur les connaissances essentielles** avec des renvois vers des ressources soigneusement choisies (émissions de France Culture, France Inter, reportages vidéo, courts articles...) qui permettent aux enseignants de faire rapidement le tour d'une question.

Le déroulement pas à pas des séances permet une **découverte progressive du thème étudié**. Des exercices sont proposés. **Un bilan de séance permet de répondre à la problématique du départ.** Ce temps collectif permet de faire le point sur ce qu'on a découvert et appris. Il institutionnalise le savoir avec les traces écrites.

- **Des traces écrites différenciées** pour fixer les apprentissages sont proposées : sous forme de texte à reproduire, texte, carte mentale ou frise chronologique à compléter, au choix de l'enseignant.

Après plusieurs séances, des évaluations modifiables facilitent le travail des enseignants pour faire le point sur l'ensemble des acquis et situer l'élève dans la progression.

- **Des prolongements** sont systématiquement proposés : ils permettent aux enseignants d'élaborer des projets plus personnels, de travailler un point plus précis du programme ou de proposer des pistes d'activités supplémentaires pour certains élèves.

DANS LA MÊME COLLECTION

***Mon cahier d'Histoire CM1* et *Mon cahier d'Histoire CM2*, deux cahiers utilisables seuls ou en complément de ce guide bi-média !**

Si vous utilisez les cahiers en complément du guide, ils remplacent le cahier du jour de l'élève : c'est en effet dans les cahiers *Mon cahier d'Histoire CM1* et *Mon cahier d'Histoire CM2* que toutes les traces des séances sont retranscrites et conservées.

2 Les séances animées Biblio MANUELS

L'écran montre toutes les étapes du diaporama.

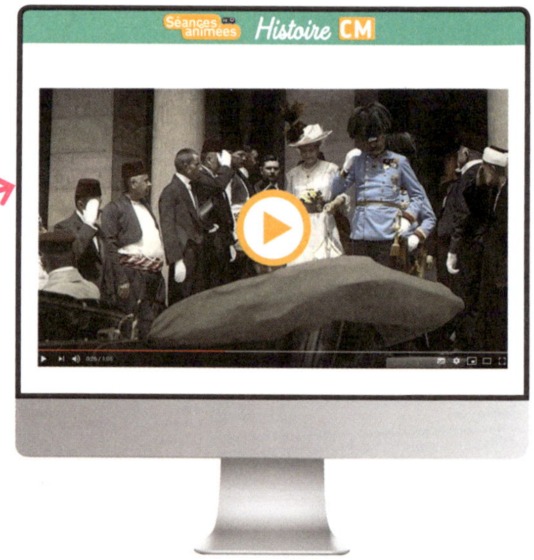

Un clic sur chaque étape donne accès au média (vidéo, carte animée, etc).

Ces boutons donnent accès aux outils de la séance : évaluations, traces écrites, lexique...

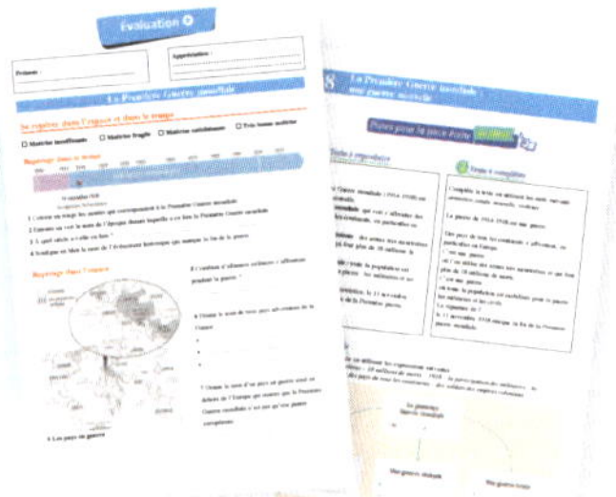

... et des « Reviz'quiz » : des exercices interactifs pour réviser avant les évaluations.

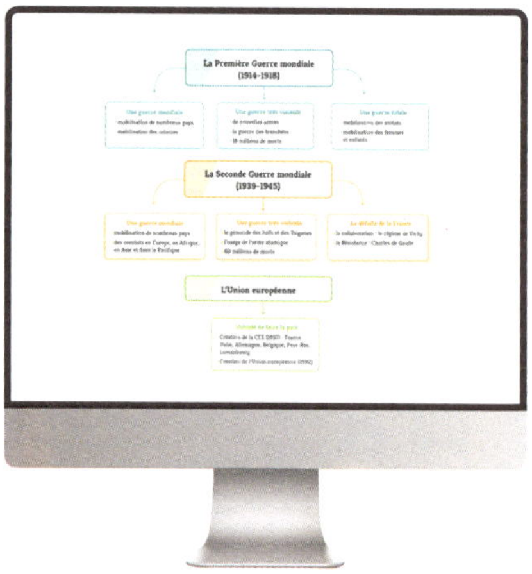

La dernière séance de chaque thème donne accès à un bilan sous forme de carte mentale.

ACCÉDER À VOS SÉANCES ANIMÉES !

① Rendez-vous sur : https://activation.nathan.fr/seances-animees-histoire-cm

② Répondez aux questions posées en utilisant votre guide, puis connectez-vous à votre compte Nathan (ou créez-le).

Vous recevrez quelques minutes plus tard un **mail de confirmation** avec vos identifiants de connexion, et les instructions d'accès à la Bibliothèque numérique Biblio MANUELS.

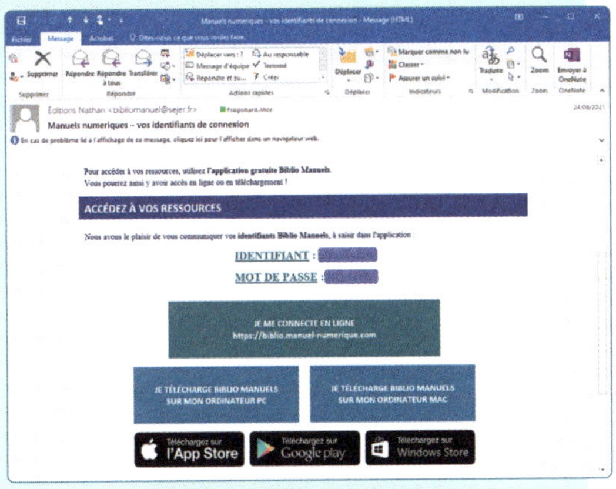

Pour consulter et utiliser en ligne

③ Depuis l'email reçu, cliquez sur « Je me connecte en ligne » pour aller dans la Bibliothèque numérique Biblio MANUELS.

Connectez-vous grâce au **login et mot de passe que vous avez reçus par email**.

④ Votre ouvrage apparait dans votre bibliothèque. Cliquez sur le visuel pour ouvrir votre ressource.

Vous avez désormais accès à vos séances animées en ligne.

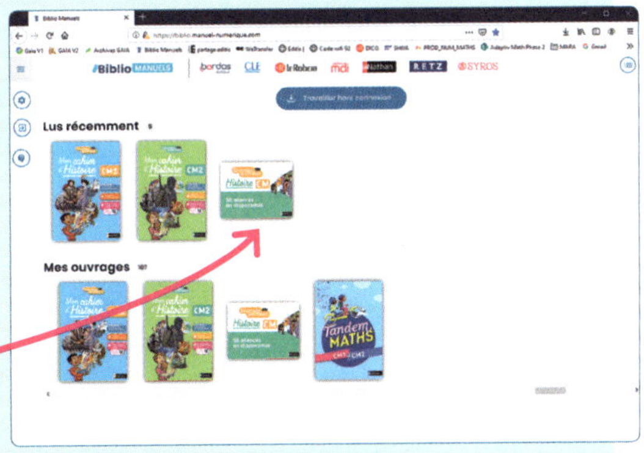

Pour consulter et utiliser hors ligne (sans connexion Internet)

③ Depuis l'email reçu, cliquez sur « Je télécharge Bibliomanuels » pour installer gratuitement l'application Biblio MANUELS sur votre ordinateur.

Connectez-vous grâce aux **login et mot de passe que vous avez reçus par email**.

④ Votre ouvrage apparait dans la bibliothèque. Cliquez sur « Télécharger » sous le visuel, puis sur « Ouvrir ».
Vous avez désormais accès à vos séances animées, même hors connexion !

Attention cependant, toutes les ressources indiquées par le picto www (liens Internet) nécessitent de les consulter en ligne.

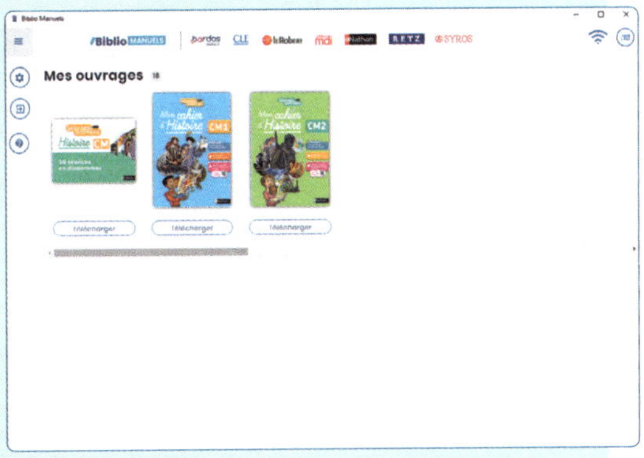

⑤ Pour télécharger les séances sur une clé USB personnelle, rendez-vous dans le menu ≡ et sélectionnez « Copier sur une clé personnelle ».

LE PROGRAMME D'HISTOIRE

- En travaillant sur des faits historiques, les élèves apprennent d'abord **à distinguer l'Histoire de la fiction** et commencent à comprendre que le passé est source d'interrogations.
Le projet de formation du cycle 3 ne vise pas une connaissance linéaire et exhaustive de l'Histoire. Les moments historiques retenus ont pour objectif de mettre en place des repères historiques communs, élaborés progressivement et enrichis tout au long des cycles 3 et 4, qui permettent de **comprendre que le monde d'aujourd'hui et la société contemporaine sont les héritiers de longs processus, de ruptures, de choix effectués par les femmes et les hommes du passé**.

- Si les élèves sont dans un premier temps confrontés **aux traces concrètes de l'Histoire** et à leur sens, en lien avec leur environnement, ils sont peu à peu initiés à d'autres types de sources et à d'autres vestiges, qui parlent de mondes plus lointains dans le temps et l'espace. Ils comprennent que **les récits de l'Histoire sont constamment nourris et modifiés par de nouvelles découvertes archéologiques et scientifiques et des lectures renouvelées du passé**.
Les démarches initiées dès le CM1 sont réinvesties et enrichies : à partir de quelles sources se construit un récit de l'histoire des temps anciens ? Comment confronter traces archéologiques et sources écrites ?

- Toujours dans le souci de distinguer Histoire et fiction - objectif qui peut être abordé en lien avec le programme de français - et particulièrement en classe de sixième en raison de l'importance qui y est accordée à l'histoire des faits religieux, **les élèves ont l'occasion de confronter, à plusieurs reprises, faits historiques et croyances**.
L'étude des faits religieux ancre systématiquement ces faits dans leur contexte culturel et géopolitique.

- Si le programme offre parfois des sujets d'étude précis, les professeurs veillent à permettre aux élèves d'élaborer des représentations globales des mondes explorés. L'étude de cartes historiques dans chaque séquence est un moyen de contextualiser les sujets d'étude. **Tous les espaces parcourus doivent être situés dans le contexte du monde habité dans la période étudiée.** Les professeurs s'attachent à montrer les dimensions synchronique ou diachronique des faits étudiés. Les élèves poursuivent ainsi la construction de leur perception de la longue durée.

Repères annuels de programmation	Démarches et contenus d'enseignement
THÈME 1 Et avant la France	
- Quelles traces d'une occupation ancienne du territoire français ? - Celtes, Gaulois, Grecs et Romains : quels héritages des mondes anciens ? - Les grands mouvements et déplacements de populations (IVe-Xe siècles). - Clovis et Charlemagne, Mérovingiens et Carolingiens dans la continuité de l'empire romain.	À partir de l'exploration des espaces familiers des élèves déjà réalisée au cycle 2, on identifie des traces spécifiques de la préhistoire et de l'histoire dans leur environnement proche, pour situer ces traces dans le temps et construire des repères historiques qui leur sont liés. On confronte rapidement ces traces proches à des traces préhistoriques et historiques différentes relevées dans un autre lieu en France, pour montrer l'ancienneté du peuplement et la pluralité des héritages. On se centrera ensuite sur les Gaules, caractérisées par le brassage de leurs populations et les contacts entre Celtes, Gaulois et civilisations méditerranéennes. L'histoire de la colonisation romaine des Gaules ne doit pas faire oublier que la civilisation gauloise, dont on garde des traces matérielles, ne connaît pas de rupture brusque. Les apports de la romanité sont néanmoins nombreux : villes, routes, religion chrétienne (mais aussi judaïsme) en sont des exemples. On n'oublie pas d'expliquer aux élèves qu'à partir du IVe siècle, des peuples venus de l'Est, notamment les Francs et les Wisigoths, s'installent sur plusieurs siècles dans l'empire romain d'Occident, qui s'effondre définitivement vers la fin du Ve siècle. Clovis, roi des Francs, est l'occasion de revisiter les relations entre les peuples dits barbares et l'Empire romain, de montrer la continuité entre mondes romain et mérovingien, dont atteste le geste politique de son baptême. Charlemagne, couronné empereur en 800, roi des Francs et des Lombards, reconstitue un empire romain et chrétien.
THÈME 2 Le temps des rois	
- Louis IX, le « roi chrétien » au XIIIe siècle. - François Ier, un protecteur des Arts et des Lettres à la Renaissance. - Henri IV et l'édit de Nantes. - Louis XIV, le Roi-Soleil à Versailles.	Comme l'objectif du cycle 3 est de construire quelques premiers grands repères de l'histoire de France, l'étude de la monarchie capétienne se centre sur le pouvoir royal, ses permanences et sur la construction territoriale du royaume de France, y compris via des jeux d'alliance, dont la mention permet de présenter aux élèves quelques figures féminines importantes : Aliénor d'Aquitaine, Anne de Bretagne, Catherine de Médicis. Les élèves découvrent ainsi des éléments essentiels de la société féodale et du patrimoine français et sont amenés à s'interroger sur les liens du Royaume de France avec d'autres acteurs et d'autres espaces. On inscrit dans le déroulé de ce thème une présentation de la formation du premier empire colonial français, porté par le pouvoir royal, et dont le peuplement repose notamment sur le déplacement d'Africains réduits en esclavage. Les figures royales étudiées permettent de présenter aux élèves quelques traits majeurs de l'histoire politique, mais aussi des questions économiques et sociales et celles liées aux violences telles que les croisades, les guerres de religion et le régicide.
THÈME 3 Le temps de la Révolution et de l'Empire	
- De l'année 1789 à l'exécution du roi : Louis XVI, la Révolution, la Nation. - Napoléon Bonaparte, du général à l'empereur, de la Révolution à l'Empire.	La Révolution française marque une rupture fondamentale dans l'ordre monarchique établi et on présente bien Louis XVI comme le dernier roi de l'Ancien Régime. On apportera aux élèves quelques grandes explications des origines économiques, sociales, intellectuelles et politiques de la Révolution. Cette première approche de la période révolutionnaire doit permettre aux élèves de comprendre quelques éléments essentiels du changement et d'en repérer quelques étapes clés (année 1789, abolition de la royauté, proclamation de la première République et exécution du roi). Napoléon Bonaparte, général dans les armées républicaines, prend le pouvoir par la force et est proclamé empereur des Français en 1804, mais il conserve certains des acquis révolutionnaires.

Repères annuels de programmation	Démarches et contenus d'enseignement
THÈME 4 Le temps de la république	
- 1892 : la République fête ses cent ans. - L'école primaire au temps de Jules Ferry. - Des républiques, une démocratie : des libertés, des droits et des devoirs.	L'étude du centenaire de la République célébré en 1892 est mise en perspective pour montrer que les Français ont vécu différentes expériences politiques depuis la Révolution y compris celles ayant suscité conflits et violences (1830, 1848, 1870). Les cérémonies mettent en scène les symboles républicains. On montre aux élèves que, pendant cette période, s'enclenche également un nouveau processus de colonisation. À partir des années 1880, l'adhésion à la République se construit en partie par l'école gratuite, laïque et obligatoire. Les bâtiments et les programmes de l'école de la République facilitent l'entrée concrète dans le sujet d'étude. À partir de quelques exemples accessibles, on montre que les libertés (liberté d'expression, liberté de culte…) et les droits (droit de vote, droits des femmes…) en vigueur aujourd'hui, sous la Ve République, sont le fruit d'une conquête et d'une évolution de la démocratie et de la société et qu'ils sont toujours questionnés. On découvre des devoirs des citoyens.
THÈME 5 L'âge industriel en France	
- Les énergies majeures de l'âge industriel (charbon puis pétrole) et les machines. - Le travail à la mine, à l'usine, à l'atelier, au grand magasin. - La ville industrielle. - Le monde rural.	Parmi les sujets d'étude proposés, le professeur en choisit deux. Les entrées concrètes doivent être privilégiées pour saisir les nouveaux modes et lieux de production. On montre que l'industrialisation est un processus qui s'inscrit dans la durée, qui touche tous les secteurs de la production et qui entraîne des évolutions des mondes urbain et rural et de profonds changements sociaux et environnementaux.
THÈME 6 La France, des guerres mondiales à l'Union européenne	
- Deux guerres mondiales au vingtième siècle. - La construction européenne.	À partir des traces de la Grande Guerre et de la Seconde Guerre mondiale dans l'environnement des élèves (lieux de mémoire et du souvenir, paysages montrant les reconstructions, dates de commémoration), on présente l'ampleur des deux conflits en les situant dans leurs contextes européen et mondial. On évoque la Résistance, la France combattante et la collaboration. On aborde le génocide des Juifs ainsi que les persécutions à l'encontre d'autres populations. L'élève découvre que des pays européens, autrefois en guerre les uns contre les autres, sont aujourd'hui rassemblés au sein de l'Union européenne.

THÈME 1

Et avant la France ?

« Ce que l'élève va apprendre

Situer sur une frise chronologique

- la fin de la Préhistoire
- la conquête de la Gaule par Jules César
- le baptême de Clovis
- le sacre de Charlemagne

Situer sur une carte

- la Gaule
- Rome et l'Empire romain
- l'Empire de Charlemagne

Raconter

- qui sont les premiers habitants pendant la Préhistoire
- qui sont les premiers habitants de la Gaule
- qui sont Vercingétorix et Jules César
- la vie des Gallo-Romains
- qui sont Clovis et Charlemagne

Expliquer

- ce qu'est l'Histoire et comment on connait le passé
- la différence entre le Paléolithique et le Néolithique
- les grandes migrations de population aux IVe et Ve siècles
- comment Charlemagne dirige son empire

Sommaire

Séance 1 Comment fait-on de l'Histoire ? 17
Séance 2 Les traces des débuts de l'humanité • TRACES 21
Séance 3 Du Paléolithique au Néolithique 25
Séance 4 Les premiers habitants de la Gaule 31
Séance 5 La conquête de la Gaule par Jules César 37
Séance 6 La vie des Gallo-Romains • TRACES 41
Séance 7 Les grandes migrations de population aux IVe et Ve siècles 47
Séance 8 Clovis et les Mérovingiens 51
Séance 9 Charlemagne et l'Empire carolingien 55
Séance 10 L'école sous Charlemagne • AVOIR 10 ANS sous... 59

1 Comment fait-on de l'Histoire ?

POINTS DE REPÈRE

Qu'est-ce que l'Histoire ?

- L'Histoire est la science qui étudie la vie des femmes et des hommes du passé. Comme l'écrit Marc Bloch, « le bon historien ressemble à l'ogre de la légende. Là où il flaire la chair humaine, il sait que là est son gibier ». Tous les domaines peuvent donc être l'objet d'une étude historique : la vie quotidienne, les modes de vie, les grands événements, les régimes politiques, les métiers et les outils, l'art... à condition qu'ils concernent la vie des femmes et des hommes du passé.
- L'Histoire est une science qui décrit des faits, des évènements, qui en recherche les causes et les conséquences. Elle repère des périodes, établit des chronologies, observe des ruptures, des continuités, des durées et des concomitances.
- L'Histoire est une science en renouvellement constant. La découverte de nouvelles sources et l'évolution des questionnements font évoluer les résultats de la recherche historique. L'interprétation d'un fait historique n'est donc pas définitive et peut varier d'un historien à un autre, d'une époque à une autre.

La méthode historique

- Les historiens utilisent une méthode scientifique rigoureuse qui passe par plusieurs étapes.

1. La recherche des sources : tableaux, monuments, films, objets du quotidien, etc. Ces sources sont d'une grande diversité et ne se réduisent pas aux textes écrits : « tout est source » à condition que ces sources soient soumises à la critique.
2. La critique des sources : l'historien doit critiquer ses sources car, contrairement à ce que pourrait laisser penser le mot, les sources ne sont ni pures, ni limpides. Elles doivent être soumises à une critique externe (nature, date, auteur, commanditaire, contexte de production du document, destinataire) et à une critique interne (le contenu du document : son sujet, ses enjeux, les problématiques soulevées).
3. Le recoupement des sources.
4. La mise en en récit.

Pour en savoir plus

- Benoît Falaize, *Enseigner l'histoire à l'école : donner goût et interroger le passé pour faire sens aujourd'hui*, Retz, 2015.
- « Les débuts de l'aviation : la traversée de la Manche » sur le site de *L'Histoire par l'image* : ecole.nathan.fr/f01-aviation

DÉROULÉ DE LA SÉANCE

Mise en situation

Document d'accroche

- **Projeter les deux photographies et présenter les personnes en train de travailler :**
  - un historien dans une bibliothèque lisant des documents ;
  - une archéologue fouillant le sol à la recherche de vestiges du passé.
  - *En quoi consiste leur travail ?*

Expliquer aux élèves que cet historien et cet archéologue essaient de reconstituer la vie des femmes, des enfants et des hommes du passé en utilisant des documents anciens ou des vestiges archéologiques.
Ces deux personnes font de l'Histoire. L'Histoire est la science qui étudie la vie des femmes et des hommes du passé.

1 Le travail de l'historienne et de l'historien

Expliquer que les historiens s'intéressent à tout ce qui concerne les êtres humains : l'habillement, l'alimentation, la religion, l'art, les guerres etc.

- **Projeter la frise chronologique avec des grandes périodes historiques.**
  – Quelles sont les quatre grandes périodes de l'humanité étudiée par les historiens ? Les historiens étudient : l'Antiquité, le Moyen Âge, la période moderne, ou temps modernes, et la période contemporaine.
  – Quand commence la période étudiée par les historiens et quand se termine-t-elle ? Elle commence par la naissance de l'écriture, il y a plus de 5 000 ans et s'étend jusqu'à aujourd'hui.
  Préciser aux élèves que les historiennes et les historiens n'étudient pas la Préhistoire, qui se situe avant l'Histoire.
  Pour expliquer le comptage du temps par rapport à la naissance de Jésus, les définitions de *siècle* et de *millénaire*, on pourra utiliser la fiche d'activité proposée dans les prolongements p. 20.

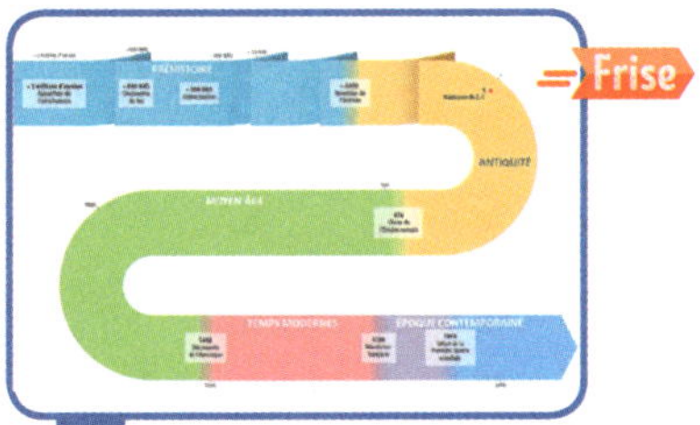

2 Frise chronologique

Problématiques

- Comment les historiennes et les historiens font-ils pour connaitre le passé ? Quels documents utilisent-ils ? Comment ?

A La recherche des sources

Travail sur le cahier

Étude de documents

- Projeter et distribuer les photos des sources utilisées par les historiennes et les historiens.
- Coller puis réaliser l'exercice sur les types de sources historiques.
  De gauche à droite : source orale, source archéologique, source iconographique, source écrite.
  – Connaissez-vous d'autres exemples de sources utilisées par les historiens et les historiennes ? Les œuvres d'art, les enregistrements audio, les archives filmées, les journaux intimes…

3 Les sources

- **Décrire chaque source historique.**
  – **Doc 1 :** un témoignage de Paul Chytelman devant des collégiens en 2016. Cet ancien résistant français a participé à la Seconde Guerre mondiale comme agent de liaison dans un groupe de résistants en Lozère.
  Il a été déporté en tant que Juif à Drancy puis à Auschwitz en 1944 et enfin à Nordhausen-Dora. Il est délivré en avril 1945. Il raconte son histoire personnelle en tant que témoin de la Shoah et conférencier dans la France entière, auprès de jeunes élèves et d'adultes.
  Expliquer aux élèves que Paul Chytelman réalise un témoignage oral devant une classe. Les témoignages sont une source orale très importante pour les historiens. Les sources orales peuvent être également des enregistrements radiophoniques, des chansons…
  – **Doc 2 :** des vestiges retrouvés dans le sol par des archéologues en 2007. Les vestiges archéologiques sont les traces laissées par les peuples qui nous ont précédés : des restes d'objets (poteries), humains (ossements), de bâtiments (pierres)… Certains vestiges ont été conservés (monuments), d'autres retrouvés par hasard (grotte de Lascaux) ou à l'issue de fouilles méthodiques.
  – **Doc 3 :** le célèbre tableau du peintre Hyacinthe Rigaud de 1701. Cette œuvre d'art représente le portrait du roi Louis XIV en costume de sacre.

Les sources iconographiques comprennent les œuvres d'art, les photographies, les caricatures ou les bandes dessinées. Par élargissement, on compte les sources audiovisuelles, comme les reportages télévisés.

- **Doc 4 :** l'édit de Nantes, promulgué par le roi Henri IV en 1598 pour mettre fin aux guerres de religion qui ravagent alors la France. Il accorde des droits civils, politiques et religieux aux protestants. Cette source écrite est un texte administratif. Les sources écrites sont l'ensemble des textes officiels (lois, traités...), des articles de journaux ou tout renseignement direct ou indirect sur le passé (mémoires, lettres, romans d'époque...).

- **Définir le mot *source* :** les sources sont des traces du passé qui permettent aux historiennes et aux historiens d'étudier l'Histoire.

B La critique des documents

1 LA TRAVERSÉE DE LA MANCHE

- **Projeter deux documents :** une carte postale avec la photographie de la traversée de la Manche par Blériot en 1909 et un article de presse relatant l'évènement avec le témoignage de Blériot
Expliquer que les historiens critiquent toujours leurs sources avant d'écrire des articles d'Histoire. Ils doivent s'interroger pour savoir si le document n'est pas un faux, s'il n'y a pas d'oublis, d'exagérations, de mensonges, etc.

78 Les Pionniers de l'air – L'aviateur François BLÉRIOT,

« Tout est prêt. Fidèle au règlement, fait attendu le lever du soleil. Leblanc m'indique que le disque est apparent au moyen d'un fanion qu'il agite sur la dune. C'est le signal. Une petite émotion s'empare de moi au moment où je prends place dans l'appareil. Que va-t-il arriver ? Irai-je jusqu'à Douvres ?

Réflexions rapides qui ne durent pas. Je ne pense plus qu'à mon appareil, au moteur ; à l'hélice. Tout est en mouvement, tout vibre. Au signal, les ouvriers lâchent l'appareil. Me voilà soulevé. Je pique droit devant moi, m'élève progressivement de mètre en mètre je franchis la dune d'où Leblanc m'envoie ses souhaits. Je suis à présent au-dessus de la mer, laissant à ma droite le contre-torpilleur dont la fumée opaque obscurcit le soleil. Dieu si tout à coup on allait m'objecter que Phébus n'est pas au premier tiers de sa course. »

Louis Blériot, *Le Matin*, 26 juillet 1909.

4 La critique des documents

Travail sur le cahier

Étude de documents

- Distribuer la carte postale de la traversée de la Manche par Louis Blériot et demander aux élèves :
  - *en quel document peux-tu avoir le plus confiance ?*
  - *explique ta réponse.*

  On peut utiliser ces deux documents, mais il faut prendre des précautions. La carte postale est un photomontage car il n'y avait pas de photographe le jour où Blériot a traversé la Manche.

- **Expliquer que les historiens, après avoir trouvé et critiqué leurs sources, vont mettre en récit leurs découvertes et leur vision de l'Histoire.** Ils ne se contentent pas d'ouvrir un manuel d'Histoire, comme peuvent parfois le penser les élèves, ils doivent produire un travail de recherche.

- **Préciser qu'il ne faut pas confondre les histoires que l'on raconte et l'Histoire qui est une science.**

- **Expliquer qu'un professeur des écoles qui raconte l'Histoire n'exerce pas le métier d'historien**, mais utilise et transmet aux élèves des connaissances qui sont le fruit du travail de recherche des historiens.

Bilan de la séance

- **Rappeler la problématique posée en introduction.**
Pour connaitre le passé des femmes et des hommes, les historiennes et les historiens n'utilisent pas de machines à remonter le temps, mais des sources d'une grande diversité qu'ils soumettent à la critique et à partir desquelles ils reconstruisent l'Histoire.

Pistes pour la trace écrite *au choix*

1 Texte à reproduire

Pour faire de l'Histoire et connaitre le passé des femmes et des hommes, les historiennes et les historiens utilisent différentes sources : des sources orales (des témoignages), des sources archéologiques (des vestiges archéologiques), des sources écrites (des journaux, des lettres) et des sources iconographiques (des images).
Ces sources doivent toujours être critiquées avant d'être utilisées pour expliquer l'Histoire.

2 Texte à compléter

▶ **Complète le texte avec les mots suivants :**
sources orales - sources iconographiques - sources écrites - sources archéologiques - l'histoire - critiquées.

Pour faire de .... et connaitre le passé des femmes et des hommes, les historiennes et les historiens utilisent différentes sources :
des .... (des témoignages),
des .... (des vestiges archéologiques),
des .... (des journaux, des lettres) et
des .... (des images).
Ces sources doivent toujours être ....
avant d'être utilisées pour expliquer l'Histoire.

3 Carte mentale

▶ **Complète la carte mentale avec les mots suivants.**
orales - sources - archéologiques - iconographiques (des images) - écrites.

Comment fait-on de l'histoire ? → **En utilisant des** ....
→ .... Ex : un témoignage
→ .... Ex : une lettre
→ .... Ex : une amphore
→ .... Ex : un tableau

PROLONGEMENTS

▶ **Mesurer le temps et se repérer sur une frise :** réaliser la fiche d'activité à télécharger pour apprendre le comptage du temps.

▶ **Visite :** visiter les archives départementales où les élèves peuvent lire et manipuler des sources en prenant contact auprès des services éducatifs des archives.

▶ **Questionner deux autres sources :**
- présenter l'œuvre d'art de l'artiste contemporain Joan Fontcuberta, l'hydropithèque ou « la sirène du lac d'Annecy », comme des ossements datant d'il y a 18 millions d'années, aujourd'hui exposés au musée-château d'Annecy. Ajouter une notice inspirée de cette présentation : ecole.nathan.fr/f01-hydropitheque. Décrire la photographie, lire la notice et demander aux élèves s'ils peuvent avoir confiance dans cette source. Joan Fontcuberta souhaite questionner le vrai du faux et sensibiliser au danger des images et à leur possible falsification.
- présenter cet article du *Petit Journal*, sur le naufrage du *Titanic*, paru le mardi 16 avril 1912 : ecole.nathan.fr/f01-titanic. Demander aux élèves si l'on peut avoir confiance dans cet article de journal. Le journaliste donne des détails précis, mais annonce que « les 2 700 personnes qui étaient à bord ont été sauvées », ce qui n'est pas exact. Il manquait encore d'informations lors de la rédaction de son article.

2 Les traces des débuts de l'humanité

TRACES

POINTS DE REPÈRE

Les traces du passé

- Les traces du passé nous donnent des indices sur la vie d'avant ; elles permettent d'incarner l'Histoire.
- Le travail des archéologues est de rechercher et d'étudier ces traces afin de comprendre les civilisations anciennes et disparues.
- Les traces que nous avons de la Préhistoire peuvent être des vestiges d'objets anciens, des ossements. Ce sont aussi des traces laissées dans le sol qui correspondent à des emplacements habités (campements, maisons, foyers…) ou des traces retrouvées sur les parois de grottes, des peintures pariétales, comme dans la grotte de Lascaux.

La grotte de Lascaux

- Les premières peintures pariétales de l'*Homo sapiens* datent de 40 000 ans. Celles de la grotte de Lascaux sont estimées à 19 000 ans, au Magdalénien.
- Ces peintures, qui représentent essentiellement des animaux, nous disent peu de choses de la vie quotidienne et leur signification est mystérieuse. Elles montrent surtout qu'elles ont été exécutées par des artistes qui ont eu l'intention de laisser une trace. On trouve aussi dans la grotte des restes de repas, de foyers, d'éclairage qui montrent que des personnes y ont passé du temps.
- Depuis 1963, en raison de son succès, son accès au public est interdit. La grotte de Lascaux a aussi été interdite aux spécialistes afin de la préserver. Depuis, plusieurs répliques en ont été réalisées. Lascaux IV reproduit ainsi fidèlement la grotte originale.

Pour en savoir plus

- Un reportage de France Culture sur la découverte de la grotte de Lascaux : ecole.nathan.fr/f02-lascaux
- Un article du site *Hominidés* sur « Comment dater un fossile, un objet ? » : ecole.nathan.fr/f02-fossile
- Le site de la grotte Chauvet : ecole.nathan.fr/f02-chauvet

DÉROULÉ DE LA SÉANCE

Mise en situation

Se repérer dans le temps

- **Projeter et distribuer la frise chronologique**. Placer la Préhistoire. Rappeler que c'est une très longue période qui précède l'Histoire. Elle commence par l'apparition des premiers êtres humains, il y a 3 millions d'années et se termine avec l'invention de l'écriture, en 3 500 av. J.C. L'invention de l'écriture marque le début de l'Histoire.

  On pourra également montrer la vidéo Canopé sur l'explication du mot « Préhistoire ».

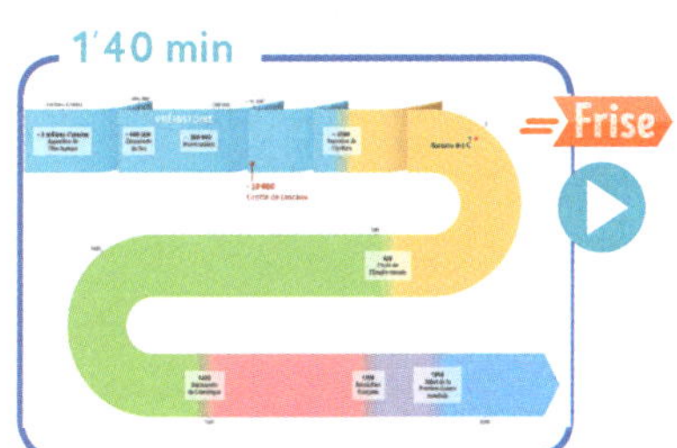

1 Frise chronologique

Document d'accroche

- **Projeter la photographie de la grotte de Lascaux avec des visiteurs.**
  - *Connaissez-vous la grotte de Lascaux ?*
  - *Pourquoi est-elle célèbre selon vous ?*
  - *À quelle époque ont été réalisées les peintures de la grotte de Lascaux ? Durant la Préhistoire.*
  - *Il y a combien de temps ? Il y a 19 000 ans.*
  - *Qu'est-ce que l'art « pariétal » ? L'art effectué sur les parois d'une grotte.*

2 Les peintures pariétales

La grotte de Lascaux est célèbre dans le monde entier, par la richesse de ses peintures pariétales.

Problématiques

- Pourquoi la grotte de Lascaux est-elle une trace du début de l'humanité ? Que nous apprennent ces traces ?

A La grotte de Lascaux, un trésor

- **Écouter le podcast et demander collectivement aux élèves :**

– Quand et comment la grotte de Lascaux a-t-elle été découverte ?
Elle a été découverte le 12 septembre 1940, par des enfants, grâce au chien de l'un d'eux qui a trouvé une ouverture.

– Pourquoi cette grotte est-elle si célèbre ? Très colorée, elle est aussi impressionnante par le nombre de ses peintures préhistoriques.

– Peut-on encore visiter la grotte originale ? Non, elle a été reproduite pour la protéger, car elle s'abimait beaucoup. Même les scientifiques ne peuvent plus y entrer. On peut aujourd'hui visiter Lascaux IV, une réplique très fidèle.

– Quels étaient les outils et techniques pour réaliser ces peintures ?
Ils utilisaient des minéraux pour peindre, des argiles de différentes couleurs (ocre), du manganèse (noir). Ils prenaient la peinture dans la bouche pour la cracher sur des pochoirs. Ils avaient aussi des pinceaux pour dessiner des contours précis et ils se servaient de leurs mains.

3 min (visite)
et 5'30 min (podcast)

3 La grotte de Lascaux

Travail sur le cahier

Étude de document

- Projeter la visite virtuelle de la grotte de Lascaux. Remarquer les nombreux détails des dessins, l'utilisation des cavités et du relief des parois, témoignant du grand talent des artistes.
- Demander aux élèves de répondre aux questions suivantes sur leur cahier.

– Dans quelle région est située cette grotte ?
En Nouvelle-Aquitaine.
– Quelles sont les animaux représentés dans la grotte ?
On y voit beaucoup d'animaux : des chevaux, des taureaux, des cerfs, un oiseau et un personnage.
– Qui a peint ces animaux ? Des femmes et des hommes préhistoriques.

B Le travail des archéologues

- **Projeter les photographies des archéologues au travail** et demander aux élèves :

– Quel métier exercent ces personnes ? Décrivez les photographies, les façons de travailler, les outils.
Ces archéologues fouillent le sol à la recherche de traces du passé. Ils utilisent des outils pour gratter le sol, ils enlèvent les couches de terre, petit à petit, pour descendre de plus en plus profondément dans le sous-sol.
– Que peuvent-ils trouver ?
Des objets ou fragments d'objets, des os, des marques et creux dans le sol, des endroits où la terre n'a pas le même aspect, des pierres noircies qui ont servi à délimiter un foyer ou à chauffer de l'eau.

4 Le travail des archéologues

- **Préciser que tous les objets trouvés sont ensuite analysés :** ils sont datés, triés, numérotés et photographiés. Enfin, ils peuvent être analysés au microscope ou avec des produits.

On peut savoir la période à laquelle les objets retrouvés appartiennent à l'aide de différentes méthodes.

- Profondeur de fouilles et rapprochement de typologie et de biologie des objets : la profondeur à laquelle a été trouvé un objet est un indicateur de sa datation. On peut ainsi le rapprocher des autres objets trouvés à proximité, et y associer nos connaissances sur ces autres objets. Bien que cette technique ne soit pas la plus précise, ces rapprochements peuvent donner une datation approximative.

- Carbone 14 : cette méthode permet d'analyser les restes de carbone dans un organisme. Tous les organismes détiennent du carbone. Une fois morts, ils perdent progressivement le carbone qu'ils contiennent. En analysant ce qui reste de carbone, on peut calculer l'âge de l'objet retrouvé. Avec les avancées de la technologie, cette technique devient de plus en plus précise et permet aujourd'hui de dater des objets datant de 50 000 ans. Grâce à elle, on a pu dater les morceaux de charbon de bois retrouvés sur le sol de la grotte de Lascaux ou des peintures préhistoriques.

Travail sur le cahier

Étude de document

- Projeter et distribuer le document montrant le processus d'enfouissement des objets dans le sol.
- Décrire chaque image en situant l'époque sur la frise.
- Distribuer la fiche d'activités à faire coller dans le cahier.

- Que doivent faire les archéologues pour retrouver les traces du passé ? Ils doivent fouiller le sol à la recherche de vestiges archéologiques. Ensuite, ils analysent, datent et trient ces vestiges.

- Selon toi, quelle sorte d'objets du passé peut-on trouver sur un chantier archéologique ? On trouve des ossements, des restes d'objets, comme des poteries, ou des pierres utilisées dans des foyers.

5 Le processus d'enfouissement des objets

Bilan de la séance

- **Rappeler la problématique posée en introduction.**

La grotte de Lascaux est ornée de peintures préhistoriques qui datent de 19 000 ans. Ces traces du passé laissées à Lascaux nous montrent que des femmes et des hommes sont venus, il y a très longtemps, peindre des animaux qui vivaient avec eux à cette époque. Elles nous apprennent aussi qu'ils y ont fait du feu et cuisiné des repas.

Pistes pour la trace écrite au choix

1 Texte à reproduire

La grotte de Lascaux est l'un des plus beaux exemples au monde de l'art pariétal, l'art de peindre sur les parois d'une grotte. On y voit des animaux, comme des chevaux, des taureaux, des cerfs qui ont été peints il y a 19 000 ans, par des femmes et des hommes de l'époque préhistorique.

Le travail des archéologues est de chercher des traces du passé dans le sol, puis de les trier et de les dater. Ces traces peuvent être des ossements, des morceaux d'objets, des empreintes, des pierres.

2 Texte à compléter

▶ **Complète le texte avec les mots suivants :**
grotte - archéologues - animaux - préhistorique - art pariétal - traces du passé.

La grotte de Lascaux est l'un des plus beaux exemples au monde de l'.................................., l'art de peindre sur les parois d'une ....
On y voit des ...., comme des chevaux, des taureaux, des cerfs qui ont été peints il y a 19 000 ans, par des femmes et des hommes de l'époque ....

Le travail des ...., est de chercher des .... dans le sol, puis de les trier et de les dater. Ces traces peuvent être des ossements, des morceaux d'objets, des empreintes, des pierres.

PROLONGEMENTS

▶ **Découvrir un site ou un musée archéologique de la région.**

▶ **Projet d'arts plastiques : peindre comme à Lascaux.**
- Récupérer des pigments naturels : charbon de bois, argile (orange, marron, jaune) ou autre terre.
Tout ce qui est coloré dans la nature peut être utilisé (fruits, feuilles, fleurs, branches...).
L'objectif est d'explorer les éléments naturels et les couleurs qui peuvent être obtenues.
- Les mélanger avec de l'eau. Durant la Préhistoire, on pouvait aussi les mélanger avec du sang ou de l'urine !
- Peindre sur le support avec ses doigts, des bâtons, des branches, des mousses. On peut aussi utiliser des pinceaux.

3 Du Paléolithique au Néolithique

POINTS DE REPÈRE

La Préhistoire

- La Préhistoire représente la plus longue période (environ 99 %) de l'histoire de l'humanité. Nous descendons de plusieurs espèces du genre *Homo*, dont Néandertal qui s'est éteint il y a 32 000 ans, supplanté par *Homo sapiens* dont provient la plus grande partie de notre génome (entre 96 et 98 %).

Le Paléolithique

- Les premiers êtres humains se nourrissent grâce à la chasse, la cueillette et la pêche. Cette dépendance aux troupeaux et à la nourriture disponible dans la nature engendre un mode de vie nomade. Au Paléolithique inférieur, on a retrouvé des vestiges de campements où les groupes semblent rester peu de temps. Au Paléolithique moyen, l'habitat s'organise parfois en espaces : ceux dédiés à la chasse et ceux réservés aux activités domestiques. Des vestiges montrant de plus longues occupations ont également été trouvés dans des abris sous roche. Au Paléolithique supérieur, les groupes humains sont de plus en plus attachés à leur territoire.
- Durant le Paléolithique supérieur, l'*Homo sapiens* innove. Les outils sont de plus en plus précis. Il les taille pour les faire tenir sur des supports (sagaies, harpons, couteaux) afin d'en améliorer la puissance et l'efficacité. Il invente la couture, améliorant les vêtements. Le propulseur donne de la puissance au lancé de sagaie, la lampe à graisse permet de conserver le feu, les matières animales (os, ivoire) sont de plus en plus utilisées pour les bijoux et les outils. L'art se développe aussi (gravure, sculpture, perçage, polissage, rainurage).

Le Néolithique

- On parle de « révolution néolithique » car les modes de vie changent de façon majeure, sur une période qui s'étale tout de même sur plusieurs milliers d'années. Au Proche-Orient, le mode de vie nomade est abandonné il y a plus de 11 000 ans pour pouvoir cultiver des céréales et élever des animaux. Ces changements sont aussi observés dans d'autres régions, et un nouveau mode de vie se propage avec les déplacements des populations, car *Homo sapiens* est curieux et voyage. C'est au Néolithique que l'agriculture est inventée.
- Les premières maisons sont petites et rondes et servent à abriter la nourriture. Vers -5500, les maisons des premiers colons autour du Danube sont longues (45 mètres), rectangulaires, et possèdent une charpente et des murs en torchis. Elles abritent probablement plusieurs familles. Vers -5000, dans le nord de la France, les maisons ressemblent aux maisons danubiennes. Vers -4000, des villages se développent à l'est de la France et en Suisse.
- Avec la sédentarisation, la population s'accroit et la société s'organise. Les villages se fortifient et d'autres aménagements sont créés (nécropoles, enceintes, fossés...).

Fin de la Préhistoire

- La naissance de l'écriture marque la fin de la Préhistoire et le début de l'Antiquité. La sédentarisation accroit les besoins d'échanges entre les peuples, qui inventent un système pour garder une trace de leurs transactions. Vers -3000, les *calculi* sont un premier système pour compter. Ils laissent placent à une écriture pictographique, puis à l'écriture cunéiforme vers 2500 av. J.-C.

Pour en savoir plus

- **Deux séries de podcasts :**
- « Depuis Lucy, 3 millions d'années d'humanité », *LSD*, présenté par Perrine Kervran, France Culture (4 épisodes de 55 minutes) : ecole.nathan.fr/f03-lucy. L'origine de l'être humain et ce qui nous définit sont questionnés en profondeur.
- « Sur les traces de la Préhistoire, la Préhistoire en Dordogne », présenté par Christophe Tastet, France Bleu : (plus de 100 épisodes de 3 ou 4 minutes) : ecole.nathan.fr/f03-dordogne. Des épisodes courts et très accessibles sur les nombreuses traces de la Préhistoire en Dordogne.
- **Articles de l'INRAP :** Les objets de tous les jours au Néolithique : ecole.nathan.fr/f03-inrap

DÉROULÉ DE LA SÉANCE

Mise en situation

Se repérer dans le temps

- **Repérer la Préhistoire, le Paléolithique et le Néolithique sur la frise chronologique.**
  La Préhistoire est la plus longue période l'humanité. Elle a débuté il y a 7 millions d'années. On la divise en deux grandes périodes : le Paléolithique, qui veut dire « pierre ancienne », et le Néolithique, qui signifie « pierre récente ».
  – Placer la période du Paléolithique sur la frise, puis la période du Néolithique.
  Constater que le Paléolithique a duré beaucoup plus longtemps que le Néolithique.

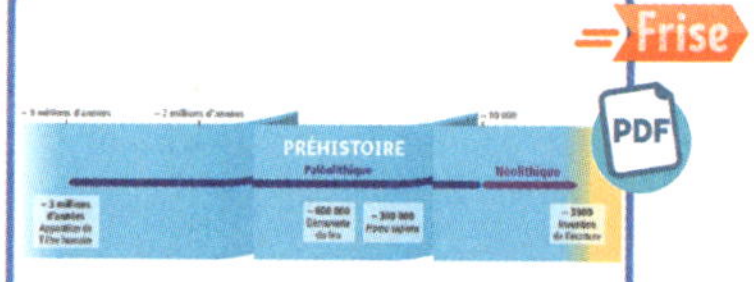

1 Frise chronologique

Documents d'accroche

- **Projeter les deux formes d'habitats préhistoriques : un campement au Paléolithique et un village au Néolithique.**
  Comparer ces deux habitats. L'un est une reconstitution d'un campement datant du Paléolithique supérieur, dans le parc archéologique d'Asnapio, au nord de la France. C'est une tente en structure de bois, recouverte de peaux d'animaux.
  L'autre est une reconstitution des premières maisons du Néolithique (-7400) sur le site de la Draga, en Catalogne.
  – Que peut-on imaginer de la vie des habitants dans chaque habitat ?
  Le campement est mobile, il peut être déplacé facilement, contrairement au village. Les maisons ont un toit, qui doit reposer sur une charpente, des portes et des palissades.

2 L'évolution de l'habitat préhistorique

Problématique

- Comment la vie des êtres humains a-t-elle évolué entre le Paléolithique et le Néolithique ?

A La vie des femmes et des hommes au Paléolithique

- **Regarder le reportage de l'INRAP (Institut national de recherches archéologiques).**
  Cette vidéo présente un site de fouilles archéologiques à Bellegarde, dans le Gard. Les archéologues recherchent les traces du passage de chasseurs-cueilleurs de la fin du Paléolithique (trois derniers millénaires).
  – Que font les personnes sur ce site ? Elles recherchent des traces du passage de femmes et d'hommes préhistoriques sur ce site.
  – Quel est leur métier ? Ce sont des archéologues.

6 min

3 Un campement au Paléolithique

Travail sur le cahier

Étude de document

- Après avoir regardé la vidéo, demander aux élèves de répondre aux questions suivantes sur leur cahier.
  – De quand datent les objets retrouvés sur le site archéologique de Bellegarde ? Ils datent de 17 000 ans av. J.-C.
  – Quels indices a-t-on découverts sur la façon dont les chasseurs-cueilleurs cuisinaient leurs aliments ? »»

»»

Ils jettent des pierres chauffées dans de l'eau pour la faire bouillir et cuire les aliments.
- Les femmes et les hommes du Paléolithique étaient-ils sédentaires ou nomades ? Nomades.
- Pourquoi cet emplacement a-t-il été choisi ? Cette plaine a une vue dégagée, elle est située près d'une source d'eau, de troupeaux de rennes et de chevaux.
Quels étaient le climat et la végétation ? Le climat était très froid et la végétation assez pauvre (des steppes).

- **Expliquer qu'au Paléolithique, les populations sont nomades.**

Toutes leurs ressources se trouvent dans la nature : les populations doivent donc se déplacer pour s'installer à proximité de la nourriture disponible et du silex (pierre) présent dans le sol. Le silex se retrouve encore aujourd'hui sur les sites préhistoriques.
À cette époque, dans cette région, le climat est très froid et la végétation est rare. Il est vraisemblable que les êtres humains de cette région tirent surtout leur nourriture des troupeaux d'animaux dont ils récupèrent tout : viande, graisse, peaux pour créer des vêtements, os pour créer des objets comme de la vaisselle, des outils, pour extraire la graisse, faire des bouillons... Les plantes sur les sites de cueillettes fournissent des baies, des fruits, des noix, des graines ou des racines (comme les carottes !). Dans le sol, les nomades trouvent du silex pour tailler leurs outils et de la terre pour créer des objets ou pour peindre.
Les campements se démontent et se remontent facilement. Ce mode de vie suppose de transporter l'essentiel : vêtements, nourriture, outils. Les peaux d'animaux permettent certainement de faire des sacs de transport.

- **Projeter les outils du Paléolithique.**

Le biface, ou feuille de laurier, était utilisé comme couteau, pour découper la viande, par exemple.
La pointe est un outil pour chasser. Elle peut être accrochée à une sagaie pour être lancée avec plus de force.
- En quel matériau ces outils sont-ils faits ? En silex.
Expliquer que la majorité des outils réalisés au Paléolithiques sont en silex, une pierre très solide, qui peut être taillée en pointe.
On a également retrouvé des outils taillés dans des os, comme des aiguilles à coudre. Au Paléolithique, on travaille aussi le bois, pour faire des sagaies par exemple. Le travail du métal reste alors inconnu et l'utilisation de la pierre polie ou de la céramique est alors très rare.

4 Les outils du Paléolithique

B L'évolution de la vie des femmes et des hommes au Néolithique

- **Projeter la vidéo de l'INRAP montrant ce que nous apprennent les fouilles archéologiques sur le Néolithique.**

Commenter le générique du dessin animé et demander aux élèves :
- Que représentent les différentes strates de couleur ?
Ce sont les couches de terre qui s'accumulent et qui recouvrent petit à petit les traces laissées par tous les êtres vivants d'une époque. Chaque couche de terre correspond à une époque.
On peut revoir à ce moment-là le dessin représentant l'enfouissement des objets vu lors de la séance précédente (voir p. 23).
Faire une pause dans la vidéo au moment où les dates sont montrées (0 min 17 sec) et demander aux élèves :
- Quelles sont les deux dates indiquées et à quoi correspondent-elles ?
6000 av. J.-C. et 2100 av. J.-C. : c'est la période du Néolithique.

3'30 min

5 Les traces du Néolithique

- Pourquoi l'une des dates (6000) est-elle en dessous de l'autre (2100) ? La couche de terre la plus profonde correspond à l'époque la plus ancienne (on remonte dans le temps : 6000 av. J.-C.). Elle est donc en dessous de 2100 av. J.-C. Ce sont encore les couches de terre qui sont représentées.

Travail sur le cahier

Étude de document

- Répondre aux questions suivantes sur le cahier.
  - *Donnez des exemples de traces du Néolithique retrouvées par les archéologues.* Une hache polie, un crâne de bœuf, des poteries, des os.
  - *Comment les femmes et les hommes du Néolithiques font-ils pour se nourrir ? Comment le sait-on ?* Ils élèvent des animaux et cultivent des champs. On a retrouvé des restes d'animaux (moutons, chèvres, cochons, bœufs).
  - *Quelles traces des maisons reste-t-il ?* Des trous de poteaux.

- **Rappeler qu'il nous reste peu de traces des habitations de la Préhistoire :** les trous dans le sol montrent l'emplacement des poteaux, mais ces poteaux, en bois, qui se sont décomposés, ont disparu. Les trous nous indiquent la taille des maisons : elles sont souvent très grandes (plus de 40 mètres !) et accueillent plusieurs familles. Ces maisons sont regroupées en villages, dans lesquels on observe plusieurs zones : habitations, travail de la pierre (on retrouve des restes d'outils), cuisine (foyers, os d'animaux), enclos (trous des poteaux), sépultures (restes humains).
Ces organisations nous donnent des indices sur la façon dont les femmes et les hommes du Néolithique vivaient : ils étaient sédentaires, c'est-à-dire qu'ils habitaient un endroit fixe, et organisaient leurs activités dans le village.

Travail sur le cahier

Étude de document

- Projeter, puis distribuer et réaliser l'exercice sur l'utilisation des outils au Néolitique.
- Répondre aux questions suivantes sur le cahier :
  - *Choisissez un outil et expliquez pourquoi il montre une progression des techniques au Néolithique.* La poterie est un objet en terre modelé à la main, puis cuit pour être plus résistant. Auparavant, on utilisait des récipients naturels (cornes d'animaux, coquillages, pierres creuses).
  - *Les femmes et les hommes du Paléolithique étaient-ils sédentaires ou nomades ?* Sédentaires.

6 Les outils du Néolithique

- **Expliquer que de nouvelles techniques se développent pour améliorer les outils.** Le silex reste la pierre la plus utilisée pour ses qualités (dureté, tranchant). On l'utilise encore pour faire des pointes de flèches, mais aussi des faucilles pour récolter les céréales, des grattoirs, des lissoirs et des haches polies. Ces haches, apparues au Néolithique, servent à défricher la forêt et entretenir les espaces cultivés. Tout comme les faucilles, les haches témoignent de la sédentarisation de la population et du développement de l'agriculture. On continue à coudre et on commence à tisser. La céramique se développe, améliorant la vaisselle : les jarres, pots, louches, bols, marmites, vases...
À la fin du Néolithique se développe la métallurgie, c'est le début de l'âge du bronze.

Travail sur le cahier

Frise chronologique

- Distribuer ou reprendre la frise chronologique du cahier.
- Demander aux élèves d'entourer l'invention qui a marqué la fin de la Préhistoire.

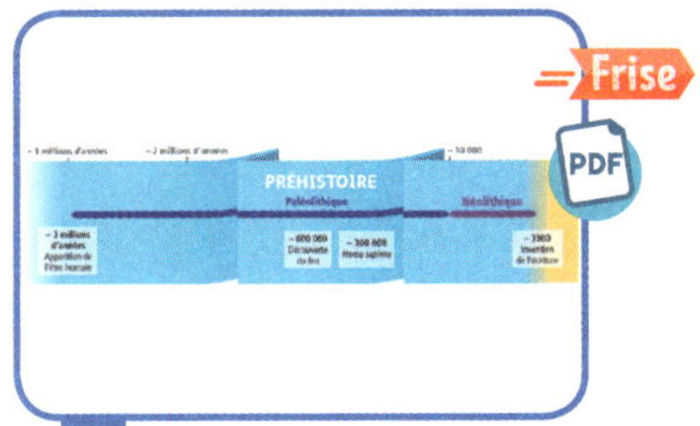

1 Frise chronologique

Bilan de la séance

- **Rappeler la problématique posée en introduction.**
  Au Paléolithique, les premiers êtres humains sont nomades, ils se déplacent pour trouver leur nourriture. Au Néolithique, ils se sédentarisent et inventent l'agriculture.

Travail sur le cahier

Tableau à compléter

- En guise de bilan, les élèves peuvent remplir un tableau.

	Paléolithique	Néolithique
habitat	campements nomades	villages
alimentation	chasse, pêche, cueillette	élevage, agriculture
objets et outils	outils en pierre taillée ou en os	Poteries, haches, meules, outils agricoles

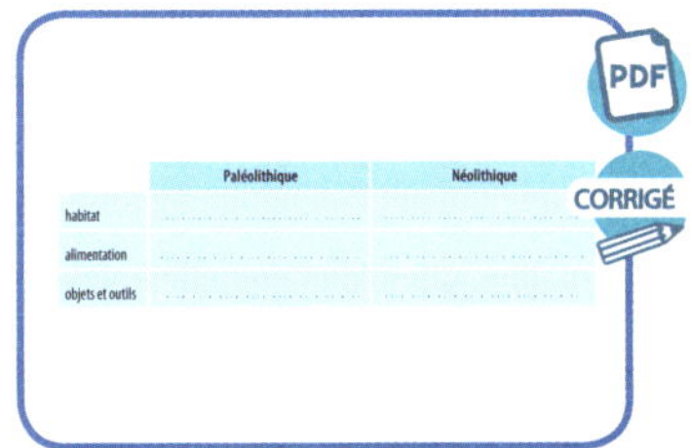

7 Du Paléolithique au Néolithique

Pistes pour la trace écrite *au choix*

1 Texte à reproduire

La Préhistoire est la plus longue période de l'histoire de l'humanité. Durant le Paléolithique, les premiers êtres humains sont nomades : ils se déplacent pour trouver de la nourriture.
Ils se nourrissent grâce à la chasse, la cueillette et la pêche. Ils taillent leurs outils dans de la pierre ou de l'os.

Au Néolithique, ils deviennent sédentaires et aménagent des premiers villages. Ils élèvent des animaux pour se nourrir (cochons, bœufs, moutons) et commencent à cultiver des végétaux ; c'est l'invention de l'agriculture. Les outils deviennent plus variés et perfectionnés et la poterie apparait.

C'est l'invention de l'écriture qui marque la fin de la Préhistoire et le début de l'Antiquité.

2 Texte à compléter

▶ **Complète le texte avec les mots suivants :**
Néolithique – Paléolithique – nomades – sédentaires – agriculture – chasse – cueillette – pêche – poterie – écriture.

La Préhistoire est la plus longue période de l'histoire de l'humanité. Durant le ...., les premiers êtres humains sont .... : ils se déplacent pour trouver de la nourriture. Ils se nourrissent grâce à la ...., la .... et la .... Ils taillent leurs outils dans de la pierre ou de l'os.

Au ...., ils deviennent .... et aménagent des premiers villages. Ils élèvent des animaux pour se nourrir (cochons, bœufs, moutons) et commencent à cultiver des végétaux ; c'est l'invention de l'................................ . Les outils deviennent plus variés et perfectionnés et la .... apparait.

C'est l'invention de l'................................ qui marque la fin de la Préhistoire et le début de l'Antiquité.

PROLONGEMENTS

- **Visiter un site archéologique ou un musée de la région.**
- **Lectures :** organiser un rallye-lecture sur le thème de la Préhistoire, mélangeant romans, livres documentaires et albums illustrés : ecole.nathan.fr/f03-rallye.
- **Vidéo :** regarder un reportage sur la taille des blocs de silex au Mésolithique (fin du Paléolithique) : ecole.nathan.fr/f03-taille-silex.

4 Les premiers habitants de la Gaule

POINTS DE REPÈRE

Les Celtes

- Le terme « Celtes » désigne un ensemble de peuples habitant au-delà du monde des Grecs. Leur origine est encore mal connue et les historiens débattent : certains expliquent leur arrivée en Europe par des migrations provenant d'Asie centrale, d'autres estiment qu'ils seraient une population d'Europe de l'Ouest. On sait que les premiers Celtes (1200-900 av. J.-C.) incinéraient leurs morts et construisaient des *oppidums*. Aux VIIe et VIe siècles av. J.-C., ils s'installent sur les rivages occidentaux de l'Europe. Les peuples sont regroupés en principautés.

Celtes et Gaulois

- À partir du IIIe siècle av. J.-C., le terme « Gaulois » désigne, pour les Romains, les Celtes habitant le territoire de la Gaule. Pour les périodes précédentes et les autres espaces géographiques, on parlera toujours de « Celtes ». Les objets retrouvés (bijoux, céramique, armement, chars, outils…) témoignent d'une grande habileté technique et de relations commerciales poussées entre tous les peuples européens. Depuis le développement de « l'archéologie préventive », il y a quelques années, nos connaissances sur ces peuples de Gaule s'enrichissent.

L'arrivée des Grecs

- Vers 600 av. J.-C., les Grecs sont également attirés par les richesses des terres de l'Europe occidentale. La ville de Marseille (Massalia) est fondée par des colons venus de Phocée pour créer un port méditerranéen facilitant les échanges commerciaux. Des vestiges grecs ont été retrouvés dans les territoires ségobriges (peuple celte installé sur les pourtours du Rhône, jusqu'à Marseille). Ces vestiges sont antérieurs à la date de la fondation de Marseille : Grecs et Ségobriges avaient donc des échanges commerciaux avant la fondation de la cité. Marseille est une colonie grecque fondée après les autres colonies d'extrême Occident (Sicile et Italie du Sud).

Le mythe de la création de Marseille

- Il existe deux versions du mythe de la fondation de Marseille, l'une d'Aristote et l'autre de Justin. Aristote évoque uniquement Marseille comme la dot du mariage de Gyptis et Protis. Justin témoigne de l'emplacement du territoire du vieux port de Marseille, donné aux Grecs par l'intermédiaire d'une dot, par les habitants du territoire de Martigue. Cette légende témoigne de la volonté des Phocéens de s'intégrer pacifiquement aux populations locales.

Pour en savoir plus

- Patrick Boucheron (dir.), Vincent Azoulay, « 600. av. J.-C., la Grèce, avec ou sans la Gaule », *Histoire mondiale de la France*, Seuil, 2017.
- Le podcast *Carbone 14*, magazine de l'archéologie présenté par Vincent Charpentier sur France Culture :
  - « Gyptis et Protis, la fin d'un mythe fondateur de Marseille ? » (29 min) : ecole.nathan.fr/f04-gyptis
    Les Ségobriges, peuple celte, et les traces archéologiques du premier commerce entre les Ségobriges et les Grecs ;
  - « Les Gaulois à l'œil nu » (27 min) : ecole.nathan.fr/f04-gaulois
    Les Gaulois au regard des sources archéologiques nouvelles depuis vingt ans.

DÉROULÉ DE LA SÉANCE

Mise en situation

Se repérer dans le temps

- **Projeter la frise chronologique des grandes périodes historiques aux élèves.**
  On fait un bond dans le temps depuis la Préhistoire jusqu'à la période de l'Antiquité.
  Placer l'Antiquité sur la frise chronologique.
  On pourra également montrer la vidéo Canopé sur l'explication du mot « Antiquité ».

- **Montrer la seconde frise sur l'Antiquité.**
  Des populations se sont déplacées jusqu'en Gaule et s'y sont installées : des Grecs, en 600 av. J.-C., et des Celtes, en 500 av. J.C. Placer l'arrivée de ces deux peuples sur la frise.

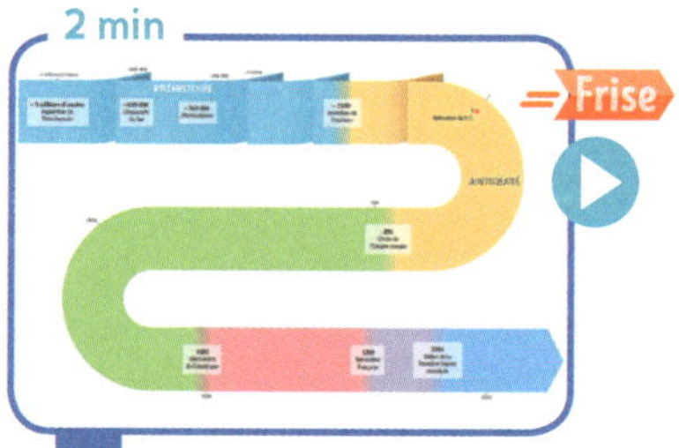

1 Frise chronologique

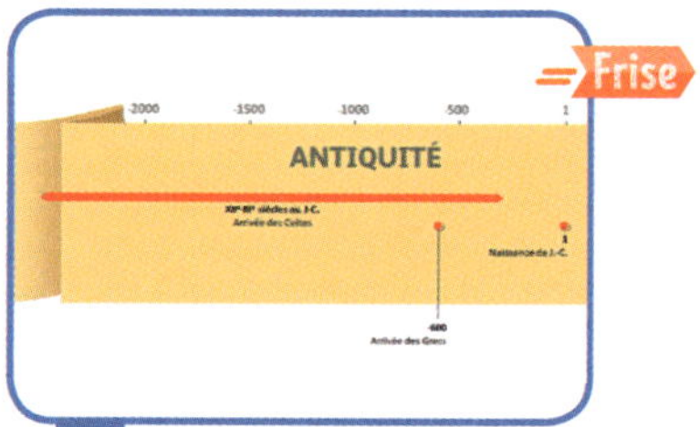

2 Frise chronologique : l'Antiquité

Document d'accroche

- **Projeter la carte de l'arrivée des Celtes entre le XIIe et IIIe siècles av. J.-C.**
  Demander aux élèves :
  – Où se trouve, sur cette carte, la France actuelle ? Situez aussi les pays d'Europe qui entourent la France.
  – Quels sont les mouvements de population entre le XIIe et le IIIe siècles av. J.-C. ?
  Expliquer que la France d'aujourd'hui n'existe pas encore. Il y a plusieurs peuples différents et indépendants qu'on appelle les Celtes. Les peuples peuvent se déplacer et fonder des alliances. Certains voyagent et s'installent ailleurs pour développer des échanges commerciaux avec leur pays d'origine.

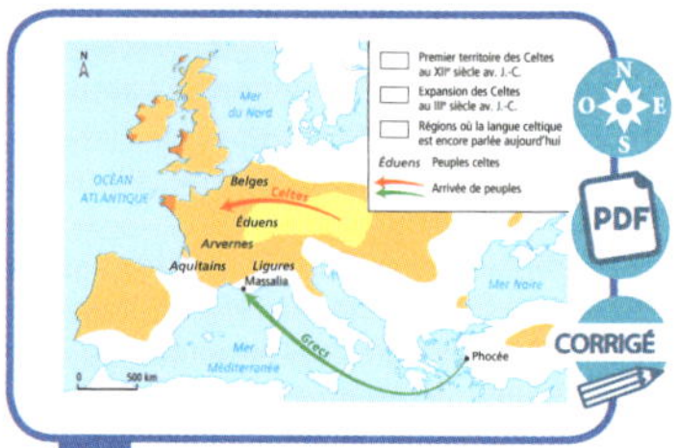

3 L'arrivée des Celtes et des Grecs

Problématiques

- D'où viennent les premiers habitants de la Gaule ? Qui sont-ils ?

A Le mythe de la fondation de la ville de Marseille

- **Projeter et lire le texte.** Interroger collectivement les élèves.
  – De quand date ce texte ? Du IIe siècle après J.-C.
  – Que raconte-t-il ? Il raconte la légende de la fondation de Marseille.
  – L'auteur du texte a-t-il vécu à la même époque que l'histoire qu'il raconte ? Non, le texte est plus tardif que l'histoire racontée. Il est indiqué que c'est une « légende ».
  Le texte raconte qu'une dot a été donnée à l'époux de Gyptis.
  Il s'agit d'un prix payé par la famille de la future épouse à son mari.
  Deux historiens ont raconté cette légende : Aristote et Justin.
  Aristote raconte uniquement le mariage, tandis que Justin situe assez précisément les terres offertes aux Grecs par les Ségobriges, la tribu celte qui habitait la région.

- **Expliquer que les Grecs sillonnaient la mer Méditerranée pour vendre leurs marchandises.** Ils ont fondé des colonies pour faciliter les échanges commerciaux avec leur pays. Repérer ces colonies et zones d'installation grecques sur une carte : Marseille, sud de l'Italie, Sicile ou Espagne.

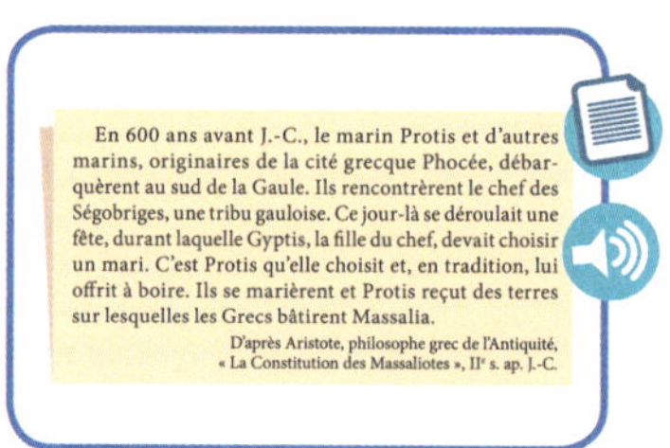
En 600 ans avant J.-C., le marin Protis et d'autres marins, originaires de la cité grecque Phocée, débarquèrent au sud de la Gaule. Ils rencontrèrent le chef des Ségobriges, une tribu gauloise. Ce jour-là se déroulait une fête, durant laquelle Gyptis, la fille du chef, devait choisir un mari. C'est Protis qu'elle choisit et, en tradition, lui offrit à boire. Ils se marièrent et Protis reçut des terres sur lesquelles les Grecs bâtirent Massalia.

D'après Aristote, philosophe grec de l'Antiquité, « La Constitution des Massaliotes », IIe s. ap. J.-C.

4 La légende de la fondation de la ville de Marseille

● **Projeter les photographies des amphores et du Jardin des Vestiges,** retrouvés à Marseille.

– Que représentent ces photographies ? Des traces de l'arrivée des Grecs dans cette zone qui sera plus tard la Gaule.

Au fond de la mer Méditerranée, on a retrouvé des vestiges d'amphores grecques, signe qu'ils transportaient et vendaient entre autre du vin.

5 Les traces de l'arrivée des Grecs à Marseille

Travail sur le cahier

Étude de carte

- Distribuer le texte 4 et la carte 3.
- Entourer la ville de Phocée sur la carte, puis demander aux élèves de répondre aux questions suivantes.

– Par quelle mer arrivent les Grecs à Massalia ? Surlignez-la sur la carte. La mer Méditerranée.

– Pourquoi appelle-t-on encore Marseille la « cité phocéenne » ? Les Grecs qui ont bâti Marseille venaient de Phocée.

B Les Celtes

● **Projeter la carte de l'arrivée des peuples celtes du XIIe au IIIe siècle av. J.-C.**

Travail sur le cahier

Étude de carte

- Demander aux élèves de souligner le nom des différents peuples celtes sur la carte 3.
- Repérer avec eux les mouvements de population : les Celtes viennent de l'Europe centrale pour s'installer à l'Ouest, et les Grecs sont venus s'installer sur le rivage méditerranéen.
- Demander aux élèves de compléter la légende avec les bonnes couleurs.

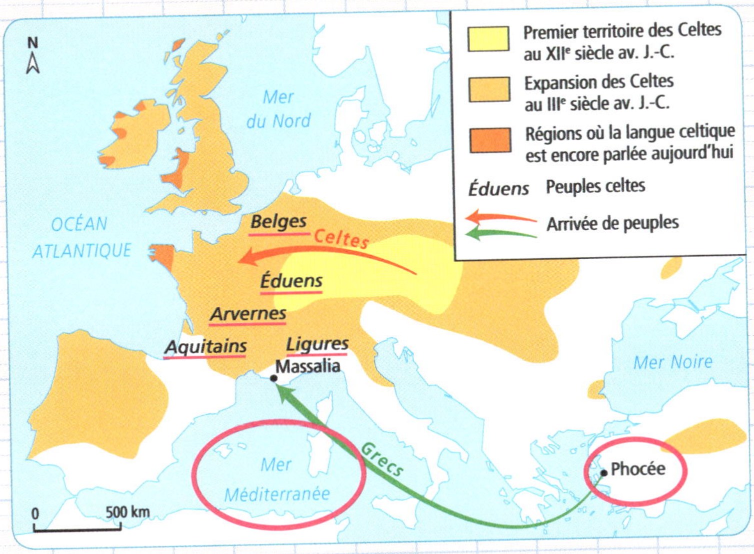

- **Expliquer que les Celtes sont différents peuples qui se sont beaucoup mélangés**, notamment avec les Grecs et les Phéniciens. Cependant, on retrouve des caractéristiques communes dans les différentes langues celtes (repérer sur la carte où elles sont encore parlées aujourd'hui) et dans les objets retrouvés par les archéologues.
  Demander collectivement aux élèves :
  – À quels noms, utilisés encore aujourd'hui, certains mots font-ils penser ?
  Les Belges sont aujourd'hui une nation voisine. « Arverne » est devenu « Auvergne » et l'Aquitaine est aujourd'hui une région.
- **Expliquer que le territoire des peuples celtes à l'ouest de l'Europe a, par la suite, été appelé la « Gaule » par les Romains**, délimitant ainsi un territoire à conquérir.
- **Projeter le texte et le lire en classe.**
  Demander collectivement aux élèves :
  – Qui a écrit ce texte ? Que nous apprend-il ?
  Ce texte a été écrit par Strabon. Les Celtes avaient des terres agricoles très riches. Ils élevaient des animaux dont ils vendaient la viande.

La Gaule produit du blé en grande quantité, ainsi que du millet, des glands et du bétail de toutes espèces ; le sol n'y demeure nulle part en friche. Les Gaulois se nourrissent de lait, de viandes diverses, mais surtout de porc, frais ou salé. La grande quantité de bétail, surtout de moutons et de porcs, explique comment ils peuvent approvisionner si abondamment en salaisons non seulement Rome, mais aussi la plupart des autres marchés d'Italie.

D'après Strabon, *Géographie*, Ier siècle ap. J.-C.

6 L'agriculture en Gaule

Travail sur le cahier

Étude de texte

- Répondre aux questions sur le cahier.
  – Donnez des exemples qui montrent que l'agriculture est variée.
  Les Gaulois produisent du blé, des glands, du millet et du bétail, notamment des moutons et du porc.
  – Avec qui font-ils du commerce ? Ils font du commerce avec les Romains.
  – Quels sont les produits dont les Celtes font commerce avec les Romains ? Ils leur vendent de la viande.

- **Projeter la photo, pour l'exercice sur les objets.**
  Demander collectivement aux élèves :
  – Quelles traces avons-nous du mode de vie des Celtes ?
  On a ici des objets en fer, sauf le peigne, en bronze.
  Compléter l'exercice en associant à chaque phrase le numéro du ou des objets qui correspondent.
  – Ces objets ont été retrouvés par des archéologues. → 1, 2, 3, 4
  – Les Gaulois travaillent le fer. → 1, 3, 4
  – Les Gaulois ont de nombreux instruments d'hygiène. → 1, 2, 3
  – Les éleveurs tondent la laine des moutons pour garnir des matelas et faire des vêtements. → 4

7 Des outils en bronze et en fer

- La seconde partie de la « Protohistoire », période de transition entre la Préhistoire et l'Antiquité, se déroule durant l'époque de « l'âge de fer », de -800 à la fin du Ier siècle. On la nomme ainsi car les Celtes étaient connus pour travailler le fer.
  Les Celtes ont inventé beaucoup d'objets qu'on utilise encore aujourd'hui : des outils en métal pour l'agriculture (charrue) ou pour conserver le vin (tonneau). Ils travaillaient très bien les textiles et tissaient la laine de leurs moutons, coupée à l'aide d'une paire de forces (comme celle montrée en exemple), ancêtre de nos ciseaux. Ils ont également inventé le pantalon, le tonneau et le matelas fourré en laine.

Bilan de la séance

- **Rappeler la problématique posée en introduction.**
  Les premiers habitants de la Gaule sont les différents peuples celtes, déjà installés en Europe, et les Grecs, arrivés par la mer Méditerranée. Tous ces peuples se sont mélangés entre eux, puis avec les Romains.

Pistes pour la trace écrite au choix

1 Texte à reproduire

Les premiers habitants de la Gaule sont issus de différents peuples : les Grecs, arrivés par la mer Méditerranée, et les peuples celtes, déjà installés en Europe. Grâce aux vestiges retrouvés ces dernières années, on connait de mieux en mieux le mode de vie des Celtes. Ils avaient un artisanat riche et travaillaient le fer, notamment pour leurs instruments de toilette et leurs outils. Ils avaient aussi une agriculture variée et faisaient du commerce avec les Romains. Tous ces habitants ont été appelés « Gaulois » par les Romains lors de la conquête de la Gaule. Les Gaulois sont les inventeurs de nombreux objets qu'on utilise encore aujourd'hui (pantalon, tonneau, matelas).

2 Texte à compléter

▶ **Complète le texte avec les mots suivants :** *commerce - artisanat - Grecs - celtes - mode de vie - Gaulois.*

Les premiers habitants de la Gaule sont issus de différents peuples : les ……………………, arrivés par la mer Méditerranée, et les peuples ……………………, déjà installés en Europe. Grâce aux vestiges retrouvés ces dernières années, on connait de mieux en mieux le …………………… des Celtes. Ils avaient un …………………… riche et travaillaient le fer, notamment pour leurs instruments de toilette et leurs outils. Ils avaient aussi une agriculture variée et faisaient du …………………… avec les Romains. Tous ces habitants ont été appelés « …………………… » par les Romains lors de la conquête de la Gaule. Les Gaulois sont les inventeurs de nombreux …………………… qu'on utilise encore aujourd'hui (pantalon, tonneau, matelas).

PROLONGEMENTS

▶ **Vidéo :** regarder le reportage de l'émission *E = M6* sur les Gaulois, pour découvrir le mode de vie des Gaulois dans un village reconstruit par des passionnés, selon ce qu'on sait de la vie quotidienne de l'époque : ecole.nathan.fr/f04-gaulois2.

▶ **Visiter un musée régional ou un site de fouilles.** De nombreux sites font aujourd'hui l'objet de fouilles dans le cadre de « l'archéologie préventive ». Ils nous apprennent depuis quelques années de nombreuses informations sur les modes de vie celtes et gaulois.

5 La conquête de la Gaule par Jules César

POINTS DE REPÈRE

Des Celtes aux Gaulois

- « Gaulois » est le nom donné par les Romains aux peuples qui habitent le territoire correspondant à peu près à celui de la France actuelle. Ensemble de peuples distincts, la Gaule possède néanmoins, depuis le IIIe siècle av. J.-C., un conseil politique de druides qui élit chaque année un peuple patron. Au temps des conquêtes de César, il s'agit probablement du peuple arverne dont est issu Vercingétorix. En 58 av.J.-C., la Gaule est divisée en deux : la partie occidentale, plutôt hostile à Jules César, et la partie orientale, portée vers la civilisation romaine. César s'appuie sur cette division pour mener une politique guerrière et accroitre son pouvoir politique à Rome ; son objectif est de conquérir la Gaule.

Vercingétorix et le siège d'Alésia

- César décrit un jeune chef arverne, Vercingétorix, puissant et capable de fédérer autour de lui des troupes qui s'opposent aux Romains. Nous ne savons de ce chef que très peu de choses. Il est issu d'une longue lignée aristocratique et a probablement un grand pouvoir politique. Après avoir perdu des batailles à Gergovie et Avaricum, les troupes de César piègent et enferment celles de Vercingétorix sur l'*oppidum* d'Alésia où les troupes gauloises se sont installées. Les fortifications romaines se développent, les assiégés demandent de l'aide à une armée de secours qui tarde à venir, ils ont faim et finissent par se rendre.

Les sources

- César fait lui-même le récit de ses campagnes militaires dans ses *Commentaires sur la guerre des Gaules*, seule source d'époque qu'il nous reste, les autres, qui s'appuyaient sur des témoignages différents, ayant disparu. Considéré comme un ouvrage d'histoire, ce texte est pourtant regardé dès son origine avec suspicion, César veillant à y glorifier ses campagnes.
- Plus tard, au IIIe siècle apr. J.-C., Dion Cassius apporte d'autres éléments et éclaire différemment la relation entre Vercingétorix et Jules César. Vraisemblablement proches, Vercingétorix semblait très bien connaitre les techniques militaires de son adversaire. Il est certain qu'avec Vercingétorix, les troupes de César sont mises en difficulté pour la première fois.

Des symboles

- Depuis le XIXe siècle, les batailles de Gergovie et d'Alésia ont été utilisées par le pouvoir politique, notamment le régime napoléonien, qui en a fait un mythe pour asseoir ses conquêtes militaires. On doit à Napoléon III la statue monumentale représentant Vercingétorix appuyé sur son épée, près du site d'Alésia. La sacralisation de ces batailles et du personnage de Vercingétorix a perduré sous la IIIe République après la défaite contre l'Allemagne en 1870 et continue de représenter des symboles forts, quand bien même les sources que nous avons sur ce personnage sont ténues.

Pour en savoir plus

- Patrick Boucheron (dir.), Yann Potin, « 52. av. J.-C., Alésia ou le sens de la défaite », *Histoire mondiale de la France*, Seuil, 2017.
- Des podcasts de l'émission *Carbone 14* sur France Culture, sur la création des symboles de Gergovie et d'Alésia par le pouvoir politique français depuis le XIXe siècle :
  - « Les Gaulois sont dans la peine » (27 min.) : ecole.nathan.fr/f05-peine ;
  - « Le combat des chefs » (29 min.) : ecole.nathan.fr/f05-chefs ;
  - « Vercingétorix » (31 min.) : ecole.nathan.fr/f05-vercingetorix.

DÉROULÉ DE LA SÉANCE

Mise en situation

Se repérer dans le temps

- **Repérer la date de -52 sur la frise chronologique.** Placer la période de l'Empire romain de -27 à 476 et la bataille d'Alésia.
- **Rappeler le contexte :** sur le territoire actuel de la France, à cette époque, vivent plusieurs peuples celtes qui ont des chefs différents et font beaucoup d'échanges commerciaux avec les Romains. Alors que Jules César, général et homme politique romain, veut conquérir la Gaule pour être plus puissant chez lui, à Rome, Vercingétorix, un chef de la tribu Arverne, rassemble des troupes pour lutter contre l'armée romaine.

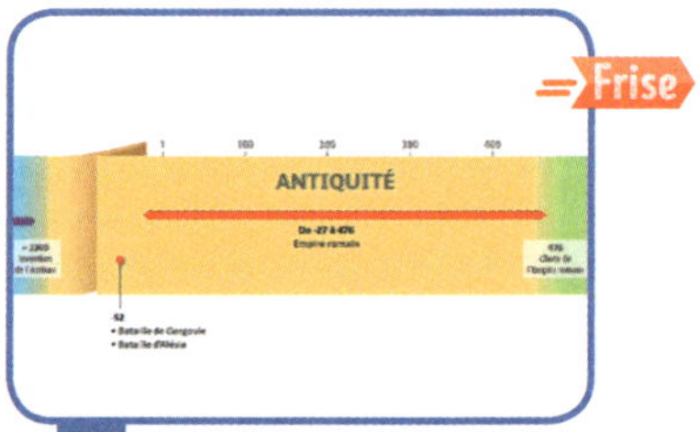

1 Frise chronologique

Document d'accroche

- **Observer le tableau de Lionel Royer de Vercingétorix qui jette ses armes aux pieds de César** peint au XIXe siècle.
  Repérer les éléments du siège en arrière-plan.
  - Qui sont les personnages ? Où sont les Gaulois ? Les Romains ?
  On voit Vercingétorix sur son cheval blanc, bien mis en valeur, grand et puissant. On reconnait César avec sa couronne de lauriers (attribut des Romains symbolisant la gloire de celui qui la porte), sa cape rouge.
  César est assis devant des chefs romains, au milieu d'armures romaines. Deux prisonniers gaulois sont à terre, le regard tourné vers leur chef Vercingétorix. On reconnait les attributs romains : boucliers, aigles, laurier. Vercingétorix a jeté ses armes par terre, signe de reddition.
  Si ce tableau est connu de tous, il ne montre pas une vision réaliste de la reddition de Vercingétorix ni des Gaulois. Tout tableau est une interprétation.
  Noter les invraisemblances : le cheval est un percheron, alors que cette race n'existe pas en Gaule à l'époque, le bouclier devrait être ovale, le Gaulois qui porte cheveux longs et moustache (comme Astérix !) est une vision remise en cause aujourd'hui.
  Ce tableau montre surtout la grandeur et la puissance que le peintre a voulu attribuer aux personnages, faisant de Vercingétorix un perdant magnifique, un héros. À l'époque où ce tableau est réalisé, la France vient de perdre la guerre de 1870 contre l'Allemagne. Vercingétorix représente un pays, la France, qui reste grand et beau, même dans la défaite. Ainsi, cette image peut aider le peuple à accepter cette défaite.

2 La victoire des Romains

Problématiques

- Qui étaient Vercingétorix et Jules César ? Comment César a-t-il conquis la Gaule ?

A Vercingétorix et Jules César

Travail sur le cahier

Bibliographies

- Projeter et distribuer les fiches d'identité de Vercingétorix et Jules César.
- Demander aux élèves de compléter ces biographies à l'aide de la présentation de l'introduction et d'un dictionnaire.

VERCINGÉTORIX

- **Naissance :** vers ...82... avant J.-C., en Auvergne.
- **Mort :** en ...46... avant J.-C., à Rome, en prison.
- **Chef** ☒ gaulois ☐ romain.
- **Tribu** des ☒ Arvernes ☐ Éduens.
- Il rassemble des tribus ...gauloises... pour se battre contre ...les Romains...
- Il remporte une bataille à ...Gergovie..., mais il perd à ...Alésia... en 52 avant J.-C.

JULES CÉSAR

- **Naissance :** ...100... avant J.-C., à Rome.
- **Mort :** ...44... avant J.-C., à Rome.
- **Général** ☐ gaulois ☒ romain.
- **Proconsul** de la République ☐ gauloise ☒ romaine.
- Avec son armée, il envahit la ...Gaule... pour conquérir le pouvoir à Rome.
- Il perd à ...Gergovie..., puis gagne à ...Alésia... avant en 52 avant J.-C.

3 Vercingétorix et Jules César

B La conquête de la Gaule

- **Projeter la carte de la conquête de la Gaule.**
Demander aux élèves : *Quel est le trajet de Jules César en Gaule ?*
Repérer Rome et le trajet de Jules César.
Expliquer qu'en 58 av. J.-C., Jules César, général et homme politique romain, entame la conquête de la Gaule avec les légions romaines. Cette campagne va durer jusqu'en 51 av. J.-C. De nombreuses régions se soumettent.
– Pensez-vous qu'il a été facile pour Jules César de conquérir la Gaule ? Non, car il a vécu une grande défaite à Gergovie.
À Gergovie, César perd une bataille contre des tribus gauloises qui se sont rassemblées autour de Vercingétorix, chef de la tribu arverne, une tribu très puissante en Gaule. Les légions romaines se replient vers le nord, poursuivies par les Gaulois. Arrivés à Dijon, les Gaulois sont mis en difficulté par les Romains et ils sont contraints de se protéger. Ils se réfugient sur l'*oppidum* d'Alésia.

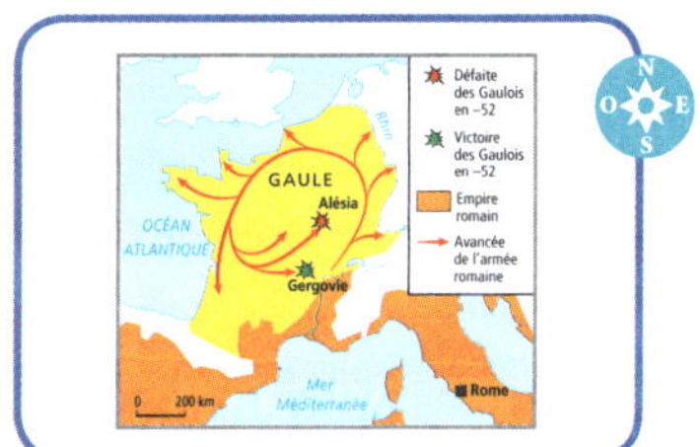

4 Le trajet des troupes de Jules César

- **Projeter et lire la description que fait Jules César de Vercingétorix.**
– Quelle phrase donne la description de Vercingétorix dans ce texte. « Vercingétorix, Arverne, jeune homme qui était parmi les plus puissants du pays, convoque ses hommes. »
– Selon vous, pourquoi César le décrit-il ainsi ? Pour se glorifier lui-même : César se donne ainsi du mérite d'avoir vaincu un ennemi si puissant !

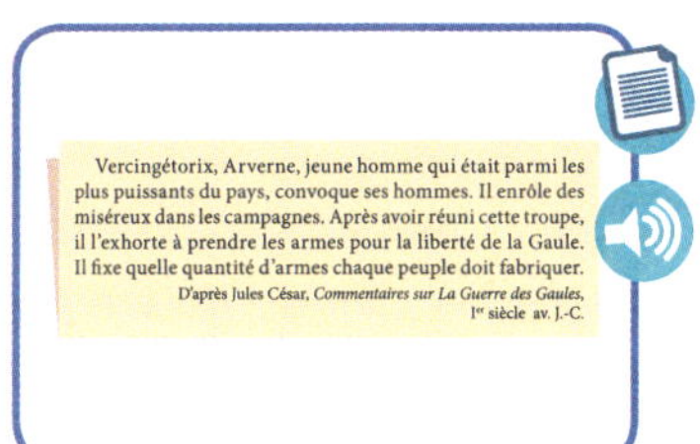

Vercingétorix, Arverne, jeune homme qui était parmi les plus puissants du pays, convoque ses hommes. Il enrôle des miséreux dans les campagnes. Après avoir réuni cette troupe, il l'exhorte à prendre les armes pour la liberté de la Gaule. Il fixe quelle quantité d'armes chaque peuple doit fabriquer.
D'après Jules César, *Commentaires sur La Guerre des Gaules*, Ier siècle av. J.-C.

5 La résistance de Vercingétorix

- **Expliquer que Vercingétorix est aristocrate**, fils de chef des Arvernes, sans doute l'un des peuples celtes les plus puissants de l'époque.
Il est élu chef des Arvernes lors de l'Assemblée annuelle des druides gaulois.
- **Montrer ensuite les deux vidéos sur le piège d'Alésia et la mise en place du siège d'Alésia.**
Demander collectivement aux élèves :
– Où Vercingétorix s'est-il installé avec ses troupes ? Sur l'oppidum (place forte) d'Alésia pour se protéger.
– Quelle stratégie adopte César ? Il installe une double ligne de fortification.
– Qui gagne cette bataille ? Jules César.

2 min et 1'30 min

6 Le siège d'Alésia

Les Romains maitrisent l'art de la guerre. Jules César met en place une stratégie d'encerclement d'Alésia. Les Romains piègent les Gaulois sur l'*oppidum* et gênent leurs échanges avec l'extérieur. Les Gaulois parviennent à appeler une armée de secours de 250 000 hommes. César construit deux lignes de fortification. La première empêche les Gaulois de sortir et la seconde gêne l'arrivée des secours. Après plusieurs semaines de siège, les Gaulois finissent par ne plus avoir de ressources alimentaires, ils sont enfermés et affamés. Vercingétorix est obligé de se rendre. Il est fait prisonnier et part à Rome. Les Arvernes sont l'une des plus importantes tribus gauloises. Avec sa soumission aux Romains, c'est une part importante de la Gaule qui s'incline. Les Éduens, autre grande tribu, a déjà bâti des alliances commerciales avec les Romains. Les autres tribus gauloises se soumettent petit à petit. La dernière est celle des Cadurques qui s'incline en 51 avant-J.-C. devant les Romains. La Gaule devient alors romaine.

Bilan de la séance

- **Rappeler les problématiques posées en introduction.**
Jules César est parti de Rome et a conquis la Gaule avec son armée. Vercingétorix est un chef arverne qui a uni des tribus et réuni des troupes pour lutter contre Jules César. À Alésia, César gagne une bataille décisive contre Vercingétorix en 52 av. J.-C.

Pistes pour la trace écrite au choix

1 Texte à reproduire

Jules César est un homme politique romain parti de Rome pour conquérir la Gaule afin d'accroitre son pouvoir politique. En Gaule, ses soldats se sont battus contre les troupes gauloises rassemblées par le chef arverne Vercingétorix. La victoire de Jules César à Alésia en 52 av. J. -C., après un long siège de presque deux mois, marque le début de la conquête de la Gaule par les Romains.

2 Texte à compléter

▶ **Complète le texte avec les mots suivants :**
Alésia - Jules César - Romains - Vercingétorix - Gaule.

.... est un homme politique romain parti de Rome pour conquérir la Gaule afin d'accroitre son pouvoir politique. En Gaule, ses soldats se sont battus contre les troupes gauloises rassemblées par le chef arverne .... La victoire de Jules César à .... en 52 av. J. -C., après un long siège de presque deux mois, marque le début de la conquête de la .... par les ....

PROLONGEMENTS

▶ **Série animée *Le dernier Gaulois* :** 15 épisodes très courts (entre 1 et 2 minutes) qui peuvent être vus très progressivement : ecole.nathan.fr/f05-gaulois

▶ **Histoire des Arts :** l'archéologie sous-marine a permis de découvrir une épave romaine contenant de nombreuses œuvres d'art, comme le buste de supposé de Jules César.
Un court reportage réalisé pour le *Figaro Magazine* montre l'émerveillement suscité par cette découverte sur la rive d'Arles : ecole.nathan.fr/f05-epave

6 La vie des Gallo-Romains

TRACES

POINTS DE REPÈRE

Des colonies romaines en Gaule

- Dès le IIe siècle av. J.-C., des colonies romaines se forment dans le Midi, de Narbonne aux Alpes, avec les vétérans de l'armée romaine. Au Ier siècle, les nouvelles terres acquises par les Romains sont divisées en trois provinces : Aquitaine, Lyonnaise et Belgique. Le pouvoir romain organise les territoires autour de cités, des chefs-lieux administratifs dans lesquels les Gaulois deviennent progressivement Romains. Les cités sont gouvernées par des élites devant rendre des comptes à Rome.
- Depuis une vingtaine d'année, l'archéologie préventive (les fouilles réalisées avant que des sites ne soient construits) a permis de mieux comprendre l'habitat gaulois, et, ainsi, de manier avec plus de précaution le terme « romanisation ». Nous savons aujourd'hui que l'évolution de l'habitat et des modes de vie en Gaule, ainsi que l'acculturation romaine des élites gauloises, se sont faites progressivement.

L'habitat rural

- Au moment où les Romains s'installent en Gaule, l'agriculture est florissante et l'outillage très riche. Les fouilles récentes mettent au jour un habitat rural gallo-romain dense et diversifié. L'organisation de certaines villas gallo-romaines est héritée des fermes gauloises antérieures à la conquête : les bâtiments sont disposés autour d'une cour centrale. Les différences notées par les archéologues suggèrent de très nombreuses spécificités régionales. Les photographies aériennes montrent que les campagnes gallo-romaines étaient densément occupées et cultivées.
- La villa gallo-romaine héritée du modèle romain appartient à de riches propriétaires et comprend la maison (*pars urbana*) et la partie agricole (*pars rustica*) : granges, étables, ateliers... Certaines villas sont luxueuses et d'autres modestes. Les plus importantes se spécialisent dans les productions de blé, de vin et d'huile dans le Midi, céréales et élevage dans le Nord.

Les villes

- Les villes sont le symbole de la romanisation et de la prospérité de la Gaule romaine. Elles se développent à partir d'agglomérations existantes ou elles sont édifiées de toutes pièces, sur le modèle romain, avec un quadrillage régulier, un axe nord-sud (*cardo maximus*) et un axe est-ouest (*decumanus maximus*). La plupart des villes gallo-romaines ne possèdent pas de remparts. La présence de remparts est un signe de distinction accordé par l'empereur. Les villes les plus importantes, les cités, sont construites autour d'une place publique : le forum. Elles détiennent également des bâtiments administratifs et des établissements dédiés au divertissement (thermes, arènes, théâtre...). Des villes plus modestes sont construites autour d'activités artisanales et commerciales. Le long du réseau routier, déjà existant chez les Gaulois puis développé par les Romains, des petits hameaux permettent aux voyageurs et commerçants de faire des haltes.

Pour en savoir plus

- L'article « Occupations, habitats, logements pendant l'Antiquité gallo-romaine » sur le site de l'INRAP : ecole.nathan.fr/f06-habitats
- Le podcast de l'émission Carbone 14, « Les Gallo-romains », présenté par Vincent Charpentier sur France Culture : ecole.nathan.fr/f06-gallo-romain
- Un site du ministère de la Culture riche de ressources et d'articles sur les villas gallo-romaines : ecole.nathan.fr/f06-villa

DÉROULÉ DE LA SÉANCE

Mise en situation

Se repérer dans le temps

- **Montrer la frise chronologique aux élèves et repérer les dates** -27 à 476 et placer l'Empire romain.
- **Rappeler le contexte :** après la défaite de Vercingétorix à Alésia, Jules César conquiert la Gaule. Les Romains s'installent progressivement sur le territoire. Les premiers habitants sont les vétérans de l'armée romaine, puis d'autres Romains viennent les rejoindre.

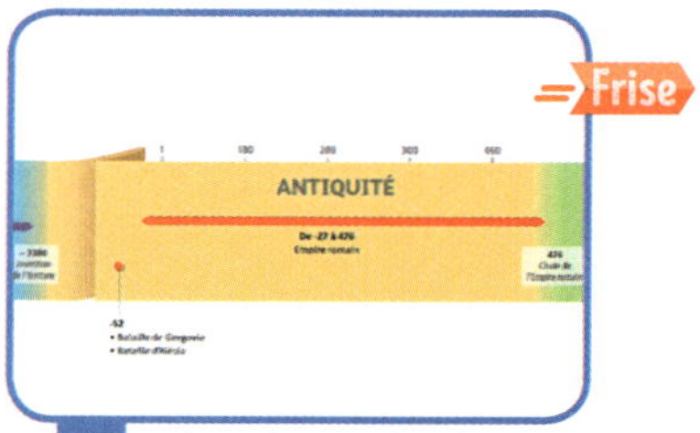

1 Frise chronologique

Recueil des représentations

- **Demander aux élèves :**
  - *Que peut signifier la « romanisation » de la Gaule ?*
  - *Qui sont les « Gallo-Romains » ? Pourquoi les appelle-t-on ainsi ? - Quelles traces a-t-on du monde gallo-romain aujourd'hui ?*

  Expliquer que, petit à petit, des mélanges se font entre les deux cultures gauloise et romaine. On appelle « romanisation » l'adoption de certains aspects de la culture romaine par les Gaulois.

Problématique

- Quels changements la culture romaine a-t-elle apportés en Gaule ?

A La vie dans les campagnes gallo-romaines

- **Regarder un épisode de la série animée de l'INRAP *Past and curious* : « Une année dans les campagnes en Gaule romaine ».**
  Cette série portée par des chercheurs en archéologie, propose de courtes vidéos montrant l'actualité de la recherche historique et de l'archéologie. Préciser aux élèves que cette vidéo montre ce que l'on sait grâce aux fouilles : emplacement des maisons, outils utilisés, alimentation (restes d'animaux, graines, pollen et fruits conservés dans les sédiments archéologiques). Les pollens fossilisés peuvent se conserver des milliers d'années.
  Demander collectivement aux élèves :
  - *Quelles étaient les activités dans les campagnes en Gaule romaine ?* *Ils élevaient des animaux, cultivaient des jardins, des vergers, des champs, des prairies.*
  - *Quels étaient les outils utilisés ?* *La herse, les échardonnoirs, enclumette, marteau, le « vallus », poussé par un cheval (ancêtre de la moissonneuse), le moulin hydrolique.*

3'46 min

2 La vie dans les campagnes gallo-romaines

- **Expliquer que la majorité des Gallo-Romains sont des paysans et vivent simplement.** Certains propriétaires parmi les plus riches adoptent le mode de vie des riches Romains : ils vivent dans de grands domaines, les villas, où ils font travailler des esclaves. Ils vendent leurs produits et adoptent la citoyenneté romaine.

Travail sur le cahier

Étude de texte

- Projeter et lire le document sur les campagnes gallo-romaines.
- Répondre aux questions suivantes sur le cahier.
  - *Trouvez, dans le texte, deux exemples de confort des grandes villas gallo-romaines : « thermes, chauffage ».*
  - *Écrivez en vert les produits ou animaux destinés à l'alimentation et en rouge ceux destinés au transport.*
  - *En vert : « des légumes, fruits, épices vigne, plantes oléagineuses », « bœufs, moutons, chevaux, porcs, coqs ».*
  - *En rouge : « mules, mulets et ânes ».*

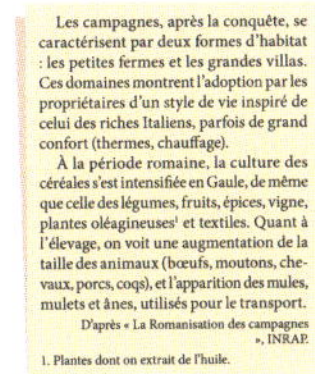
Les campagnes, après la conquête, se caractérisent par deux formes d'habitat : les petites fermes et les grandes villas. Ces domaines montrent l'adoption par les propriétaires d'un style de vie inspiré de celui des riches Italiens, parfois de grand confort (thermes, chauffage).

À la période romaine, la culture des céréales s'est intensifiée en Gaule, de même que celle des légumes, fruits, épices, vigne, plantes oléagineuses[1] et textiles. Quant à l'élevage, on voit une augmentation de la taille des animaux (bœufs, moutons, chevaux, porcs, coqs), et l'apparition des mules, mulets et ânes, utilisés pour le transport.

D'après « La Romanisation des campagnes », INRAP.

1. Plantes dont on extrait de l'huile.

3 Les campagnes gallo-romaines

- **Projeter la visite d'une ou de plusieurs villas reconstituées.**

Les pages du ministère de la Culture dédiées à la villa Loupian sont riches de vestiges témoignant de la vie dans les villas gallo-romaines. La découverte de cette villa peut être remplacée par une vidéo qui permet de visiter virtuellement un site, comme la villa Plassac, en Gironde, ou la villa Griffon, à Vitrolles. Commenter les éléments de confort en notant que seuls les plus riches avaient de telles villas. La comparaison de plusieurs villas permet de noter les ressemblances (structure des bâtiments, éléments de confort) et les différences, de richesse notamment. Ne pas oublier de situer les villas sur une carte.

5'48 min

4 Les villas gallo-romaines

Travail sur le cahier

Étude de documents

- Distribuer la représentation de la villa Loupian et légender le document.

① *cultures* ② *habitation* ③ *bâtiments agricoles*

- Répondre à la question :
  - *Quels éléments montrent que cette villa est habitée par de riches Gallo-Romains ? L'habitation est grande, il y a un bassin d'agrément au centre. On aperçoit de nombreuses terres cultivées.*

5 La villa Loupian

B La vie dans les villes gallo-romaines

- **Projeter la vidéo sur Arles.**
Après avoir situé cette ville sur une carte et repéré le Rhône, on remarque la proximité et les échanges possibles avec Rome. On peut comparer la maquette de la ville avec un plan actuel, pour observer les traces et les changements.

6 Les villes gallo-romaines : l'exemple d'Arles

Travail sur le cahier

Étude de document

- Projeter et distribuer la maquette de la ville d'Arles au IVe siècle.
- Répondre aux questions :
  - *Dans quelle région se trouve la ville d'Arles ?*
  En Provence-Alpes-Côte d'Azur.
  - *Complétez les légendes sur la maquette avec les bons numéros.*

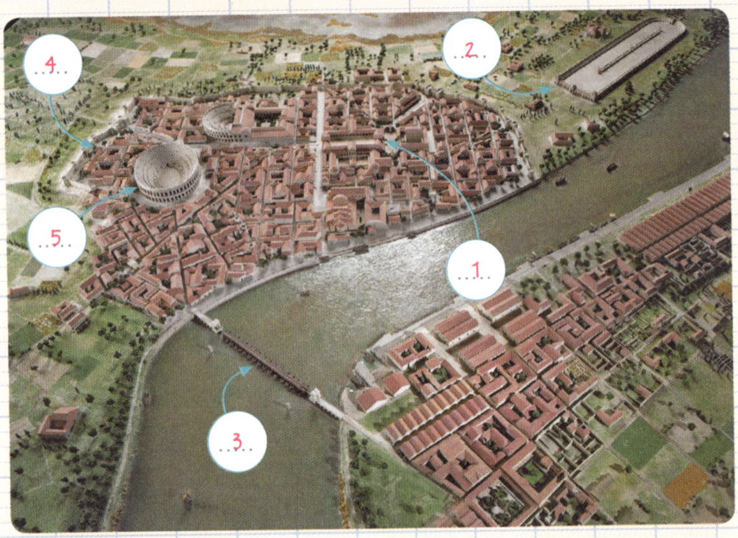

① le forum ② le cirque ③ le pont romain
④ les remparts ⑤ les arènes

- Compléter le tableau avec le monument gallo-romain correspondant à chaque description.

Jeux, combats de gladiateurs	Les arènes
Représentations théâtrales gratuites	Le théâtre
Enceinte servant à protéger la ville	Les remparts
Place publique servant de lieu de rencontre entre les habitants	Le forum
Bains publics	Les thermes
Courses de chars et de chevaux	Le cirque

- **Projeter le panorama de vestiges urbains gallo-romains et présenter les autres vestiges.**
L'eau est omniprésente dans la vie quotidienne et la culture des Gallo-Romains, comme en témoignent les thermes d'Arles, mais aussi les aqueducs, les fontaines ou encore les systèmes d'égouts.
– **Le pont du Gard** est un des plus beaux exemples de la façon d'acheminer l'eau en ville. Son étude peut faire l'objet d'une séance à part entière. Il figure au patrimoine mondial de l'Unesco. Nîmes, au temps des Gallo-Romains, est une ville qui souhaite ressembler à Rome. Malgré la source présente dans la ville, elle a besoin d'eau supplémentaire pour alimenter ses fontaines, ses thermes et les égouts de la ville. Le pont du Gard fait partie d'un ensemble d'aqueducs, de tunnels et de canaux permettant d'acheminer l'eau depuis Uzès jusqu'à Nîmes.

7 Les vestiges gallo-romains

- **La ville de Nîmes** était une grande ville gallo-romaine. Ses arènes sont l'amphithéâtre gallo-romain le mieux préservé actuellement. Elles servent encore de théâtre aujourd'hui. Au-dessus de la deuxième arcade, des piquets accueillaient un *velum*, une immense toile qui servait à protéger les spectateurs du soleil. Les gradins pouvaient accueillir 24 000 spectateurs.
- Enfin, on trouve en France de nombreux vestiges de **voies romaines** qui quadrillaient le territoire. Elles étaient essentielles pour la circulation et les échanges commerciaux des Gallo-Romains entre eux, et avec les Romains. À Arles, une voie reliait la ville à un axe qui conduisait directement relié à Rome, la capitale de l'Empire romain. Le tracé de ces voies s'est en partie appuyé sur les nombreuses voies gauloises existantes, qui ont d'ailleurs aidé les troupes de César à progresser et à se déplacer lors de la conquête de la Gaule !

Bilan de la séance

- **Rappeler la problématique posée en introduction.**

Dans les campagnes, les Gallo-Romains cultivent la terre et élèvent des animaux. Certains, plus riches, ont de grandes villas luxueuses (chauffage, thermes).
Dans les villes, des bâtiments sont dédiés aux loisirs, comme les théâtres et les cirques. Les villes sont construites autour d'un forum, elles sont entourées de remparts et desservies par des routes pavées.

Pistes pour la trace écrite *au choix*

1 Texte à reproduire

Après la conquête romaine, les Romains s'installent en Gaule et les cultures gauloises et romaines se mélangent. C'est la romanisation.

Dans les campagnes, on cultive des fruits, des légumes, des épices, de la vigne, des plantes oléagineuses. Certains propriétaires possèdent des villas, de grandes maisons dont on retrouve aujourd'hui des traces archéologiques.

Les villes sont construites autour d'une place appelée forum. Elles disposent de nombreux bâtiments culturels et de loisirs : théâtres, cirques, thermes, amphithéâtre. Elles sont reliées à Rome par des routes pavées.

2 Texte à compléter

▶ **Complète le texte avec les mots suivants :**
romanisation - villas - Romains - bâtiments - campagnes - traces - forum.

Après la conquête romaine, les ....
s'installent en Gaule et les cultures gauloises et romaines se mélangent. C'est la ....

Dans les ...., on cultive des fruits, des légumes, des épices, de la vigne, des plantes oléagineuses. Certains propriétaires possèdent des ...., de grandes maisons dont on retrouve aujourd'hui des .... archéologiques.

Les villes sont construites autour d'une place appelée .... Elles disposent de nombreux .... culturels et de loisirs : théâtres, cirques, thermes, amphithéâtre. Elles sont reliées à Rome par des routes pavées.

3 Carte mentale

▶ **Complète la carte mentale avec les mots suivants.**
villas - forum - paysans - cultures et élevage - loisirs - théâtre - cirques et courses de char - thermes.

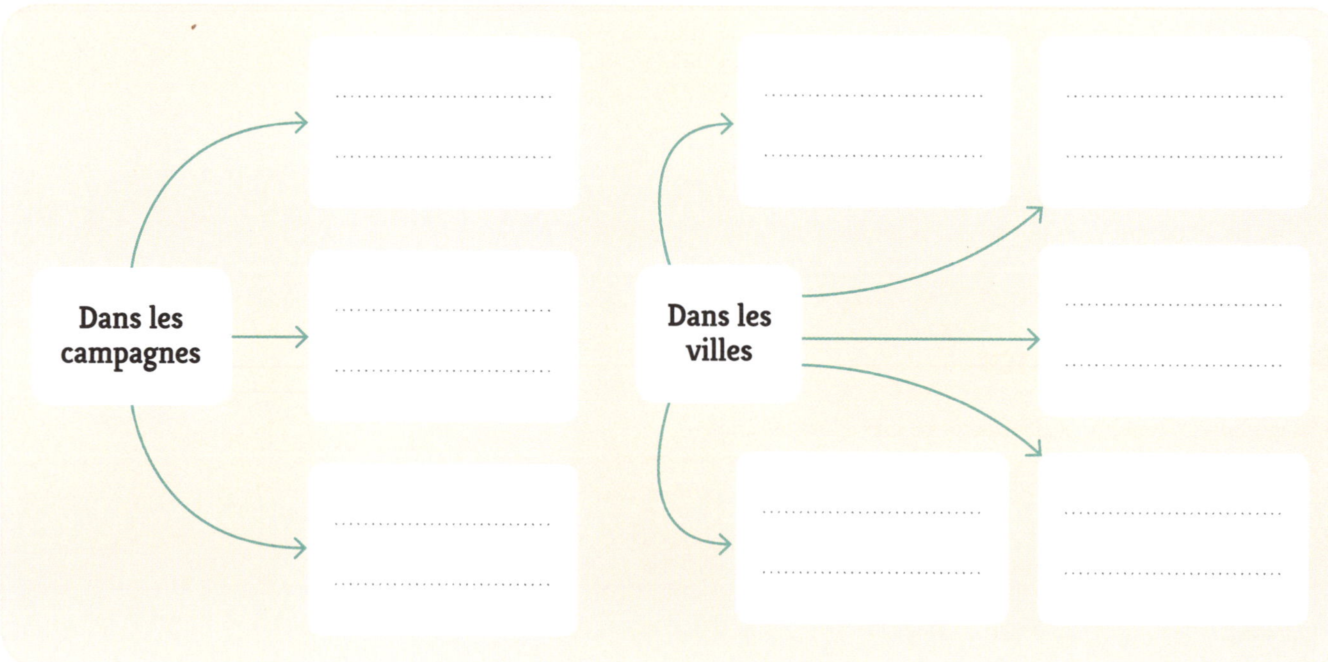

PROLONGEMENTS

▶ **Exploiter les ressources archéologiques locales, lors d'une visite.**
Exemple, le site archélogique du Fâ en Nouvelle-Aquitaine : ecole.nathan.fr/f06-fa

▶ **Visites 3D de villes romaines :**
- Vienne antique : ecole.nathan.fr/f06-vienne
- Lutèce : ecole.nathan.fr/f06-lutece

▶ **Découvrir la vie quotidienne des Gallo-Romains.**
- Regarder un reportage sur les vestiges de la villa Brachaud et la villa Antone, en Nouvelle-Aquitaine : ecole.nathan.fr/f06-brachaud-antone
- Regarder « Tutos Gallo », une série amusante pour adopter le mode de vie gallo-romain : ecole.nathan.fr/f06-tuto-gallo

7 Les grandes migrations de population

POINTS DE REPÈRE

L'affaiblissement de l'Empire romain

- Alors que l'Empire romain est de moins en moins puissant durant les IIIe et IVe siècles, des peuples arrivent de l'Est et viennent s'installer en Europe occidentale. Chez les Grecs, « *bar bar* » est une onomatopée pour désigner un langage incompréhensible. Les Romains reprennent le mot « barbare » pour désigner tous les peuples vivant hors de l'Empire.
- Ces peuples habitant à l'est du Danube sont éleveurs et agriculteurs. Attirés par les richesses de l'Empire, au IIIe siècle, ils lancent régulièrement des expéditions et viennent s'installer sur le territoire. Les empereurs tentent de sécuriser les frontières. Le long du Rhin, des places fortes, comme Trèves, sont construites et accueillent légionnaires et cavaliers. Au IVe siècle, les empereurs concluent des alliances avec certains peuples pour surveiller la frontière. Des régiments composés de ces peuples sont intégrés dans les légions et deviennent citoyens romains.

Les grandes migrations

- À la fin du IVe siècle et au début du Ve siècle, des peuples s'installent durablement. Pour des raisons climatiques, économiques, et fuyant peut-être la guerre : les Germains subissent la pression des Huns qui viennent d'Asie. En 406, profitant du gel des eaux du Rhin, près de 30 000 soldats de ces peuples et leur famille tentent de gagner les territoires actuels de la France, d'Espagne et d'Afrique du Nord. Ils s'acculturent. Pour certains, leur intégration est telle qu'il reste aujourd'hui très peu de traces de leur culture originelle.
- Des royaumes se constituent petit à petit, comme celui des Francs, un peuple issu de recompositions entre Romains, Germains... Les Francs sont le résultat de migrations et d'une transformation d'identité, ils n'ont pas d'origine lointaine. Au Ve siècle, Clovis devient roi des Francs. Devenu chrétien après son baptême en 496, il s'appuie sur des élites gallo-romaines et chrétiennes pour étendre son royaume. Mais les migrations continuent. Tout au long de son histoire, la France vit et accueille des migrations et influences multiples, ce qui fait la richesse de sa culture et de son patrimoine.

Une question toujours actuelle

- Cette fiche permet de montrer l'installation de différents peuples venus en France pendant l'Antiquité. Il est important de rappeler à cette occasion que la population française est le fruit d'héritages multiples.

Pour en savoir plus

- Patrick Boucheron (dir.), Edina Bozoky, « 451, Quand les barbares défendent la Gaule romaine », *Histoire mondiale de la France*, Seuil, 2017.
- Un article d'Isabelle Catteddu, « Invasions barbares ou grandes migrations ? », *Le Monde*, 10 octobre 2016.
- **Podcasts :**
  - *Carbone 14*, présenté par Vincent Charpentier, « Migrations ou "invasions barbares" », avec Bruno Dumezil, France Culture, 24 septembre 2017 (30 min) : ecole.nathan.fr/f07-migrations.
  - *La Fabrique de l'Histoire*, « Le Moyen Âge en mouvement », épisode 1 : « Retrouver les barbares », avec Bruno Dumézil, France Culture, 16 janvier 2017 (50 min) : ecole.nathan.fr/f07-barbares.

Mise en situation

Contextualisation

- **Rappeler qu'après la conquête de la Gaule par Jules César, l'Empire romain vit une longue période de paix.** Les Gaulois s'acculturent progressivement avec les Romains, les modes de vie se mélangent. Petite ville à l'origine (Rome), l'Empire romain devient immense : il s'étend tout autour du bassin méditerranéen et comprend 50 millions d'habitants. Mais l'Empire romain est aussi devenu si grand qu'il est difficile à gérer et qu'il commence à se diviser. Des fortifications sont créées pour tenter de le protéger des arrivées extérieures de population.

Se repérer dans le temps

- **Repérer les migrations sur la frise chronologique : entre le IIe et le Ve siècles.**

Problématiques

- Qui sont ces peuples ? Comment ont-ils contribué à affaiblir l'Empire romain ?

Frise

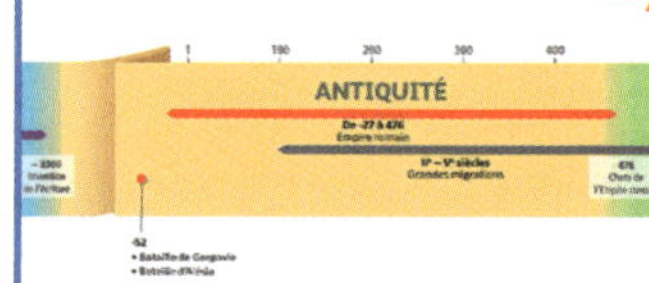

1 Frise chronologique

A Le mur d'Hadrien et le *limes*

- **Observer la photographie du mur d'Hadrien.**
L'Empire est devenu immense. Il est entouré par des lignes de fortifications appelées le « limes », un mot latin qui signifie « frontière ». Cette frontière s'appuie sur des éléments naturels comme les fleuves ou les montagnes. Quand il n'y a pas de frontière naturelle, les Romains construisent des fortifications dont il reste des traces aujourd'hui. Ce mur est un exemple du *limes*. Il a été construit par un empereur romain, Hadrien, entre 122 et 127.

2 Le mur d'Hadrien

Travail sur le cahier

Étude de document
- Projeter la photographie du mur d'Hadrien.
- Demander aux élèves de répondre aux questions sur leur cahier.
  - *Qui a fait construire ce mur ? Hadrien.*
  - *Quand ? Entre 122 et 127.*
  - *À quoi devait-il servir ? À empêcher des populations extérieures à l'Empire romain de passer la frontière.*

- **Projeter d'autres photos du *limes* et les situer sur une carte.**
Il s'agit du fort de Saalsburg à Hesse et de la porta Nigra de Trèves. Le long du *limes* romain, on retrouve des traces des fortifications : des forts, des remparts, des portes d'entrées dans les villes. Ces vestiges témoignent de la volonté des Romains de fermer l'Empire et de contrôler l'entrée des populations.

3 Le *limes* : les frontières de l'Empire romain

B Les grands mouvements de population

- **Projeter la carte des grands mouvements de population aux IVe et Ve siècles.**
Observer les limites de l'Empire romain et comparer sa taille avec une carte de l'Europe. Au IVe siècle, les mouvements de population deviennent plus intenses et des peuples venus de l'Est, que les Romains appellent « barbares », arrivent dans l'Empire romain. Le mot « barbare » vient du grec, d'un mot qui désignait tous ceux qui parlaient le « *bar bar* », une langue inconnue. Chez les Romains, ce mot désigne toutes les populations extérieures à l'Empire. Ces peuples sont sans doute attirés par les richesses de l'Empire romain, ils viennent y travailler, peut-être fuir la guerre.

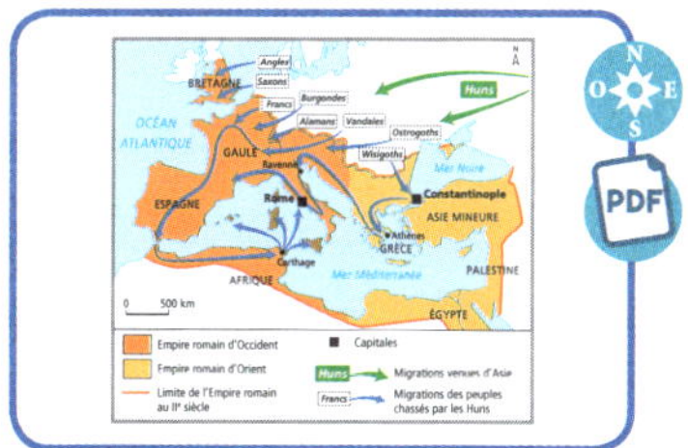

4 Les grands mouvements de population aux IVe et Ve siècles

Travail sur le cahier

Étude de carte

- Distribuer la carte des migrations et répondre aux questions suivantes.
– Surlignez, sur la carte, des exemples de peuples qui se déplacent. *Les Angles, les Saxons, les Francs, les Burgondes, las Alamans, les Vandales, les Ostrogoths et les Wisigoths.*
– D'après cette carte, pourquoi se déplacent-ils tous vers l'ouest ? *Ils semblent fuir les Huns, un peuple venu d'Asie.*

- Demander aux élèves de repasser le mur d'Hadrien en noir et les contours de l'Empire romain en rouge.

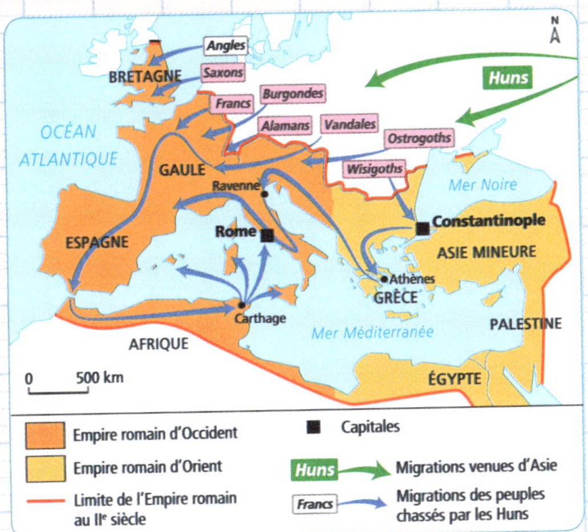

- Répondre aux questions :
– Quelles sont les deux capitales de l'Empire romain ? *Constantinople et Rome.*
– À votre avis, pourquoi y en avait-il plusieurs ? *L'Empire était si grand que c'était plus facile pour l'administrer.*

- Cette carte peut mettre l'actualité en perspective. Ces peuples sont peut-être venus trouver dans l'Empire romain un lieu riche et en paix, un peu comme l'Union européenne aujourd'hui.
Expliquer que l'Empire romain est devenu trop grand à gérer avec les deux capitales, Rome et Constantinople. En 476, l'empereur romain Romulus Augustule est détrôné. On considère que cette date marque la fin de l'Antiquité et le début du Moyen Âge. Des royaumes se constituent petit à petit. Mais l'Empire romain subsiste encore longtemps en Orient, jusqu'en 1453.

Bilan de la séance

- **Rappeler la problématique posée en introduction.**
Aux IVe et Ve siècles, l'Empire romain est affaibli car il est devenu trop grand à gérer. Des fortifications sont construites autour de l'Empire, mais elles n'empêchent pas des populations venues de l'Est de venir s'y installer.

Pistes pour la trace écrite au choix

1 Texte à reproduire

Aux IVe et Ve siècles, l'Empire romain est affaibli : il est devenu trop grand à gérer. Attirées par ses richesses, fuyant peut-être la guerre, des populations extérieures comme les Francs, les Saxons et les Angles, migrent dans l'Empire. Les populations continuent ainsi de se mélanger. En 476, l'empereur romain est détrôné et l'Empire romain d'Occident se divise en royaumes. Cet événement marque la fin de l'Antiquité.

2 Texte à compléter

▶ **Complète le texte avec les mots suivants :**
royaumes – Empire romain – populations extérieures – Antiquité.

Aux IVe et Ve siècles, l'.. est affaibli : il est devenu trop grand à gérer. Attirées par ses richesses, fuyant peut-être la guerre, des .... comme les Francs, les Saxons et les Angles., migrent dans l'Empire. Les populations continuent ainsi de se mélanger. En 476, l'empereur romain est détrôné et l'Empire romain d'Occident se divise en ....
Cet événement marque la fin de l'.. .

3 Carte mentale

▶ **Complète la carte mentale avec les phrases suivantes.**

- *Des peuples venus de l'Est (Francs, Saxons, Angles).*
- *Après la chute du dernier empereur romain d'Occident, les populations continuent de se mélanger.*
- *L'Empire romain est divisé en royaumes.*
- *Ils sont attirés par les richesses de l'Empire romain.*
- *Ils franchissent le* limes*, la frontière de l'Empire romain.*

Les grandes migrations aux IVe et Ve siècles

Qui ?	Où ?	Pourquoi ?	Quelles conséquences ?
....	....	....	• ....
....	....	....	....
....	....	....	....
....	....	....	....
....	....	....	• ....
....	....	....	....
....	....	....	....
....	....	....	....

PROLONGEMENTS

▶ **Vidéo :** regarder un reportage sur le *limes* à Trèves, qui comporte aussi des extraits de films et reconstitutions : ecole.nathan.fr/f07-treves

8 Clovis et les Mérovingiens

POINTS DE REPÈRE

Clovis, premier roi des Francs

- Ce que l'on sait de Clovis vient essentiellement de Grégoire de Tours, un historien qui écrit *Histoire des Francs* un siècle après les événements. Les autres sources sont minces, même si des découvertes archéologiques récentes permettent d'étayer certaines hypothèses. Clovis est roi des Francs, un peuple germanique. Il est marié à Clotilde, une princesse burgonde.

Le baptême de Clovis

- Clovis s'est converti à la religion chrétienne sûrement pour des raisons politiques, afin d'avoir l'appui de l'Église et des élites face aux autres peuples germains. Grégoire de Tours décrit une conversion qui ressemble beaucoup à celle de l'empereur Constantin en 312, marquant peut-être ainsi une filiation. La date de 496 est incertaine et les historiens hésitent encore. Il aurait peut-être été baptisé par l'évêque Rémi à Reims : un baptistère a été retrouvé sous la nef de la cathédrale de Reims, sans que cela n'apporte aucune preuve. Quant au récit de la fiole miraculeuse apportée par une colombe pour joindre le chef franc, il n'apparait qu'au IXe siècle.

Un personnage important et un enjeu de mémoire

- Au IXe siècle, afin de maintenie le sacre des rois de France à Reims, le rôle de l'évêque Rémi est magnifié par les évêques de Reims. Au XIVe siècle, en pleine de guerre de Cent Ans, l'Église fait de Clovis un roi choisi par Dieu, s'en servant de prétexte pour que le trône revienne à un roi français et non anglais.
- Au XIXe siècle, Clovis devient un personnage central de l'Histoire de France : en 1870, la France a été vaincue par l'Allemagne et Clovis incarne celui qui a vaincu les Alamans. Il représente aussi celui qui a agrandi le royaume de France par ses conquêtes. Il devient ainsi une figure républicaine au moment où le régime exalte les départements perdus d'Alsace-Lorraine et prépare la « Revanche ». Clovis est celui qui ancre le christianisme en France, et devient également une figure glorifiée par les catholiques. Son centenaire est célébré en 1896.
- En 1940, la francisque franque (hache) est utilisée comme symbole par Pétain sous le régime de Vichy. Clovis est alors considéré comme un père fondateur de la nation française ouvrant la période du Moyen Âge.

Pour en savoir plus

- Patrick Boucheron (dir.), Magali Coumert, « Les Francs choisissent Paris comme capitale », *Histoire mondiale de la France*, Seuil, 2017.
- **Podcasts :**
  - Une fiction radiophonique commentée par l'historien Bruno Dumézil, « La légende de Clovis et Clotilde », *Autant en emporte l'Histoire*, France Inter (54 min) : ecole.nathan.fr/f08-clotilde.
  - « Clovis, un baptême erratique », *Concordance des temps*, par Jean-Noël Jeanerey, France Culture (59 min) : ecole.nathan.fr/f08-bapteme.

DÉROULÉ DE LA SÉANCE

Mise en situation

Se repérer dans le temps

- **Repérer le Moyen Âge sur la frise chronologique des grandes périodes historiques.**
  On pourra également montrer la vidéo Canopé sur l'explication de l'expression « Moyen Âge ».
- **Projeter la seconde frise sur la fin de l'Empire romain.**
  - Pourquoi l'Empire romain s'affaiblit-il ? Les Germains ont traversé le limes (la frontière) et se sont installés sur le territoire. L'Empire romain, très grand, était devenu difficile à contrôler.

2 min

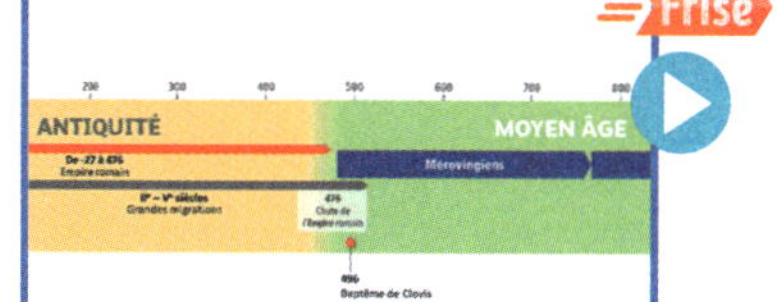

1 Frises chronologiques

- **Projeter la carte des migrations aux IVᵉ et Vᵉ siècles** pour contextualiser. Les Francs, peuple germain, occupent une partie du nord-est de la Gaule. Ils ont plusieurs royautés. En 481, Clovis devient roi des Francs, après avoir gagné plusieurs batailles contre les Alamans, les Burgondes, les Wisigoths. Les Francs, prennent alors progressivement le contrôle de la Gaule romaine.

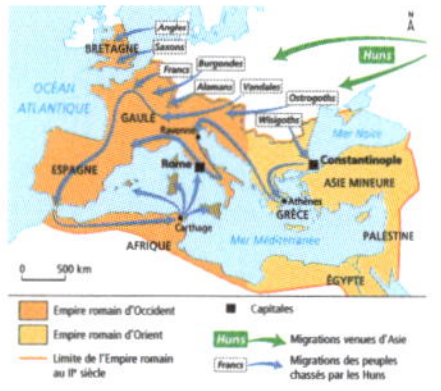

2 Les grandes migrations aux IVᵉ et Vᵉ siècles

Problématiques

- Comment Clovis a-t-il créé et agrandi le royaume ? Quelle dynastie a-t-il fondée ?

A Le baptême de Clovis

- **Projeter et observer l'image de la tablette.**
  - Que font ces personnages ?
  Après une victoire, Clovis décide de se faire baptiser, en 496 environ. La date exacte n'est pas connue. Cet événement est raconté par un historien, Grégoire de Tours, un siècle après les faits. Cette tablette nous montre ce baptême.

3'15 min

CORRIGÉ

3 Le baptême de Clovis

Travail sur le cahier

Étude de document

- Distribuer la photographie de la tablette.
- Projeter la vidéo sur le baptême de Clovis et demander aux élèves :
  - À quoi servait cette tablette ? C'était la reliure d'un manuscrit.
  - Est-elle contemporaine du baptême de Clovis ? Non, elle a été réalisée plus de 300 ans après son baptême.
- Demander aux élèves de compléter la légende de la photographie.

① l'évêque de Reims ② la colombe apportant l'huile sacrée
③ la reine Clotilde ④ Clovis

- Répondre à la question suivante :
  - À quel détail voit-on que mythe et réalité se mélangent ?
  Une colombe apporte l'huile sacrée dans une fiole. Cette colombe relève de la légende et représente ici le Saint-Esprit.

- **Projeter et lire le texte sur le rôle politique du baptême de Clovis.**
  - De quand date ce texte ? C'est un texte de 1996, écrit par un historien contemporain.
  Expliquer que Clovis a besoin de soutien pour renforcer son pouvoir face aux autres chefs germains (ou « barbares »). Grâce au baptême, il s'assure de l'appui des élites gallo-romaines, les populations les plus riches et cultivées, et de l'Église catholique, la religion catholique s'étant imposée dans l'Empire romain. À partir de cet événement, tous les rois de France seront unis à l'Église catholique.

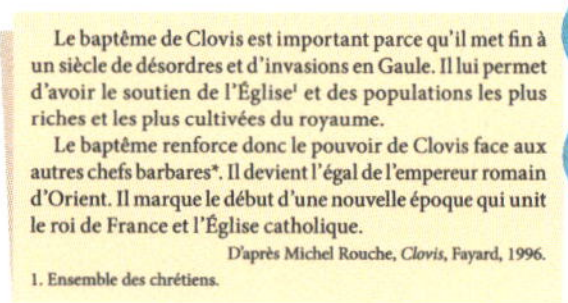

Le baptême de Clovis est important parce qu'il met fin à un siècle de désordres et d'invasions en Gaule. Il lui permet d'avoir le soutien de l'Église[1] et des populations les plus riches et les plus cultivées du royaume.

Le baptême renforce donc le pouvoir de Clovis face aux autres chefs barbares*. Il devient l'égal de l'empereur romain d'Orient. Il marque le début d'une nouvelle époque qui unit le roi de France et l'Église catholique.

D'après Michel Rouche, *Clovis*, Fayard, 1996.

1. Ensemble des chrétiens.

4 Le rôle politique du baptême

Travail sur le cahier

- Répondre aux questions.
  - *Pourquoi Clovis s'est-il fait baptiser ? Pour avoir le soutien des religieux et des élites et augmenter son pouvoir.*
  - *Noter, dans le texte, la phrase qui montre que ce baptême unit dorénavant le roi à l'Église. Il marque le début d'une nouvelle époque qui unit le roi de France et l'Église catholique.*

B Les Mérovingiens et la création du royaume franc

- **Projeter la carte du royaume franc à la mort de Clovis.**
  Repérer les différents peuples qui occupent la Gaule et interroger les élèves :
  Leurs noms font-ils penser à des régions qui existent encore aujourd'hui ?
  – « Alamans » a donné « Allemagne » : la Saxe et la Basse-Saxe sont des länder allemands ;
  – les Bretons sont les peuples installés dans notre région Bretagne ainsi qu'en Grande Bretagne ;
  – les Basques sont installés autour des Pyrénées, en Espagne et en France ;
  – le nom des Burgondes est à l'origine de l'actuelle Bourgogne.
  On peut comparer cette carte avec une carte de la France actuelle pour mettre en évidence les différences et les similitudes de frontières.

5 Le royaume franc à la mort de Clovis

Travail sur le cahier

Étude de carte

- Répondre aux questions.
  - *Que se passe-t-il entre le début du règne de Clovis et sa mort ? Le territoire des Francs s'est agrandi.*
  - *Comment Clovis a-t-il fait ? Il a gagné des batailles.*
  - *Où se trouve la capitale du royaume après ses conquêtes ? Elle se trouve à Paris.*

- **Projeter la vidéo sur l'évolution du royaume des Francs après la mort de Clovis.**
  Faire remarquer que le royaume des Francs n'a fait que s'agrandir.
- **Expliquer qu'une dynastie est une succession de rois d'une même famille.**
  On devient roi de père en fils. Après la mort de Clovis, ses fils deviennent rois à leur tour, et leur partage du royaume finit par affaiblir la dynastie.

1'40 min

6 L'évolution du royaume des Francs après la mort de Clovis

Travail sur le cahier

Étude de document

- Répondre aux questions.
  - *Que se passe-t-il après la mort de Clovis ? Ses fils se sont partagé le royaume et le territoire des Francs ne cesse de s'agrandir.*
  - *À quelle dynastie appartiennent Clovis et ses successeurs ? C'est la dynastie des Mérovingiens.*
  - *Jusqu'à quelle date règnent-ils ? Ils ont régné jusqu'en 751.*

- **Montrer la frise chronologique sur la dynastie des Mérovingiens.**
Expliquer qu'avec Clovis nait la dynastie des Mérovingiens. Après le partage du royaume et la mort de ses fils, les derniers rois mérovingiens tentent de réunifier un royaume divisé par les différentes successions. De plus, les mouvements de population continuent. Pour les gérer dans un royaume divisé, le pouvoir devient plus régional et ce sont des seigneurs qui assurent la sécurité des différentes parties du royaume. Une personne devient de plus en plus importante : le maire du palais. Il s'occupe des affaires administratives du domaine royal et devient chef de la noblesse. Progressivement, le maire du palais devient plus important que le roi. Pépin de Herstal est l'un d'eux. Il réussit à réunifier le royaume en 687. À sa mort en 714, son fils, Charles Martel, continue son travail, tout comme Pépin le bref, fils (illégitime) de Charles Martel. Finalement, en 751, Pépin le Bref réussit à se faire élire roi des Francs par les aristocrates à la place du dernier roi mérovingien, et il se fait même sacrer par un évêque pour légitimer encore plus le pouvoir qu'il vient de prendre. Il a plusieurs fils, dont Charlemagne. Une nouvelle dynastie va naitre : celle des Carolingiens.

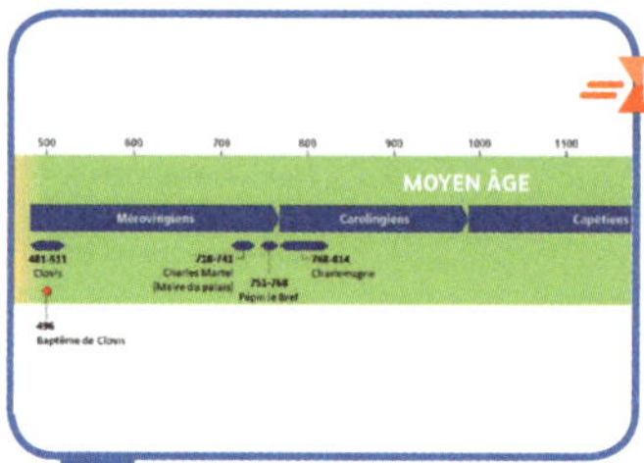

7 **La dynastie des Mérovingiens**

Bilan de la séance

- **Rappeler les problématiques posées en introduction.**
Clovis a créé le royaume franc. Il est devenu le premier roi des Francs grâce au soutien des élites et de l'Église catholique et a fondé la dynastie des Mérovingiens.

Pistes pour la trace écrite au choix

1 Texte à reproduire

Clovis a créé le royaume franc et est devenu le premier roi des Francs. Il se fait baptiser pour avoir le soutien des élites gallo-romaines et de l'Église catholique face aux autres chefs barbares. Il fonde la dynastie des Mérovingiens qui vont régner jusqu'en 751. Clovis a beaucoup agrandi le territoire des Francs, ainsi que ses fils après lui.

2 Texte à compléter

▶ **Complète le texte avec les mots suivants :**
baptiser – franc – roi – Mérovingiens – territoire.

Clovis a créé le royaume ....
et est devenu le premier .... des Francs.
Il se fait .... pour avoir le soutien
des élites gallo-romaines et de l'Église catholique
face aux autres chefs barbares. Il fonde la dynastie
des .... qui vont régner jusqu'en 751.
Clovis a beaucoup agrandi le ....
des Francs, ainsi que ses fils après lui.

PROLONGEMENTS

▶ **Arts visuels :** l'image du baptême de Clovis est à l'origine de la cérémonie du sacre des rois de France. Le site de la BNF explique cette cérémonie, avec des enluminures : ecole.nathan.fr/f08-bnf

▶ **Activité :** réaliser un arbre généalogique pour comprendre la notion de dynastie.

9 Charlemagne et l'Empire carolingien

POINTS DE REPÈRE

Des Mérovingiens aux Carolingiens

- La réussite des Mérovingiens a été exceptionnellement durable. Les Mérovingiens ont gardé leur suprématie en Gaule bien après que les autres royaumes barbares aient disparu. À la fin de leur domination, les derniers Mérovingiens concentrent tous leurs efforts à réunifier sans cesse un royaume divisé par les successions.
- Dans le même temps, de nouvelles invasions ont lieu. Le territoire est fragilisé et la sécurité est assurée par l'aristocratie qui s'appuie sur des réseaux de clientèle (protection contre service militaire). Un personnage prend la tête de la noblesse et devient administrateur du domaine royal : le maire du palais. Charles Martel, fils Pépin de Herstal, est maire du palais et continue, comme son père, à lutter contre les invasions. Le fils de Charles Martel, Pépin le Bref, se fait élire roi des Francs par des aristocrates à la place du dernier roi Mérovingien. Il se fait sacrer par un évêque pour légitimer son pouvoir.

Charlemagne

- Fils de Pépin le Bref, Charlemagne est l'un des premiers personnages bien connus de l'Histoire de France. Son règne s'inscrit dans la tradition des empereurs romains chrétiens du IVe siècle, Constantin et Théodose.
- Il se fait couronner empereur d'Occident en 800. Il élargit les frontières de l'Empire et participe aux prémices d'une Europe chrétienne, par la christianisation des peuples conquis et ses luttes contre les Lombards, les Saxons et les Bavarois.

L'organisation de l'Empire

- Les comtés sont des circonscriptions territoriales dirigées par un comte qui est nommé et donc dépendant de l'empereur. Le comte transmet les décisions de l'empereur et ses pouvoirs étendus lui permettent d'avoir une grande autorité sur son comté.
- Les comtes sont inspectés par des *missi dominici*, des fonctionnaires de l'empereur. L'administration du royaume par les capitulaires, la réorganisation des études, la multiplication des livres constituent ce qu'on a appelé la « Renaissance carolingienne » (voir fiche 10, p. 59).

Pour en savoir plus

- Une série de podcasts sur Charlemagne : « Charlemagne », *La Fabrique de l'histoire*, présenté par Emmanuel Laurentin, France Culture : ecole.nathan.fr/f09-charlemagne.

DÉROULÉ DE LA SÉANCE

▶ Mise en situation

Se repérer dans le temps

- **Repérer les dynasties des Mérovingiens et des Carolingiens sur la frise chronologie.**
  – Après Clovis, qui détient le pouvoir dans le royaume des Francs ?
  Ses fils se partagent le royaume.
- **Rappeler que, par la suite, leurs successeurs ne parviennent pas à le réunifier.** Le royaume est affaibli et divisé. C'est le maire du palais, la plus importante personne du royaume après le roi, qui devient petit à petit plus importante que le roi et qui dirige et assure la sécurité des territoires. L'un d'eux, Pépin le Bref, réussit à se faire élire roi des Francs.

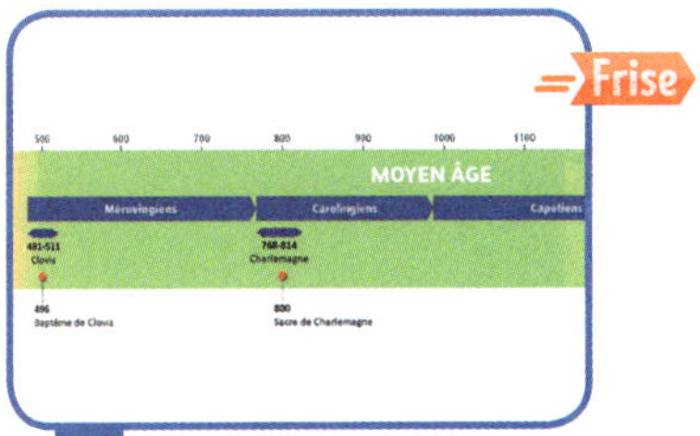

1 Frise chronologique

Document d'accroche

- **Projeter la seconde frise chronologique.**
  - *Qui est à l'origine de la dynastie des Carolingiens ? Charles Martel.*
  - *Quelle était sa fonction ? Était-il roi ? Non, il était maire du palais.*

Charlemagne est le descendant de Pépin le Bref, lui-même descendant de Charles Martel. Pépin le Bref, alors maire du palais, réussit à se faire élire roi. Ainsi nait une nouvelle dynastie de rois : les Carolingiens. Le mot « Carolingien » vient de « Charlemagne ».

- *Rappelez ce qu'est une dynastie. C'est une succession continue de souverains, d'une même lignée (famille) qui dirigent un territoire.*

Charlemagne est un personnage marquant de l'histoire de France, connu notamment pour avoir créé un immense empire, presque aussi grand que l'Empire romain.

Frise

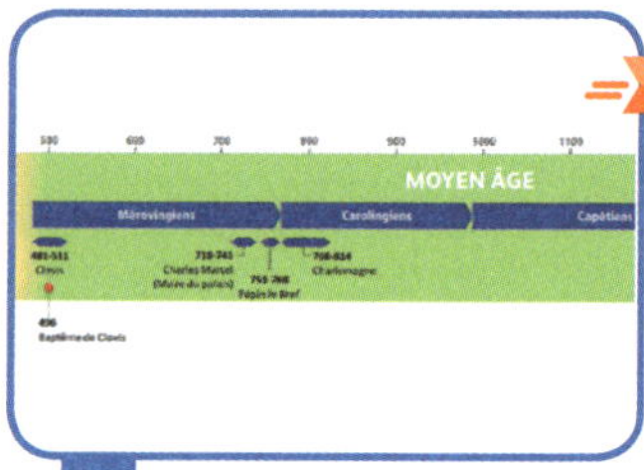

2 La dynastie des Carolingiens

Problématique

- Comment Charlemagne a-t-il créé et organisé son Empire ?

A Le sacre de Charlemagne

- **Projeter et lire le texte sur le sacre de Charlemagne.**
  - *Que raconte-t-il ? Il décrit le sacre de Charlemagne, qui a fait de lui un empereur.*
  - *Ce texte est-il contemporain du sacre de Charlemagne ? Oui, ce texte a été écrit au IXe siècle.*

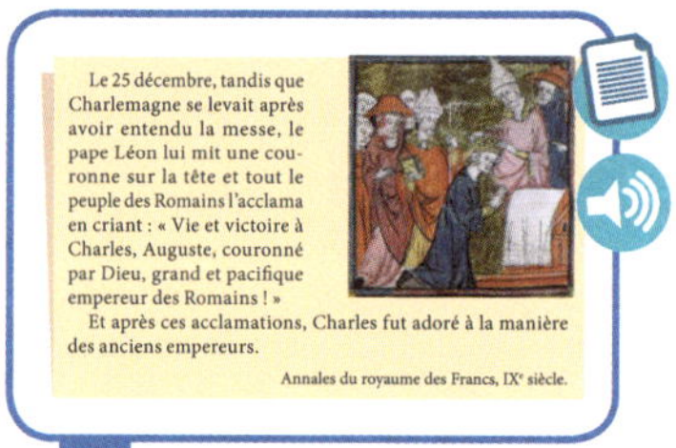

Le 25 décembre, tandis que Charlemagne se levait après avoir entendu la messe, le pape Léon lui mit une couronne sur la tête et tout le peuple des Romains l'acclama en criant : « Vie et victoire à Charles, Auguste, couronné par Dieu, grand et pacifique empereur des Romains ! »

Et après ces acclamations, Charles fut adoré à la manière des anciens empereurs.

Annales du royaume des Francs, IXe siècle.

3 Le sacre de Charlemagne

- **Expliquer que ce texte est tiré d'un ouvrage historique** rédigé pendant la monarchie carolingienne.
- **Définir une *monarchie*** comme un État dont le chef est un roi.
- **Puis, expliquer ce qu'est un *sacre* :** une cérémonie religieuse qui donne un caractère sacré au roi. Le pape sacre Charlemagne : symboliquement, il lui met une couronne sur la tête et de l'huile sainte sur le corps. Par ce geste, il scelle une alliance entre le roi et Dieu. Le roi acquiert ainsi encore plus de pouvoir, puisqu'il se trouve directement relié à Dieu.
- **Demander aux élèves de compléter la légende de l'enluminure** avec les numéros qui conviennent.
  1. *Charlemagne*
  2. *Le pape Léon*

4 Statue de Charlemagne

Travail sur le cahier

Étude de texte

- Répondre aux questions sur le texte.
  - *Quand le texte a-t-il été écrit ? Il a été écrit au IXe siècle.*
  - *Qui acclame Charlemagne ? Tout le peuple des Romains l'acclame.*
  - *De quels « anciens empereurs » parle le texte à ton avis ? Des empereurs romains, dont Charlemagne se veut l'héritier.*

Le texte fait référence ici aux empereurs romains chrétiens, comme Constantin ou Théodose.

- **Projeter la statue équestre de Charlemagne** et demander aux élèves :
  – À votre avis, que représente le globe que Charlemagne tient dans la main ? Il représente la voute de l'Univers, donc l'Empire, son pouvoir.
  Préciser que ce globe est par la suite surmonté d'une croix, symbole des chrétiens, comme l'illustre cette enluminure, réalisée vers 1500, bien après l'époque de Charlemagne. On l'appelle alors « globe ou orbe crucifère » et il représente la domination de Dieu sur le monde entier. Cet objet devient un symbole impérial chez d'autres rois.
- **Expliquer que Charlemagne est à l'origine des premiers regalia, objets symboliques de la monarchie française :** son épée nommée « Joyeuse », qui représente l'engagement guerrier du roi, et sa couronne fermée, symbole de souveraineté.

B L'Empire de Charlemagne

- **Projeter la carte de l'Empire de Charlemagne à sa mort en 814.**
  Repérer l'expansion du royaume des Francs depuis la mort de Clovis, puis à la mort de Charlemagne.

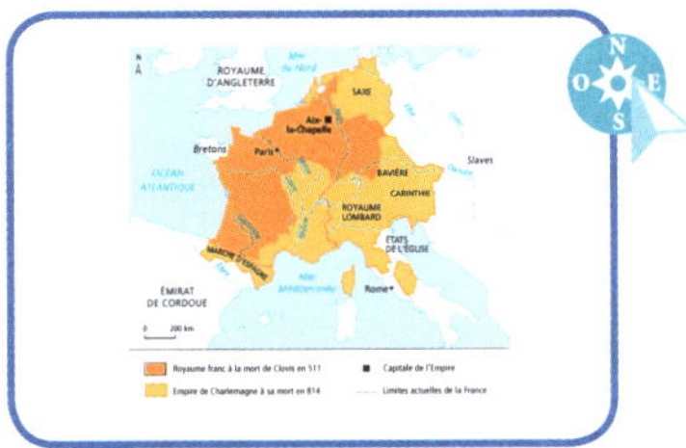

5 L'Empire à la mort de Charlemagne en 814

Travail sur le cahier

Étude de carte

- Répondre aux questions.
  – Quelle est la capitale de l'Empire Charlemagne ?
  Aix-la-Chapelle.
  – Surlignez les limites actuelles de la France.
  – Comparez les trois cartes : l'Empire romain (fiche 7), le royaume des Francs (fiche 8) et l'Empire de Charlemagne. Comment le territoire a-t-il évolué ? Clovis, les Mérovingiens et Charlemagne ont beaucoup agrandi le territoire Franc, mais ce territoire n'est pas aussi grand que l'Empire romain.

- **Expliquer que la ville d'Aix-la-Chapelle se trouve actuellement en Allemagne.** Charlemagne y a bâti son palais, dont il reste aujourd'hui la chapelle. Il fait ce choix certainement pour des raisons géographiques : Aix-la Chapelle est au cœur des terres carolingiennes, le berceau de sa famille. Il peut également contrôler la Saxe plus facilement, profiter des grandes forêts pour chasser et des sources d'eau chaudes pour ses rhumatismes !
  On peut montrer aux élèves la photographie du trône de Charlemagne.

- **Projeter et lire le texte qui explique comment Charlemagne administrait cet immense territoire.** C'est grâce à une bonne organisation qu'il a pu agrandir et structurer son royaume.

> L'Empire est divisé en plus de 200 comtés. À la tête de chacun d'eux, un comte, nommé par l'empereur, remplit les fonctions de juge, de chef militaire et de collecteur des impôts. Une fois par an, le comte se rend au palais d'Aix-la-Chapelle pour écouter les capitulaires (recueils de lois).
> Le comte est contrôlé par les *missi dominici*, des envoyés de l'empereur qui veillent à l'application des capitulaires.
>
> D'après Claude Gauvard, *La France au Moyen Âge du Ve siècle au XVe siècle*, 1996.

6 L'organisation de l'Empire

Travail sur le cahier

Étude de texte

- Répondre aux questions.
  – Qu'est-ce qu'un comté ? C'est une partie de l'Empire.
  – Trouvez, dans le texte, les trois rôles des comtes.
  « Juge, « chef militaire » et « collecteur des impôts ».
  – Quel est le sens du mot « capitulaire ». Recueil de lois.
  – À quoi servent les missi dominici ? Ce sont des envoyés de l'empereur qui surveillent les comtes et l'application des capitulaires.

- **Expliquer qu'afin d'assurer le bon fonctionnement de son territoire, qui ne cesse de s'agrandir, Charlemagne instaure le fonctionnement de l'État.** Il édicte des capitulaires, des lois applicables dans tous les domaines : monnaie, morale, poids, mesures, instruction...
  Pour s'assurer de leur respect, il envoie des *missi dominici*, chargés de surveiller les comtes. Ces fonctionnaires étaient très protégés et essentiels à l'administration du royaume.

Bilan de la séance

- **Rappeler la problématique posée en introduction.**
  Charlemagne a considérablement agrandi le territoire franc pour bâtir un grand Empire. Il s'est fait sacrer empereur et a organisé rigoureusement son Empire en comtés, régis par des lois et gérés par des comtes et des *missi dominici*. Avec lui, nait la dynastie des Carolingiens

Pistes pour la trace écrite au choix

1 Texte à reproduire

Charlemagne est un roi des Francs de la dynastie des Carolingiens. Il se fait sacrer empereur en 800 et agrandit considérablement le territoire franc. Il organise son immense Empire en comtés, régis par des lois. Les comtes administrent le royaume et veillent à l'application des lois.

2 Texte à compléter

▶ **Complète le texte avec les mots suivants :**
Francs - 800 - Carolingiens - lois - comtés.

Charlemagne est un roi des ....
de la dynastie des .... Il se fait sacrer empereur en .... et agrandit considérablement le territoire franc. Il organise son immense Empire en ...., régis par des lois. Les comtes administrent le royaume et veillent à l'application des ....

PROLONGEMENTS

▶ **Jeu :** un jeu de devinette pour mémoriser le vocabulaire sur Charlemagne : ecole.nathan.fr/f09-jeu

▶ **Vidéo :** regarder un reportage sur le palais d'Aix-la Chapelle : ecole.nathan.fr/f09-visite

10 L'école sous Charlemagne

AVOIR 10 ANS SOUS…

POINTS DE REPÈRE

La « Renaissance carolingienne »

- On désigne par cette expression les efforts de Charlemagne pour relever le niveau intellectuel de son peuple. Il organise les études, fait multiplier les copies des ouvrages religieux et des auteurs latins. Ce travail assure la conservation de la majorité des textes latins qui vont être redécouverts par la suite. Ce renouveau intellectuel est perceptible dans tous les domaines de l'activité littéraire du IXe siècle. On parle d'une véritable Renaissance, très tournée vers l'héritage antique qui est exploité au profit du christianisme. La langue latine est redécouverte.

Les écoles

- De faible instruction lui-même, Charlemagne invite des érudits à la Cour et organise, dans son palais d'Aix-la-Chapelle, une école dont ils sont, avec sa famille, les premiers élèves. Il édite une série de capitulaires entre 791 et 800 pour prescrire l'organisation d'écoles monastiques, et, dans les campagnes, d'écoles presbytérales. Ces écoles sont destinées aux clercs et aux laïcs, mais ces derniers manifestent peu d'intérêt pour l'instruction.
- Les écoles sont d'abord élémentaires, puis, dès la fin du VIIIe siècle, certaines deviennent supérieures. Comme il était difficile de trouver en Gaule franque des maitres assez instruits, Charlemagne en fait venir de l'étranger (Italie, Espagne, Angleterre, Saxe, Irlande).

Les enseignements

- La plupart des écoles enseignent les arts libéraux, qui désignent, depuis l'Antiquité, la grammaire, la dialectique, la rhétorique, l'arithmétique, la musique, la géométrie et l'astronomie. Ce corpus d'enseignement est généralisé au Moyen Âge par le précepteur de la famille de Charlemagne, le poète, savant et théologien anglais Alcuin. Ce personnage est responsable des réformes scolaires supérieures durant la période de la « Renaissance carolingienne ».

Pour en savoir plus

- Une exposition en ligne de la BNF, qui peut aussi être projetée aux élèves : ecole.nathan.fr/f10-expo-bnf
- Un article de la BNF sur la « minuscule caroline » : ecole.nathan.fr/f10-caroline
- Un podcast avec Michel Sot, historien spécialiste du Haut Moyen Âge, « Charlemagne et la Renaissance carolingienne », *Le vif de l'Histoire*, présenté par Jean Lebrun, France Inter (27 min) : ecole.nathan.fr/f10-carolingiens.

DÉROULÉ DE LA SÉANCE

Mise en situation

Contextualisation

- **Expliquer que l'enseignement existe depuis 5 000 ans, en Grèce, à Rome puis dans la Gaule romaine, mais il se développe davantage au VIIIe siècle.** Charlemagne regrettait d'être assez peu instruit lui-même. Il fait venir de l'étranger, dans son propre palais, des maitres pour développer ses connaissances ainsi que celles de sa famille. Charlemagne impose aux religieux d'ouvrir des écoles pour éduquer les garçons. L'enseignement lui semble très important, et il a besoin de former des comtes et des prêtres afin d'unifier et de diriger le royaume.

Problématique

- Quels changements Charlemagne apporte-t-il dans l'instruction des enfants ?

A Le développement des écoles sous Charlemagne

- **Projeter et lire le texte.**

Interroger les élèves :

– De quand date ce texte ? De 789.

– D'où vient-il ? C'est un texte de loi de Charlemagne.

– À quoi peut-il servir ? Il donne des instructions pour éduquer les enfants.

Expliquer que Charlemagne a édité de nombreux capitulaires pour administrer son royaume. Beaucoup d'entre eux sont dédiés à l'organisation de l'école.

L'école au temps de Charlemagne, et plus généralement au Moyen Âge, a lieu dans des monastères ou des presbytères (maisons des prêtres). L'enseignement est assuré par des religieux.

Qu'on rassemble non seulement les fils de condition modeste, mais les fils bien nés. Qu'on établisse des écoles pour l'instruction des garçons. Que dans chaque monastère ou évêché on enseigne les psaumes [prières chantées], les notes, le chant, le calcul, la grammaire, et qu'on dispose de livres bien corrigés.

Capitulaire (loi) de Charlemagne, 789.

1 **Le développement des écoles sous Charlemagne**

Travail sur le cahier

Étude de texte

- Répondre aux questions.

– Qui a écrit le texte ? Charlemagne.

– Vrai ou faux. Dans le texte, trouvez les mots qui vous ont permis de répondre.

- *Les écoles sont destinées aux riches comme aux pauvres.* **V**
- *Les écoles sont destinées à tous les enfants.* **F** (elles sont réservées aux garçons.)
- *L'enseignement est fait par des moines.* **V**

– Quelles sont les disciplines enseignées dans les écoles.

Les psaumes, les notes, le chant, le calcul, la grammaire.

Les notes correspondent à l'enseignement du calcul.

- **Faire remarquer qu'à l'époque l'école est réservée aux garçons.**

En développant l'enseignement, Charlemagne souhaite former des fonctionnaires cultivés, sur lesquels il pourra s'appuyer pour gérer les comtés.

B Une nouvelle écriture

- **Projeter les documents sur le passage à la nouvelle écriture, la « petite caroline », créée par Charlemagne.**

– D'où proviennent ces documents ? De manuscrits anciens.

- **Expliquer que Charlemagne a créé une nouvelle écriture, ronde et régulière, d'une grande lisibilité.** Cette écriture est plus lisible et plus pratique que les écritures utilisées à l'époque mérovingienne :

- un espace est respecté entre les mots ;
- le dessin de chaque lettre est bien défini ;
- il y a peu de ligatures (lettres liées entre elles) et d'abréviations.

On peut montrer l'alphabet complet de cette nouvelle écriture, nommée « la petite caroline », un mot qui vient de « Charlemagne ».

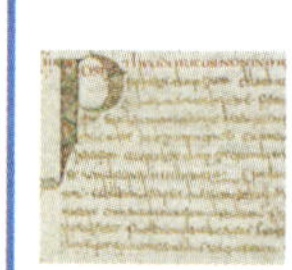

2 **Une nouvelle écriture : la petite caroline**

Elle a été déformée au Moyen Âge puis réutilisée plus tard par les copistes humanistes. Notre propre écriture en a hérité.
- Que fait Charlemagne pour faciliter la lecture des textes et l'apprentissage ?
Il créé une nouvelle écriture, plus facile à tracer et plus lisible.

C Le déroulement des enseignements

- **Projeter la miniature représentant une salle de classe.**
Expliquer aux élèves qu'au Moyen Âge, une miniature est une peinture réalisée par un *miniator*, un mot qui vient du latin et qui désigne un calligraphe utilisant le minium, un minerai utilisé pour sa couleur.
- **Décrire la miniature :** le maitre est sur une chair (une chaise surélevée), il lit un livre posé sur un pupitre. Il est situé en hauteur par rapport aux élèves.
- Quel effet donne la représentation du maitre ? Donnez des détails.
Elle peut donner une impression de supériorité : le maitre est placé en hauteur par rapport aux élèves, sur un fauteuil imposant, luxueux (tapis et drapés derrière lui), alors que les élèves sont assis par terre. De plus, le maitre porte un grand manteau. Son pupitre est orné (le pied est torsadé). On a une sensation de respect des élèves qui lèvent la tête vers leur maitre.

3 Une salle de classe

Travail sur le cahier

Étude de documents

- Distribuer la miniature et répondre aux questions.
- De quand date cette miniature ? Du XIVe siècle.
- Entoure les élèves en rouge et le maitre en vert.

- Cette salle de classe ressemble-t-elle à la tienne ? Quelles sont les différences ?
Les élèves sont assis par terre, le maitre est sur une chaire richement décorée. Les élèves n'ont pas de bureau, ni de matériel pour écrire.

Bilan de la séance

- **Rappeler la problématique posée en introduction.**
  Charlemagne impose la création d'écoles pour les garçons dans des monastères et d'autres bâtiments religieux. Pour faciliter l'écriture et la lecture, il créé une nouvelle écriture plus facile à tracer et plus lisible, la « petite caroline ».

Pistes pour la trace écrite *au choix*

1 Texte à reproduire

Charlemagne impose la création d'écoles dans des monastères et d'autres bâtiments religieux comme des évêchés. L'école est réservée aux garçons, qu'ils aient des parents riches ou pauvres. Les maitres sont des religieux et les élèves ont des livres pour apprendre le calcul, la grammaire, le chant... Pour faciliter l'écriture et la lecture, Charlemagne crée une nouvelle écriture plus pratique, la « petite caroline ».

2 Texte à compléter

▶ **Complète le texte avec les mots suivants :**
écoles – religieux – garçons – écriture – grammaire.

Charlemagne impose la création d'……………………… dans des monastères et d'autres bâtiments religieux comme des évêchés. L'école est réservée aux ………………………, qu'ils aient des parents riches ou pauvres. Les maitres sont des ……………………… et les élèves ont des livres pour apprendre le calcul, la ………………………, le chant...
Pour faciliter l'écriture et la lecture, Charlemagne crée une nouvelle ……………………… plus pratique, la « petite caroline ».

3 Carte mentale à compléter

▶ **Complète la carte mentale avec les mots suivants.**
Charlemagne – garçons, riches ou pauvres – créé des écoles dans des monastères ou des évêchés – créé une nouvelle écriture pour écrire et lire plus facilement : la petite caroline.

Qui ?
………………………………………

↓

Favorise l'instruction des :
………………………………………
………………………………………

↓

Comment ?

← ………………………………………
………………………………………
………………………………………

→ ………………………………………
………………………………………
………………………………………

PROLONGEMENTS

- **Arts visuels :** montrer l'exposition de la BNF, sur la « Renaissance carolingienne ». Cette exposition peut faire le bilan de la séquence sur Charlemagne : ecole.nathan.fr/f10-expo-bnf.

- **Arts plastiques :** écrire avec la « petite caroline ». On pourra utiliser des plumes de calligraphie et de l'encre. Des exemples de sites peuvent aider à mener cette activité :
  - ecole.nathan.fr/f10-quomodo ;
  - ecole.nathan.fr/f10-atelier-calligraphie.

THÈME 2

Le temps des rois

« Ce que l'élève va apprendre

Situer sur une frise chronologique
- l'élection d'Hugues Capet roi de France
- le règne de Louis IX
- le règne de François Ier
- le règne d'Henri IV
- l'édit de Nantes
- la mort de Louis XIV

Raconter
- la vie des enfants au Moyen Âge
- la vie des enfants sous Louis XIV
- la Renaissance
- comment Henri IV ramène la paix en France
- comment les rois ont successivement renforcé le pouvoir royal

Situer sur une carte
- le premier empire colonial français

Expliquer
- ce qu'est une croisade
- quels sont les trois ordres au Moyen Âge
- comment Louis IX dirige le royaume de France
- ce qu'est l'édit de Nantes
- pourquoi Louis XIV est un roi absolu
- pourquoi les Français ont colonisé d'autres pays et les conséquences sur les pays colonisés

Sommaire

Séance 11 Le royaume de France après Charlemagne : les Capétiens 67
Séance 12 Les cathédrales romanes et gothiques • HISTOIRE DES ARTS 71
Séance 13 La société médiévale 75
Séance 14 Les châteaux et le développement des villes au Moyen Âge • TRACES 81
Séance 15 Louis IX et les croisades 85
Séance 16 La vie des enfants au Moyen Âge • AVOIR 10 ANS sous... 89
Séance 17 François Ier, Marguerite de Navarre et la Renaissance • HISTOIRE DES ARTS 93
Séance 18 Henri IV et les guerres de religion 97
Séance 19 Grandir au XVIIe siècle • AVOIR 10 ANS sous... 101
Séance 20 Louis XIV, le Roi-Soleil 105
Séance 21 Le premier empire colonial français 109

11 Le royaume de France après Charlemagne : les Capétiens

POINTS DE REPÈRE

Le déclin de l'Empire

- Après la mort de Charlemagne, l'Empire carolingien se disloque : ce dernier est trop grand pour qu'un seul homme parvienne à le gouverner, et les successeurs immédiats se retrouvent en situation de faiblesse. Par ailleurs, il est fragilisé par les nombreuses migrations (Normands, Hongrois et Sarrasins). Pour défendre leurs terres et les habitants, les comtes - de puissants seigneurs - créent leur propre armée. Le roi perd de son autorité.
- Louis Le Pieux, le fils de Charlemagne, lui succède en 814. Chacun de ses trois fils souhaite acquérir une part de l'Empire. Louis souhaite même céder une part de l'Empire à son quatrième fils, Charles le Chauve, issu d'un second mariage. Le clergé, qui souhaite maintenir l'unité de l'Empire, voit cela d'un mauvais œil. Louis meurt en combattant ses fils en 840.
- Louis, Charles et Lothaire, les petits-fils de Charlemagne, s'affronteront pour la succession, il en résultera le traité de Verdun en 843 où Lothaire accepte le partage de l'Empire avec ses deux frères, Louis et Charles.

La dynastie des Capétiens

- En 987, le dernier roi des Carolingiens, Louis V, meurt. Les grands seigneurs, soutenus par l'Église, choisissent le duc Hugues Capet pour gouverner le royaume, mettant ainsi fin au règne des Carolingiens. Une nouvelle dynastie est née, celle des Capétiens.

Pour en savoir plus

- Un petit tour d'horizon en vidéo sur les rois de France à partir de l'an 1000 : « Hugues Capet ou les débuts de la monarchie capétienne héréditaire » : ecole.nathan.fr/f11-capet1
- Une émission de radio France pour découvrir l'origine du nom de famille en France apparu autour de l'an 1000, « Hugues Capet et l'origine des noms de famille » : ecole.nathan.fr/f11-capet1
- Un documentaire pour comprendre dans quelles circonstances la dynastie des Capétiens a pris naissance : « Hugues Capet, fondateur de la dynastie capétienne » : ecole.nathan.fr/f11-capetiens

DÉROULÉ DE LA SÉANCE

Mise en situation

Documents d'accroche

- **Projeter simultanément les deux portraits et recueillir les représentations des élèves.**
  – Qui est le personnage représenté sur la sculpture ? Charlemagne.
  Écrire au tableau ce que les élèves ont pu retenir sur lui lors des leçons précédentes et établir collectivement une fiche d'identité assez brève en s'aidant de la fiche Personnage :
  - représentant de la dynastie des Carolingiens ;
  - réformateur ;
  - crée des écoles pour les clercs ;
  - organise l'empire.

1 Des Carolingiens aux Capétiens

Demander ensuite :
- *Savez-vous qui est représenté sur le portrait ? Hugues Capet.*
- *Quels détails nous montrent qu'il est roi ? La couronne et le sceptre avec la main de justice.*
- *Quel est le lien entre ces deux personnages ? Ils ont tous deux été rois de France.*

- **Proposer de découvrir le lien entre Hugues Capet et Charlemagne en projetant la frise chronologique.**

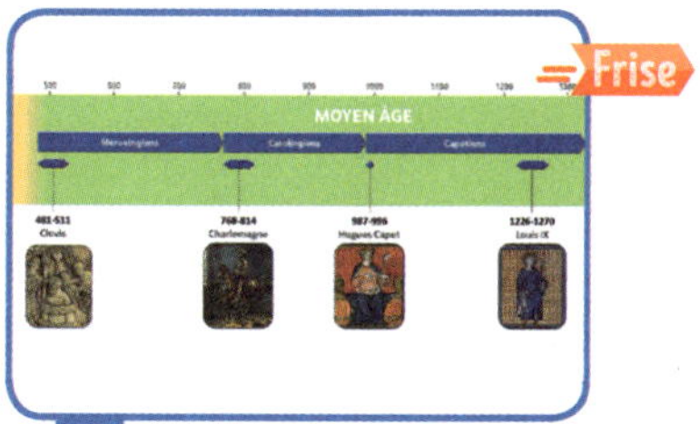

2 Frise chronologique

Problématiques

- Comment Hugues Capet arrive-t-il au pouvoir ? Comment les Capétiens transforment-ils le royaume ?

A Le règne des Capétiens

- **Écouter collectivement l'audio sur la vie d'Hugues Capet.**
  - *Demander aux élèves de se rappeler le nom du roi et de la nouvelle dynastie.*

Expliquer l'origine du mot « capétien » qui vient du premier roi d'une longue lignée qui, à travers trente-sept souverains, ont transformé les royaumes des francs en un pays unifié : la France. Hugues était surnommé *Capet* à cause du manteau (cape de Saint Martin, grand saint protecteur du royaume de France) qui était conservé dans l'abbaye de Tours où Hugues était abbé. Il portait lui-même une cape (« chape » d'abbé), et il était propriétaire de plusieurs abbayes.

2'15 min

3 La vie d'Hugues Capet

- **Montrer la fiche personnage d'Hugues Capet.**

Travail sur le cahier

Biographie

- Proposer aux élèves de travailler en binôme pour dresser un portrait succinct d'Hugues Capet en répondant aux questions suivantes :
  - *Quel est le nom de la dynastie qui succède aux Carolingiens ? La dynastie des Capétiens.*
  - *Combien de siècles a-t-elle régné ? Huit siècles.*
  - *Quand et comment Hugues Capet est nommé roi des Francs ? Hugues Capet est élu par les grands barons en 987.*
  - *Pourquoi les grands seigneurs ont choisi Hugues Capet ? C'était un homme de paille influençable (qui prend cette place sans conviction).*
  - *Où se trouve le domaine d'Hugues Capet ? L'actuel bassin Parisien.*
  - *Pourquoi porte-t-il le nom de « Capet » ? Car il portait la « chape » d'abbé, il était propriétaire de plusieurs abbayes.*

  Réaliser une deuxième écoute pour les aider à répondre aux questions.

- **Expliciter la différence entre l'arrivée au pouvoir d'Hugues Capet et celle de ses prédécesseurs.** Auparavant, la succession est familiale, alors qu'Hugues Capet est choisi par les ducs et les seigneurs : il est élu. C'est un changement important.

Hugues Capet est malgré tout un roi faible, qui n'a que peu de pouvoir, et son royaume est peu étendu (bassin Parisien). Il a été choisi pour ces raisons par les seigneurs : il est manipulable. Toutefois, pour assurer la continuité du pouvoir de sa dynastie et éviter une nouvelle élection, Hugues Capet nomme son fils de son vivant à sa succession.

- **Faire le point avec les élèves sur les changements apportés par l'arrivée d'Hugues Capet au pouvoir :**
  - naissance du royaume de France ;
  - début d'une France politique ;
  - début de la monarchie royale.

B L'évolution du royaume de France

- **Regarder les deux cartes.** Elles peuvent être exploitées collectivement à l'aide des questions suivantes :
  - *Quelle est la nature de ce document ? Ce sont des cartes.*
  - *Observez la légende, puis les cartes : quelles informations nous donne ces documents ? Les limites du royaume de France à deux périodes distinctes : lors de l'élection d'Hugues Capet en 987 et au XVe siècle.*
  - *Que se passe-t-il entre 987 et le XVe siècle ? Le domaine royal s'agrandit, grâce à des guerres et des mariages arrangés*
  - *Qu'est-ce que cela signifie ? Le pouvoir du roi est plus important.*
- **Il est important de constater avec les élèves que le domaine royal s'est étendu au fil des siècles.** De ce fait, le roi a davantage de pouvoir. Grâce à la conquête de nouvelles terres et à l'installation d'un réseau de contrôle (par les mariages), la puissance du royaume de France est plus importante. La monarchie s'est renforcée.

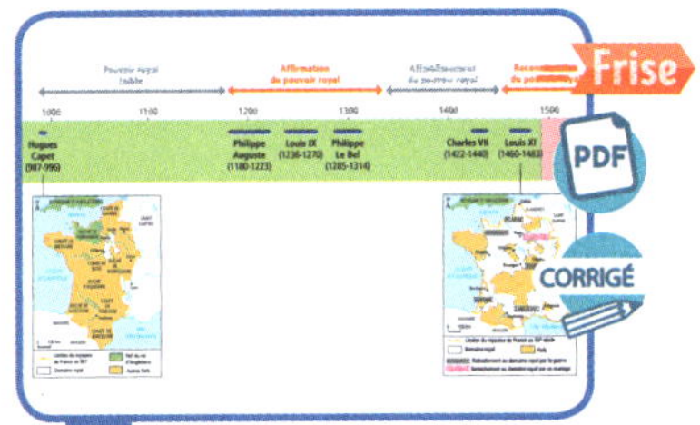

4 L'évolution du royaume de France

Travail sur le cahier

Frise chronologique

- Donner la frise aux élèves et leur demander de colorier le domaine royal.

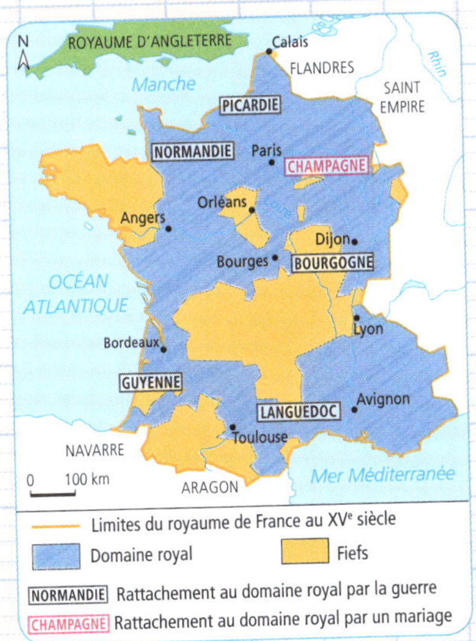

Bilan de la séance

- **Rappeler les problématiques posées en introduction.**
  Faire une synthèse orale sur ce qu'il faut retenir : l'idée essentielle est que le pouvoir du roi (donc celui d'un seul homme) s'est renforcé au fil des siècles. Par des manipulations politiques, des conquêtes et des mariages arrangés, les rois successifs ont su agrandir le domaine royal et maintenir leur dynastie au pouvoir.
  La carte mentale (voir p. 70) peut servir de support pour la synthèse orale.

Pistes pour la trace écrite au choix

1 Texte à reproduire

Lorsque le dernier roi des Carolingiens meurt, les seigneurs, très puissants, décident d'élire l'un d'eux, Hugues Capet (comte de Paris). Il est sacré roi de France par l'archevêque de Reims en 987 et profitera de cette occasion pour faire sacrer son fils qui deviendra son successeur direct.

Le domaine royal va s'étendre à force de mariages et de conquêtes. Le pouvoir du roi sera de plus en plus important. Les Capétiens vont régner pendant huit siècles.

2 Texte à compléter

▶ **Complète le texte avec les mots suivants :**
domaine royal – seigneurs – Hugues Capet – Capétiens.

Lorsque le dernier roi des Carolingiens meurt, les .... , très puissants, décident d'élire l'un d'eux, ... (comte de Paris). Il est sacré roi de France par l'archevêque de Reims en 987 et profitera de cette occasion pour faire sacrer son fils qui deviendra son successeur direct.
Le .... va s'étendre à force de mariages et de conquêtes. Le pouvoir du roi sera de plus en plus important. Les .... vont régner pendant huit siècles.

3 Carte mentale

▶ **Complète la carte mentale.**

Arrivée au pouvoir ? ....

Quand ? ....

Qui ? ....

Changements ?

....

....

PROLONGEMENTS

▶ **Frise chronologique :** construire une frise chronologique de la dynastie des Capétiens : ecole.nathan.fr/f11-frise

▶ **Jeu :** un petit jeu sur Hugues Capet : ecole.nathan.fr/f11-jeu

▶ **Vidéo :** sur le site de *Trad'Histoire* : « Comprendre comment et pourquoi Hugues Capet est devenu roi de France » : ecole.nathan.fr/f11-capet3

12 Les cathédrales romanes et gothiques

HISTOIRE des ARTS

POINTS DE REPÈRE

Le pouvoir de l'Église au Moyen Âge

- Au Moyen Âge, l'Église exerce une influence sur toute la société. De nombreux édifices commencent à voir le jour en Europe : monastères, églises, cathédrales, chapelles... Différentes formes d'art et de techniques vont se développer au cours des siècles.
- Deux époques et deux styles d'architecture médiévale ont été définis par les historiens : le roman (Xe-XIIe siècles) et le gothique (XIIe-XIVe siècles).

Des défis architecturaux

- La difficulté principale pour la construction de tels édifices était de prévoir un système capable de supporter la poussée de la voûte : la réponse romane a été la construction de murs épais et de contreforts, avec peu de fenêtres sur les murs porteurs, alors que les constructions gothiques ont privilégié les assemblages d'arcs brisés, de piliers et d'arcs-boutants pour soulager la poussée. De ce fait, les cathédrales sont devenues plus hautes, plus lumineuses.
- Le passage du roman au gothique se caractérise par une transition et non une rupture, certains édifices ayant été remaniés reflètent les deux styles. Les motifs gravés dans les murs ont laissé place aux grandes statues. Par ailleurs, cette évolution, visant dans un premier temps à rendre les édifices plus solides et plus stables, a été également le symbole de l'évolution du règne des Capétiens. Ces derniers marquaient l'ascension de leur pouvoir par la construction d'édifices plus grands et plus imposants.

Pour en savoir plus

- Une vidéo sur les différences entre art gothique et art roman : ecole.nathan.fr/f12-roman-gothique
- *3 minutes pour comprendre les métiers, traditions et symboles des bâtisseurs de cathédrales, la formidable épopée des bâtisseurs de cathédrales*, Jean-Michel Mathonière, éditions Courrier du livre, 2020.
- Une vidéo sur Notre-Dame de Paris à l'épreuve des siècles : ecole.nathan.fr/f12-notre-dame2

DÉROULÉ DE LA SÉANCE

Mise en situation

Document d'accroche

- **Montrer la cathédrale Notre-Dame de Paris.**

  – *Que représente-t-elle ? Une cathédrale.*

  – *De quelle époque date cet édifice ? Elle est construite entre le XIIe et le XIVe siècle.*

  Nommer collectivement les détails visibles de l'édifice (vitraux, rosaces, flèche...)

  – *Savez-vous ce qui est arrivé à cette cathédrale ?*

  Après avoir échangé avec les élèves sur l'incendie de la cathédrale de Paris, montrer la photographie pour constater collectivement ce qui a été détruit (flèche, toiture).

  – *Savez-vous si cette cathédrale est de style roman ou gothique ?*

  Recueillir auprès des élèves leurs interprétations des termes « roman » et « gothique ». Suite aux échanges, préciser qu'il s'agit d'un style correspondant à un type de construction et à une époque.

1 Notre-Dame de Paris

2 L'incendie de Notre-Dame de Paris

Problématiques

- Comment sont construites les cathédrales ? À quoi ressemblent-elles ?

A Style roman et style gothique

- **Projeter au tableau les images de l'église Saint-Hilaire et de la cathédrale de Rouen.**
Décrire collectivement les photographies :
– Que représentent-elles ? Une église et une cathédrale.
– Quelles sont les différences entre les deux édifices ? La forme des bâtiments est différente, la taille (la cathédrale semble plus haute), les ouvertures (la cathédrale en possède davantage).

3 Églises romanes et cathédrales gothiques

Travail sur le cahier

Étude de documents

- Proposer aux élèves de remplir le tableau en binôme.
Le découvrir collectivement au préalable, nommer ensemble les différents éléments à analyser.

	 Église Saint-Hilaire (Melle)	 Cathédrale Notre Dame (Rouen)
Ouvertures	Fenêtres étroites	Grandes ouvertures avec des vitraux
Murs	Murs épais	Murs hauts, fins et très décorés
Voutes	Voutes en berceau	Voutes d'ogives
Luminosité	Sombre	Lumineuse
Taille du bâtiment	Très grand	Plus haut que la cathédrale romane
Style	☒ roman ☐ gothique	☐ roman ☒ gothique

- **Montrer la vidéo sur la différence entre roman et gothique**, en précisant que toutes les réponses s'y trouvent. Ils peuvent éventuellement choisir chacun un style (au sein du binôme pour plus d'efficacité).

6 min

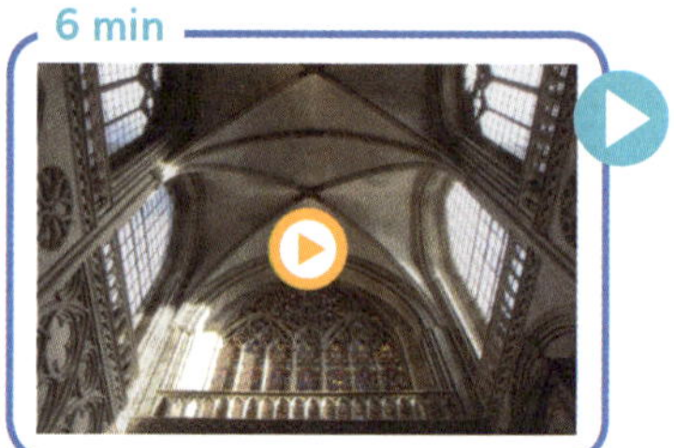
4 La différence entre style roman et style gothique

- **Suite à une validation collective des réponses, vérifier que les élèves ont bien compris la finalité de l'évolution des constructions.**
Il s'agit ici de leur faire prendre conscience de l'importance de l'évolution de la solidité des édifices (toujours présents à l'heure actuelle), et de vérifier qu'ils ont compris les méthodes de construction.

B Les vitraux des cathédrales

- **Projeter au tableau les quatre vitraux de la cathédrale de Bourges.**
Demander aux élèves :
– Que représentent ces photos ? Des vitraux de la cathédrale de Bourges.
– Nommez les éléments que vous pouvez reconnaitre (personnages, ce qu'ils sont en train de faire...). On y voit des personnages qui travaillent sur une construction et transportent des matériaux.
– Quel corps de métier est illustré dans ces vitraux ? Les bâtisseurs de cathédrales.

5 Les vitraux de la cathédrale de Bourges

– Retrouvez pour chaque vitrail le métier qui lui correspond :

porteur de mortier (ciment)

architecte et maçon

gâcheur (mélange le mortier)

potier

● **Expliquer le rôle des vitraux au Moyen Âge.**
Ils sont fabriqués en verre et se retrouvent essentiellement dans l'architecture religieuse chrétienne. Ils ont trois grandes fonctions :
- permettre à la lumière de pénétrer dans l'édifice ;
- décorer par des couleurs et des motifs (non figuratifs) géométriques ou des blasons de bienfaiteurs ;
- représenter des personnages ou raconter une histoire, la plupart du temps des passages de la Bible : un rôle important dès le Moyen Âge pour l'enseignement religieux des populations illettrées.

Bilan de la séance

● **Rappeler les problématiques posées en introduction.**
Énumérer les éléments d'analyse : les différents éléments d'architecture à regarder, l'époque à définir (critères du tableau).
Préciser les raisons de l'évolution du style, le passage du roman au gothique (solidité et stabilité des constructions).
Rappeler que les nombreuses constructions de cette époque sont liées à l'omniprésence de l'Église dans la vie quotidienne.

Pistes pour la trace écrite au choix

1 Tableau à compléter

▶ **Complète le tableau.**

Église romane	Cathédrale gothique
Sombre, voute en berceau, contreforts, petites ouvertures	Lumineuse, voute d'ogives, arcs-boutants, très haute, grandes ouvertures

PROLONGEMENTS

▶ **Visite :** se rendre dans cathédrale, proche de l'école des élèves, ou visiter virtuellement :
- la cathédrale d'Amiens : ecole.nathan.fr/f12-amiens
- la cathédrale Notre-Dame de Paris : ecole.nathan.fr/f12-notre-dame
- des monuments romans et gothiques en réalité augmentée grâce à une application à télécharger : ecole.nathan.fr/f12-realite-augmentee

Les élèves pourront s'aider de la vidéo *C'est pas sorcier* sur les bâtisseurs de cathédrales pour réaliser un exposé en classe : ecole.nathan.fr/f12-cathedrales

13 La société médiévale

POINTS DE REPÈRE

Une société féodale

- Les grandes migrations de populations venant de l'Est ont modifié petit à petit le territoire. Des petits royaumes indépendants voient le jour. L'autorité du roi s'est affaiblie et seuls les seigneurs sont capables de protéger les habitants de leurs domaines.
- La société féodale, empreinte des valeurs du christianisme, va se développer sous la domination conjointe des seigneurs et du clergé. Les campagnes et leurs exploitations constituent les principales sources de ce pouvoir.

Une société très hiérarchisée

- La société médiévale, majoritairement rurale, s'organise en trois groupes distincts : le clergé, les seigneurs et les chevaliers, les paysans. Chaque groupe a des droits et des devoirs vis-à-vis des deux autres :
  - le clergé encadre les corps et les esprits, il fixe le cadre idéologique de la population ;
  - les chevaliers doivent assurer la défense et la sécurité des prêtres et des paysans ;
  - les paysans, le groupe le plus important au XIIIe siècle (90 % de la population environ), par leur travail et leurs impôts, procurent de quoi se nourrir aux prêtres et aux chevaliers.
- On peut caractériser la féodalité par l'ensemble des institutions et usages contractuels entre suzerains et vassaux : le suzerain doit à son vassal l'entretien, généralement sous la forme d'une concession de fief (terres ou droits, ou encore rente), et la protection. En contrepartie, le vassal est tenu de fournir à son suzerain aide et conseil (foi et hommage).

Pour en savoir plus

- Une vidéo « *Pour en finir avec le Moyen Âge* » : ecole.nathan.fr/f13-MA1
- Un article sur le travail au Moyen Âge et l'organisation des métiers : ecole.nathan.fr/f13-MA-travail
- Des clichés sur le Moyen Âge déconstruits (France Culture) : ecole.nathan.fr/f13-MA-cliches

DÉROULÉ DE LA SÉANCE

Mise en situation

Document d'accroche

- **Projeter la représentation des trois ordres,**
  - *Que représente cette image ? Le lien peut être fait avec le titre écrit au tableau : les trois ordres de la société au Moyen Âge : les seigneurs (au centre), les paysans (à droite) et le clergé (à gauche).*
  - *Combien y a-t-il de personnages ? Trois.*
  - *Pourquoi à ton avis ? Chaque personnage représente un ordre. Ils représentent les trois ordres de la société médiévale (seigneurs, paysans, clergé).*
- **Recueillir les représentations des élèves sur ces trois catégories de population** et amener la notion « d'ordre » pour catégoriser les personnages (ordre religieux, ordre des chevaliers, ordre des paysans).

1 Les trois ordres

Problématique

- Quelles sont les relations entre les trois ordres de la société médiévale ?

A Les paysans et les moines

1 LE TRAVAIL DES PAYSANS

- **Montrer le calendrier agricole.** Demander aux élèves :
  - *Qu'est-ce que cela représente ? Des paysans qui travaillent.*
  - *Combien y a-t-il de scènes ? Douze.*
  - *Pourquoi à ton avis ? Une scène correspond à un mois, c'est un calendrier.*

  Proposer aux élèves de retrouver les activités correspondant à chaque mois de l'année. Visualiser l'animation au tableau.

Travail sur le cahier

Étude de document

- Regarder la vidéo.
- Donner la photocopie du calendrier numéroté et demander aux élèves de répondre à la question suivante écrite au tableau : *pour chaque chiffre, trouve le mois correspondant et nomme le travail du paysan. Pour les chiffres 1, 2 et 5, essaie de deviner les activités d'après l'illustration.*

① janvier : nettoyage des fossés
② février : épandage du fumier
③ mars : taille de la vigne
④ avril : tonte des moutons
⑤ mai : chasse au faucon
⑥ juillet : fenaison
⑦ juillet : moisson
⑧ aout : battage du blé
⑨ septembre : les semailles
⑩ octobre : foulage du raisin
⑪ novembre : la glandée
⑫ décembre : abattage du cochon

Souligner la quasi-absence des femmes sur ce calendrier. Expliquer qu'elles sont peu représentées, ce qui traduit la faible importance qu'on leur accordait dans la société.

- **Rappeler qu'au Moyen Âge, la plupart des Français vivent à la campagne : 90 % de la population sont des paysans.**
  Ils sont pauvres et mènent une vie difficile. Ils vivent souvent dans des maisons d'une seule pièce avec les animaux.
  Répondre collectivement à la question :
  - *Pour qui travaillent les paysans ? Ils travaillent pour le seigneur.*

  Définir la différence entre serf et vilain.
  - Le serf appartient au seigneur, même si ce dernier ne dispose pas sur lui du droit de vie ou de mort. En revanche, il est corvéable à merci et n'est pas libre.

2'10 min

2 Le travail des paysans

- Le vilain cultive la terre de la tenure du seigneur. Il paye les impôts seigneuriaux, mais peut partir quand il le souhaite (contrairement au serf, lié à la terre et à la seigneurie).

2 LE TRAVAIL DES MOINES

- **Montrer le schéma de l'emploi du temps d'un moine.**
Répondre collectivement aux questions suivantes.
- Que représente cette image ? Il s'agit d'un schéma qui représente la journée type d'un moine au Moyen Âge. Remarquer la légende, repérer et nommer collectivement certains moments de la journée.
- Quelles sont les différentes activités des moines ? Les moines mènent une vie consacrée à la lecture de la Bible et à la prière (une vie consacrée à Dieu). Ils vivent dans des lieux isolés des autres hommes pour pouvoir échapper aux tentations. Ils travaillent 5h30 par jour : ils écrivent (textes religieux essentiellement), ils travaillent dans les champs pour produire ce dont ils ont besoin, ils fabriquent leurs outils (artisanat). Ils prennent leurs repas ensemble, en silence en écoutant l'un d'entre eux lire des passages de la Bible.
- Est-ce que les moines dorment toute la nuit ? Ils prient aussi la nuit.
- À ton avis, pourquoi copient-ils des textes ? À cette époque, l'imprimerie n'existe pas encore. La copie permet de produire des textes destinés à l'enseignement et à la propagation du savoir, bien avant l'invention de l'imprimerie, de la photographie et d'autres moyens de reproduction.

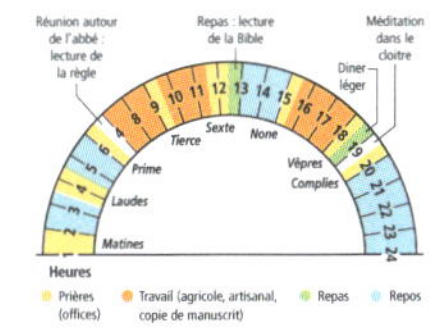

3 L'emploi du temps d'un moine

- **On pourra s'attarder sur le travail des moines copistes et découvrir ainsi les enluminures.**

4 Les activités des moines

- **Découvrir les membres du clergé à travers ce documentaire.**
- Quel est le rôle du clergé au Moyen Âge ? La religion est omniprésente dans la vie quotidienne au Moyen Âge, pour les riches comme pour les pauvres. Le clergé dirige la vie de l'ensemble de la population, du roi au paysan.

2'40 min

5 Le rôle du clergé

B Les seigneurs et les chevaliers

- **À partir de la vidéo sur la société au Moyen Âge**, demander aux élèves :
- Que représente cette pyramide ? Recueillir les différentes interprétations des élèves.
- Cherchez la définition des mots « vassal » et « suzerain » dans votre dictionnaire ou sur internet.
Le suzerain doit la protection militaire et judiciaire envers son vassal. Il doit lui remettre un fief.
Le vassal doit la fidélité, le service militaire, le conseil, l'aide aux quatre cas (l'adoubement du fils aîné, le mariage de la fille aînée, le départ à la croisade, le paiement de la rançon).
- Dans cette pyramide, qui est le vassal de qui ? Donner un exemple. Chaque personne d'une catégorie est le vassal de celui ou ceux de la catégorie située au-dessus dans la pyramide. Par exemple, le seigneur est un vassal du roi.
- Qui est suzerain de qui ? Donne un exemple. Le suzerain est celui qui est au-dessus du vassal dans cette pyramide. Par exemple, le seigneur est le suzerain du chevalier.
- Qui se trouve au sommet de la pyramide ? C'est le roi.

2'30 min
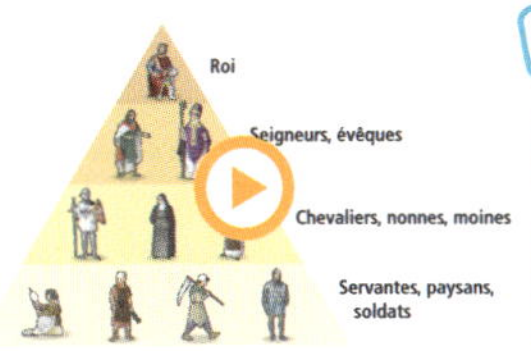

EXO PDF
6 Une société très hiérarchisée

– Reliez les bonnes propositions entre elles.

Le chevalier obéit au	seigneur.
Le seigneur protège le	chevalier.
Le seigneur obéit au	roi.
Le chevalier protège le	paysan.

- **Garder une trace écrite des définitions retenues** par les élèves sur les termes « vassal » et « suzerain ». Il est important ici de souligner la dépendance entre les différentes catégories.
Donner une photocopie de la pyramide à coller avec les définitions.
- **Expliquer que, par la cérémonie de l'hommage (à ne pas confondre avec celle de l'adoubement qui fait d'un homme un chevalier), le vassal devient l'homme d'un seigneur.**
- **Il est important de faire comprendre aux élèves que dans ce système l'autorité publique est affaiblie au profit du pouvoir du roi.** Un réseau de relations d'homme à homme s'impose donc, donnant des droits et des devoirs pour chacun d'entre eux, une pyramide sociale allant théoriquement du roi au grand seigneur (grand feudataire), seigneur, vassal et arrière-vassal (vavasseur) mais dont l'effectivité dépend de l'autorité du supérieur.
Projeter en complément l'enluminure représentant cette cérémonie.
Demander aux élèves :
– Que représente cette gravure ? La cérémonie de l'hommage.
– Quels personnages y voit-on ? Le vassal qui se place sous la protection d'un suzerain. La cérémonie est publique.
- **Décrire collectivement le schéma des relations entre les trois ordres.**
– Quels personnages y voit-on ? Des paysans ; une nonne et un moine (clergé), un chevalier et une noble dame (noblesse).
– Que représentent les flèches ? Les liens entre les différents ordres.

Travail sur le cahier

Exercice

- Place les mots suivants sur le schéma :
  - Chevaliers et seigneurs
  - Membres du clergé*
  - Paysans
  - défendent et protègent
  - prient et imposent les règles
  - travaillent et payent des impôts

7 La cérémonie de l'hommage

8 Les relations entre les trois ordres

Bilan de la séance

- **Rappeler la problématique posée en introduction.**
  Dans la société médiévale, il y a trois ordres :
  - le clergé, qui protège le peuple et la noblesse par ses prières ;
  - les seigneurs et chevaliers (la noblesse), qui assurent la sécurité du clergé et du peuple par les armes ;
  - les paysans, qui par leur travail et les impôts procurent nourriture, argent et divers services à la noblesse et au clergé.

  Le roi gouverne, mais le pouvoir des seigneurs est très important.
  Il est important de nuancer la notion de pouvoir à l'époque : le roi a pouvoir sur tous du fait de sa position dans la pyramide de la société féodale, mais les seigneurs sont aussi puissants et indispensables au roi pour maintenir son autorité et son pouvoir. Par ailleurs, le clergé a une part de pouvoir importante (la société obéit « à la volonté de Dieu »). Il détient le pouvoir spirituel.

Pistes pour la trace écrite au choix

1 Texte à reproduire

La société médiévale est divisée en trois ordres, indispensables les uns aux autres :
- le clergé, qui prie pour l'ensemble de la population ;
- les seigneurs et les chevaliers (la noblesse), qui combattent et assurent la protection du clergé, des paysans et artisans ;
- les paysans et les artisans, qui par leur travail et leurs impôts procurent nourriture, argent et divers services à la noblesse et au clergé.

2 Texte à compléter

▶ **Complète le texte en expliquant brièvement le rôle de chacun des trois ordres.**

- Le clergé : ....
- Les chevaliers et les seigneurs : ....
- Les paysans : ....

PROLONGEMENTS

▶ **Lecture :** *La Véritable Histoire de Paulin, le petit paysan qui rêvait d'être chevalier*, Estelle Vidard, Olivier Desvaux, Bayard Jeunesse, 2011.
Un petit roman pour les 9-11 ans qui permet de découvrir les aventures d'un enfant de paysan.

▶ **Jeu interactif :** pour découvrir la société médiévale « À votre service mon seigneur » : ecole.nathan.fr/f13-MA-jeu

14 Les châteaux et le développement des villes au Moyen Âge

TRACES

POINTS DE REPÈRE

Les châteaux forts

- Les châteaux forts sont des structures fortifiées dans lesquelles vit un seigneur. Ils apparaissent au Xe siècle et témoignent de la montée en puissance des seigneurs locaux face à l'affaiblissement du pouvoir royal. À l'origine, ils sont en bois et en terre. La terre extraite des fossés sert à former une butte de terre. Au sommet, on trouve une tour en bois, entourée d'une palissade. Le tout forme une butte castrale.
- Au XIIe siècle, la pierre remplace progressivement le bois et nécessite l'intervention de nombreux corps de métiers (tailleurs, carriers, maçons...). Construire un château coute alors plus cher et les travaux sont longs. Pour les nobles, la construction d'un château fort en pierres est un véritable signe extérieur de richesses.

Le développement des villes et du commerce

- Au XIIe siècle, l'Europe connait un renouveau urbain. Cela s'explique grâce au dynamisme économique des campagnes. Les surfaces cultivées s'étendent et les productions agricoles augmentent. Les activités artisanales se développent, tout comme le commerce (exemple des foires de Champagne qui attirent, au XIIIe siècle, des marchands de toute l'Europe).
- Les villes cherchent à s'affranchir du pouvoir de seigneurs à partir du XIe siècle. Les chartes de franchises accordent aux bourgeois des villes des droits particuliers, comme celui d'administrer la ville. Concentrant les richesses, les villes deviennent petit à petit des lieux de pouvoir.
- Enfin, les villes voient la multiplication des écoles, des universités, des couvents et leur richesse se matérialise avec la construction de cathédrales gothiques à partir du XIIe siècle.

Pour en savoir plus

- Un documentaire de 53 minutes qui fait le point sur la construction et la fonction du château fort : ecole.nathan.fr/f14-chateaux
- Un dossier du site Lumni sur la vie dans les villes au Moyen Âge : ecole.nathan.fr/f14-villes

DÉROULÉ DE LA SÉANCE

Mise en situation

Recueil des représentations

- **Partir des représentations des élèves sur les châteaux forts.**
  - Que savez-vous sur les châteaux forts ? Qui habitait dedans ? À quelle époque ? Pourquoi dans des châteaux ?
  Expliquer que les premiers châteaux sont construits en terre et en bois vers le Xe siècle, c'est-à-dire avec les matériaux trouvés sur place. Situer le Moyen Âge et l'an Mil sur la frise chronologique.

Document d'accroche

- **Projeter l'extrait de l'émission *C'est pas sorcier* sur les châteaux forts, notamment la partie sur le château de Beynac.**
- **Expliquer à quoi servent les châteaux forts :** le château de Beynac abrite le seigneur et sa famille, quelques servants et servantes et les gardes. Il protège également des ennemis : en cas d'attaque, il abrite les habitants du village ainsi que les animaux.

5'41 à 9'29 min

1 Les châteaux forts

Problématiques

- À quoi servent les châteaux forts ? Quelles traces avons-nous du développement des villes au Moyen Âge ?

A Des châteaux pour se défendre

Travail sur le cahier

Des châteaux pour se défendre

- Projeter le deuxième extrait de l'émission *C'est pas sorcier* et distribuer la photographie du château de Beynac.

Poser les questions suivantes aux élèves.

– À quel numéro de la photographie correspondent les légendes suivantes ?

*Dordogne **1** – donjon **2** – village de Beynac **3***

– À quoi sert ce château fort ? Pourquoi a-t-il été construit en haut d'une falaise ? Le château est le lieu de résidence du seigneur et de sa famille (ils habitent dans le donjon) sert également à protéger les habitants du village en cas d'attaque. Il a été construit en haut d'une falaise afin d'observer l'ennemi et de pouvoir le voir arriver de loin.

Faire remarquer que tout est pensé pour assurer la sécurité de ses habitants (exemple : escalier étroit tournant vers la droite pour gêner les assaillants).

– Que mange-t-on ? comment ?

On y mange de la viande et des légumes sur des tranches de pain, appelés tranchoirs.

2 Le château de Beynac

15'14 à 17 min

3 L'utilité des châteaux forts

B Des villes qui s'agrandissent grâce au commerce

- **Montrer un extrait de la vidéo sur la ville de Troyes en 1420.**
  Décrire la ville de Troyes en faisant des arrêts sur image en identifiant les maisons à pans de bois, la cathédrale en construction et les murailles autour de la ville.
  1 les murailles
  2 la cathédrale
  3 les maisons à pans de bois
- **Expliquer que la ville de Troyes est une ville importante et riche au Moyen Âge** grâce au commerce. Les marchands du sud de l'Europe rencontrent les marchands du nord de l'Europe sous la protection du comte de Champagne qui met tout en œuvre pour garantir leur sécurité (protection contre les voleurs, muraille autour de la ville).

2 min

4 La ville fortifiée de Troyes

- **Montrer le plan de la ville de Troyes au Moyen Âge.**
Avec les élèves, retrouver les murailles et compter le nombre d'églises (10 églises et une cathédrale) et expliquer que cela montre que Troyes est une ville assez peuplée et riche.

Travail sur le cahier

Exercice

- Proposer l'exercice sur les rues de Troyes en montrant que le nom des rues indique l'activité pratiquée par les artisans ou les marchands.

Place de l'Étape au vin	lieu où les artisans fabriquent des cordes
Rue de la Petite tannerie	lieu où les marchands vendent du blé
Rue de la Corderie	lieu où les marchands changent leur argent
Place du Marché au blé	lieu où les marchands vendent du vin
Rue de la Montée des changes	lieu où les artisans travaillent le cuir

- Retrouver ces rues sur le plan de Troyes au Moyen Âge.

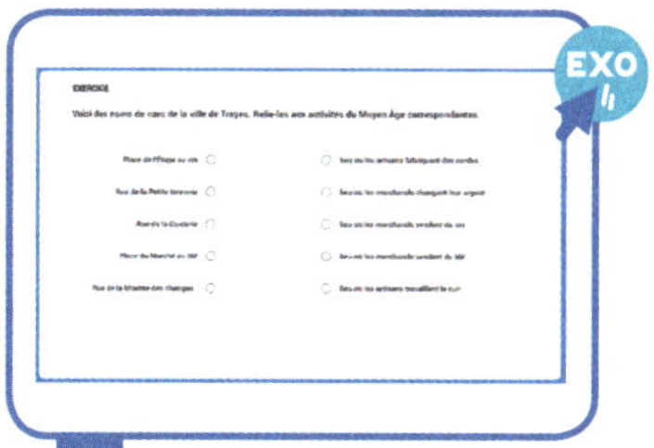

5 Le développement de l'artisanat en ville

Bilan de la séance

- **Rappeler les problématiques posées en introduction.**
– Les châteaux forts sont construits au Moyen Âge en bois, puis en pierre à partir du XIIe siècle. Ils servaient de lieu de résidence pour le seigneur et sa famille et permettent d'abriter tout le village en cas d'attaque extérieur.
– Au Moyen Âge, les villes comme Troyes s'étendent et s'enrichissent grâce au commerce. Elles se protègent aussi des attaques extérieures par des murailles.

Pistes pour la trace écrite au choix

1 Texte à reproduire

Les châteaux forts sont souvent construits en pierres sur les hauteurs. Ils abritent le seigneur et sa famille, des gardes et des servants. En cas d'attaque, ils abritent aussi les villageois et les animaux.
Les villes se développent grâce au commerce et sont souvent entourées d'une muraille.

2 Texte à compléter

▶ **Complète le texte avec les mots suivants :**
châteaux forts – seigneur et sa famille – commerce – muraille.

Les .... sont souvent construits en pierres sur les hauteurs. Ils abritent le ...., des gardes et des servants. En cas d'attaque, ils abritent aussi les villageois et les animaux.
Les villes se développent grâce au .... et sont souvent entourées d'une ....

PROLONGEMENTS

▶ **TICE :** à partir du site de la Cité des sciences, proposer de réaliser l'activité sur les marchands aux élèves. On leur demande de se mettre dans la peau de Gautier, fils de marchand de la ville de Provins (une ville appartenant aux foires de Champagne), et de remplir toute une série de missions. Un bon moyen de comprendre l'importance du commerce au Moyen Âge : ecole.nathan.fr/f14-jeu

▶ **Vidéo :** un très bon reportage de 25 minutes sur la construction du château de Guédelon avec la présentation du projet et des différents métiers : ecole.nathan.fr/f14-guedelon

15 Louis IX et les croisades

POINTS DE REPÈRE

Un roi réformateur

- Louis IX réorganise l'État en s'appuyant sur les baillis et les sénéchaux et il impose une monnaie unique : l'écu d'or.
- Il fonde le pouvoir royal sur la justice en laissant à l'Église le jugement des clercs, se réservant le jugement des laïcs grâce aux sénéchaux (officier au service d'un roi). Il crée la grande ordonnance en 1256, qui garantit que « nul ne sera privé de son droit sans faute reconnue et sans procès ». Ainsi, il construit une souveraineté royale : « tout sujet peut faire appel à la justice du roi. » Le rôle de Blanche de Castille, sa mère, a été fondamental. Elle donne une éducation chrétienne à Saint Louis et exerce la régence entre la mort de son mari Louis VIII et la majorité de son fils.

Un défenseur de la chrétienté

- Louis IX, plus connu sous le nom de Saint Louis (il a été canonisé en 1297), gouverne en établissant des liens plus étroits avec ses sujets. Obsédé par la reconquête de Jérusalem, il participe à deux croisades :

– la septième croisade, qui débute en 1248, où le roi est fait prisonnier en Égypte et reste en terre sainte quatre années après sa libération ;

– la huitième croisade en 1270, au cours de laquelle il trouve la mort à Tunis, malade du scorbut et non de la peste selon les dernières recherches historiques.

Pour en savoir plus

- Patrick Boucheron (dir.), Yann Potin, « 1270 Saint Louis naît à Carthage », *L'Histoire mondiale de la France*, éditions du Seuil, 2017. En moins de cinq pages l'article montre la dimension mondiale de ce roi de France.
- Un podcast de France Culture sur la croisade de Saint Louis en Égypte, avec l'historien Julien Loiseau : ecole.nathan.fr/f15-croisade.

DÉROULÉ DE LA SÉANCE

Mise en situation

Se repérer dans le temps

- **Placer le XIIIe siècle sur la frise chronologique et le règne de Louis IX.**
  – Demander combien de temps a régné Louis IX.
  Faire remarquer que son règne est l'un des plus longs de l'histoire : 44 ans.

Contextualiser

- **Faire le lien avec les rois déjà étudiés** (Clovis et Charlemagne) et les replacer sur la frise. Montrer que Louis IX fait partie de la dynastie des Capétiens.
  – Demander s'ils se souviennent comment on devient roi. Rappeler que dans le royaume de france, le fils ainé succède à son père pour devenir roi à son tour.
  Louis IX est le petit-fils de Philippe Auguste et le fils de Louis VIII et de Blanche de Castille. Ainé de la fratrie il devient roi à l'âge de 12 ans (il est né en 1214 et couronné en 1226).
  – Comment diriger un royaume à l'âge de 12 ans ? Louis IX est aidé de sa mère. On appelle cela une « régence ». Mais il doit faire face à une révolte des barons, ce qui l'oblige (alors qu'il n'a que 15 ans) à mener une campagne militaire.

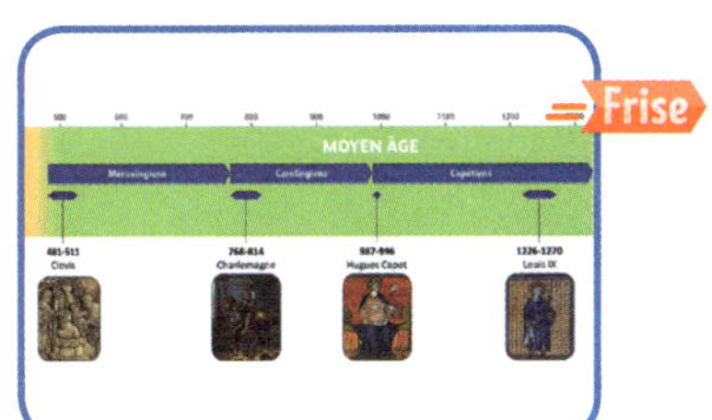

1 Frise chronologique

- **Expliquer qu'aidé par plusieurs comtes (Ferrand de Flandre, Thibaut IV de Champagne), Louis IX parvient à remporter plusieurs batailles et réussit à imposer son autorité.** Ces événements expliquent en partie pourquoi Louis IX cherche ensuite à renforcer le pouvoir royal sur les grands seigneurs du royaume.

Problématique

- Comment Louis IX parvient-il à agrandir, moderniser son royaume et à renforcer son pouvoir ?

A Louis IX renforce le pouvoir royal

Travail sur le cahier

Étude de documents

- Montrer le portrait de Louis IX.
  - *Demander à la classe de repérer les symboles royaux. S'aider des numéros qui identifient les quatre grands symboles :*
    ① *la main de justice*
    ② *la couronne*
    ③ *le sceptre*
    ④ *la fleur de lys*
  - *Combien d'années rège-t-il ? 44 ans.*
  - *Entourez en rouge l'élément de la miniature qui indique que le roi est représenté comme un saint. L'auréole.*

- La main de justice est un insigne du pouvoir royal qui date du XIIIe siècle. Le pouce symbolise le roi, les deux doigts (index et majeur) la foi catholique et les trois doigts symbolisent également la Trinité. La main de justice signifie que le roi de France peut rendre la justice. La couronne et le sceptre sont des symboles royaux tout comme la fleur de lys depuis les Carolingiens.

2 Louis IX dit Saint-Louis

- **Projeter et faire lire le texte extrait de la grande ordonnance de 1254.**
  - *Demander aux élèves : qui est l'auteur du document ? sa nature ?*
  Louis IX est l'auteur de cette ordonnance royale (qui a valeur de loi dans tout le royaume).
  On pourra faire remarquer qu'il utilise le pronom « nous » qui est un « nous » de majesté et qu'il fait référence à Dieu. Cela permet de rappeler que le roi a été sacré en novembre 1226 dans la cathédrale de Reims.
  - *Demander aux élèves ce que sont les « baillis » et qu'elles sont leurs obligations.*
  Ce sont des personnes nommées par le roi dont les missions sont en particulier de rendre la justice au nom du roi de France.
  - *Relevez les obligations des baillis : « ils rendront la justice à tous, pauvres comme riches » et « ils ne prendront ni ne recevront ni or ni argent, ni avantages ni autre chose ».*
  Cette justice doit être impartiale. Les baillis ont des obligations et doivent être incorruptibles. Cette précision de l'ordonnance royale indique que c'était donc courant à l'époque. Louis IX impose ici une réforme de la justice en France.

« Nous, Louis, roi de France par la grâce de Dieu, décidons que tous nos baillis jureront qu'ils rendront la justice à tous, pauvres comme riches. S'il arrive que les baillis agissent mal, nous voulons qu'ils soient punis. Les baillis jureront qu'ils ne prendront ni ne recevront ni or ni argent, ni avantages ni autre chose. ».

D'après la Grande Ordonnance de Louis IX de 1254.

3 La réorganisation du royaume

- **Observer la pièce de monnaie.**
  Demander aux élèves de la décrire.
  On voit le blason du roi avec six fleurs de lys entouré par une rosace. Autour de la pièce est écrit en latin « Ludovicus dei gracia Francor rex », c'est-à-dire « Louis, par la grâce de Dieu, roi des Français ».

4 Une nouvelle monnaie

Louis IX impose le monopole du roi de France sur la création monétaire : la monnaie royale a désormais cours forcé sur l'ensemble du territoire et son imitation est interdite. Auparavant, chaque région avait sa propre monnaie, ce qui rendait les échanges difficiles.

B Louis IX et les croisades

- **Montrer l'extrait de l'émission *C'est pas sorcier* sur les croisades.**
  - *Qu'est-ce qu'une croisade ? C'est une expédition militaire en direction du Proche Orient pour libérer Jérusalem, terre sainte pour les chrétiens.*
  - *Qui est à l'origine de la croisade ? C'est le pape.*
  - *Qui participe aux croisades ? Les nobles participent aux croisades (rois, chevaliers, seigneurs).*

  L'extrait de la vidéo explique l'origine de la première croisade.
  Celle de Louis IX est la neuvième croisade ce qui signifie que les chrétiens n'ont pas réussi à conserver les territoires du Proche Orient.

1'25 et 20'10 à 21'59 min

5 Qu'est-ce qu'une croisade ?

- **Montrer le deuxième extrait de l'émission *C'est pas sorcier* consacré aux deux croisades menées par Louis IX.**
  - *Que cherche à faire Louis IX ? Il veut récupérer la ville de Jérusalem.*
  - *Que se passe-t-il lors de la huitième croisade pour Louis IX ? Il meurt à Tunis.*

6 Les croisades sous Louis IX

Travail sur le cahier

Étude de carte

- Coller la carte dans le cahier et entourer en rouge la ville où veut se rendre Louis IX et en vert celle où il meurt.

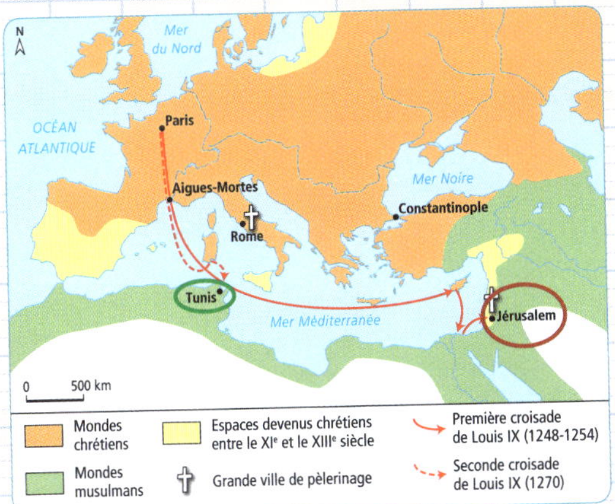

Étude de document

- Projeter et distribuer l'enluminure et demander aux élèves d'entourer le roi de France et son armée.

- Répondre à la question.
  - *Pourquoi Louis IX est-il appelé Saint Louis ?*
  Saint Louis est considéré comme un « saint » par l'Église catholique au XIIIe siècle. Il est canonisé par l'Église en 1297, car elle le considère comme un grand défenseur de la religion chrétienne.

- **Montrer la Sainte-Chapelle en s'appuyant sur la visite virtuelle.**
Dire aux élèves que la Sainte-Chapelle a été construite en un temps record (six ans) pour garder de précieuses reliques : la couronne d'épines de Jésus Christ et un morceau de la Croix où Jésus fut crucifié, achetées une fortune. Les reliques ont couté plus de trois fois le cout de la construction de la Sainte-Chapelle à l'empereur byzantin Baudouin de Constantinople !
Expliquer qu'il s'agit de l'un des joyaux de l'architecture gothique. Montrer la voute étoilée qui représente le ciel (et donc Dieu) et les vitraux à dominante bleue (couleur du roi).

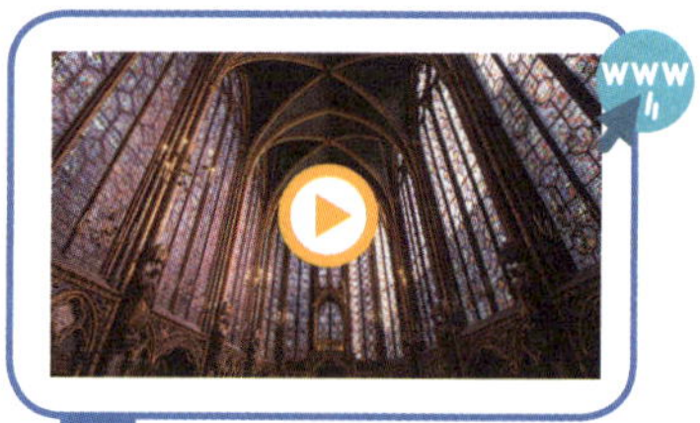

7 La Sainte-Chapelle

Bilan de la séance

- **Rappeler la problématique posée en introduction.**
Louis IX renforce son pouvoir grâce à la réorganisation administrative du pays : nomination de baillis ou de sénéchaux pour faire appliquer les décisions de justice du roi, instauration d'une monnaie royale et expéditions militaires. Il est canonisé par l'Église, car il a défendu la chrétienté.

Pistes pour la trace écrite au choix

1 Texte à reproduire

Louis IX renforce le pouvoir royal : il installe des représentants dans tout le royaume pour rendre la justice et collecter les impôts, il agrandit le domaine royal et impose sa monnaie.

Il défend la religion chrétienne en participant à deux croisades et il fait construire la Sainte Chapelle à Paris.

2 Texte à compléter

▶ **Complète le texte avec les mots suivants :**
impôts - royal - chrétienne - croisades - justice.

Louis IX renforce le pouvoir .... :
il installe des représentants dans tout le royaume pour rendre la .... et collecter les ...., il agrandit le domaine royal et impose sa monnaie.
Il défend la religion .... en participant à deux .... et il fait construire la Sainte Chapelle à Paris.

PROLONGEMENTS

▶ **Recherche Internet :** trouver aujourd'hui les traces de Saint Louis dans le monde (« Saint Louis » est le nom de villes aux États-Unis, au Sénégal, au Burkina Faso, au Canada, aux Seychelles) et les localiser sur un planisphère pour montrer la dimension mondiale de ce roi de France. S'aider avec la lecture de *Mon quotidien* sur Louis IX : ecole.nathan.fr/f15-Quotidien

▶ **Histoire des arts :** montrer la reconstitution de la Sainte Chapelle en 3D au XIVe siècle. Cela permet de comparer le Paris d'aujourd'hui avec celui de la fin du Moyen Âge : ecole.nathan.fr/f15-reconstitution

16 La vie des enfants au Moyen Âge

AVOIR 10 ANS SOUS...

POINTS DE REPÈRE

Des sources surtout religieuses

- Il faut savoir qu'au Moyen Âge, selon les cultures, les âges de l'enfance varient, mais la plupart du temps, elle s'étale jusqu'à l'âge de sept ans. Vient ensuite la jeunesse, de sept à quatorze ans, et enfin l'adolescence, de quatorze à vingt-et-un ans.
- Les sources iconographiques ne sont pas toujours aisées à utiliser, car elles sont toutes d'origine religieuse : l'enfant est souvent une représentation idéalisée de Jésus. Malgré tout, certaines scènes, tirées en particulier des livres d'heures (des livres de prière de la fin du Moyen Âge), donnent des indices précieux sur la vie des enfants dans les châteaux, à l'atelier ou dans les champs. En ville et à la campagne, ils aident leurs parents en chassant les oiseaux, en ramassant du bois ou encore en devenant apprentis quand les nobles apprennent à devenir chevaliers.

Une mortalité élevée

- La mortalité des enfants est élevée au Moyen Âge : un nouveau-né sur quatre ne dépasse pas la première année, à peine un enfant sur deux atteint l'âge de dix ans.
- Les explications sont nombreuses : les maladies, une alimentation souvent insuffisante en quantité et en qualité, des accidents nombreux car les enfants aident leurs parents dans les tâches quotidiennes dès qu'ils le peuvent (à l'atelier, dans les champs...).
- Malgré cette mortalité élevée, on ne peut pas dire que la vie d'un enfant importait peu. L'archéologie funéraire nous montre que les familles avaient le souci d'enterrer les fratries mortes d'une même maladie et qu'elles apportaient beaucoup de soin aux sépultures des plus jeunes.

Pour en savoir plus

- Un dossier très complet de la BNF sur l'enfance au Moyen Âge : ecole.nathan.fr/f16-MAenfance
- Une mise au point complète et claire sur l'enfance au Moyen Âge, Danièle Alexandre-Bidon (25 pages) : ecole.nathan.fr/f16-MAenfance2
- Un dossier de l'INRAP qui s'attaque aux idées reçues avec une page très synthétique sur l'enfance au Moyen Âge : ecole.nathan.fr/f16-MAenfance3

DÉROULÉ DE LA SÉANCE

Mise en situation

Se repérer dans le temps

- **Situer à nouveau le Moyen Âge sur une frise chronologique.** Expliquer que l'on va parler de la situation des enfants à la fin du Moyen Âge (vers le XIIIe siècle et le XIVe siècle)

Problématique

- Quelle est la vie des enfants au Moyen Âge à la campagne et dans les villes ?

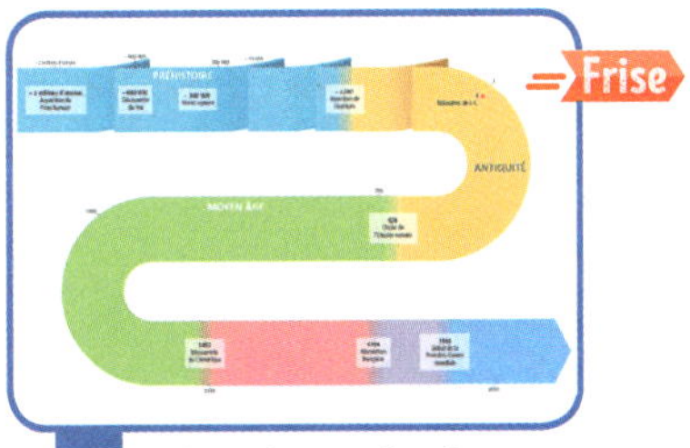

1 Frise chronologique

A La vie des enfants à la campagne

- **Lire le texte sur la vie des enfants dans les campagnes au Moyen Âge.**
  – Quelles sont les activités des enfants dans les campagnes au Moyen Âge ?
  Ils aident leurs parents aux travaux des champs
  – Trouvez dans le texte le passage qui explique que beaucoup d'enfants meurent au Moyen Âge.
  « Les accidents sont nombreux car les parents travaillent et les enfants sont laissé libres de se promener seuls dès l'âge de 3 à 4 ans. Certains se noient, d'autres se perdent en forêt. »
- **Expliquer qu'il faut attendre la fin du Moyen Âge pour que les représentations dans les livres s'éloignent des pures scènes bibliques.** La représentation de Marie et de Jésus est en effet omniprésente tout le long du Moyen Âge. Mais les livres d'heures, qui sont des livres de prière pour personnes aisées, offrent aux historiens à la fin du Moyen Âge de nombreuses scènes quotidiennes. On peut ici montrer des miniatures sur le site de la BNF et faire remarquer aux élèves que la miniature, est une petite illustration que l'on trouve sur les livres, objets précieux (car copiés à la main) et donc couteux.
- **On fera remarquer aux élèves que les artistes ont des difficultés à bien représenter la tête des enfants**, on ne les reconnait que par leur taille. Il faudra attendre la Renaissance pour une représentation plus fidèle des visages.
- **Projeter l'enluminure.**
  – Où se trouve l'enfant et que fait-il ? D'une manière générale beaucoup d'enfants apprennent le métier de leur père. Un enfant ici ramasse des copeaux de bois tandis que sa mère file la laine et son père manie un rabot.

La mortalité des enfants est importante : les accidents sont nombreux car les parents travaillent et les enfants sont laissés libres de se promener tout seuls dès l'âge de 3 à 4 ans. Certains se noient, d'autres se perdent en forêt. Dès qu'ils le peuvent, les enfants aident leurs parents au travail : jardinage, ramassage du bois, chasse aux oiseaux qui mangent les graines…

D'après http://passerelles.bnf.fr/dossier/maison_rurale_01.php

2 La vie des enfants à la campagne

3 Le travail des enfants

B La vie des enfants dans les villes

- **Lire le texte sur la vie des enfants en ville.**
  – Quelles sont les activités des enfants en ville ?
  D'une manière générale ils aident leurs parents en portant des marchandises, les courses en tenant la boutique et en vendant. Cela signifie que certains enfants sont à l'école et qu'ils savent lire et compter.
  – Trouvez les différences entre les filles et les garçons.
  Les garçons peuvent partir en apprentissage et apprendre un métier alors que les filles apprennent à faire le ménage et la couture.
  D'une manière générale, les garçons ne partent pas en apprentissage avant 13 ans, avec une moyenne vers 15-16 ans, alors que les filles partent entre 8 et 12 ans chez des personnes de confiance.
  Les garçons sont surtout placés dans les métiers de bouche, le commerce, l'artisanat, les activités textiles, y compris le tissage et la broderie.
  Le filage est en revanche réservé aux petites filles. Le maitre qui accueille son apprenti est comme un deuxième père. Dans le *Livre des métiers* (XIIIe siècle), Étienne Boileau précise que la durée d'un apprentissage est de 8 à 10 ans.
- **Montrer la vidéo sur les écoles dans les villes au Moyen Âge.**
  – À quoi ressemblent les écoles du Moyen Âge ?
  Les écoles ressemblent à des maisons avec salle de classe dehors ou au rez-de-chaussée et dortoirs à l'étage. Les classes peuvent regrouper de 10 à 100 élèves et accueillent surtout les garçons à partir de 6 ans.
  Au programme : lecture et écriture en latin, compter et chanter.
  Les filles apprennent les tâches domestiques auprès de leur mère.

Dès leur plus jeune âge, les enfants aident à porter la marchandise et font les courses. Vers 8 ou 10 ans, ils peuvent même tenir la boutique et vendre en l'absence de leurs parents. À partir de 13 ans, les garçons peuvent commencer un apprentissage pour apprendre à être artisan. Les filles, entre 8 et 12 ans, peuvent être confiées à des personnes de confiance pour apprendre à faire le ménage ou les travaux d'aiguille.

D'après http://classes.bnf.fr/ema/ville/enfants/index4.htm

4 La vie des enfants en ville

40'30 min à 41'28 min

5 Les écoles dans les villes

Bilan de la séance

- **Rappeler la problématique posée en introduction.**
  - À la campagne, les enfants aident leurs parents dans les tâches quotidiennes (travaux des champs). Ils sont assez libres et les accidents sont nombreux.
  - Dans les villes, les enfants aident également leurs parents mais les garçons peuvent devenir apprenti et apprendre un métier. Les filles peuvent être placées chez des personnes de confiance. Enfin, les garçons peuvent fréquenter des écoles.

Pistes pour la trace écrite au choix

1 Texte à reproduire

La vie des enfants dans les campagnes : ils aident leurs parents aux travaux des champs. Beaucoup meurent dans des accidents

La vie des enfants dans les villes : ils aident leurs parents dans la boutique ou dans l'atelier. Les garçons peuvent faire un apprentissage et aller à l'école alors que les filles apprennent à faire le ménage et la couture.

2 Texte à compléter

▶ **Complète le texte avec les mots suivants :**
les campagnes – accidents – dans les villes – garçons.

La vie des enfants dans .... : ils aident leurs parents aux travaux des champs. Beaucoup meurent dans des ....

La vie des enfants .... : ils aident leurs parents dans la boutique ou dans l'atelier. Les .... peuvent faire un apprentissage et aller à l'école alors que les filles apprennent à faire le ménage et la couture.

PROLONGEMENTS

▶ **TICE :** la Dité des sciences et de l'industrie propose deux activités interactives pour découvrir la vie des enfants au Moyen Âge (apprentie couturière, apprenti boulanger...) : ecole.nathan.fr/f16-jeu

Cette activité peut se faire en autonomie sur des tablettes ou sur des ordinateurs et permet de comprendre de nombreux aspects de la vie quotidienne : fabrication du pain, des vêtements, organisation des villes au Moyen Âge...

17 François Ier, Marguerite de Navarre et la Renaissance

HISTOIRE des ARTS

POINTS DE REPÈRE

François Ier et Marguerite de Navarre

- Marguerite de Navarre et François Ier sont les enfants de Charles de Valois-Orléans et Louise de Savoie. Marguerite est née le 11 avril 1492 à Angoulême et François Ier est né le 12 septembre 1494 à Cognac.
- Marguerite de Navarre (de Valois à l'origine) reçoit une éducation brillante. Elle apprend trois langues (latin, italien et grec), écrit un recueil de nouvelles (*L'Heptaméron*), défend les écrivains et les poètes (Rabelais, Clément Marot…) et les artistes. Elle participe à la vie politique, conseille son frère et prend part aux décisions de l'État. Elle n'hésite pas à entreprendre un long voyage périlleux pour aller négocier la libération de son frère, prisonnier de Charles Quint, à Pavie.
- François Ier est né en 1494. Orphelin très jeune, il est élevé par sa mère et sa sœur. Sacré roi à Reims en 1515, il s'illustre la même année lors de la bataille de Marignan qui lui permet de prendre possession de la région de Milan.

La Renaissance

- Roi de la Renaissance en France avec la construction du château de Chambord, François Ier ramène de ses campagnes d'Italie de nombreux artistes, dont Léonard de Vinci qui s'installe au Clos Lucé.
- Il développe la culture en fondant le collège de France en 1530 (appelé alors « collège royal » dont la devise est « *docet omnia* » – « *il enseigne tout* ») et fait du français la langue officielle avec l'ordonnance de Villers-Cotterêts en 1539.

Pour en savoir plus

- Une courte vidéo sur comment et pourquoi François Ier est arrivé sur le trône de France en 1515 : ecole.nathan.fr/f17-accession
- La visite virtuelle du château de Chambord : ecole.nathan.fr/f17-chambord
- Un podcast d'Europe 1 sur Marguerite de Navarre (*Au cœur de l'Histoire*) : ecole.nathan.fr/f17-marguerite

DÉROULÉ DE LA SÉANCE

Mise en situation

Se repérer dans le temps

- **Projeter la frise chronologique pour introduire les Temps modernes.** On pourra également montrer la vidéo Canopé sur l'explication de l'expression « Époque moderne ». Montrer ensuite la seconde frise avec les rois pour situer à nouveau François Ier.
- **Établir le lien de parenté entre François Ier et Marguerite de Navarre.**

Problématique

- Comment Marguerite de Navarre et François Ier ont utilisé l'art pour montrer la puissance de la monarchie ?

2 min

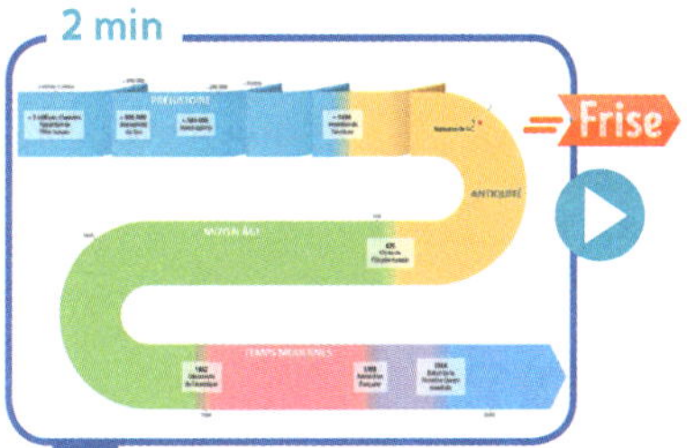

1 Frise chronologique

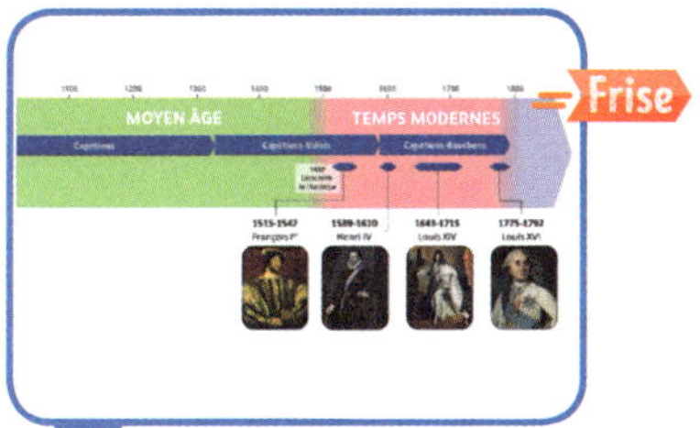

2 La dynastie des Capétiens à l'époque moderne

A François Ier et Marguerite de Navarre

- **Découvrir collectivement les portraits de Marguerite de Navarre et François Ier.**
  Décrire les tableaux. Faire émerger que ce sont des portraits et que tous deux portent une coiffe et des vêtements luxueux.
- **Montrer la vidéo sur Marguerite de Navarre et François Ier et distribuer les textes.**
  Récapituler à l'oral les renseignements que les élèves ont pu retenir après l'écoute.

2'50 min

3 Le règne de François Ier et Marguerite de Navarre

Travail sur le cahier

Étude de documents

- Écrire les questions suivantes au tableau et demander aux élèves d'y répondre individuellement (ou en binôme).
  - *Quel est le lien de parenté entre François Ier et Marguerite de Navarre ? Ils sont frère et sœur.*
  - *Quel grand évènement historique a lieu l'année de la naissance de Marguerite de Navarre ? Coche la bonne réponse.*
    - ❑ *La découverte de l'Amérique*
    - ❑ *La construction de la cathédrale Notre-Dame de Paris*
    - ❑ *Charlemagne devient empereur*
    - ❑ *Le baptême de Clovis*
  - *Souligne, dans les deux textes, les personnes protégées par François Ier et Marguerite de Navarre.*
    Texte 1 (Marguerite de Navarre) : « des artistes, des poètes ou des écrivains, comme Rabelais »
    Texte 2 (François Ier) : « Léonard de Vinci » et « il protège de nombreux poètes et musiciens. »
  - *Comment Marguerite de Navarre aide-t-elle François Ier ? Elle aide François Ier à diriger le royaume. Elle négocie la paix et délivre son frère de Charles Quint.*
  - *Quelle décision prend François Ier en 1539 ? En 1539, François Ier décide que tous les textes officiels doivent être écrits en français, langue parlée par la majorité du peuple.*

- **Expliquer que Marguerite de Navarre joue un rôle capital durant la première partie du XVIe siècle.** Épaulant son frère François Ier dans les décisions de l'État, elle exerce une influence culturelle, religieuse et politique considérable sur le royaume. Par ailleurs, avec son gout prononcé pour les idées nouvelles, elle encourage les artistes de la Renaissance.

B La Renaissance artistique et scientifique

- **Après avoir visionné ces extraits de l'émission *C'est pas sorcier* pour découvrir la période de la Renaissance**, demander aux élèves ce qu'ils en ont retenu, puis répertorier au tableau les éléments importants.

Du début à 5'42 min

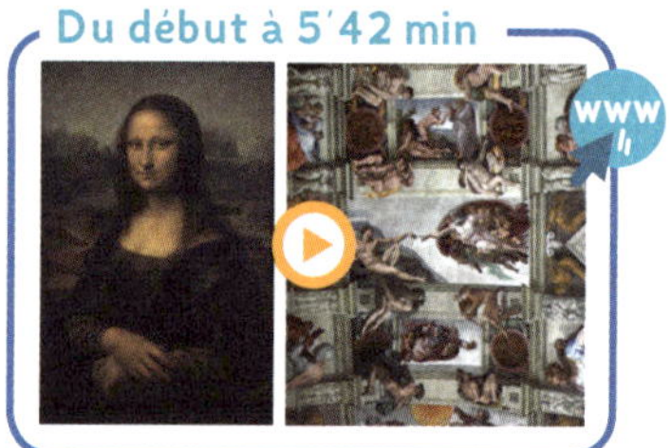

4 La Renaissance

Travail sur le cahier

Exercice

- Écrire ces questions au tableau et demander aux élèves d'y répondre.
  - *Qu'est-ce que la Renaissance ?*
  C'est un mouvement artistique qui nait en Italie.
  - *Comment François Ier découvre la Renaissance ?*
  À l'occasion des guerres qu'il mène en Italie.
  - *Quel est le château sur la photo ? Qui a ordonné sa construction ?*
  Il s'agit du château de Chambord, construit sur l'ordre de François Ier.
  - *Quelle différence y a-t-il entre ce château et ceux du Moyen Âge ? Pourquoi ?*
  On y voit de nombreuses ouvertures, balcons et tourelles. Il n'est pas fortifié car les guerres entre les seigneurs étaient terminées.

12'25 à 17'30 min

5 Le château de Chambord

- **Expliquer que la Renaissance est à la fois une période de l'histoire et un courant artistique.** Elle voit le jour en Italie, aux XIVe et XVe siècles. En France, elle ne commence qu'au XVe siècle et s'étend jusqu'au début du XVIIe siècle. François Ier est le mécène de Léonard de Vinci.
Il fait venir en France au château de Fontainebleau de grands maitres italiens (architectes, sculpteurs, peintres, jardiniers) pour décorer son château.
C'est en Italie que des hommes de lettres, comme Pétrarque, retrouvent l'Antiquité et se replongent dans la lecture de textes philosophiques. Ces érudits, les humanistes, veulent revenir aux sources de la connaissance. C'est ainsi que l'Antiquité devient un modèle pour les sciences, la politique et les arts. Les artistes s'inspirent également beaucoup de la mythologie grecque et romaine.
La Renaissance devient un phénomène européen grâce à l'imprimerie. Lorsque Gutenberg perfectionne l'imprimerie vers 1450, il donne en effet un moyen d'échanger des idées et des images au-delà des frontières.

Travail sur le cahier

Exercice

- Visionner l'extrait vidéo pour découvrir Léonard de Vinci. Répondre aux questions suivantes en binômes.
  - *Qui est Léonard de Vinci ? C'est un artiste italien, peintre et ingénieur également.*
  - *Quelles inventions ou œuvres de Léonard de Vinci pouvez-vous citer ? La Joconde, l'Homme de Vitruve, le croquis d'hélicoptère et de char d'assaut.*

2'30 min

6 Léonard de Vinci

Bilan de la séance

- **Rappeler la problématique posée en introduction.**
François Ier, roi de France au XVIe siècle, est très épaulé par sa sœur ainée Marguerite de Navarre. Elle participe aux décisions importantes de l'État. Femme très cultivée pour son époque, elle protège les artistes (écrivains, poètes, peintres ...). De son côté, François Ier, grâce à ses voyages en Italie, introduit l'art de la Renaissance en France. Il renforce l'autorité du roi et fait du français la langue officielle du royaume.

Pistes pour la trace écrite au choix

1 Texte à reproduire

François Ier, roi de France à partir de 1515, protège les Arts et les Lettres à la Renaissance. Épaulé par sa sœur, Marguerite de Navarre, il parvient à introduire la Renaissance en France. Il invite Léonard de Vinci en France, dont il est très proche et fait construire le château de Chambord.

Il renforce le pouvoir du roi et étend le royaume de France.

2 Texte à compléter

▶ **Complète le texte avec les mots suivants :**
Marguerite de Navarre- Léonard de Vinci - Renaissance - François Ier - Chambord.

François Ier, roi de France à partir de 1515, protège les Arts et les Lettres à la ....
Épaulé par sa sœur, ...,
il parvient à introduire la ....
en France. Il invite .... en France, dont il est très proche et fait construire le château de ....
Il renforce le pouvoir du roi et étend le royaume de France.

3 Carte mentale

▶ **Complète la carte mentale avec les phrases ci-dessous.**
- *Ils agrandissent le royaume et renforcent le pouvoir du roi.*
- *Ils sont frère et sœur.*
- *Ils permettent le développement des arts et des lettres et protègent les artistes.*
- *Le XVIe siècle, le début de la Renaissance.*

François Ier et Marguerite de Navarre

Les liens familiaux
- ....
....
....

L'art
- ....
....
....

L'époque
- ....
....
....

la politique
- ....
....
....

PROLONGEMENTS

▶ **Vidéos :**
- Petite découverte de l'histoire de François Ier, le roi à la salamandre, « François Ier - Les Rois et Reines de France », *Quelle Histoire* : ecole.nathan.fr/f17-francois1
- Pour en savoir un peu plus sur la Renaissance, l'émission *C'est pas sorcier*, « Qu'est-ce que la Renaissance » : ecole.nathan.fr/f17-renaissance
- Pour découvrir l'origine de la langue française : ecole.nathan.fr/f17-langue-francaise

▶ **Sciences :** à partir de vidéos sur la vie de Léonard de Vinci (émission *On vous embarque*) et d'un diaporama sur l'utilisation actuelle des inventions de Léonard de Vinci, retrouver des objets ou des inventions dont Léonard de Vinci est le précurseur :
- ecole.nathan.fr/f17-vinci1
- ecole.nathan.fr/f17-vinci2
- ecole.nathan.fr/f17-vinci3

18 Henri IV et les guerres de religion

POINTS DE REPÈRE

Une nouvelle religion : le protestantisme

- Au début du XVIe siècle, les humanistes, menés par un moine allemand, Martin Luther, scandalisés par les richesses de l'Église et certaines pratiques du clergé, prêchent la réforme de l'Église : ils recherchent dans la Bible la source d'une foi plus vraie. Martin Luther est imité en France par Calvin. C'est le début d'une nouvelle religion : la religion protestante. En France, catholiques et protestants s'opposent violemment.
- En 1584, à la mort du duc François d'Anjou, frère cadet et héritier du roi Henri III, Henri IV devient l'héritier légitime du trône. Les troubles religieux s'exacerbent, notamment sous la pression de la Ligue catholique, qui refuse de voir un protestant monter sur le trône. En 1589, après l'assassinat d'Henri III, Henri de Navarre devient pourtant roi de France. Il se convertit au catholicisme en 1593 (pour la sixième fois, car enfant il avait dû se convertir selon qu'il passait sous la tutelle de sa mère, protestante, ou de son père, catholique), puis il est sacré roi à Chartres en 1594 (et non à Reims, aux mains des ligueurs catholiques).

Les guerres de religion

- Entre 1562 et 1598, il y a en France huit guerres de religion. Elles sont entrecoupées par des tentatives de paix, mais elles ne s'achèvent vraiment qu'avec l'édit de Nantes. Cet édit est promulgué le 13 avril 1598 par Henri IV. Il accorde des droits de culte, des droits civils et des droits politiques aux protestants.

Pour en savoir plus

- Les guerres de religion : quatre podcasts très complets de 53 minutes pour comprendre les enjeux des guerres de religion : ecole.nathan.fr/f18-guerres-religion
- L'émission d'Arte, *Karambolage*, fait une mise au point sur Martin Luther. Toujours très clair et pédagogique : ecole.nathan.fr/f18-karambolage-luther
- Le tableau du *Massacre de la Saint Barthélemy* expliqué par le site *L'Histoire par l'image* : ecole.nathan.fr/f18-st-barthelemy

DÉROULÉ DE LA SÉANCE

Mise en situation

Se repérer dans le temps

- **Après avoir laissé un peu de temps aux élèves pour explorer la frise chronologique, situer à nouveau François Ier vu dans la leçon précédente et nommer les autres rois présents sur la frise.** Faire remarquer qu'il y a eu d'autres rois entre Henri III et François Ier, mais qu'ils ne sont pas indiqués.
- **Installer le contexte historique avec les élèves en expliquant l'origine des guerres de religion.** Au début du XVIe siècle, presque tous les Français sont catholiques, mais une partie d'entre eux pratiquent une nouvelle religion chrétienne : le protestantisme. Ils ne reconnaissent pas l'autorité de l'Église, ni le pouvoir du pape. Catholiques et protestants s'opposent alors violemment. En 1589, le protestant Henri de Navarre devient roi.

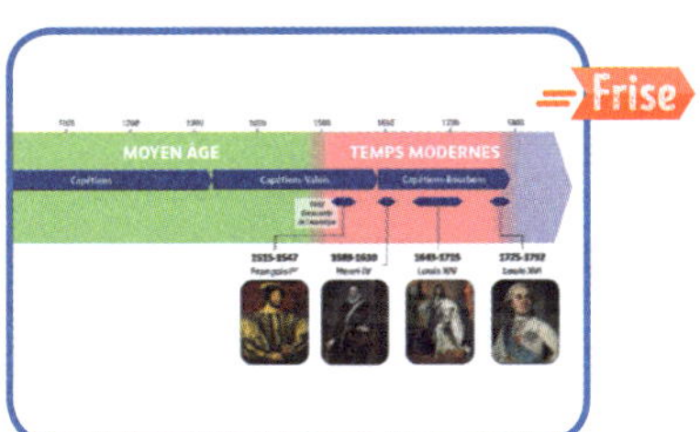

1 Frise chronologique

Problématique

- Comment Henri IV va-t-il réussir à mettre fin aux guerres de religion ?

A Un roi protestant qui devient catholique

- **Montrer la vidéo sur Henri IV.**
- **Réaliser l'exercice interactif avec les élèves.**

	Vrai	Faux
Henri IV est roi de 1589 à 1610.	✗	
Henri IV doit mettre fin aux guerres entre catholiques et protestants.	✗	
À l'origine il est chrétien protestant puis chrétien catholique.	✗	
Il est né près de Paris.		✗
Il ne s'est jamais marié.		✗
Il modernise la France avec son ministre Sully.	✗	
Il meurt de vieillesse dans son lit.		✗

2 Henri IV

- **Comparer le portrait d'Henri IV avec celui de Louis IX.**
  – Que constatez-vous ?
  Les artistes font des portraits plus réalistes au XVIe siècle grâce à la Renaissance artistique. Henri IV porte la croix de l'ordre du Saint-Esprit (qui montre qu'il est le chef des nobles). Il revêt les attributs du roi combattant, en armure, portant une épée.

3 Le portrait d'Henri IV

- **Faire lire l'extrait de bande dessinée.**
  – Que doit faire Henri IV pour se faire sacrer roi France ?
  Il doit changer de religion car les catholiques ne veulent pas d'un roi qui ne soit pas catholique.
  De religion protestante par sa mère, Henri IV doit devenir catholique (il avait l'habitude puisque c'était la sixième fois que cela lui arrivait depuis sa naissance). Cet acte permet de mettre fin aux guerres de religion.

4 La conversion d'Henri IV

B Les guerres de religion

Travail sur le cahier

Étude de document

- Projeter la peinture du *Massacre de la Saint Barthélemy*.
  Proposer cette série de questions afin de savoir si les élèves ont bien compris les raisons du massacre et les circonstances.
  – Quelle est la nature du document ? Son auteur ? Était-il vivant au moment du massacre ? François Dubois a peint ce tableau en 1576 et il est contemporain des faits qu'il peint.
  – Que représente ce tableau ? Une scène de bataille, le massacre de la Saint Barthélemy.
  – Qui se bat ? Les catholiques tuent des protestants.
  – À ton avis, pourquoi sont-ils tués ? Les catholiques ne tolèrent pas la religion protestante.
  – Qu'a fait Henri IV juste avant ce massacre ? Il s'est marié avec Marguerite de Valois pour favoriser la réconciliation entre catholiques et protestants.

5 Le massacre de la Saint-Barthélemy

- **Il est important de signaler aux élèves que ce tableau ne représente pas vraiment la réalité de l'époque.** Le peintre qui l'a réalisé (François Dubois, dont on ignore s'il était à Paris en aout 1572), dénonce à travers cette peinture les violences commises par les catholiques à l'encontre des protestants. On suppose que cette peinture s'inspire de témoignages et peut-être de quelques documents écrits, mais ce n'est pas certain.

- **Projeter l'extrait de l'édit de Nantes.**
Répondre collectivement aux questions suivantes écrites au tableau :
- Recherchez dans un dictionnaire ou sur Internet la définition du mot « édit ». Un édit est une loi établie par le roi. Il porte en général le nom de la ville où il a été signé.
- À votre avis, quel roi est à l'origine de ce document ? Henri IV.
- Quel article signifie que les protestants peuvent pratiquer librement leur religion en France ? C'est l'article 6.
- À votre avis, à quoi a servi cet édit ? À mettre fin aux guerres de religion car il tolère la pratique libre de la religion protestante en France.

Les guerres de religion sont terminées depuis 1595, au moment où le roi Henri IV vainc les troupes de la Ligue catholique, aidées des Espagnols, qui contestent son droit au trône. Ce n'est qu'après la fin des combats contre les Espagnols qu'est signé l'édit de Nantes. Il est négocié entre le roi, les représentants des protestants et ceux des catholiques.

Article 3 – Ordonnons que la religion catholique soit rétablie en tous les lieux et endroits de notre royaume pour y être paisiblement et librement exercée, sans aucun trouble ni empêchement.

Article 6 – Avons permis et permettons à ceux de la religion prétendue réformée [les protestants] de vivre partout dans notre royaume sans être vexés, brutalisés, ni astreints à faire quelque chose contre leur conscience.

Article 22 – Ordonnons qu'il ne sera fait ni différence, ni distinction entre les religions pour être admis dans les universités, collèges et écoles, dans les hôpitaux et les léproseries.

6 L'édit de Nantes

- **Projeter la plaque commémorative et la décrire collectivement.**
Écrire ces questions au tableau comme support de débat.
- Que représente cette photo ? C'est une plaque en pierre où est sculpté un portrait d'Henri IV
- Quels renseignements y trouve-t-on ? La date à laquelle Henri IV a été assassiné, sa date de naissance et de décès, le nom de son assassin.

Expliquer qui est François Ravaillac. Il est né en 1577 à Angoulême dans le département de Charente-Maritime et il est mort le 27 mai 1610 place de la Grève à Paris. Il est connu pour avoir assassiné Henri IV avec un couteau le 14 mai 1610 alors que le roi partait pour la guerre. Il a donc commis un régicide (assassinat d'un roi).
- À votre avis, de quoi a été victime Henri IV ? D'intolérance. François Ravaillac est quelqu'un de très croyant. Il décide d'assassiner Henri IV, car il découvre que le roi a décidé de lancer une guerre contre le pape et les catholiques. Il souhaite lui parler, le rencontrer pour le raisonner mais il n'y parvint pas. Il décide alors de l'assassiner le 14 mai 1610.

7 L'assassinat d'Henri IV

Bilan de la séance

- **Rappeler la problématique posée en introduction.**
Après de nombreux affrontements et conflits, Henri IV parvient à stopper les guerres de religion en promulguant l'édit de Nantes, qui accorde aux protestants le droit d'exercer librement leur religion en France.

Pistes pour la trace écrite au choix

1 Texte à reproduire

Henri IV se convertit à la religion catholique Il devient roi et rétablit la paix entre catholiques et protestants en signant l'édit de Nantes. Il meurt assassiné par un fanatique catholique.

2 Texte à compléter

▶ **Complète le texte avec les mots suivants :**
assassiné – convertit – roi – catholique – protestants – catholiques – édit de Nantes – fanatique.

Henri IV se .... à la religion ....
Il devient .... et rétablit la paix entre .... et .... en signant l' ....
Il meurt .... par un .... catholique.

PROLONGEMENTS

▶ **EMC : proposer de travailler sur la laïcité**
S'appuyer sur la vidéo de *1 jour, 1 actu* pour définir et expliquer ce qu'est la laïcité : ecole.nathan.fr/f18-laicite.

Puis prolonger par un débat en s'appuyant sur la vidéo de Vinz et Lou et le dossier de Canopé : ecole.nathan.fr/f18-laicite2

19 Grandir au XVIIe siècle

AVOIR 10 ANS sous...

POINTS DE REPÈRE

Une période de faste et de famine

- La période de Louis XIV est emblématique de richesses : des bâtiments splendides, comme Versailles ou Vaux-le-Vicomte, des sites exceptionnels comme la place Vendôme, et des écrivains, comme Molière ou La Fontaine. Mais cette période est aussi celle des épidémies de peste, des famines et des guerres en Europe.
- Les enfants sont les premiers à souffrir de ces situations. 95 % des enfants vivent à la campagne et 5 % à la ville. À cette époque, des changements climatiques rompent l'équilibre et s'ensuivent des catastrophes naturelles qui vont provoquer des famines importantes. Par ailleurs, les épidémies de variole et de tuberculose peuvent s'abattre sur une région et provoquer la mort d'un tiers de la population. Les enfants sont les premières victimes de ces évènements auxquels s'ajoutent les problèmes d'alimentation, de soins insuffisants et de mauvaise hygiène.

Une société très inégalitaire

- Sous Louis XIV, les inégalités sont très fortes. Les enfants, dès la naissance, font partie d'un groupe, celui de leurs parents. La société de l'époque est toujours divisée en trois ordres : ceux qui prient, ceux combattent pour le roi ou le conseille, et ceux qui travaillent. Les enfants, s'ils naissent de parents paysans ou de parents nobles, n'ont pas la même éducation ni le même avenir. Les enfants issus de la noblesse sont instruits alors que les enfants de parents pauvres travaillent dès le plus jeune âge.

Pour en savoir plus

- L'émission *L'Histoire au quotidien* sur la vie des Français sous Louis XIV (1 h 40) : ecole.nathan.fr/f19-quotidien
- Des podcasts de France Culture sur Louis XIV, dont le quatrièlme centré sur l'historien du règne de Louis XIV : ecole.nathan.fr/f19-roi

DÉROULÉ DE LA SÉANCE

Mise en situation

Document d'accroche

- **Projeter l'extrait de l'émission *La vie des Français sous Louis XIV*.**
Débattre collectivement sur le contenu de la vidéo.
  - *À quelle époque vit la famille ? Au XVIIe siècle.*
  - *Qui compose la famille ? Les deux parents et leurs trois enfants.*
  - *Comment est l'habitation ? Elle est recouverte d'un toit de chaume et ne comporte qu'une seule pièce.*
  - *Comment y vivent-ils ? Ils vivent tous dans la même pièce, avec les animaux quand il fait froid. Les couchages sont aussi dans cette unique pièce.*
  - *À quel ordre de la société appartient cette famille ? Les paysans.*
  - *Que vont faire les enfants sur cet extrait ? Ils mangent et vont se coucher.*

16 min à 18'30 min

1 La vie des Français sous Louis XIV

Problématique

- Quelle est la vie des enfants au XVIIe siècle sous Louis XIV ?

A La vie des demoiselles de Saint-Cyr

- **Projeter l'image de la demoiselle de Saint-Cyr et écouter l'audio correspondant.**
Décrire collectivement l'image et répertorier au tableau différents éléments que les élèves ont pu retenir de l'audio.
Proposer les questions suivantes :
- Qui est sur ce portrait ? Une demoiselle de Saint-Cyr.
- Comment est-elle vêtue ? Elle porte une longue robe, ainsi qu'une coiffe.
- Quel genre d'établissement est l'école de Saint-Cyr ? Une école pour les jeunes filles de la noblesse.
- À quoi voit-on que la jeune fille est riche ? Elle porte une jolie robe faite de tissus soyeux et une coiffe.
- Quelle éducation reçoit-elle ? Elle apprend la lecture, l'écriture et l'art et la bonne conduite afin d'être une bonne épouse.
L'origine de la maison royale de Saint Louis à Saint-Cyr est liée à la jeunesse de Madame de Maintenon. Issue d'une famille noble mais ruinée, elle ne connut qu'une instruction limitée dispensée par les couvents et qui mettait surtout l'accent sur la religion et la liturgie. C'est pourquoi Mme de Maintenon avait à cœur d'améliorer l'instruction des jeunes filles issues d'une noblesse ruinée à cause des guerres.

2'31 min

2 Les demoiselles de Saint Cyr

B La vie des enfants de paysans

- **Projeter le tableau des enfants de paysans et écouter l'audio correspondant.**
Décrire collectivement l'image et répertorier au tableau différents éléments que les élèves ont pu retenir de l'audio.
Proposer les questions suivantes :
- Qui y voit-on ? Des paysans : enfants et adultes. Ce tableau évoque la récolte des foins à la campagne. Un tas de foin dépasse en hauteur la grange contre laquelle il est adossé.
- Que sont-ils en train de faire ? Au premier plan, une femme assise porte un enfant endormi sur ses genoux. Des enfants sont juchés sur une charrette. Le garçon joue du pipeau. Les petites filles l'écoutent. À l'arrière-plan, un petit garçon regarde les cochons qu'il vient de nourrir, tandis que passent derrière lui une fillette et une femme portant à l'épaule un grand baquet de cuivre. Les animaux courent librement.
- Quels éléments témoignent de la pauvreté du peuple ? Leurs vêtements sont simples, les habitations aussi, faites de pierres et de torchis.

- **Expliquer que les enfants de paysan travaillent à la ferme alors que les enfants de la noblesse sont instruits.** Les garçons apprennent le maniement des armes, la courtoisie et les jeunes filles sont formées pour être capable de gérer un château.
À cette époque, la majeure partie du peuple demeure ignorante. Peu d'entre eux savent lire et écrire car les petites écoles sont payantes. Pour ceux qui pouvaient fréquenter ces écoles, ils apprenaient à lire en latin, puis en français. Ils apprenaient ensuite l'écriture et un peu de calcul mais aussi le catéchisme car l'enseignant était un religieux. Dans les villages, les seuls enfants qui allaient à l'école devaient s'absenter pour la période de travaux dans les champs. Dans les villes, seuls les enfants de commerçants ou d'artisans fréquentaient ces petites écoles.

1'27 min

3 Les enfants de paysans

Bilan de la séance

- **Rappeler la problématique posée en introduction.**
  À l'époque du règne de Louis XIV, les enfants restent dans le même groupe social que leurs parents. Nobles et artisans vont à l'école ou ont un précepteur à domicile. Les enfants de paysans travaillent dès leur plus jeune âge pour aider leurs parents.

Pistes pour la trace écrite au choix

1 Texte à reproduire

Au XVIIe siècle, la situation des enfants est inégale.
Les enfants de la noblesse sont instruits, portent de beaux vêtements, alors que les enfants de paysans travaillent dès leur plus jeune âge.

2 Texte à compléter

▶ **Complète le texte avec les mots suivants :**
inégale – paysans – noblesse.

Au XVIIe siècle, la situation des enfants est ....
Les enfants de la .... sont instruits, portent de beaux vêtements, alors que les enfants de .... travaillent dès leur plus jeune âge.

PROLONGEMENTS

▶ **Récit :** raconter en quelques lignes la vie d'un enfant de cette époque (ex : la vie de Juan, fils de maitre drapier, la vie de Louison, fille de paysan, la vie de Marie-Angélique, fille de chevalier…).
On pourra s'inspirer de l'ouvrage *La Vie des enfants au temps du Roi-Soleil*, La Martinière-Jeunesse, 2006.

▶ **Débat :** faire réfléchir les élèves sur les jeux de l'époque. Existe-t-il encore de nos jours des jeux qui datent de cette époque ?
Laisser les élèves émettre des hypothèses et vérifier sur Internet (photos ou documents) : ecole.nathan.fr/f19-jouets et ecole.nathan.fr/f19-jouets2

20 Louis XIV, le Roi-Soleil

POINTS DE REPÈRE

Le règne de Louis XIV

- Louis XIV, nommé aussi « le Grand » ou « le Roi-Soleil » est né en 1638 et mort en 1715 à Versailles. Suite au décès de son père, Louis XIII, il devient roi dès l'âge de cinq ans, sous la régence de sa mère, Anne d'Autriche. À partir de 1651, il prend les pleins pouvoirs. Son règne durera 72 ans, le plus long de l'histoire de France.

  - De 1648 à 1653 : sa mère assure la régence avec le cardinal Mazarin. C'est aussi la période de la Fronde (rébellion des nobles qui embrase Paris, Louis XIV est contraint de fuir la capitale). Elle marquera beaucoup Louis XIV.
  - De 1661 à 1680 : Mazarin meurt en 1661, le roi gouverne avec ses grands ministres.
  - De 1680 à 1715 : le roi gouverne de plus en plus seul. Cette période est empreinte d'un retour à la religion pour le roi, influencé par sa deuxième épouse, madame de Maintenon. Le roi impose l'obéissance de tous les ordres et contrôle les courants d'opinion (politiques, religieux, artistiques). Il meurt en 1715 à Versailles.

- Durant le règne de Louis XIV, la France est le pays le plus peuplé d'Europe. Le roi va affirmer sa puissance par la diplomatie et la guerre.

Le château de Versailles et la Cour

- Louis XIV supervise la construction du château de Versailles, ancien pavillon de chasse de son père qu'il va réhabiliter. La noblesse faisant partie de sa Cour y est étroitement surveillée. Le faste et le mécénat qu'il entretient favorisent l'apogée du classicisme et de nombreux auteurs tels que Molière ou Racine.

Le peuple sous Louis XIV

- Alors que le roi et sa cour vivent dans le luxe, le peuple doit faire face aux dépenses que cela occasionne : il paie de lourds impôts. Suite à de mauvaises récoltes et aux épidémies de peste, les paysans et les petits artisans ont du mal à se nourrir. Le règne de Louis XIV est marqué par de nombreuses révoltes paysannes.

Pour en savoir plus

- Une vidéo « Histoire & Civilisations » pour découvrir la vie à la Cour sous Louis XIV : ecole.nathan.fr/f20-cour
- Le site du château de Versailles donne une description détaillée des activités de Louis XIV durant une journée : ecole.nathan.fr/f20-louis14
- L'émission *D'art d'Art* sur l'histoire du portrait de Louis XIV par Hyacinthe Rigaud : ecole.nathan.fr/f20-portrait

DÉROULÉ DE LA SÉANCE

Mise en situation

Document d'accroche

- **Projeter les portraits des rois sur la frise chronologique.**
  - *Reconnaissez-vous ces personnages historiques ? Nous en avons déjà vu deux dans les leçons précédentes. François Ier et Henri IV.*
  - *Qui est le troisième personnage ? Louis XIV.*
  - *Que savez-vous de lui ? Répertorier au tableau les connaissances et suppositions des élèves. Les éclairer, donner quelques détails sur le roi Louis XIV (roi soleil, château de Versailles…).*

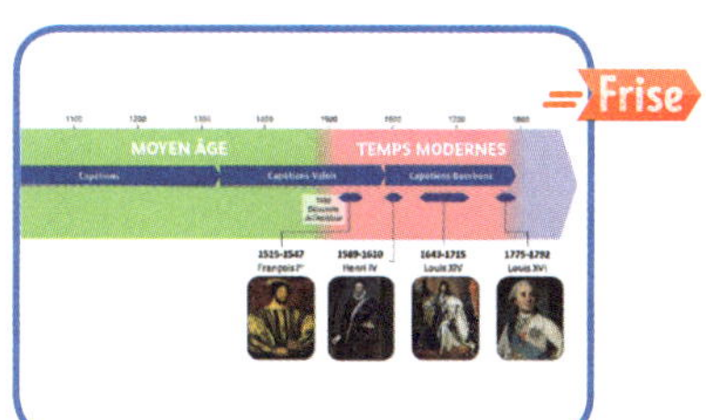

1 Frise chronologique

Problématiques

- Pourquoi dit-on que Louis XIV établit la monarchie absolue ? Pourquoi se fait-il appeler le Roi Soleil ?

A Louis XIV et le pouvoir absolu

- **Vidéoprojeter le tableau de Louis XIV d'Hyacinthe Rigaud et montrer la vidéo.**
Détailler collectivement le tableau et retrouver les symboles du pouvoir royal : *le sceptre, la main de justice, la couronne, la croix de l'ordre du Saint-Esprit, l'épée de Charlemagne, le manteau brodé à fleurs de lys.*
On pourra proposer de réaliser l'exercice interactif sur cette question.

1'40 min

2 Le portrait de Louis XIV

Travail sur le cahier

Étude de document

- Donner aux élèves le portrait à coller et à remplir individuellement.
- Proposer les questions suivantes :
  - *Combien de temps Louis XIV a-t-il été roi de France ?*
  Il a été roi de France pendant 72 ans.
  - *Regarde les dimensions du tableau. Qu'en penses-tu ?*
  Louis XIV souhaite alors que le tableau soit imposant pour illustrer sa puissance et sa force.
  - *Pourquoi, à ton avis, le roi a-t-il fait représenter ces symboles sur son portrait ? Louis XIV veut montrer qu'il est le roi, en plus de témoigner de son pouvoir et de sa puissance.*
  - *D'après ce tableau, quelle impression veut donner Louis XIV ?*
  Louis XIV souhaite montrer avant tout son pouvoir et sa puissance. Il est le Roi Soleil, au pouvoir absolu, c'est-à-dire qu'il détient tous les pouvoirs.

Ce portrait, réalisé en 1701, donne une image majestueuse d'un pouvoir absolu. Louis XIV commande ce portrait pour l'offrir à son petit-fils, le roi d'Espagne Philippe V. Mais ce tableau plait tellement à la cour qu'il ne quitte jamais la France et est exposé uniquement au château de Versailles.
Le roi est au centre du tableau et occupe presque tout l'espace.
Il adopte une position similaire à celle d'un danseur.
Ce portrait ne dépeint pas l'image d'un homme âgé (Louis XIV a 63 ans à cette époque), mais semble figer le souverain pour l'éternité.

B Le château de Versailles : le symbole de sa puissance

- **Visionner la vidéo sur le château de Versailles pour découvrir succinctement la vie de Louis XIV et l'histoire de Versailles.**
Faire un petit retour sur ce que les élèves ont retenu du documentaire ou sur ce qui a pu les marquer.
Jaloux de son ministre des finances, qui avait bâti un château magnifique, Louis XIV réquisitionne son décorateur, son paysagiste et son architecte (et envoie son ministre croupir en prison !) pour construire le château de Versailles, palais de la démesure et des excès royaux.
Versailles devient alors le symbole de la grandeur du roi et de la monarchie absolue. Son organisation symétrique témoigne de l'ordre et de l'autorité de son règne. Louis XIV veut montrer qu'il domine le monde : il loge dans trois appartements dans le corps central du château, et offre suffisamment d'espaces pour loger ses courtisans.

2'47 min

3 La vie de Louis XIV et l'histoire du château de Versailles

- **Projeter le texte sur Louis XIV et la Cour** et écouter l'audio correspondant.
- **Faire l'exercice interactif avec les élèves.**

> - Au château de Versailles, Louis XIV : [x] habite avec ses courtisans. [ ] invite souvent ses courtisans.
> - La Cour, c'est : [x] l'ensemble des courtisans du roi. [ ] la place pavée devant le château.
> - Pour plaire au roi, les courtisans dépensent : [ ] peu d'argent. [x] tout leur argent.
> - Louis XIV oblige sa Cour à rester près de lui : [ ] parce qu'il s'ennuie. [x] pour ne pas que les nobles se rebellent.

Expliquer qu'à la mort de Mazarin, Louis XIV n'a que 16 ans lorsqu'il décide de gouverner seul. Il met en place une monarchie absolue de droit divin, son pouvoir lui vient de Dieu et quiconque s'oppose à son pouvoir s'oppose à Dieu. Cela permet de limiter l'opposition de la population de l'époque, extrêmement croyante. Le roi a le pouvoir total et tous ses sujets lui doivent obéissance. Il s'assure que ses décisions sont respectées dans les provinces en nommant des intendants. Les nobles sont écartés de la vie politique. Il va révoquer l'édit de Nantes en 1685 pour pouvoir imposer sa religion (catholique) ; les protestants seront à nouveau persécutés. Louis XIV souhaite aussi dominer le reste de l'Europe, c'est la raison pour laquelle il entame des guerres pour conquérir d'autres régions afin d'agrandir son territoire.

- **Montrer le château de Versailles.**

Demander aux élèves :

- *Ce qu'il représente, qu'y voit-on ?* *Une vue du château de Versailles.*
- *Qui a fait construire ce château ?* *Louis XIV.*
- *Retrouvez sur le document :*

1 la cour d'honneur ;
2 le bâtiment principal ;
3 les jardins à la française.

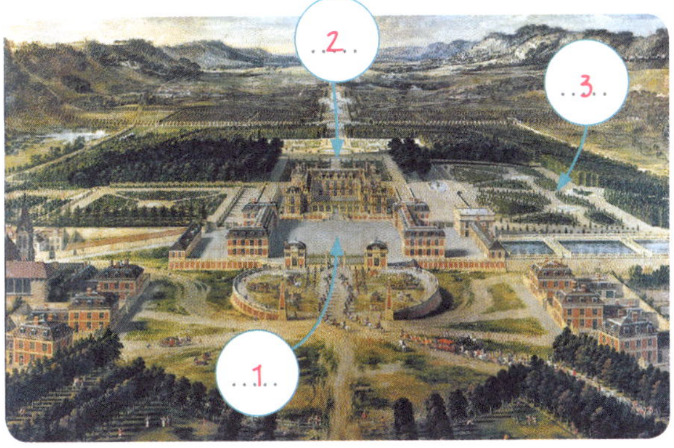

- *Combien de temps ont duré les travaux d'aménagement du château de Versailles ?* *Les travaux d'aménagement du château de Versailles ont duré 53 ans au total.*

- **Montrer ensuite le motif d'une grille du château de Versailles**

Décrire collectivement.

Demander aux élèves :

- *Où trouve-t-on ce motif ?* *Sur les grilles du château de Versailles*
- *Que représente ce motif ?* *Le Roi-Soleil, surnom de Louis XIV.*
- *Quels sont les deux symboles de la royauté que vous pouvez observer sur ce motif ?* *La fleur de lys et la main de justice.*
- *À votre avis, pourquoi Louis XIV se fait appeler le « Roi-Soleil » ?* *Il souhaitait rayonner sur tout le pays et éblouir de sa puissance, comme le Soleil.*

Louis XIV est apparu en 1162 lors d'un ballet organisé, déguisé en soleil, comparable à un homme qui éclaire le monde, fait rayonner son prestige et sa prestance. La cour a été éblouie et le surnom est resté.

Louis XIV regardait à son lever, à son coucher, à ses repas, dans ses appartements, dans les jardins, les courtisans qui avaient l'habitude de le suivre. Il voyait, il remarquait tout le monde. C'était une honte de ne pas vivre à la Cour, et un malheur de ne jamais y venir. Le roi aimait la splendeur, la magnificence, l'abondance. Pour lui plaire, les courtisans dépensaient leur argent en habits, en équipage, en jeux. En réalité, le roi leur faisait ainsi dépenser tout leur argent jusqu'à ce qu'ils n'aient plus rien et doivent dépendre de lui pour vivre.

D'après le duc de Saint-Simon, Mémoires, 1749.

4 Louis XIV et la Cour

5 Le château de Versailles

6 Le Roi-Soleil

Bilan de la séance

- **Rappeler les problématiques posées en introduction.**
Le roi Louis XIV parvient au fil du temps à diriger seul la France et à imposer ses décisions, exerçant un contrôle permanent sur sa Cour et son territoire, ne tolérant aucune opposition. C'est la raison pour laquelle on peut dire qu'il est « un roi absolu », il a tous les pouvoirs.

Pistes pour la trace écrite au choix

1 Texte à reproduire

Le roi Louis XIV est un roi absolu de droit divin. C'est-à-dire qu'il a été choisi par Dieu pour gouverner la France. Il fait construire le somptueux château de Versailles, à l'ouest de Paris. Il espère ainsi contrôler la Cour en lui instaurant un emploi du temps complètement dédié à sa personne.

Nobles, artistes et princes étrangers peuvent admirer le luxe qui fait preuve du pouvoir du roi.

2 Texte à compléter

▶ **Complète le texte avec les mots suivants :**
pouvoir – Versailles – roi absolu – personne – Dieu – noblesse – luxe – cour – droit divin.

Le roi Louis XIV est un .... de .... C'est-à-dire qu'il a été choisi par .... Pour gouverner la France. Il fait construire le somptueux château de ...., à l'ouest de Paris. Il espère ainsi contrôler la .... en lui instaurant un emploi du temps complètement dédié à sa ....
Nobles, artistes et princes étrangers peuvent admirer le .... qui fait preuve du pouvoir du roi.

3 Carte mentale

▶ **Complète la carte mentale avec les phrases suivantes.**
- *Il fait construire le château de Versailles.*
- *Il protège des artistes (Molière, Corneille, La Fontaine, Lully...)*
- *Il devient roi à 5 ans et règne 72 ans.*
- *Il décide de gouverner seul.*
- *Il contrôle les nobles à Versailles.*
- *Il s'entoure de courtisans et fait des fêtes somptueuses.*
- *Le peuple subit des famines et des épidémies, et il est écrasé par les impôts.*
- *Il prend pour emblème le Soleil pour affirmer son pouvoir.*

Louis XIV

Un roi bâtisseur
....
....
....
....

Un roi protecteur des arts
....
....
....
....

Un roi absolu de droit divin
....
....
....
....

Un roi à la Cour, loin de son peuple
....
....
....

PROLONGEMENTS

▶ **Théâtre :** découvrir quelques œuvres de Molière (*L'Avare*, *Le Malade imaginaire*, *Les Fourberies de Scapin*...), et proposer des petites mises en scène aux élèves.

▶ **Visite :** la visite du château de Versailles, réelle ou virtuelle : ecole.nathan.fr/f20-versailles

21 Le premier empire colonial français

POINTS DE REPÈRE

Les premières colonies

- Jusqu'au XVIIe siècle, l'exploration, la conquête et le peuplement de terres lointaines correspondent à des initiatives dispersées que le roi ne soutient qu'épisodiquement. Au XVIe siècle, seule la nouvelle France (Canada) est une colonie stable, grâce à ses pêches miraculeuses.
- Au début du XVIIe siècle nait une volonté politique nouvelle : la royauté soutient davantage la colonisation. Le souhait à cette époque est de créer des colonies d'exploitation destinées à ne produire et commercer qu'au profit exclusif de la métropole.
  Les Français s'emparent de Saint-Christophe (Antilles), la Guadeloupe et la Martinique. La traite des Noirs s'intensifie.
- Sous le règne de Louis XIV, Colbert, secrétaire d'État à la Marine, encourage la colonisation pour la prospérité de la France. L'empire colonial français ne va cesser de s'étendre jusqu'à atteindre son apogée à la moitié du XVIIIe siècle.

La traite négrière

- La traite négrière a vu le jour avec la colonisation. C'est un phénomène historique marquant en raison des dizaines de millions de victimes déportées d'un continent à un autre. Les conditions de vie des esclaves sont effroyables et totalement inhumaines. Elle dure jusqu'au XIXe siècle et provoque la mort de millions d'esclaves. L'esclavagisme est aboli en France le 27 avril 1848.

Pour en savoir plus

- Le témoignage de deux historiens et d'un médecin sur l'esclavage et le satut de « non-personne » : ecole.nathan.fr/f21-esclavage

DÉROULÉ DE LA SÉANCE

Mise en situation

Document d'accroche

- **Décrire collectivement la carte des territoires français actuels.**
  - *Que représente-t-il ? C'est un planisphère.*
  - *Que nous indique la légende de la carte ? Les différentes implantations des territoires français.*
  - *À votre avis, quel est le lien entre ce portrait de Jacques Cartier et les territoires français ? Répertorier les hypothèses des élèves. Puis expliquer que Jacques Cartier est un explorateur qui a découvert des terres inconnues qui sont devenues par la suite des territoires français.*
  - *Cherchez la définition du mot « colonisation ». La colonisation est la conquête de territoires et son peuplement par un pays.*
  - *D'après la définition que vous avez trouvée, que pouvez-vous dire sur les territoires qui sont en dehors de la France métropolitaine ? Ils ont été colonisés.*

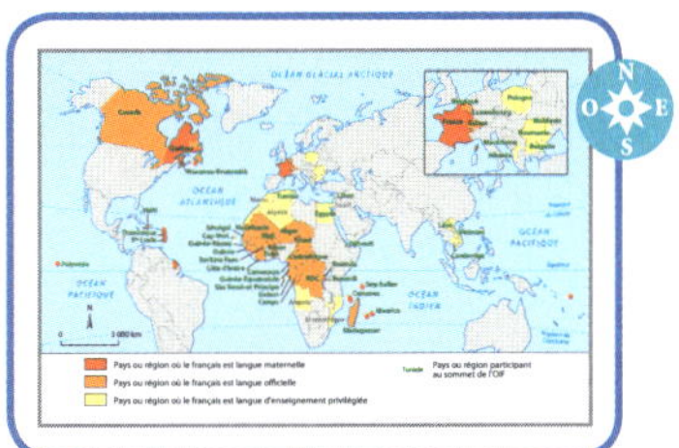

1 Les territoires français actuels

Problématique

- **Pourquoi les Français ont cherché à coloniser ces territoires étrangers ?**

A L'exploitation des colonies

- **Montrer la vidéo sur le premier empire colonial français.**
  – En quoi consiste la colonisation des territoires ? Posséder ce territoire pour pouvoir l'exploiter et y implanter une population.
  – Quel était le but de l'exploitation des colonies ? Développer le commerce international pour enrichir le pays et augmenter sa puissance.
  – Est-ce que ce commerce concerne uniquement les marchandises ? Non, c'était aussi un trafic d'êtres humains, nommé « traite des noirs ». Des Africains étaient enlevés à leur pays pour devenir des esclaves au service des colons.

6'25 min

2 La colonisation

- **Montrer la carte de l'exploitation des colonies françaises.**
  – Quels sont les territoires en jaune sur cette carte ? La France et les terres colonisées.
  – Citez quatre colonies françaises au XVIIIe siècle. Québec, Louisiane, La Guyane, Pondichéry.
  – Quelles indications donnent les flèches colorées ? Elles indiquent la nature de ce qui est amené en France depuis les colonies.
  – Recherchez la définition de l'expression « commerce triangulaire ». Le commerce triangulaire, est un commerce d'échanges, qui du XVIe au XVIIIe siècle a été réalisé entre l'Europe, l'Afrique et l'Amérique. Il était basé sur la traite des Noirs.

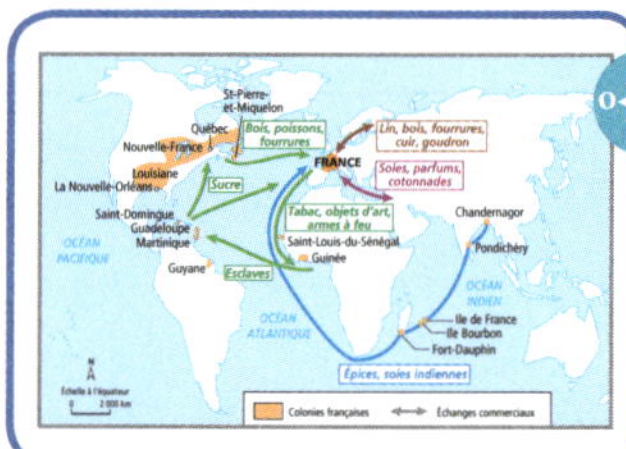

3 L'exploitation des colonies françaises

- **Expliquer que le traité de Tordesillas marque le début de la colonisation.**
  Il est établi le 7 juin 1494. Ce traité vise à résoudre les conflits nés de la découverte européenne du Nouveau Monde par Christophe Colomb. Il vise à partager le Nouveau Monde entre les deux puissances coloniales émergentes, l'Espagne et le Portugal. Une ligne de partage est tracée. Les pays européens (France, Angleterre, Pays-Bas) déduisent très vite que les Portugais et les Espagnols, du fait de leur supériorité maritime, vont se partager le monde en leur laissant peu de place. François Ier obtient une interprétation assouplie du traité auprès du pape Clément VII, pour qu'il ne concerne que les terres connues et non les terres ultérieurement découvertes par les autres puissances.
  C'est ainsi que François Ier appuie et finance rapidement l'expédition de Jacques Cartier...

B La traite négrière et l'esclavage

- **Montrer la vidéo « Pourquoi parle-t-on de la traite des Noirs ? ».**
  Faire un point avec les élèves sur ce qu'ils ont retenu de ce documentaire. Recueillir leurs impressions.

- **Montrer le tableau sur les conditions de vie des esclaves.**
  Décrire collectivement le tableau (qu'y voit-on, où cela se passe-t-il, comment se déplacent les esclaves...)

1'42 min

4 Pourquoi parle-t-on de la traite des Noirs ?

Travail sur le cahier

Étude de document

- Proposer ce petit vrai ou faux aux élèves

Écris vrai ou faux à la fin de chaque phrase, justifie tes réponses.

- *Les esclaves choisissent de quitter l'Afrique.* **F**
- *Les propriétaires d'esclaves peuvent battre leurs esclaves.* **V**
- *Les esclaves ne possèdent rien à eux seuls.* **V**
- *Les esclaves sont libres et payés pour leur travail.* **F**
- *Les esclaves sont achetés ou échangés comme du bétail.* **V**

5 L'esclavage

- **Expliquer que de 1450 à 1869, ce sont plus de 11 millions d'Africains qui sont déportés en Amérique.** Les esclaves sont réunis dans des lieux servant d'entrepôt. Les survivants sont vendus sur les côtes américaines après un trajet de trois à six semaines. La vie des esclaves dans les colonies est réglée par le « Code noir » rédigé en 1685. Les esclaves y sont désignés comme des « meubles » transmissibles et négociables. Sous la Révolution française, l'esclavage est aboli une première fois le 4 février 1794, pour calmer la rébellion des esclaves dans les Antilles. Cette décision est révoquée en 1802 par Bonaparte. L'abolition définitive de l'esclavage a lieu le 27 avril 1848 grâce à Victor Schœlcher, sous-secrétaire d'État à la Marine à cette époque.

Bilan de la séance

- **Rappeler la problématique posée en introduction.**
L'exploitation des colonies par les Français a pour objectif d'apporter de nouvelles marchandises (sucre, épices, café...), d'enrichir le pays en développant le commerce et de marquer la puissance française en agrandissant le territoire.

Pistes pour la trace écrite au choix

1 Texte à reproduire

Au XVe et au XVIe siècle, les découvertes de nouvelles terres ont plusieurs conséquences.
- Les premiers empires coloniaux : les Européens exploitent les colonies et imposent leur domination.
- L'esclavage : les indigènes présents dans les colonies deviennent des esclaves et sont exploités.
- La traite des noirs et le commerce triangulaire : les Européens organisent un système d'échange entre l'Europe, l'Afrique et l'Amérique, dans lequel les esclaves africains sont échangés contre des marchandises.

2 Texte à compléter

▶ **Complète le texte avec les mots suivants :**
l'esclavage – le commerce triangulaire – la traite des Noirs – les premiers empires coloniaux.

Au XVe et au XVIe siècle, les découvertes de nouvelles terres ont plusieurs conséquences.
- .... : les Européens exploitent les colonies et imposent leur domination.
- .... : les indigènes présents dans les colonies deviennent des esclaves et sont exploités.
- .... et .... : les Européens organisent un système d'échange entre l'Europe, l'Afrique et l'Amérique, dans lequel les esclaves africains sont échangés contre des marchandises.

3 Carte mentale

▶ **Compléter la carte mentale avec les phrases suivantes.**

- *Commerce entre l'Europe, l'Afrique et l'Amérique. Les esclaves noirs sont vendus en échange de marchandises.*
- *Découverte de nouvelles terres par des explorateurs comme Christophe Colomb ou Jacques Cartier.*
- *Conquête de territoires, domination et peuplement par un pays.*
- *Exploitation des richesses, développement du commerce et enrichissement du pays.*

Premier empire colonial français

La colonisation

- ....

....

....

La découverte de nouveaux continents

- ....

....

....

Pourquoi les territoires sont colonisé ?

- ....

....

....

Commerce triangulaire et esclavage

- ....

....

....

PROLONGEMENTS

▶ **Vidéo :** une émission de *C'est pas sorcier* pour découvrir l'origine et la production de canne à sucre et comment elle a marqué l'histoire de l'esclavage à la Réunion : ecole.nathan.fr/f21-canne-a-sucre

▶ **Jeu :** un jeu interactif pour découvrir les grands navigateurs de la Renaissance : ecole.nathan.fr/f21-jeu

THÈME 3

Le temps de la Révolution et de l'Empire

« Ce que l'élève va apprendre

Situer sur une frise chronologique

- ✔ la prise de la Bastille
- ✔ l'abolition des privilèges
- ✔ la Déclaration des droits de l'homme et du citoyen
- ✔ l'exécution de Louis XVI
- ✔ le Premier Empire

Raconter

- ✔ les causes de la Révolution française
- ✔ les événements de l'année 1789
- ✔ l'exécution de Louis XVI et la naissance de la République
- ✔ le sacre de Napoléon Ier

Situer sur une carte

- ✔ l'empire napoléonien

Expliquer

- ✔ quelles sont les idées nouvelles qui apparaissent sous la Révolution française
- ✔ pourquoi la Déclaration des droits de l'homme et du citoyen est un texte important
- ✔ comment Napoléon est parvenu au pouvoir
- ✔ quels sont les héritages de la Révolution française et du Premier Empire

Sommaire

Séance 22 1789 : la Révolution française 115

Séance 23 Les idées nouvelles sous la Révolution française 119

Séance 24 La Déclaration des droits de l'homme et du citoyen • EMC 123

Séance 25 De la monarchie à la République 129

Séance 26 Napoléon et l'Empire 133

Séance 27 Le sacre de Napoléon Ier • HISTOIRE des ARTS 137

Séance 28 Les héritages de la Révolution française et du Premier Empire • HÉRITAGES 141

22 1789 : la Révolution française

POINTS DE REPÈRE

- L'année 1789 marque la fin d'une période millénaire dominée par la monarchie et des relations inégales entre les Français. Elle marque aussi le début de l'Époque contemporaine.

Les causes de la Révolution

- **Politiques :** les philosophes des Lumières (par opposition à la nuit de l'ignorance, du fanatisme et de l'intolérance), Montesquieu, Rousseau, Voltaire, Diderot, d'Alembert... et des intellectuels, comme l'écrivaine engagée Olympe de Gouges, prônent des idées et idéaux de justice, de tolérance et de démocratie. Ces idées circulent dans les salons, les gazettes et des ouvrages comme l'*Encyclopédie* et elles arrivent jusque dans les campagnes grâce à des colporteurs.
- **Économiques :** malgré des tentatives de réformes, les nobles et le clergé ne paient toujours pas d'impôts alors que la France est très endettée. Suite à de mauvaises conditions climatiques, les récoltes sont mauvaises. Le prix du pain (50 % du budget des ménages), aliment de base de la population, augmente fortement entre 1787 et 1789. Tous les revenus de la population sont consacrés à l'alimentation, au détriment des autres secteurs économiques. Des émeutes de la faim éclatent partout en France.
- **Sociales :** la société est divisée en trois ordres inégaux. Noblesse et clergé ont des privilèges fiscaux alors que le tiers état est imposé lourdement. Au sein même du clergé et de la noblesse, les inégalités sont nombreuses et la contestation sociale s'amplifie.

Les premières conséquences

- Les campagnes s'embrasent fin juillet et début aout lors de la « Grande Peur ». Face à cette insurrection, l'Assemblée décide d'abolir les privilèges dans la nuit du 4 aout. C'est ainsi que toute la société d'ordres de l'Ancien Régime est balayée.

> **Pour en savoir plus**
>
> - Une conférence d'Emmanuel de Waresquiel sur France Culture, « Les sept jours durant lesquels s'est jouée la Révolution française », janvier 2021 (1h19) : ecole.nathan.fr/f22-revolution

DÉROULÉ DE LA SÉANCE

Mise en situation

Se repérer dans le temps

- **1789 marque le début de l'Époque contemporaine.**
En 1789, le roi Louis XVI est au pouvoir. Le régime politique est toujours une monarchie absolue. On l'appelle « l'Ancien Régime ».
- **Faire le lien avec les séances précédentes et replacer les rois précédemment étudiés sur la frise.**
On pourra également montrer la vidéo Canopé sur l'explication de l'expression « Époque contemporaine ».

Document d'accroche

- **La société française est divisée en trois ordres :** le tiers état, la noblesse et le clergé. La France est en crise et le peuple se révolte contre les injustices d'une société inégalitaire.
– Pourquoi, selon ce document, la société est-elle inégalitaire ?
La plus grande partie de la pyramide est composée du tiers état, qui représente le reste de la population. Au sommet de la pyramide, les personnes les moins nombreuses, clergé et noblesse, sont aussi celles qui sont les plus riches et qui ont le plus de privilèges.

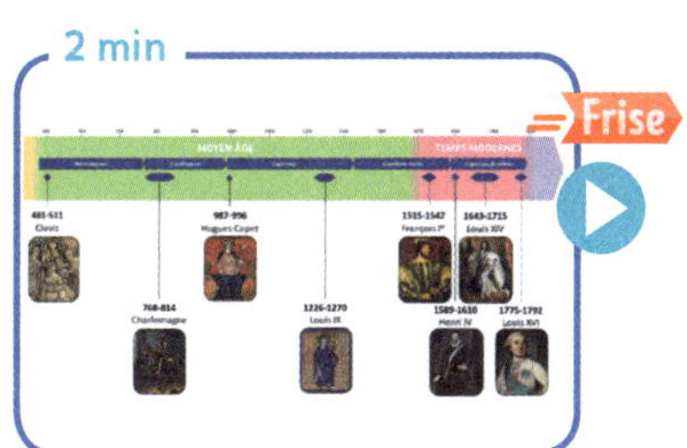

1 Frises chronologiques

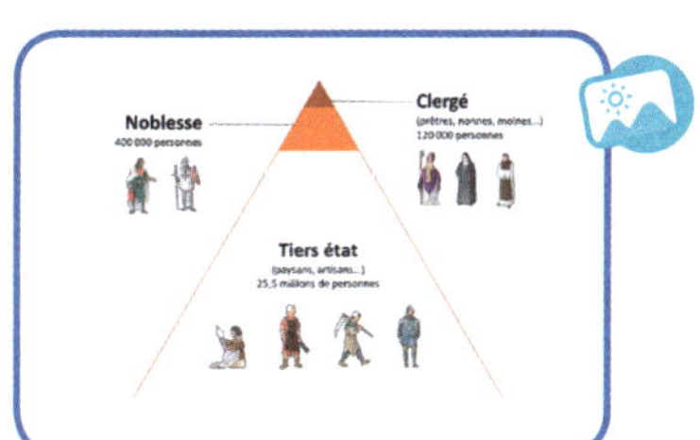

2 La société française sous la Révolution

Problématique

- Quels événements ont marqué l'année 1789 ?

A La colère du tiers état

- **Projeter une première caricature des trois ordres.**

– Qu'est-ce qu'une « caricature » ? C'est un dessin destiné à faire rire, à se moquer en exagérant un trait, une situation.

C'est une représentation symbolique.

– Que montre cette caricature ? Elle montre un personnage écrasé par deux autres.

Plusieurs gravures anonymes dénoncent en 1789 les privilèges de la noblesse et du clergé. Celle-ci montre un paysan qui porte le clergé et la noblesse. Il les soutient car c'est lui qui paye les impôts et qui travaille pour les nourrir. Les animaux mangent les récoltes et les paysans n'ont pas le droit de les chasser (le droit de chasse appartient au seigneur).

Le paysan souffre et appelle à l'aide. Il fait un signe pour demander de l'aide. L'évêque a le soutien du noble qui a posé une main sur son épaule. Il fait un signe au paysan de rester à sa place.

Analyser l'attitude de chaque personnage, les gestes et le regard de chacun.

3 Le tiers état, le clergé et la noblesse

Travail sur le cahier

Étude de documents

- Coller la caricature et compléter l'image avec l'ordre représenté par chaque personnage.

Puis répondre aux questions.

– De quand date cette caricature ? Elle date de 1789.

– Trouve, sur la caricature, les objets qui appartiennent à chaque ordre.

- *le clergé : le livre de prières (missel)*
- *la noblesse : l'épée*
- *le tiers état : la charrue, la pelle*

– Quelle injustice cette caricature veut-elle dénoncer ? Elle critique la domination de la noblesse et du clergé sur le tiers état.

- **Projeter l'extrait d'un cahier de doléances.** Lire le texte et expliquer les motifs de plainte de ces paysans. La France est de plus en plus endettée. Le roi Louis XVI n'arrive pas à réformer la fiscalité (le fonctionnement de l'impôt). Dans le même temps, le prix du pain a augmenté et la majorité de la population dépense tout son argent à se nourrir tant bien que mal. Louis XVI réunit alors une assemblée, les États généraux. Les Français doivent élire des personnes qui iront siéger à cette assemblée. Ils rédigent des cahiers de doléances pour les confier à ces élus.

– Qui a écrit ce cahier de doléances ? Ce sont les paysans de Culmont.

Culmont est une petite paroisse de la Haute-Marne.

– Quelle injustice dénoncent-ils ? Les paysans de Culmont, qui font partie du tiers état, dénoncent le fait que ceux qui possèdent le plus de richesses sont ceux qui paient le moins d'impôts.

Environ 50 000 cahiers comme celui-ci sont rédigés en quelques semaines. Les Français ne veulent pas simplement une réforme fiscale, mais ils dénoncent toute la société d'ordres. Le peuple espère que ses représentants aux États généraux mettront fin aux privilèges.

Sire, nous sommes accablés d'impôts ; nous vous avons donné une partie de notre pain, et il va bientôt nous manquer si cela continue. Si vous voyiez les pauvres chaumières que nous habitons, la pauvre nourriture que nous prenons, vous en seriez touché. Cela vous dirait mieux que nos paroles que nous n'en pouvons plus et qu'il faut nous diminuer nos impôts. Ce qui nous fait bien de la peine, c'est que ceux qui ont le plus de biens paient le moins. Pourquoi donc est-ce que ce sont les riches qui paient le moins et les pauvres qui paient le plus ? Est-ce que chacun ne doit pas payer selon son pouvoir ? Sire, nous vous demandons que cela soit ainsi, parce que cela est juste.

Cahier de doléances des paysans de Culmont, 1789.

4 Les cahiers de doléances

Travail sur le cahier

Étude de texte

- Coller le texte et répondre aux questions.
  - Soulignez dans le texte ce qui montre que la vie des auteurs de ce cahier est difficile.
  Souligner le début, de « Sire », jusque « vous en seriez touché ».
  - Que souhaitent ces paysans ? Ils souhaitent que chaque personne paie l'impôt selon ses capacités.

B Les événements importants de 1789

- **Montrer le tableau de la prise de la Bastille** et évoquer avec les élèves cette date du 14 juillet, fête nationale, symbole de la République française.
  - *Quels sont les autres symboles de la République ?*
  Le drapeau tricolore, la devise républicaine (« liberté, égalité, fraternité »).
  Rappeler que ces symboles trouvent aussi leur origine dans les événements de la Révolution française.
  Le choix du 14 juillet comme fête nationale durant la IIIe République n'avait pas pour but de célébrer la prise de la Bastille, mais la fête de la Fédération qui a eu lieu un an plus tard, le 14 juillet 1790.
- **Projeter la vidéo sur le tableau de la prise de la Bastille.**
  Elle explique un événement sanglant et très marquant de la Révolution française.

2'10 min

5 La prise de la Bastille

Travail sur le cahier

Étude de document

- Coller le tableau de la prise de la Bastille, puis réaliser les activités suivantes.
  - Entourez sur le tableau :
    - le peuple parisien en rouge ;
    - les canons en vert ;
    - les soldats de la garde de Paris en bleu ;
    - les fumées en noir.
  - Pourquoi le peuple parisien attaque-t-il la Bastille ?
  Il veut de la poudre à canon et des munitions. La Bastille représente aussi le pouvoir royal.

- **Projeter le texte.**
  Dans la nuit du 4 aout 1789, trois semaines après la prise de la Bastille, le vicomte de Noailles prend la parole à l'Assemblée.

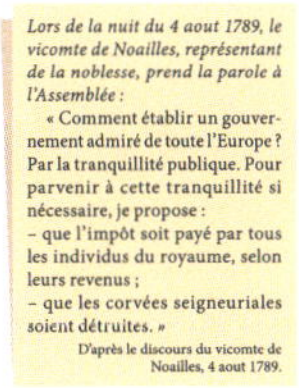

6 La fin des privilèges

Travail sur le cahier

Étude de texte

- Coller le texte puis répondre aux questions.
  - Qui est l'auteur de ce discours ?
  C'est le vicomte de Noailles, un membre de la noblesse.
  - À quelle date prononce-t-il ces paroles ? Précisez combien de temps après la prise de la Bastille. Il les prononce le 4 aout, 3 semaines après la prise de la Bastille.
  - Surlignez dans le texte ce que propose l'auteur.
  - D'après vous, quelle va être la réaction des paysans de Culmont après ce discours ? Leur demande d'avoir plus de justice semble avoir été entendue.

Lors de la nuit du 4 aout 1789, le vicomte de Noailles, représentant de la noblesse, prend la parole à l'Assemblée :

« Comment établir un gouvernement admiré de toute l'Europe ? Par la tranquillité publique. Pour parvenir à cette tranquillité si nécessaire, je propose :
– que l'impôt soit payé par tous les individus du royaume, selon leurs revenus ;
– que les corvées seigneuriales soient détruites. »

D'après le discours du vicomte de Noailles, 4 aout 1789.

Cette nuit-là, l'abolition des privilèges demandée par le vicomte de Noailles est votée à l'Assemblée.

Bilan de la séance

- **Rappeler la problématique posée en introduction et compléter la frise chronologique de l'année 1789.**
  - janvier : convocation des États généraux par le roi
  - janvier-avril 1789 : rédaction des cahiers de doléances par le tiers état
  - 14 juillet 1789 : prise de la Bastille
  - 4 aout 1789 : abolition des privilèges

Pistes pour la trace écrite *au choix*

1 Texte à reproduire

Durant l'année 1789, face à une grande crise économique, le roi Louis XVI réunit les États généraux. Le tiers état élit des représentants pour y siéger. Il rédige des cahiers de doléances, dans lesquels il critique la société d'ordres, qui est très inégalitaire : le tiers état paie l'impôt, alors que les nobles et le clergé, plus riches, ne le paient pas. Le 14 juillet, les Parisiens en colère se ruent sur la Bastille, une prison, pour y récupérer des munitions. Trois semaines plus tard, le vicomte de Noailles demande l'abolition des privilèges, qui est votée à l'Assemblée.

2 Texte à compléter

▶ **Complète le texte avec les mots suivants :** *Bastille - Louis XVI - 1789 - cahiers de doléances - privilèges - tiers état.*

Durant l'année ...., face à une grande crise économique, le roi .... réunit les États généraux. Le tiers état élit des représentants pour y siéger. Il rédige des ...., dans lesquels il critique la société d'ordres, qui est très inégalitaire : le .... paie l'impôt, alors que les nobles et le clergé, plus riches, ne le paient pas. Le 14 juillet, les Parisiens en colère se ruent sur la ...., une prison, pour y récupérer des munitions. Trois semaines plus tard, le vicomte de Noailles demande l'abolition des ...., qui est votée à l'Assemblée.

3 Frise chronologique

▶ **Complète la frise chronologique avec les mots suivants.**
Abolition des privilèges - rédaction des cahiers de doléances - convocation des États généraux - prise de la Bastille.

Janvier 1789 : ....

Janvier-avril 1789 : ....

14 juillet 1789 : ....

4 aout 1789 : ....

PROLONGEMENTS

▶ **Débat :** « est-ce que les soldats se révoltaient aussi ? » La maison Lumni répond : ecole.nathan.fr/f22-soldats

▶ **Vidéos :** regarder des extraits choisis de films pour présenter les différents acteurs de la Révolution, notamment une scène montrant les États généraux : *Un peuple et son roi*, de Pierre Schoeller, 1989.

23 Les idées nouvelles sous la Révolution française

POINTS DE REPÈRE

L'*Encyclopédie*

- L'*Encyclopédie* ou *Dictionnaire raisonné des sciences, des arts et des métiers*, ouvrage majeur du XVIIIe siècle, a été éditée de 1751 à 1772. Le projet d'origine était de traduire un ouvrage anglais en deux volumes, *Cyclopaedia*, écrit en 1728. Cela devient finalement une œuvre de plus grande ampleur, confiée à Diderot et d'Alembert. Ils s'entourent de plus de 150 collaborateurs regroupés dans une société des gens de lettres. Composée de 17 volumes de texte et 11 volumes de planches illustrées, l'*Encyclopédie* est conçue comme un vaste système de synthèse, de classement et de hiérarchisation des connaissances humaines, pour éclairer les générations futures par la raison. Dans son discours préliminaire à l'*Encyclopédie*, d'Alembert affirme vouloir soutenir la science contre « l'abus de l'autorité spirituelle ». Au-delà de son ambition, l'*Encyclopédie* est un symbole de la philosophie des Lumières.

Les Lumières

- Ce mouvement, né dans la seconde moitié du XVIIe siècle, se développe dans toute l'Europe puis en France au XVIIIe siècle. Il représente la prédominance de la pensée et de la raison sur la foi et la croyance, et aussi celui de la bourgeoise sur la noblesse et le clergé. Le mouvement des Lumières est un prolongement des découvertes et progrès scientifiques et techniques (Copernic et de Galilée) des XVIe et XVIIe siècles. Le siècle des Lumières est donc éclairé par la raison, qui permet de lutter contre l'intolérance et de faire progresser les hommes vers le savoir.

Pour en savoir plus

- Une grande partie des planches et des articles l'*Encyclopédie* sont consultables sur Gallica : ecole.nathan.fr/f23-encyclopedie

DÉROULÉ DE LA SÉANCE

Mise en situation

Se repérer dans le temps

- **Aux XVIe et XVIIe siècles, les sciences progressent.**
Copernic affirme que ce n'est pas la Terre qui est au centre de l'Univers (géocentrisme), mais le Soleil (héliocentrisme). Des années plus tard, ses découvertes sont prouvées par Galilée, un astronome, mathématicien et physicien italien. Newton explique le principe de la gravité.

Frise

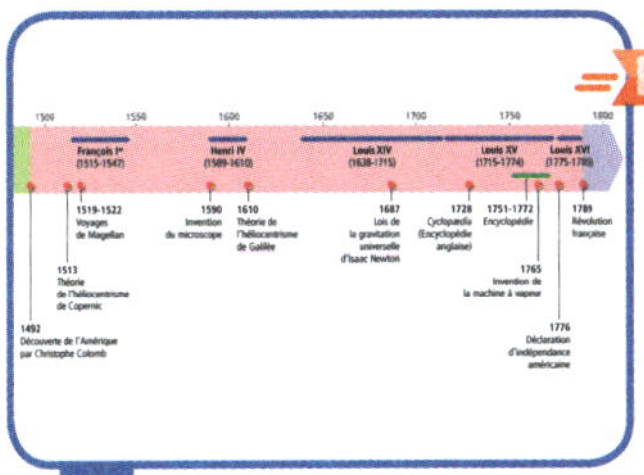

1 Frise chronologique

Document d'accroche

- **Projeter les premières pages de l'*Encyclopédie*.**
Au XVIIIe siècle, qu'on appelle le « siècle des Lumières », les philosophes s'appuient sur les découvertes scientifiques et non plus sur la croyance et la religion. Ils veulent « éclairer » sur une nouvelle manière de vivre, une société plus juste.
Sur cette gravure, on voit des femmes qui représentent tous les savoirs.
Quels objets reconnaissez-vous ? une lyre (symbole de la poésie et de la musique dans l'Antiquité, objet emblématique d'Apollon), des instruments d'optique, des outils d'agriculture, des plantes (botanique), des livres, des schémas…

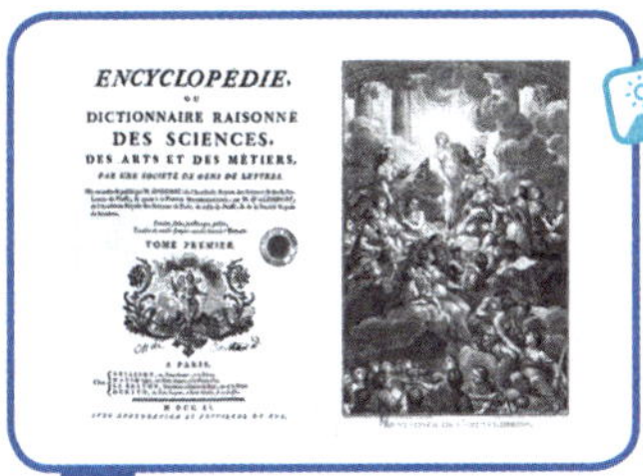

2 Le projet de l'*Encyclopédie*

Une femme est mise en valeur, en haut, au centre. Elle représente la vérité et tous les regards et les lignes du tableau convergent vers elle pour montrer que tous les savoirs se dirigent vers la vérité.

Problématiques

- Quelles sont les idées nouvelles ? Comment et par qui se sont-elles répandues ?

A L'*Encyclopédie* de Diderot et d'Alembert

- **Projeter les planches de l'*Encyclopédie*.**

Le projet pharaonique de l'*Encyclopédie* a été conduit par deux hommes : Denis Diderot et Jean Le Rond d'Alembert (on pourra montrer leurs noms sur la première page de l'*Encyclopédie* vue précédemment). Ils ont coordonné le travail de plus de 150 collaborateurs spécialisés dans de nombreux domaines.

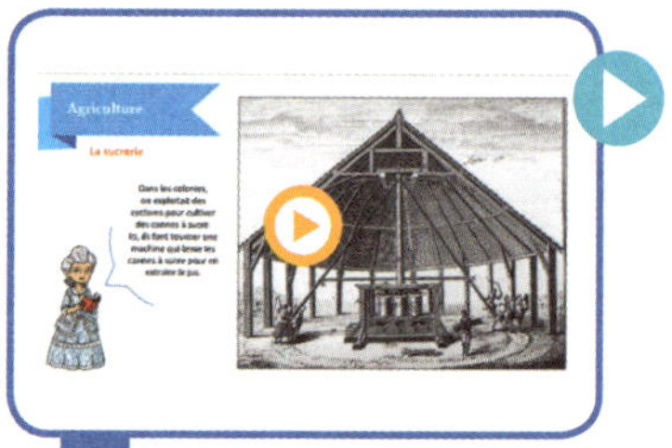

3 Les planches de l'*Encyclopédie*

Travail sur le cahier

Étude de documents

- Répondre aux questions suivantes.
  - *De quel ouvrage ces planches sont-elles extraites ?*
  De l'Encyclopédie.
  - *De quand date-t-il ?* Il date de 1789.
  - *À quoi ce type d'image peut-il servir à l'époque ?*
    - Raconter une histoire.
    - Enseigner un métier.
    - Montrer les évolutions techniques.

  On remarque le soin apporté aux détails techniques et aux légendes. Chaque schéma doit pouvoir être compris par tous.
  - *À quels domaines l'Encyclopédie s'intéresse-t-elle ?*
  Elle s'intéresse à de nombreux domaines : l'art, les techniques, les sciences, les métiers...
  - *Selon toi, pourquoi les planches illustrées sont-elles si importantes à cette époque ?* Certaines personnes ne savent pas lire.
  - *Et aujourd'hui, comment diffuse-t-on le savoir et la connaissance ?* Grâce aux dictionnaires, aux livres, à Internet.

- **Expliquer que l'*Encyclopédie* de Diderot et d'Alembert est un ouvrage destiné à tous.**

Les gravures sont une façon de documenter chaque connaissance. La photographie n'existe pas encore.

B Les philosophes et les écrivains des Lumières

- **Lire les citations.**

Les idées des Lumières sont diffusées par des intellectuels, des philosophes. Elles circulent dans des salons, des espaces de discussion tenus par des femmes, dans des livres et dans des journaux vendus par des colporteurs.

- Sur quels sujets cette femme et ces hommes ont-ils réfléchi et écrit ?
On pourra lire le nom des livres dont est extraite chaque citation, ils sont un bon indicateur des thèmes abordés par leurs auteurs : « autorité politique », « tolérance », « éducation », condition des Noirs.

4 Les idées des Lumières

Travail sur le cahier

Exercice

- Coller les portraits et citations des philosophes des Lumières.
  - *Pour chaque citation, coche la ou les idée(s) nouvelle(s) abordée(s).*
  - *Entoure d'une même couleur la citation et l'explication qui lui correspond.*

a. Toute personne devrait travailler, y compris les nobles.
liberté, égalité : Rousseau
b. On doit respecter la liberté de penser et de s'exprimer.
tolérance, respect : Voltaire
c. La liberté est un droit fondamental pour chaque individu.
pouvoir politique : Diderot
d. Il existe une seule race d'êtres humains, dont la couleur de peau a des nuances variées. égalité : O. De Gouges

Ces personnalités des Lumières critiquent la monarchie absolue, dans laquelle le roi a tous les pouvoirs. Ils souhaitent de nouveaux modèles de sociétés.
Ces idées atteignent l'Amérique du Nord : les États-Unis d'Amérique, ancienne colonie anglaise, adoptent un régime démocratique et une Constitution inspirée des idées des Lumières.

Bilan de la séance

- **Rappeler les problématiques posées en introduction en complétant la carte mentale.**
  - Quelles sont les idées nouvelles ?
  La connaissance pour tous, les hommes sont libres et égaux.
  Le roi ne doit plus avoir de pouvoir absolu.
  - Qui les diffuse ?
  Les philosophes, les écrivains et les écrivaines diffusent ces nouvelles idées.
  - Comment ?
  Grâce à des livres comme l'Encyclopédie, des articles, ou au cours de débats dans les salons.

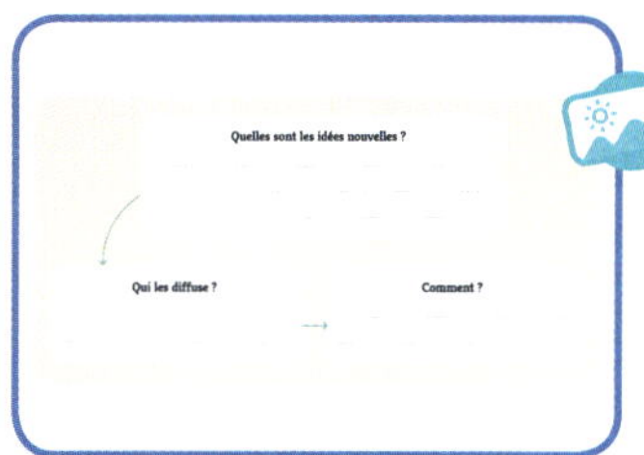

5 **Les idées nouvelles au XVIIIe siècle**

Pistes pour la trace écrite au choix

1 Texte à reproduire

Au XVIIIe siècle, des idées nouvelles circulent dans les salons, les journaux, les livres, grâce à des philosophes et des intellectuels. Ces idées prônent le progrès social, la liberté, l'égalité, et l'accès à la connaissance et au savoir pour tous. Diderot et d'Alembert dirigent la rédaction d'une *Encyclopédie* rassemblant 17 volumes d'articles et 11 volumes de planches illustrées, sur tous les domaines de la connaissance. 150 personnes - des savants, des intellectuels et des scientifiques - y participent. On appelle le XVIIIe siècle « le siècle des Lumières » : les Lumières représentent les connaissances et idées nouvelles qui vont nous éclairer.

2 Texte à compléter

▶ **Complète le texte avec les mots suivants :** *intellectuels - idées nouvelles - philosophes - tous - Encyclopédie - Lumières.*

Au XVIIIe siècle, des .... circulent dans les salons, les journaux, les livres, grâce à des .... et des .... Ces idées prônent le progrès social, la liberté, l'égalité, et l'accès à la connaissance et au savoir pour .... Diderot et d'Alembert dirigent la rédaction d'une .... rassemblant 17 volumes d'articles et 11 volumes de planches illustrées, sur tous les domaines de la connaissance. 150 personnes, des savants, des intellectuels et des scientifiques y participent. On appelle le XVIIIe siècle « le siècle des .... » qui représentent les connaissances et idées nouvelles qui vont nous éclairer.

3 Carte mentale

▶ **Complète la carte mentale.**

Quelles sont les idées nouvelles ?

....

....

....

Qui les diffuse ?

....

....

→ **Comment ?**

....

....

PROLONGEMENTS

▶ **Mettre en relation le projet de l'*Encyclopédie* et Wikipedia, Vikidia, Wikimini.**
Comparer les différents projets en s'aidant du dossier de la BNF : ecole.nathan.f/ef23-encyclopedie2
Comparer notamment le frontispice de l'*Encyclopédie* et la page d'accueil de *Wikipedia* : www.wikipedia.org/

▶ **Arts visuels :** on pourra aussi analyser une œuvre d'art : *Le Monument à Wikipedia*, à Slubice, en Pologne.

24 La Déclaration des droits de l'homme et du citoyen

EMC

POINTS DE REPÈRE

La Déclaration des droits de l'homme et du citoyen de 1789

- Ce texte est rédigé par l'Assemblée nationale constituante issue des États généraux convoqués par Louis XVI au début de l'année 1789. Avant la Révolution française, Rousseau, Montesquieu et Voltaire ont défini les droits naturels de l'homme et les droits politiques du citoyen. En 1789, La Fayette soumet à l'Assemblée un texte inspiré de la Déclaration d'indépendance américaine de 1776. Entre le 20 et le 26 aout 1789, la Déclaration des droits de l'homme est débattue à l'Assemblée qui adopte ses dix-sept articles. Le 5 octobre, après la marche des femmes sur Versailles, Louis XVI est contraint d'accepter ce texte. La Déclaration symbolise la fin de l'Ancien Régime, avec la fin de la société d'ordres et l'égalité en droit de tous les citoyens, qui, regroupés dans la Nation, possèdent désormais le pouvoir de « souveraineté nationale ».

La réaction d'Olympe de Gouges

- En 1791, Olympe de Gouges, femmes de lettres, fait parvenir à la reine Marie-Antoinette une «Déclaration des droits de la femme et de la citoyenne ». Dans ce texte, elle pastiche la Déclaration des droits de l'homme pour y dénoncer le non-respect, pour les femmes, des droits qui y sont énoncés. Olympe de Gouges se prononce contre l'esclavage et la peine de mort, prône la construction de maternités, la création d'un théâtre national pour les écrivaines. Elle se bat pour l'égalité des droits entre hommes et femmes et notamment pour obtenir le droit de vote. La Déclaration des droits de la femme et de la citoyenne est son texte le plus célèbre. Elle est finalement arrêtée par les dirigeants de la Terreur et guillotinée en 1793.

La Déclaration universelle des droits de l'homme de 1948

- Elle s'inspire de celle de 1789. Le préambule de la constitution de la Ve République de 1958 mentionne l'attachement du peuple français aux principes de souveraineté nationale tels qu'ils ont été définis dans la Déclaration de 1789. Depuis 1973, le Conseil a estimé que tous les droits et libertés énoncés dans la Déclaration des droits de l'homme et du citoyen avaient une valeur constitutionnelle : la liberté d'expression, l'égalité de tous devant la loi, les emplois publics et l'impôt, la proportionnalité des peines, la propriété considérée comme un « droit inviolable et sacré ».

Pour en savoir plus

- Trois podcasts de France Inter et France Culture sur les Déclarations :
  - France Inter, *Les Femmes, tout une histoire*, « La Vie d'Olympe de Gouges », 2014 (49 min) : ecole.nathan.fr/f24-olympe
  - France Culture, *La Fabrique de l'histoire*, « 1789-1748, D'une déclaration à l'autre » (52 min) : ecole.nathan.fr/f24-ddhc
  - France Inter, *La Marche de l'histoire*, « "La séance est ouverte" : Mirabeau et la Déclaration des droits de l'homme de 1789 » (29 min) : ecole.nathan.fr/f24-mirabeau
- La bande dessinée *Olympe de Gouge*, Catle et Bocquet, Casterman, 2012.

DÉROULÉ DE LA SÉANCE

Mise en situation

Se repérer dans le temps

- **Projeter le frise chronologique de l'année 1789.**

En juin 1789, les États généraux sont devenus l'Assemblée nationale constituante, se donnant pour but de donner des nouvelles lois à la France. Le 14 juillet 1789, le peuple parisien s'est emparé de la Bastille. Après

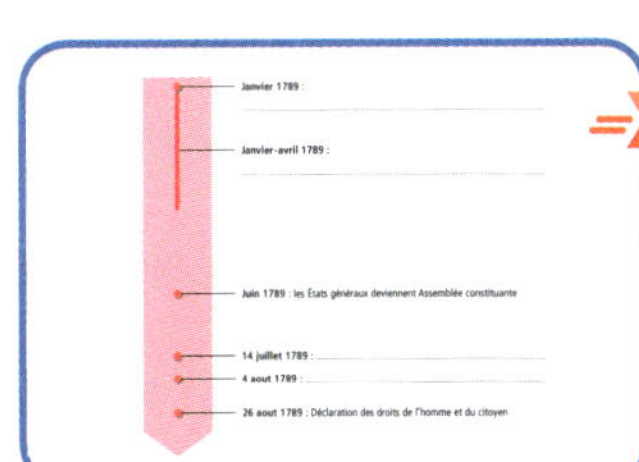

Frise

1 Frise chronologique

cet événement, des émeutes éclatent partout en France : les paysans attaquent les châteaux, c'est la « Grande peur ». Le 4 aout 1789, pour calmer le peuple, les députés de l'Assemblée nationale prononcent l'abolition des privilèges. Le 26 aout, ils affirment de nouveaux droits dans un texte encore utilisé aujourd'hui : la Déclaration des droits de l'homme et du citoyen.

Problématiques

- Qu'est-ce que la Déclaration des droits de l'homme et du citoyen ? Pourquoi est-ce encore aujourd'hui un texte de référence ?

A La Déclaration des droits de l'homme et du citoyen

- **Projeter l'extrait du film** *La Révolution française*, sorti en 1989, montrant l'adoption de la Déclaration des droits de l'homme lors de l'Assemblée d'aout 1789.
  – Où se passe cet extrait ? Quel est le texte lu ? Ce texte est lu à l'Assemblée par le marquis de La Fayette.

- **Expliquer que bien avant la longue période de la Révolution française, de nouvelles idées de tolérance et d'égalité apparaissent.**
  Ce sont les idées des Lumières. Des philosophes comme Rousseau, Montesquieu ou Voltaire parlent des droits naturels de l'homme et des droits politiques des citoyens. Le marquis de La Fayette revient d'Amérique du Nord où il s'est battu pour l'indépendance américaine (1775-1783), une ancienne colonie anglaise. Il commence à rédiger une première Déclaration des droits de l'homme, qui va être débattue puis adoptée le 26 aout 1789.
  Ce texte, qui marque une rupture avec la période précédente, est aujourd'hui encore un texte très important.

2 La Déclaration des droits de l'homme et du citoyen

Travail sur le cahier

Étude de document

- Projeter et distribuer la Déclaration des droits de l'homme, puis répondre aux questions.
  – En quelle année ce texte a-t-il été rédigé ?
  Il a été rédigé en 1789.
  – Retrouve l'article correspondant à chaque droit.
  - *Tous les hommes naissent libres. → article 1*
  - *Tous les citoyens sans exception peuvent être arrêtés et jugés s'ils n'obéissent pas à la loi. → article 6*
  - *Chaque citoyen paie un impôt, équitablement, selon ses moyens. → article 13*
  - *On est libre de croire ou de ne pas croire, d'avoir une religion ou pas. → article 10*
  - *C'est la nation (le peuple) qui accorde le droit d'exercer le pouvoir sur les autres citoyens. → article 3*

»»

»»

Relie chaque objet à son symbole.
1 *Le triangle → égalité des trois ordres (noblesse, clergé, tiers état).*
2 *Le bonnet phrygien → chapeau des révolutionnaires*
3 *Le sceptre → objet du pouvoir*
4 *La chaine brisée → liberté retrouvée*
– Écris sur l'image le numéro correspondant à chaque objet.

Cette déclaration est un grand tournant dans l'histoire des droits des êtres humains. Elle affirme mettre tous les hommes sur un pied d'égalité, avec les mêmes droits. Mais une intellectuelle de l'époque, Olympe de Gouges, pointe ses contradictions…

B Olympe de Gouges et la Déclaration des droits de la femme et de la citoyenne

- **Montrer la marche des femmes sur Versailles.**
  Expliquer que pendant la Révolution, les femmes participent à la rédaction des cahiers de doléances, mais il n'y a aucune femme députée au sein des États généraux et de l'Assemblée constituante. Elles sont en revanche présentes lors de la prise de la Bastille le 14 juillet 1789 et jouent un rôle important lors de journées révolutionnaires des 5 et 6 octobre 1789 : armées de haches et d'épées, elles marchent sur Versailles pour aller réclamer du pain au roi, qui est ensuite contraint de revenir vivre au palais de Tuileries, à Paris, avec Marie-Antoinette et leur fils.

3 **Le rôle des femmes pendant la Révolution française**

- **Montrer ensuite le club patriotique de femmes.**
  Faire comprendre aux élèves que pendant la Révolution, elles obtiennent plus de possibilités de s'exprimer publiquement, elles se regroupent dans des clubs. Certaines s'expriment en faveur du divorce, de l'éducation des filles pauvres et manifestent pour l'amélioration de leurs conditions de vie.
  C'est dans ce contexte, et pour dénoncer les inégalités entre les femmes et les hommes, qu'Olympe de Gouges a rédigé une Déclaration des droits de la femme et de la citoyenne.

- **Projeter la vidéo sur Olympe de Gouges.**
  – Qu'avez-vous retenu de la vie d'Olympe de Gouges ?
  C'est une révolutionnaire et féministe qui a sacrifié sa vie pour défendre ses idées. Elle écrit une pièce de théâtre qui dénonce l'esclavage et qui fait scandale. Elle marche sur Versailles avec le groupe de femmes en colère. Elle publie une célèbre brochure en 1791 : la Déclaration des droits de la femme et de la citoyenne. Elle défend le roi, critique Robespierre. Elle est tuée et jugée pour ses idées.

6'17 min

PDF

4 **Olympe de Gouges et la Déclaration des droits de la femme et de la citoyenne**

- **Projeter la planche de bande dessinée et questionner collectivement :**
  - De quand date ce texte ? *Il date de 2012.*
  - De quand date l'épisode raconté ? *Il date du XVIIIe siècle : la reine évoquée est Marie-Antoinette, la femme de Louis XVI. Olympe de Gouges était une écrivaine de l'époque révolutionnaire.*

Travail sur le cahier

Exercice

- Distribuer le document puis répondre aux questions.
  - Dans chaque vignette, entoure Olympe de Gouges en vert et la princesse de Lamballe en bleu.
  - Lis l'article 1 de ce texte dans la quatrième vignette. À quel autre article te fait-il penser ? *Il reprend l'article 1 de la Déclaration des droits de l'homme et du citoyen.*
  - Selon toi, pourquoi Olympe de Gouges a-t-elle écrit ce texte ? *Elle critique le fait que la Déclaration n'inclue pas les femmes, qui n'ont pas les mêmes droits ni la même indépendance que les hommes, à cette époque.*
  - Aujourd'hui, la Déclaration des droits de l'homme et du citoyen s'adresse-t-elle à tous les êtres humains, femmes et hommes ? *Oui, aujourd'hui, femmes et hommes ont les mêmes droits.*

- **Terminer la séance en évoquant la Déclaration universelle des droits de l'homme de 1948.** Elle est adoptée le 10 décembre 1948 par les 58 États membres de l'ONU. Pour commémorer son adoption, une journée des droits de l'homme est célébrée chaque année : le 10 décembre. Il est important de se rappeler tous les ans des droits fondamentaux qui unissent les êtres humains.

- **Projeter le logo de l'ONU.**
  On peut commenter le dessin du logo des Nations Unies. L'Organisation des Nations Unies est un organisme international fondé en 1945. Aujourd'hui, elle a 193 États membres. Sa mission est de prendre des mesures pour résoudre des problèmes liés à la paix, au changement climatique, aux droits de l'homme, aux crises humanitaires, à l'égalité femmes-hommes, à la production alimentaire, et d'autres domaines encore. Sur ce logo, le dessin qui représente l'ONU, on voit une carte du monde qui est figurée avec le pôle nord au centre (projection azimutale). Les cinq continents sont entourés d'une couronne de branches d'olivier, symbole de paix. Ce logo est officiel depuis 1946, il figure sur le drapeau de l'ONU et il permet de reconnaitre l'organisme partout dans le monde.

5 L'ONU

Bilan de la séance

- **Rappeler les problématiques posées en introduction en complétant la carte mentale.**
  - Les origines : *les idées des Lumières, les progrès de la science.*
  - Des nouveaux droits : *l'égalité en droits, devant l'impôt, la liberté de penser et de s'exprimer, la souveraineté de la Nation, la séparation des pouvoirs...*
  - Des oubliées : *les femmes !*
  - Et aujourd'hui : *La Déclaration universelle des droits de l'homme de 1948, des droits égaux pour les femmes et les hommes.*

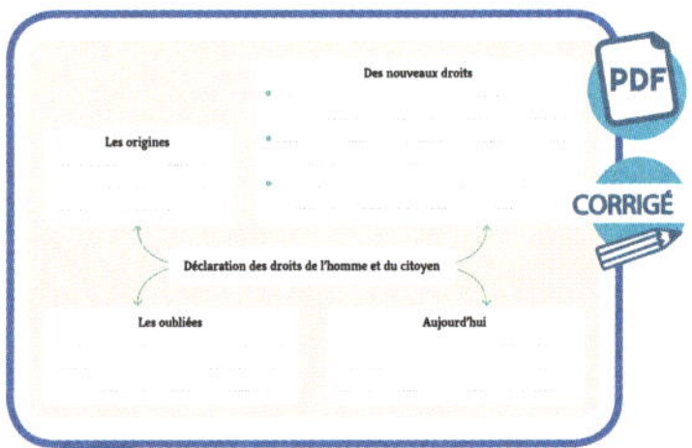

6 Carte mentale

Pistes pour la trace écrite au choix

1 Texte à reproduire

Durant la Révolution française, le 26 aout 1789, la Déclaration des droits de l'homme et du citoyen a été adoptée par l'Assemblée. C'est un texte important car il a formulé les droits fondamentaux des êtres humains. Olympe de Gouges, l'une des plus anciennes militantes des droits des femmes, a critiqué le fait que ce texte excluait les femmes. Ce qui était vrai à cette époque ne l'est plus aujourd'hui : la Déclaration universelle des droits de l'homme et du citoyen a été adoptée en 1948 par 58 États, et elle s'adresse à tous les êtres humains. Aujourd'hui encore, c'est un texte de référence : par exemple, il est affiché dans les écoles.

2 Texte à compléter

▶ **Complète le texte avec les mots suivants :**
droits fondamentaux - femmes - Assemblée - 1789 - 1948.

Durant la Révolution française, le 26 aout .... la Déclaration des droits de l'homme et du citoyen a été adoptée par l' .... C'est un texte important car il a formulé les .... des êtres humains. Olympe de Gouges, l'une des plus anciennes militantes des droits des femmes, a critiqué le fait que ce texte excluait les .... Ce qui était vrai à cette époque ne l'est plus aujourd'hui : la Déclaration universelle des droits de l'homme et du citoyen a été adoptée en .... par 58 États, et elle s'adresse à tous les êtres humains. Aujourd'hui encore, c'est un texte de référence : par exemple, il est affiché dans les écoles.

3 Carte mentale

▶ **Complète le schéma avec les phrases suivantes :**

- *La Déclaration universelle des droits de l'homme de 1948, des droits égaux pour les femmes et les hommes.*
- *l'égalité en droits, devant l'impôt, la liberté de penser et de s'exprimer, la souveraineté de la Nation, la séparation des pouvoirs...*
- *les femmes*
- *les idées des Lumières, les progrès de la science.*

Les origines

....

....

....

Des nouveaux droits

- ....
- ....
- ....

Déclaration des droits de l'homme et du citoyen

Les oubliées

....

....

....

Aujourd'hui

....

....

....

PROLONGEMENTS

- **Un podcast ludique** destiné aux enfants pour découvrir le rôle d'une autre femme investie dans la Révolution française : *Les Odyssées de France inter*, « Pauline Léon, une femme au cœur de la Révolution française » (14'38 min) : ecole.nathan.fr/f24-pauline-leon

- **EMC : les droits de l'enfant**

1) Faire une recherche à partir du site de l'Unicef : ecole.nathan.fr/f24-cide
Les élèves peuvent chercher les réponses aux questions suivantes : que signifie « CIDE » ? Quand la CIDE a-t-elle été créée ? Quels sont ses quatre principes fondamentaux ? Combien d'États l'ont signée ?

2) Ils peuvent ensuite découvrir les articles de la CIDE et les illustrer dans une affiche collective pour l'école :
- le droit d'avoir un nom, une nationalité, une identité ;
- le droit d'être soigné, protégé des maladies, d'avoir une alimentation suffisante et équilibrée ;
- le droit d'aller à l'école ;
- le droit d'être protégé de la violence, de la maltraitance et de toute forme d'abus et d'exploitation ;
- le droit d'être protégé contre toutes les formes de discrimination ;
- le droit de ne pas faire la guerre, ni la subir ;
- le droit d'avoir un refuge, d'être secouru, et d'avoir des conditions de vie décentes ;
- le droit de jouer et d'avoir des loisirs ;
- le droit à la liberté d'information, d'expression et de participation ;
- le droit d'avoir une famille, d'être entouré et aimé.

Un exemple d'affiche à exploiter : ecole.nathan.fr/f24-affiche

25 De la monarchie à la République

POINTS DE REPÈRE

La monarchie constitutionnelle

- Le 4 aout 1789 marque la fin de l'Ancien Régime. Le 26 aout, l'Assemblée constituante vote la Déclaration des droits de l'homme et du citoyen qui affirme les droits naturels de l'homme. La première Constitution française est votée deux ans plus tard, le 3 septembre 1791. Elle affirme la souveraineté de la Nation et la séparation des pouvoirs : le roi détient le pouvoir exécutif, et le pouvoir législatif appartient à l'Assemblée. Elle entre en vigueur le 14 septembre 1791, quand le roi Louis XVI y prête serment.

La fuite du roi

- En réalité, le roi n'a jamais adhéré aux mesures prises depuis 1789. Après avoir perdu son fils, le Dauphin, alors âgé de 7 ans, durant la réunion des États généraux, Louis XVI a accepté les premières concessions par dépit et tristesse. Le 20 juin 1791, il tente de fuir pour rejoindre les nobles émigrés. Arrêté à Varennes, il est contraint de rejoindre les Tuileries à Paris. Des modérés tentent de sauver la monarchie constitutionnelle, mais la trahison du roi est dénoncée par une partie de la bourgeoisie et des classes populaires qui revendiquent une démocratie directe et le suffrage universel.
- Le 20 avril 1792, la France entre en guerre contre l'empereur d'Autriche François II. Les premières batailles sont désastreuses et le duc de Brunswick menace de détruire Paris s'il est fait le moindre outrage à Louis XVI. Les sans-culottes prennent alors d'assaut le palais des Tuileries, imposent à l'Assemblée une suspension de la monarchie et le roi est incarcéré à la prison du Temple.

La Terreur

- La France n'a alors plus de gouvernement. L'Assemblée est sous pression de la commune insurrectionnelle des sans-culottes. Les Montagnards (dont Robespierre), groupe politique révolutionnaire, soutiennent la révolte des classes populaires. Les Girondins, eux, condamnent les violences : début septembre 1792, les sans-culottes massacrent 1 500 prisonniers à Paris. Le 20 septembre, la France gagne une victoire contre les Prusses à Valmy et le même jour, la Convention proclame la République.
- Entre 1792 et 1794, la France est soumise à une guerre civile : menacée par les pays voisins, subissant des difficultés économiques, elle prend des mesures d'exception. Louis XVI est guillotiné le 21 janvier 1793. Cette exécution dresse contre la Convention les monarchies européennes et les Vendéens qui disposent d'une armée qui progresse. En réaction, les Montagnards votent le 17 septembre 1793 une loi qui permet d'arrêter tous les « ennemis » de la liberté. La Terreur et la guerre civile ont fait plus de 30 000 victimes. Au moment de sauver la République, les Montagnards se divisent : Robespierre et les autres dirigeants sont finalement exécutés sans procès en juillet 1794.

Pour en savoir plus

- Une conférence d'Emmanuel de Waresquiel, « Les sept jours durant lesquels s'est jouée la Révolution française », janvier 2021 (1 h 19) : ecole.nathan.fr/f25-conference
- Le podcast « L'exécution du roi, 21 janvier 1793 », *Idées*, RFI, 2021 (48 min) : ecole.nathan.fr/f25-execution

DÉROULÉ DE LA SÉANCE

Mise en situation

Se repérer dans le temps

- **Projeter la chronologie et repérer l'année 1789.**
Beaucoup de changements ont eu lieu cette année-là : les Français se sont révoltés contre la monarchie absolue. Ils ont exprimé leurs souffrances dans les cahiers de doléances ; les Parisiens ont pris la Bastille le 14 juillet ; le 4 aout, la fin des privilèges a été votée ; fin aout, une déclaration, qui affirme les droits naturels de l'homme, est rédigée, puis votée.

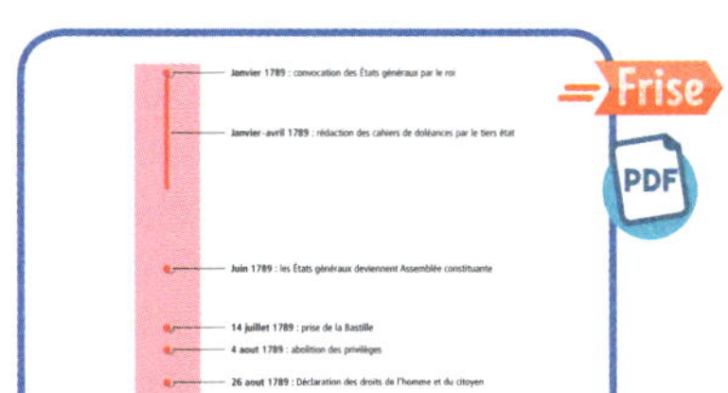

1 Chronologie : l'année 1789

Document d'accroche

- **Projeter le tableau du serment du roi Louis XVI.**
Un an après la prise de la Bastille, le 14 juillet 1790, Louis XVI et sa famille sont réunis avec les Parisiens lors de la fête de la Fédération.
Cette fête est un grand succès populaire. 50 000 hommes armés défilent au Champ-de-Mars devant un public de 300 000 personnes. Le 14 juillet deviendra ensuite notre fête nationale, car cette date évoque aussi bien la prise de la Bastille que la fête de la Fédération.
– Où se trouvent : la garde nationale ? 2 le public ? 1 Marie-Antoinette et le Dauphin ? 3 le roi Louis XVI ? 4
– Que fait Louis XVI ? Il prête serment.

2 Le serment de Louis XVI

Problématique

- Le roi semble accepter les changements auxquels il a été soumis. Or deux ans plus tard, Louis XVI est jugé et condamné à mort. Que s'est-il passé ?

A La fuite du roi

- **Expliquer qu'en réalité Louis XVI est hostile aux réformes** et refuse le projet de Constitution qui diminue ses pouvoirs : il n'a plus le pouvoir absolu, mais le seul pouvoir exécutif (il nomme et révoque ses ministres). C'est l'Assemblée et les députés qui détiennent le pouvoir législatif (ils proposent et votent les lois). La France est en ébullition, le roi ne se sent plus en sécurité et est très méfiant avec la Révolution. Il écrit une lettre condamnant la Révolution, puis fuit avec la reine Marie-Antoinette et leurs enfants, le 20 juin 1791, pour rejoindre la frontière et retrouver d'autres rois européens.
- **Projeter la caricature de 1791, *La Famille des cochons ramenée dans l'étable.***
Cette image anonyme date de 1791. Il s'agit d'une gravure, un procédé qui permet de reproduire une même image en plusieurs exemplaires. Cette image était donc destinée à être diffusée à grande échelle.
– Que montre cette caricature ? Le roi est ramené à Paris après sa fuite.
– À l'aide de la légende, retrouvez chaque personnage :
① le roi Louis XVI et la reine Marie-Antoinette ; ② le fils (futur Louis XVII) et la fille du roi et de la reine ; ③ Mme Élisabeth, sœur du roi et le frère du roi ; ④ la garde royale.
On retrouve des symboles de l'aristocratie et de la monarchie sur les personnages royaux : les chapeaux, le ruban bleu de la royauté.
– Qu'est-ce qu'une caricature ? Il s'agit d'une image destinée à se moquer et à rire de quelque chose ou de quelqu'un.
– Comment voit-on que cette image est une caricature ? Ils sont véhiculés dans une simple charrette (et non un carrosse royal), assis sur du foin comme des animaux. Le cocher semble mieux installé et habillé qu'eux. C'est lui qui dirige et qui décide. La garde royale est derrière.
Relire le titre de la caricature : *La Famille des cochons ramenée dans l'étable.*

3 La tentative de fuite de Louis XVI

Travail sur le cahier

Étude de document

- Distribuer la caricature et demander aux élèves :
– Quel animal représente les membres de la famille royale sur cette caricature ? Ils sont représentés par des cochons.
– À votre avis, pourquoi sont-ils caricaturés ainsi ? Le dessinateur veut se moquer d'eux.

B La naissance de la République et la mort du roi

- **Projeter les illustrations de sans-culottes.**
Une fois ramené au palais des Tuileries, à Paris, le roi n'a plus le même prestige. On lui en veut d'avoir essayé de quitter la France. La France est aussi en guerre et en difficulté contre l'Autriche et les « sans-culottes » (des révolutionnaires appelés ainsi parce qu'ils ne portaient pas la « culotte », pantalon court des nobles) pensent que seule la République pourra mener la France à la victoire.

- **Rappeler la définition de la *République* :** un régime politique sans roi, dans lequel le peuple élit ses représentants.
Les sans-culottes prennent d'assaut les Tuileries le 10 aout 1792. C'est une journée sanglante. Le roi va se réfugier à l'Assemblée, puis, à la demande des Révolutionnaires, il est suspendu, il n'a plus aucune autorité. Il est emprisonné avec sa famille à la prison du Temple.

- **Projeter et lire le texte du jugement de Louis XVI.**
  - *De quand date ce texte ? Du 3 décembre 1792.*
  - *Qui a prononcé ce discours ? Robespierre.*

Expliquer que Robespierre est l'un des dirigeants importants de la Révolution. Il appartient au mouvement révolutionnaire des Montagnards, issus du peuple. Il reproche au roi d'avoir fui, de ne pas accepter les acquis de la Révolution. C'est un révolutionnaire radical (d'autres étaient plus modérés).

Travail sur le cahier

Étude de documents

- Distribuer le texte et les illustrations des sans-culottes.
  - *Légendez les deux images représentant des Révolutionnaires issus du peuple. Des sans-culottes.*
  - *Le roi peut-il continuer à gouverner après le 10 aout 1792 ? Non, des Révolutionnaires ont pris d'assaut le palais des Tuileries. Le roi est emprisonné avec sa famille et déchu de ses fonctions.*
  - *Que demande Robespierre ? Il demande la mise à mort du roi.*
  - En vous aidant de la caricature, expliquez ce qu'il reproche au roi. *Robespierre reproche au roi d'avoir tenté de fuir Paris et d'abandonner son peuple.*

- **Expliquer qu'après la destitution du roi, il n'y a plus de monarchie.**
Un nouveau régime politique prend place.

- **Projeter l'affiche de la République et l'assiette en faïence.**
  - *Quel est le nom du régime politique qui succède à la monarchie ? La République.*
  - *Quelle date marque le début ? 21 septembre 1792.*
  - *Quelle est la date de l'exécution du roi ? Il est guillotiné le 21 janvier 1793.*

Le roi est condamné à mort. Il sera guillotiné le 21 janvier 1793.
L'assiette est un objet peu couteux, présent dans de nombreuses familles et utilisé quotidiennement. Le message de l'exécution du roi est ainsi ancré dans les esprits.

Bilan de la séance

- **Rappeler la problématique posée en introduction.**
Louis XVI fuit la Révolution avec sa famille. Il est retrouvé, puis condamné à mort. Après la monarchie, une première République est instaurée.

4 Les sans-culottes

« Je n'ai pour Louis ni amour ni haine ; je ne hais que ses fautes. Je prononce à regret cette fatale vérité, mais Louis doit mourir ».

Extrait du discours de Robespierre devant la Convention (assemblée de députés), le 3 décembre 1792

5 Le jugement de Louis XVI

6 Les débuts de la République

- **Compléter les dates de la chronologie dans le cahier.**
  - 20-21 juin 1791 : *fuite du roi Louis XVI. Il est retrouvé à Varennes et ramené aux Tuileries avec sa famille.*
  - 10 aout 1792 : *prise des Tuileries par les révolutionnaires. Le roi est destitué de ses fonctions puis emprisonné avec sa famille.*
  - 21 septembre 1792 : *début de la première République.*
  - 21 janvier 1793 : *exécution de Louis XVI.*

Pistes pour la trace écrite au choix

1 Texte à reproduire

En 1791, la France est encore une monarchie. Mais le roi Louis XVI, qui n'a pas accepté les réformes de la Révolution, tente de fuir avec sa famille. Il est arrêté à Varennes, le 21 juin 1791, puis ramené au palais des Tuileries. En 1792, les sans-culottes attaquent les Tuileries. Le roi est destitué de ses fonctions (il n'a plus aucune autorité) et il est emprisonné. Après la monarchie, un nouveau régime politique se met en place en 1792 : la République. Louis XVI sera guillotiné en 1793.

2 Texte à compléter

▶ **Complète le texte avec les mots suivants :** *sans-culottes - monarchie - Révolution - République.*

En 1791, la France est encore une .... Mais le roi Louis XVI, qui n'a pas accepté les réformes de la ...., tente de fuir avec sa famille. Il est arrêté à Varennes, le 21 juin 1791, puis ramené au palais des Tuileries. En 1792, les .... attaquent les Tuileries. Le roi est destitué de ses fonctions (il n'a plus aucune autorité) et il est emprisonné. Après la monarchie, un nouveau régime politique se met en place en 1792 : la ....
Louis XVI sera guillotiné en 1793.

3 Chronologie à compléter

▶ **Complète la carte mentale avec les mots suivants :** *fuite du roi Louis XVI - début de la première République - prise des Tuileries par les Révolutionnaires - exécution de Louis XVI.*

- **20-21 juin 1791 :** ....
Il est retrouvé à Varennes et ramené aux Tuileries avec sa famille.
- **10 aout 1792 :** ....
Le roi est destitué de ses fonctions puis emprisonné avec sa famille.
- **21 septembre 1792 :** ....
- **21 janvier 1793 :** ....

PROLONGEMENTS

▶ **S'intéresser à la monarchie constitutionnelle**, à partir du modèle du Royaume-Uni, par exemple, qui aurait pu être notre régime politique en France si le roi n'avait pas été reconnu, ou si les réformes révolutionnaires s'étaient passées différemment.

▶ **Recherche :** Comment fonctionne une monarchie constitutionnelle ? Quel est le pouvoir du roi ? De l'Assemblée ?

▶ **Vidéo :** « À quoi sert la reine d'Angleterre », *1 jour 1 question* : ecole.nathan.fr/f25-reine-angleterre

26 Napoléon et l'Empire

POINTS DE REPÈRE

Le Directoire

- Après la mort de Louis XVI, la France est dirigée par la Convention nationale, puis par le Directoire qui veut marquer la fin de la Terreur et briser le mouvement des sans-culottes. Le régime est faible, il est menacé par la contestation royaliste alors que les guerres en Europe continuent. Il ne se maintient que par la répression et une succession de coups d'État pour contrer les succès électoraux des royalistes et des Jacobins. Lors de la guerre en Italie, un général, Napoléon Bonaparte, a révélé ses talents militaires après une expédition en Égypte. Avec des responsables politiques et l'aide de ses troupes, il organise un coup d'État et renverse le Directoire le 9 novembre 1799.

Le Consulat, un régime autoritaire

- Bonaparte est désormais Premier consul. La République est maintenue, mais l'essentiel des pouvoirs lui revient. Il nomme des préfets chargés d'appliquer sa politique dans les départements et de surveiller la population. Des plébiscites sont organisés pour approuver ses réformes. Bonaparte choisit les responsables politiques sur lesquels il s'appuie et il crée la légion d'honneur, qui récompense le mérite. Les oppositions des royalistes et des républicains dénonçant la dictature sont réprimées par l'armée. La censure interdit toute forme de liberté d'expression. Parallèlement, Napoléon réorganise la France (voir fiche 28). Il rétablit l'esclavage en 1802 et fait enfermer Toussaint Louverture, ancien esclave, général de la République et chef de la Révolution haïtienne. Il mène une véritable propagande de son vivant pour célébrer ses victoires (voir tableau de David évoqué en prolongements, p. 18).

Napoléon et l'Europe

- De 1805 à 1812, les guerres napoléoniennes assurent la suprématie de la France en Europe. La bataille d'Austerlitz, le 2 décembre 1805, est restée dans l'histoire de France. Les campagnes de Russie sont un échec et une coalition se met en place qui aboutit à la défaite de Waterloo en 1815. Napoléon abdique une première fois en 1814, puis une seconde fois en 1815, après les « Cent jours », période durant laquelle l'empereur revient brièvement au pouvoir avec son armée. Il est ensuite exilé sur l'ile de Sainte-Hélène par les Anglais, où il meurt, en 1821.

Pour en savoir plus

- **Podcasts :**
  – « Napoléon, l'homme qui ne meurt jamais », France inter, 2021. Une série d'épisodes de 46 min sur Napoléon : ecole.nathan.fr/f26-napoleon
  – « Ouf, Napoléon est mort », *Le Cours de l'histoire*, France Culture, 2021 (4 épisodes de 51 min) : ecole.nathan.fr/f26-ouf

DÉROULÉ DE LA SÉANCE

Mise en situation

Se repérer dans le temps

- **Projeter la frise chronologique.**
Après la Révolution française, une République est instaurée en 1792 et Louis XVI est condamné à mort en 1793. Un nouveau gouvernement dirige alors la France, le Directoire. Cependant, la période est encore troublée et la Révolution n'est pas finie : guerres, révoltes se poursuivent dans le pays. Certains royalistes veulent le retour du roi, le régime en place ne parvient pas à maintenir la paix. La France est en guerre avec ses voisins. En 1796, en Italie, un général se distingue, Napoléon Bonaparte. Il renverse le Directoire par un coup d'État en 1799 et devient Premier consul de la République, avant de se faire sacrer empereur en 1804.

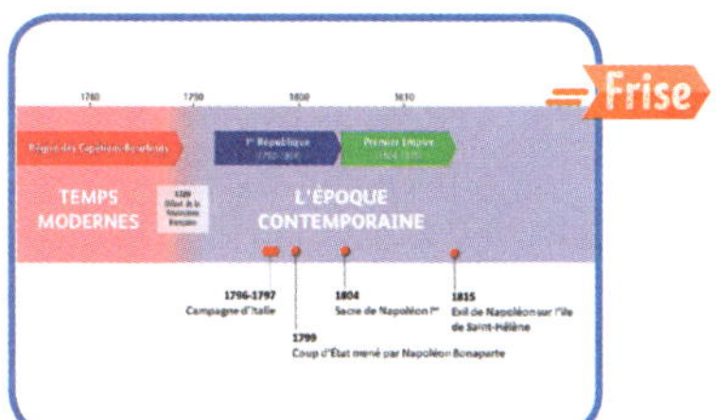

1 Frise chronologique

Document d'accroche

- **Projeter l'affiche représentant Napoléon en révolutionnaire.**
  - Comment Napoléon est-il représenté sur cette gravure ? On voit, à son habit, que c'est un militaire.
  On retrouve des symboles de la Révolution (bonnet phrygien, cocarde tricolore) et de la paix (rameau d'olivier).
  - Quelle image du Consul est donnée ? Le panneau indique qu'il prône la paix et la République.
  Napoléon veut initier une période d'apaisement après des années très troublées.

2 Napoléon révolutionnaire

Problématique

- Quel empire Napoléon a-t-il bâti ?

A Napoléon Bonaparte, du général à l'empereur

- **Projeter le portrait de Napoléon à Arcole.**
  Napoléon est un militaire corse. Sur le pont d'Arcole, en Italie, il s'est distingué par sa bravoure, fonçant en premier sur les ennemis pour donner l'exemple aux soldats, alors que le pont était très exposé et que cette manœuvre était dangereuse. Bien que la bataille se soit soldée par un échec, Napoléon en est revenu célèbre.
  - De quand date ce tableau ? Il date de 1797.
  - Comment voit-on que c'est un militaire ? Il tient un drapeau, un habit militaire, une épée. Il semble s'élancer au combat.

3 Napoléon militaire

- **Projeter le portrait de Bonaparte en Premier consul.**
  - De quand date ce portrait ? Il date de 1803-1804.
  - Qu'est-ce qui a changé dans ce portrait de Napoléon ?
  Il s'agit d'un portrait officiel, Napoléon n'est pas dans l'action, il est en train de poser en habit militaire. Par rapport au tableau précédent, il porte encore son épée.
  Napoléon a une posture qui imite celle des hommes de pouvoir de l'Antiquité, la main sur le ventre. On voit qu'il veut déjà donner une image de puissance.

4 Napoléon Premier consul

- **Expliquer aux élèves qu'en revenant de la guerre, appuyé par ses soldats et des personnalités politiques, Napoléon fait un coup d'État :** il renverse le régime en place, qui était instable et ne parvenait pas à maintenir le pays en paix, et il s'impose au pouvoir. Définir le coup d'État : une prise de pouvoir par la force, souvent par des militaires. Elle est imposée, et non justifiée par des élections ni par un droit légitime. Il s'impose à la tête de la France, et promet république et paix.
  Napoléon réorganise le pays : il nomme des préfets pour administrer les départements et faire appliquer ses décisions, il crée des lycées pour éduquer les garçons, un Code civil (ensemble de lois pour garantir les droits des personnes), une nouvelle monnaie (le franc), etc (voir fiche 28).
- **Projeter le portrait de l'empereur Napoléon.**
  - De quand date ce portrait ? Il date de 1805.
  - Qu'est-ce qui a changé dans ce portrait de Napoléon ? Il ressemble à roi : manteau à fleurs de lys, sceptre, couronne.
  Napoléon est en costume de sacre. Comme les rois de l'Ancien Régime et les empereurs, il s'est fait « sacrer » : il place son pouvoir sous l'autorité religieuse. Après un passage par un régime républicain (gouvernement par un groupe de personnes issu de la population), la France devient un Empire. Après avoir conquis de nouveaux territoires par la guerre, il veut ainsi accroitre son pouvoir et son autorité.

5 Napoléon empereur

● **Demander aux élèves de répondre aux questions en comparant les quatre images de Napoléon côte à côte.**

– Observez les tableaux et indiquez celui qui correspond à chaque phrase.

· Napoléon est un chef militaire puissant. Il est encore général de l'armée : doc 1

· Napoléon est sacré empereur : doc 3

· Napoléon arrive au pouvoir : il est nommé Premier consul : doc 2

– À quel tableau vous fait penser le document 3 ? On peut penser au célèbre grand portrait de Louis XIV, par Hyacinthe Rigaud.

Travail sur le cahier

Recherche

● Distribuer la fiche d'identité de Napoléon et faire compléter aux élèves le tableau suivant.

Date et lieu de naissance : 1769, Ajaccio	Date de sa prise de pouvoir : 1799
Date et lieu de mort : 1821, Sainte-Hélène	Comment prend-il le pouvoir ? Par un coup d'État
Métier : Général de l'armée	Régime politique qu'il met en place en 1804 : Empire

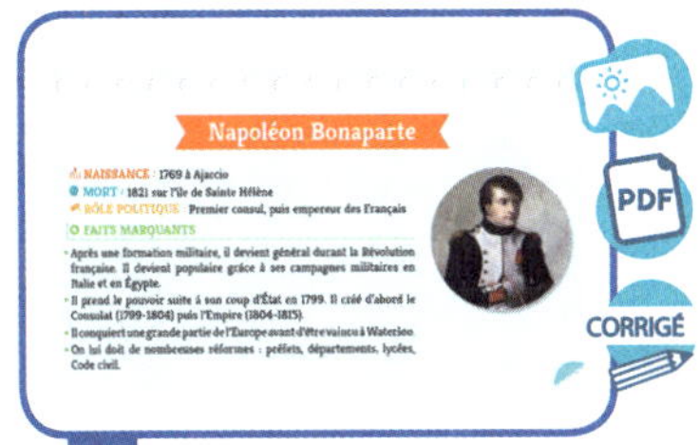

6 Fiche d'identité de Napoléon Ier

B Un grand chef militaire

● **Projeter le texte et la carte de l'Empire de Napoléon.**

Pendant qu'il est au pouvoir, Napoléon, grand stratège militaire, étend considérablement les frontières par des conquêtes.

– Pourquoi Napoléon fait-il ce discours ? Il félicite ses troupes suite à leur victoire à la bataille d'Austerlitz.

Cette carte permet de découvrir l'Empire napoléonien à son apogée.
On y découvre la France des 130 départements et les pays sous domination française, administrés par la famille de Napoléon : son frère Louis dirige la Hollande, Joseph dirige l'Espagne, Jérôme la Westphalie et Murat, son beau-frère, le royaume de Naples.
Certains pays auparavant ennemis de la France, comme l'Autriche ou la Russie sont contraints de s'allier après des défaites.
Des soulèvements nationaux ont lieu dès 1808.

– Quel est le nombre de soldats de l'armée ennemie. 100 000.

– Pourquoi Napoléon insiste-t-il sur ce nombre ? Pour glorifier le courage et la bravoure de ses soldats.

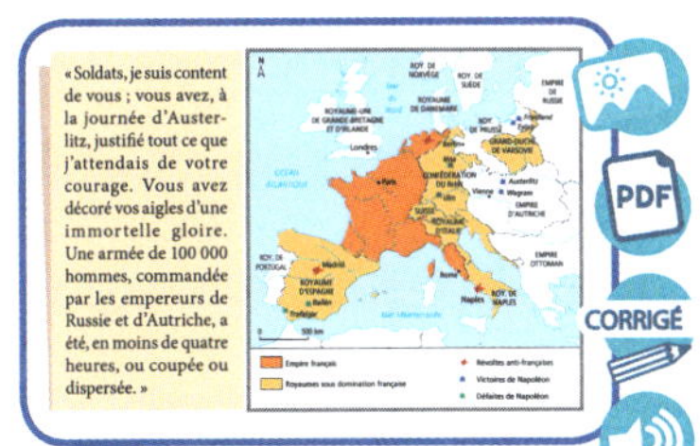

7 Les conquêtes de Napoléon

Travail sur le cahier

Étude de carte

– Entourez sur la carte la victoire dont il est question dans ce texte.

– Entourez d'une autre couleur les territoires conquis par Napoléon qui ne sont plus français aujourd'hui.

– La domination de Napoléon est-elle toujours bien acceptée ? Non, on voit des révoltes anti-françaises en Espagne, Italie et Westphalie.

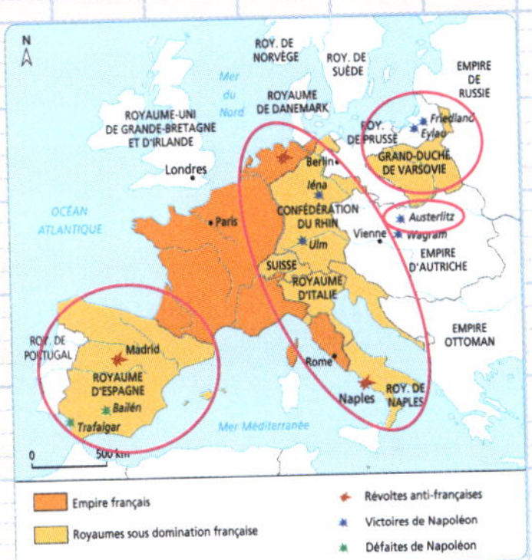

● **Préciser cette expansion a permis de répandre, dans de nombreux pays, des idées et des valeurs révolutionnaires** comme la liberté, l'égalité des droits et le Code civil. Mais ces guerres ont aussi été terriblement meurtrières. Après une défaite en Russie puis à Waterloo (actuelle Belgique), l'Empire se termine et Napoléon est exilé.

Bilan de la séance

- **Rappeler la problématique posée en introduction.**
Napoléon a bâti un grand Empire sur le territoire européen actuel.
On peut dire qu'il est un personnage à double facette :
- il est l'héritier de la Révolution et de ses valeurs : il met en place un Code civil, il emploie le terme « République française », se détachant ainsi de l'Ancien Régime et de la monarchie ;
- mais il contredit les valeurs révolutionnaires en devenant empereur, en imposant des guerres très meurtrières et en plaçant sa famille à la tête des pays conquis.
Les territoires conquis, ou sous domination napoléonienne, ont ensuite retrouvé leur indépendance, comme la Westphalie, une partie de l'Italie.

Pistes pour la trace écrite au choix

1 Texte à reproduire

Arrivé au pouvoir après des victoires militaires et un coup d'État en 1799, puis sacré empereur en 1804, Napoléon a constitué une grande armée et conquis une partie de l'Europe. Napoléon est l'héritier de la Révolution : il met en place un Code civil (ensemble de lois qui définit les droits des personnes) et emploie le terme « République française ». Mais en bâtissant un Empire par la guerre, il contredit aussi les valeurs révolutionnaires. Néanmoins, les idées de progrès de la Révolution se répandent en Europe. Napoléon finit par être battu en Russie, puis exilé à Saint-Hélène.

2 Texte à compléter

▶ **Complète le texte avec les mots suivants :** *empereur – Code civil – préfets – République française – idées de progrès – coup d'État.*

Arrivé au pouvoir après des victoires militaires et un .... en 1799, puis sacré .... en 1804, Napoléon a constitué une grande armée et conquis une partie de l'Europe. Napoléon est l'héritier de la Révolution : il met en place un .... (ensemble de lois qui définit les droits des personnes) et emploie le terme « .... ». Mais en bâtissant un Empire par la guerre, il contredit aussi les valeurs révolutionnaires. Néanmoins, les .... de la Révolution se répandent en Europe. Napoléon finit par être battu en Russie, puis exilé à Saint-Hélène.

3 Carte mentale

▶ **Complète la carte mentale avec les phrases suivantes.**
Chef politique : Premier consul, empereur des Français – Héritier de la Révolution : le Code civil définit les droits des personnes, il garde des institutions créées pendant la Révolution – Grand Empire : il agrandit son Empire en gagnant de nombreuses batailles avec son armée.

Napoléon

Chef politique
- ....
....
....
- ....
....
....

Héritier de la Révolution
....
....
....
....
....
....

Grand Empire
....
....

PROLONGEMENTS

▶ **Vidéos :**
- Arte Junior, « Dossier Napoléon Bonaparte » : ecole.nathan.fr/f26-arte-napoleon
- *1 jour 1 question* : « C'est qui Napoléon Bonaparte ? » : ecole.nathan.fr/f26-lumni-napoleon

▶ **Podcast :** *Les Odyssées*, de France inter, « Napoléon, épisode 2, l'Empire » : ecole.nathan.fr/f26-odyssees-napoleon

27 Le sacre de Napoléon Ier

HISTOIRE des ARTS

POINTS DE REPÈRE

Napoléon et l'Église catholique

- Napoléon accède au pouvoir en 1799 après un coup d'État. Il cherche ensuite à réconcilier les Français en intégrant les ennemis de la Révolution. Il signe un concordat avec le pape en 1801 : la religion est librement exercée en France, mais l'État assure les traitements des membres du clergé et nomme les évêques et archevêques. Il favorise le retour des émigrés, et particulièrement des prêtres réfractaires.

Napoléon, Premier consul populaire

- Après une série de victoires françaises, Napoléon signe la paix avec l'Autriche et la Russie en 1801, puis avec l'Angleterre en 1802, lui conférant une grande popularité. Il renforce son pouvoir grâce à des plébiscites, qui lui apportent le soutien de la majorité de la population. En 1802, le peuple accepte que Bonaparte soit nommé Premier consul à vie et en 1804, il approuve la création de l'Empire : pour la population, cet homme conserve les acquis majeurs de la Révolution, tout en apportant au pays l'ordre et la gloire militaire.

Napoléon Ier, empereur

- Utilisant cette popularité, le 2 décembre 1804, le Premier consul Bonaparte devient empereur des Français. Peu de temps avant, un plébiscite lui a donné l'assurance d'avoir le soutien de la majorité de la population lors de cette transition. Il se fait sacrer dans la cathédrale Notre-Dame de Paris, par le pape Pie VII, ainsi que sa femme, Joséphine, qui devient impératrice des Français.
- L'autorité du régime s'intensifie : les opposants sont surveillés, la presse censurée. Souhaitant un fils pour assurer sa succession, il finit par divorcer de Joséphine, qui ne peut plus avoir d'enfants, et il épouse Marie-Louise, fille de l'empereur d'Autriche. En 1811, un fils nait de cette union, à qui il donne le titre de « roi de Rome ».

La fin de l'Empire

- Une suite d'échecs en Russie, puis la défaite de Waterloo, contraignent Napoléon à abdiquer deux fois, en 1814 puis définitivement en 1815. Exilé sur l'île de Sainte-Hélène, au large du Pacifique, il meurt en 1821, à 51 ans. Son corps est rapatrié aux Invalides en 1840, par le roi Louis-Philippe.

Pour en savoir plus

- Un extrait du documentaire *Napoléon-David, le sacre de l'image*, musée du Louvre : ecole.nathan.fr/f27-louvre

DÉROULÉ DE LA SÉANCE

Mise en situation

Se repérer dans le temps

- **Projeter la frise chronologique.**
Après avoir rejeté la monarchie, les Français voient l'arrivée de Napoléon Bonaparte à la tête du pays. En 1792, il renverse le Directoire par un coup d'État et devient Premier consul.
Douze ans plus tard, le 2 décembre 1804, dans la cathédrale Notre-Dame de Paris, Bonaparte devient l'empereur Napoléon Ier. Cet événement est immortalisé par le peintre David dans une œuvre très célèbre.

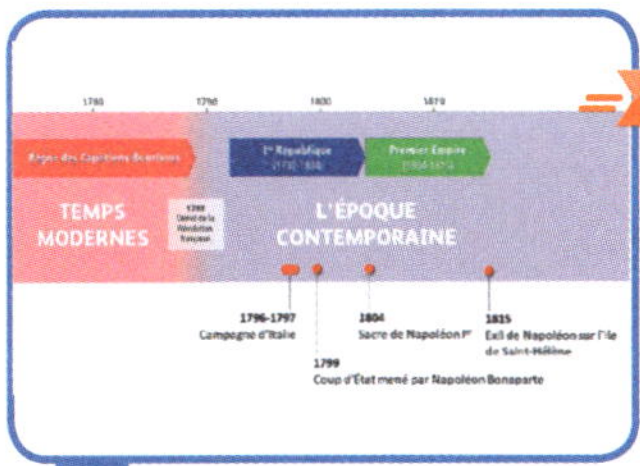

1 Frise chronologique

Problématique

- Comment une peinture peut-elle mettre en valeur Napoléon et servir son pouvoir ?

A Un tableau historique

- **Projeter le tableau du sacre de Napoléon et décrire le contexte historique.**
Napoléon est à la tête de la France comme Premier consul. Il a mené une série de réformes et réorganisé le pays. Il a mis fin aux conflits politiques internes, entre les royalistes, partisans de la monarchie, et les Jacobins, républicains. Il a gagné beaucoup de batailles militaires et il est très populaire.
Il fait alors un plébiscite : il demande à la population de répondre par « oui » ou « non » à cette question : « Napoléon Bonaparte sera-t-il consul à vie ? » La population approuve !
En 1804, il recommence, en demandant à la population si elle souhaite qu'il devienne empereur. La population répond « oui » encore une fois. Il a donc son soutien pour devenir l'empereur Napoléon Ier. Le peintre David fait de cet événement une représentation monumentale.
Recueillir les impressions des élèves sur cette œuvre.
– Pensez-vous que Napoléon donne l'impression d'être le chef de la République française dans ce tableau ?

- **Raconter l'histoire du tableau.**
Ce tableau a été commandé par Napoléon Bonaparte lui-même, en septembre 1804. À ce moment-là, Jacques-Louis David est le premier peintre de l'empereur. Le peintre commence sa réalisation en décembre 2015 et il va mettre plus de deux ans pour l'achever. Durant toute la phase de réalisation, Napoléon surveille l'avancée du travail.

2 De la République à l'Empire

Travail sur le cahier

Étude de document

- Faire compléter la carte d'identité du tableau aux élèves.

Nom de l'œuvre : *Sacre de l'empereur Napoléon Ier*

Date : *décembre 1805 – novembre 1807*

Peintre : *Jacques-Louis David*

Dimensions : *9 m x 6 m*

Lieu d'exposition : *Musée du Louvre, Paris*

B La mise en scène du sacre

- **Projeter la vidéo sur le tableau et expliquer aux élèves la portée politique du sacre.**
Il permet à Napoléon d'acquérir plus d'autorité, et d'être reconnu dans les nombreux pays et territoires qu'il a conquis. On voit que Napoléon s'inscrit dans une tradition des rois de l'Ancien Régime et des anciens empereurs.
– Quels signes de la royauté reconnaissez-vous sur le tableau ?
Le sceptre, la couronne, le manteau à fleurs de lys...

3 min

3 Le sacre de Napoléon : analyse du tableau

Néanmoins, on voit aussi que Napoléon prend de la distance avec la monarchie : *comment le voyez-vous ?*
Il n'est pas sacré à Reims mais dans la cathédrale de Paris.
Il place lui-même la couronne sur sa tête.

C'est tout cela qu'a voulu montrer le peintre David. Avec ce tableau, il fait une œuvre de propagande : Napoléon commande un tableau pour former les esprits et maitriser l'image qu'on aura de lui. Il a contrôlé régulièrement le travail du peintre. Il aurait dit, en le voyant terminé : « Que c'est grand ! Que c'est beau ! Quel relief ont tous ces ornements ! Quelle vérité ! Ce n'est pas une peinture. On vit, on marche, on parle dans ce tableau. »

Travail sur le cahier

Étude de document

- Répondre aux questions.
  - Entourez les symboles du pouvoir royal sur le tableau. :
  la couronne de lauriers, l'épée joyeuse, le manteau à fleurs de lys, le sceptre, la main de justice.

- Racontez la scène du tableau en employant le nom des personnages.
① Napoléon ② Joséphine ③ le pape
④ les frères et sœurs de Napoléon ⑤ la mère de Napoléon
⑥ le peintre
Exemple de réponse rédigée :
Après s'être couronné lui-même, Napoléon s'apprête à couronner son épouse Joséphine. Le pape, derrière lui, regarde la scène. Les frères et sœurs de Napoléon, à droite, sont présents. Sa mère est installée dans une loge, au centre. Le peintre s'est aussi représenté au centre, comme s'il avait assisté lui-même à cette cérémonie.

- Faire remarquer que Napoléon a aussi représenté les républicains dans le tableau : il veut montrer qu'il est le souverain de tous.

Bilan de la séance

- **Rappeler la problématique posée en introduction.**
  David montre un événement de grande ampleur, dans un immense bâtiment, la cathédrale Notre-Dame de Paris, et il en fait un très grand tableau : tout est grandiloquent. Il veut retranscrire le pouvoir et l'autorité que Napoléon se donne en devenant Napoléon Ier. En se réservant une place dans le tableau, il fait comme s'il avait assisté à la scène et donc, en quelque sorte, il prétend que tout s'est vraiment passé ainsi.

Pistes pour la trace écrite au choix

1 Texte à reproduire

En 1804, le Premier consul Napoléon a décidé de devenir empereur. Dans le tableau *Le Sacre de l'empereur Napoléon Ier*, le peintre David montre la filiation de Napoléon avec les anciens rois, en représentant les symboles du pouvoir royal (la couronne, le manteau à fleurs de lys). Il veut mettre en scène le pouvoir de Napoléon qui couronne lui-même sa femme sous le regard du pape, dans la cathédrale Notre-Dame de Paris. Avec ce tableau, l'artiste fait une œuvre de propagande à la gloire de l'empereur Napoléon Ier.

2 Texte à compléter

▶ **Complète le texte avec les mots suivants :**
propagande - Premier consul - David - empereur - anciens rois - pape.

En 1804, le .... Napoléon a décidé de devenir .... Dans le tableau *Le Sacre de l'empereur Napoléon Ier*, le peintre .... montre la filiation de Napoléon avec les ...., en représentant les symboles du pouvoir royal. Il veut mettre en scène le pouvoir de Napoléon qui couronne lui-même sa femme sous le regard du .... dans la cathédrale Notre-Dame de Paris. Avec ce tableau, l'artiste fait une œuvre de ....,
à la gloire de l'empereur Napoléon Ier.

3 Carte mentale

▶ **Complète la carte mentale avec les phrases suivantes.**
- *La couronne de lauriers, l'épée joyeuse, le manteau à fleurs de lys, le sceptre, la main de justice.*
- *Le pape, Joséphine, la famille de Napoléon, le peintre, les républicains.*
- *Le sacre a lieu dans la cathédrale Notre-Dame de Paris.*
- *Sous le regard du pape. Napoléon s'est couronné lui-même, puis il couronne Joséphine*
- *Le peintre se présente comme témoin de la scène.*

Le sacre de Napoléon Ier, une œuvre de propagande

Les symboles du pouvoir royal	Les personnages présents	Une mise en scène
....	....	....
....	....	....
....	....	....
....	....	....
....	....	....
....	....	....

PROLONGEMENTS

▶ **Étudier la mise en scène du pouvoir :**

- France Pourbus le Jeune, *Henri IV (1553-1610), roi de France, en armure* (0,43 x 0,28), vers 1610. Ce portrait officiel d'Henri IV le montre en roi de guerre : vêtement militaire (cuirasse, heaume, épée, collier de l'ordre du Saint-Esprit), posture altière. C'est l'un des premiers à fixer les normes du portrait officiel, qui légitime le pouvoir politique surtout lorsque le contexte politique et religieux est difficile.
- Henri Testelin, *Louis XIV en costume de sacre*, 1648. Face la Fronde (rébellion des nobles), le tout jeune roi Louis XIV, âgé de10 ans, veut imposer son autorité.
- David, *Bonaparte franchissant le Grand-Saint-Bernard* (2,60 m x 2,21 m), 1801. Le tableau célèbre le passage de Napoléon du col du Grand-Saint-Bernard. Il est représenté sur un magnifique cheval blanc, alors qu'il était à dos de mulet ! Cette œuvre met en scène la gloire militaire.

28 Les héritages de la Révolution française et du Premier Empire

HÉRITAGES

POINTS DE REPÈRE

Les héritages de la Révolution

- Ces héritages sont avant tout des idées humanistes et des valeurs : la disparition de la monarchie absolue et de la société d'ordres, l'apparition de la souveraineté de la Nation. La Déclaration des droits de l'homme et du citoyen fait apparaitre les bases juridiques et sociales de la nouvelle société française : l'égalité des droits et la reconnaissance des libertés de chacun. Elle est le pilier de notre modèle républicain. Elle affirme aussi la nécessité de la séparation des pouvoirs (exécutif, législatif et judiciaire).
- En 1790, les départements sont créés : des noms de fleuves, de montagnes et de rivières sont choisis afin de rompre avec les anciennes provinces du royaume. Le découpage est fait de telle sorte que les citoyens les plus éloignés du chef-lieu puissent faire l'aller-retour à cheval dans la journée ! Les départements permettent à chaque portion du territoire d'être équitablement représentée à l'Assemblée.
- Le suffrage universel masculin apparait en 1792 lors des premières élections législatives (élection de la Convention nationale), mais il faut attendre 1944, en France, pour que les femmes aient le droit de vote ! Ce qui est très tardif par rapport à d'autres pays.
- La langue française est unifiée en 1794 : des décrets obligent à enseigner en français, décision difficile à appliquer par manque d'enseignants maitrisant la langue. L'Abbé Grégoire publie son *Rapport sur la nécessité d'anéantir le patois et d'universaliser l'usage de la langue française*, une véritable « terreur linguistique » qui est ensuite abandonnée. Mais l'interdiction des patois sera de nouveau active après les lois Jules Ferry et jusqu'au milieu du XXe siècle. Avant la Révolution, les mesures varient d'une région à l'autre, et même au sein d'une région (perche, toise, pied, pouce, aune, muid, setier, boisseau, pinte, livre, once, grain...).
- Le 8 mai 1790, l'Assemblée constituante adopte l'idée d'une unification des mesures. Le projet est finalisé en 1793, avec la création du mètre, du gravet (gramme) et du cade (mètre cube). Le mètre est calculé à partir de l'arc de méridien terrestre. Mais la Terreur perturbe ces réformes et c'est en 1901 qu'elles finissent par devenir obligatoires.

Les grandes réformes de Napoléon

- Napoléon conserve les acquis de la Révolution : la République, la séparation des pouvoirs, le suffrage universel masculin, les départements et les unités de mesure. Il poursuit la réorganisation administrative de l'État.
- Il crée les lycées, ouverts aux garçons uniquement, afin de constituer une élite. Au moment de son arrivée au pouvoir, il n'y avait que des écoles primaires, des pensionnats et des écoles centrales. 45 lycées sont créés où l'on enseigne les humanités et les sciences. À leur sortie, les élèves trouvent directement un emploi ou poursuivent dans des écoles spéciales (médecine, droit, pharmacie, écoles militaires).
- Il dynamise les institutions : il nomme des préfets à la tête des départements pour veiller à l'application de ses décisions. Il recompose des institutions de l'Ancien Régime, comme le Conseil d'État, et fait revivre le Sénat, créé juste après la Révolution.
- Il crée le franc et la Banque de France pour restaurer la confiance dans la monnaie nationale. La nouvelle monnaie et les billets imprimés remplacent petit à petit les pièces en métaux précieux. Il instaure le Code civil pour régir les relations des Français entre eux. Ce texte combine les principes de laïcité du droit, de la liberté de l'individu et est partagé dans les pays sous domination française.

Pour en savoir plus

- Le podcast « Le grand réformateur, l'invention de la France contemporaine », épisode 5 de l'émission « Napoléon, l'homme qui ne meurt jamais », France Inter (46 min) : ecole.nathan.fr/f26-napoleon
- Patrick Boucheron (dir.), Jean-Louis Halpérin, « 1804 : un seul code pour plusieurs nations », *Histoire mondiale de la France*. Seuil, 2017.

DÉROULÉ DE LA SÉANCE

Mise en situation

Document d'accroche

- **Projeter la carte de la France en 1789.**
La Révolution française met fin à l'ancienne France, celle de la monarchie absolue. Une nouvelle France voit le jour. Cette carte date de 1789.
– Que s'est-il passé en 1789 ? C'est l'année des événements de la Révolution.
– Que montre cette carte ? On voit la France divisée de façon égalitaire.
En 1789, on élit des députés à la nouvelle Assemblée pour représenter les différentes parties du territoire français, et on veut que ces régions soient représentées de façon équitable. Voici comment sont nés les départements. Cette carte quadrillée à la règle est une ébauche de la réflexion.

1 La France en 1789

Problématique

- *« On a tout détruit, il s'agit de recréer »* prononce Napoléon Bonaparte le 8 mai 1802. Quels héritages de la Révolution française et du Premier Empire sont encore visibles aujourd'hui ?

A De nouveaux droits

- **Projeter la Déclaration des droits de l'homme et du citoyen.**
Bien que, durant la Révolution, seuls les hommes deviennent des citoyens, la Déclaration des droits de l'homme et du citoyen est à l'origine de progrès majeurs.
– Quels sont les progrès mis en avant dans cette Déclaration ?
Les citoyens ont les mêmes droits, les mêmes devoirs, la liberté de s'exprimer, l'égalité devant l'impôt…
On affirme aussi, dans une loi du mois de mars 1791, la liberté de commerce et d'industrie, un autre droit très important.
– Pourquoi selon vous ? Ce droit permettait la liberté de commercer et de vendre ses produits.
Ce droit permettait aussi à chacun d'exercer le métier qu'il souhaite. C'est une loi importante pour la garantie des libertés.

2 La Déclaration des droits de l'homme et du citoyen

- **Projeter la Constitution de 1791.**
Durant les années révolutionnaires, on réfléchit à une nouvelle organisation de l'État. Les députés élus se mettent au travail. Ils rédigent une Constitution qui remplace la monarchie absolue par une monarchie constitutionnelle. La Constitution de 1791 est promulguée deux ans après la Déclaration des droits de l'homme et du citoyen.
Ce texte affirme pour la première fois que le pouvoir ne vient pas d'un roi et de Dieu mais de la Nation. C'est un immense changement qui tourne la page de la monarchie absolue de droit divin (le roi se faisait sacrer, il affirmait avoir ses pouvoirs de Dieu et se mettre directement sous son autorité). Ce texte proclame aussi la séparation des pouvoirs ; le roi ne détient plus tous les pouvoirs, qui sont séparés entre trois instances :
- l'Assemblée, élue, détient le pouvoir législatif (celui de voter les lois) ;
- le roi détient le pouvoir exécutif (celui de faire appliquer la loi) ; rappeler qu'aujourd'hui, le président, chef de l'État, et le gouvernement, dirigé par le Premier ministre, détiennent ce pouvoir ;
- des tribunaux détiennent le pouvoir judiciaire (celui de rendre la justice).

– Cette séparation des pouvoirs est-elle encore en vigueur aujourd'hui ?
Oui.
Elle permet de garantir égalité, justice, et bon fonctionnement de l'État.

3 La Constitution de 1791

- **Montrer la division du territoire en départements.**
Pour élire des députés représentant toute la France, on cherche à diviser le territoire en portions égales. Au début, un découpage tracé à la règle, comme aux États-Unis, est proposé. Mais les départements n'ont finalement pas été tracés ainsi : ils suivent les rivières, routes, et anciennes provinces. Ils prennent le nom des éléments naturels qui les constituent (rivières, montagnes...), car on cherche surtout à les différencier des divisions anciennes du royaume. Ces noms tirés de la géographie sont plus neutres.
- Donnez des exemples . Gard, Lot, Cher, Tarn, Bas-Rhin/Haut-Rhin (rivières), Hautes-Alpes, Pyrénées-Atlantiques (montagnes)...

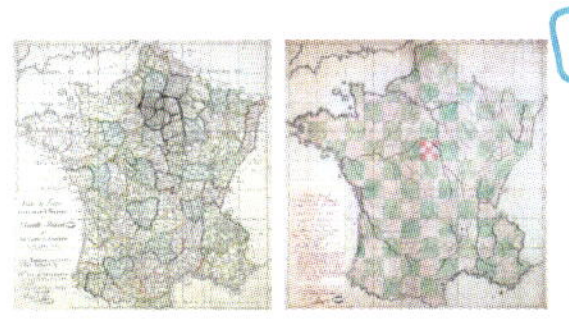

4 La création des départements

Travail sur le cahier

Étude de document

- Projeter la bande dessinée et répondre aux questions.
Cochez les bonnes réponses. Grâce à la Révolution française...

☒ Les députés rédigent une Constitution*.
☐ Le roi rédige une Constitution.
☒ Les citoyens obéissent aux mêmes lois.
☒ Le roi Louis XVI doit partager son pouvoir.
☒ Les départements sont créés.
☐ Il n'y a plus d'impôts.
☒ Les impôts sont payés par tous.
☒ Il y a plus d'égalité.

5 Les conséquences de la Révolution française

B Une France unifiée et réorganisée

- La France est aussi unifiée : on veut améliorer la communication entre les personnes et les échanges de biens.
- **Projeter le texte sur l'adoption de la langue française.**
En 1794, des décrets sont pris pour rendre obligatoire l'enseignement en français dans les écoles. L'Abbé Grégoire lutte pour valoriser le français par rapport aux patois locaux.
- Quelle est son intention ? Il souhaite améliorer la communication entre les Français.
Aujourd'hui, tout le monde a adopté la langue nationale. Et pour ne pas perdre l'héritage culturel très important des langues régionales, on s'attache plutôt à conserver cet héritage.
- Quelles sont les langues régionales qui subsistent aujourd'hui ? Le breton, le basque, le corse, le patois du Nord, l'alsacien...

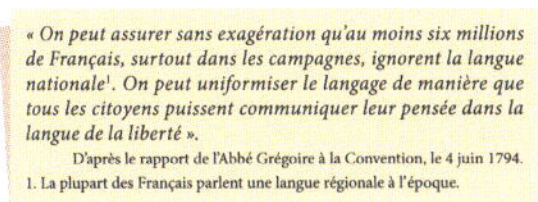

« On peut assurer sans exagération qu'au moins six millions de Français, surtout dans les campagnes, ignorent la langue nationale[1]. On peut uniformiser le langage de manière que tous les citoyens puissent communiquer leur pensée dans la langue de la liberté ».

D'après le rapport de l'Abbé Grégoire à la Convention, le 4 juin 1794.

1. La plupart des Français parlent une langue régionale à l'époque.

6 Le français devient la langue de tous les citoyens

- **Projeter l'image des poids et mesures.**
Avant la Révolution, il existe des dizaines d'unités de mesures et de poids différents.
- Quels en sont selon vous les inconvénients ? Si on n'a pas les mêmes unités de poids et mesures, il est très difficile de faire des échanges commerciaux.
Le mètre et le litre datent de cette époque. Le mètre est calculé par rapport à l'axe méridien de la Terre.

7 L'unification des poids et mesures

- **Expliquer que Napoléon conserve ces acquis révolutionnaires pour unifier la France.** Arrivant au pouvoir à un moment où la France est en difficultés, il travaille de manière acharnée à réorganiser le pays. Il reprend des institutions de l'Ancien Régime (le Conseil d'État, le Sénat) et en crée de nouvelles.
- **Montrer l'image des réformes du Premier Empire.**
- Il crée **des lycées**. Il veut ainsi former des élites et avoir plus de gens éduqués. Après le lycée, on peut directement travailler ou bien continuer ses études : médecine, pharmacie, droit...
- Selon vous, filles et garçons pouvaient-ils aller au lycée ? Malheureusement non. C'était uniquement pour former les garçons.

8 Les réformes du Premier Empire

- Il nomme **des préfets** à la tête de chaque département : *pourquoi selon vous ? Les préfets permettent de faire appliquer les décisions prises et la politique de Napoléon. Ils ont aussi un rôle de surveillance et représentent l'État.*

- En 1803, il crée **le franc germinal**, de nouvelles pièces de monnaie solides et produites en grande quantité. Toutes les monnaies au poids très variable qui circulaient sont peu à peu remplacées. Le franc germinal est fait en argent, un métal qu'on trouvait facilement.

- Qu'est-ce qui est inscrit sur les faces de ces nouvelles pièces ?
La valeur de la pièce est inscrite d'un côté, c'est pratique ! De l'autre, on a le portrait de Bonaparte à la manière des anciens empereurs. On a aussi la mention « République française ».

Des billets sont imprimés à la Banque de France. Ils sont échangeables à vie, ce qui rassure la population et encourage à les utiliser.

- **Le Code civil** est un apport très important de Napoléon. On l'appelle aussi « Code Napoléon ». Il rassemble les règles qui déterminent les relations entre les personnes, il uniformise les règles de vie.
Des lois existaient avant la rédaction de ce code, mais elles étaient éparpillées. Ce code les rassemble en un seul texte pour qu'elles soient plus visibles et connues. Ce texte se répand dans les territoires conquis.
Des exemples de règles : la laïcité de l'État ; l'égalité des Français ; la protection de la famille ; la défense de la propriété privée ; la liberté du travail…
Ce Code existe toujours, mais il a depuis été modifié de nombreuses fois.

Travail sur le cahier

Étude de document

- Distribuer les documents sur les réformes et demander aux élèves :
  - *Trouvez quelles mesures ont remplacé :*
    - *la pinte : le litre*
    - *l'aune : le mètre*
  - *Que veut imposer l'Abbé Grégoire à tous les Français ?*
  Il veut uniformiser le langage en imposant une langue nationale : le français.
  - *Reliez chaque réforme de Napoléon à sa définition.*
    Le préfet → le chef du département
    Le Code civil → les mêmes lois pour tous
    Le franc germinal → une nouvelle monnaie
    Les lycées → la formation des garçons

Bilan de la séance

- **Rappeler la problématique posée en introduction.**
La Révolution française a durablement marqué la France. Aujourd'hui, on a gardé :
- des valeurs : les droits inscrits dans la Déclaration des droits de l'homme et du citoyen, qui se sont étendus aux femmes (droits et devoirs, impôts payés par tous) ;
- des institutions : l'Assemblée, le Sénat et la séparation des pouvoirs ;
- une organisation : les départements quadrillent toujours la France, dirigés par des Préfets. Le Code civil a été adapté, mais il est toujours en vigueur ;
- une unité française : la langue française est affirmée, les unités de mesure ont été gardées, mais le franc a été remplacé par l'euro ;
- les lycées, devenus mixtes.

Pistes pour la trace écrite au choix

1 Texte à reproduire

La Révolution française a durablement marqué la France. Les Français sont devenus des citoyens. Leurs droits et leurs devoirs ont été inscrits dans la Déclaration des droits de l'homme et du citoyen d'abord, puis dans le Code civil. Des institutions garantissent un bon fonctionnement de l'État et la séparation des pouvoirs (exécutif, législatif et judiciaire). Les départements sont créés et dirigés par des préfets.

La France est unifiée : la langue française est imposée à l'école, les unités de mesure et de poids sont les mêmes sur tout le territoire (litre, mètre), une nouvelle monnaie, le franc germinal, remplace les anciennes. La création des lycées prolonge l'instruction des garçons. Toutes ces réformes ont eu une grande influence sur la façon dont fonctionne la France aujourd'hui.

2 Texte à compléter

▶ **Complète le texte avec les mots suivants :** *lycées - Révolution française - Code civil - citoyens - séparation des pouvoirs - le franc germinal - préfets - l'école.*

La .... a durablement marqué la France. Les Français sont devenus des .... Leurs droits et leurs devoirs ont été inscrits dans la Déclaration des droits de l'homme et du citoyen d'abord, puis dans le .... Des institutions garantissent un bon fonctionnement de l'État et la .... (exécutif, législatif et judiciaire). Les départements sont créés et dirigés par des ....

La France est unifiée : la langue française est imposée à .... , les unités de mesure et de poids sont les mêmes sur tout le territoire (litre, mètre), une nouvelle monnaie, ... , remplace les anciennes. La création des .... prolonge l'instruction des garçons. Toutes ces réformes ont eu une grande influence sur la façon dont fonctionne la France aujourd'hui.

3 Carte mentale

▶ **Complète la carte mentale avec les mots suivants :** *franc germinal - liberté et égalité des citoyens - le Code civil (règles de vie) - poids et mesures unifiées - langue française imposée - préfets - DDHC - départements.*

Les héritages de la Révolution française

Droits et devoirs	Unification de la France	Administration de la France
....	....	....
....	....	....
....	....	....
....	....	....
....	....	....
....	....	....
....	....	....

PROLONGEMENTS

▶ **Jeu :** un jeu en ligne pour faire le point sur ce qui a été vu au sujet de Napoléon : ecole.nathan.fr/f28-jeu

▶ **EMC :** revenir sur les symboles de la République qui sont aussi un héritage de la Révolution.
- Le site du Sénat junior fait un point sur le sujet : ecole.nathan.fr/f28-valeurs-republique
- Présenter les symboles de la République : le drapeau tricolore, la *Marseillaise*, la fête nationale du 14 juillet, la devise républicaine : « liberté, égalité, fraternité ».
- Créer des cartes à recomposer, sur le modèle suivant : ecole.nathan.fr/f28-cartes

THÈME

4 Le temps de la République

« Ce que l'élève va apprendre

Situer sur une frise chronologique
- la fête nationale du 14 juillet 1880,
- les lois scolaires de Jules Ferry
- la loi de séparation des Églises et de l'État
- le droit de vote des femmes

Raconter
- la fête du centenaire de la République en 1892
- la colonisation et la façon dont les peuples colonisés ont été exploités
- à quoi ressemble l'école de la République au temps de Jules Ferry

Situer sur une carte
- l'empire colonial français

Expliquer
- ce qu'est la République, ses symboles et ses valeurs
- ce qu'est la laïcité
- les nouveaux droits et les nouvelles libertés apportés par la République

Sommaire

Séance 1 La République s'installe 149
Séance 2 L'école primaire, gratuite, laïque et obligatoire 153
Séance 3 L'école à la fin du XIXe siècle • AVOIR 10 ANS sous... 157
Séance 4 Les symboles de la République française • EMC 163
Séance 5 La colonisation sous la IIIe République 167
Séance 6 La séparation des Églises et de l'État 171
Séance 7 La République : de nouvelles libertés et de nouveaux droits 175
Séance 8 Vers le suffrage universel • HÉRITAGES 179

1 La République s'installe

POINTS DE REPÈRE

Un régime né de la défaite militaire

- La IIIe République est née de la défaite de Napoléon III à Sedan en 1870. Elle est proclamée par Léon Gambetta le 4 septembre 1870, cependant, les Républicains ne contrôlent véritablement le régime et la République qu'à partir des années 1880, quand elle s'enracine en France et dans l'esprit des Français.

Un régime contesté et menacé

- En effet, la IIIe République est dès l'origine contestée par les monarchistes, l'Église catholique et les anarchistes. Les grandes lois assurant les libertés fondamentales sont votées durant les années 1880. Elles renforcent davantage le lien des Français avec la République (lois scolaires Jules Ferry de 1881-1882, loi sur la liberté de la presse de 1881, loi autorisant les syndicats de 1884).

Un régime qui doit faire œuvre de propagande

- Pour s'implanter et diffuser ses principes et ses valeurs à la population française, la République utilise l'école et ses instituteurs (les « hussards noirs de la République »), les grandes fêtes républicaines (comme celles de 1889 ou de 1892) et la fête du 14 juillet dans les communes. Elle diffuse ses symboles républicains à travers tout le pays : on les retrouve sur les timbres-poste, les pièces de monnaie, les façades des mairies ou des écoles, et sur les « places de la République » de plusieurs villes de France. Ces symboles et ces valeurs sont pour la plupart nés durant la Révolution française dont la IIIe République se dit héritière.

Pour en savoir plus

- Mathilde Larrère, « Lieux et symboles de la République », *La Documentation photographique*, n° 8130, 2019.
- Maurice Agulhon, *Marianne au pouvoir : l'imagerie et la symbolique républicaine de 1880 à 1914*, Flammarion, 1992.
- Un article de presse relatant le déroulement de la fête du centenaire de la République : ecole.nathan.fr/f01-article

DÉROULÉ DE LA SÉANCE

Mise en situation

Se repérer dans le temps

- **Montrer la frise chronologique aux élèves.**
  - *Qui dirige la France avant la Révolution française de 1789 ?* Le roi.

  Rappeler que la monarchie est un État dont le chef est un roi.
  - *Qui est le roi guillotiné en 1793 ?* Louis XVI.
  - *Qui dirige la France après la mort de Louis XVI ?*

  On pourra également montrer la vidéo Canopé sur l'explication de l'expression « Époque contemporaine ».
- **Rappeler l'instauration de la Ire République en 1792**, puis le sacre de Napoléon en 1804 avec la mise en place de l'Empire.
- **Définir la *République*** comme un régime politique, sans roi, dans lequel le peuple élit ses représentants **et l'*Empire*** comme un territoire qui regroupe des peuples différents dirigés par un empereur.

2 min

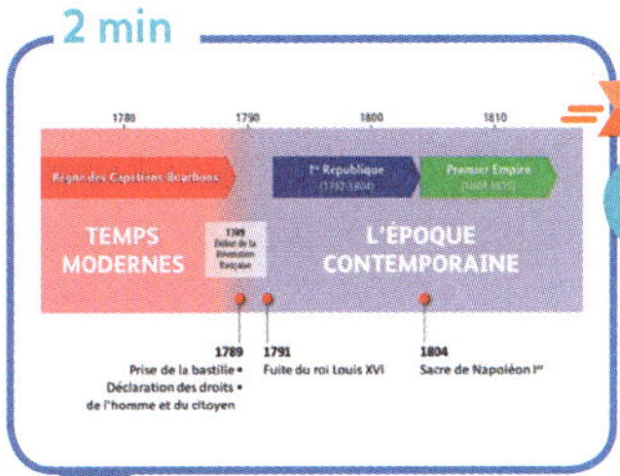

Frise

1 Frise chronologique

Document d'accroche

- **Décrire le tableau de Jean Béraud, *La Marseillaise*, présentant une scène de la fête du 14 juillet 1880 :** les Parisiens chantant l'hymne national, les symboles républicains aux fenêtres, la place de la Bastille et la colonne de juillet en arrière-plan.

  Rechercher avec les élèves l'intention de l'auteur : mettre en avant le patriotisme et l'enthousiasme des Français pour la République.

Problématiques

- Cet enthousiasme des Parisiens pour la République signifie-t-il pour autant que tous les Français en 1880 sont républicains ? Combien de temps a-t-il fallu pour que la République s'impose en France ?

2 La fête du 14 juillet

A La République, un régime longtemps contesté

- **Projeter et distribuer la frise chronologique des différents régimes politiques de 1789 à 1940.**

Travail sur le cahier

- Colorier en bleu les républiques et en vert les régimes qui ne sont pas des républiques.
- Entourer en rouge les révolutions et en jaune le centenaire de la République.

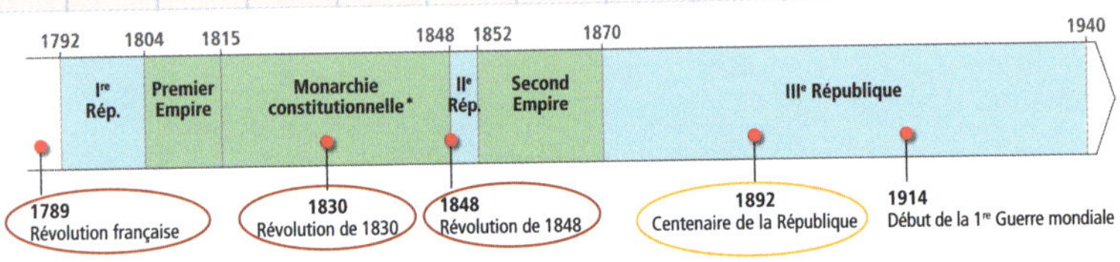

- Répondre à la question.
  La France est-elle une République depuis 1789 ?
  Non : la France a connu depuis 1789 plusieurs rois, deux empereurs et deux autres révolutions après celle de 1789.

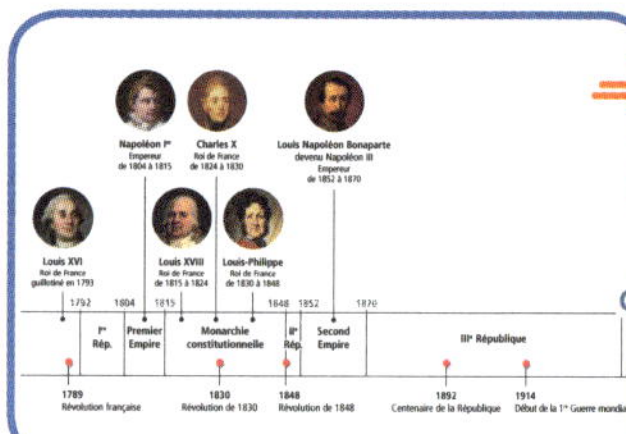

3 Les différents régimes politiques

- **Montrer que la Révolution française et la mort de Louis XVI n'ont pas entrainé la naissance immédiate et définitive de la République.**
  La République ne s'impose pas d'emblée : sa mise en place est le résultat d'un combat sur de nombreuses années contre les partisans de la monarchie et de l'empire.
- **Expliquer également que Louis XVI n'a pas été le dernier roi de France :** d'autres souverains se sont succédés au XIXᵉ siècle (Louis XVII, Charles X, Louis-Philippe).

B La République, véritablement acceptée à partir des années 1880

- **Observer l'affiche de 1892 pour le centenaire de la République.**
  Expliquer que pour s'enraciner durablement, les Républicains doivent faire œuvre de propagande (voir points de repère), en organisant de grandes célébrations. Les fêtes du centenaire de la Révolution en 1889 et les fêtes du centenaire de la naissance de la République en 1892 ont pour objectif de donner une image positive et rassurante de la République car l'idée républicaine reste encore à cette époque associée dans l'esprit de beaucoup de Français aux souvenirs de la Terreur et des guerres révolutionnaires.

4 Le centenaire de la République française

Travail sur le cahier

- **Répondre aux questions.**
  - *Quel est l'événement passé célébré sur cette affiche ?*
    La naissance de la République en 1792.
  - *Quel est l'évènement à venir annoncé sur cette affiche ?*
    La fête du centenaire.
  - *Entoure en rouge sur l'affiche deux symboles de la République française.* Le drapeau, Marianne et son bonnet phrygien.
  - *Entoure en bleu un symbole du progrès économique.*
    Le train, symbole de vitesse et de révolution des transports, la corne d'abondance, les paysans en pleine récolte.
  - *Quelle image cette affiche donne-t-elle de la République en 1892 ?* Elle cherche à donner l'image d'une République rassurante qui apporte la paix et la prospérité économique.

- **Signaler la présence sur l'affiche du rameau d'olivier**, symbole de paix entre les Français et de paix entre les nations européennes.
- **Nuancer le propos de l'auteur de l'affiche**, en rappelant que la République a bien cent ans en 1892, mais qu'elle n'a pas été au pouvoir de façon continue depuis 1792 et qu'elle n'a pas apporté la prospérité à toutes les catégories sociales.
- **Lire et analyser un extrait d'article de presse.**
  - Quel passage montre l'enthousiasme des Français pour la République ?
  « On évalue à près d'un million le nombre des curieux qui s'étaient massés […] Deux chars […] semblent avoir recueilli le plus de suffrages : celui de la Marseillaise […] et celui du Triomphe de la République. »

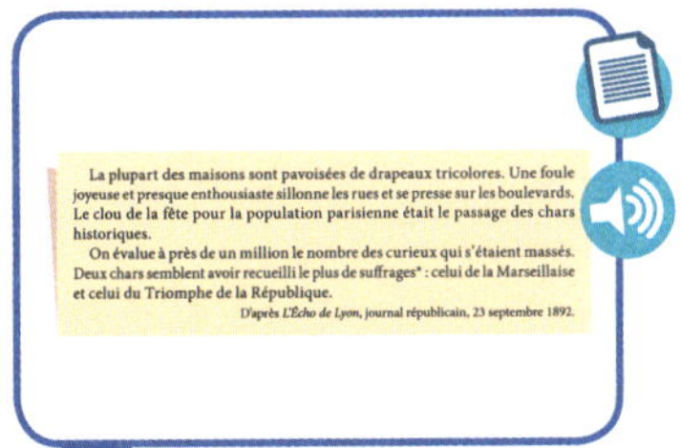
La plupart des maisons sont pavoisées de drapeaux tricolores. Une foule joyeuse et presque enthousiaste sillonne les rues et se presse sur les boulevards. Le clou de la fête pour la population parisienne était le passage des chars historiques.
On évalue à près de un million le nombre des curieux qui s'étaient massés. Deux chars semblent avoir recueilli le plus de suffrages* : celui de la Marseillaise et celui du Triomphe de la République.
D'après *L'Écho de Lyon*, journal républicain, 23 septembre 1892.

5 L'enthousiasme des Français pour la République

- **Lire d'autres passages de cet article de presse pour montrer l'ampleur de la manifestation en s'appuyant sur une gravure du défilé.**

6 Le défilé du 14 juillet

Bilan de la séance

- **Rappeler les problématiques posées en introduction**

La France n'a pas toujours été une République et il a fallu attendre les années 1880 pour que la République s'installe durablement. Pour y parvenir, la République a dû faire œuvre de propagande, en organisant, par exemple, de grandes manifestations comme la fête du centenaire de la République de 1892.

Pistes pour la trace écrite au choix

1 Texte à reproduire

La République a mis plus de cent ans à s'installer en France. Après la Révolution française de 1789, plusieurs régimes politiques différents se sont succédés : républiques, monarchies et empires. C'est seulement sous la IIIe République (1870-1940) que la République est véritablement acceptée par l'ensemble des Français. En 1892, le succès de la fête du centenaire montre l'attachement des Français pour la République.

2 Texte à compléter

▶ **Complète le texte avec les mots suivants :**
fête du centenaire - IIIe République (1870-1940) - 1892 - 1789.

La République a mis plus de cent ans à s'installer en France. Après la Révolution française de ...., plusieurs régimes politiques différents se sont succédés : républiques, monarchies et empires. C'est seulement sous la .... que la République est véritablement acceptée par l'ensemble des Français. En ...., le succès de la .... montre l'attachement des Français pour la République.

PROLONGEMENTS

▶ **Découvrir un autre moment de ferveur républicaine : le 14 juillet 1883.**
Pour cela, on peut s'appuyer sur deux documents :
- l'article du *Petit Journal* du 16 juillet 1883 relatant l'évènement : ecole.nathan.fr/f01-14-juillet
- une image populaire anonyme de 1883 : *Le défilé des bataillons scolaires, le 14 juillet 1883, place de la République.*

▶ **Présenter la statue de Jules Dalou** inaugurée en 1899 à Paris sur la place de la Nation, intitulée *Le Triomphe de la République*. Rechercher avec les élèves le sens des différents symboles et le message de l'artiste.

2 L'école primaire, gratuite, laïque et obligatoire

POINTS DE REPÈRE

Les grandes lois scolaires de la IIIe République

- loi du 9 aout 1879 : création des écoles normales dans chaque département pour former les instituteurs, les « hussards noirs de la République » (Charles Péguy).
- loi de 1880 : ouverture de l'enseignement secondaire aux jeunes filles.
- loi du 2 aout 1881 : création des écoles maternelles.
- loi du 16 juin 1881 : gratuité absolue de l'enseignement primaire dans les écoles publiques.
- loi du 28 mars 1882 : école obligatoire pour les enfants de 6 à 13 ans et laïcité dans l'enseignement primaire.

Les grands objectifs des lois scolaires Jules Ferry de 1881-1882

- Mettre en action le principe républicain de l'éducation pour tous et accroitre le niveau d'éducation des Français.
- Lutter contre le travail des enfants.
- Limiter l'influence de l'Église catholique, des conservateurs et des monarchistes.
- Enraciner les principes et les valeurs de la République dans la population par le biais de l'école.

Le bilan

Les lois Ferry ont considérablement accéléré l'alphabétisation des Français : en 1881-1882, la France compte 51 732 écoles publiques. Ce chiffre est de 69 363 en 1911-1912. Le nombre d'élèves scolarisés passe respectivement de 3 349 000 à 4 615 000. En 1908, moins de 4 % des Français exerçant leur service militaire sont illettrés.

Malgré ces succès, plusieurs difficultés demeurent :
- les lois Ferry ne concernent que l'école primaire ;
- l'enseignement secondaire reste payant ;
- l'enseignement dispensé aux filles est amélioré par les lois Ferry, mais les classes ne sont pas mixtes et les garçons suivent des exercices militaires quand les filles reçoivent des cours de couture.

Pour en savoir plus

- Vincent Duclerc, *La République imaginée (1870-1914)*, Belin, 2010.
- « Mille ans d'école », les collections de *L'Histoire*, 1999.
- La visite virtuelle de l'exposition « Métier d'enseignant, métier d'élève » sur le site du MUNAE : ecole.nathan.fr/f02-munae

DÉROULÉ DE LA SÉANCE

Mise en situation

Document d'accroche

- **Projeter et comparer les deux photographies :** l'une montre le travail des enfants dans un atelier au XIXe siècle (voir points de repère p. 21) et l'autre des enfants dans une salle de classe aujourd'hui.
  - Quelle est la différence principale entre la vie des enfants sur ces deux photographies ?
  Aujourd'hui les enfants peuvent aller à l'école.

1 La création de l'école obligatoire

Problématiques

- Aujourd'hui l'école est obligatoire, gratuite et laïque. Depuis quand les enfants ont-ils cette chance ? Grâce à qui ? Pourquoi a-t-on voulu que l'école soit « gratuite, laïque et obligatoire » ?

A Jules Ferry, fondateur de l'école républicaine

- **Projeter et distribuer la photographie de la sculpture de Jules Ferry**, réalisée en hommage à Jules Ferry, sculptée par Gustave Michel (1910, Paris).

2 Jules Ferry et l'école

Travail sur le cahier

- **Répondre aux questions.**
  - Qui sont les personnages représentés sur cette sculpture ? Place les lettres correspondantes sur la photographie.
    A : Jules Ferry (début en haut)
    B : un élève (en bas au milieu)
    C : une institutrice (à droite)
    D : Marianne, symbole de la République (à gauche)
  - À ton avis, quel message le sculpteur a-t-il cherché à faire passer ?
    Grâce à Jules Ferry et à la République, les enfants ont obtenu le droit à l'éducation.

- **Lire la petite biographie de Jules Ferry avec les élèves.**

3 Fiche d'identité de Jules Ferry

B Les lois Jules Ferry de 1881-1882

- **Projeter la frise chronologique et la distribuer.**

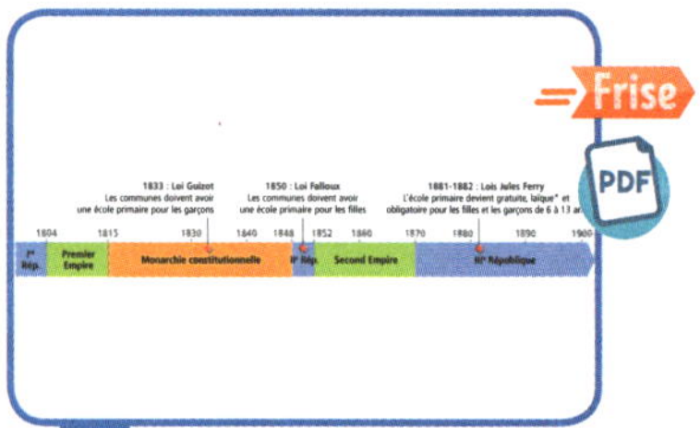

4 Frise chronologique : les lois de la République sur l'école

Travail sur le cahier

- **Répondre aux questions.**
  - Souligne en rouge sur la frise chronologique l'année et le nom des lois qui rendent l'école primaire obligatoire pour les garçons et les filles en France.
    Les lois scolaires de Jules Ferry de 1881-1882.
  - Souligne en bleu les trois mots les plus importants de cette loi.
    Gratuite, laïque et obligatoire.
  - Qui est l'homme à l'origine de cette loi ? Jules Ferry.
  - À ton avis, pourquoi Jules Ferry a-t-il voulu que l'école primaire soit :
    - gratuite : pour que les enfants pauvres puissent aller à l'école.
    - laïque : pour que les enfants ne soient pas sous l'influence de l'Église catholique.
    - obligatoire : pour que les parents envoient leurs enfants à l'école plutôt que dans les champs ou les mines.
  - Donne le nom du régime politique à l'origine de ces progrès en regardant la frise chronologique.
    La IIIe République.

- **Expliquer les grands objectifs des lois Ferry.**
  Avant les lois Jules Ferry, l'école n'était pas obligatoire : les parents pouvaient envoyer leurs enfants travailler dans les champs ou les mines. La loi de 1841 avait cependant interdit le travail des enfants de moins de 8 ans, et celle de 1874 avait interdit le travail des enfants avant l'âge de 12 ans.
- **Définir la *laïcité*** comme la liberté de croire et de ne pas croire.
- **Expliquer que pour rendre l'école indépendante et neutre vis-à-vis de la religion catholique, ce sont des instituteurs et des institutrices qui font la classe dans les écoles publiques et non des membres du clergé**, que l'enseignement religieux y est désormais interdit et remplacé par le cours d'instruction morale et civique.
- **Exposer les progrès réalisés en matière d'alphabétisation** grâce aux lois Ferry ainsi que les limites de ces lois (voir points de repère p. 151).

Bilan de la séance

- **Rappeler les problématiques posées en introduction.**
  Les enfants ont aujourd'hui la chance d'aller à l'école, en partie grâce à l'action de Jules Ferry, fondateur de l'école gratuite, laïque et obligatoire. On pourra montrer la façade de plusieurs écoles primaires portant le nom de Jules Ferry.

Pistes pour la trace écrite au choix

1 Texte à reproduire

En 1881-1882, Jules Ferry, ministre de l'Instruction publique, fait voter d'importantes lois sur l'école. L'école publique devient :

- gratuite, permettant ainsi aux enfants les plus pauvres d'aller à l'école ;
- laïque, c'est-à-dire sans enseignement religieux ;
- obligatoire pour tous les enfants de 6 à 13 ans.

2 Texte à compléter

▶ **Complète le texte avec les mots suivants :**
gratuite - laïque - obligatoire - Jules Ferry.

En 1881-1882, ..., ministre de l'Instruction publique, fait voter d'importantes lois sur l'école. L'école publique devient :

- ...., permettant ainsi aux enfants les plus pauvres d'aller à l'école ;
- ...., c'est-à-dire sans enseignement religieux
- .... pour tous les enfants de 6 à 13 ans.

3 Carte mentale

▶ **Complète la carte mentale avec les mots suivants :**
obligatoire - 1981 - 1982 - Jules Ferry - gratuité - laïque.

Les lois ....

(.................. - ....)

L'école
- ....

L'école
- ....

L'école
- ....

PROLONGEMENTS

▶ **Présenter un pays où l'école n'est pas obligatoire, laïque et gratuite** pour montrer l'importance des lois Ferry de 1881-1882.

▶ **Présenter, décrire et analyser la gravure de presse de Léon Gerlier** (1881) intitulée « l'enlèvement des crucifix dans les écoles de la ville de Paris » pour montrer la mise en place de la laïcité dans les écoles de la République :
ecole.nathan.fr/f02-laicite

3 L'école à la fin du XIXe siècle

AVOIR 10 ANS SOUS...

POINTS DE REPÈRE

Les grandes lois scolaires de Jules Ferry (1881-1882)

- loi du 16 juin 1881 : gratuité absolue de l'enseignement primaire dans les écoles publiques ;
- loi du 28 mars 1882 : école obligatoire pour les enfants de 6 à 13 ans et laïque dans l'enseignement primaire.
- Ces lois scolaires ont pour objectif :
  - de mettre en action le principe républicain de l'éducation pour tous et d'accroitre le niveau d'éducation des Français ;
  - de lutter contre le travail des enfants ;
  - de limiter l'influence de l'Église catholique, des conservateurs et des monarchistes ;
  - d'enraciner les principes et les valeurs de la République dans la population par le biais de l'école.

Un grand projet de construction d'écoles primaires

- Près de 20 000 écoles sont construites en moins de dix ans. Entre 1882 et 1912, le nombre d'écoles primaires publiques passe de 51 732 à 69 363 tandis que le nombre d'élèves pour la même période passe de 3 349 000 à 4 615 000. Ces nouvelles écoles construites après 1882 adoptent souvent le même plan : une cour, un préau, des toilettes, l'école des filles d'un côté, l'école des garçons de l'autre, un logement pour l'instituteur à l'intérieur de l'école, de larges ouvertures pour satisfaire aux contraintes d'hygiène, et une architecture générale permettant à l'école de la République d'être bien visible dans le paysage. En 1884, chaque commune devant se doter d'une mairie, l'école y est souvent adjointe, donnant naissance à des mairies-écoles avec une forte présence de symboles républicains en façade.

De nouveaux programmes scolaires

- L'usage des langues régionales est interdit au profit du français, la langue officielle. L'enseignement de l'Histoire-Géographie prend une part plus importante. Il est conçu de manière à mettre en avant les grands personnages historiques, à exalter la grandeur nationale, le sentiment patriotique et la volonté de revanche sur l'Allemagne, d'où la présence de cartes murales présentant l'empire colonial français et la France amputée de l'Alsace Moselle sur les photos de classes de 1900.

  Le catéchisme est remplacé par les cours d'instruction morale et civique.
- La pédagogie pratiquée dans ces écoles est la pédagogie de la récompense, avec distribution de bons points et d'images et classement hiérarchique des élèves. Mais c'est aussi la pédagogie de la punition, voire de l'humiliation avec bonnet d'âne, mise au coin et châtiments corporels.

Pour en savoir plus

- Luce-Marie Albigès, Sophie Olive, « La construction des écoles dans la Somme au XIXe siècle », *L'Histoire par l'image*, novembre 2003 : ecole.nathan.fr/f03-construction
- La visite virtuelle de l'exposition « Métier d'enseignant, métier d'élève » sur le site du Musée national de l'éducation (MUNAE) : ecole.nathan.fr/f02-munae

Mise en situation

Document d'accroche

- **Présenter et décrire le tableau** de Jean Geoffroy de 1889 intitulé « *En classe, le travail des petits* ».
  – Quels sont les points communs et les différences avec l'école d'aujourd'hui ? Tous les élèves portent des blouses et sont assis côte à côte par rangée de quatre. Comme aujourd'hui, ils réalisent des travaux d'écriture sur leur cahier.
  – Quelle image le peintre cherche-t-il à donner de l'école de la IIIe République ?
  Il cherche à donner une image positive et rassurante de l'école de la IIIe République.

1 L'école de la IIIe République

Problématique

- La vie des écoliers était-elle semblable à ce que montre le tableau ? À quoi ressemble l'école à la fin du XIXe siècle ? La République a-t-elle effectivement fait beaucoup pour l'école ?

A Une école primaire au temps de Jules Ferry

1 DÉCOUVRIR UNE ÉCOLE PRIMAIRE À L'ÉPOQUE DE JULES FERRY

- **Projeter et distribuer la photographie de l'école primaire d'Arcy-sur-Cure.**
  – Repérez sur la photo : l'école de garçons, l'école de filles, la mairie, la cour d'école.
  En haut, de gauche à droite : école de garçons ; mairie ; école de filles. En bas : cour d'école.
- **Expliquer qu'à partir des années 1880, un grand programme d'édification d'écoles primaires et de mairies est lancé**, donnant naissance à des mairies-écoles. Le plan de ces édifices est souvent le même : la mairie au centre et les écoles de filles et de garçons placées symétriquement de part et d'autre. L'architecture extérieure, dite « style Ferry », appartient au courant du rationalisme : symétrique, sobre, elle ne cherche pas à copier les siècles passés. Dans ces écoles, les considérations hygiénistes l'emportent : cour ouverte, préau couvert, allée d'arbres, salles de classe hautes, bien aérées et lumineuses.
  – Les filles sont-elles séparées des garçons ?
  L'école n'est pas mixte. Garçons et filles sont dans la même école, mais dans des salles de classe séparées, avec un instituteur pour les garçons et une institutrice pour les filles.
- **Préciser que la mixité s'installera progressivement à partir des années 1960.**
  – Cette école est-elle vraiment mixte ? Non.
  – À votre avis, pourquoi est-il écrit « République française » sur la façade de cette école primaire ?
  Pour montrer qu'il s'agit d'une école publique qui a vu le jour grâce à la République.

2 Une école primaire au XIXe siècle

2 LES CONSTRUCTIONS DES NOUVELLES ÉCOLES PRIMAIRES

- **Lire les consignes de construction des nouvelles écoles.**

Les écoles primaires cherchent à améliorer le confort et l'hygiène, même s'il y a parfois un écart considérable entre les instructions de 1887 et la réalité sur le terrain.

– Montrez, dans le texte, les éléments qui indiquent que ces écoles ont cherché à améliorer l'hygiène et le confort des élèves.

Un vestiaire, un préau, un gymnase, une cour de récréation, un jardin, les W.-C. privés, des latrines, un terrain bien aéré, d'un accès facile, éloigné du bruit ou d'endroits malsains.

– Indiquez ce qui se trouve dans votre école aujourd'hui qui ne figure pas dans ce texte.

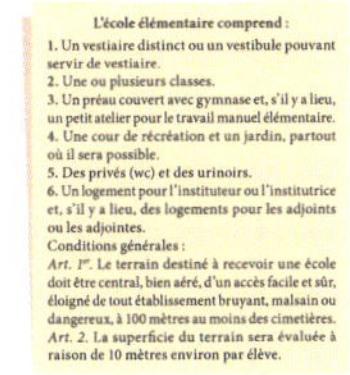

L'école élémentaire comprend :

1. Un vestiaire distinct ou un vestibule pouvant servir de vestiaire.
2. Une ou plusieurs classes.
3. Un préau couvert avec gymnase et, s'il y a lieu, un petit atelier pour le travail manuel élémentaire.
4. Une cour de récréation et un jardin, partout où il sera possible.
5. Des privés (wc) et des urinoirs.
6. Un logement pour l'instituteur ou l'institutrice et, s'il y a lieu, des logements pour les adjoints ou les adjointes.

Conditions générales :

Art. 1er. Le terrain destiné à recevoir une école doit être central, bien aéré, d'un accès facile et sûr, éloigné de tout établissement bruyant, malsain ou dangereux, à 100 mètres au moins des cimetières.

Art. 2. La superficie du terrain sera évaluée à raison de 10 mètres environ par élève.

3 Les consignes de construction des nouvelles écoles

B La salle de classe et les matières enseignées

1 UNE SALLE DE CLASSE À L'ÉPOQUE DE JULES FERRY

- **Décrire la salle de classe.**

– Trouvez deux différences entre cette salle de classe en 1910 et la salle de classe aujourd'hui.

L'absence d'ordinateurs, l'estrade, les pupitres, les blouses, les encriers, l'absence de mixité.

Faire remarquer le nombre très important de cartes murales, le calme apparent des élèves et la présence d'un groupe d'écolière à droite de l'image probablement d'âge différent du reste des autres élèves.

La lumière du jour de ces salles de classe vient de la gauche pour ne pas avoir d'ombre sur la main au moment de l'écriture. La pratique de l'écriture se fait avec le porte-plume et l'encrier.

4 La salle de classe au XIXe siècle

2 LES MATIÈRES ENSEIGNÉES

- **Projeter le programme d'enseignement de l'école primaire.**

Travail sur le cahier

- **Lire le programme et répondre aux questions.**

– Quelles sont les matières que l'on enseigne encore aujourd'hui et celles que l'on n'enseigne plus ?

– Trouvez un indice qui montre que, dans cette école, les enseignants cherchent à inculquer l'amour de la France (le sentiment patriotique).

L'enseignement de l'Histoire-Géographie centré sur la France.

– Pourquoi n'y a-t-il pas d'enseignement religieux ?

L'enseignement religieux est interdit dans les écoles publiques depuis la loi Ferry de 1882 instaurant la laïcité dans les écoles publiques.

– Par quoi est-il remplacé ? Il est remplacé par le cours d'instruction morale et civique.

Quelles sont les deux phrases qui montrent que l'égalité n'est pas complète entre les filles et les garçons.

« Pour les garçons, les exercices militaires. Pour les filles, les travaux à l'aiguille. »

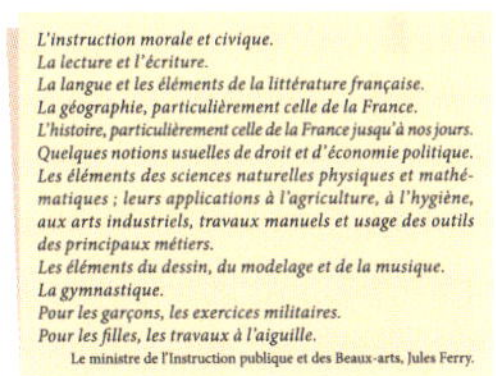

L'instruction morale et civique.
La lecture et l'écriture.
La langue et les éléments de la littérature française.
La géographie, particulièrement celle de la France.
L'histoire, particulièrement celle de la France jusqu'à nos jours.
Quelques notions usuelles de droit et d'économie politique.
Les éléments des sciences naturelles physiques et mathématiques ; leurs applications à l'agriculture, à l'hygiène, aux arts industriels, travaux manuels et usage des outils des principaux métiers.
Les éléments du dessin, du modelage et de la musique.
La gymnastique.
Pour les garçons, les exercices militaires.
Pour les filles, les travaux à l'aiguille.

Le ministre de l'Instruction publique et des Beaux-arts, Jules Ferry.

5 Le programme d'enseignement

- **Préciser que les programmes de 1882 mettent en avant la lecture et l'écriture**, piliers de l'enseignement qui nécessite de détenir un cahier bien tenu et vérifié quotidiennement par le maitre. L'Histoire, la Géographie et la lecture du *Tour de la France par deux enfants* de G. Bruno permettent d'enseigner l'amour de la patrie et d'entretenir le désir de revanche contre l'Allemagne. La gymnastique permet aux garçons d'étudier les exercices militaires pour former les futurs soldats et la couture permet aux filles de se préparer à la vie de femme au foyer.

- **Expliquer que l'enseignement religieux est interdit dans les écoles publiques** mais que les écoles « vaqueront un jour par semaine, en outre du dimanche, afin de permettre aux parents de faire donner, s'ils le désirent, à leurs enfants, l'instruction religieuse, en dehors des édifices scolaires. » (Loi du 8 mars 1882).

3 LA PÉDAGOGIE ET LA DISCIPLINE

- **Présenter les images en lien avec l'école du XIXe siècle :** l'enseignement s'appuie sur la pédagogie de la récompense avec distribution de prix, de bons points, d'images, de billets de satisfaction ou de diplômes (le certificat d'études primaires est institué en 1866). Cependant, la discipline est sévère, avec la pratique des châtiments corporels à coups de férules, de baguettes ou d'humiliations comme la mise au coin, le bonnet d'âne ou l'agenouillement sur une réglette de bois. Les textes précisent cependant « qu'il est absolument interdit d'infliger aucun châtiment corporel » (règlement de 1887).

6 La pédagogie et la discipline

Bilan de la séance

- **Rappeler les problématiques posées en introduction.**
La IIIe République a permis de nombreuses avancées pour l'école primaire :
- l'école gratuite, laïque et obligatoire ;
- la construction et la rénovation de milliers d'écoles primaires sur le territoire ;
- l'augmentation du nombre d'écoliers et d'écolières ;
- la diffusion des valeurs de la République.

Néanmoins, dans cette école de la République :
- la sévérité et la séparation filles-garçons reste la norme ;
- le nationalisme est exacerbé, l'esprit de revanche contre l'Allemagne est entretenu, la colonisation est glorifiée ;
- l'enseignement secondaire est payant.

Pistes pour la trace écrite au choix

1 Texte à reproduire

Des milliers d'écoles primaires publiques sont construites sous la IIIe République. Les instituteurs et les institutrices y enseignent le calcul, la lecture, l'Histoire-Géographie et la morale ainsi que l'amour de la patrie et les valeurs de la République. Mais la discipline y est sévère et les filles sont séparées des garçons.

2 Texte à compléter

▶ **Complète le texte avec les mots suivants :**
IIIe République - écoles primaires - République - sévère.

Des milliers d'.................................. publiques sont construites sous la .... Les instituteurs et les institutrices y enseignent le calcul, la lecture, l'Histoire-Géographie
et la morale ainsi que l'amour de la patrie et les valeurs de la .... Mais la discipline y est .... et les filles sont séparées des garçons.

PROLONGEMENTS

▶ **Réaliser la visite virtuelle** d'une salle de classe sous la IIIe République : ecole.nathan.fr/f03-classe

▶ **Faire une recherche sur sa propre école au temps de Jules Ferry**, en utilisant :
- le site internet du MUNAE pour y retrouver des photographies ou des cahiers d'enfants : https://www.reseau-canope.fr/musee/ ;
- le site des archives nationales sur lequel se trouve numérisée et disponible l'enquête sur la situation des écoles primaires en 1884 (statistiques fournies par les instituteurs et institutrices) : ecole.nathan.fr/f03-enquete

4 Les symboles de la République française

EMC

POINTS DE REPÈRE

Les symboles de la République

- Les symboles de la République figurent dans l'article deuxième de la Constitution de 1958.
  - La langue de la République est le français.
  - L'emblème national est le drapeau tricolore, bleu, blanc, rouge.
  - L'hymne national est la «Marseillaise».
  - La devise de la République est « Liberté, Égalité, Fraternité ».
- À ces symboles officiels s'ajoutent :
  - d'autres symboles : le faisceau de licteurs, le symbole RF, Marianne, le coq, le sceau de la République ;
  - des lieux emblématiques et symboliques : le Panthéon, la place de la République, la place de la Nation, les mairies ;
  - des évènements : le 14 juillet, le centenaire de la Révolution, le centenaire de la République, les proclamations de République.

Leur origine

- Les symboles de la République sont tous nés pendant la Révolution française et presque tous sont adoptés officiellement sous la IIIe République, à l'exception du drapeau tricolore, qui devient l'emblème de la France en 1830, et de la devise qui devient un principe républicain en 1848. Ces symboles ont connu leur plus grande diffusion sous la IIIe République. La figure de Marianne a ainsi fait l'objet d'une véritable « mariannolâtrie », selon l'expression de l'historien Maurice Agulhon : on la retrouve dans les mairies, sur les places de la Républiques, sur les timbres ou sur les pièces de monnaie.

Leur signification et leur fonction

- Les symboles de la République expriment les valeurs de la République, les représentent, et sont diffusés sur l'ensemble du territoire national. Ces symboles sont visibles sur les timbres-poste, les monuments officiels, les mairies, les préfectures, à l'entrée des établissements scolaires et dans les salles de classe. Ils sont utilisés lors de grandes manifestations officielles, lors des cérémonies du 11 novembre, du 8 mai, du 18 juin, lors du défilé du 14 juillet et des grandes manifestations sportives internationales.
- Ces symboles doivent être respectés. En 2003 a été créé le délit d'outrage au drapeau et à l'hymne national.

Pour en savoir plus

- Luce-Marie Albigès, « Première fête nationale du 14 juillet (1880), à Paris et à Angers », *L'Histoire par l'image* : ecole.nathan.fr/f04-fete
- Mathilde Larrère « Lieux et symboles de la République », *La Documentation photographique*, n° 8130, 2019.
- Le site de l'Élysée, pour une explication détaillée de l'histoire et du sens de tous ces symboles : ecole.nathan.fr/f04-symboles
- Pour approfondir le sens des trois mots de la devise : ecole.nathan.fr/f04-devise

DÉROULÉ DE LA SÉANCE

Mise en situation

Recueil des représentations des élèves

- **Demander aux élèves d'écrire au tableau les symboles** qu'ils pensent être ceux de la République française.
- **Définir les notions de symbole et d'une république :**
  - un *symbole* est un objet ou une image représentant une idée ;
  - une *république* est un régime politique sans roi dans lequel les dirigeants sont élus par les citoyens et qui défend des valeurs comme la liberté, l'égalité, la fraternité.

Problématiques

- Quels sont les symboles de la République française ? Quand sont-ils nés ? Que signifient-ils et à quoi servent-ils ?

A Découvrir les symboles de la République et leur signification

- **Projeter et distribuer l'affiche pour le défilé militaire de la fête nationale à Paris, le 14 juillet 1880.**
Réaliser l'exercice interactif sur les symboles figurant sur cette affiche. Expliquer que ces symboles sont nés durant la Révolution française et ont pratiquement tous été adoptés officiellement sous la IIIe République.

EXO

1 La fête nationale du 14 juillet

- **Montrer la vidéo sur les symboles de la République.**
  - *Donne le jour et le mois de la fête nationale. Le 14 juillet*
  - *En souvenir de quel évènement historique cette fête a-t-elle lieu ?*
  La prise de la Bastille le 14 juillet 1789 et la fête de la Fédération du 14 juillet 1790.
  - *Qu'est-ce qui est organisé à Paris le jour de la fête nationale sur les Champs-Élysées ?*
  Un défilé militaire, un feu d'artifice, un concert.

Expliquer que le 14 juillet est adopté en tant que fête nationale en 1880. Le choix du jour de l'année a fait l'objet de nombreux débats à l'Assemblée nationale. Certains députés penchaient pour le 5 mai (ouverture des États Généraux), d'autres pour le 20 juin (serment du Jeu de paume), d'autres encore souhaitaient le 4 aout (abolition des privilèges). Finalement, le choix s'est porté sur le 14 juillet car, pour certains députés, cette date évoquait la prise de la Bastille, et pour d'autres, la fête de la Fédération du 14 juillet 1790. La loi est finalement adoptée sans indiquer quel évènement est commémoré.

3 min

2 Les symboles de la République

- **Projeter le drapeau national.**
Le drapeau tricolore devient l'emblème de la France en 1830. Au lendemain de la prise de la Bastille, il se présente sous la forme de la cocarde révolutionnaire avec le blanc représentant la monarchie, le bleu et le rouge les couleurs de la ville de Paris. Il prend sa forme définitive en 1794. Il a été plusieurs fois menacé. Il disparait entre 1815 et 1830, remplacé par le drapeau blanc puis réapparait lors de la révolution de 1830. Il est finalement accepté par Louis-Philippe.

3 Le drapeau

- *Quelle est la signification de chaque couleur ?* *Le bleu et le rouge sont les couleurs de la ville de Paris. Le blanc est la couleur du roi.*
- *Quelle est la signification des trois couleurs réunies ?* *Les trois couleurs réunies symbolisent l'unité nationale.*

● **Écouter la *Marseillaise*.**

Travail sur le cahier

Exercice

- *Écoutez l'hymne national et complétez le texte distribué en écrivant au bon endroit les mots suivants : Marseillaise, bataillons, Rouget de Lisle, citoyens, sillons.*
Dans l'ordre : citoyens ; bataillons ; sillons ; Marseillaise ; Rouget de Lisle.

Expliquer le sens de l'expression « sang impur » qui fait référence au sang impur de la noblesse qui doit disparaitre. Pendant longtemps, *La Marseillaise* est en concurrence avec *Le Chant du départ*. Elle devient finalement le chant national en 1795 et est adoptée officiellement par la IIIe République en 1879.

● **Réaliser l'exercice interactif sur la devise républicaine.**
- *Liberté → droit d'agir selon sa volonté, dans le respect des autres et de la loi.*
- *Égalité → fait d'avoir les mêmes droits et d'être traité de la même manière.*
- *Fraternité → esprit de solidarité.*

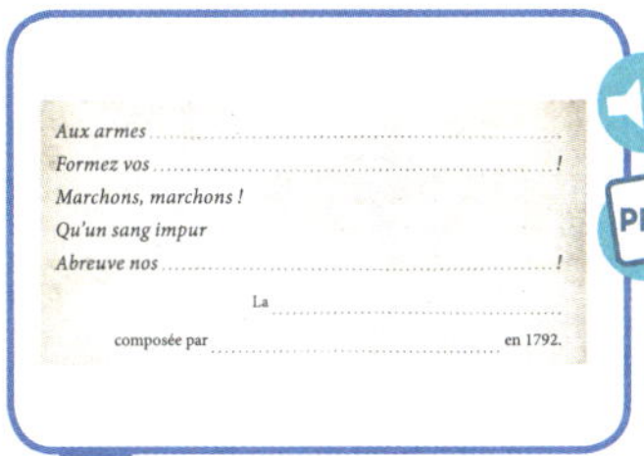

4 La Marseillaise

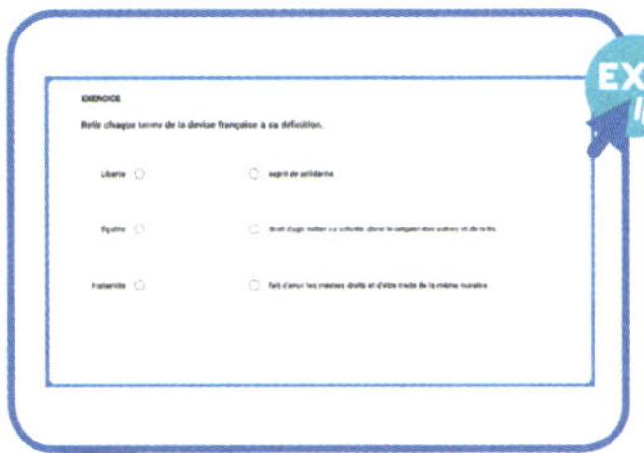

5 La devise

B Reconnaitre les symboles et découvrir leur utilité

● **Montrer la photo du bureau présidentiel. Reconnaitre les symboles français.**
- *Quels sont les symboles de la République française que tu reconnais sur cette photographie ?* *La devise, Marianne, le drapeau tricolore*
- *Trouvez un lieu où l'on peut voir ces symboles et trouvez une occasion où l'on utilise ces symboles aujourd'hui ?*
Un lieu : une mairie, une école, le palais de l'Élysée, une salle de classe.
Une occasion : le défilé du 14 juillet, une rencontre sportive, les cérémonies du 11 novembre, du 8 mai, du 18 juin.

6 Le bureau présidentiel, 2017

Bilan de la séance

● **Rappeler les problématiques posées en introduction.**
Rappeler l'utilité et la signification de tous les symboles et demander à un élève volontaire, de venir entourer au tableau, les symboles de la République française parmi tous les symboles proposés par les élèves en début de séance.

● En guise de bilan, les élèves remplissent ce un petit tableau sur un ou plusieurs symbole(s) de leur choix.

Nom du symbole	Signification	Lieu	Occasion

Pistes pour la trace écrite *au choix*

1 Texte à reproduire

Les symboles de la République française sont :

- Marianne, qui représente la République, et le bonnet phrygien, qui représente la liberté ;
- le drapeau tricolore, le drapeau de la France ;
- *La Marseillaise*, notre hymne national ;
- la devise « liberté, égalité, fraternité ».

Tous ces symboles sont nés lors de la Révolution française. Ils ont presque tous été adoptés officiellement sous la IIIe République.

2 Texte à compléter

▶ **Complète ce texte en utilisant les mots suivants :**
Marseillaise - Marianne - hymne - bonnet - devise.

Les symboles de la République française sont :

- ...., qui représente la République, et le .... phrygien ,qui représente la liberté ;
- le drapeau tricolore, le drapeau de la France ;
- *La* ...., notre .... national ;
- la .... « liberté, égalité, fraternité ».

Tous ces symboles sont nés lors de la Révolution française. Ils ont presque tous été adoptés officiellement sous la IIIe République.

3 Carte mentale

▶ **Complète la carte mentale en utilisant les mots suivants :**
liberté - égalité - fraternité - République - la Marseillaise - tricolore - Marianne.

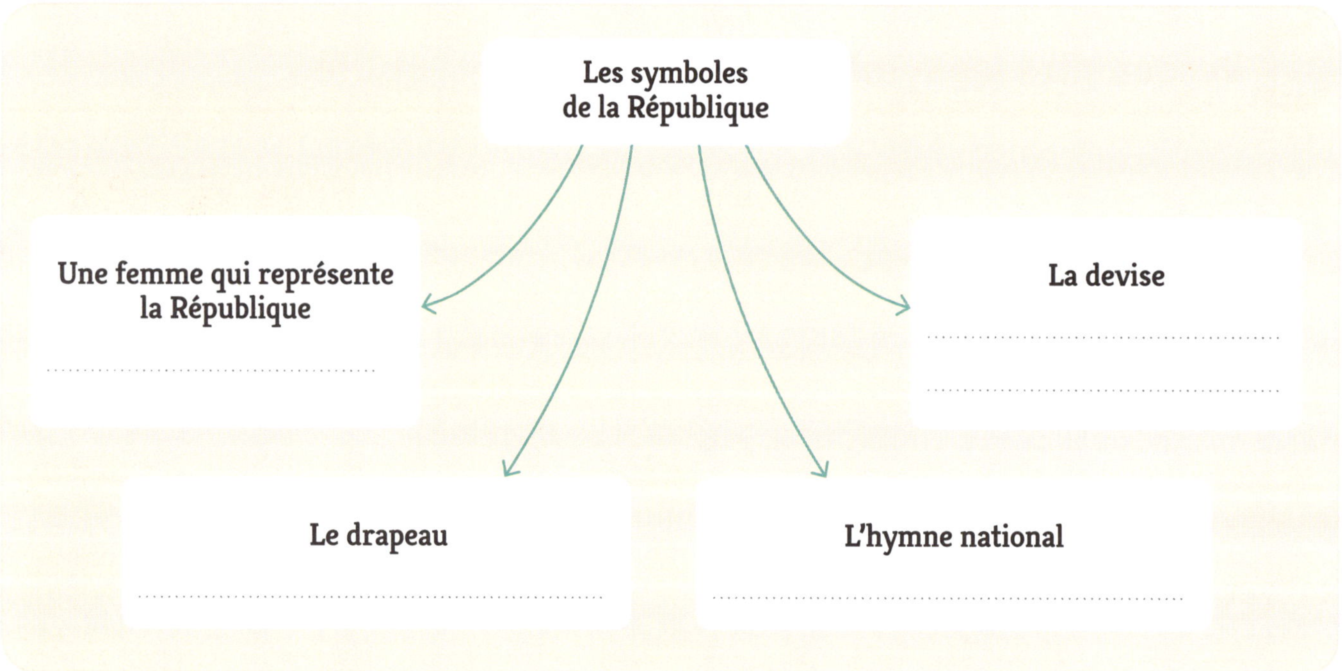

PROLONGEMENTS

▶ **Faire un jeu de memory sur les symboles de la République** sur le site *Sénat Junior* : ecole.nathan.fr/f04-jeu

▶ **Écouter différentes versions et interprétations de la *Marseillaise*, de Tchakaïkovski à Hector Berlioz** sur le site de Canopé : ecole.nathan.fr/f04-marseillaise

5 La colonisation sous la IIIe République

POINTS DE REPÈRE

Une politique d'expansion coloniale

- À partir des années 1880, la IIIe République s'engage dans un grand programme de conquêtes coloniales : instauration du protectorat sur la Tunisie (1881), conquête de l'Indochine (1887), de Madagascar (1896), création de l'AOF (1895) et de l'AEF (1910), instauration du protectorat sur le Maroc (1912). En 1870, l'empire colonial, qui comptait 5,5 millions d'habitants pour 1 million de km², compte 48 millions d'habitants sur près de 11 millions de km² en 1914. La France possède alors le deuxième empire colonial au monde après la Grande-Bretagne. Cette « course aux colonies » ne va pas sans créer des rivalités entre États européens, comme celles entre la France et l'Italie sur la question tunisienne ou celles entre la France et l'Allemagne sur la question marocaine.
- Le projet colonial français est relayé auprès des Français par le biais des instituteurs qui vantent les bienfaits de la colonisation auprès de leurs élèves, en s'appuyant notamment sur les cartes murales de l'empire colonial.

Les objectifs de cette expansion coloniale

- Les objectifs sont multiples, on peut les résumer par les trois « C » :

- **commercer** et s'approvisionner en matières premières en pleine révolution industrielle ;
- **christianiser** par le biais de missions religieuses catholiques ou protestantes ;
- **civiliser** des peuples considérés comme inférieurs.

- À cela, il faut ajouter le désir de redorer le prestige et la grandeur de la France après la défaite militaire de 1870 contre la Prusse.

Les conséquences pour les peuples colonisés

- L'empire colonial est le résultat d'un processus militaire violent qui place les peuples conquis en sujets de l'empire et non en citoyens de l'empire. Les peuples colonisés n'ont aucun droit politique ou économique. Ils sont soumis au code de l'indigénat, généralisé à toutes les colonies en 1887. Ce code crée un régime pénal d'exception pour les « indigènes » et permet d'appliquer des peines très sévères : emprisonnement, amendes, travail forcé, condamnation à mort sans procès.

Pour en savoir plus

- Le documentaire de Bruno Victor-Pujebet et Pascal Blanchard sur les « zoos humains » : ecole.nathan.fr/f05-pujebet
- Le documentaire *Décolonisations : du sang et des larmes*, de Pascal Blanchard et David Korn-Brzoza, 2020.
- Le roman de Didier Daeninckx, *Cannibale*, racontant l'histoire des Kanaks à l'Exposition coloniale de 1931.

DÉROULÉ DE LA SÉANCE

Mise en situation

Document d'accroche

- **Projeter la carte postale de l'école au Soudan vers 1913.**
- **Montrer la carte de l'empire colonial et définir *l'empire colonial*** comme un ensemble des colonies gouvernées par un pays. Préciser que l'empire colonial est l'ensemble constitué de la métropole en Europe et des colonies en dehors de l'Europe et expliquer qu'à la tête de cet empire colonial, il n'y a pas d'empereur.

1 La colonisation française

- **Définir une colonie** comme un territoire conquis, occupé et exploité par un pays étranger **et la colonisation** comme la conquête, l'occupation et la domination d'un territoire par une puissance étrangère.

Problématiques

- Cette carte postale dit-elle toute la vérité sur la colonisation ? Comment la colonisation s'est-elle déroulée ? Qu'est-il arrivé aux peuples colonisés ?

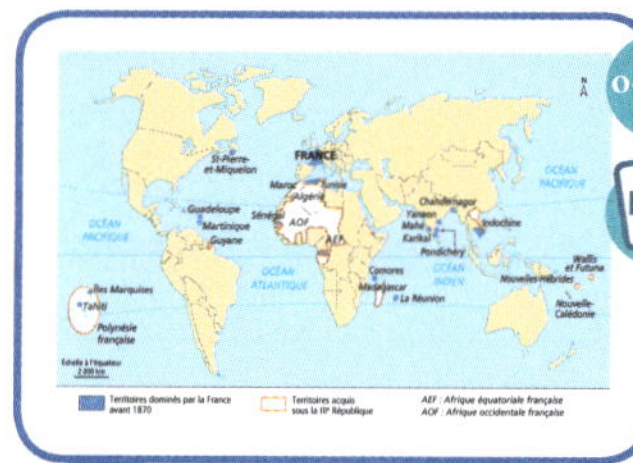

2 L'empire colonial

A Les conquêtes coloniales de France sous la IIIe République

Travail sur le cahier

Étude de carte

- Distribuer la carte de l'empire colonial et demander aux élèves de répondre aux questions suivantes.
  - *Quels sont les territoires acquis sous la IIIe République ?* *La Guyane, Madagascar, Tahiti, Wallis et Futuna, la Nouvelle-Calédonie, l'Indochine, le Maroc, le sud de l'Algérie, le Sénégal...*
  - *Donnez le nom des continents sur lesquels se trouvent les colonies françaises.* *Amérique du Nord, Amérique du Sud, Afrique, Océanie, Asie.*
  - *Quel est le continent où la France a conquis le plus de colonies ?* *L'Afrique.*

Il faut savoir que l'administration des colonies repose sur un ministère des Colonies, créé en 1894, qui gère des colonies aux statuts différents : l'Algérie est divisée en départements ; la Tunisie, le Maroc et les territoires d'Asie (Annam, Laos, Cambodge) sont des protectorats (territoire conservant un gouvernement autonome mais sous contrôle de la métropole). Les colonies d'Afrique sont regroupées dans l'AEF (Afrique équatoriale française) et l'AOF (Afrique occidentale française).

- **Projeter l'affiche liée à la colonisation en Afrique.**
  - *Décrivez cette affiche.* *L'affiche est intitulée « la guerre à Madagascar ». Un soldat français, portant le casque colonial ainsi qu'un fusil, plante un drapeau français portant le symbole RF et la devise « honneur et patrie » sur l'île de Madagascar. Cette affiche cherche à montrer que la guerre a été remportée par la France et que Madagascar est désormais française.*
  - *Ces territoires sont-ils devenus français pacifiquement ou militairement ?* *Militairement.*

3 La colonisation en Afrique

- **Expliquer que les conquêtes coloniales s'opèrent dans la violence.** La péninsule indochinoise est conquise militairement entre 1881 et 1885. Madagascar est conquise en 1896 après la prise de Tananarive.

B L'exploitation des peuples colonisés

- **Projeter l'affiche sur les raisons de la colonisation.**
  - *Quelles sont les raisons de la colonisation d'après cette image ?* *Apporter le progrès, la civilisation et favoriser le commerce.*
- **Expliquer que les motivations de la colonisation sont politiques et économiques.** La France, comme les autres pays colonisateurs, veut assurer sa présence dans le monde entier et civiliser des peuples considérés comme inférieurs. Elle veut également importer des matières premières (minerais, coton, caoutchouc), et des produits agricoles (riz, hévéa,

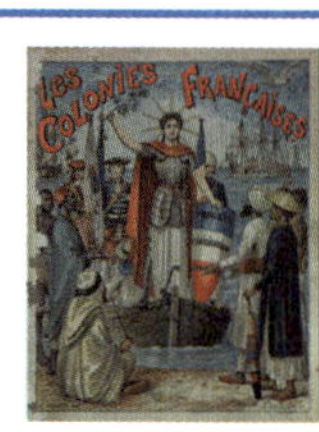

4 Les raisons de la colonisation

agrumes, cacao), tout en exploitant la population locale, moins bien payée que la main-d'œuvre française. Les colonies sont aménagées en conséquence avec routes, voies ferrées et ports permettant d'acheminer les marchandises vers la métropole.

- **Projeter la photographie et localiser Brazzaville sur la carte de l'empire colonial, chef-lieu de l'Afrique équatoriale française (AEF).**
Réaliser l'exercice interactif sur la photographie prise dans la gare de Brazzaville en 1900.
1 : un homme portant le casque colonial donnant des ordres.
2 : des hommes portant des balles de coton sur leurs épaules.
3 : des wagons de marchandises destinés à transporter le coton vers le port et de là vers l'Europe.
- Quel est le véritable objectif de la colonisation d'après cette photographie ? L'exploitation des richesses des colonies au profit de la métropole.

- **Lire ou écouter le rapport fait au gouverneur général de Madagascar, le 13 janvier 1900.**
Que font subir les colons aux colonisés ? Les travaux forcés jusqu'à la mort.

Travail sur le cahier

Travail d'écriture

- Visionner la vidéo consacrée à Marius Kaloïe.
-Écrivez un petit texte racontant l'histoire de Marius Kaloïe, kanak de Nouvelle-Calédonie.
Exemple de corrigé :
Marius Kaloïe vient de Nouvelle-Calédonie avec 110 autres Kanaks. Il fait le voyage en bateau et débarque à Marseille. Il pense qu'il va représenter la culture kanak à l'exposition coloniale de 1931. En fait, il est exhibé comme un animal au jardin d'acclimatation. Ses compagnons obtiennent finalement de pouvoir retourner en Nouvelle-Calédonie. Marius, lui, décide de rester en France, se marie avec une Française, mais meurt un an plus tard écrasé par un tramway.

- **Expliquer la vie de Marius Kaloïe montre la façon dont les colonisateurs perçoivent les peuples colonisés** et ce qu'ont été les expositions d'hommes en Europe. 110 Kanaks sont ainsi exhibés à l'exposition coloniale de 1931 puis rapatriés chez eux après une action menée par la Ligue des droits de l'homme et des communistes. L'exposition coloniale de 1931 s'étend sur 110 hectares, à proximité du bois de Vincennes. Elle a connu un immense succès avec plus de 8 millions de visiteurs. Les Français viennent y voir les différents pavillons coloniaux construits pour l'occasion et des spectacles « d'indigènes» illustrant le mode de vie des peuples colonisés.

Bilan de la séance

- **Rappeler les problématiques posées en introduction.**
La carte postale d'une école au Soudan en 1906 ne dit pas tout sur la colonisation. Elle ne dit pas le pillage des matières premières et la violence avec laquelle les peuples colonisés ont été traités, en contradiction avec les valeurs républicaines.

5 Le transport du coton à Brazzaville, Congo, 1910

> La mortalité effrayante qui frappe les indigènes* soumis aux travaux forcés a atteint ces derniers mois une proportion très importante. La population, même la plus valide, sera tellement réduite que les colons ne pourront bientôt plus rien entreprendre, tant au point de vue du commerce que de l'agriculture et de l'industrie.
> Les indigènes sont tellement las et exténués par des corvées et des travaux incessants, qu'ils déclarent aujourd'hui hautement préférer la mort à toute occupation autre que celle de la culture de leurs champs.
>
> Rapport fait au gouverneur général de Madagascar, le 13 janvier 1900.

6 L'exploitation des colonies

3'15 min

7 Les expositions coloniales : l'histoire d'un Kanak de Nouvelle-Calédonie

Pistes pour la trace écrite *au choix*

1 Texte à reproduire

À partir des années 1880, la IIIe République se lance dans une série de conquêtes coloniales. L'objectif est d'accroitre le prestige et la richesse de la France et de « civiliser » des peuples considérés comme inférieurs.

La France construit des routes et des ports, ouvre des écoles et des hôpitaux, mais les ressources des colonies sont exploitées au profit de la métropole. Les peuples colonisés sont maltraités et n'ont pas les mêmes droits que les citoyens français. Ils peuvent être soumis aux travaux forcés.

2 Texte à compléter

▶ **Complète le texte avec les mots suivants :**
civiliser - coloniales - métropole - travaux forcés - inférieurs.

À partir des années 1880, la IIIe République se lance dans une série de conquêtes .... L'objectif est d'accroitre le prestige et la richesse de la France et de « .... » des peuples considérés comme ....

La France construit des routes et des ports, ouvre des écoles et des hôpitaux, mais les ressources des colonies sont exploitées au profit de la .... Les peuples colonisés sont maltraités et n'ont pas les mêmes droits que les citoyens français. Ils peuvent être soumis aux ....

3 Texte à rédiger

▶ **Écris un petit texte sur la colonisation sous la IIIe République** en donnant des exemples de conquêtes coloniales, en expliquant pourquoi la France cherche à agrandir son empire colonial et comment sont traités les peuples colonisés.

PROLONGEMENTS

▶ **Présenter**, **décrire et analyser** les fresques et les bas-reliefs du palais de la Porte Dorée :
- ecole.nathan.fr/f05-fresques
- ecole.nathan.fr/f05-bas-relief

6 La séparation des Églises et de l'État

POINTS DE REPÈRE

Les lois Ferry

- Les lois Ferry de 1881-1882 rendent l'école primaire obligatoire, gratuite et laïque. L'école publique devient laïque avant la société. La Loi de 1905 élargit cette laïcité à la société tout entière sans prononcer les mots « laïcité » ou « laïque » (il faut attendre le préambule de la Constitution de 1946).

La loi de 1905

- La loi de 1905 affirme :
  - la liberté de conscience et de religion, sous réserve qu'il n'y ait pas de troubles à l'ordre public ;
  - la séparation entre l'État et les religions ;
  - la disparition des fonctionnaires ecclésiastiques, sauf pour les régions qui étaient allemandes en 1905, comme l'Alsace et la Lorraine qui restent sous le régime du Concordat de Napoléon. Aujourd'hui encore, en 2021, il existe des fonctionnaires ecclésiastiques, comme l'archevêque de Strasbourg.
- La loi de 1905 définit en réalité trois espaces de liberté.
  - L'espace privé, intime où chacun croit et affirme ce qu'il veut. Cet espace - en raison des réseaux sociaux - a tendance à être de moins en moins privé.
  - L'espace public partagé, comme la rue ou la plage, où la liberté de conscience et de religion peut s'exprimer à condition de respecter l'ordre public.
  - Un espace public réglementé, comme la justice ou l'école : la liberté religieuse peut être restreinte. Dans le cadre de l'école, il s'agit de protéger des enfants mineurs et de garantir aux familles un espace neutre politiquement et religieusement. L'école publique représente un espace où les enfants ne subissent pas de publicité ou de prosélytisme, contrairement à la télévision ou sur les réseaux sociaux.

Pour en savoir plus

- Un reportage du journal de France 2 sur la loi de 1905 et sa postérité : ecole.nathan.fr/f06-loi-1905
- Une vidéo extraite de la collection « Les clés de la République » sur la laïcité : ecole.nathan.fr/f06-cles
- Une explication du *Monde* sur la définition de la « laïcité » lors de la campagne présidentielle de 2017 : ecole.nathan.fr/f06-laicite
- « Le Tour de la France par deux enfants », *La Marche de l'Histoire*, émission de France Inter sur le manuel scolaire le plus utilisé à l'école sous la IIIe République : ecole.nathan.fr/f06-manuel

DÉROULÉ DE LA SÉANCE

Mise en situation

Contextualisation

- **La séance peut être associée à celle d'EMC sur la laïcité :** il s'agit ici de comprendre comment la IIIe République garantit la liberté religieuse. Il est très important de présenter la loi de 1905 comme une loi de liberté (art. 1) et non comme une loi qui « interdit » (les signes religieux par exemple).

Problématiques

- Quelle liberté est affirmée par la loi de 1905 ? Quels droits cette loi donne-t-elle aux citoyens français ?

A La loi de séparation des Églises et de l'État de 1905 garantit les libertés

- **Montrer la vidéo sur la laïcité et distribuer la fiche avec les piliers de la laïcité.**
  Expliquer certaines références de la vidéo comme le turban sikh ou la kippa. En effet, les sikhs portent le *daster* : ce turban permet de tenir les longs cheveux que le sikh ne coupe jamais. La kippa est portée par les Juifs pratiquants en signe d'humilité face à Dieu.

1 La laïcité

Travail sur le cahier

Exercice

- Demander aux élèves de répondre aux questions suivantes.
  - *Quel évènement important a eu lieu en 1905 ?*
  La séparation des Églises et de l'État.
  - *Quels sont les piliers de la laïcité ? Complétez la fiche.*
  La laïcité repose sur quatre piliers fondamentaux :
  – la liberté de croire, ou pas, ou de changer de religion ;
  – la séparation des religions et de l'État ;
  – la neutralité des fonctionnaires ;
  – l'égalité de tous les citoyens face à la loi (en particulier l'égalité filles/garçons).

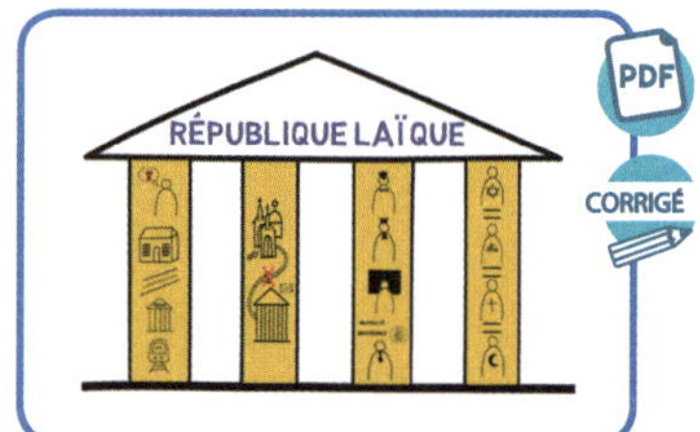

2 Les piliers de la laïcité

- **Lire les deux premiers articles de la loi de 1905.**
  Expliquer le mot *culte* : le fait de pratiquer collectivement sa religion.
  – Quelle est la nature et la date du document ? C'est un extrait de la loi de 1905.
  – Quel article montre que les religions sont respectées ?
  L'article 1, car il affirme que l'État assure la liberté de conscience et le libre exercice des cultes.
  – Qui ne finance pas les prêtres, les imams, les rabbins d'après l'article 2 ?
  L'État.

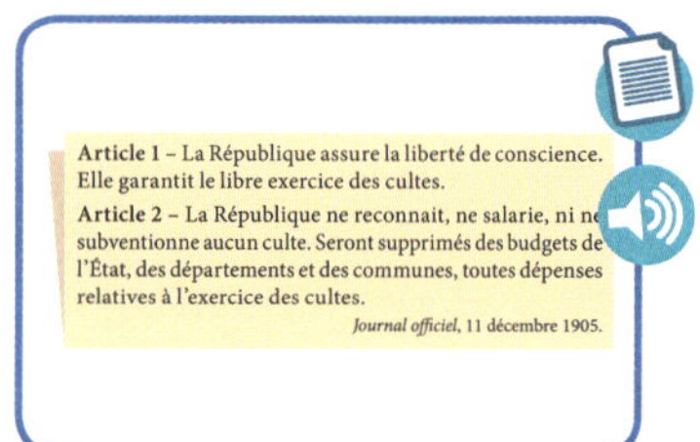

Article 1 – La République assure la liberté de conscience. Elle garantit le libre exercice des cultes.

Article 2 – La République ne reconnait, ne salarie, ni ne subventionne aucun culte. Seront supprimés des budgets de l'État, des départements et des communes, toutes dépenses relatives à l'exercice des cultes.

Journal officiel, 11 décembre 1905.

3 La loi de 1905

- **Expliquer qu'il s'agit d'une loi de liberté.** La séparation et la neutralité de l'État visent à protéger les individus d'une possible influence de l'État. Avec la loi de 1905, l'État est neutre et l'individu libre de son choix quant à la religion.
  Les prêtres, les imams et les rabbins ne sont pas payés par l'État (à l'exception des départements régis par le Concordat de 1801 comme l'Alsace-Lorraine), mais par les fidèles.
  Des débats persistent encore sur la présence de crèches de Noël, dans les mairies par exemple. Le Conseil d'État a été clair en 2016 : elles sont interdites, sauf si elles sont festives et qu'elles ne font pas de prosélytisme.

B L'école publique est laïque

- **Projeter les deux versions de texte du manuel.**
  Ce manuel a été écrit par Augustine Fouillée, sous le pseudonyme G. Bruno. Il s'agit d'un manuel scolaire de cours moyen, pour des enfants de l'âge de 9 à 11 ans. On observe deux enfants qui vont parcourir la France, André et Julien.
  Orphelins après la mort de leur père, ils quittent la Lorraine (récupérée par l'Allemagne après la défaite de la France en 1870) pour se rendre à Marseille.
  Ce livre de lecture « courante » est utilisé jusque dans les années 1950. Il lui permet de travailler toutes les disciplines : Géographie, Histoire, Sciences, Instruction civique...

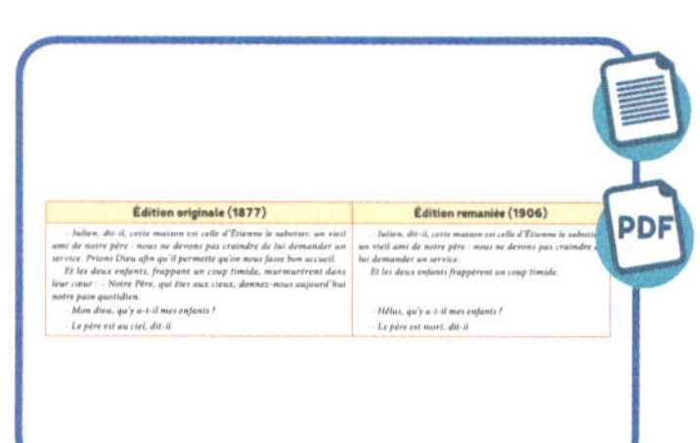

Édition originale (1877)	Édition remaniée (1906)
– Julien, dit-il, cette maison est celle d'Étienne le sabotier, un vieil ami de notre père : nous ne devons pas craindre de lui demander un service. Prions Dieu afin qu'il permette qu'on nous fasse bon accueil. Et les deux enfants, frappant un coup timide, murmurèrent dans leur cœur : – Notre Père, qui êtes aux cieux, donnez-nous aujourd'hui notre pain quotidien. – Mon dieu, qu'y a-t-il mes enfants ! – Le père est au ciel, dit-il.	*– Julien, dit-il, cette maison est celle d'Étienne le saboti[er], un vieil ami de notre père : nous ne devons pas craindre [de] lui demander un service. Et les deux enfants frappèrent un coup timide. – Hélas, qu'y a-t-il mes enfants ! – Le père est mort, dit-il*

4 Les conséquences à l'école

Expliquer que le manuel a eu 400 éditions au total jusque dans les années 1950. Ce manuel a parfois modifié son contenu : c'est ici le cas avec une édition de 1877 et l'autre de 1906.

Travail sur le cahier

Étude de documents

- Coller le tableau avec les extraits du *Tour de France par deux enfants*.
  - *Trouvez et soulignez le mot qui apparait deux fois dans l'édition de 1877 et qui a disparu dans celle de 1906.*
  Le mot « Dieu » a disparu.
  - *Pourquoi ces mots et ces phrases ont disparu ?*
  La version du deuxième texte date de 1906, soit un an après la loi de 1905. Le manuel scolaire utilisé en classe est comme un monument public, il ne doit pas faire de publicité pour une religion (prosélytisme).

Bilan de la séance

- **Rappeler les problématiques posées en introduction.**
  La loi de 1905 sépare les religions de l'État. Elle affirme la liberté religieuse des Français. L'école et les fonctionnaires doivent être neutres.

Pistes pour la trace écrite au choix

1 Texte à reproduire

La loi de 1905 sépare toutes les religions de l'État : elle instaure la laïcité. Elle affirme que chacun, en France, est libre de croire ou de ne pas croire en une religion. Elle nous permet de vivre ensemble avec nos différences. La République française ne cherche pas à favoriser une religion particulière. Après la loi de 1905 les signes religieux sont enlevés des écoles publiques. L'école publique est neutre : peu importe leurs croyances, les enfants sont tous accueillis de la même manière.

2 Texte à compléter

▶ **Complète le texte avec les mots suivants :**
religions – laïcité – croire ou ne pas croire – vivre ensemble – favoriser – 1905 – de la même manière.

La loi de 1905 sépare toutes les .... de l'État : elle instaure la ....
Elle affirme que chacun, en France, est libre de .... en une religion.
Elle nous permet de .... avec nos différences. La République française ne cherche pas à .... une religion particulière.
Après la loi de .... les signes religieux sont enlevés des écoles publiques. L'école publique st neutre : peu importe leurs croyances, les enfants sont tous accueillis ....

PROLONGEMENTS

▶ **Poursuivre le travail en EMC avec un travail sur la charte de la laïcité et l'article 2.**

▶ **Une BD de Bayard Presse pour comprendre la laïcité :** ecole.nathan.fr/f06-bd

7 La République : de nouvelles libertés et de nouveaux droits

POINTS DE REPÈRE

Les républicains au pouvoir

- Le 10 mai 1871, la paix est signée avec l'Allemagne : la France perd l'Alsace-Lorraine.
- De 1871 à 1875, les royalistes sont majoritaires à l'Assemblée mais ils ne parviennent pas à rétablir la monarchie.
- En 1875, une partie d'entre eux se joint aux républicains et vote les lois constitutionnelles qui organisent la République.

Les grandes lois républicaines

- Les républicains remportent petit à petit les élections : la plupart des grandes lois républicaines sont votées lorsque Jules Grévy devient président de la République en 1879 :
  - adoption du 14 juillet comme fête nationale et de la *Marseillaise* comme hymne national en 1880 ;
  - liberté de la presse en 1881 ;
  - lois scolaires de 1881-1882 : école gratuite, obligatoire et laïque ;
  - liberté syndicale en 1884 ;
  - liberté d'association en 1901 ;
  - séparation des Églises et de l'État en 1905.

Vers de nouveaux droits pour les citoyens

Très rapidement, on peut distinguer trois générations de droits dans la conquête des droits pour les citoyens.

- Les **droits de première génération** apparaissent suite à la Déclaration des droits de l'homme et du citoyen en 1789. Ils comprennent les droits naturels, influencés par la philosophie des Lumières (droits à la liberté, à la sécurité, à la propriété), auxquels s'ajoutent des droits accordés sous la IIIe République (liberté de réunion, d'association et de presse).
- Après la Seconde Guerre mondiale, apparaissent des **droits de seconde génération**. Ils sont confirmés par le préambule de la Constitution de la IVe République et comprennent le droit à la santé, à un logement décent et à la sécurité matérielle (article 11). Ces droits sont aujourd'hui confirmés comme un objectif de valeur constitutionnelle à atteindre.
- Enfin, la charte de l'environnement en 2005 et le projet de révision constitutionnelle en 2021 (modification prévue de l'article 1 de la Constitution avec la France qui garantit la préservation de l'environnement et de la diversité biologique et lutte contre le dérèglement climatique) donnent naissance aux **droits de la troisième génération**.

Enseigner la République

- Ce thème du programme sur la République et les transformations de la société a de fortes connotations civiques. L'enseignement de l'histoire a en effet une double mission : comprendre le présent en connaissant le passé et former des citoyens acteurs et responsables.
- Il s'agit donc ici de comprendre que la naissance de la IIIe République a engendré toute une série de lois fondamentales qui régissent encore notre société : loi sur la liberté de la presse, lois scolaires, loi sur la séparation des Églises et de l'État.

Pour en savoir plus

- *La République et ses valeurs expliquées aux enfants*, Le Petit Quotidien-PlayBac éditions, 2017.
- Une vidéo explicative sur la liberté d'expression et ses limites : ecole.nathan.fr/f07-expression
- Un reportage sur la liberté de la presse et ses limites suite aux attentats de janvier 2015 : ecole.nathan.fr/f07-presse
- L'évolution des droits présentée par le Conseil de l'Europe : ecole.nathan.fr/f07-droits

DÉROULÉ DE LA SÉANCE

Mise en situation

Document d'accroche

- **Montrer la vidéo sur la liberté de la presse** pour donner un nouvel exemple de liberté apportée par la République.

1'40 min

1 La liberté de la presse

Problématiques

- Quelles sont les grandes lois de la République française qui garantissent nos droits et nos libertés ? En quoi ont-elles changé la vie des Français ?

A De quand datent les grandes lois sur les libertés ?

- **Montrer et distribuer la frise chronologique des principales lois républicaines aux élèves.**
Matérialiser l'année où l'on traite la question (2021, 2022...), matérialiser également l'année de naissance des enfants, voire celle de l'enseignant. Cela permet de montrer que l'on vit le même « temps », que l'on appartient à ce temps historique commun.

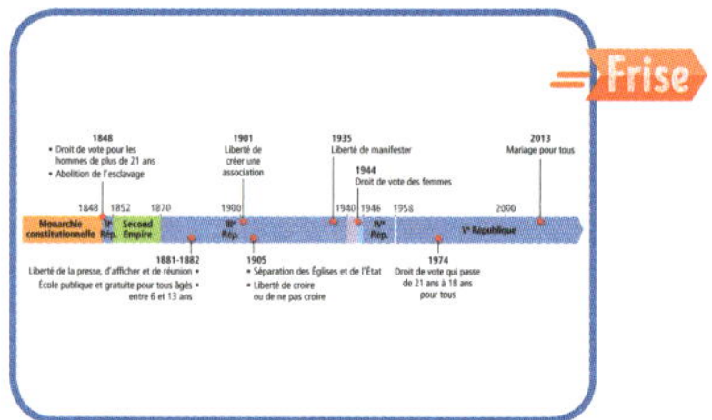

2 Frise chronologique

- **Expliquer aux élèves que la République cherche à mettre en œuvre les valeurs de sa devise : « Liberté, égalité, fraternité ».**
Depuis 1848, les lois républicaines garantissent les libertés et l'égalité de droits des Français. On remarquera que les dernières lois cherchent à réduire les inégalités dont sont victimes certaines catégories de population (femmes, jeunes, homosexuels).
- **Parfois, pour des raisons de sécurité ou sanitaires, l'État peut restreindre ces libertés**, comme la liberté de circulation pendant le confinement de 2020. Expliquer ce qu'est un « couvre-feu » : l'interdiction à la population de circuler après une heure fixée et pendant un certain laps de temps.
Son objectif est de permettre aux forces de l'ordre d'assurer la sécurité d'une zone en temps de guerre par exemple ou de mieux protéger les populations d'un danger, lors d'une pandémie.

3 Le couvre-feu

- **Montrer la publicité sur l'association.**
  - *Quelle loi est adoptée en 1901 ? La liberté d'association.*

Expliquer que la loi de 1901 est fondamentale aujourd'hui : elle permet de créer une association très facilement. Cette souplesse a permis la création de milliers d'associations qui jouent un rôle essentiel dans la société française. Demander aux élèves s'ils connaissent une association. On pourra citer les plus connues comme les Restos du Cœur, la Croix Rouge, Emmaüs... Mais on n'oubliera pas de citer des exemples plus locaux comme un club de sport par exemple.

4 La liberté d'association

- **Projeter la vidéo sur l'égalité femmes-hommes et interroger les élèves.**
  - *Existe-t-il encore des progrès à accomplir afin de garantir plus de libertés et d'égalités pour tous les Français ?*

Cette vidéo norvégienne d'expérience auprès des enfants permet de prendre conscience des inégalités salariales qui subsistent toujours entre les hommes et les femmes.
En France, en 2021, les femmes gagnent en moyenne 16,8 % de moins que les hommes, à temps de travail équivalent.

2'30 min

5 L'égalité femmes-hommes

B Quelles sont les lois qui ont changé la vie des Français ?

- **Présenter le tableau de François-Auguste Biard, *L'Abolition de l'esclavage*, réalisé en 1848.**
  Ce tableau représente une scène d'émancipation dans une colonie lors de la proclamation de l'abolition de l'esclavage. Deux esclaves, au centre, manifestent leur joie, bras levés et chaines brisées. À gauche, le député représente la République qui vient d'adopter le décrêt.
  Demander aux élèves de s'aider de la frise chronologique pour trouver la date et le nouveau droit représenté par ce tableau.
  - Que signifie l'abolition ? Que permet cette loi votée en 1848 ?
  L'abolition signifie la « suppression » : l'esclavage est désormais interdit dans tous les territoires français.
  Expliquer que l'esclavage a été supprimé par la Révolution française (décret du 4 février 1794), mais qu'il a été rétabli par Napoléon Bonaparte le 20 mai 1802.
  Ce tableau représente Victor Schoelcher, député de Guadeloupe et de Martinique, entre 1848 et 1851. Il a fait voter la loi abolissant l'esclavage dans les colonies. Ce fut un long combat car il s'est opposé aux riches planteurs des Antilles.

6 L'abolition de l'esclavage

- **Projeter la photographie du kiosque à journaux à Paris, vers 1900.**
  Demander aux élèves de s'aider de la frise chronologique pour trouver la date et le nouveau droit représenté par cette photographie.
  - Quelle liberté représente cette photographie ?
  Cette photographie présente la liberté de la presse.
  - D'après votre frise chronologique, à quelle date a-t-elle été déclarée ?
  En 1881.
  - À votre avis, comment les Français s'informent-ils à la fin du XIXe siècle ? Est-ce qu'il y avait la radio, la télévision ou Internet ?
  Expliquer que de nombreux kiosques vendent des journaux (souvent une feuille recto-verso) dans toutes les villes de France. Rappeler qu'il s'agit de la seule source d'informations pour de nombreux Français (le poste de radio se diffuse essentiellement à partir du milieu des années 1930). Grâce aux lois scolaires de 1881-1882 de plus en plus de Français maitrisent la lecture : les journaux ont des tirages exceptionnels. *Paris Soir* atteint les 2 millions d'exemplaires à la fin des années 1930. À titre de comparaison, *Le Monde* vend aujourd'hui environ 300 000 exemplaires papier par numéro.

7 Un kiosque à journaux en 1900

Bilan de la séance

- **Rappeler les problématiques posées en introduction.**
  Depuis la fin du XIXe siècle, la République française garantit la liberté de la presse, de manifester, de religion et assure l'égalité de tous devant la loi.

Pistes pour la trace écrite au choix

1 Texte à reproduire

Depuis la fin du XIXe siècle, la République française garantit de nombreuses libertés à tous les Français :

- la liberté de la presse permet de s'informer avec le journal de son choix ;
- la fin de l'esclavage permet de vivre librement dans tous les territoires français ;
- le droit de créer une association permet de s'engager pour partager une action, un loisir ou une passion ;
- enfin, la République cherche à garantir l'égalité de tous devant la loi, comme lutter contre les inégalités salariales entre les femmes et les hommes.

2 Texte à compléter

▶ **Complète le texte avec les mots suivants :**
libertés – liberté de la presse – fin de l'esclavage – une association – l'égalité de tous devant la loi.

Depuis la fin du XIXe siècle, la République française garantit de nombreuses .... à tous les Français :

- la .... permet de s'informer avec le journal de son choix ;
- la .... permet de vivre librement dans tous les territoires français ;
- le droit de créer .... permet de s'engager pour partager une action, un loisir ou une passion ;
- enfin, la République cherche à garantir ...., comme lutter contre les inégalités salariales entre les femmes et les hommes.

PROLONGEMENTS

▶ **Réaliser un exposé** sur une association au choix et/ou faire intervenir des bénévoles (ex : la Licra…).

▶ **Participer à la semaine de la presse et des médias** au mois de mars, en lien avec le CLEMI : ecole.nathan.fr/f07-clemi

8 Vers le suffrage universel

HÉRITAGES

POINTS DE REPÈRE

La démocratie

- La démocratie athénienne sous Périclès (Ve siècle av. J.-C.) définit la notion de citoyenneté : appartenir à une cité et avoir des droits et des devoirs. Nombreux sont ceux qui sont exclus de la citoyenneté chez les Athéniens : femmes, mineurs, étrangers (appelés métèques), esclaves…
- La IIIe République confirme le droit de vote masculin pour les plus de 21 ans. Mais les femmes et les « indigènes » des colonies françaises n'ont pas la citoyenneté pleine et entière.
- Les femmes n'obtiennent le droit de vote qu'en 1944, et les jeunes entre 18 ans et 21 ans en 1974.

Vers une crise de la démocratie représentative ?

- La démocratie représentative connait aujourd'hui un double défi :

  – le mouvement des gilets jaunes et les élections de 2017 ont montré le besoin ressenti par de nombreux Français d'une démocratie approfondie, c'est-à-dire d'une capacité des citoyens à infléchir les politiques publiques sans forcément attendre les élections suivantes (exemple de la revendication du référendum d'initiative populaire) ;

  – les citoyens aspirent également à élire des représentants qui ressemblent aux Français de la classe moyenne : pour de nombreux Français, le pouvoir semble confisqué par une élite politique, parisienne, cumulant les mandats et côtoyant les grands milieux d'affaires.
- En résumé, la démocratie représentative semble se heurter à une crise de confiance, entretenue par les *fake news* et les réseaux sociaux. Il s'agit donc pour les enseignants de former des citoyens éclairés, engagés dans la préservation des valeurs de la République.

Pour en savoir plus

- Régis Debray, *La République expliquée à ma fille*, Le Seuil, 1998.
- Luc Rouban, « La démocratie représentative est-elle en crise ? », *La Documentation photographique*, 2018 : ecole.nathan.fr/f08-democratie
- Une vidéo sur la conquête du droit de vote des femmes : ecole.nathan.fr/f08-vote-femmes

DÉROULÉ DE LA SÉANCE

Mise en situation

Recueil des représentations des élèves

- **Interroger la notion de démocratie** et noter les représentations initiales des élèves au tableau
- **Cherche la définition de « démocratie » dans le dictionnaire.**
  La démocratie est un régime politique dans lequel le pouvoir appartient à tous.
  L'objectif est ici de montrer que le suffrage universel pour tous est une longue conquête.

Problématique

- Depuis quand les Françaises et les Française ont-ils le droit de vote en France ?

A Le suffrage universel masculin

- **Montrer la vidéo sur la démocratie.**
  - Quel peuple a inventé la démocratie ? Les Athéniens inventent la démocratie au Ve siècle av. J.-C.
  - Comment étaient désignés ceux qui exerçaient le pouvoir chez les Athéniens ? Par tirage au sort.
  Montrer la Grèce sur une carte d'Europe et expliquer aux élèves qu'ils étudieront en classe de 6e l'histoire des Grecs.
  Expliquer que, chez les Athéniens, les citoyens sont exclusivement des hommes libres qui ont fait leur service militaire.
  - Quels sont les trois pouvoirs dans une démocratie ? Les pouvoirs exécutifs, législatifs et judiciaires.
  - Qui possède ces trois pouvoirs ? Pourquoi ne sont-ils pas réunis dans les mains d'une seule personne ? Ces pouvoirs sont exercés par des personnes différentes : une personne ne possède pas tous les pouvoirs, ce qui permet de garantir la démocratie.
- **Expliquer que les démocraties modernes sont aujourd'hui des démocraties dites « représentatives »**, avec des représentants élus qui exercent les pouvoirs exécutifs, législatifs et judiciaires. Le Parlement vote les lois que le gouvernement et le président de la République exécutent. Les magistrats indépendants jugent.
- **Projeter la frise chronologique.**
  Rappeler ce qui se passe en 1789 en s'appuyant sur ce qui a été vu en séance 22 (voir p. 115).
  Lire la frise avec les élèves en les aidant à se repérer.
  - Placez l'année actuelle sur la frise, votre année de naissance, et celle de l'enseignant.
  Préciser que seuls les hommes de plus de 21 ans peuvent voter en 1848, sous la IIe République. Il faut attendre presque cent ans pour que les femmes aient le droit de vote en 1944. Enfin, le suffrage universel est abaissé à 18 ans sous Ve République en 1974.
- **Projeter le tableau d'Alfred Bramtot représentant un bureau de vote en 1891.**
  Ce tableau présente un temps d'élection : des bulletins de vote sont par terre, des assesseurs assurent le bon déroulement du vote (vérification des pièces d'identité, le vote, la signature).
  Faire l'exercice interactif.
  Dans l'ordre : vrai ; faux ; faux ; vrai.

Travail sur le cahier

Exercice

- Répondre aux questions.
  - Quel droit et aussi devoir est illustré par cette peinture ?
  Le droit et le devoir de voter.
  - Que font les personnes présentes dans le tableau ?
  Elles votent.
  - Observe les personnes présentes. Qui est absent ? Pourquoi ?
  On ne voit que des hommes qui votent ou tiennent le bureau de vote. Les femmes ont le droit de vote seulement en 1944.

- **Faire remarquer qu'on ne voit pas d'isoloirs** car ils n'apparaissent qu'en 1914. Toutes les classes sociales sont présentes : bourgeois en haut de forme, artisans (homme avec son tablier de dos), ouvriers... On voit même un homme rangeant sa carte d'électeur dans sa veste (la carte d'électeur est obligatoire pour voter depuis 1884).

1 La démocratie

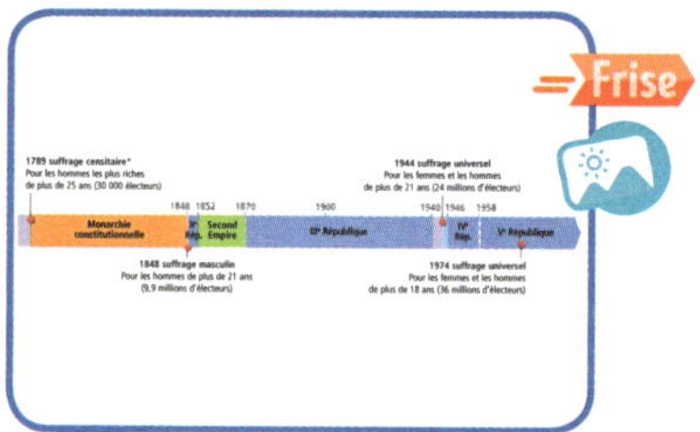

2 Frise chronologique

3 Le suffrage universel masculin

B La longue conquête du droit de vote des femmes

- **Projeter la photographie de la manifestation.**
  - *Qui manifeste en majorité sur cette photographie ? Les femmes, accompagnées de quelques hommes.*
  - *Qu'est-ce qui est écrit sur les pancartes ? « La Française doit voter. »*
  - *Quand les femmes obtiennent-elles ce qu'elles demandent ?*
  Le droit de vote sera accordé aux femmes en 1944.

4 Les revendications des femmes

- **Projeter la vidéo sur le droit de vote des femmes.**
  - *Pourquoi les femmes n'avaient pas le droit de vote avant 1944 ?*
  Les femmes étaient reléguées aux tâches domestiques, comme éduquer les enfants, et étaient déclarées irresponsables.
  - *Quel est le premier pays à accorder le droit de vote aux femmes ?*
  La Nouvelle-Zélande accorde ce droit aux femmes en 1893, mais sans avoir le droit d'être élues.

  Préciser qu'en 2021, l'égalité politique n'est toujours pas complète : les femmes demeurent moins représentées que les hommes. On peut illustrer ce propos en rappelant que les huit derniers présidents de la République sont des hommes par exemple et qu'il n'y a jamais eu de présidente en France !

1'40 min

5 Le droit de vote des femmes

Bilan de la séance

- **Rappeler la problématique posée en introduction.**
  Si les hommes ont eu le droit de voter en 1848, les femmes ont dû attendre presque un siècle (1944) pour avoir ce même droit.

Pistes pour la trace écrite *au choix*

1 Texte à reproduire

Le suffrage universel s'impose petit à petit en France :
- en 1789 : seuls les hommes les plus riches votent ;
- en 1848 : seuls les hommes de plus de 21 ans votent ;
- en 1944 : les femmes et les hommes de plus de 21 ans votent ;
- en 1974 : les femmes et les hommes de plus de 18 ans votent.

2 Texte à compléter

▶ **Complète le texte avec les mots suivants :**
femmes et les hommes de plus de 21 ans – hommes les plus riches – hommes de plus de 21 ans – femmes et hommes de plus de 18 ans.

Le suffrage universel s'impose petit à petit en France :
- en 1789 : seuls les .... votent ;
- en 1848 : seuls les .... votent ;
- en 1944 : les .... votent ;
- en 1974 : les .... votent.

PROLONGEMENTS

- **Poursuivre sur les droits et devoirs des élèves en se référant au règlement intérieur de l'école.** On pourra faire remarquer que tous les règlements commencent par définir les droits puis les devoirs.
- **Mener un débat sur « C'est quoi être citoyen aujourd'hui ? »**, en s'appuyant sur la vidéo d'introduction et cette ressource des éditions Milan : ecole.nathan.fr/f08-citoyen
- **Prolonger ce travail avec la rencontre avec un élu**, en s'appuyant sur le travail du Conseil Municipal des enfants de Saumur : ecole.nathan.fr/f08-conseil-enfants

THÈME 5

L'âge industriel en France

« Ce que l'élève va apprendre

Situer sur une frise chronologique

- ✔ l'essor de l'industrie en France
- ✔ les principales inventions du XIXe siècle

Situer sur une carte

- ✔ la ville de Paris

Raconter

- ✔ la naissance des grands magasins
- ✔ les transformations des campagnes
- ✔ la construction de la tour Eiffel
- ✔ la vie des enfants mineurs au XIXe siècle

Expliquer

- ✔ comment les inventions du XIXe siècle transforment la vie quotidienne, notamment la machine à vapeur
- ✔ comment la révolution des transports bouleverse la vie quotidienne
- ✔ la transformation des villes au XIXe siècle

Sommaire

Séance 9 Les grandes inventions du XIXe siècle 185
Séance 10 La révolution des transports 191
Séance 11 La naissance des grands magasins 195
Séance 12 Les transformations des campagnes au XIXe siècle 199
Séance 13 La tour Eiffel • HISTOIRE des ARTS 205
Séance 14 Avoir 10 ans au XIXe siècle en France • AVOIR 10 ANS sous... 209
Séance 15 Les transformations des villes au XIXe siècle 215
Séance 16 La ville industrielle dans les arts • HISTOIRE des ARTS 219

9 Les grandes inventions du XIXe siècle

POINTS DE REPÈRE

Les innovations moteur de l'industrialisation

- Les innovations sont extrêmement nombreuses au XIXe siècle. Elles sont issues essentiellement des recherches des pays européens ou des États-Unis, c'est-à-dire des pays qui ont initié leur « révolution industrielle » au XVIIIe et XIXe siècle (voir l'origine géographique des innovateurs dans le tableau ci-après).
- Elles touchent tous les secteurs économiques et transforment durablement le quotidien des femmes et des hommes.
- Elles se diffusent très rapidement dans le temps et dans l'espace : en quelques années le moteur à explosion, le pneumatique, ou encore l'électricité, se diffusent, notamment grâce au développement des banques d'affaires, des sociétés par actions et des bourses d'affaires. C'est toute l'économie qui se transforme, en particulier pendant le Second Empire en France (1852-1870).
- D'une manière générale, la plupart des innovations du XIXe siècle sont encore utilisées aujourd'hui ; elles ont simplement bénéficié d'améliorations techniques.

Les principales innovations du XIXe siècle

Agriculture
1730 Culture sans jachère (G.-B.)
1810 Batteuse à vapeur (G.-B.)
1825 Charrue métallique (E.-U.)
1826 Moissonneuse (G.-B.)
1840 Engrais chimiques (All.)

Sidérurgie-métallurgie
1709 Fonte au coke (G.-B.)
1784 Laminage (G.-B.)
1839 Marteau-pilon (G.-B.)
1861 Four (All.)

Textile
1733 Navette volante (G.-B.)
1765 Machine à filer (G.-B.)
1767 Métier à tisser (G.-B.)

Transports-communication
1783 Aérostat, Montgolfier (Fr.)
1794 Télégraphe (Fr.)
1814 Première locomotive (G.-B.)
1832 Invention de l'hélice (Fr.)
1866 Premier câble télégraphique sous l'Atlantique
1885 Pneu en caoutchouc (G.-B.)
1886 Moteur à explosion (All.)
1897 Premier vol d'un avion à vapeur (Fr.)

Chimie
1777 Eau de Javel (Fr.)
1863 Fabrication de la soude (Belg.)
1867 Dynamite (Suède)

Médecine
1796 Vaccin contre la variole (G.-B)
1882 Bacille de la tuberculose (All.)
1885 Vaccin contre la rage, Pasteur (Fr.)

Énergie
1785 Machine à vapeur, Watt (G.-B)
1801 Pile électrique, Volta (It.)
1802 Gaz d'éclairage (Fr.)
1872 Dynamo (Belg.)

Pour en savoir plus

- « L'Histoire au quotidien : le XIXe siècle », une émission de vulgarisation qui fait un bon résumé de la période en insistant sur la vie quotidienne : ecole.nathan.fr/f09-19e
- Une réflexion sur les contradictions de l'industrialisation : ecole.nathan.fr/f09-indus
- Le CNAM propose des synthèses très bien faites sur les principales inventions : ecole.nathan.fr/f09-cnam

DÉROULÉ DE LA SÉANCE

Mise en situation

Se repérer dans le temps

- **Montrer la frise chronologique aux élèves.**
  Expliquer qu'au XIXe siècle, les inventions se succèdent à un rythme jamais vu dans l'histoire (cela va encore s'accélérer par la suite).
  Ces inventions sont la plupart encore utilisées aujourd'hui.

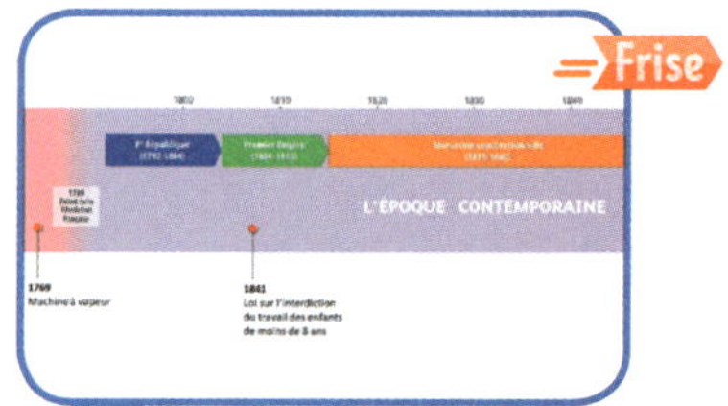

1 Frise chronologique

Accroche

- **Partir de ce qui entoure les élèves aujourd'hui :** *Quels vêtements ont-ils ? Avec quoi écrivent-ils ? Comment sont-ils venus à l'école ?* etc.
  Expliquer que la plupart des objets du quotidien sont nés au XIXe siècle ou au début du XXe siècle : le stylo (Waterman en 1884, premier stylo-plume), le voiture, le vélo, les vêtements en coton qui se généralisent au XIXe siècle…

Problématiques

- Quelles sont les grandes inventions du XIXe siècle ? En quoi ont-elles changé la vie quotidienne ?

A Les principales inventions

- **Les inventions étant tellement nombreuses, il est difficile de faire un choix sur les plus marquantes.** Toutes celles qui sont représentées dans cette séance ont changé la vie des Français sur le long terme.
- **Montrer la vidéo de la bande-annonce du documentaire « La France d'avant 1914 ».**
  Demander aux élèves quelles inventions sont présentées dans cette bande-annonce.

2'48 min

2 La France d'avant 1914

3 Les inventions du XIXe siècle

Travail sur le cahier

Étude de documents

- Montrer les images des grandes inventions du XIXe siècle.
- Compléter le tableau avec les élèves.

Secteurs	Nom des inventions
Énergie	Machine à vapeur ; ampoule électrique
Transports	1re ligne de chemin de fer ; vélo ; voiture ; avion
Médecine	Vaccin contre la rage
Loisirs	Cinéma ; photographie
Communication	Téléphone

- **Faire remarquer que ces inventions touchent tous les secteurs** et qu'elles occupent une place importante dans notre vie actuelle.
  On peut faire noter que, bien évidemment, ces différentes inventions se sont perfectionnées.
  Exemple : daguerréotypes (image sans négatif sur une surface d'argent pur), appareil photo argentique, puis numérique par exemple.

- **À la fin de cet exercice, on peut montrer la naissance de deux inventions à partir de l'extrait de la vidéo de l'émission « L'Histoire au quotidien : le XIXe siècle » :**
  - l'invention de la bicyclette ;
  - l'invention de l'appareil photographique.

  Insister sur l'importance qu'ont eu ces deux inventions, toujours, utilisées aujourd'hui. Ces inventions sont deux bons exemples pour comprendre comment la vie des gens fut bouleversée au XIXe siècle.

Du début à 3'57 min

4 La naissance de la bicyclette et de l'appareil photo

B Les changements dans la vie des femmes et des hommes

- **Il s'agit ici de mesurer combien ces inventions ont changé le quotidien des Français**. Deux exemples ont été choisis :
  - le chemin de fer, qui modifie durablement le quotidien de nombreux Français et leur territoire : naissance du tourisme, spécialisation agricole dans les campagnes, mobilités accrues d'une manière générale de tous les Français ;
  - le cinéma, qui entraine le développement d'une industrie culturelle de masse qui va prendre son essor au XXe siècle.

1 LE CHEMIN DE FER

Travail sur le cahier

Étude de texte

- Vidéoprojeter et distribuer le texte sur le chemin de fer.
- Demander aux élèves :
  - *Soulignez, dans le texte, la phrase qui montre que le chemin de fer est, dès le début, un succès en France :* *« La relation entre le train et les Français a démarré comme un coup de foudre » et « C'est très vite un succès commercial ».*
  - *Quelles villes se développent grâce au chemin de fer ? Pourquoi ?* *Les stations balnéaires naissent toutes à la fin du XIXe siècle avec l'arrivée du chemin de fer : Deauville, Saint Caast en Bretagne, La Baule…*

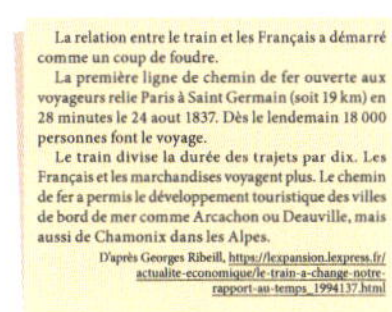
La relation entre le train et les Français a démarré comme un coup de foudre.
La première ligne de chemin de fer ouverte aux voyageurs relie Paris à Saint Germain (soit 19 km) en 28 minutes le 24 aout 1837. Dès le lendemain 18 000 personnes font le voyage.
Le train divise la durée des trajets par dix. Les Français et les marchandises voyagent plus. Le chemin de fer a permis le développement touristique des villes de bord de mer comme Arcachon ou Deauville, mais aussi de Chamonix dans les Alpes.
D'après Georges Ribeill, https://lexpansion.lexpress.fr/actualite-economique/le-train-a-change-notre-rapport-au-temps_1994137.html

5 Le chemin de fer

- **Expliquer aux élèves que les villes touristiques se développent grâce au chemin de fer** car les trajets sont plus rapides.
  Le chemin de fer se développe très rapidement sous le Second Empire. Des compagnies privées se créent grâce aux fonds de la bourgeoisie d'affaires (exemple des frères Pereire qui investissent dans les compagnies maritimes, chemin de fer, assurances, banques…).
  Malgré quelques craintes de médecin (sur la capacité du corps humain à résister aux grandes vitesses), le chemin de fer connait un succès foudroyant. Il permet de diviser par quatre la plupart des trajets et souvent à un cout moindre.
  Des régions éloignées de Paris ou des grandes villes sont désormais accessibles.

Travail sur le cahier

Étude de texte

- En collectif, présenter une affiche publicitaire et demander aux élèves :
  - *Quelle est la nature du document ?*
  - *D'après cette affiche, quels sont les points forts d'Arcachon pour attirer les touristes ?*

»»

5 min

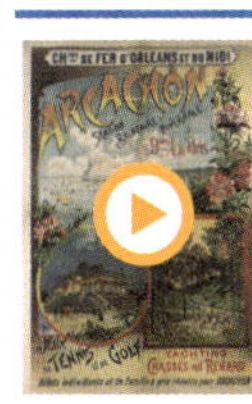

6 Le développement du tourisme et la naissance des stations balnéaires

»»

Cette affiche publicitaire présente les points forts d'Arcachon : la ville se trouve à 9 h 30 de train de Paris. On peut s'y baigner, chasser, jouer au tennis et au golf.

- **Montrer ensuite le reportage qui propose un rapide historique de l'histoire d'Arcachon, afin de comprendre la naissance d'une station balnéaire.**
  Les frères Pereire, proches de Napoléon III, reprennent la compagnie des chemins de fer du Midi et étendent la ligne de chemin de fer depuis Bordeaux jusqu'à Arcachon en 1857.
  Ils développent la ville d'hiver, quartier situé en hauteur, abritant le gigantesque casino, qui attire l'aristocratie et la bourgeoisie européenne.
  Demander aux élèves de répondre aux questions à partir de ce reportage :
  - Quand la ville d'Arcachon est-elle créée ? 2 mai 1857.
  - Qui crée la ville d'Arcachon ? Napoléon III.
  - Qui fait venir le train à Arcachon ? Les frères Pereire.
  - Pourquoi les frères Pereire créent la ville d'été, d'automne, d'hiver et de printemps ? Afin de faire venir les touristes toute l'année en train.
  - Quelles sont les activités pour les touristes ? Bains de mer, casino et même du ski sur les aiguilles de pin !

2 LA NAISSANCE DU CINÉMA

- **Lire le texte sur la naissance du cinéma** et expliquer que l'on va étudier une seconde grande invention née également au XIXe siècle.
  Demander aux élèves :
  - Qui a inventé le cinéma ? Les frères Lumière.
  - Quand a eu lieu la première projection ? En 1895.
  Faire remarquer aux élèves que, comme toutes les grandes inventions du XIXe siècle, le cinéma est né d'une succession d'inventions.
  C'est ce qui est nouveau au XIXe siècle, les inventions circulent vite d'un pays à l'autre et il y a rarement un seul inventeur. Aujourd'hui, ce phénomène s'est évidemment considérablement accéléré avec le développement d'Internet et des nouvelles technologies.

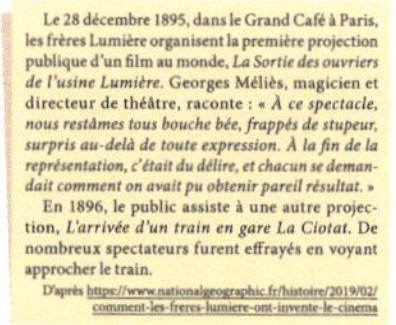

Le 28 décembre 1895, dans le Grand Café à Paris, les frères Lumière organisent la première projection publique d'un film au monde, *La Sortie des ouvriers de l'usine Lumière*. Georges Méliès, magicien et directeur de théâtre, raconte : « *À ce spectacle, nous restâmes tous bouche bée, frappés de stupeur, surpris au-delà de toute expression. À la fin de la représentation, c'était du délire, et chacun se demandait comment on avait pu obtenir pareil résultat.* »

En 1896, le public assiste à une autre projection, *L'arrivée d'un train en gare La Ciotat*. De nombreux spectateurs furent effrayés en voyant approcher le train.

D'après https://www.nationalgeographic.fr/histoire/2019/02/comment-les-freres-lumiere-ont-invente-le-cinema

7 La naissance du cinéma

- **Vidéoprojeter la vidéo de l'arrivée d'un train en gare de La Ciotat.**
  - Pourquoi de nombreux spectateurs furent effrayés en regardant le film ?
  Expliquer que, lors des premières projections, des spectateurs ont eu l'impression que le train s'avançait sur eux. Pour la première fois, des spectateurs voyaient des images animées.

1 min

8 L'arrivée d'un train en gare de La Ciotat

Bilan de la séance

- **Rappeler les problématiques posées en introduction.**
  Redire que les inventions touchent tous les secteurs de la vie quotidienne et bouleversent la vie des femmes et des hommes. Le chemin de fer permet par exemple de voyager plus vite dans toute la France.

Pistes pour la trace écrite au choix

1 Texte à reproduire

Les inventions touchent tous les secteurs de la vie quotidienne et vont bouleverser la vie des femmes et des hommes. Le chemin de fer permet par exemple de voyager plus vite dans toute la France, tandis que le cinéma permet de filmer et de diffuser des images animées.

2 Texte à compléter

▶ **Complète le texte avec les mots suivants :**
chemin de fer - bouleverser - cinéma - voyager.

Les inventions touchent tous les secteurs de la vie quotidienne et vont .... la vie des femmes et des hommes. Le .... permet par exemple de .... plus vite dans toute la France, tandis que le .... permet de filmer et de diffuser des images animées.

PROLONGEMENTS

▶ **Visite virtuelle : les métiers liés à la Révolution industrielle.**

Le CNAM propose des parcours de visite, prêts à l'emploi, en fonction du niveau des classes : ecole.nathan.fr/f09-cnam2

▶ **Arts visuels : la naissance du cinéma.**

Pour approfondir, on peut commencer par montrer la vidéo « 1 jour, 1 question qui a inventé le cinéma ? ». ecole.nathan.fr/f09-cinema

On notera la présentation rapide de Georges Méliès, l'un des premiers metteurs en scène à raconter des histoires et à créer des effets spéciaux, comme dans *Le Voyage dans la lune* datant de 1902 : ecole.nathan.fr/f09-melies

On peut également présenter Alice Guy, pionnière du cinéma en France et aux États-Unis et première réalisatrice de l'histoire du cinéma, à travers ce podcast des *Odyssées* : ecole.nathan.fr/f09-aliceguy

On pourra proposer un travail transdisciplinaire en arts plastiques en s'aidant du travail réalisé par une école autour de l'œuvre de Georges Méliès : ecole.nathan.fr/f09-melies-hommage

▶ **Panorama : les progrès technique des grandes inventions du XIXe siècle.**

Demander quels sont les progrès techniques actuels : train à charbon / train électrique ; voiture à essence / voiture électrique ; appareil photographique argentique / numérique ; téléphone filaire / smartphone, etc.

On peut travailler sur les inventions réalisées par des inventrices en s'appuyant sur l'ouvrage suivant : *Les Inventrices et leurs inventions*, par Aitzibier Lopez et Luciano Lozano, Les éditions des Éléphants.

10 La révolution des transports

POINTS DE REPÈRE

Avant le XIXe siècle

- On observe peu de changements dans les transports depuis l'invention de la roue jusqu'au XIXe siècle.
  Le cheval, le navire à voile, et surtout la marche à pied, sont les principaux moyens de transport utilisés.

Une révolution des transports au XIXe siècle

- Les transports connaissent une transformation radicale au XIXe siècle, aussi importante que l'invention de la roue vers 3500 av. J.-C.

  – **La locomotive à vapeur** par l'Anglais Stephenson (*The Rocket*) en 1829.

  – **Les navires à vapeur** remplacent petit à petit les bateaux à voile à partir des années 1850. La navigation est plus rapide et plus régulière grâce, en particulier, aux canaux interocéaniques (Suez et Panama).

  – **La bicyclette** se généralise à la fin du XIXe siècle, après une succession d'innovations : draisienne en 1817, « grand Bi » (grande roue à l'avant et petite roue à l'arrière), puis tricycle en 1880, invention de la pédale, du pneu en caoutchouc en 1888 par l'Écossais Dunlop...

  – **L'automobile** prend son essor à la toute fin du XIXe siècle avec la première voiture à circuler sur route en 1883 (automobile de Delamarre-Bouteville).

  – **L'aviation** se développe grâce à des pionniers, comme les Français Clément Adler (premier vol en avion) et Louis Blériot (premier vol au-dessus de la Manche en 1909 après 32 échecs) ou l'Américain Charles Lindbergh en 1927 (premier vol transatlantique). N'oublions pas également l'exploit de nombreuses aviatrices françaises, comme Adrienne Bolland qui traverse la Cordillère des Andes en 1921 ou Hélène Boucher qui réussit le vol Paris-Saigon en 1933 et s'élève à plus de 5 900 mètres d'altitude.

Pour en savoir plus

- Le CNAM (Centre National des Arts et Métiers) propose des dossiers et des questionnaires de visites avec corrigés : ecole.nathan.fr/f10-cnam
- Un extrait du documentaire *Une si belle époque, la France d'avant 1914* (diffusé en octobre 2019) qui montre les moyens de transport place de la Concorde ou sur les Champs-Élysées à Paris : ecole.nathan.fr/f10-belle-epoque
- Une synthèse en six pages de François Caron sur les transports terrestres au XIXe siècle : ecole.nathan.fr/f10-transports
- Le site Gallica présente l'exploit des pionnières de l'aviation : ecole.nathan.fr/f10-aviation

DÉROULÉ DE LA SÉANCE

Mise en situation

Se repérer dans le temps

- **Montrer la frise chronologique** aux élèves.
  Rappeler qu'au XIXe siècle, les inventions se succèdent à un rythme jamais vu dans l'histoire.
- **Demander aux élèves :** *comment venez-vous à l'école le matin ?*
  À pied, en voiture, en bus, en vélo, en tramway...
  Expliquer que pendant des millénaires, les seuls déplacements se sont faits à pied, les chevaux étant souvent réservés aux plus riches.
  En dehors de la marche à pied, de la voiture à cheval et du bateau à voile, tous les autres modes de transport sont nés au XIXe siècle.

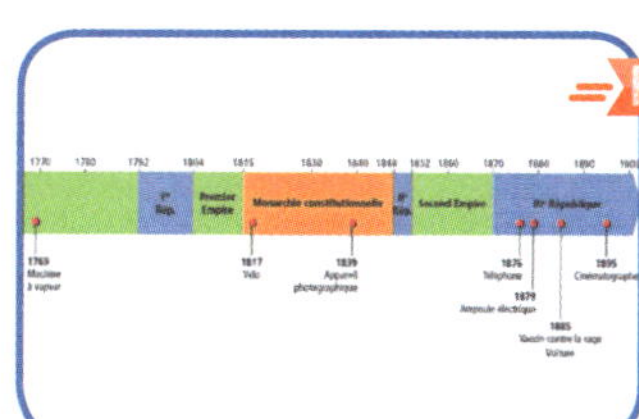

1 Frise chronologique : le XIXe siècle

Problématique

- Pourquoi peut-on dire que les transports ont connu une révolution au XIXe siècle ?

A De nouveaux moyens de transport

- **Projeter la frise chronologique sur l'évolution des transports.**
Sur la frise, placer l'année où se déroule le cours et l'année de naissance des élèves.
Montrer l'écart entre l'année de l'invention de la roue (- 3500 ans av. J.-C.) et le XIXe siècle, soit plus de 5 000 ans.
Montrer qu'il y a eu peu de progrès dans les transports. La révolution des transports est donc très récente à cette échelle historique.

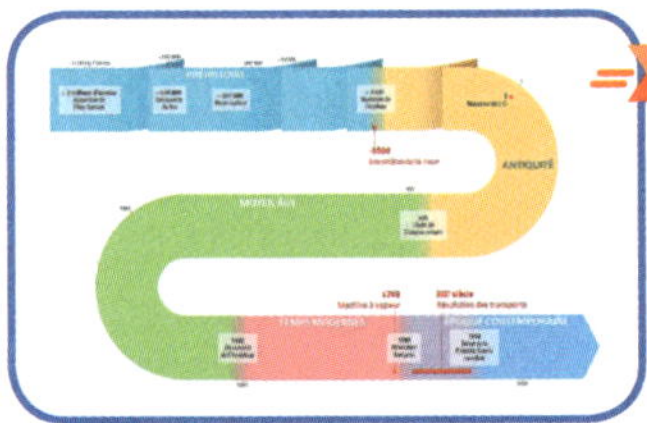

2 L'évolution des transports depuis la Préhistoire

- **Montrer le document représentant Paris à la fin du XVIIIe siècle.**
- Demander aux élèves de décrire comment on se déplace à Paris au début du XVIIIe siècle selon cette gravure.
On pourra montrer les déplacements à pied, à cheval, les nombreux carrosses et diligences. On remarquera que le pont Neuf comprend de nombreuses échoppes et que la circulation à Paris, très dense, est de plus en plus compliquée (embouteillages, seaux qui se renversent, personnes renversées et tombées à terre...).
Au XVIIIe siècle, les rues parisiennes connaissent des embouteillages permanents. La plupart des Parisiens se déplacent à pied, les plus riches en carrosse ou en diligence.

3 Paris à la fin du XVIIIe siècle

- **Montrer la vidéo du Paris filmée à la fin du XIXe siècle.**
- Relevez les différents modes de transport observés dans l'extrait.
On fera remarquer que le cheval demeure le principal moyen de traction, mais qu'il y a de plus en de plus de bicyclette, invention du XIXe siècle. On pourra faire remarquer également le bruit des fers des chevaux sur les pavés parisiens et la circulation un peu anarchique (les accidents de la ciculation sont très nombreux à Paris).

1'46 à 2'30 min

4 Paris à la fin du XIXe siècle

Travail sur le cahier

Étude de documents

- Demander aux élèves de compléter le tableau sur les moyens de transport.
Faire remarquer qu'en un siècle la nature des documents change (gravure au XVIIIe siècle/photographie au XIXe siècle) et que de nouveaux moyens de transport apparaissent.

	Doc. 1	Doc. 2
Siècle	XVIIIe siècle	XIXe siècle
Nature des documents	Gravure	Photographies
Moyens de transport visibles	À pied ; à cheval ; en carrosse	En voiture ; en métro ; à pied, en carrosse

CORRIGÉ

5 L'évolution des moyens de transport à la fin du XVIIIe siècle

- **Si on a le temps, poursuivre avec l'extrait de l'émission *Quelle aventure* qui permet également de montrer le développement de la voiture (de 0'52 à 3'37 min).**
Expliquer que l'arrivée de la voiture et des taxis Renault dans les grandes villes françaises obligent les municipalités à réfléchir à la cohabitation des différents modes de transports : le cheval reste le principal « moteur » au début de l'année 1914 (omnibus par exemple), mais il partage les rues avec la bicyclette, l'automobile, le tramway...

Napoléon Ier impose la circulation à droite en 1804 ; le permis de conduire date de 1896 ; les premiers panneaux routiers apparaissent au début des années 1900 et le code de la route date de 1922.

B Des bouleversements dans la vie des femmes et des hommes

- **Il s'agit dans ce deuxième temps de montrer que cette révolution des transports s'est caractérisée par :**
  - l'invention de la machine à vapeur ;
  - une accélération des mobilités des personnes : on voyage désormais plus vite, donc on peut aller plus loin ;
  - une baisse des couts de transport : les marchandises et les personnes voyagent plus.

  Ces évolutions favorisent l'exode rural, la mixité sociale et l'émancipation de toute une catégorie de population : par exemple les jeunes ruraux qui découvrent la ville et peuvent se déplacer plus facilement grâce à la bicyclette...

Travail sur le cahier

Frise chronologique

- Faire coller la frise chronologique à compléter.
- Demander aux élèves de compléter seuls la légende.

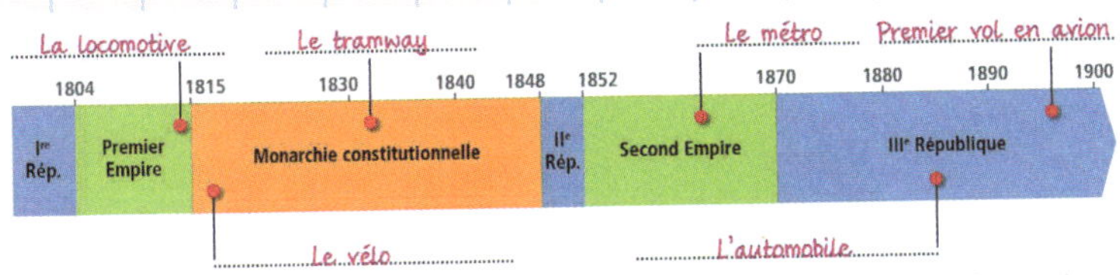

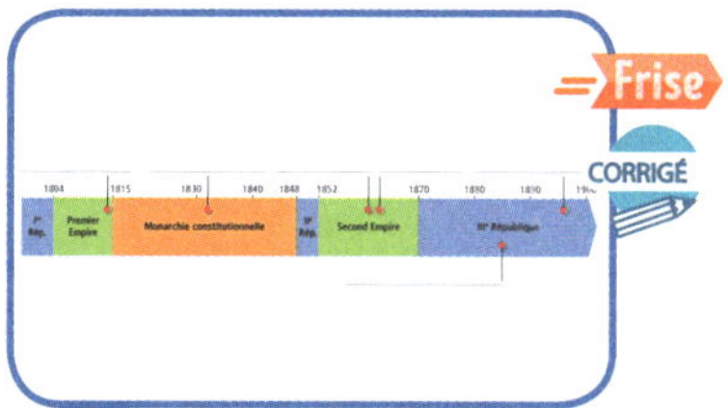

6 Frise chronologique : les nouveaux moyens de transport

- **Regarder la vidéo sur la machine à vapeur.**
  Demander aux élèves:
  - Comment fonctionne la machine à vapeur ?
  - Qui a inventé la machine à vapeur ?
  Inventée par le Français Denis Papin au XVIIe siècle, puis considérablement améliorée par James Watt au XVIIIe siècle, la machine à vapeur fonctionne grâce à la pression exercée par la vapeur.
  On peut alors prendre l'exemple de la cocotte-minute pour en expliquer le principe avec les élèves.

3 min

7 La machine à vapeur

- **Faire lire ensuite le texte sur les effets de la machine à vapeur.**
  Demander aux élèves :
  - Quels sont les deux modes de transport transformés par la machine à vapeur ? Le bateau à vapeur et le chemin de fer.
  On pourra faire des liens avec le temps présent et réfléchir aux nouvelles énergies utilisées aujourd'hui comme les batteries électriques ou le moteur à air comprimé (qui reste à l'état d'étude).
  Cette réflexion permet de montrer que l'on vit actuellement une période qui ressemble, à bien des égards, à celle de la fin du XIXe siècle.
  De nouvelles entreprises naissent et concurrencent celles en place car leur technologie est nouvelle : les constructeurs proposent de plus en plus de modèles reposant sur l'énergie électrique avec des batteries de plus en plus performantes.
- **Montrer les tableaux de l'évolution des temps et des couts de transport.**
  Comparer le trajet de Paris à Marseille en 1834 et 1887.
  - Quelles sont les deux différences que vous pouvez remarquer ?
  Le train a remplacé la diligence. Le trajet est beaucoup plus rapide (14h contre presque 4 jours).

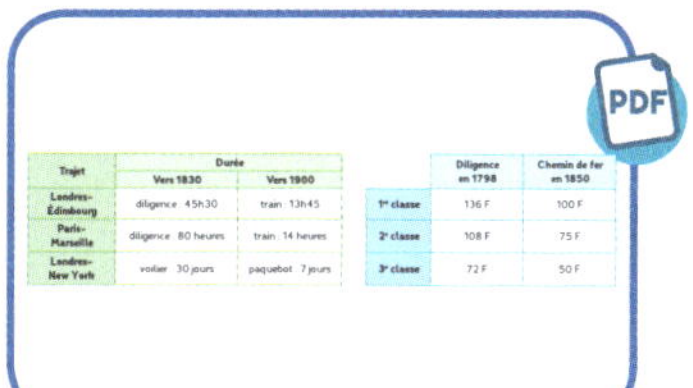

9 L'évolution des temps et des couts de transport

Comparer ensuite le cout du trajet Paris-Toulouse en 1798 et 1850.
– Quel moyen de transport coute le moins cher ? Pourquoi à votre avis ?
Le transport en train coute moins cher car on peut transporter beaucoup plus de personnes avec un seul train.

Le chemin de fer, le métro et le tramway sont des solutions qui permettent aux Français de voyager davantage. On voit l'émergence de nombreuses stations balnéaires d'abord proches de Paris, en Normandie, puis sur la côte atlantique et la Méditerranée. L'automobile est réservée au début aux trajets courts.

Les transports en commun fluidifient la circulation dans les grandes villes. Paris était un immense embouteillage au début du XIXe siècle : il était quasiment impossible de traverser la ville d'est en ouest ou du nord au sud, sauf à pied. La capitale, grâce aux travaux d'Haussmann, est plus aérée au début du XXe siècle. Les larges avenues, le métropolitain, les gares et les premières compagnies de transports publics favorisent les déplacements.

Bilan de la séance

- **Rappeler la problématique posée en introduction.**
Grâce aux nouvelles énergies, comme le charbon ou le pétrole, les nouveaux moyens de transports inventés au XIXe siècle permettent de voyager plus vite et plus loin.

Pistes pour la trace écrite au choix

1 Texte à reproduire

Grâce aux nouvelles énergies, comme le charbon ou le pétrole, de nouveaux modes de transport voient le jour au XIXe siècle : le vélo, le chemin de fer, l'automobile, l'avion...

Ils permettent de voyager plus vite, plus loin et à moindre cout.

2 Texte à compléter

▶ **Complète le texte avec les mots suivants :**
automobile – plus vite et plus loin – XIXe siècle – vélo – charbon – cout.

Grâce aux nouvelles énergies comme le ....
ou le pétrole, de nouveaux modes de transport voient
le jour au .... : le ....,
le chemin de fer, l'.............................., l'avion...
Ils permettent de voyager ....
et à moindre ....

PROLONGEMENTS

▶ **Géographie : proposer une réflexion sur les transports du futur.**
En lien avec le programme de géographie qui questionne les mobilités, on peut engager une réflexion avec les élèves.
Proposer par exemple de dessiner la ville du futur en distinguant les lieux d'habitation de travail, de loisir et imaginer les nouvelles façons de se déplacer.
Cela permet de mettre tous les élèves en posture de réussite (dessiner au lieu de rédiger) et de travailler les différentes dimensions de l'habiter (habiter c'est se loger, mais également se déplacer et enfin co-habiter, c'est-à-dire habiter avec les autres).
On peut également s'appuyer sur les prouesses scientifiques, comme l'avion *Solar Impulse* qui a réalisé le premier tour du monde sans émission de carburant, ou le projet *Hyperloop*, qui projette le train du futur.

▶ **EPS : travailler sur les sports nés des innovations techniques.**
Proposer de faire un exposé sur la naissance du Tour de France, la traversée de l'Afrique en voiture (rallye Citroën entre 1924 et 1925), ou sur d'autres défis sportifs tirés d'inventions, comme la course de pneus à Mayotte :
ecole.nathan.fr/f10-mayotte

11 La naissance des grands magasins

POINTS DE REPÈRE

L'invention des grands magasins

- Après la production de masse permise par les usines, il faut un lieu pour la consommation de masse. C'est la naissance des grands magasins au XIXe siècle.
- Le premier grand magasin est fondé par Aristide Boucicaut, en 1852 : le Bon Marché, situé rivé gauche, dans le VIIe arrondissement. Il est suivi par d'autres quelques années plus tard : le Bazar de l'hôtel de Ville - BHV -, le Printemps, la Samaritaine...

Le fonctionnement des grands magasins

- Les grands magasins sont comme des « cathédrales modernes » où les articles sont mis en valeur par l'architecture (coupole, verrière, structure en fer) et l'électricité.
- 90 % des clients sont des femmes, d'abord de la bourgeoisie, puis, de plus en plus, des employées. Tout est fait pour attirer les clientes : les premières toilettes pour femmes, un salon de lecture pour les maris, des catalogues envoyés par la Poste, la publicité...
- De 12 employés en 1852, le magasin passe à 1 788 employés en 1877, dont la moitié sont des vendeuses (venant souvent de province) logées dans les étages supérieurs.

La condition des « demoiselles » de grands magasins

- Les employés des grands magasins sont en majorité des femmes jeunes. Le travail est difficile : il faut attendre une loi de 1901 (loi des « sièges ») pour qu'elles aient le droit de s'asseoir pendant leur temps de travail (10 heures par jour en moyenne).

Pour en savoir plus

- Un dossier de la BNF sur le Bon Marché : ecole.nathan.fr/f11-bon-marche1
- L'histoire du Bon Marché et de ses fondateurs expliquée par Stéphane Bern sur France Info à travers cinq vidéos : ecole.nathan.fr/f11-bon-marche2

DÉROULÉ DE LA SÉANCE

Mise en situation

Recueil des représentations

- **Recueillir les représentations des élèves sur ce qu'est un « grand magasin ».**
  Magasin où on peut tout acheter, les hypers/supermarchés, noms de chaines de grands magasins...
  Essayer d'en déduire une première définition.

Problématique

- Comment expliquer la naissance et le succès des grands magasins à la fin du XIXe siècle ?

A Les caractéristiques du grand magasin

- **Expliquer que l'on va étudier la naissance du premier grand magasin.** Faire comprendre que cette naissance va révolutionner le commerce au XIXe siècle, un peu comme Amazon® ou d'autres vendeurs en ligne ont révolutionné le commerce au XXIe siècle. L'histoire permet en quelque sorte de comprendre le présent ou du moins de le mettre en perspective.

- **Montrer la vidéo de *Karambolage* sur le Bon Marché** une première fois en expliquant les passages les plus difficiles.
Demander aux élèves :
– Où pouvait-on acheter des marchandises avant les « grands magasins » ?
– Qu'est-ce qu'un grand magasin ?
– Qui a créé le premier grand magasin ?
– Est-il issu d'une famille riche ?
Remontrer la vidéo en laissant du temps aux élèves de répondre aux questions.
Avant les grands magasins, les boutiques sont spécialisées dans la vente d'un seul article, le client doit se servir au comptoir (les articles ne sont souvent pas visibles), il faut négocier les prix (pas de prix affichés), attendre qu'un vendeur vienne vous servir, etc.
Un grand magasin est un lieu où on peut acheter tout type de marchandises, en particulier ceux fabriqués par les nouvelles usines du XIXe siècle.
André Boucicaut crée le Bon Marché en 1852. Il est issu d'une famille modeste (il est simple vendeur à ses débuts).

5 min

1 Les premiers grands magasins

- **Raconter l'histoire d'Aristide Boucicaut.**
Il est le type même du *self-made man* à l'américaine : simple vendeur en 1834, il n'est donc pas issu d'une famille riche. Il devient chef de rayon, et enfin fondateur du Bon Marché en 1852 avec plusieurs associés. Il révolutionne le commerce et devient alors très riche. Il est à l'origine de l'expression « avoir la bosse du commerce », car il a en effet une bosse sur la tempe droite.

- **Vidéoprojeter la vue de l'intérieur du Bon Marché et distribuer le document aux élèves.**

2 Le Bon Marché

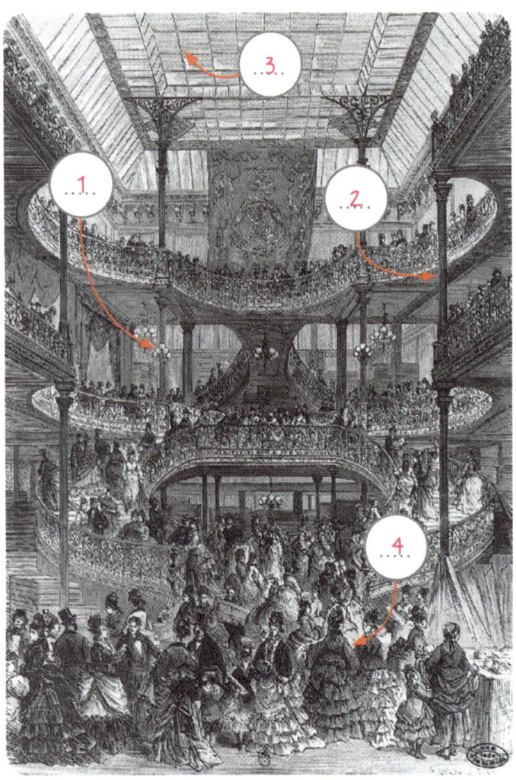

Demander de placer les légendes suivantes aux bons endroits.
① ampoules électriques
② poteau en fer
③ verrière au plafond
④ clients

Montrer la correction et expliquer que les nouveaux matériaux du XIXe siècle (acier, fer, verre) et les nouvelles énergies (électricité) permettent de construire de nouveaux magasins. Le magasin est construit avec une structure en fer avec des baies vitrées.

- **Expliquer que les grands magasins révolutionnent la façon de vendre :**
  - les marchandises, que l'on peut enfin toucher, ont une étiquette avec un prix fixe, ce qui supprime les interminables marchandages ;
  - les nouveautés sont permanentes ;
  - la publicité est omniprésente, les démarques sont nombreuses afin de renouveler les stocks ;
  - les marges par produit se réduisent (ce qui est compensé par le volume des ventes).

  Pour la première fois, au Bon Marché, les vendeurs touchent une commission et certains parviennent à doubler leurs salaires.

- **Distribuer le texte d'Émile Zola aux élèves.**

  Il s'agit pour les élèves de comprendre pourquoi le grand magasin inventé par Boucicaut va connaitre un succès fulgurant.
  Présenter Émile Zola : dire qu'il est l'un des plus grands écrivains français et qu'ils l'étudieront sûrement au collège ou au lycée.
  De nombreuses rues portent son nom partout en France.
  Expliquer également que le romancier a passé plusieurs semaines dans le magasin d'Aristide Boucicaut pour écrire l'un de ses romans les plus connus : *Au bonheur des Dames*. Le directeur du grand magasin de son roman, Octave Mouret, ressemble à Aristide Boucicaut. Zola décrit le succès d'un grand magasin à travers l'histoire de Denise, simple vendeuse, qui finit par épouser Octave Mouret.
  Faire lire le texte et expliquer les mots les plus compliqués : « ossature », « cathédrale », « commerce ». Puis, demander aux élèves :

  - Qui est l'auteur du texte ?
  - De quel livre est-il extrait ?
  - À quel bâtiment religieux l'auteur compare-t-il le grand magasin ?
  - Surligne dans le texte tout ce que met en place le propriétaire pour attirer les clients.

  Émile Zola a écrit le roman Au bonheur des dames *dont ce texte est extrait. Il compare le grand magasin à une cathédrale.*
  « Mouret avait fait installer deux ascenseurs. Puis, il venait d'ouvrir un buffet, où l'on donnait gratuitement des sirops et des biscuits, et un salon de lecture. Il créait des rayons pour petits garçons et fillettes, arrêtait les mamans au passage, en offrant aux bébés des images et des ballons ».

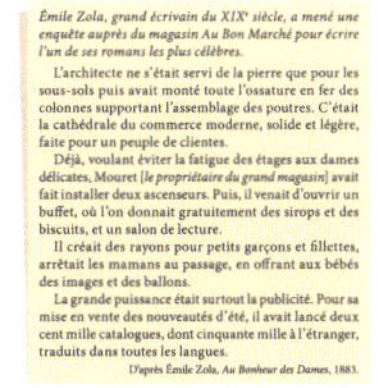

Émile Zola, grand écrivain du XIXe siècle, a mené une enquête auprès du magasin Au Bon Marché pour écrire l'un de ses romans les plus célèbres.

L'architecte ne s'était servi de la pierre que pour les sous-sols puis avait monté toute l'ossature en fer des colonnes supportant l'assemblage des poutres. C'était la cathédrale du commerce moderne, solide et légère, faite pour un peuple de clientes.

Déjà, voulant éviter la fatigue des étages aux dames délicates, Mouret [*le propriétaire du grand magasin*] avait fait installer deux ascenseurs. Puis, il venait d'ouvrir un buffet, où l'on donnait gratuitement des sirops et des biscuits, et un salon de lecture.

Il créait des rayons pour petits garçons et fillettes, arrêtait les mamans au passage, en offrant aux bébés des images et des ballons.

La grande puissance était surtout la publicité. Pour sa mise en vente des nouveautés d'été, il avait lancé deux cent mille catalogues, dont cinquante mille à l'étranger, traduits dans toutes les langues.

D'après Émile Zola, *Au Bonheur des Dames*, 1883.

3 Les grands magasins vus par Émile Zola

B Les vendeurs et les vendeuses

- **Vidéoprojeter les deux documents** et demander aux élèves :

  - la nature des documents ;
  - leur date ;
  - le lieu où se trouvent ce magasin ;
  - ce qui est vendu.

  Il s'agit deux affiches publicitaires datant de 1905 et de 1898. Ce magasin se trouve à Paris (au Bon Marché). On y vend des tapis, des vêtements et tout type de marchandises . Des expositions y sont organisées.

  Expliquer que les grands magasins sont fréquentés quotidiennement par une population majoritairement féminine. Ils participent d'une certaine manière à l'émancipation des femmes qui peuvent sortir de chez elle pour se rendre dans ces « cathédrales modernes ».
  Les marchandises se renouvellent constamment en fonction des événements proposés par le magasin : semaine du blanc, étrennes de fin d'année, soldes, fêtes de Noël... Il s'agit d'attirer continuellement des clients (bourgeois, puis employés et même ouvriers au début du XXe siècle) et de définir la nouvelle mode vestimentaire. La publicité est le moteur de cette communication : des catalogues de vente

4 La naissance de la publicité

par correspondance et de très nombreuses affiches jouant sur la couleur, l'attitude des personnages (souriants, heureux de consommer)...

- **Faire lire le texte.**
  – Demander aux élèves de trouver un point positif et négatif du métier de vendeuse.
  Points positifs : pas de travail le dimanche et les jours fériés/des congés payés/une caisse de retraite/un médecin/un réfectoire gratuit/des chambres.
  Points négatifs : rester debout 13h par jour/ne pas avoir le droit de s'asseoir/répondre aux souhaits des clientes.

Le travail est extrêmement dur, debout 13 heures par jour, à piétiner dans les rayons. Il fallait répondre au moindre souhait de ces dames [*les clientes*]. La vendeuse n'avait pas le droit de s'asseoir.

Au Bon Marché, Boucicaut met en place un système de protection sociale totalement inédit pour l'époque : pas de travail le dimanche et les jours fériés, des congés payés, une caisse de retraite, la présence permanente d'un médecin, un réfectoire gratuit, des chambres disponibles pour les vendeuses.

Monica Burckhardt, *Au Bonheur des Dames, l'invention du Grand Magasin*, 2011

5 Les vendeuses des grands magasins

Bilan de la séance

- **Rappeler la problématique posée en introduction.**
  Les usines fabriquent de plus en plus de marchandises au XIXe siècle avec l'essor de l'industrialisation. Il faut donc un lieu pour les vendre. Les grands magasins, construits en fer et en verre, révolutionnent la distribution. Ils proposent une nouvelle façon d'acheter et de vendre : on peut voir et toucher les marchandises, des prix fixes sont affichés, des soldes sont proposées... C'est la naissance de la société de consommation.

Pistes pour la trace écrite au choix

1 Texte à reproduire

Les usines fabriquent de plus en plus de marchandises. Il faut donc des lieux pour les vendre. Les grands magasins, comme le Bon Marché à Paris, transforment la façon d'acheter des habitants des villes, en développant notamment la publicité.

2 Texte à compléter

▶ **Complète le texte avec les mots suivants :**
le Bon Marché – la publicité – les grands magasins.

Les usines fabriquent de plus en plus de marchandises. Il faut donc des lieux pour les vendre.
Les ...., comme ...., à Paris transforment la façon d'acheter des habitants des villes, en développant notamment ....

PROLONGEMENTS

▶ **EMC :** faire réfléchir les élèves en faisant des liens avec notre époque actuelle. Nous vivons également une révolution industrielle avec des bouleversements économiques et sociaux. Le commerce en ligne proposant d'acheter tout type de marchandises, souvent à des prix bas, aujourd'hui s'apparente à la révolution qu'ont pu connaitre les habitants du XIXe siècle des grandes villes françaises.

▶ **Recherches :** la naissance des grands magasins au XIXe siècle a permis le développement des jouets pour les classes aisées : poupées de porcelaine, soldats de plomb, billes... On peut proposer aux élèves d'enquêter sur les jeux de la fin du XIXe siècle et de les comparer avec les jeux actuels. Le musée du jouet de Colmar propose de nombreuses ressources : ecole.nathan.fr/f11-jouets

12 Les transformations des campagnes au XIXe siècle

POINTS DE REPÈRE

Une population majoritairement rurale au XIXe siècle

- La population rurale ne dépasse la population urbaine en France qu'au début des années 1930. Au XIXe siècle, malgré l'industrialisation, la France reste majoritairement rurale (3 Français sur 4 travaillent dans l'agriculture en 1850).

La transformation des campagnes

- Les campagnes ne sont pas touchées immédiatement par les innovations industrielles. Les progrès techniques sont lents. Les machines sont rares et le travail se fait encore essentiellement manuellement. Mais au fil du XIXe siècle, la fin de la jachère, les engrais, la mécanisation agricole, le développement du chemin de fer modifient profondément les campagnes.
- L'exode rural s'intensifie : de nombreux jeunes quittent les campagnes pour devenir ouvrier dans les faubourgs, employés de bureau, vendeuses dans les grands magasins ou domestiques de familles bourgeoises.

Pour en savoir plus

- Un dossier de Canopé sur les transformations des campagnes : ecole.nathan.fr/f12-campagnes
- Un TDC spécial sur les paysans et une vidéo (intitulée « une nation de paysans ») très intéressante datant de 1932 où on peut voir le travail quotidien des paysans : ecole.nathan.fr/f12-paysans
- *Grenadou, paysan français*, E. Grenadou et A. Prevost, Le Seuil, 1966. Un classique qui montre comment les campagnes françaises se sont transformées au début du XXe siècle.

DÉROULÉ DE LA SÉANCE

Mise en situation

Se repérer dans le temps

- **Expliquer le terme de « campagnes »** qui désigne l'ensemble des espaces hors des villes : cultivés, naturels ou semi-naturels habités.
Annoncer que l'on va travailler sur le monde rural, les agriculteurs, les villages.

Document d'accroche

- **Montrer l'extrait de l'émission *L'Histoire au quotidien*.**
L'extrait vidéo montre une reconstitution des travaux agricoles et permet aux élèves de rentrer immédiatement dans la thématique. On découvre que les techniques agricoles ont finalement assez peu évolué depuis le Moyen Âge.

Problématique

- Quelles sont les transformations que connaissent les campagnes françaises au XIXe siècle ?

4'23 min

1 Les travaux agricoles au XIXe siècle

A Le travail dans les campagnes au XIXe siècle

- **Présenter le premier tableau qui illustre les permanences et les mutations des campagnes au XIXe siècle.**

Demander aux élèves d'identifier le premier document, en donnant sa carte d'identité :
- *sa nature ;*
- *son auteur ;*
- *sa date ;*
- *sa taille.*

Il s'agit du tableau La Paye des moissonneurs *de Léon Augustin Lhermitte datant de 1882. Ce tableau est immense (haut comme du sol au plafond et large comme un tableau de classe) : 215 cm x 272 cm.*

Demander ensuite aux élèves d'identifier :
- *le nombre de personnages ;*
- *leur rôle et leur qualité ;*
- *leur attitude ;*
- *les outils utilisés.*

On peut distinguer sept personnes : cinq hommes (quatre ouvriers et le propriétaire) et l'épouse du propriétaire allaitant un bébé.
Le personnage de gauche est assis, épuisé par le travail.
Le tableau de Lhermitte montre la diffusion de la faux (même si une faucille est toujours présente).

La faux remplace majoritairement la faucille à partir des années 1850.
La moisson à la faucille est lente et pénible, car elle oblige l'ouvrier agricole à être courbé et accroupi sur le sol. La faucille permet à l'ouvrier de faucher plus de blés en gardant une position debout.
Comprendre que le travail est dur, fatigant et difficile. Les paysans travaillent encore à la main avec des outils simples.

2 Le travail dans les champs

- **Présenter le second tableau.**

Travail sur le cahier

Étude de document

- Afin de s'assurer que tout le monde a compris la méthode de présentation de document, demander aux élèves d'identifier le document en donnant sa carte d'identité, comme pour le premier tableau : *sa nature ; son auteur ; sa date ; sa taille.*

Il s'agit d'un tableau intitulé, Coin de vigne *du peintre Édouard Debat Ponsan. Il date de 1886. Ce tableau est également immense : les personnages ont presque une taille réelle (202 cm x 260 cm).*

- *Quelles sont les activités des femmes et des hommes ?*

Les femmes coupent le raisin, les hommes moissonnent et dirigent les attelages.

3 Le travail dans les vignes

- D'une manière générale, au XIXe siècle, les campagnes françaises emploient une main-d'œuvre nombreuse, en particulier au moment des récoltes : moisson ou vendanges. Le travail est très saisonnier.
  Le travail agricole concerne toute la famille. Les femmes y jouent en particulier un rôle essentiel. Elles sèment, sarclent, coupent le raisin, traient les divers animaux (vaches, chèvres), s'occupent de nourrir les animaux, préparent les tâches ménagères...
  Rappeler que dans l'extrait de l'émission de M6 vu en début de séance, on voit des femmes préparer les gerbes de blé.
- **Faire lire le texte présentant un exemple d'exode rural.**
  Demander aux élèves :
  - Quelles annonces fait le fils à son père ? Pourquoi ?
  Le fils explique que les travaux de la ferme sont trop durs et qu'ils rapportent peu. Il préfère quitter son village pour devenir cheminot et travailler dans les chemins de fer. Sa femme a trouvé un travail dans un café.
  Cet exemple est un bon témoignage de l'exode rural qui touche les campagnes françaises du XIXe siècle jusque à l'après Seconde Guerre mondiale.

Il y a, père, que je m'en vais ! J'en ai assez ! C'est fini ! Je ne veux plus remuer la terre, je ne veux plus soigner les bêtes, je ne veux plus m'éreinter à 27 ans, pour gagner de l'argent qui passe à payer la ferme : voilà ! Ils m'ont accepté dans les chemins de fer. Je commence demain. J'emmène avec moi Éléonore. Elle a trouvé une bonne place, un café dans lequel elle gagnera plus que chez vous.

La Terre qui meurt, René Bazin, 1899.

4 L'exode rural

B Les progrès techniques

- **À partir de la vidéo du début de séance, demander aux élèves :**
  - Quels progrès ont connu les campagnes ?
  Cela permet d'introduire les documents présentés ensuite.
- **Demander aux élèves d'identifier les progrès sur les affiches publicitaires.**
  On pourra les aider en expliquant que la nature même du document est un progrès (affiche de publicité).
  On pourra également les aider en leur demandant de placer sur les publicités les progrès agricoles suivants : « faucheuse javeleuse », « engrais », « tracteur ».
  On expliquera que le tracteur fonctionne grâce à la vapeur (on voit de la fumée sortir d'une cheminée).

5 Les progrès techniques

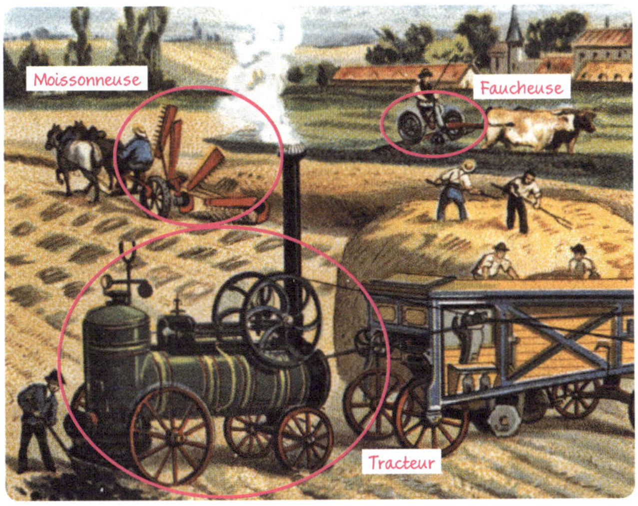

La mécanisation agricole est lente. La faucheuse-javeleuse, inventée aux États-Unis, se diffuse lentement en France, mais permet une forte hausse des rendements. La vidéo montre la faucheuse-javeleuse en action. De même, les premiers tracteurs fonctionnant à la vapeur se diffusent peu. Par exemple, en 1914, dans le département de l'Orne, propice à la culture de céréales, on ne compte que cinq tracteurs. Le milieu paysan reste assez conservateur.

- **Faire lire le texte sur le rôle du chemin de fer à un élève.**
  – Que cultivent les paysans de la région d'Avignon. Pourquoi ?
  – Quel progrès a permis cette culture ?
  Les paysans cultivent les fraises car cela leur rapport cinq fois plus d'argent que les autres cultures. Cela est rendu possible grâce au chemin de fer.
  Le chemin de fer révolutionne les cultures dans les campagnes.
  Les marchandises voyagent plus vite : il est désormais possible de vendre des fraises cueillies le matin en Bretagne ou dans le Vaucluse et de les vendre le jour même à Paris ou à Londres.
- **Montrer la publicité sur le transport des marchandises.**
  Demander aux élèves : *à quoi sert cette affiche et quelles informations importantes sont données ici ?*
  Il s'agit d'une publicité des chemins de fer de l'Ouest et de Brighton. Les compagnies de chemin de fer qui se sont développées au milieu du Second Empire sont privées et elles cherchent à attirer de nouveaux clients. Grâce au chemin de fer, les produits primeurs de France peuvent être vendus en une journée en Angleterre.
  L'Angleterre, première puissance commerciale, fait rêver. Grâce au chemin de fer, les agriculteurs français se spécialisent et intègrent un marché qui comment à se mondialiser.
  En conclusion, les compagnies de chemin de fer ont bien compris cette révolution des transports et rivalisent de publicité pour vanter la rapidité du transport des marchandises.

Plus de 4 millions de kilos de fraises partent chaque année des gares du Sud de la France. Les fraises d'Avignon sont vendues en Angleterre et en Allemagne grâce au chemin de fer. Les terrains cultivés en fraises valent 5 fois plus que les autres terrains assurant la richesse des cultivateurs.
D'après *L'illustration*, 29 juin 1901.

6 Le rôle du chemin de fer

Bilan de la séance

- **Rappeler la problématique posée en introduction.**
  Au XIXe siècle les campagnes françaises se transforment lentement grâce :
  - à la mécanisation agricole ;
  - aux engrais ;
  - au développement du chemin de fer.

Pistes pour la trace écrite au choix

1 Texte à reproduire

Au XIXe siècle les campagnes françaises se transforment lentement grâce :
- à la mécanisation agricole ;
- aux engrais ;
- au développement du chemin de fer.

2 Texte à compléter

▶ **Complète le texte avec les mots suivants :**
chemin de fer – mécanisation – se transforment – engrais.

Au XIXe siècle les campagnes françaises .... lentement grâce :
- à la .... agricole ;
- aux .... ;
- au développement du ....

PROLONGEMENTS

▶ **Visite du musée de l'Outil à Troyes.**

Des questionnaires adaptés sur les outils, en particulier ceux utilisés dans les campagnes : ecole.nathan.fr/f12-mopo

▶ **Géographie : d'où viennent les produits agricoles que nous consommons ?**

Demander aux élèves d'enquêter en trouvant l'origine de ce qu'ils ont mangé la veille. Quels sont les produits qui viennent d'Europe, d'Afrique, d'Asie, de France, du département, etc. ?

On peut commencer cette enquête par les produits consommés à la cantine par exemple. Cela peut permettre de montrer que les progrès du transport ont permis le développement des échanges agricoles dans le monde.

On pourra s'appuyer sur l'exemple du porte-conteneur, l'Ever Given, bloqué dans le Canal de Suez en mars 2021, qui a mis en danger la vie de milliers de moutons bloqués sur des navires roumains : ecole.nathan.fr/f12-suez

13 La tour Eiffel

HISTOIRE des ARTS

POINTS DE REPÈRE

De nouveaux matériaux

- Avant la révolution industrielle, les bâtiments sont construits en pierre ou en mortier. Il y avait donc une limite à leur hauteur à cause du poids de ces matériaux (risque d'effondrement).
- La métallurgie permet de s'affranchir de ces contraintes. L'exploitation du fer permet la construction de verrières (dans les gares, les grands magasins), de tours et de grattes-ciel.

Le projet de la tour Eiffel

- La tour Eiffel est construite en 1889 pour l'Exposition universelle afin de fêter le centenaire de la Révolution française. Une tour de 1 000 pieds (soit 300 mètres) est envisagée afin de dépasser l'obélisque de Washington (555 pieds soit 169 mètres). Le projet de Gustave Eiffel est retenu parmi une centaine d'autres. Eiffel est un ingénieur connu pour ses structures en fer (viaduc de Garabit, ou structure intérieure de la statue de la Liberté).
- Les travaux commencent en janvier 1887 et il faut deux ans, deux mois et cinq jours pour achever les travaux : un exploit révélateur de la révolution industrielle ! Elle est aujourd'hui visitée par près de 7 millions de visiteurs.

Pour en savoir plus

- Un dossier complet avec de nombreux documents illustratifs de la tour Eiffel dans les arts par le CAUE (Conseil d'architecture d'urbanisme et de l'environnement) de Paris : ecole.nathan.fr/f13-caue
- Un dossier de France Culture sur les opposants à la tour Eiffel dès son origine : ecole.nathan.fr/f13-opposants

DÉROULÉ DE LA SÉANCE

Mise en situation

Document d'accroche

- **Partir des représentations des élèves.**
  - *Que savent-ils sur la tour Eiffel ? D'où vient son nom ?*
  - *Quand a-t-elle été construite ? Pourquoi ?*
- **Diffuser l'émission *Karambolage* qui présente le monument.**

1 La tour Eiffel

Problématiques

- Quelle est l'histoire de la tour Eiffel ? Pourquoi sa construction est-elle un bon exemple des progrès industriels ?

A L'architecture industrielle

- **À partir de la vidéo et du document montrant les différentes étapes de construction de la tour Eiffel, demander aux élèves, en collectif :**
  - Quand a été construite la tour Eiffel ? Pour quelle occasion ?
  - En quel matériau a été construite la tour Eiffel ?
  - Quel est l'avantage de ce matériau ?
  - Pourquoi la tour Eiffel s'appelle-t-elle ainsi ?
  La tour Eiffel a été construite pour l'Exposition universelle de 1889 pour fêter le centenaire de la Révolution française.
  Elle a été construite en fer comme un gigantesque meccano.
  La construction est plus rapide : en moins de deux ans (21 mois précisément) et a couté moins cher, car chaque élément a été préparé dans l'usine de Levallois-Perret des établissemnts Eiffel à quelques kilomètres de là.
  Gustave Eiffel fait partie des trois concepteurs de la tour la plus haute du monde en 1889, avec Maurice Koechlin et Émile Nouguier.

2 Les étapes de construction

- **Vidéoprojeter la vidéo « Le défi de Gustave Eiffel » pour montrer que l'histoire de la tour Eiffel illustre l'industrialisation de France à la fin du XIXᵉ siècle.**
  L'organisation de l'Exposition universelle de 1889 a été préparée dès 1880. Le contexte politique est important. La IIIᵉ République est née de la défaite de 1870 contre l'Allemagne, elle cherche donc des moyens d'affirmer sa puissance autrement, via la politique coloniale, mais aussi par l'organisation d'exposition universelle (1889, puis 1900).
  En 1889, la France cherche à impressionner ses voisins. La tour Eiffel, construite en un plus de deux ans, en fer (plus souple que l'acier, moins lourd que la pierre) illustre le savoir-faire industriel français. Toute la structure est conçue dans ces ateliers puis le montage s'effectue sur place, sur le champ de Mars, comme un immense mécano.

  Pour terminer, demander aux élèves, à partir de la vidéo de Karambolage*, si les Parisiens ont tous aimé la tour Eiffel lors de sa construction.*
  Cette question permet de montrer que ce n'était pas le cas, que de nombreuses personnalités ont demandé sa destruction.

4'20 min

3 Le défi de Gustave Eiffel

B La tour Eiffel et les artistes

- **Dans un deuxième temps, on peut travailler sur quelques représentations d'artistes de la tour Eiffel.**
  La tour Eiffel fut, dès le début de sa construction, un sujet pour les artistes. Certains ont désavoué sa construction critiquant sa laideur et son inutilité. Guy de Maupassant est l'un des critiques les plus virulents : *« Cette haute et maigre pyramide d'échelles de fer, squelette disgracieux et géant, dont la base semble faite pour porter un formidable monument de Cyclopes, et qui avorte en un ridicule et mince profil de cheminée d'usine »* (*En Sicile*, carnet de voyage, 1885).
- **Présenter tableau de Raoul Dufy (1935)** et demander aux élèves leur avis : *Raoul Dufy est-il pour ou contre la tour Eiffel ?*
  Aux élèves de trouver des arguments qui montrent que Dufy cherche à la sublimer par le choix des couleurs, du mouvement, de l'harmonie générale qui se dégage du tableau.

4 La tour Eiffel en peinture

- **Présenter ensuite le calligramme d'Apollinaire** aux élèves en expliquant ce qu'est un calligramme : un poème formant un dessin.
Demander aux élèves :
– Que représente ce dessin ? La tour Eiffel.
– Qui parle ? La tour Eiffel.
– Que dit-elle ? « Salut monde dont je suis la langue éloquente que sa bouche Ô Paris tire et tirera toujours aux Allemands ».
– De quel peuple se moque Apollinaire ?
Guillaume Apollinaire se moque des Allemands car il écrit son calligramme pendant la Première Guerre mondiale qui oppose, en particulier, les Français aux Allemands. On fera remarquer qu'Apollinaire semble oublier l'origine allemande de Gustave Eiffel.

- On peut également montrer que la tour Eiffel est toujours très souvent représentée dans les arts en particulier le cinéma ou le dessin animé avec d'autres exemples.
Paris est identifié aujourd'hui à la tour Eiffel (exemple : maillot du PSG).

5 La tour Eiffel en poème

Bilan de la séance

- **Rappeler les problématiques posées en introduction.**
La tour Eiffel est construite en 1889 pour fêter le centenaire de la Révolution française et montrer le savoir-faire industriel français. Elle est construite très rapidement, en un peu plus de deux ans, grâce à sa structure en fer.

Pistes pour la trace écrite au choix

1 Texte à reproduire

La tour Eiffel est construite en 1889 pour fêter le centenaire de la Révolution française et montrer le savoir-faire industriel français. Elle est construite très rapidement, en un peu plus de deux ans, grâce à sa structure en fer.

2 Texte à compléter

▶ **Complète le texte avec les mots suivants :**
en fer – centenaire – industriel.

La tour Eiffel est construite en 1889 pour fêter le .... de la Révolution française et montrer le savoir-faire .... français. Elle est construite très rapidement, en un peu plus de deux ans, grâce à sa structure ....

PROLONGEMENTS

▶ **Organiser une exposition sur l'histoire de la tour Eiffel.**
Regarder :
– deux extraits courts de l'émission *Des Racines et des Ailes* sur le contexte historique de la construction de la tour Eiffel : ecole.nathan.fr/f13-eiffel1 et sa construction en 3D : ecole.nathan.fr/f13-eiffel2 ;
– l'émission *C'est pas sorcier* sur la tour Eiffel qui apporte de nombreux détails sur la construction (des fondations au sommet de la tour) : ecole.nathan.fr/f13-eiffel3 ;
– l'émission de France Info junior où des élèves de CM2 d'une école parisienne interrogent un historien sur l'histoire de la tour Eiffel : ecole.nathan.fr/f13-eiffel4

À partir de ces vidéos, les élèves peuvent présenter le projet initial, puis les travaux, la vision des premiers Parisiens, et la postérité de la tour Eiffel dans les arts et comme emblème parisien aujourd'hui. Les élèves peuvent travailler en groupes sur une thématique, chaque groupe étant responsable d'une affiche à réaliser.

▶ **HDA :** voir les œuvres recensées par le Conseil d'architecture d'urbanisme et de l'environnement de Paris : ecole.nathan.fr/f13-caue. Les élèves pourront au choix :
– réaliser leur propre calligramme sur le modèle d'Apollinaire ;
– identifier et représenter le monument de leur commune qui pourrait devenir le symbole de leur commune (comme la tour Eiffel incarne Paris, Big Ben avec Londres...).

14 Avoir 10 ans au XIXe siècle en France

AVOIR 10 ANS sous...

POINTS DE REPÈRE

La naissance de classes sociales

- L'industrialisation de l'Europe, avec le développement de la machine à vapeur, donne naissance à deux classes sociales au XIXe siècle : la classe ouvrière et la bourgeoisie.
- Théorisée par Friedrich Engels et Karl Marx, la lutte entre ces deux « classes » aboutit à des avancées sociales tout au long du XIXe et surtout du XXe siècle.

Les conditions de vie des mineurs et ouvriers

- La durée de vie moyenne des ouvriers est de 50 ans au milieu du XIXe siècle, mais elle ne dépasse pas 40 ans pour les mineurs, un chiffre qui s'explique par les conditions de travail et surtout par les nombreux accidents (inondations, explosions, éboulements).
- Les enfants qui travaillent dès l'âge de 5 ans dans les usines textiles (leur petite taille leur permettent de se glisser sous la « Mule Jenny », grande machine à tisser, pour réparer les fils cassés) bénéficient petit à petit des mesures sociales comme la loi de 1841 qui interdit le travail pour les moins de 8 ans. D'une manière générale, dans les mines, les enfants commencent à travailler autour de 10 ans. Mais seules les lois Ferry de 1881-1882 vont permettre d'éloigner les enfants du monde du travail.

Les ouvriers, une population sous surveillance

- Les ouvriers font peur au pouvoir en place, ils sont donc surveillés (livrets ouvriers dès 1803). Cela n'empêche pas des émeutes régulières qui renversent le pouvoir (1848 et la naissance de la IIe République) ou le font vaciller (Commune de Paris en 1870).
- Le patronat, en manque de main-d'œuvre, cherche à fidéliser cette population ouvrière, en particulier les mineurs, en proposant un certain nombre d'avantages comme des logements chauffés (grâce au charbon) et plutôt bien équipés pour l'époque, mais les conditions de travail restent très dures.

Pour en savoir plus

- Un podcast de France culture sur la classe ouvrière au XIXe siècle : ecole.nathan.fr/f14-classe-ouvriere
- Une vidéo de 10 minutes sur les conditions de vie des mineurs (réalisée par le centre historique minier de Lewarde) : ecole.nathan.fr/f14-mineurs
- Deux extraits de 5 minutes du documentaire remarquable d'Arte sur le temps des ouvriers pour comprendre comment la révolution industrielle a changé la nature même du travail ouvrier :
  - ecole.nathan.fr/f14-mecanisation
  - ecole.nathan.fr/f14-indus

DÉROULÉ DE LA SÉANCE

Mise en situation

Se repérer dans le temps

- **Repérer le siècle sur la frise chronologique.**
- **Rappeler rapidement le contexte :** les grandes inventions, l'industrialisation, la transformation des villes.

Frise

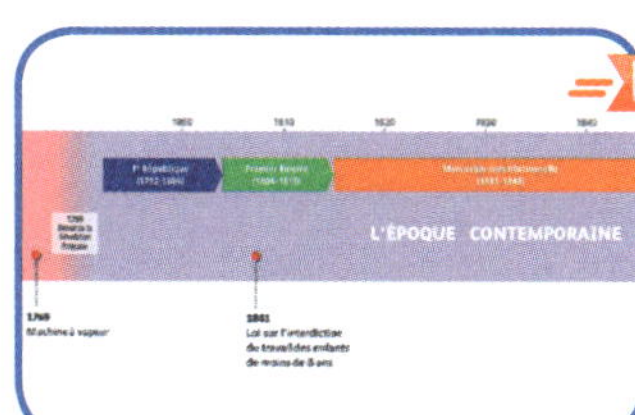

1 Frise chronologique

Recueil des représentations

- **Recueillir les représentations des élèves :** *que savent-ils du charbon ? du métier de mineur ?*
Le charbon est nécessaire aux usines du XIXe siècle. C'est l'énergie qui permet de faire fonctionner les machines à vapeur. Pour le trouver, il faut creuser très profondément dans les mines. C'est un travail dangereux et extrêmement pénible.

Problématique

- Comment vivent les enfants à la fin du XIXe siècle ?
Faire remarquer que la majorité des enfants vit dans les campagnes. On ne traite ici que des enfants de miniers et de bourgeois.

A La vie quotidienne des enfants au XIXe siècle

- **Expliquer aux élèves que l'on va projeter deux extraits d'un film montrant deux familles différentes au XIXe siècle.**
Proposer un premier visionnage sans aucune consigne.

Travail sur le cahier

Étude de documents

- Demander aux élèves de compléter le tableau sur les deux familles.
Le travail peut se faire à deux : les élèves confrontent leurs réponses et complètent le tableau au brouillon.
On peut faire venir un élève au tableau afin de compléter la légende des deux arrêts sur image. On pourra décrire les vêtements et les attitudes de chacun.

	Famille OUVRIÈRE	Famille BOURGEOISE
La maison	Deux pièces : 1 chambre commune et 1 pièce à vivre qui sert de cuisine, salle de bains… Mobilier limité et utilitaire	Belle demeure en pierre entourée d'un parc. Nombreuses pièces richement décorées. Présence de domestiques
Les habits	Vêtements de récupération. Loques	Beaux vêtements que l'on fait venir de Paris. Les vêtements anciens sont donnés.
Le nombre d'enfants	6	1
Le moyen de transport	À pied	Cheval
Les repas	Reste de café et de l'eau chaude.	Café, brioche, confiture
Les loisirs	Pas de loisirs sauf le café	Piano, broderie, équitation

Rappeler à la classe qu'il s'agit d'un film et non d'images d'archives. Œuvre de fiction donc, mais qui s'appuie sur un livre écrit en 1885 et qui présente un beau témoignage de la vie ouvrière. En effet, Émile Zola a effectué un véritable travail d'enquête dans le nord de la France, descendant lui-même dans une fosse à Denain.
Le film décrit le monde de la mine. Les deux extraits permettent d'opposer deux modes de vie.
- **La classe ouvrière** (mineurs). Le début du film présente la famille Maheu. Ils vivent dans une maison louée à la société minière. On découvre les difficultés du quotidien : le travail des enfants, les dettes qui s'accumulent, la maladie et la mort.
- **La classe bourgeoise** représentée ici par la famille Grégoire qui n'a qu'une fille, sûre d'elle-même, pratiquant la charité. Le film oppose ces deux familles et l'extrait présenté montre la rencontre entre ces deux mondes que tout oppose.

2'30 min

2 *Germinal* : une famille de mineurs au XIXe siècle

2'30 min

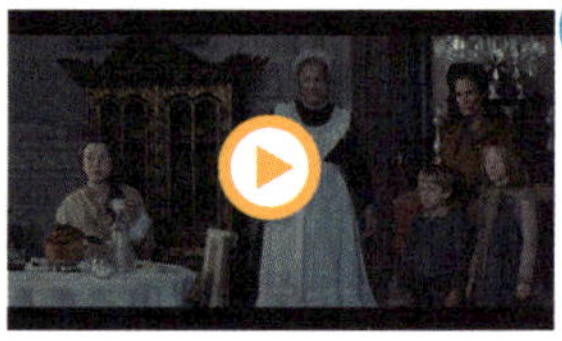

3 *Germinal* : une famille bourgeoise au XIXe siècle

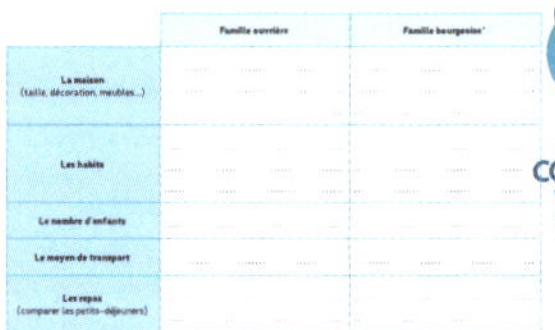

4 Tableau comparatif de deux familles au XIXe siècle

- **Vidéoprojeter le tableau présentant le budget de deux familles.**
Comparer les ressources et les dépenses en insistant sur le budget nourriture. Faire le lien avec aujourd'hui où les principales dépenses sont liées au logement.
On peut faire calculer l'économie de chaque famille pour faire trouver aux élèves les chiffres de 3 500 et 84.
Faire remarquer que les bourgeois gagnent plus de 40 fois le revenu des ouvriers.

B Une vie difficile pour les enfants dans les mines

- **Partir de l'extrait vidéo de l'émission *L'Histoire quotidienne*.**
Demander aux élèves :
- Quelle roche est extraite sous terre ? Du charbon.
- Comment cette roche est-elle extraite ?
En France, le charbon est enfoui profondément sous la terre, il faut donc construire des puits et des galeries.
- Comment sont payés les mineurs ?
Ils sont payés en fonction de la quantité de charbon extrait.
- Qui travaillent avec les hommes dans la mine ?
Les femmes et les enfants travaillent sous terre, mais les conditions de travail sont très dures. En moyenne les enfants de mineurs mesurent 12 cm de moins que les enfants des bourgeois.
- Combien de temps pouvaient travailler certains mineurs par jour vers 1900 ?
Ils pouvaient travailler jusqu'à 14 ou 15 heures.

16'40 à 22'35 min

5 La vie dans les mines

- **Proposer aux élèves les images des métiers de la mine**
et leur demander de légender les photos, au tableau, au bon endroit.
Chaque métier peut être expliqué.
- En quoi consiste chaque métier ?
  - *Le pousseur : il pousse les berlines (wagonnets) dans la mine et à l'extérieur sur des rails. Cela permet le transport du charbon.*
  - *Le lampiste : il est chargé de l'entretien et de la distribution des lampes.*
  - *Le pelleteur : il met du charbon dans les berlines avec sa pelle.*

6 Les métiers de la mine

Travail sur le cahier

Exercice
- Demander aux élèves de compléter le tableau.

	Vrai	Faux
Le document présente 6 filles et garçons	✘	
Les enfants sont âgés de 10 et 11 ans	✘	
Ils vont tous à l'école		✘
Ils sont morts d'accidents du travail	✘	
Plusieurs sont morts écrasés par un wagonnet		✘

On pourra expliquer que, dans la première moitié du XIXe siècle, le travail des enfants est fréquent dans toute la France, à la campagne et dans l'industrie. Dans la région de Saint-Etienne (Forez) filles et garçons travaillent dans la mine dès leur plus jeune âge.
Les compagnies minières n'hésitaient pas à envoyer les enfants (« galibot ») au début du XIXe siècle dans les mines pour profiter

de leur petite taille. Ils peuvent ainsi se glisser dans les boyaux les plus étroits même si, la plupart du temps, les enfants travaillaient en surface au tri du charbon. Quant aux familles de mineurs, elles pouvaient difficilement se passer du salaire gagné par leurs enfants.

- **Pour expliquer pourquoi les enfants travaillent dans les usines,** on peut montrer l'extrait du documentaire *Le temps des ouvriers*. Ces conditions de travail sont connues par de nombreuses sources, en particulier par le *Tableau de l'état physique et moral des ouvriers* rédigé par Louis-René Villermé en 1840 (consultable ici : ecole.nathan.fr/f14-villerme). Ce rapport a une influence décisive sur la loi concernant le travail des enfants en 1841.

3 min

7 Le temps des ouvriers

- **Vidéoprojeter le texte des lois pour améliorer les conditions de travail des enfants.**
  Demander aux élèves :
  – À partir de quelle date le travail des enfants de moins de 8 ans est interdit ?
  – Montrez comment, progressivement, les lois protègent les enfants.
  Insister sur la loi de 1841 qui limite le travail des plus jeunes (les moins de 8 ans n'ont plus le droit de travailler et ceux qui ont 10 ans ne doivent pas dépasser 10 heures/jour). Le dimanche devient le jour de repos.
  On pourra également évoquer le progrès social des lois scolaires de 1881-1882 qui, en obligeant les enfants à aller à l'école jusqu'à 13 ans, les protègent du travail à la mine, à l'usine ou aux champs.

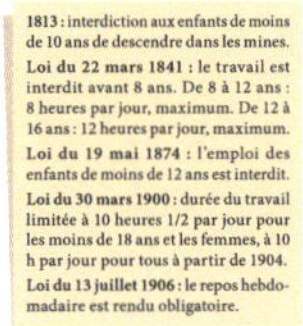

1813 : interdiction aux enfants de moins de 10 ans de descendre dans les mines.

Loi du 22 mars 1841 : le travail est interdit avant 8 ans. De 8 à 12 ans : 8 heures par jour, maximum. De 12 à 16 ans : 12 heures par jour, maximum.

Loi du 19 mai 1874 : l'emploi des enfants de moins de 12 ans est interdit.

Loi du 30 mars 1900 : durée du travail limitée à 10 heures 1/2 par jour pour les moins de 18 ans et les femmes, à 10 h par jour pour tous à partir de 1904.

Loi du 13 juillet 1906 : le repos hebdomadaire est rendu obligatoire.

8 Les lois sur le travail des enfants

Bilan de la séance

- **Rappeler la problématique posée en introduction.**
  Les inégalités sont nombreuses entre les enfants au XIXe siècle selon leur classe sociale. Des lois interdisent petit à petit le travail des enfants. Les lois Ferry de 1881-1882, en obligeant les enfants de 6 à 13 ans, à aller à l'école protègent les enfants en les instruisant.

Pistes pour la trace écrite *au choix*

1 Texte à reproduire

Au XIXe siècle, les enfants travaillent beaucoup dans les champs, les usines et les mines. La vie des enfants dans les mines, notamment, est particulièrement difficile. Des lois interdisent petit à petit le travail des enfants. En 1881-1882, grâce aux lois Ferry, les enfants vont à l'école jusqu'à 13 ans.

2 Texte à compléter

▶ **Complète le texte avec les mots suivants :**
enfants – lois – Ferry – mines.

Au XIXe siècle, les .... travaillent beaucoup dans les champs, les usines et les mines. La vie des enfants dans les ...., notamment, est particulièrement difficile. Des .... interdisent petit à petit le travail des enfants. En 1881-1882, grâce aux lois ...., les enfants vont à l'école jusqu'à 13 ans.

3 Carte mentale

▶ **Complète la carte mentale avec les mots suivants.**
Un travail difficile et dangereux - des loisirs - des conditions de vie misérables - ne va pas à l'école - des conditions de vie confortables - va à l'école.

Enfant mineur ou ouvrier

....
....

.... | ....
.... | ....
.... | ....

Enfant bourgeois

....
....

.... | ....
.... | ....
.... | ....

PROLONGEMENTS

▶ **Visite : le musée de la mine de Lewarde.**
Le centre minier (hauts-de-France) propose des visites adaptées aux élèves (avec questionnaires de visites pour les enseignants).

▶ **Sciences/Histoire : le travail des mineurs.**
Les cinq premières minutes de l'émission *C'est Pas Sorcier* sur la mine, présente le travail des mineurs au lendemain de la Seconde Guerre mondiale. Aujourd'hui toutes les mines en France sont fermées : ecole.nathan.fr/f14-travail-miniers

▶ **Français : lecture du poème « Melancholia ».**
Ce poème en alexandrins de Victor Hugo, dans le recueil *Les Contemplations* (1856), oppose ces enfants sacrifiés dans les mines par le progrès au « monstre inhumain » des machines.

15 Les transformations des villes au XIXe siècle

POINTS DE REPÈRE

La croissance urbaine

- La croissance démographique et l'exode rural entrainent la croissance urbaine.
Entre le début du XIXe siècle et les années 1930, la population urbaine passe de 20% à 50% de la population française. Au début du XIXe siècle, les villes ressemblent à celles du Moyen Âge : des rues étroites insalubres, sans égouts ni eau courante où les épidémies prolifèrent. Depuis la Révolution française, des émeutes régulières inquiètent le pouvoir en place.
- Les travaux du baron Haussmann, préfet de la Seine se déroulent sur 17 ans, entre 1853 et 1870 (règne du Second Empire). Napoléon III qui a passé une partie de sa jeunesse à Londres veut transformer Paris pour en faire une capitale moderne.

La transformation des villes

- De larges avenues sont percées pour aérer la ville et limiter la possibilité de révoltes du peuple parisien (difficile de mettre en place des barricades sur une avenue ou un boulevard). Ces larges avenues permettent de relier les principaux monuments de la capitale et les gares qui voient arriver de plus en plus de voyageurs.
- Des parcs, des squares, des égouts (acheminant les eaux usées dans la Seine), l'eau courante... permettent aux Parisiens une vie plus saine et confortable.
- Mais cela s'est fait au détriment du Paris populaire incapable de se loger dans les nouveaux immeubles haussmanniens et rejetés alors en banlieue. Haussmann est même surnommé « l'Attila de la ligne droite » pour avoir détruit des dizaines de milliers de bâtiments.

Pour en savoir plus

- Un dossier de France culture sur le Paris d'Haussmann : ecole.nathan.fr/f15-paris-haussmann
- Une étude du tableau *Un balcon, boulevard Haussmann* de Caillebotte sur le site de *L'Histoire par l'image*. Complet et synthétique : ecole.nathan.fr/f15-balcon
- Une vidéo très courte pour souligner que les travaux d'Haussmann ont été très controversés et critiqués en particulier par Jules Ferry : ecole.nathan.fr/f15-critiques

DÉROULÉ DE LA SÉANCE

Mise en situation

Contextualisation

- **Écrire le titre de la séance au tableau.** Expliquer aux élèves que l'on étudie l'exemple de Paris, mais qu'on aurait pu choisir d'autres villes.
- **Expliquer aux élèves que le XIXe siècle est marqué par une série de transformations dans tous les domaines :** nouvelles inventions, nouvelles industries, nouveaux emplois, nouvelles classes sociales, et transformation des villes comme Paris.

Document d'accroche

- **Commencer par le début de l'émission sur « la folle aventure du Paris haussmannien ».** Cet extrait permet de montrer l'avant/l'après : Paris avant Haussmann et Paris après Haussmann.

Problématique

- Quelles transformations connait la ville de Paris dans la seconde moitié du XIXe siècle ?

2'32 à 4'40 min

1 Paris avant et après les travaux d'Haussmann

A Paris avant et après Haussmann

- **À partir de la vidéo d'accroche, demander ensuite aux élèves :**
  - Sur quel monument se trouvent les deux journalistes ? Que veulent nous montrer les deux journalistes ?
  Les deux journalistes se trouvent sur le toit de l'Opéra construit entre 1861 et 1875 par Charles Garnier. Cette vue permet de visualiser les transformations de Paris par le baron Haussmann. Les journalistes nous montrent :
  - les percées Haussmanniennes avec l'avenue de l'Opéra ;
  - l'aspect extérieur des immeubles « haussmanniens » en pierre de taille, avec de larges cours intérieures aérées.
  Projeter ensuite les photographies de l'opéra Garnier avant et après les travaux
- **Lire le texte sur Paris avant 1853** et demander ensuite aux élèves :
  - À quoi ressemble Paris au début des travaux du baron Haussmann ?
  Paris avant 1853 est une ville qui ressemble à celle de Louis XIV : des rues sombres, malodorantes, sinueuses, dangereuses. La traversée nord-sud et est-ouest y est presque impossible en calèche. C'est pourquoi Haussmann commencera par une percée nord-sud (boulevard de Sébastopol suivi ensuite parle boulevard Saint-Michel et est-ouest avec la rue de Rivoli).

2 L'Opéra Garnier avant et après les travaux d'Haussmann

La ville de Paris au milieu du XIXe siècle ressemble à celle de 1789. Des rues étroites, sombres, sales, qui sont mal éclairées. Dans la grande majorité des maisons, il n'y a pas d'eau à l'étage. Le porteur d'eau doit l'apporter aux divers appartements.

D'après Georges Pradalié, *Le Second Empire*, Que sais-je, PUF, 1969.

3 Paris avant 1853

B Le nouveau Paris

- **Projeter le plan des transformations de Paris réalisées par Haussman, puis montrer un extrait de la vidéo *Karambolage*.**
  Expliquer qu'Haussmann transforme Paris de 1853 à 1870 et que la ville est un chantier permanent : on peut faire un arrêt sur image et montrer comment les travaux avaient lieu sans pelleteuse ou grue.
  L'avenue de l'Opéra est un bon exemple des percées haussmanniennes : de très larges avenues ou boulevards qui permettent d'aérer la ville et d'éviter aussi les barricades (souvenir des révoltes de 1848 qui amènent Louis-Napoléon Bonaparte au pouvoir).
  Les immeubles haussmanniens sont construits selon des principes identiques :
  - pierre de taille obligatoire ;
  - les commerces au rez-de-chaussée surmonté par un entresol ;
  - 6 étages avec escalier principal et escalier de service ;
  - le deuxième étage, suffisamment élevé mais pas trop (il n'y a pas encore d'ascenseur) est l'étage noble, là où la famille la plus fortunée vit ;
  - les chambres de bonne, au dernier étage, sont habitées par les domestiques et ressemblent à des cellules monacales : une fenêtre de toit, un lit et une chaise.

4'40 à 5'08 min

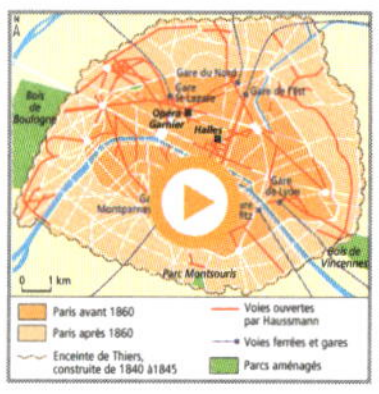

4 Les transformations de Paris

- **Montrer l'intérieur d'un immeuble Haussmannien.**

  - Où habitent les plus riches et les plus pauvres ?

  Pour la première fois, en effet, riches (2e et 5e étages) et pauvres (6e étage) habitent dans le même immeuble avec les classes moyennes (3e et 4e étage). C'est inédit : auparavant les populations riches et pauvres ne se côtoyaient pas.

- **Montrer l'extrait sur le baron Haussmann.**

  Demander aux élèves :

  - Qui nomme Haussmann pour transformer Paris ?

  - Comment le quotidien des Parisiens s'est amélioré après les travaux du baron Haussmann ?

  Napoléon III nomme le baron Haussmann pour transformer Paris en une vingtaine d'années.

  Les travaux améliorent le quotidien des Parisiens :

  - 70 voies nouvelles ;

  - 585 km d'égouts ;

  - une vingtaine de squares, deux grands parcs, des plantations d'arbres, installation de bancs, de kiosques ;

  - 40 000 immeubles construits ;

  - 9 ponts...

  - Quel mode de transport se développe au XIXe siècle ?

  Les gares qui attirent toujours plus de voyageurs sont toutes reliées par de larges avenues. Elles forment les « nouvelles portes de Paris » selon Napoléon III (qui pensait que les routes seraient petit à petit abandonnées).

  Faire comprendre aux élèves qu'on a profité de l'expansion des villes pour faire de grands travaux et transformer les zones urbaines.

- **Lire le texte sur les transformations de Paris avec les élèves.**

  - Quels sont les Parisiens mécontents de ces travaux ? Pourquoi ?

  Si les Parisiens les plus fortunés vivent mieux (eau courante, égouts, squares, parcs...), les ouvriers et le Paris populaire sont rejetés en banlieue, en particulier à l'est et au nord de Paris.

  En effet, dans toutes les grandes villes européennes, les quartiers les plus aisés se situent à l'ouest des villes et les quartiers populaires à l'est. C'est l'une des conséquences de la révolution industrielle : avec des vents dominants d'ouest, il vaut mieux habiter à l'ouest pour éviter de vivre dans la fumée des usines qui vont se trouver surtout à l'est...

Bilan de la séance

- **Rappeler la problématique posée en introduction.**

  Au milieu du XIXe siècle, Paris devient une capitale moderne pour l'époque avec de larges avenues, des immeubles en pierres avec de l'eau courante, des parcs et des squares. Mais les populations les plus pauvres sont rejetées en banlieue.

1'12 à 3'40 min

5 Les transformations dans la ville

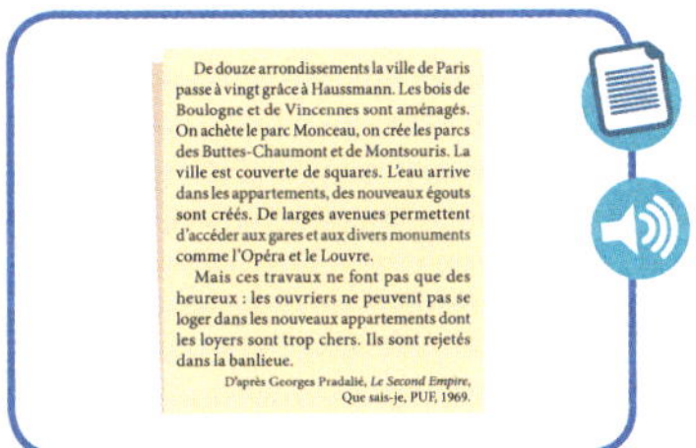

De douze arrondissements la ville de Paris passe à vingt grâce à Haussmann. Les bois de Boulogne et de Vincennes sont aménagés. On achète le parc Monceau, on crée les parcs des Buttes-Chaumont et de Montsouris. La ville est couverte de squares. L'eau arrive dans les appartements, des nouveaux égouts sont créés. De larges avenues permettent d'accéder aux gares et aux divers monuments comme l'Opéra et le Louvre.

Mais ces travaux ne font pas que des heureux : les ouvriers ne peuvent pas se loger dans les nouveaux appartements dont les loyers sont trop chers. Ils sont rejetés dans la banlieue.

D'après Georges Pradalié, *Le Second Empire*, Que sais-je, PUF, 1969.

6 Des travaux qui excluent les plus pauvres

Pistes pour la trace écrite au choix

1 Texte à reproduire

La ville de Paris se transforme au milieu du XIXe siècle grâce à Napoléon III et au baron Haussmann : des avenues, des squares, de nouveaux immeubles en pierres, un réseau d'égouts permettent aux Parisiens de vivre mieux. Mais les plus pauvres sont rejetés en banlieue.

2 Texte à compléter

▶ **Complète le texte avec les mots suivants :**
baron Haussmann - égouts - pierres - pauvres.

La ville de Paris se transforme au milieu du XIXe siècle
grâce à Napoléon III et au .... :
des avenues, des squares, de nouveaux immeubles
en ...., un réseau d'..
permettent aux Parisiens de vivre mieux.
Mais les plus .... sont rejetés
en banlieue.

PROLONGEMENTS

▶ **Visite : les égouts de Paris pour comprendre la complexité des travaux.**
Deux vidéos très courtes permettent aussi de comprendre le fonctionnement des égouts de Paris conçus par l'ingénieur Belgrand :
ecole.nathan.fr/f15-egouts1
ecole.nathan.fr/f15-egouts2

▶ **Créer une exposition sur Paris : comparer la ville avant et après les travaux d'Haussmann.**
Les élèves pourront s'appuyer sur l'émission *C'est pas Sorcier* sur les travaux d'Haussmann :
ecole.nathan.fr/f15-travaux

▶ **Géographie :** faire le lien avec le projet du « Grand Paris ». Paris continue de s'agrandir et de se transformer (métro contournant Paris pour relier les communes de banlieues entre elles, nouvelles gares, nouveaux logements respectant les normes d'isolation et d'économie d'énergie...). On peut s'appuyer sur cette vidéo pour illustrer le projet du « Grand Paris » :
ecole.nathan.fr/f15-grand-paris1

16 La ville industrielle dans les arts

POINTS DE REPÈRE

L'architecture industrielle

- Le XIXe siècle est celui d'une nouvelle vision de la ville et de l'urbanisme : les grandes villes comme Paris s'agrandissent, s'assainissent et s'ouvrent aux transports modernes.
- Les progrès techniques permettent des constructions plus grandes et construites plus rapidement grâce au fer et au verre. Les gares et les halles fleurissent un peu partout. À Paris, les halles Baltard, édifiées entre 1852 et 1872 et composées de douze pavillons, accueillent un immense marché couvert.

Les gares

- Les gares deviennent les « nouvelles portes de la ville » pour reprendre l'expression de Napoléon III. Claude Monet choisit la gare Saint-Lazare, la plus grande d'Europe, comme sujet de tableaux. Elle est inaugurée officiellement en 1867 à l'occasion de l'Exposition universelle. Il peint douze versions qu'il présente à la troisième exposition des impressionnistes.

Les artistes et l'industrialisation

- Tous comme leurs contemporains, les artistes sont marqués par l'industrialisation. Entre fascination et rejet de cette modernité, ils sont de bons témoins des transformations de leur époque. François Bonhommé peint les forges, Claude Monet s'intéresse aux jeux de lumière des vapeurs de fumée dans la gare Saint-Lazare, Gustave Caillebotte peint le Paris haussmannien… D'une manière générale, les artistes impressionnistes sont captivés par l'âge industriel et peignent le développement des villes, du chemin de fer, le flot des passants… Les polémiques sont nombreuses sur la manière de peindre ou sur les sujets artistiques (comme celle sur la construction de la tour Eiffel, voir fiche 13, pp. 207-210).

Pour en savoir plus

- Le site *L'Histoire par l'image* analyse le tableau et propose une animation pour comprendre la structure de l'œuvre de Monet : ecole.nathan.fr/f16-analyse
- Une analyse du tableau qui remet dans son contexte historique l'œuvre de Monet (3 minutes) : ecole.nathan.fr/f16-analyse2

DÉROULÉ DE LA SÉANCE

Mise en situation

Document d'accroche

- **Montrer la vidéo de présentation de Claude Monet.**
Ce reportage explique pourquoi Claude Monet est un génie de la peinture. On pourra introduire l'auteur et expliquer qu'il est un bon témoin de son temps.

3'21 min

1 Claude Monet

Problématique

- Comment les œuvres d'art témoignent des changements industriels du XIXe siècle ?
On s'appuie ici sur l'œuvre de Claude Monet, *La Gare Saint-Lazare*, mais les œuvres de Caillebotte ou Pissaro peuvent également être utilisées.

A Le tableau de Claude Monet

- **Vidéoprojeter le tableau de Claude Monet.**
  Demander aux élèves d'identifier le document :
  - *la nature : tableau*
  - *l'auteur : Claude Monet*
  - *la date : 1877*
  - *les dimensions : 0,75 x 1,04 m*

2 *La Gare Saint-Lazare*, Claude Monet, 1877

- **Pour analyser le tableau de Claude Monet, on peut s'appuyer sur cette courte vidéo.**

2'54 min

3 Analyse de l'œuvre

Travail sur le cahier

Étude de document
- Distribuer le tableau à légender aux élèves.
- Demander de placer au bon endroit les mots suivants : « locomotive entrant en gare », « fumée », « toit de verre », « poteau en fer », « voyageurs », « immeubles haussmanniens ».

On fera remarquer que Claude Monet peint une gare avec l'arrivée d'un train. Le sujet de cette peinture est doublement nouveau et montre combien les transformations industrielles ont transformé le quotidien des Français : les gares sont comme des cathédrales modernes, les trains permettent le déplacement rapide des marchandises et des personnes. Monet met en avant la nouvelle architecture en fer et en verre. Et on distingue à l'arrière-plan les immeubles haussmanniens en pierre.

B La réception de l'œuvre

- **Lire l'avis d'Émile Zola sur le tableau de Claude Monet.**
  Rappeler, si nécessaire, qui est Émile Zola (voir séance 11 sur les grands magasins).
  - En vous aidant du texte écrit par Émile Zola, quelle impression peut-on ressentir à la vue de ce tableau ?
  On a l'impression de respirer la fumée et de voir la locomotive arriver en gare.
  On pourra s'appuyer sur la vidéo d'introduction qui montre le « génie » de Claude Monet : il cherche à représenter les changements de lumière

> Monet a exposé cette année des intérieurs de gares superbes. On y entend le grondement des trains qui s'engouffrent, on y voit des débordements de fumée qui roulent sous les vastes hangars. Là est aujourd'hui la peinture. Nos artistes doivent trouver la poésie des gares, comme leurs pères ont trouvé celle des forêts et des fleuves.
>
> *Notes parisiennes - Une exposition : les peintres impressionnistes*, 1877

4 L'avis d'Émile Zola sur le tableau de Monet

à travers la verrière et la fumée des trains au fil de la journée.
On pourra faire remarquer aux élèves que Monet donne une vision optimiste et enjouée de l'industrialisation avec l'harmonie bleue et rose des fumées des locomotives. Cette vision est très éloignée de nos représentations actuelles où la fumée et les usines évoquent plutôt la pollution.

- Aimez-vous ce tableau « impressionniste » (c'est-à-dire qui insiste sur la lumière et les impressions plus que sur la réalité) ?
- Expliquez pourquoi.

On sera à l'écoute des réponses des élèves. On pourra leur raconter que les tableaux des impressionnistes n'ont pas plu du tout au public à l'origine. Ainsi, le tableau de Claude Monet, *Impression soleil levant*, peint en 1874, a été vendu aux enchères 210 francs (quelques centaines d'euros aujourd'hui) en 1878.

Quelques exemples de réponse :
J'aime ce tableau car il donne l'impression que la scène est vivante.
Je n'aime pas ce tableau car on ne voit pas le contour de ce qui est peint...

Bilan de la séance

- **Rappeler la problématique posée en introduction.**
  Claude Monet, comme de très nombreux autres artistes, a représenté les transformations industrielles : l'arrivée du train, la construction des gares, les immeubles modernes...

Pistes pour la trace écrite au choix

1 Texte à reproduire

Claude Monet, comme de très nombreux autres artistes, a représenté les transformations industrielles : l'arrivée du train, la construction des gares, les immeubles modernes.. Claude Monet donne naissance à un nouveau courant artistique : l'impressionnisme.

2 Texte à compléter

▶ **Complète le texte avec les mots suivants :**
Claude Monet - impressionnisme - industrielles.

...., comme de très nombreux autres artistes, a représenté les transformations .... : l'arrivée du train, la construction des gares, les immeubles modernes.. Claude Monet donne naissance à un nouveau courant artistique : l'.. .

PROLONGEMENTS

▶ **Visite du musée d'Orsay qui regroupe la plupart des tableaux des impressionnistes.**

▶ **Lectures :**
- *Les impressionnistes*, Bénédicte Le Loarer et Clément Devaux, Milan, 2018
- *Le Petit Atelier de Monet*, Raffaelle Russi Ricci, 2010

On peut, à partir de ces deux lectures, proposer aux élèves de réaliser une affiche sur Claude Monet et les impressionnistes. Qui est Claude Monet ? Que signifie le mot « impressionniste » ?

▶ **Arts visuels :** on pourra travailler sur le courant des impressionnistes, très critiqués au départ, puis encensé par la suite. Une vidéo de moins de 5 minutes du musée d'Orsay fait parler certains personnages des tableaux de Claude Monet, ainsi que Claude Monet lui-même, et permet d'expliquer ce qui distingue le courant impressionniste des autres courants artistiques : ecole.nathan.fr/f16-impressionnisme

THÈME 6

La France, des guerres mondiales à l'Union européenne

« Ce que l'élève va apprendre

Situer sur une frise chronologique

- les dates de la Première et de la Seconde Guerre mondiale
- la date de l'armistice de la Première guerre mondiale
- la date de la capitulation allemande marquant la fin de la Seconde Guerre mondiale en Europe
- les dates de la création de la CEE et de l'Union européenne

Situer sur une carte

- la France et l'Allemagne
- quelques pays de l'Union européenne

Raconter

- la vie des soldats pendant la Première guerre mondiale
- ce qui est arrivé aux Juifs et aux Tsiganes pendant la Seconde Guerre mondiale
- ce qui rassemble les Européens aujourd'hui

Expliquer

- ce qu'est la guerre des tranchées
- la différence entre la Résistance et la Collaboration
- quels pays ont construit l'Union européenne et pourquoi

Sommaire

Séance 17 Les traces de la Première Guerre mondiale en France • TRACES 225
Séance 18 La Première Guerre mondiale (1914-1918) 231
Séance 19 La guerre des tranchées 237
Séance 20 Le bilan de la Première Guerre mondiale 243
Séance 21 La bataille de la Somme • HISTOIRE des ARTS 247
Séance 22 Les traces de la Seconde Guerre mondiale en France • TRACES 251
Séance 23 La Seconde Guerre mondiale (1939-1945) 255
Séance 24 La Seconde Guerre mondiale en France 261
Séance 25 Le génocide des Juifs et des Tsiganes • AVOIR 10 ANS sous... 267
Séance 26 La Résistance • EMC 271
Séance 27 Bâtir la paix : la construction européenne 275
Séance 28 L'Union européenne aujourd'hui • EMC 281

17 Les traces de la Première Guerre mondiale

TRACES

POINTS DE REPÈRE

Des traces abondantes

- Les traces de la Première Guerre mondiale sur le territoire français sont nombreuses et d'une grande diversité : monuments aux morts, mémoriaux, nécropoles militaires, tranchées, forts, panneaux signalant les villages disparus, zones rouges, noms de rues, douilles et obus affleurant, cartes postales, albums photos, etc. Cette abondance de traces est liée à la violence de la guerre et à son terrible bilan humain et matériel. Cependant, ces traces sont de moins en moins visibles avec le temps et s'effacent peu à peu des paysages, à l'inverse des lieux de mémoire, des monuments aux morts ou des musées.
- Depuis 2014, l'opération de « la Grande Collecte » invite les particuliers à apporter leurs archives familiales dans les services des archives départementales. Des milliers de documents ont ainsi pu être découverts, témoignant des traces profondes laissées par la Première Guerre mondiale dans les mémoires familiales.

Des monuments aux morts et des commémorations

- Le besoin de commémorer s'est exprimé dès la fin de la guerre. Entre 1920 et 1925, 30 000 monuments aux morts sont érigés sur les places publiques des villes et villages de France. Cette « frénésie commémorative » (Annette Becker) répond autant au désir de la République de rendre hommage aux « morts pour la France » qu'au besoin des familles de disposer d'un lieu de recueillement dans leur commune, et non dans les grandes nécropoles militaires à proximité des champs de bataille. En 1920 est votée la loi pour rendre hommage à un Soldat inconnu. En 1922, le 11 novembre devient le jour de « commémoration de la victoire et de la paix ».
- Aujourd'hui, le souci d'entretenir la mémoire de la guerre est toujours actif : Mission du Centenaire de la Première Guerre mondiale, construction de l'Anneau de la Mémoire à Notre-Dame de Lorette dans le Nord-Pas-de-Calais, construction de l'Historial de la Grande Guerre dans la Somme.

Pour en savoir plus

- Nicolas Beaupré, « La Première Guerre mondiale (1912-1923) », *La Documentation photographique*, n° 8137, mai 2020.
- Un entretien filmé avec l'historien Antoine Prost sur le site des monuments aux morts de Meurthe-et-Moselle : ecole.nathan.fr/f17-monuments
- Une vidéo *Karambolage* sur les monuments aux morts : ecole.nathan.fr/f17-karambolage

DÉROULÉ DE LA SÉANCE

Mise en situation

Se repérer dans le temps

- **Placer la Première Guerre mondiale sur la frise chronologique.** Évoquer sa durée et ne pas hésiter à mesurer le temps écoulé entre la Première Guerre mondiale et aujourd'hui.

Frise

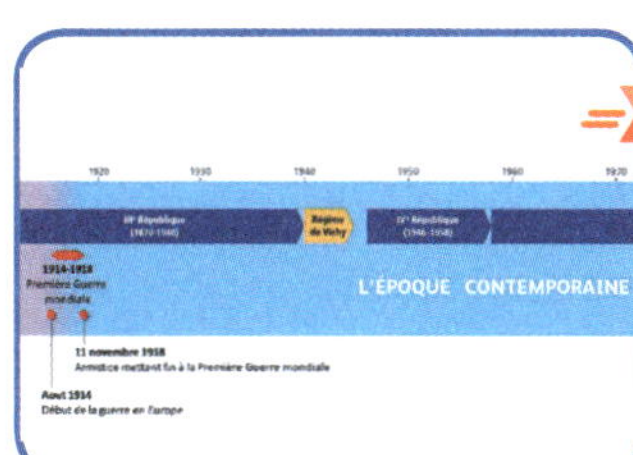

1 Frise chronologique

Documents d'accroche

- **Projeter la photographie d'un panneau de village détruit lors de la Première Guerre mondiale.**
Ce panneau signale la présence du village d'Haumont, sans habitants, ni habitations.
– Pourquoi ce village a-t-il disparu ? Il a été détruit lors de la Première Guerre mondiale.
L'objectif est de montrer qu'ici, la guerre a été tellement violente qu'elle a totalement fait disparaitre les traces du passé : seul un panneau signale encore la présence d'un village aujourd'hui disparu.

2 Les traces des destructions

Problématiques

- Existe-t-il encore aujourd'hui d'autres traces visibles de la Première Guerre mondiale ? Que nous apprennent ces traces sur la Première Guerre mondiale ?

A Des lieux de mémoire

1 DÉCOUVRIR LES TRACES DE LA GUERRE

- **Projeter le montage des quatre photographies.**
– Qu'est-ce que ces traces nous apprennent sur la Première Guerre mondiale ? Cette guerre a été violente, destructrice et meurtrière.
Évoquer le bilan humain et matériel de la guerre : plus de 18 millions de morts (10 millions de militaires, 8 millions de civils) et 20 millions de blessés, 4000 communes dévastées le long du front, 1,9 millions d'hectares impropres à la culture, 450 000 logements détruits.
– À ton avis, pourquoi a-t-on conservé ces traces du passé ?
Pour rendre hommages aux disparus et faire comprendre qu'il faut tout faire pour éviter que cela ne se reproduise.
- **Expliquer que ces traces de la guerre sont aussi des lieux de mémoire**, c'est-à-dire des lieux entretenus par la société pour se souvenir de son passé.

3 Les traces des violences de la guerre

2 ANALYSE COMPARÉE DE DEUX MONUMENTS AUX MORTS

- **Projeter les deux photographies de monuments aux morts.**
– À ton avis, à quoi sert un monument aux morts ? Il sert à commémorer les morts pour la France.
- **Expliquer qu'un monument aux morts est une construction en souvenir des morts pour la France.** Il fait office de tombe collective destinée à honorer les soldats français tombés au combat et donne la possibilité aux familles qui ne disposent pas du corps du défunt de se recueillir. Plus de 30 000 monuments aux morts sont ainsi construits en France après la guerre.

4 Les monuments aux morts

Travail sur le cahier

Étude de documents
- Distribuer la fiche d'activité associée.
- Demander aux élèves :
– Décrivez les personnages figurants sur les deux monuments aux morts.
Le monument d'Équeurdreville présente une veuve éplorée, avec ses deux enfants et une inscription : « Que maudite soit la guerre ». Le monument de Noyelles-lès-Seclin présente »»

»»

un poilu héroïque portant l'uniforme bleu horizon, les bandes molletières, le casque mais vierge de traces de boue ou de blessures et une inscription : « La victoire en chantant ».

– Ces deux monuments aux morts délivrent-ils le même message sur la guerre ?
Pour vous aider à répondre, entourez en bleu les mots qui correspondent au doc. 1, et en rouge, les mots qui correspondent au doc. 2.

la défaite — la gloire — la douleur

la victoire — la guerre — le deuil

Non, ces deux monuments ne délivrent pas le même message sur la guerre le monument de Noyelles-lès-Seclin est patriotique ; le monument d'Équeurdreville est pacifiste et funéraire.

- **On peut classer les monuments aux morts en quatre catégories :**
  - les monuments aux morts civiques, à proximité de la mairie ou sur les places publiques, ils sont républicains et laïques ;
  - les monuments aux morts patriotiques, qui montrent le sacrifice des soldats et les représentent comme des héros ;
  - les monuments aux morts funéraires, qui veulent faire comprendre le deuil et la douleur des proches ;
  - les monuments aux morts pacifistes, plus rares, qui dénoncent la guerre.

B Un jour férié et une cérémonie : le 11 novembre

1 DÉCOUVRIR LE 11 NOVEMBRE ET SA COMMÉMORATION

- **Projeter et distribuer la Une du journal annonçant la signature de l'armistice du 11 novembre 1918 et la photographie du président de la République devant la tombe du Soldat inconnu.**
Installée sous l'Arc de triomphe de l'Étoile à Paris, la tombe du Soldat inconnu contient les restes d'un soldat tué au combat, dont on ignore le nom, la nationalité ou l'ethnie. Ce soldat représente tous les morts liés à la Première Guerre mondiale.
– Que s'est-il passé le 11 novembre 1918 ? L'armistice du 11 novembre 1918 mettant fin à la Première Guerre mondiale.
– Comment le 11 novembre 1918 est-il célébré en France ?
Par une cérémonie à Paris autour de la tombe du Soldat inconnu et dans toutes les communes de France autour du monument aux morts.
Demander aux élèves qui ont assisté à cette cérémonie dans leur commune de raconter leur expérience.

5 **L'armistice du 11 novembre 1918**

- **S'interroger ensemble sur le sens de la commémoration** de la Première Guerre mondiale plus de cent ans après : honorer les victimes de la Grande Guerre, mais aussi toutes celles qui sont tombées dans les guerres suivantes.
Expliquer que depuis 2012, le 11 novembre n'est plus seulement le jour qui marque la fin de la Première Guerre mondiale, mais la journée d'hommage rendu à tous les morts pour la France, civils et militaires durant toutes les autres guerres : Première Guerre mondiale, Seconde Guerre mondiale, Indochine, Algérie et les opérations extérieures.

2 DÉCOUVRIR LE MONUMENT AUX MORTS DE SA COMMUNE

Travail sur le cahier

Activité

- Projeter et distribuer la fiche d'activité sur les monuments aux morts.
- Demander aux élèves de faire une recherche sur le monument aux morts de votre commune ou de la commune voisine et compléter la fiche.
- Utiliser si besoin le site des monuments aux morts de l'université de Lille pour la recherche : ecole.nathan.fr/f17-lille

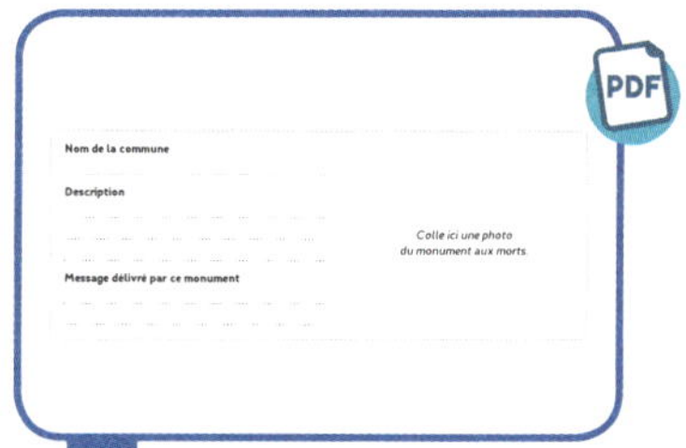

6 Le monument aux morts de ma commune

- Pour étudier un monument aux morts, il est possible de s'inspirer de la fiche présentée par le service éducatif de l'Historial de la Grande Guerre : ecole.nathan.fr/f17-historial

Bilan de la séance

- **Rappeler les problématiques posées en introduction.**
  Les traces laissées par la Première Guerre mondiale sont nombreuses : monuments aux morts, tranchées, trous de mine, commémorations du 11 novembre.... Toutes nous rappellent que cette guerre a été violente, destructrice et meurtrière.

Pistes pour la trace écrite *au choix*

1 Texte à reproduire

La Première Guerre mondiale a été très violente et a laissé de nombreuses traces encore visibles aujourd'hui.

Après 1918, des monuments aux morts sont construits dans toutes les communes de France pour honorer la mémoire des soldats tombés au combat. C'est autour du monument aux morts que se déroule chaque année la cérémonie du 11 novembre. Ce jour marque la fin de la Première Guerre mondiale en 1918, avec la signature de l'armistice entre la France et l'Allemagne.
C'est également le jour de la commémoration de tous les morts pour la France, civils et militaires, durant toutes les guerres d'hier et d'aujourd'hui.

2 Texte à compléter

▶ **Complète le texte suivant avec les mots suivants :**
la cérémonie du 11 novembre – l'armistice – la fin de la Première Guerre mondiale – des monuments aux morts – traces.

La Première Guerre mondiale a été très violente et a laissé de nombreuses .... encore visibles aujourd'hui.

Après 1918, ... sont construits dans toutes les communes de France pour honorer la mémoire des soldats tombés au combat. C'est autour du monument aux morts que se déroule chaque année .... Ce jour marque .... en 1918, avec la signature de .... entre la France et l'Allemagne. C'est également le jour de la commémoration de tous les morts pour la France, civils et militaires, durant toutes les guerres d'hier et d'aujourd'hui.

3 Texte à contruire

▶ **Écris un texte sur les traces de la guerre encore visibles aujourd'hui, puis explique ce qu'est un monument aux morts et la cérémonie du 11 novembre.**

PROLONGEMENTS

- **Projeter le portrait-robot du Soldat inconnu.** Réalisé par l'Historial de la Grande Guerre à partir de 30 000 hommes et femmes de France, le Visage inconnu est une manière innovante de rendre hommage aux victimes de la Première Guerre mondiale : ecole.nathan.fr/f17-soldat
- **Jeux :** pour concevoir un monument aux morts sur ordinateur : ecole.nathan.fr/f17-jeu-monument
- **Arts visuels :** présenter, décrire et analyser le monument *Aux héros de l'Armée noire* à Reims, inauguré en 1922 et dédié aux troupes coloniales, détruit par les nazis en 1940 et restauré en 2013.
- **Débat : faut-il encore commémorer le 11 novembre, plus de cent ans après la fin de la guerre ?** On pourra s'appuyer sur la vidéo suivante : ecole.nathan.fr/f17-debat

18 La Première Guerre mondiale (1914-1918)

POINTS DE REPÈRE

Une guerre mondiale

- À la fin du XIXe siècle, les grandes puissances européennes connaissent d'importantes rivalités économiques, coloniales et territoriales, ainsi qu'une forte montée des nationalismes. Des alliances militaires défensives sont scellées dans la crainte d'un conflit armé. L'assassinat de l'archiduc François-Ferdinand à Sarajevo déclenche l'engrenage des alliances et transforme, par des déclarations de guerre en chaine, une guerre locale en guerre européenne, puis mondiale.

Une guerre violente

- En 1914, les états-majors pensent partir pour une guerre de courte durée. Mais cette guerre se révèle longue et d'une rare violence :
  - plus de 70 millions de combattants, jamais une guerre n'a mobilisé autant d'hommes ;
  - plus de 10 millions de soldats tués ;
  - des armes meurtrières : chars d'assauts, sous-marins, lance-flammes, aviation, mitrailleuses, artillerie et obus par millions, gaz toxiques ;
  - une nouvelle façon de combattre terrible et meurtrière : la guerre des tranchées ;
  - des batailles sur terre, dans les airs et en mer (sur l'eau et sous l'eau) ;
  - des offensives meurtrières pour des gains dérisoires (exemple : l'offensive Nivelle au Chemin des Dames en avril 1917 où 30 000 poilus meurent en 10 jours).

Une guerre totale

- L'ensemble de la société est mobilisé pour la victoire : les soldats, mais aussi les civils, en Europe et dans les colonies. Une économie de guerre est mise en place : emprunts auprès des banques, emprunts nationaux, reconversions industrielles (Renault fabrique des moteurs d'avion et des chars d'assaut, Citroën fabrique des obus). Les recherches médicales et scientifiques sont mises au service de la guerre. Les femmes s'engagent à l'arrière et comme infirmières sur le front. On apprend aux enfants le patriotisme et la haine de l'ennemi.

Pour en savoir plus

- François Cochet, *Idées reçues sur la Première Guerre mondiale*, Le Cavalier Bleu, 2018.
- Sur le site de la Mission centenaire, la frise chronologique commentée : ecole.nathan.fr/f18-frise
  - l'engagement des femmes pendant la Première Guerre mondiale : ecole.nathan.fr/f18-femmes
- Une carte animée pour comprendre le déclenchement de la guerre sur le site *Histoire à la carte* : ecole.nathan.fr/f18-sarajevo

DÉROULÉ DE LA SÉANCE

Mise en situation

Se repérer dans le temps

- **Montrer la frise chronologique aux élèves et placer avec eux la Première Guerre mondiale** (ne pas hésiter à mesurer le temps écoulé entre la Première Guerre mondiale et aujourd'hui).

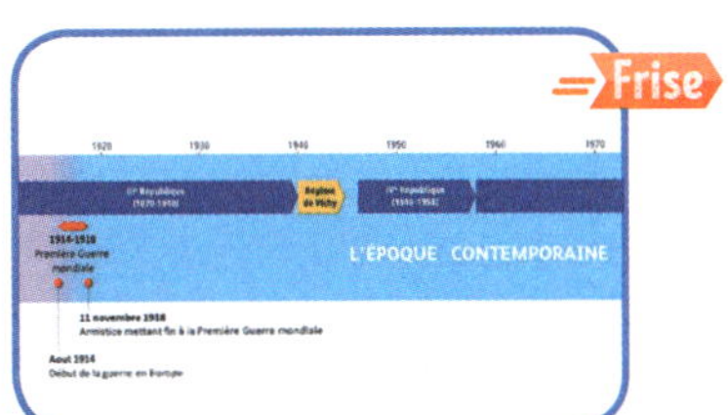

1 Frise chronologique

Document d'accroche

- **Montrer la vidéo des combats de la guerre de tranchées** afin d'associer l'image mentale de la tranchée avec la Première Guerre mondiale.

Problématique

- En quoi cette guerre est-elle différente des guerres précédentes ?

2 La violence des combats

A Une guerre mondiale d'une grande violence

1 L'ASSASSINAT DE L'ARCHIDUC, DÉCLENCHEUR DE LA GUERRE

- **Visionner la vidéo sur l'assassinat de l'archiduc François-Ferdinand à Sarajevo le 28 juin 1914.**
Rappeler qui est François Ferdinand (futur héritier de l'empire d'Autriche-Hongrie) et expliquer pourquoi Gavrilo Princip, un étudiant serbe de Bosnie, assassine l'archiduc : il souhaite que la Serbie récupère la Bosnie-Herzégovine, sous contrôle autrichien.
- **Expliquer que cet évènement entraine la déclaration de guerre** de l'Autriche à la Serbie, le 28 juillet 1914.

3 L'assassinat de l'archiduc François-Ferdinand le 28 juin 1914

- **Repérer Sarajevo, capitale de la Bosnie-Herzégovine, sur la carte des pays en guerre.**

4 Deux alliances face à face

2 LA MONDIALISATION DU CONFLIT

- **Observer la carte des pays en guerre.**
Expliquer les rivalités des États européens au début du XXe siècle en évoquant l'opposition entre la France et l'Allemagne sur la question de l'Alsace-Moselle.
- **Montrer la crainte d'un conflit militaire** avant 1914 qui pousse les États européens à se lancer dans une course aux armements et à nouer des alliances militaires défensives : la Triple Entente (future Entente) et la Triple Alliance (futures puissances centrales).
– Quel est le nom des deux grandes alliances militaires ?
L'Entente et les puissances centrales.
– À quelle alliance appartient la France et à quelle alliance appartient l'Allemagne ? La France appartient à l'Entente et l'Allemagne aux puissances centrales.
- **Expliquer le danger de ces alliances** et comment, par des déclarations de guerre en chaine, elles ont transformé une guerre locale entre l'Autriche et la Serbie en guerre européenne puis mondiale.
– Quels sont les continents touchés par la guerre ? Donnez le nom de plusieurs pays en guerre situés en dehors de l'Europe.
Tous les continents sont touchés par la guerre. Exemples : les États-Unis (Amérique du Nord), le Brésil (Amérique du Sud), le Sénégal (Afrique), l'Australie (Océanie), le Japon (Asie)...
- **Faire remarquer qu'il s'agit d'une guerre mondiale**, mais que l'essentiel des combats ont lieu en Europe.

- **Interroger les élèves sur les éléments de la photographie.**
  - Est-ce que ce sont des civils ou des soldats ? D'où viennent-ils ? Dans quelle alliance combattent-ils ? Pourquoi combattent-ils dans cette alliance ? Les tirailleurs sont des soldats sénégalais. Ils combattent pour les pays de l'Entente car le Sénégal est une colonie française.
- **Conclure en parlant de l'entrée en guerre des États-Unis en 1917**, du nombre de soldats engagés (plus de 73 millions) et du nombre élevé de pays engagés dans le conflit (72 pays).

5 Les tirailleurs sénégalais de l'empire colonial français

3 DES ARMES NOUVELLES ET MEURTRIÈRES

- **Rappeler quelles étaient les armes utilisées avant 1914** à partir des connaissances personnelles des élèves : épées, lances, fusils, canons…
- **Réaliser l'exercice interactif sur les armes utilisées.**
  Puis demander à un élève de venir entourer en rouge les armes utilisées dans les combats terrestres, en vert les armes utilisées dans les combats aériens et en bleu les armes utilisées dans les combats navals.
  Évoquer d'autres formes de violence comme les combats dans les tranchées (visibles dans la vidéo d'introduction).
- **Rappeler le bilan de la guerre :** 10 millions de soldats tués, 8 millions de civils tués, 21 millions de blessés, près de 1 milliard d'obus lancés.

6 Les armes utilisées pendant la Première Guerre mondiale

Travail sur le cahier

Étude de carte
- Coller la carte des pays en guerre et compléter le titre et la légende.
- Colorier de deux couleurs différentes les deux grandes alliances.

B Une guerre totale

4 LA PARTICIPATION DE TOUTE LA POPULATION

- **Observer les documents.**
  La notion de « guerre totale » étant complexe pour des élèves de CM2, il vaut mieux la définir comme une guerre qui touche et mobilise toutes les catégories de la population.
- **Faire observer que même les animaux ont fait la guerre !** Plus de 11 millions de chevaux, plus de 100 000 chiens et plus de 200 000 pigeons ont été utilisés par les armées pour transporter du matériel ou surveiller l'ennemi. Évoquer l'histoire du chien Stubby, capable de retrouver les blessés, d'entendre les obus et de sentir les gaz avant les soldats. Il a reçu le grade de sergent et il a été le chien le plus décoré de la Première Guerre mondiale.
- **Compléter le tableau sur la participation de toute la population** grâce aux documents vus précédemment.
  - *Qui participe à la guerre ? De quelle façon ?*

7 Une guerre totale

Travail sur le cahier

Exercice
- Coller le tableau et le compléter.

Les soldats	Les femmes	Les enfants	Les animaux
Ils combattent sur le front.	Elles travaillent dans les usines (fabrication d'obus par exemple) et remplacent les hommes.	Ils doivent se priver, comme leurs parents, pour la victoire de leur pays.	Ils transportent du matériel, des messages ou surveillent l'ennemi.

5 LA FIN DE LA GUERRE

- **Évoquer le contexte historique :** l'entrée en guerre des Américains en avril 1917, la victoire des troupes alliées dirigées par le maréchal Foch lors de la seconde bataille de la Marne en juillet 1918.
- **Visionner la vidéo sur l'armistice du 11 novembre :** faire remarquer la joie des populations au moment de l'armistice du 11 novembre 1918 et rappeler qu'aujourd'hui le 11 novembre est un jour férié.

1'30 min

8 La signature de l'armistice

Bilan de la séance

- **Rappeler la problématique posée en introduction.**
La Première Guerre mondiale est une guerre différente des guerres précédentes car elle a été plus violente, mondiale et totale.

Travail sur le cahier

Bilan de la séance

- Compléter le tableau en s'appuyant sur les exemples vus précédemment.

Une guerre mondiale	Une guerre violente	Une guerre totale
– Mobilisation de nombreux pays – Des combats en Europe, en Afrique, en Asie… – Intervention des États-Unis	– Usage de nouvelles armes destructrices : gaz, obus, mitrailleuses… – 18 millions de morts	– Toute la population est mobilisée et touchée par la guerre : les militaires et les civils (hommes, femmes, enfants) – L'économie et la science sont au service de la guerre

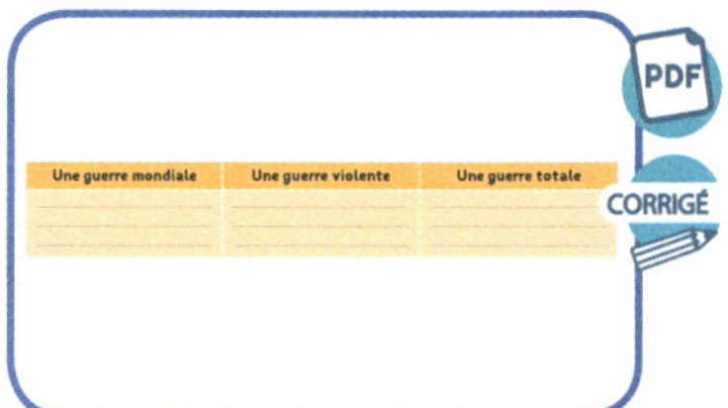

9 Bilan

Pistes pour la trace écrite au choix

1 Texte à reproduire

La guerre 1914-1918 est :

- une guerre mondiale qui voit s'affronter des pays de tous les continents, en particulier en Europe ;
- une guerre violente où des armes très meurtrières sont utilisées qui font plus de 18 millions de morts ;
- une guerre totale où toute la population est mobilisée pour la guerre, les militaires et les civils.

La signature de l'armistice, le 11 novembre 1918, marque la fin de la Première guerre mondiale.

2 Texte à compléter

▶ **Complète le texte avec les mots suivants :**
armistice – totale – guerre nouvelle – violente.

La guerre de 1914-1918 est une guerre .... avec des pays de tous les continents qui s'affrontent en particulier en Europe.

C'est une guerre .... où l'on utilise des armes très meurtrières et qui font plus de 18 millions de morts.

C'est une guerre .... où toute la population est mobilisée pour la guerre : les militaires et les civils.

La signature de l'.................................... le 11 novembre 1918 marque la fin de la Première guerre mondiale.

3 Carte mentale

▶ **Complète la carte mentale avec les mots suivants.**
1914 - des armes meurtrières - 18 millions de morts - 1918 - la participation des militaires - la participation des civils - des pays de tous les continents - des soldats des empires coloniaux.

La première Guerre mondiale

(de .... à ....)

Une guerre mondiale

- ....
- ....

Une guerre violente

- ....
- ....

Une guerre totale

- ....
- ....

PROLONGEMENTS

▶ **Recherche : le quotidien des enfants pendant la guerre**. On pourra utiliser :
- des dessins d'enfants pour découvrir leur perception de la guerre : ecole.nathan.fr/f18-dessins
- des cartes postales ou des chansons de cette période pour analyser l'utilisation faite par la propagande de l'image de l'enfant.

▶ **Arts :** présenter, décrire et analyser une œuvre, en choisissant parmi les nombreux exemples proposés : ecole.nathan.fr/f18-oeuvres

19 La guerre des tranchées : la bataille de Verdun

POINTS DE REPÈRE

Pourquoi cette bataille ?

- La bataille de Verdun a lieu de février à décembre 1916. Elle oppose les Français aux Allemands sur un champ de bataille d'environ 15 km². Les Allemands décident d'attaquer à Verdun pour percer la ligne de front française et prendre de vitesse les troupes françaises et anglaises qui s'apprêtent à attaquer dans la Somme. Ils choisissent précisément Verdun car il s'agit d'une ville de garnison peu défendue et mal reliée à l'arrière. Aux premiers jours de l'attaque, ils utilisent massivement l'artillerie pour choquer l'adversaire et infliger d'emblée de terribles pertes à l'ennemi (1 million d'obus sont tirés le premier jour, c'est le *Trommelfeuer*).

Une bataille violente

- La bataille de Verdun est très violente : on parle de « la boucherie de Verdun » et de « l'enfer de Verdun ». Cette violence est liée à la nature des armes nouvelles utilisées, mais aussi à la tactique allemande pour percer le front reposant sur un usage massif de l'artillerie. La bataille est très meurtrière : environ 377 000 pertes du côté français et environ 337 000 du côté allemand. Dans le langage militaire, les pertes incluent les soldats tués, mais aussi les blessés, les prisonniers et les disparus.

Une bataille ancrée dans les mémoires

- Pourquoi cette bataille est-elle connue de tous les Français alors qu'elle n'est pas la plus meurtrière ?
  - Les Français ont eu très peur, à ce moment-là, de perdre la guerre : si l'armée allemande gagnait la bataille, cela revenait à perdre la guerre, d'où la phrase attribuée à Pétain : « Ils ne passeront pas ».
  - Cette bataille est devenue le symbole de la résistance française à l'envahisseur allemand.
  - Les deux tiers de l'armée française, soit un million d'hommes, sont passés à Verdun, en raison du système du tourniquet. Ainsi, chaque famille a connu un poilu ayant participé à cette bataille.
  - Cette bataille a été très meurtrière : elle est devenue le symbole de l'absurdité de la guerre des tranchées.
  - Verdun est aussi devenu le symbole de la réconciliation franco-allemande. On pense notamment à la poignée de mains entre François Mitterrand et le chancelier allemand Helmut Kohl, le 22 septembre 1984, à Verdun, révélatrice du rapprochement franco-allemand.

Pour en savoir plus

- François Cochet, *Idées reçues sur la Première Guerre mondiale*, éditions Le Cavalier Bleu, 2018.
- Un numéro de la revue *L'Histoire* consacré à la bataille de Verdun, n°423, 2016.
- Une approche de la guerre des tranchées par la littérature jeunesse : ecole.nathan.fr/f19-litt-jeunesse

DÉROULÉ DE LA SÉANCE

Mise en situation

Se repérer dans le temps et l'espace

- **Placer la bataille de Verdun** en 1916 sur la frise chronologique, évoquer sa durée et ne pas hésiter à mesurer le temps écoulé entre la Première Guerre mondiale et aujourd'hui.

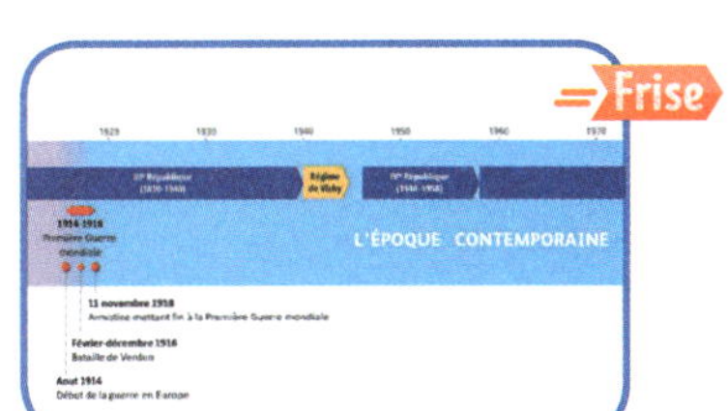

1 Frise chronologique

- **Localiser Verdun** en France sur la ligne de front

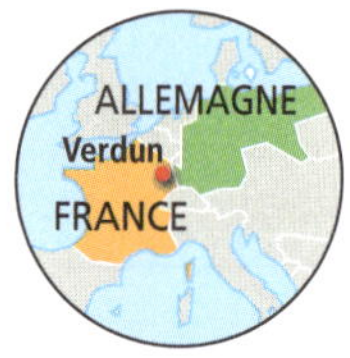

2 La ligne de front

Document d'accroche

- **Montrer la vidéo de la célébration du centenaire de la bataille à Verdun** en présence de François Hollande et Angela Merkel.
Expliquer ce qu'est l'ossuaire de Douaumont : un monument aux morts où sont abrités les restes de 130 000 soldats inconnus, devant lequel se trouve un immense cimetière militaire.
– Que symbolise les tambours ? Et le personnage sur les échasses ?
Les tambours symbolisent le fracas des obus et les échasses symbolisent la mort.
– Comment les 3 400 jeunes français et allemands et les deux chefs d'État rendent hommage aux victimes ?
Les enfants français et allemands courent tous ensemble puis s'allongent sur la sol. Angela Merkel et François Hollande allument ensemble la flamme du souvenir.
Ces commémorations à Verdun sont le symbole d'un désir de paix et d'un rapprochement franco-allemand.

2'21 min

3 La commémoration du centenaire de la bataille de Verdun

Problématiques

- Pourquoi cette bataille est-elle encore commémorée aujourd'hui ? Pourquoi parle-t-on de « l'enfer de Verdun »? Quelle a été la vie des soldats dans les tranchées durant cette bataille ?

A La violence des combats

1 LE DÉROULEMENT DE LA BATAILLE

- **Montrer la vidéo sur la bataille de Verdun** et demander aux élèves :
– En quelle année a eu lieu la bataille de Verdun ? 1916.
– Qui attaque la France ? L'armée allemande.
– Quel est le nombre d'obus tirés le premier jour ? Un million.
– Quelles sont les armes nouvelles utilisées ? Le lance-flamme, les gaz toxiques, les canons, les fusils, les grenades.
- **Expliquer aux élèves que les Allemands ont décidé de prendre de vitesse les troupes françaises et anglaises** en s'attaquant à Verdun, une ville de garnison peu défendue.
Donner les raisons de la violence de cette bataille : l'équilibre des forces et des armes très meurtrières utilisées pour la première fois (lance-flammes, mitrailleuses, artillerie et obus par millions, gaz toxiques).
- **Conclure en appuyant le fait que la victoire française est relative**, car les pertes sont considérables et la ligne de front, à l'issue de la bataille, est restée stable. La bataille de Verdun est devenue le symbole de la violence de la Grande Guerre.

1'54 min

4 La bataille de Verdun

2 LA ZONE DES COMBATS : LE FRONT

- **Projeter le schéma de la zone des combats (le front).**

Travail sur le cahier

Exercice

- Distribuer et compléter le schéma.

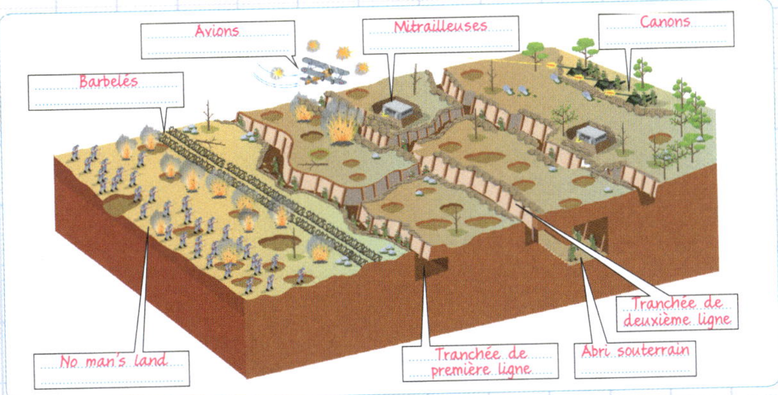

- **Expliquer que le front n'est pas une ligne, ni une bande étroite, mais un système de tranchées** de 5 à 15 km de profondeur, avec des tranchées de première, deuxième et troisième ligne, disposées parallèlement. Plus le front est large, moins l'ennemi peut le percer. C'est la tactique de la défense en profondeur. La majorité des troupes est massée en deuxième et troisième ligne. Le *no man's land*, quant à lui, peut-être plus ou moins étroit, de 1 km à quelques dizaines de mètres seulement.

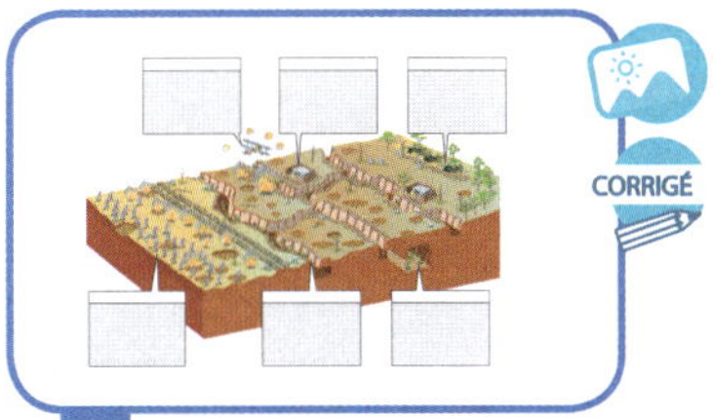

5 La zone des combats

B La vie des poilus dans les tranchées

- **Projeter la photographie d'une tranchée.**
Définir ce qu'est une tranchée : un fossé creusé dans la terre où les soldats s'abritent, vivent et combattent.
Expliquer que la guerre des tranchées est une guerre défensive durant laquelle les soldats s'abritent dans des tranchées. Elle ne concerne pas la totalité de la Première Guerre mondiale, qui a connu des batailles de mouvement au début et à la fin du conflit ainsi que des batailles navales.
- **Réaliser l'exercice interactif en plaçant les étiquettes au bon endroit sur l'image pour décrire l'équipement du poilu.**

Travail sur le cahier

Étude de document

- Distribuer la photographie de la tranchée et demander aux élèves :
– Observez cette photographie et expliquez ce qu'est une tranchée. C'est un fossé creusé dans la terre où les soldats s'abritent, vivent et combattent. Des sacs de sable sont disposés à la surface des tranchées, et des barbelés traversent le no man's land.

»»

6 La guerre des tranchées

7 Les poilus

»»

Étude de texte

- Projeter et distribuer la lettre du poilu.
- Faire lire la lettre du poilu et demander aux élèves de souligner :
  - *en bleu, les phrases qui montrent la violence des combats : « tous mes camarades sont tombés morts ou blessés », « liquides enflammés, gaz lacrymogènes, gaz suffocants, asphyxiants, attaques... »*
  - *en rouge les phrases qui montrent les difficultés de la vie quotidienne des poilus dans les tranchées : « bloc de boue », « j'ai sommeil, je suis plein de poux, je pue la charogne des macchabées ».*

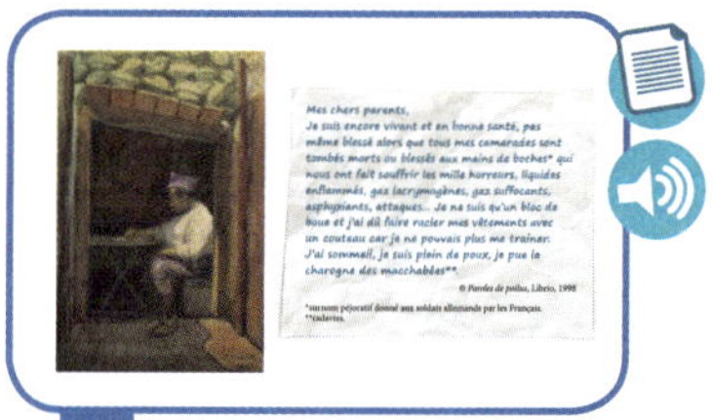

8 Une lettre de poilu

- **Évoquer d'autres difficultés de la vie quotidienne dans les tranchées :** le manque de sommeil, la boue, les poux, les odeurs, les puces, les rats, le froid, la pluie, la peur, les tirs de mitrailleuses et les obus lors des attaques.
- **Expliquer la signification du mot *poilu* :** surnom donné aux soldats de la Première Guerre mondiale signifiant *brave, courageux*.

Bilan de la séance

- **Rappeler les problématiques posées en introduction.**
  - Rappeler pourquoi la bataille de Verdun est toujours commémorée aujourd'hui : elle a été une bataille très meurtrière et elle est devenue le symbole de la guerre des tranchées, de l'absurdité de la guerre et de la réconciliation franco-allemande.
  - Rappeler le sens de l'expression « enfer de Verdun », en évoquant les difficulté de la vie quotidienne dans les tranchées (les obus, la boue, les cadavres, la peur de mourir, le froid, etc.) et le nombre élevé de victimes.

Pistes pour la trace écrite au choix

1 Texte à reproduire

La bataille de Verdun s'est déroulée en 1916.
Elle est l'une bataille les plus meurtrières de la Première Guerre mondiale. Elle oppose les Français aux Allemands. C'est une bataille très violente durant laquelle les soldats doivent affronter les tirs d'obus, les mitrailleuses et les gaz toxiques. Les soldats français, surnommés les poilus, vivent dans des tranchées où il subissent le froid, la pluie, la faim et la peur.

2 Texte à compléter

▶ **Complète le texte avec les mots suivants :**
tranchées - poilus - Allemands - 1916.

La bataille de Verdun s'est déroulée en ....
Elle est l'une bataille les plus meurtrières de la Première Guerre mondiale. Elle oppose les Français aux .... C'est une bataille très violente durant laquelle les soldats doivent affronter les tirs d'obus, les mitrailleuses et les gaz toxiques. Les soldats français, surnommés les ...., vivent dans des .... où il subissent le froid, la pluie, la faim et la peur..

3 Carte mentale

▶ **Complète la carte mentale avec les mots suivants.**
Verdun - Français - 1916 - obus - Allemands - tranchée - mitrailleuses.

La bataille de

....

(..................................)

Des armes meurtrières :

....

....

Les ....

contre les

....

Un fossé creusé dans la terre où les soldats s'abritent, vivent et combattent :

....

PROLONGEMENTS

▶ **Arts visuels :** présenter, décrire et analyser le tableau de Felix Vallotton, *Verdun*, datant de 1917 : ecole.nathan.fr/f19-vallotton

▶ **Travailler à la manière des historiennes et des historiens.**

- Aborder la vie quotidienne des soldats au front à partir d'une série de cartes-postales : ecole.nathan.fr/f19-cartes-postales
- À l'aide de la fiche d'activité, partir sur les traces de ses ancêtres grâce aux registres matricules répertoriés sur le site du Grand Mémorial : ecole.nathan.fr/f19-ancetres

20 Le bilan de la Première Guerre mondiale

POINTS DE REPÈRE

Un terrible bilan

- **Le bilan humain** est catastrophique : plus de 18 millions de morts (10 millions de militaires, 8 millions de civils) et 20 millions de blessés. La France compte 1,4 million de soldats tués, des morts dans chaque commune, dans chaque famille, environ 15 000 « gueules cassées », des traumatismes psychologiques irréparables, 600 000 veuves de guerre et 1 million d'orphelins.
- **Le bilan matériel** est effroyable, notamment dans les régions situées le long de la ligne de front. La France dénombre 4 000 communes dévastées, 11 000 édifices publics, 22 900 usines détruits, 58 700 km de routes et 3 000 km de voies ferrées inutilisables, 1,9 million d'hectare impropre à la culture et 450 000 logements détruits. Des villes comme Verdun, Lens, Arras, Cambrai, Reims ont particulièrement été touchées.
- Reims, située à 3 km du front, reçoit près de 1 500 obus par jour en moyenne pendant quatre ans. La cathédrale est bombardée et la ville détruite à 80 %, avec 80 000 personnes déplacées et 5 000 Rémois tués. En 1919, seulement 25 000 Rémois sont réinstallés dans une ville qui comptait 115 000 habitants en 1914.

Une reconstruction longue et difficile

- La reconstruction d'après-guerre est un processus très long d'autant que la France a été l'un des pays les plus touchés par les combats. Il faut définir des zones rouges (les zones les plus touchées par la guerre) retirer des tonnes de gravats, nettoyer les sols des cadavres et des obus qu'ils contiennent, déminer, dégager les axes de transport, vider de leur eau les mines noyées par les Allemands, et tenter de reloger les habitants dans des baraquements de fortune.
- Pour l'ensemble de ces travaux, la main-d'œuvre est composée de soldats, de prisonniers de guerre ou d'étrangers. Il faut également trouver des fonds (l'État, le mécénat, l'appel aux dons), lancer des concours d'architectes, imaginer des plans pour les reconstructions et en profiter pour moderniser villes et villages.

Pour en savoir plus

- Dominique Potier, *Reims 1919-1930, reconstruire la cité*, éditions Carnet de Sentier, 2015.
- L'article « Les régions dévastées dans les archives de la planète » sur le site de la Mission centenaire de la Première Guerre mondiale : ecole.nathan.fr/f20-regions
- Un extrait du film muet *En dirigeable sur les champs de bataille* de Lucien Le Saint et Camille Sauvageot, aout 1919 : ecole.nathan.fr/f20-dirigeable

DÉROULÉ DE LA SÉANCE

Mise en situation

Contextualisation

- **Montrer les autochromes de la fondation Albert-Kahn sur les destructions dans les régions touchées par la guerre** pour associer l'image mentale de ces destructions à la Première Guerre mondiale. L'exemple de la ville de Reims permet de montrer l'ampleur des destructions et celle des reconstructions à venir.

1 Les destructions des villes

- **Rappeler que la Première Guerre mondiale est une guerre totale** qui a causé un nombre inimaginable de morts, de blessés, d'invalides et de mutilés de guerre. Les Français sont en deuil et les destructions matérielles sont importantes, notamment dans les régions touchées par les combats.

Problématiques

- Quel est le bilan humain de cette guerre ? Comment a-t-on fait pour reconstruire le pays ?

A Un bilan catastrophique

- **Projeter la photographie de la ville de Reims.**
  - *Décrivez ce que vous observez sur cette photographie.*
  - *Quels sont vos sentiments à la vue de cette image ?*

3'18 min

2 La destruction de la ville de Reims

- **Montrer la vidéo sur les destructions de la cathédrale de Reims.**
  - *Qui a bombardé la cathédrale ? Comment ? Ce sont les Allemands, grâce à des canons à longue portée situés sur la ligne de front à quelques kilomètres de la ville.*
  - *Quelles sont les destructions occasionnées ? Les vitraux sont détruits, le plomb de la toiture s'écoule des gargouilles, la charpente est en feu.*
  - *Pourquoi, selon les historiens, les Allemands ont visé la cathédrale ? La cathédrale de Reims est un lieu important dans l'histoire du pays, puisqu'il s'agit de la cathédrale où ont été sacré la majorité des rois de France.*

  Expliquer que les obus s'abattent aussi sur les habitations et d'autres infrastructures stratégiques, comme des routes, des usines ou des voies ferrées.

- **Projeter et distribuer les chiffres de la Première Guerre mondiale.**

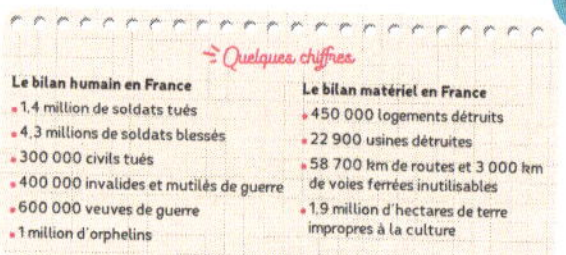

Quelques chiffres

Le bilan humain en France
- 1,4 million de soldats tués
- 4,3 millions de soldats blessés
- 300 000 civils tués
- 400 000 invalides et mutilés de guerre
- 600 000 veuves de guerre
- 1 million d'orphelins

Le bilan matériel en France
- 450 000 logements détruits
- 22 900 usines détruites
- 58 700 km de routes et 3 000 km de voies ferrées inutilisables
- 1,9 million d'hectares de terre impropres à la culture

3 Les chiffres de la Première Guerre mondiale

Travail sur le cahier

Étude de document

- Mettre ces chiffres en perspective : le bilan humain à l'échelle du monde est de plus de 18 millions de morts (10 millions de militaires et 8 millions de civils).
- Coller les chiffres-clés et répondre aux questions.
  - *Quel est le nombre total de morts en France à cause de la Première Guerre mondiale ? 1, 4 million de soldats français et 300 000 civils.*
  - *Quel est le nombre de soldats tués ? Soulignez-le en rouge. 1, 4 million.*
  - *Les civils ont-ils également souffert de la guerre ? Soulignez en bleu les chiffres qui l'indiquent. Oui, 450 000 logements sont détruits et on compte 600 000 veuves de guerre et 1,1 million d'orphelins.*

- **Préciser que les chiffres donnés sont approximatifs en raison** d'un grand nombre de disparus et des difficultés de dénombrement. Ils sont particulièrement incertains pour les victimes civiles de la guerre.

- **Expliquer que derrière ces chiffres se cachent de nombreuses souffrances :** la séparation et la perte des proches, les bombardements par zeppelins et canons à longue portée, les rationnements et les pénuries alimentaires, les réquisitions et les travaux forcés dans les dix départements occupés par les Allemands, l'augmentation des prix et la chute de la production industrielle après la guerre, les invalides, les « gueules cassées », les ravages de la grippe espagnole qui commence à frapper d'avril 1918 au printemps 1919 et tue environ 400 000 Français et 30 à 40 millions de personnes dans le monde.

B La reconstruction de la France

- **Projeter les documents sur la reconstruction de la France.**

4 La reconstruction

Travail sur le cahier

Étude de document

- Distribuer les documents et poser les questions suivantes aux élèves.

– D'après les documents, d'où provient l'argent qui permet de reconstruire les villes ?
Il provient de prêts des Français dans le cadre des emprunts nationaux et de riches mécènes américains mais aussi de l'État français.
– De quels principaux pays viennent les ouvriers qui ont participé à la reconstruction de la ville de Reims ? De « 45 nations différentes, les plus nombreux étaient les Belges, suivis des Italiens, des Portugais et des Espagnols ».
– Quels sont les trois changements apportés à la ville de Reims grâce à la reconstruction ? La restauration du patrimoine ancien, la création d'un hôpital et d'une bibliothèque.

- **Préciser que la ville de Reims se trouvait à quelques kilomètres seulement du front :** elle a été régulièrement bombardée. Après la guerre, elle a connu un programme de reconstruction de grande ampleur.
- **Expliquer qu'à Reims, la reconstruction est l'occasion de moderniser la ville :** de nouveaux immeubles dans des styles modernes sont construits, ainsi que des rues plus larges, l'eau courante est installée dans les maisons, de même que le tout-à-l'égout et l'électricité.

Bilan de la séance

- **Rappeler les problématiques posées en introduction.**

Le bilan humain et matériel de la Première Guerre mondiale est catastrophique : 18 millions de morts, et des régions entières détruites. La reconstruction est donc difficile, mais de très grande ampleur, comme le montre la ville de Reims, qui se modernise considérablement.

Pistes pour la trace écrite au choix

1 Texte à reproduire

Le bilan de la guerre est terrible : 18 millions de morts, dont 1,4 million de soldats français, et des régions entières dévastées. La reconstruction du pays est longue et difficile. Il faut faire appel à l'argent des mécènes et des particuliers et à la main d'œuvre étrangère pour lancer de grands chantiers de reconstruction.

2 Texte à compléter

▶ **Complète le texte avec les mots suivants :**
mécènes – 18 millions – reconstruction.

Le bilan de la guerre est terrible : .... de morts, dont 1,4 millions de soldats Français et des régions entières dévastées. La reconstruction du pays est longue et difficile. Il faut faire appel à l'argent des .... et des particuliers et à la main d'œuvre étrangère pour lancer de grands chantiers de ....

3 Texte à construire

▶ **Écris un texte pour décrire le bilan de la guerre en 1918 et la reconstruction.**

PROLONGEMENTS

▶ **Étudier une autre ville martyre :** Cambrai, sa destruction et sa reconstruction : ecole.nathan.fr/f20-cambrai

▶ **Projeter trois photographies de la place Drouet d'Erlon à Reims :** avant la guerre, pendant la guerre et après la reconstruction.

Demander aux élèves de les décrire et d'expliquer pourquoi la place Drouet d'Erlon a connu tous ces changements entre 1914 et les années 1920.

21 La bataille de la Somme

HISTOIRE des ARTS

POINTS DE REPÈRE

Pourquoi cette bataille ?

- À la conférence de Chantilly en décembre 1915, Anglais et Français décident de lancer une offensive pour percer la ligne de front, soulager Verdun, repousser les Allemands vers la Belgique et précipiter la fin de la guerre. La bataille se déroule du 1er juillet 1916 au 18 novembre 1916 et oppose l'alliance franco-anglaise à l'armée allemande. Quatre millions d'hommes sont mobilisés dans cette bataille.

Les premiers jours de l'attaque

- La tactique choisie par les Alliés est de pilonner les Allemands et de les choquer avant de lancer l'assaut. L'attaque est donc précédée d'une semaine de bombardements intensifs : on compte près d'1,5 million d'obus et d'explosions de mines souterraines sous les lignes allemandes comme celle de la Boisselle. Néanmoins, dès le premier jour de l'attaque, les Anglais perdent 20 000 hommes, fauchés principalement par les mitrailleuses. Ils ont en réalité sous-estimé la stratégie défensive des Allemands consistant à se protéger de l'artillerie dans des abris souterrains très profonds et à adopter une défense en profondeur sur quatre lignes de tranchées.

Le bilan

- La bataille de la Somme est la plus meurtrière du conflit pour des gains sur le terrain très faibles. Pour la durée totale de la bataille, les Allemands comptent 170 100 soldats tués, contre 206 282 pour les soldats britanniques et 66 688 pour les soldats français, soit un total de 443 070 morts. Les pertes totales s'élèvent à 1 200 000 d'hommes tués, blessés ou disparus. Ce bilan tragique est lié à la faiblesse de la tactique d'attaque mise en œuvre par les Anglais, mais aussi à la puissance de feu disponible de part et d'autre. La bataille de la Somme est le symbole même de la guerre des tranchées et de la guerre industrielle, avec des industries d'armement qui tournent à plein régime et qui fournissent des armes toujours plus nombreuses et meurtrières. Cette bataille occupe une place importante dans la mémoire nationale anglaise.

Pour en savoir plus

- Une frise chronologique commentée sur le site de la Mission centenaire : ecole.nathan.fr/f21-frise
- Un dossier sur la bataille de la Somme sur le site de l'Historial de Péronne : ecole.nathan.fr/f21-somme
- Une présentation du dessinateur Joe Sacco : ecole.nathan.fr/f21-joe-sacco

DÉROULÉ DE LA SÉANCE

Mise en situation

Se repérer dans l'espace et le temps

- **Placer la bataille de la Somme sur la frise chronologique.**
  Ne pas hésiter à mesurer le temps écoulé entre la Première Guerre mondiale et aujourd'hui.

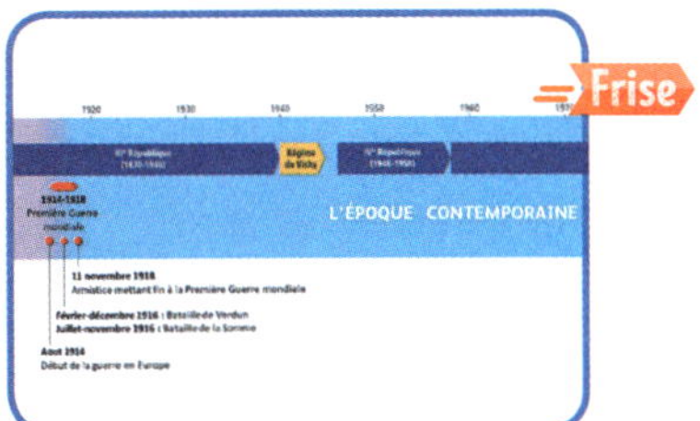

1 Frise chronologique

- **Localiser le lieu de la bataille sur la carte.** Montrer la ligne de front qu'il va falloir percer et Verdun qu'il va falloir soulager.

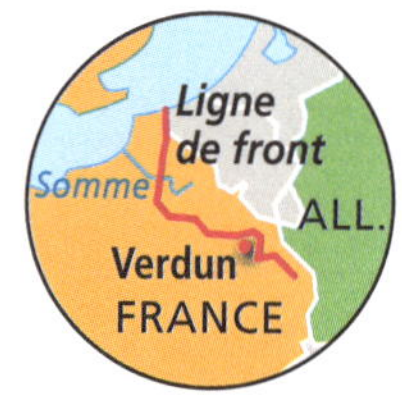

2 La ligne de front

Problématiques

- Comment s'est déroulée cette bataille ? Pourquoi cette bataille a-t-elle été la plus meurtrière du conflit ? Comment la violence de la guerre est-elle représentée par les artistes ?

A La carte d'identité de la bataille

- **Montrer la vidéo sur la bataille de la Somme et distribuer la carte d'identité de la bataille.**

3'33 min

3 La bataille de la Somme

Travail sur le cahier

Exercice

- Compléter la carte d'identité de la bataille.

L'année de la bataille	*1916*
Le lieu de la bataille	*La Somme*
Le nom des pays qui s'affrontent	*Les Anglais et les Français contre les Allemands*
Le nom de l'autre bataille qui a lieu en même temps	*La bataille de Verdun*
Le chiffre des pertes (morts, blessés, disparus)	*1, 2 million*

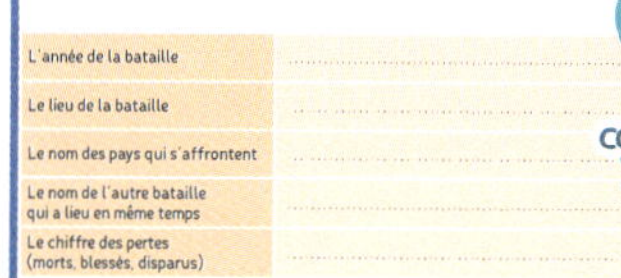

L'année de la bataille	
Le lieu de la bataille	
Le nom des pays qui s'affrontent	
Le nom de l'autre bataille qui a lieu en même temps	
Le chiffre des pertes (morts, blessés, disparus)	

PDF CORRIGÉ

4 La carte d'identité de la bataille

B La fresque de Joe Sacco

- **Projeter la fresque de Joe Sacco**, réalisée en 2014 et la distribuer aux élèves.
Expliquer que cette œuvre représente le premier jour de la bataille de la Somme, le plus meurtrier pour les Anglais. Exposée dans le métro parisien, cette œuvre de 60 mètres de long est désormais exposée au musée Thiepval en Picardie.

PDF CORRIGÉ

5 La fresque de Joe Sacco

Travail sur le cahier

- **Compléter la fiche d'identité de l'œuvre.**
  - *le titre de cette bande dessinée :* La Grande Guerre, le premier jour de la bataille de la Somme.
  - *le nom de son auteur :* Joe Sacco.
  - *l'année de sa réalisation :* 2014.
  - *De quelle œuvre d'art célèbre s'inspire cette bande dessinée ?* De la tapisserie de Bayeux datant du XIe siècle racontant la conquête de l'Angleterre par Guillaume le conquérant.
  - *De quelle nationalité sont les soldats représentés ? Contre qui se battent-ils ?* Ils sont Anglais et ils se battent contre les Allemands.

»»

»»

- Placer les lettres suivantes au bon endroit sur l'image.
  A : un soldat anglais
  B : l'explosion d'un obus
  C : une tranchée
  D : un brancardier
- Demander aux élèves d'encadrer le détail qui les impressionne le plus et de décrire la scène.

Bilan de la séance

- **Rappeler les problématiques posées en introduction.**
  En 1916, les Anglais et les Français perdent la bataille de la Somme, qui est la plus meurtrière du conflit.

Pistes pour la trace écrite au choix

1 Texte à reproduire

La bataille de la Somme est la bataille la plus meurtrière du conflit avec plus de 440 000 morts. Elle oppose les Anglais alliés aux Français aux troupes allemandes. C'est un échec pour l'alliance franco-anglaise qui n'est pas parvenue à percer le front. Comme la bataille de Verdun, c'est une bataille emblématique de la guerre des tranchées.

2 Texte à compléter

▶ **Complète le texte avec les mots suivants :**
allemandes - tranchées - Somme - Anglais - front.

La bataille de la .... est la bataille la plus meurtrière du conflit avec plus de 440 000 morts. Elle oppose les .... alliés aux Français aux troupes .... C'est un échec pour l'alliance franco-anglaise qui n'est pas parvenue à percer le .... Comme la bataille de Verdun, c'est une bataille emblématique de la guerre des ....

3 Construire un texte

▶ **Écris un texte pour expliquer ce que tu as appris sur la bataille de la Somme.**

PROLONGEMENTS

▶ **Visite : le musée de Thiepval pour admirer la fresque de Joe Sacco.**
On pourra également découvrir le monument aux morts de la ville, haut de 45 mètres, où sont inscrits les noms de 74 000 soldats britanniques morts au combat.

▶ **Arts visuels :**
- Présenter, décrire et analyser le tableau de Jean Droit, *Les Boues de la Somme* (1916) : ecole.nathan.fr/f21-jean-droit
- Comparer les manières de représenter la bataille entre la fresque de Joe Sacco et le tableau *La bataille de la Somme* du peintre anglais Richard Caton Woodville junior, peint en 1917.

Joe Sacco utilise le dessin noir et blanc et montre l'armée anglaise sur la défensive, soumise au feu de l'ennemi. Il respecte la réalité historique tandis que Caton Woodville junior cherche à donner l'impression que les Anglais sont en position de force.

▶ **Lectures :** lire quelques extraits des carnets de guerre de Ernst Jünger et de Louis Barthas en sélectionnant au préalable les passages adaptés à des enfants de CM2.

22 Les traces de la Seconde Guerre mondiale en France

POINTS DE REPÈRE

Des traces abondantes

- Les traces de la Seconde Guerre mondiale sont nombreuses et diverses : blockhaus sur le littoral atlantique, base sous-marine à Lorient, camp de concentration du Struthof, quartiers reconstruits selon les plans d'Auguste Perret au Havre, noms de rues, cimetières militaires, etc.
- Cette abondance de traces est liée à la proximité dans le temps de la Seconde Guerre mondiale, à la nature de la guerre qui touche particulièrement les civils, aux bombardements massifs, et d'une manière générale, au bilan humain et matériel catastrophique.

Des lieux de mémoire

- On peut classer les lieux de mémoire en deux grandes catégories :
  - les lieux de mémoire des combats et de la Résistance : le mémorial Jean Moulin, le mémorial de la France combattante, le mémorial Charles de Gaulle, le Mémorial du débarquement, etc.
  - les lieux de mémoire des souffrances civiles : le mémorial de la Shoah, le mémorial de Drancy, le Centre de la mémoire d'Oradour-sur-Glane, etc.

Des commémorations

- Les commémorations sont multiples : commémorations du 8 mai, visites officielles de chefs d'État, anniversaires du débarquement... La commémoration du 8 mai est particulièrement importante : elle célèbre la capitulation de l'armée allemande à Berlin le 8 mai 1945 et marque la fin de la Seconde Guerre mondiale en Europe (en réalité, elle est signée le 7 mai à Reims où se trouvait le quartier général des forces alliées).
- En Asie, la fin de la guerre mondiale est plus tardive. Après les bombardements sur Hiroshima et Nagasaki, la capitulation japonaise est signée le 2 septembre 1945.
- À ces commémorations officielles s'ajoutent les actions utilisées pour entretenir la mémoire de la guerre : visites d'anciens déportés dans les classes, films, littérature, jeux de société, timbres-poste, etc.

Pour en savoir plus

- Une série de vidéos sur le débarquement et la bataille de Normandie : ecole.nathan.fr/f22-debarquement
- Henry Rousso, *La Seconde Guerre mondiale expliquée à ma fille*, Seuil, 2013.

DÉROULÉ DE LA SÉANCE

Mise en situation

Se repérer dans le temps

- **Placer la Seconde Guerre mondiale sur la frise chronologique** et mesurer le temps écoulé entre la Seconde Guerre mondiale et aujourd'hui.

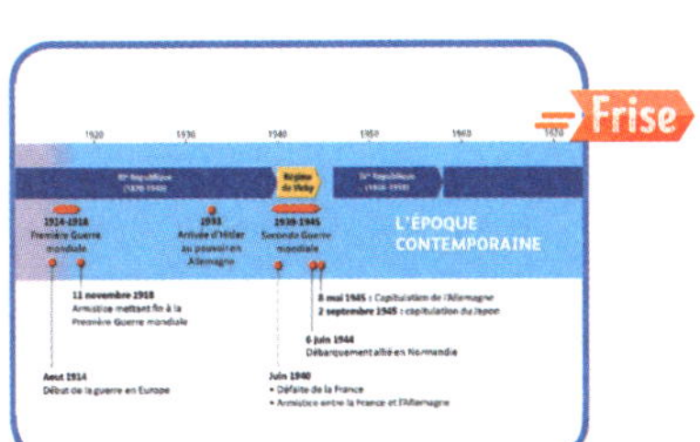

1 Frise chronologique

Document d'accroche

- **Projeter la photographie des plages du débarquement des Américains** en Normandie afin de donner un exemple de traces de la guerre.
  – Connaissez-vous d'autres traces de la Seconde Guerre mondiale dans votre environnement ou en France ?
  Noter les propositions des élèves au tableau.

2 Le débarquement du 6 juin 1944

Problématique

- Quelles sont les traces de la Seconde Guerre mondiale en France ? Qu'est-ce que ces traces nous apprennent sur la Seconde Guerre mondiale ?

A Des traces abondantes

- **Projeter et distribuer les documents sur les traces de la guerre.**

3 La violence de la guerre

Travail sur le cahier

Étude de documents

- Coller la carte et entourer en rouge un lieu de mémoire qui montre la violence de la guerre, et en bleu, un lieu de mémoire qui montre la violence envers les civils.
- Demander aux élèves :
  – Qu'est-ce que ces traces nous apprennent sur la Seconde Guerre mondiale ? *Cette guerre a été violente, destructrice et meurtrière.*
  – À ton avis pourquoi n'a-t-on pas voulu faire disparaitre ces traces du passé ? *Pour ne pas oublier et rendre hommage aux victimes.*

- **Évoquer le bilan humain et matériel de la guerre :** 62 millions de morts, dont 25 millions de militaires et 37 millions de civils dans le monde.
  En France, on compte des pertes humaines importantes (600 000 morts), mais moins nombreuses que pour la Première Guerre mondiale. Le bilan économique est néanmoins plus lourd, un million de familles demeurent sans logement et des villes entières sont rasées (Caen, Brest, Le Havre). Malgré les usines reconverties en usine d'armement durant la guerre, l'appareil de production industriel du pays est à l'arrêt.
  La guerre est totale et touche tout autant les militaires que les civils. Les deux tiers des victimes de la guerre en France sont des civils (200 000 morts militaires pour 400 000 morts civils). 75 000 juifs, français et étrangers, ont été déportés, seulement 3 000 ont survécu. 60 000 Français ont péri dans les bombardements.

B Le 8 mai, jour de commémoration de la Victoire

- **Projeter la photographie de la commémoration du 8 mai 1945.**

4 La victoire, le 8 mai 1945

Travail sur le cahier

Étude de document

- Demander aux élèves de répondre aux questions suivantes.
  - *Quel jour de l'année commémore-t-on la fin de la Seconde Guerre mondiale ?* Le 8 mai.
  - *D'après cette photographie, comment cet évènement historique est-il commémoré ?* Par une cérémonie autour du monument aux morts.
- Demander aux élèves s'ils ont déjà assisté à cette cérémonie et de raconter cette expérience.

- **Rappeler aux élèves que les monuments aux morts sont présents dans chaque commune**, pour rendre hommage aux « morts pour la France » des deux guerres mondiales. Les plaques commémoratives de ces monuments ont été complétées après la Seconde Guerre mondiale, avec les noms des soldats tombés au combat lors des guerres suivantes, comme la guerre d'Indochine ou d'Algérie.
- **Si le 8 mai marque la fin de la Seconde Guerre mondiale en Europe, préciser que la guerre n'est pas pour autant terminée car le Japon capitule seulement le 2 septembre 1945.**
- **Demander aux élèves :**
  - *Connaissez-vous d'autres façons de se souvenir et de célébrer la Seconde Guerre mondiale ?*
- **Projeter le montage des différentes photographies.**
  Expliquer que le souvenir de la Seconde Guerre mondiale est entretenu de différentes façons : visite officielle à Oradour, anniversaire du débarquement en Normandie, rencontre avec d'anciens déportés, mémorial de la Shoah.
  Ce souvenir est également visible dans des détails du quotidien, comme un nom de place ou de rue, ainsi qu'à travers la fiction : un jeu de société, une bande-dessinée, un film ou un dessin animé.

Bilan de la séance

- **Rappeler les problématiques posées en introduction.**
  Demander aux élèves de citer au moins deux traces de la Seconde Guerre mondiale en France, puis compléter et corriger avec les élèves la liste des traces de la Seconde Guerre mondiale écrite au tableau en début de séance.

Pistes pour la trace écrite au choix

1 Texte à reproduire

Les traces de la Seconde Guerre mondiale sont très nombreuses : cimetières militaires, blockhaus, villes reconstruites, monuments aux morts. L'abondance de ces traces est liée à la violence de la guerre et à son terrible bilan. C'est la raison pour laquelle on commémore tous les ans la date du 8 mai 1945, jour de la capitulation de l'armée allemande marquant la fin de la Seconde Guerre mondiale en Europe.

2 Texte à compléter

▶ **Complète le texte avec les mots suivants :** *capitulation - blockhaus - bilan - 8 mai 1945 - traces.*

Les .... de la Seconde Guerre mondiale sont très nombreuses : cimetières militaires, ..., villes reconstruites, monuments aux morts. L'abondance de ces traces est liée à la violence de la guerre et à son terrible .... C'est la raison pour laquelle on commémore tous les ans la date du ...., jour de la .... de l'armée allemande marquant la fin de la Seconde Guerre mondiale en Europe.

3 Texte à construire

▶ **Écris un texte sur les traces de la Seconde Guerre mondiale et sur la façon dont on se souvient de la guerre.**

PROLONGEMENTS

▶ **Rechercher les traces de la Seconde Guerre mondiale dans son environnement proche :** nom de rue, de place, plaque commémorative ou monument aux morts, grâce à l'application mobile *Lieux de mémoire 1940-1945*.

23 La Seconde Guerre mondiale

POINTS DE REPÈRE

Deux grandes phases

- **De 1939 à 1942 :** l'Axe mène de grandes offensives victorieuses en Europe et dans le Pacifique.
- **De 1942 à 1945 :** les Alliés mènent une gigantesque contre-offensive et vont de victoire en victoire : débarquement en Sicile (10 juillet 1943), en Normandie (6 juin 1944) et en Provence (15 aout 1944). Les Alliés prennent les armées de l'Axe en étau : opération *Overlord* à l'Ouest, opération *Bagration* à l'Est (du 22 juin au 19 aout 1944) et ils font leur jonction sur l'Elbe le 26 avril 1945. Le 8 mai 1945, l'Allemagne capitule. En Asie, les Américains reprennent du terrain, bombardent Tokyo et lancent deux bombes atomiques sur les villes d'Hiroshima et de Nagasaki. Le 2 septembre, le Japon capitule.

La guerre devient mondiale à partir de 1941

- L'Allemagne attaque l'Égypte puis l'URSS (juin 1941).
- Le Japon attaque les États-Unis (Pearl Harbor, 7 décembre 1941) et le lendemain les États-Unis déclarent la guerre au Japon.
- Le tournant de la guerre a lieu en 1942 après les victoires américaines dans le Pacifique (Guadalcanal, Midway), la victoire des Britanniques d'El-Alamein contre Rommel (1942), puis la victoire des Soviétiques à Stalingrad contre l'armée allemande (1943) avec la capitulation de son commandement.

Une guerre violente

- Des bombardements de villes : Varsovie, Berlin, Dresde, Rouen sont presque entièrement détruites.
- Des génocides commis par les nazis contre les populations juives et tsiganes ; des crimes de masse commis par les Japonais en Chine et aux Philippines.
- Une volonté de mener une guerre d'anéantissement et de détruire totalement l'adversaire.

Une guerre totale

- 100 millions de soldats mobilisés.
- Des économies mises au service de la guerre et de la victoire.
- Des civils mobilisés par la propagande et touchés physiquement par la guerre.

Pour en savoir plus

- Henry Rousso, *La Seconde guerre mondiale expliquée à ma fille*, Seuil, 2013.
- Une série de vidéos sur le débarquement en Normandie : ecole.nathan.fr/f23-debarquement
- Un dessin animé, *Les Grandes grandes vacances*, produit par France.tv : ecole.nathan.fr/f23-grandes-vacances

DÉROULÉ DE LA SÉANCE

Mise en situation

Se repérer dans le temps

- **Placer la Seconde Guerre mondiale sur la frise chronologique puis calculer :**

- le temps écoulé entre la Première et la Seconde Guerre mondiale ;
- la durée de la Seconde Guerre mondiale ;
- le temps écoulé entre la Seconde Guerre mondiale et aujourd'hui.

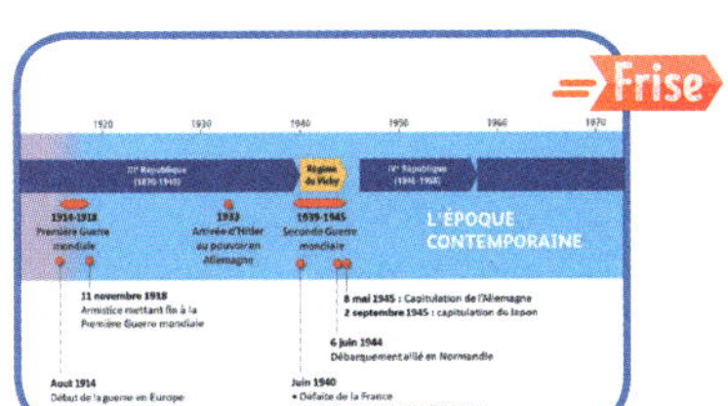

1 Frise chronologique

Document d'accroche

- **Présenter les photographies de deux villes bombardées :** Hiroshima en Asie et Le Havre en Europe, pour montrer la violence de la guerre et le caractère mondial de la guerre.

Problématique

- Comment se fait-il que cette guerre ait été si violente ? Qui est responsable de cette guerre si meurtrière ? Quelles sont les caractéristiques de cette guerre ? Comment s'est-elle terminée ?

2 Une guerre totale

A Une guerre mondiale

1 LES CAUSES DE LA GUERRE

Travail sur le cahier

Étude de document

- Projeter et visionner la vidéo sur les causes de la guerre.
- Compléter le tableau suivant sur le cahier.

Dates de début et de fin de la Seconde Guerre mondiale	Le 1er septembre 1939 et le 8 mai 1945 en Europe.
Nom du responsable du déclenchement de la guerre en Europe	Adolf Hitler en Europe.
Nom du pays qu'il dirige	L'Allemagne.
Année de son arrivée au pouvoir	En 1933.
Raisons de son désir de guerre	Agrandir le territoire de l'Allemagne et effacer le souvenir de la défaite de 1918.

1'40 min

3 Les causes de la guerre

- **Expliquer qu'à la fin de la Première Guerre mondiale, la France, le Royaume-Uni et l'Italie sont déclarés vainqueurs** face à l'Allemagne. La signature du traité de Versailles, un an plus tard, oblige l'Allemagne à rendre l'Alsace-Lorraine à la France, à perdre ses colonies africaines et à rembourser des sommes démesurées au profit des vainqueurs. Monter une puissance militaire conséquente lui est également interdit. En 1933, Adolf Hitler a plusieurs objectifs : annuler les clauses humiliantes du traité de Versailles, agrandir l'espace vital allemand, regrouper les peuples parlant l'allemand (pangermanisme) et constituer un immense espace à l'Est. Expliquer que Hiro Hito, empereur du Japon, a également déclaré la guerre en Asie.

2 UN CONFLIT MONDIAL

Travail sur le cahier

Étude de documents

- Projeter et distribuer la carte des deux grandes alliances.
- Coller la carte, les portraits des dirigeants et remplir le tableau suivant :

	L'Axe		Les Alliés	
Pays	Allemagne	Japon	URSS	États-Unis
Nom du dirigeant	Adolf Hitler	Hiro Hito	Joseph Staline	Franklin Roosevelt
Fonction du dirigeant	Chancelier	Empereur	Dirigeant	Président

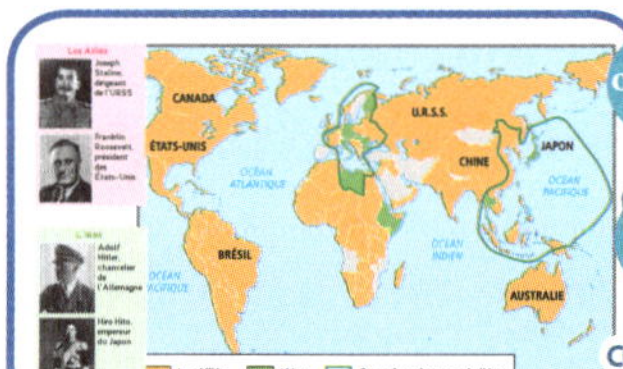

4 Les deux grandes alliances

B Une guerre totale d'une extrême violence

1 LES FORMES DE LA VIOLENCE

- **Projeter et distribuer les documents sur la violence de la guerre,** puis demander aux élèves :
  – En quoi la Seconde Guerre mondiale a-t-elle été très violente ? Donnez deux exemples.
  62 millions de morts, dont 25 millions de militaires et 37 millions de civils, des génocides, la bombe atomique, des villes rasées.

5 Une guerre d'une extrême violence

- **Préciser que le nombre de civils tués est plus élevé que le nombre de militaires,** en raison de l'ampleur des bombardements aériens, des génocides, des bombes atomiques.
  Évoquer par exemple le cas de Londres, bombardée toutes les nuits dans le cadre du *Blitz* en particulier sur Londres. Le *Blitz* est la campagne de bombardements menés par l'aviation allemande sur le Royaume-Uni, notamment sur Londres du 7 septembre 1940 au 21 mai 1941.
  On pourra montrer au besoin les cartes, des points d'impact des bombes sur la ville à plusieurs échelles.

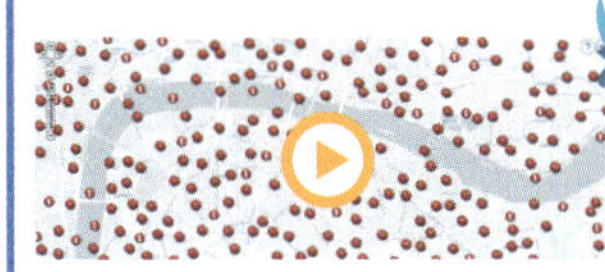

6 Le *Blitz* sur Londres

- **Demander collectivement aux élèves :**
  – Qui bombarde la ville ? Les Allemands.
  – D'après vous, pour quelles raisons ? Préparer l'invasion de l'Angleterre.
  – Pourquoi la nuit ? Pour ne pas que les bombardiers soient touchés par les canons.
  – Quelles personnes sont le plus touchées par les bombardements ? Les civils.

2 LA FIN DE LA GUERRE

- **Montrer la vidéo sur le débarquement.**
  Demander aux élèves :
  – Qui débarque ? Les Américains et les Anglais dans le cadre de l'opération Overlord.
  – Pourquoi ? Pour libérer l'Europe.
  À quelle date le débarquement a-t-il lieu ? Le 6 juin 1944, c'est le « Jour J ».
  – Quand la ville de Paris est-elle libérée ? Le 25 aout 1944.

2 min

7 Le débarquement

- **Expliquer que le 6 juin 1944, l'opération *Overlord* permet le débarquement des Alliés en Normandie.** Bien qu'elle ait réussie, l'opération était risquée et les soldats anglais et américains se sont exposés à de nombreuses pertes (20 000 morts). La progression des troupes vers Paris a été très lente en raison de la résistance allemande et de la difficile progression dans le bocage normand, propice aux embuscades.

3 LA FIN DE LA GUERRE

Travail sur le cahier

Étude de document

- Projeter et distribuer la Une du journal *Combat* du 8 mai 1945.
- Demander aux élèves :
  – Que s'est-il passé le 8 mai 1945 ? La capitulation de l'armée allemande est signée, ce qui marque la fin de la Seconde Guerre mondiale en Europe.

COMBAT
L'ALLEMAGNE A CAPITULÉ
SANS CONDITIONS HIER A 2 h. 41

8 La fin de la guerre

Bilan de la séance

- **Rappeler les problématiques posées en introduction.**
  - À son arrivée au pouvoir, Adolf Hitler a pour objectif d'agrandir l'Allemagne et d'effacer la défaite de 1918. Il provoque le début de la Seconde Guerre mondiale en envahissant la Pologne le 1er septembre 1939.
  - C'est une guerre totale, très violente et meurtrière : les bombardements sur les civils sont nombreux, les opérations militaires très meurtrières, et les Juifs et les Tsiganes sont victimes d'un génocide.
  - Le 8 mai 1945, l'Allemagne capitule et met fin à la Seconde Guerre mondiale en Europe.

Travail sur le cahier

Bilan de la séance

- Compléter le tableau en s'appuyant sur les exemples vus précédemment.

Guerre mondiale	Guerre totale	Guerre violente
Des combats ont lieu sur tous les continents.	Toutes les catégories de la population sont touchées et mobilisées.	Des génocides ont eu lieu et la bombe atomique a été utilisée.

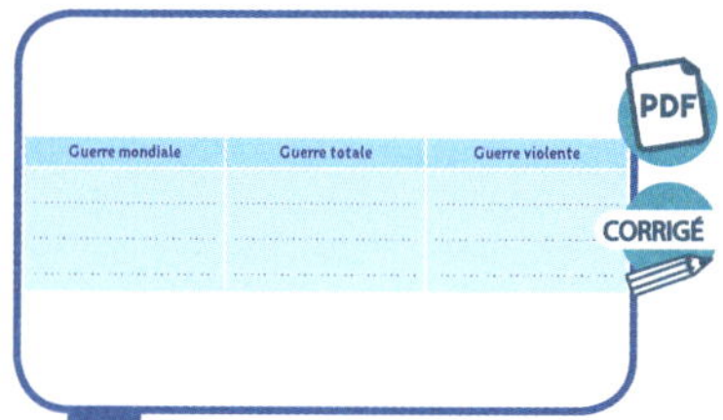

9 Bilan

Pistes pour la trace écrite au choix

1 Texte à reproduire

La Seconde Guerre mondiale a eu lieu entre 1939 et 1945. Elle oppose deux grandes alliances : l'Axe (Allemagne, Italie et Japon) et les Alliés (États-Unis, Royaume-Uni et URSS). C'est une guerre très violente avec des bombardements aériens, l'utilisation d'armes très meurtrières, dont la bombe atomique, et des génocides sur les populations juive et tsigane.

Le 6 juin 1944, les troupes alliées débarquent en Normandie pour libérer l'Europe. L'Allemagne capitule le 8 mai 1945 à Berlin.

2 Texte à compléter

▶ **Complète le texte avec les mots suivants :**
6 juin 1944 – atomique – l'Axe – juive – tsigane – les Alliés – 8 mai 1945.

La Seconde Guerre mondiale a eu lieu entre 1939 et 1945. Elle oppose deux grandes alliances : .... (Allemagne, Italie et Japon) et .... (États-Unis, Royaume-Uni et URSS). C'est une guerre très violente avec des bombardements aériens, l'utilisation d'armes très meurtrières, dont la bombe ...., et des génocides sur les populations .... et ....

Le ...., les troupes alliées débarquent en Normandie pour libérer l'Europe. L'Allemagne capitule le .... à Berlin.

3 Carte mentale

▶ **Complète la carte mentale avec les mots suivants.**
1945 - bombes atomiques - la participation des civils - des combats en Europe, en Asie et en Afrique du Nord - la participation des militaires - génocides - 1939 - des pays de tous les continents.

La Seconde Guerre mondiale

(de .... à ....)

Une guerre mondiale	**Une guerre totale**	**Une guerre violente**
•	•	• ....
....	....	....
•	•	• ....
....	....	....

PROLONGEMENTS

▶ **Réseaux sociaux :** découvrir l'histoire de Léo, un jeune adolescent de 14 ans, originaire de Cherbourg, évacué sur Saint-Lô au début de l'année 1944. Léo raconte sur Facebook et Twitter ce qu'il vit, son quotidien, ses impressions, ses sentiments sur les événements dont il est le témoin ou qui lui sont rapportés : ecole.nathan.fr/f23-leo-facebook ; ecole.nathan.fr/f23-leo-twitter

▶ **Étudier la reconstruction du Havre selon les plans d'Auguste Perret.**
Après avoir visionné la vidéo du Havre lors de la bataille de Normandie (ecole.nathan.fr/f23-bataille-normandie), les élèves découvrent la ville reconstruite (ecole.nathan.fr/f23-lehavre) les plans de la ville, l'importance du béton armé et le plan-type d'un appartement.

24 La Seconde Guerre mondiale en France

POINTS DE REPÈRE

La défaite militaire de mai-juin 1940

- Le 10 mai 1940, Hitler lance une grande offensive vers les Pays-Bas, la Belgique puis la France. La progression rapide des armées allemandes provoque l'exode de 8 millions de Français vers le sud. Le 14 juin, la Wehrmacht entre dans Paris. Le 16 juin, Philippe Pétain devient le nouveau président du Conseil et le 17 juin, dans un discours radiodiffusé, il demande la fin des combats et la signature d'un armistice avec les Allemands.
- Le 18 juin, Charles de Gaulle appelle les Français à le rejoindre à Londres pour organiser la Résistance. Le 22 juin 1940, un armistice est signé avec l'Allemagne avec des clauses très dures pour la France. En cinq semaines, la France perd la guerre.

Vichy, un régime autoritaire, antirépublicain et réactionnaire

- Le régime de Vichy, né de la défaite militaire, est un régime antirépublicain : la IIIe République est remplacée par « l'État français » et les symboles républicains disparaissent. Le régime de Vichy est autoritaire : le 10 juillet 1940, Pétain obtient du Parlement les pleins pouvoirs. Une intense propagande avec culte du chef est organisée autour de sa personne ; les syndicats, les partis politiques et les grèves sont interdits, les opposants politiques sont arrêtés.
- Le régime de Vichy est réactionnaire et développe un programme, la « Révolution Nationale », incarnée par la nouvelle devise : « Travail, Famille, Patrie ».

Vichy, un régime collaborationniste et antisémite

- Le régime de Vichy collabore avec l'Allemagne, comme le démontre l'entrevue de Montoire en octobre 1940 entre Pétain et Hitler, la livraison d'une partie de la production industrielle et agricole à l'Allemagne, l'envoi de main-d'œuvre dans le cadre du Service du travail obligatoire (STO) et les arrestations de résistants par la milice française.
- Le régime de Vichy est antisémite : le « statut des Juifs » est adopté en octobre 1940, suivie de l'arrestation des Juifs de la zone libre et de la zone occupée, en collaboration avec l'armée allemande. 74 500 Juifs au total sont déportés.
- Durant cette période, la vie quotidienne des Français est difficile. Ils subissent les pénuries alimentaires, le rationnement de l'alimentation, le STO, les exécutions d'otage et les bombardements.

Pour en savoir plus

- Henry Rousso, *Le Régime de Vichy*, Que sais-je ?, 2019.
- Alya Aglan, « La France défaite : 1940-1945 », *La Documentation Photographique*, n° 8120, 2017.
- Une photographie de l'exode analysée sur le site de *L'Histoire par l'image* : ecole.nathan.fr/f24-exode
- Une vidéo de la fondation Charles de Gaulle « L'appel du 18 juin 1940 : pourquoi, comment ? » : ecole.nathan.fr/f23-appel-18juin

DÉROULÉ DE LA SÉANCE

Mise en situation

Se repérer dans le temps

- **Si besoin, placer la Seconde Guerre mondiale sur la frise chronologique et calculer :**
  - le temps écoulé entre la Première Guerre mondiale et la Seconde Guerre mondiale ;
  - la durée de la guerre entre le 1er septembre 1939 et le 8 mai 1945 ;
  - le temps écoulé entre la Seconde Guerre mondiale et aujourd'hui.

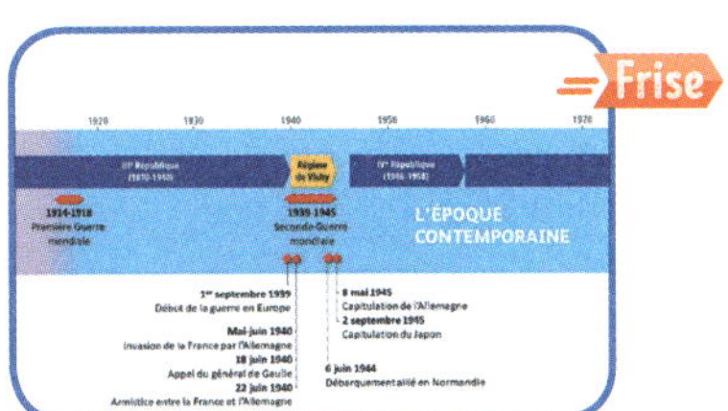

1 Frise chronologique

Document d'accroche

- **Projeter la photographie des Allemands défilant sur les Champs-Élysées le 14 juin 1940.**
Demander aux élèves :
– Où sommes-nous ? Sur les Champs-Élysées à Paris.
– Quelle est la date de cette photographie ? Elle a été prise en 1940.
– Qui sont ces personnes et pourquoi défilent-elles à Paris ? Il s'agit de l'armée allemande, qui vient de prendre la ville de Paris.

2 La défaite française

Problématiques

- Les Français vont-ils résister ou collaborer ? Quelle sera leur vie quotidienne sous l'Occupation allemande ?

A La Collaboration et la Résistance

1 LA BATAILLE DE FRANCE ET L'EXODE

- **Montrer la vidéo sur l'exode extraite du dessin animé « Les Grandes Grandes Vacances » diffusé en 2015 sur France 3.**
Demander aux élèves :
– Pourquoi ces personnes sont-elles sur les routes ? Elles fuient les troupes allemandes qui arrivent par le Nord.
– Où vont-elles ? Vers le Sud, certains espèrent être hébergés par des membres de leur famille tandis que d'autres ne savent pas précisement vers quelle destination ils se dirigent.
– Quelles difficultés rencontrent-elles ? Les attaques de l'aviation allemande.

6'10 à 8'40 min

3 L'exode de 1940 en France

- **Explique l'exode est la fuite des populations civiles face à l'avancée rapide des troupes allemandes.** Cet exode commence après la percée de Sedan, le 13 mai 1940, et se prolonge jusqu'à la fin juin 1940. Plus de 8 millions de Français se jettent sur les routes à pied, à vélo, en charettes ou en voiture. Les difficultés à affronter sont nombreuses : fatigue, peur des attaques de l'aviation allemandes, difficultés à trouver de la nourriture, de l'eau, de l'essence, difficultés à se laver. Dans ce désordre général, de nombreux enfants se retrouvent séparés de leur famille, plus de 90 000 selon la Croix-Rouge. 10 000 Français perdent la vie durant cette migration.

2 DE GAULLE : LE CHOIX DE LA RÉSISTANCE

Travail sur le cahier

Étude de document
- Écouter l'appel du 18 juin 1940 de Charles de Gaulle.
- Compléter le tableau suivant.

Date de cet appel	18 juin 1940
Lieu de l'appel	Londres
Média utilisé	La radio anglaise, la BBC
Que demande de Gaulle aux Français ?	De résister

2 min

4 L'appel du 18 juin 1940

CORRIGÉ

- **Rappeler que la France vient de subir une terrible défaite militaire.** Paris est occupée le 14 juin 1940. Le 17 juin, Pétain, qui désire l'armistice, déclare dans un discours radiodiffusé : « c'est le cœur serré que je vous dis aujourd'hui qu'il faut cesser le combat. » Le lendemain, de Gaulle, qui refuse de se soumettre, lance son appel à la BBC. Son appel est peu entendu en France, mais il est retranscrit le lendemain dans la presse et l'appel, qui n'a pas été enregistré, est rediffusé les jours suivants dans une version remaniée.

3 PÉTAIN : LE CHOIX DE LA COLLABORATION

- **Décrire et analyser la photographie de la rencontre de Montoire.**
  - *Quand cette photographie a-t-elle été prise ? Le 24 octobre 1940.*
  - *Qui est l'homme à la gauche de la photographie ? Le maréchal Philippe Pétain, chef de l'État français.*
  - *Qui est l'homme à la droite de la photographie ? Adolf Hitler, chancelier allemand.*
  - *À ton avis, pourquoi se serrent-ils la main ? Pour montrer qu'ils vont collaborer.*

5 La collaboration

- **Décrire et analyser la photographie d'une rafle.**
  Expliquer qu'une rafle est une arrestation massive de personnes effectuée par la police. Le 20 aout 1941, 2 894 Juifs seront arrêtés puis conduits vers le camp de Drancy, puis, pour la plupart, déportés vers le camp d'Auschwitz en Pologne.
  Demander aux élèves :
  - *De quelle façon le régime de Vichy, dirigé par Philippe Pétain, collabore-t-il avec les Allemands ? Il participe à l'arrestation des Juifs avec les Allemands.*

6 Une rafle à Paris

- **Expliquer que cette rafle est un acte antisémite**, c'est-à-dire hostile aux Juifs, organisé par le régime de Vichy. Évoquer les autres formes de la collaboration de Vichy avec l'Allemagne nazie : arrestations de résistants, livraison de marchandises et de main-d'œuvre en Allemagne.

B L'Occupation

1 LA FRANCE COUPÉE EN DEUX APRÈS L'ARMISTICE DU 22 JUIN 1940

- **Projeter la carte de la France en 1940.**
  Présenter les clauses principales de l'armistice. L'Alsace-Lorraine devient allemande et le territoire français est coupé en deux zones.
  La ligne de démarcation marque la frontière entre la zone occupée par les Allemands au nord et la zone libre dirigée par Pétain au sud.
  Cette zone libre correspond à l'État français dont la nouvelle capitale est Vichy.

7 L'occupation allemande

2 LES DIFFICULTÉS DE LA VIE QUOTIDIENNE

Travail sur le cahier

Étude de documents

- Projeter et observer ces dessins d'enfants de 1940.
- Demander aux élèves de répondre aux questions suivantes sur leur cahier.
  - *À votre avis, pourquoi les Français descendent-ils aux abris en pleine nuit ? En raison des bombardements.*
  - *Quels sont les produits qui manquent le plus aux Français ? Pour quelles raisons selon vous ? Le charbon, le savon, les produits alimentaires, l'électricité, car une partie de la production française est confisquée par les Allemands.*

8 Les difficultés de la vie quotidienne

- **Expliquer le principe des cartes de rationnement et l'existence du marché noir.** Les cartes de rationnement sont émises par le gouvernement : elles limitent la distribution de nourriture et autres denrées rares et précieuses en temps de guerre. Certains produits sont très difficiles à trouver, ce qui favorise un marché clandestin qui fait monter le prix des marchandises.
Préciser que les Français souffrent aussi des exécutions d'otages dans le cadre des représailles allemandes et des arrestations de résistants.

3 LA FIN DE LA GUERRE

Travail sur le cahier

Étude de document

- Décrire et analyser la photographie de la Libération de Paris.
- Demander aux élèves :
  - *Qui libère Paris de la présence allemande ? Les Américains et les troupes françaises du général Leclerc.*
  - *Quel jour a été prise cette photographie ? Le 25 aout 1944.*
  - *La Second Guerre mondiale est-elle pour autant terminée ? Expliquez votre réponse en utilisant la frise chronologique. Non, la capitulation de l'armée allemande a lieu le 8 mai 1945 à Berlin et la capitulation de l'armée japonaise a lieu le 2 septembre 1945.*

9 La libération de Paris

- **Rappeler pourquoi les Parisiens brandissent des affiches en l'honneur du général de Gaulle** et l'importance symbolique du monument en arrière-plan.
- **Expliquer le déroulement de la fin de la guerre** en évoquant le débarquement, la prise en étau de l'armée allemande entre les Américains par l'Ouest et les Soviétiques par l'Est, puis l'entrée des Américains dans Paris, en aout 1944, précédés de la 2e division blindée du général Leclerc.

Bilan de la séance

- **Rappeler les problématiques posées en introduction.**
Après la défaite de la France en 1940, les Allemands occupent une partie de la France. De Gaulle choisit de résister face aux Allemands depuis Londres, tandis que Pétain déclare l'armistice et choisit de collaborer avec l'ennemi. Les Français ont alors un quotidien difficile : les bombardements sont nombreux, des tickets de rationnement sont mis en place et les arrestations sont fréquentes.

Pistes pour la trace écrite *au choix*

1 Texte à reproduire

Après la défaite rapide contre l'Allemagne en juin 1940, la France est occupée par les troupes allemandes. Une partie des Français choisit de suivre le maréchal Pétain, chef de l'État français, et de collaborer avec les Allemands, tandis qu'une autre partie choisit de suivre l'appel à la Résistance lancé par le général de Gaulle le 18 juin 1940.

La vie quotidienne des Français durant cette guerre est difficile entre les bombardements, les exécutions d'otages et le manque de nourriture.

2 Texte à compléter

▶ **Complète le texte avec les mots suivants :**
18 juin - collaborer - de Gaulle - l'Allemagne - Pétain - Résistance.

Après la défaite rapide contre .... en juin 1940, la France est occupée par les troupes allemandes. Une partie des Français choisit de suivre le maréchal ...., chef de l'État français, et de .... avec les Allemands, tandis qu'une autre partie choisit de suivre l'appel à la .... lancé par le général .... le .... 1940.

La vie quotidienne des Français durant cette guerre est difficile entre les bombardements, les exécutions d'otages et le manque de nourriture.

3 Carte mentale

▶ **Complète la carte mentale avec les mots suivants.**
les arrestations - collaborer - général de Gaulle - 1939 - 1945 - résister - Maréchal Pétain - le manque de nourriture et de charbon - les bombardements.

La Seconde Guerre mondiale en France
(de .... à ....)

Deux attitudes différentes

....
comme le
....

....
comme le
....

Une vie quotidienne difficile

....

....

....

PROLONGEMENTS

▶ **Retracer la vie quotidienne des enfants pendant la Seconde Guerre mondiale.**
On pourra s'appuyer sur des dessins et des rédactions d'élèves disponibles sur le site du musée national de l'Éducation : ecole.nathan.fr/f24-dessins

25 Le génocide des Juifs et des Tsiganes

AVOIR 10 ANS sous...

POINTS DE REPÈRE

L'idéologie nazie

- Le nazisme est une idéologie fondée sur le rejet des valeurs héritées de la Révolution française (démocratie, liberté, égalité, universalité) et reposant sur une conception de l'humanité et de l'histoire du monde strictement raciste. Le nazisme classe, hiérarchise les groupes humains et désigne des personnes à éliminer : homosexuels, Tsiganes, malades mentaux et Juifs. Les nazis ne considèrent pas les Juifs comme des êtres humains mais comme des sous-hommes (*untermenschen*), des parasites qui complotent pour diriger le monde et détruire la race germanique. Ils doivent donc être assassinés jusqu'au dernier.

La Shoah

- La Shoah est un mot hébreu qui signifie *destruction* et qui désigne le génocide des Juifs. Elle touche particulièrement l'Europe de l'Est où vivait la grande partie de la population juive.
- Le processus qui mène à la Shoah est le même partout : définition des Juifs, recensement, mesures d'exclusion, spoliations, arrestations, internement dans des camps avant déportation, puis mise à mort. Le basculement vers le génocide s'opère à l'été 1941. Le 20 janvier 1942, l'Allemagne déclare la « Solution finale de la question juive » et le paroxysme des massacres est atteint durant l'année 1942.
- Les Juifs sont assassinés dans des camps de concentration, mais surtout dans des centres de mise à mort, dans des ghettos et des fusillades menées par les *Einsatzgruppen* en Europe de l'Est. Plus de 6 millions de Juifs perdent la vie en Europe. En France, sur une population d'un peu plus de 300 000 personnes en 1939, 75 000 Juifs français et étrangers sont déportés. Environ 3 000 survivent.
- Les Tsiganes sont également la cible des nazis et victimes de persécutions et de déportation vers les camps de concentration et centres de mise à mort. 250 000 Tsiganes sont assassinés. En France, ils sont victimes de mesures d'exclusion : interdiction du nomadisme, obligation de se déclarer à la gendarmerie, spoliations et internement (environ 6 500 personnes sur 40 000).

L'enseignement de la Shoah

- Pour enseigner la Shoah à des enfants de 10 ans, il est nécessaire de prendre un certain nombre de précautions et de n'utiliser, par exemple, que des témoignages d'enfants qui ont survécu et dont les parents ont survécu. On peut lire à ce sujet l'article de Barbara Melull, disponible sur internet, « Parler de la Shoah aux enfants : une pédagogie ouverte » et utiliser la vidéo « L'enfant et la Shoah : Comment en parler à l'école » :
  - article de Barbara Melull : ecole.nathan.fr/f25-mellul
  - vidéo : ecole.nathan.fr/f25-shoah

Pour en savoir plus

- Vincent Duclert, « Les génocides », *La Documentation photographique*, 2019.
- Annette Wieviorka, *Auschwitz expliqué à ma fille*, Seuil, 1999.
- L'exposition au mémorial de la Shoah, *L'internement et la déportation des nomades (1939-1946), une histoire française.*
- Johann Chapoutot, « Le nazisme - Une idéologie en actes », *La Documentation photographique*, 2012.

DÉROULÉ DE LA SÉANCE

Mise en situation

Documents d'accroche

- **Montrer les photographies de Francine Christophe et de Ceija Stojka, enfants.**
  Expliquer qu'au début de la guerre, Francine a 6 ans, elle est juive et vit à Paris. Ceija a 6 ans également, elle est tsigane et vit en roulotte en Autriche. Toutes les deux ont été arrêtées durant la Seconde Guerre mondiale.

Problématiques

- Pourquoi Francine Christophe et à Ceija Stojka ont-elles été arrêtées ? Par qui ? Que leur est-il arrivé après leur arrestation ? Comment ont-elles été libérées ?

1 Francine Christophe et Ceija Stojka

A La vie d'une enfant juive et d'une enfant tsigane sous l'Occupation

Travail sur le cahier

Étude de documents

- Distribuer les tableaux à compléter.
- Visionner la vidéo sur Francine Christophe et compléter le tableau suivant :

Francine Christophe	
Quelle est sa nationalité ? Quelle est sa religion ?	Française et juive
Donne trois interdictions faites aux Juifs pendant la guerre.	· Interdiction d'entrer dans certains magasins · Aucune sortie après 20 · Interdiction de lieux publics
Que doit-elle coudre sur ses vêtements ?	Une étoile
Pourquoi Francine et sa mère sont-elles arrêtées, selon toi ?	Elles sont juives
Écris le nom de tous les camps où Francine a été internée. Trace en rouge son itinéraire sur la carte de Paris jusqu'à Bergen-Belsen.	Poitiers, Drancy, Pithiviers, Beaune-la-Rolande, Bergen-Belsen
Qui a libéré Francine et sa mère ?	Les Russes

- Visionner la vidéo sur Ceija Stojka et compléter le tableau suivant :

Ceija Stojka	
Quelle est sa nationalité ?	Autrichienne
Quelle âge a-t-elle lorsqu'elle est arrêtée ?	10 ans
Par qui est-elle arrêtée ? Pourquoi ?	Les nazis, parce qu'elle est tsigane.
Vers quels camps de concentration est-elle déportée ?	· Auschwitz · Bergen-Belsen · Ravensbrück
Quel moyen a-t-elle utilisé à l'âge adulte pour témoigner de son passé ?	La peinture, la musique, l'écriture

6'31 min

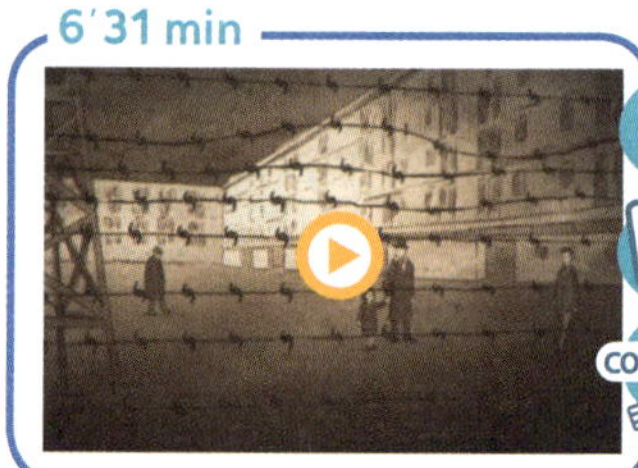

PDF
CORRIGÉ

2 La vie de Francine Christophe

4 min

PDF
CORRIGÉ

3 La vie de Ceija Stojka

- **Prendre garde à ne pas confondre un camp de transit, un camp de concentration et un centre de mise à mort.**
  - Le camp de transit est un camp où l'on rassemble les populations avant leur déportation.
  - Le camp de Bergen-Belsen où Francine a été déportée est un camp de concentration, c'est-à-dire un camp de travail où les conditions de vie sont très dures et où la mortalité est très élevée.
  - Les centres de mise à mort de Belzec, Chelmno, Maidanek, Auschwitz-Birkenau, Sobibor, Treblinka sont des centres destinés à la mise à mort immédiate des Juifs. Ce ne sont pas des camps où l'on séjourne et où l'on travaille, mais des lieux où l'on meurt quelques heures après son arrivée. La méthode d'assassinat y est le plus souvent la chambre à gaz.

B Le génocide

- **Localiser Auschwitz sur une carte.**
  Indiquer la distance entre Drancy et Auschwitz (1 400 km) et expliquer les conditions de vie à l'intérieur des wagons à bestiaux : la durée du voyage, l'entassement des personnes, le froid, la chaleur, l'absence d'intimité, la tinette pour faire ses besoins.
- **Décrire la photographie de l'arrivée à Auschwitz.**
  Identifier les éléments suivants avec les élèves : les wagons à bestiaux de la déportation, les Juifs, les SS, les détenus en costume rayé et l'entrée du camp d'Auschwitz en arrière-plan.
- **Expliquer qu'à l'arrivée du train a lieu la sélection**, c'est-à-dire le moment où sont désignés ceux qui vont vivre dans le camp pour y travailler et ceux qui iront directement dans les chambres à gaz de Birkenau.
  Faire attention à ne pas expliquer les méthodes d'assassinat aux élèves, et à ne pas montrer d'images traumatisantes.
- **Lire le témoignage de Léon Zyguel.**
  Répondre aux questions :
  - De quel camp s'agit-il ? Le camp d'Auschwitz en Pologne.
  - Comment les Juifs sont-ils déportés dans les camps ?
  En wagons à bestiaux.
  - Qu'est-il arrivé à Léon Zyguel à la sortie du train ? Il a été dirigé vers un camp de travaux forcés (camp de concentration).
  Expliquer que le camp d'Auschwitz-Birkenau est un camp mixte, c'est-à-dire à la fois un camp de concentration et un centre de mise à mort. Au moins 1,3 million de personnes y ont été assassinées dont 1,1 million de Juifs et 21 000 Tsiganes. C'est vers Auschwitz que la plupart des Juifs de France ont été déportés.
- **Projeter les chiffres-clés du génocide des Juifs et des Tsiganes.**
  Demander aux élèves :
  - Donnez les chiffres montrant que les Juifs et les Tsiganes ont été victimes d'un génocide. 6 millions de Juifs tués dont 1.5 million d'enfants et 250 000 tsiganes assassinés.
- **Définir un génocide :** la volonté d'exterminer un peuple entier du fait de sa religion ou de ses origines. C'est un crime contre l'humanité.
  La notion de génocide est inventée en 1944, par Raphael Lemkin.
  Ce mot est composé sur la racine grecque *genos*, la race, et le verbe latin, *coedere*, tuer.

4 Le camp d'Auschwitz

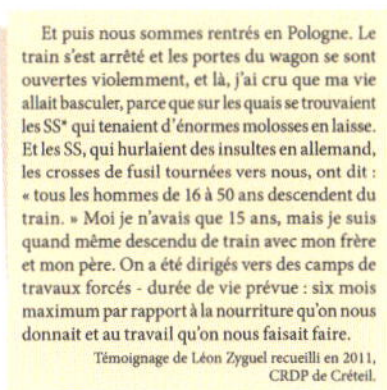

Et puis nous sommes rentrés en Pologne. Le train s'est arrêté et les portes du wagon se sont ouvertes violemment, et là, j'ai cru que ma vie allait basculer, parce que sur les quais se trouvaient les SS* qui tenaient d'énormes molosses en laisse. Et les SS, qui hurlaient des insultes en allemand, les crosses de fusil tournées vers nous, ont dit : « tous les hommes de 16 à 50 ans descendent du train. » Moi je n'avais que 15 ans, mais je suis quand même descendu de train avec mon frère et mon père. On a été dirigés vers des camps de travaux forcés - durée de vie prévue : six mois maximum par rapport à la nourriture qu'on nous donnait et au travail qu'on nous faisait faire.

Témoignage de Léon Zyguel recueilli en 2011, CRDP de Créteil.

5 Le témoignage de Léon Zyguel

Quelques chiffres
- 6 millions de Juifs tués dont 1,5 million d'enfants de moins de 15 ans.
- 76 000 Juifs de France déportés dont 11 450 enfants.
- 250 000 Tsiganes assassinés.
- Sur les 24 000 Tsiganes assassinés à Auschwitz, 6 000 étaient des enfants.

6 Le génocide des Juifs et des Tsiganes

Bilan de la séance

- **Rappeler les problématiques posées en introduction.**
Francine Christophe et Ceija Stojka ont été arrêtées par les nazis puis déportées vers des camps de concentration parce qu'elles sont juives ou tsiganes. Francine et sa mère ont été libérées par les Russes et Ceija par les Britanniques. Elles ont été les victimes d'un génocide.

Pistes pour la trace écrite au choix

1 Texte à reproduire

Durant la Seconde Guerre mondiale, l'Allemagne nazie, dirigée par Hitler, organise le génocide des Juifs et des Tsiganes : 6 millions de Juifs et plus de 250 000 Tsiganes, enfants, femmes et hommes sont tués. Beaucoup sont assassinés dans des camps de concentration et dans des centres de mise à mort. Le génocide des Juifs d'Europe s'appelle la Shoah.

2 Texte à compléter

▶ **Complète le texte avec les mots suivants :**
Juifs - Shoah - Tsiganes - Hitler - Seconde - génocide.

Durant la .... Guerre mondiale, l'Allemagne nazie, dirigée par .... , organise le .... des .... et des .... : 6 millions de Juifs et plus de 250 000 ...., enfants, femmes et hommes sont tués. Beaucoup sont assassinés dans des camps de concentration et dans des centres de mise à mort. Le génocide des Juifs d'Europe s'appelle la ....

3 Texte à construire

▶ **Écris un texte pour expliquer ce qui est arrivé aux Juifs et aux Tsiganes pendant la Seconde Guerre mondiale.**

PROLONGEMENTS

▶ **Prolonger l'histoire de Francine et Ceija.**
Évoquer la façon dont elles ont témoigné à l'âge adulte de leurs expériences des camps : écriture de livres, conférences, réalisation de tableaux… Puis, écouter l'épisode du chocolat raconté par Francine Christophe : ecole.nathan.fr/f25-francine

▶ **Découvrir d'autres témoignages d'enfants.**
- Les témoignages d'enfants ayant survécu, seuls, dans les forêts : *Cours, sans te retourner* de Uri Orlev, adapté en film.
- Le témoignage et les dessins d'Helga Weiss, déportée à l'âge de 8 ans vers Terezin : *Le journal d'Helga*, paru en 2014 chez Belfond.
- Le documentaire de Guillaume Rébot, *Le cahier de Susi*, paru en 2013 et des ressources pédagogiques associées : ecole.nathan.fr/f25-susi

▶ **Films, lectures :** une filmographie et une bibliographie littérature jeunesse très complète : ecole.nathan.fr/f25-references-jeunesse

26 La Résistance

EMC

POINTS DE REPÈRE

Résistance extérieure et Résistance intérieure

- La Résistance extérieure est la Résistance organisée par le général de Gaulle après l'appel du 18 juin 1940 depuis Londres. Elle est structurée autour de la France libre et de son armée, les Forces Françaises Libres (FFL). À l'été 1940, les colonies de l'Afrique équatoriale française se rallient à de Gaulle et Brazzaville devient la capitale de la France Libre. En 1944, les FFL comptent environ 73 100 soldats : plus de la moitié sont des soldats coloniaux (33 000), le reste sont des combattants et combattantes originaires de métropole (30 000) et des soldats étrangers (9 000).
- La Résistance intérieure est organisée autour de plusieurs mouvements (Combat, les FTP, Libération-Sud, etc.), de plusieurs maquis différents et de plusieurs réseaux différents (organisation pour des missions particulières de renseignement, sabotages, évasions, etc.) Les mouvements de Résistance s'unifient à partir du 1er février 1944 sous le terme de FFI (Forces Françaises de l'Intérieur). Au moment de la Libération, les FFI comptent environ 400 000 membres.
- Le général de Gaulle tente de coordonner tous ces mouvements de Résistance sous son autorité. Il confie cette mission à Jean Moulin qui crée en 1943 le CNR (Conseil national de la Résistance).

Les modes d'action des résistants

- Les actions des résistants sont multiples : publication de journaux clandestins, distribution de tracts, préparation d'évasions, espionnage, déraillement de train, sauvetage, etc. Ce sont des missions dangereuses car les résistants sont pourchassés à la fois par la Gestapo et la milice française. Le film *L'Armée des ombres* de Melville (1969) met en lumière l'héroïsme de ces résistantes et résistants.
- La Résistance participe activement à la libération de la France : les FFL débarquent en Normandie avec les Alliés et entrent dans Paris avec la division blindée du général Leclerc, tandis que les FFI sortent des maquis et participent à la libération de Paris. En juillet 1944 a lieu le drame du maquis du Vercors qui voit la mort de plus de 600 maquisards en moins d'une semaine.

Pour en savoir plus

- Le site du musée de la Résistance : ecole.nathan.fr/f26-musee-resistance
- La lettre de la fondation de la Résistance de septembre 2019 : ecole.nathan.fr/f26-lettre
- Laurent Dauzou, Tristan Lecoq, *Enseigner la Résistance*, Canopé éditions, 2016.

DÉROULÉ DE LA SÉANCE

Mise en situation

Documents d'accroche

- **Projeter la photographie de Charles de Gaulle le 18 juin 1940.** Rappeler aux élèves la défaite militaire de juin 1940, l'armistice et l'appel du général de Gaulle du 18 juin 1940. Réécouter l'audio de l'appel du 18 juin 1940 si besoin. Présenter l'acte de naissance de la Résistance (voir Points de repères ci-dessous) et associer l'image mentale de la Résistance à de Gaulle.

1 L'appel du 18 juin 1940

Problématiques

- Qui sont les résistants ? En quoi consiste leurs activités ? Quels sont les dangers qu'ils encourent ?

A Les résistants

- **Montrer la photographie et l'histoire de Lucie Aubrac.**
  - *Qui sont les ennemis des résistants ? Le régime de Vichy et les Allemands.*

  Définir la Résistance comme l'action clandestine et armée des Français qui, pendant la Seconde Guerre mondiale, a continué le combat contre les nazis et le régime de Vichy.

2 Lucie Aubrac

Travail sur le cahier

Personnages historiques

- Distribuer les photographies et les biographies des résistants célèbres.
- Écrire au bon endroit les noms de ces résistants célèbres.
  De gauche à droite : Lucie Aubrac, Jean Moulin, le général de Gaulle.

3 Des résistants célèbres

B Les activités des résistants

1 LES MODES D'ACTION DES RÉSISTANTS

- **Projeter et réaliser l'exercice interactif sur les activités des résistants.**

4 Les activités de la Résistance

Travail sur le cahier

Étude de documents

- Placer au bon endroit les groupes de mots suivants pour découvrir les activités des résistants :
  – Dans l'ordre : réceptionner des parachutages ; distribuer des tracts, se battre contre les Allemands ; saboter des trains, cacher des enfants juifs ; imprimer des journaux clandestins ; transmettre des informations par radio ; fabriquer des faux papiers.

- **Expliquer que la Résistance n'est pas que le fait de résistants célèbres mais de milliers d'anonymes qui ont résisté à leur manière**, par de petits actes du quotidien comme écouter radio Londres ou aider les réfractaires du STO. Ces résistants sans armes ont pratiqué la résistance civile, complémentaire de la résistance militaire.

2 LES DANGERS ENCOURUS

- **Projeter la photographie des miliciens arrêtant des résistants français** et répondre aux questions.
  - *Qui arrête ces résistants ? Des miliciens.*
  - *Quelle a été l'attitude des Français pendant la guerre d'après cette photographie? Certains ont été résistants, d'autres collaborateurs.*
  - *Pourquoi faut-il beaucoup de courage pour être résistant ? Les résistants risquent leur vie.*
- **Définir un milicien** comme un homme qui collabore avec les Allemands pendant la Seconde guerre mondiale et qui pourchasse les résistants et les Juifs.
- **Projeter le texte et écouter le témoignage de Jean-Jacques Auduc.**
  - *Quel est l'âge de Jean-Jacques Auduc ? 12 ans.*
  - *Quelle est sa mission ? Transmettre des messages en les cachant dans sa pompe à vélo.*
  - *Pourquoi la Résistance fait-elle appel à un enfant ? Parce que les Allemands n'imaginent pas forcément qu'un enfant puisse être un résistant.*

Bilan de la séance

- **Rappeler les problématiques posées en introduction.**
La Résistance est l'action clandestine et armée des Français qui, pendant la Seconde Guerre mondiale, ont continué le combat contre les nazis et le régime de Vichy. Cette action et menée aussi bien par de grandes figures que des milliers d'anonymes : distribution de tracts et de journaux clandestins, sabotage des trains, transmission des informations par radio... Les résistants font preuve de courage et risquent d'être arrêtés à tout instant.
- **Projeter et compléter le tableau de fin de séance.**

Qui sont les résistants ?	Contre qui résistent-ils?	Comment ?
Les femmes et les hommes qui, durant la seconde Guerre mondiale, combattent les collaborationnistes et les nazis.	L'Allemagne nazie et le régime de Vichy.	En distribuant des tracts et des journaux clandestins, en écoutant radio Londres...

5 La collaboration

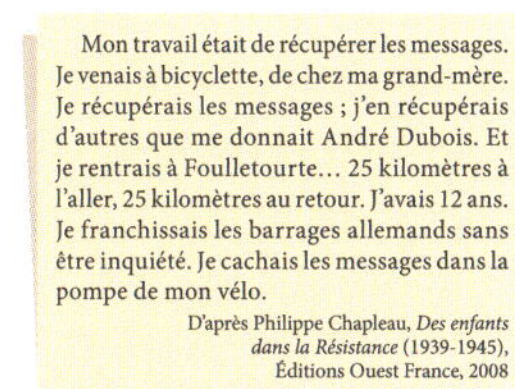

Mon travail était de récupérer les messages. Je venais à bicyclette, de chez ma grand-mère. Je récupérais les messages ; j'en récupérais d'autres que me donnait André Dubois. Et je rentrais à Foulletourte... 25 kilomètres à l'aller, 25 kilomètres au retour. J'avais 12 ans. Je franchissais les barrages allemands sans être inquiété. Je cachais les messages dans la pompe de mon vélo.

D'après Philippe Chapleau, *Des enfants dans la Résistance* (1939-1945), Éditions Ouest France, 2008

6 Le témoignage d'un enfant de la Résistance

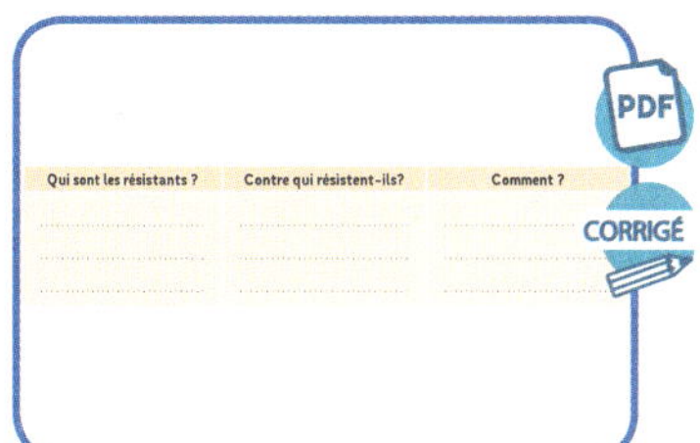

7 Bilan

Pistes pour la trace écrite au choix

1 Texte à reproduire

Durant la Seconde Guerre mondiale, des Français décident de suivre l'appel à la résistance lancé par le général de Gaulle le 18 juin 1940. Ils résistent à l'Allemagne nazie qui occupe la France et à Pétain qui collabore avec les Allemands.

Les résistants font preuve d'un grand courage car ils risquent d'être arrêtés et fusillés. Leurs activités sont variées : distribuer des tracts, saboter des trains, imprimer des journaux clandestins, transmettre des informations par radio...

2 Texte à compléter

▶ **Complète le texte avec les mots suivants :** *collabore - Allemagne - de Gaulle - 18 juin 1940 - Pétain.*

Durant la Seconde Guerre mondiale, des Français décident de suivre l'appel à la résistance lancé par le général .... le .... Ils résistent à l'.................................. nazie qui occupe la France et à .... qui .... avec les Allemands.

Les résistants font preuve d'un grand courage car ils risquent d'être arrêtés et fusillés. Leurs activités sont variées : distribuer des tracts, saboter des trains, imprimer des journaux clandestins, transmettre des informations par radio...

3 Texte à écrire

▶ **Écris un texte présentant les ennemis des résistants et la manière dont ils les combattent.**

PROLONGEMENTS

▶ **Écouter :**
- le témoignage de Lucie Aubrac : ecole.nathan.fr/f26-aubrac
- le poème d'Eluard, « Liberté» écris en 1942 ;
- le chant des partisans, hymne de la Résistance.

▶ **Jeu :** découvrir un jeu sur la résistance *Mission France Libre*, ainsi qu'un jeu réalisé par l'ECPAD sur application mobile, *Charles de Gaulle, poursuivre le combat* : ecole.nathan.fr/f26-jeu

▶ **Visite :**
- découvrir les lieux de mémoire les plus proches de chez soi en utilisant l'application mobile *Lieux de mémoire 1940-1945* ;
- présenter un lieu de mémoire de la Résistance : le mont Valérien ou le mémorial Charles de Gaulle à Colombey et évoquer l'entrée de quatre résistants au Panthéon en 2015 pour réfléchir à l'importance de la commémoration et de l'engagement.

27 Bâtir la paix : la construction européenne

POINTS DE REPÈRE

Les enjeux de la construction européenne

- La déclaration Schuman du 9 mai 1950 peut être considérée comme l'acte de naissance de l'Europe. Pourquoi « construire l'Europe » après la guerre ? Il s'agit de remettre l'Europe sur pied après les destructions de la Seconde Guerre mondiale, de garantir la paix entre les pays européens, de former un pôle de puissance et d'empêcher la progression du communisme, dans le cadre de la guerre froide qui s'annonce.

Les élargissements

- Les élargissements sont les intégrations successives des nouveaux États membres au sein de l'Union européenne. Ces élargissements sont soumis à des règles précises. Pour adhérer, il est nécessaire de respecter des critères dits de Copenhague : démocratie, État de droit, respect des droits de l'homme et des minorités, économie de marché viable.
- Ces dernières années, le processus d'élargissement s'est ralenti car un certain nombre de pays candidats sont encore trop éloignés des critères requis.

Les approfondissements

- Les approfondissements sont les renforcements progressifs des compétences de l'Union européenne :
  - **la CECA** (Communauté européenne du charbon et de l'acier), créée en 1951 à la suite de la déclaration Schuman, supprime les droits de douane sur le charbon et l'acier entre six pays européens ;
  - **le traité de Rome** en 1957 donne naissance à la CEE, à un marché commun, à une politique agricole commune, à l'Euratom ;
  - **le traité de Maastricht** en 1992 donne naissance à l'Union européenne, à la monnaie commune, à une politique étrangère et de sécurité commune (PESC), à un corps d'armée (Eurocorps), au renforcement de la coopération politique et judiciaire, et à la création d'une citoyenneté européenne avec des droits pour les citoyens européens ;
  - **les accords de Schengen** en 1995 permettent la libre circulation des personnes sans contrôle aux frontières intérieures.

Pour en savoir plus

- Un dossier de la revue *L'Histoire*, « Les grandes étapes de l'Europe » : ecole.nathan.fr/f27-europe
- Le site de l'Union européenne qui propose des activités et du matériel pédagogique en fonction de l'âge : ecole.nathan.fr/f27-ue

DÉROULÉ DE LA SÉANCE

Mise en situation

Contextualisation

- **Préciser que l'Union européenne est une union politique et économique comptant aujourd'hui 27 pays d'Europe**

Problématiques

- Pourquoi a-t-on décidé de construire l'Europe ? Pourquoi de plus en plus de pays ont-ils décidé d'adhérer à l'Europe ? Quelles ont été les grandes étapes de cette construction ?

A Trois moments-clés de la construction européenne

1 LA DÉCLARATION SCHUMAN

Travail sur le cahier

Étude de document

- Présenter le portrait de Robert Schuman, ministre français des Affaires étrangères, et écouter l'audio de la déclaration du 9 mai 1950.
- Répondre aux questions.
  - *Quel est le nom des deux pays à l'origine de la construction européenne ?* *La France et l'Allemagne : « la CECA place l'ensemble de la production franco-allemande de charbon et d'acier sous une Haute Autorité commune. »*
  - *Que souhaite Robert Schuman ?* *Construire l'Europe et se renforcer sur le plan économique, réconcilier la France et l'Allemagne et éviter de futures guerres entre les pays européens.*

1 La déclaration Schuman

- **Interroger collectivement les élèves sur le discours de Robert Schuman.**
  - *Que signifie la phrase : « L'Europe n'a pas été faite, nous avons eu la guerre » ?*
  Malgré la Première guerre mondiale, les conflits entre les pays européens ne se sont pas effacés et la Seconde Guerre mondiale a eu lieu. La construction de l'Europe permettra d'empêcher de nouvelles guerres entre États européens.
  - *Pourquoi le rapprochement entre ces deux pays est-il très courageux ?*
  Ces deux pays ont été adversaires pendant la guerre de 1870, puis pendant la Première et la Seconde Guerre mondiale.
- **Conclure en disant qu'aujourd'hui, le jour de la déclaration Schuman est devenu la Journée de l'Europe, le 9 mai.**

2 LE TRAITÉ DE ROME ET LE TRAITÉ DE MAASTRICHT

Travail sur le cahier

Frise chronologique

- Distribuer la frise chronologique.
- À l'aide des documents, compléter les textes sur les grandes étapes de la construction européenne avec les mots suivants : *Schuman, 1992, Rome, Maastricht, CEE, UE, 6, 12, 1957.*

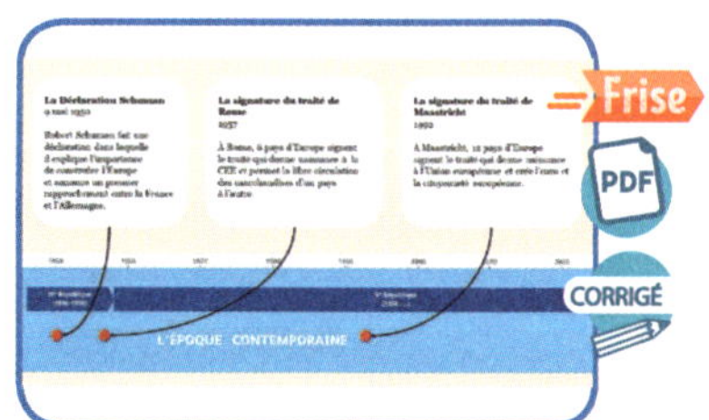

2 La construction de l'Union européenne

- **Expliquer qu'à la fin de la Seconde Guerre mondiale, la réconciliation entre les pays européens est nécessaire.** La fin des rivalités entre les pays doit passer par une union. La construction de l'Union européenne, notamment économique, s'est faite en plusieurs étapes :
  - annoncée lors de la déclaration Schuman du 9 mai 1950, la création de la communauté du charbon et de l'Acier (CECA) regroupe les six pays fondateurs de l'Union européenne (France, Allemagne, Italie, Belgique, Luxembourg, Pays-Bas) ;
  - le traité de Rome en 1957 renforce cette coopération par la création de la CEE (Communauté économique européenne) qui permet la libre circulation des marchandises ;
  - lors du traité de Maastricht en 1992, la CEE devient l'Union européenne, et complète cette coopération entre les pays en créant l'euro et la citoyenneté européenne.

B L'élargissement de l'Union européenne

Travail sur le cahier

Étude de carte

- Projeter et distribuer la carte de la construction de l'Union européenne.
- Demander aux élèves de colorier :
  - en bleu foncé, les six pays fondateurs de l'Union européenne ;
  - en bleu clair, les pays entrés après le traité de Rome en 1957 ;
  - en rouge, le pays qui a décidé de quitter l'Union européenne en 2020 lors du Brexit.

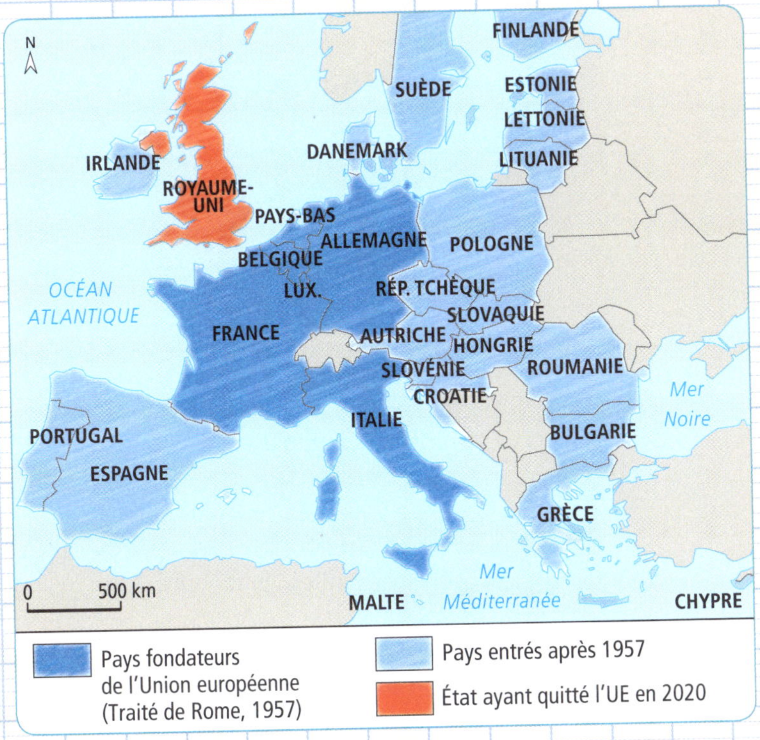

- Répondre aux questions.
  - *Combien de pays compte l'Union européenne ? 27.*
  - *Tous les pays d'Europe font-ils partie de l'Union européenne ?*
  Non. Par exemple, la Suisse n'en fait pas partie.

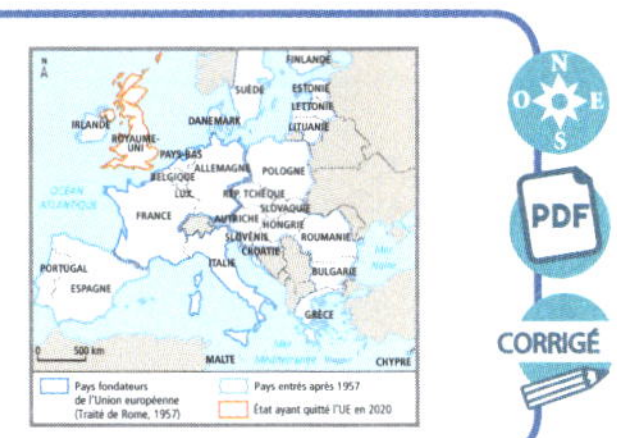

3 L'Union européenne

- **Expliquer aux élèves la différence entre l'Union européenne, qui est une union politique et économique, et le continent européen bien plus étendu et comptant un plus grand nombre d'États.**
- **Expliquer que le Brexit est l'abréviation de « *British Exit* » et désigne la sortie progressive du Royaume-Uni de l'Union européenne à partir de février 2020.**
  Cette sortie de l'Union européenne a été décidée à la suite d'un referendum en 2016.
  Préciser que le Royaume-Uni est l'ensemble formé par l'Angleterre, l'Écosse, le pays de Galles et l'Irlande du Nord.
  On pourra également montrer aux élèves la vidéo « Ça change quoi le Brexit ? » du site 1jour/1actu.

1'42 min

4 Le Brexit

Bilan de la séance

- **Rappeler les problématiques posées en introduction.**
  Construire l'Europe à partir des années 1950 permet de se renforcer sur le plan économique, de réconcilier la France et l'Allemagne et d'éviter de futures guerres entre les pays européens
- **Rappeler aussi les trois grandes étapes de la construction européenne, les élargissements successifs, puis la sortie du Royaume-Uni.**

Pistes pour la trace écrite *au choix*

1 Texte à reproduire

Pour éviter de nouvelles guerres, des pays européens décident de renforcer leurs liens. Le 9 mai 1950 a lieu la déclaration Schuman, posant les bases de cette nouvelle Europe. En 1957 est signé le traité de Rome qui crée la CEE et permet la libre circulation des marchandises. En 1992 est signé le traité de Maastricht qui crée l'Union européenne, l'euro et la citoyenneté européenne. L'Union européenne compte aujourd'hui 27 pays.

2 Texte à compléter

▶ **Complète le texte avec les mots suivants :**
27 - CEE - 1950 - déclaration Schuman - 1992 - de Rome - de Maastricht - 1957.

Pour éviter de nouvelles guerres, des pays européens décident de renforcer leurs liens. Le 9 mai .... a lieu la ...., posant les bases de cette nouvelle Europe. En .... est signé le traité .... qui crée la .... et permet la libre circulation des marchandises. En .... est signé le traité .... qui crée l'Union européenne, l'euro et la citoyenneté européenne. L'Union européenne compte aujourd'hui .... pays.

3 Carte mentale

▶ **Complète la carte mentale avec les mots suivants.**
de Rome - de Maastricht - CEE - Union Européenne - citoyenneté européenne - l'euro - 9 mai 1950.

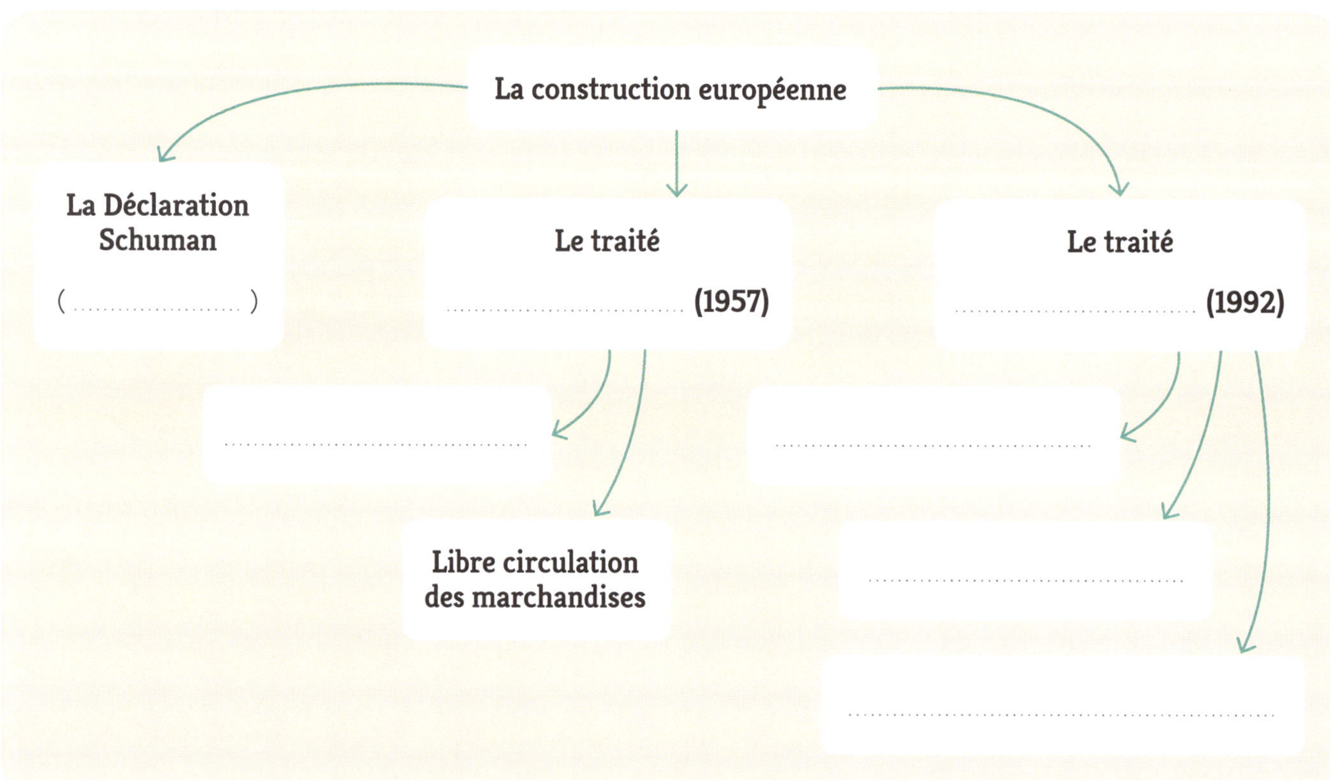

PROLONGEMENTS

▶ **Frise chronologique :** réaliser la frise chronologique de la construction européenne grâce au site www.frisechronos.fr.
Les élèves choisissent les évènements à placer : la déclaration Schuman, le traité de Rome, le traité de Maastricht, le Brexit, etc. Ils peuvent ajouter une description de l'évènement en une ou deux phrases ainsi qu'une illustration pour chaque date retenue.

28 L'Union européenne aujourd'hui

POINTS DE REPÈRE

Un territoire attractif, avec des points faibles

- L'Union européenne présente un grand nombre de points forts.
  - Première puissance commerciale au monde, elle possède une monnaie forte, de grandes places financières (Londres, Francfort, Paris), elle est le premier pôle touristique et la première région d'immigration de la planète (étudiants, migrants, réfugiés) et dispose d'un vaste espace de libre circulation des marchandises et des personnes.
  - Elle rayonne culturellement par ses valeurs, sa défense des droits de l'homme, son patrimoine et son histoire.
  - Elle est un espace de paix et d'entente relative entre 27 pays d'Europe.
- Elle présente toutefois des faiblesses, comme l'euroscepticisme, sa difficulté à gérer la crise migratoire, le Brexit, la montée des régimes autoritaires en Europe de l'Est, la complexité de la prise de décision à 27, et sa faible influence sur le plan diplomatique et militaire.

Des valeurs communes

- Les valeurs de l'Union européenne sont affirmées pour la première fois en 1992 avec la signature du traité de Maastricht. Elles sont complétées par la Charte des droits fondamentaux en 2000 avant d'être précisées dans le traité de Lisbonne en 2007 : elles prennent alors une valeur juridique et figurent dans l'article 2 du traité. Tout État candidat à l'entrée dans l'Union européenne doit s'engager à respecter ces valeurs. Ces valeurs sont principalement le respect de la dignité humaine, la défense des droits de l'Homme, de l'État de droit, de la liberté, de la démocratie et de l'égalité.

Des symboles communs

- **Le drapeau européen** est un cercle formé d'étoiles dorées qui symbolise la solidarité et l'harmonie entre les peuples.
- **L'hymne européen**, l'*Ode à la Joie*, exalte la liberté, la paix, la solidarité.
- **La devise « Unie dans la diversité »** exprime le désir de paix entre les peuples, le désir d'unité et le respect de la diversité des cultures.
- **La Journée de l'Europe du 9 mai**, en souvenir de la déclaration Schuman du 9 mai 1950 : elle célèbre le désir de paix entre les peuples européens.

Pour en savoir plus

- La rubrique à destination des enseignants du site officiel de l'Union européenne : ecole.nathan.fr/f28-ue
- Des ressources de l'académie de Strasbourg pour travailler la citoyenneté européenne : ecole.nathan.fr/f28-citoyennete

DÉROULÉ DE LA SÉANCE

Mise en situation

Contextualisation

- **Rappeler que l'Union européenne est une union politique et économique de 27 pays d'Europe** comptant plus de 448 millions d'habitants, avec une grande diversité de paysages, de cultures.
  - *Demander aux élèves de donner au moins deux différences entre les pays européens.*
  - *la langue (24 langues différentes) ;*
  - *des drapeaux différents ;*
  - *des cultures diverses.*

- Demander ensuite aux élèves de donner quelques points communs entre les pays européens.
- la monnaie commune ;
- le drapeau européen ;
- la devise européenne « Unie dans la diversité ».

Problématique

- Quels sont les autres éléments partagés par l'ensemble des pays membres de l'Union européenne ?

A Un territoire commun

Travail sur le cahier

Étude de documents

- Projeter et distribuer la carte de l'Union européenne en 2021 avec les chiffres-clés.
- Répondre aux questions.
  - *Colorie les pays de l'Union européenne en bleu.*
  - *Comment s'appelle la monnaie commune ? L'euro.*
  - *Combien d'habitants compte l'Union européenne ? 448 millions.*
  - *Comment s'appelle l'espace composé de plusieurs pays où les citoyens européens peuvent circuler librement ? L'espace Schengen.*
  - *Donne deux points forts de l'Union européenne aujourd'hui. Le commerce, l'euro, la monnaie unique.*

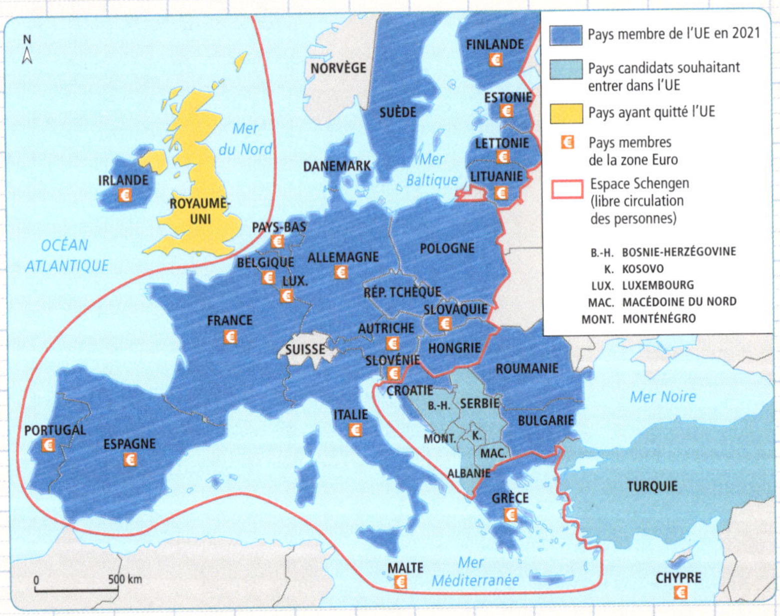

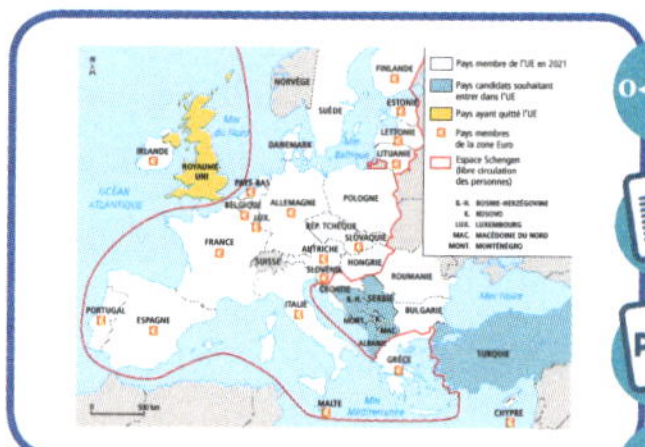

1 L'union européenne aujourd'hui

CORRIGÉ

- **Préciser que l'Union européenne compte également des territoires hors d'Europe** appelés région ultrapériphérique (RUP). Il s'agit de la Guadeloupe, de la Guyane, de la Réunion, de la Martinique, de Mayotte de Saint-Martin (France), des Açores et Madère (Portugal) et des Iles Canaries (Espagne).

B Des valeurs et des symboles communs

- **Projeter, puis écouter le texte sur les valeurs de l'Union européenne.**
  Définir le mot *valeur* : idée à laquelle on attache de l'importance et que l'on cherche à défendre comme la liberté, l'égalité et la fraternité.
  – Demander aux élèves de relever en rouge les valeurs de l'Union européenne.
  Le respect de la dignité humaine, des droits de l'Homme, et des minorités, la liberté, la démocratie, l'égalité et l'État de droit.
- **Faire remarquer que ce sont aussi les valeurs de la France** et qu'un pays membre de l'Union européenne et un pays candidat à l'adhésion à l'Union européenne doit s'engager à respecter ces valeurs.

Travail sur le cahier

Étude de documents

- Projeter la vidéo, l'affiche sur les symboles et valeurs de l'Union européenne et faire écouter l'hymne européen.
- Répondre aux questions.
  – Quels sont les trois symboles de l'Union européenne visibles sur l'affiche ? Le drapeau européen, la devise, l'euro.
  – Quels sont les deux symboles manquants ? La Journée de l'Europe, le 9 mai, et l'hymne européen (l'Ode à la Joie).

L'Union est fondée sur les valeurs de respect de la dignité humaine, de liberté, de démocratie*, d'égalité, de l'État de droit, ainsi que de respect des droits de l'Homme, y compris des droits appartenant à des minorités. Ces valeurs sont communes aux États membres dans une société caractérisée par le pluralisme, la non-discrimination, la tolérance, la justice, la solidarité et l'égalité entre les femmes et les hommes.

Article 2 du traité sur l'Union européenne (traité de Maastricht), 1992.

2 Les valeurs européennes

3 min

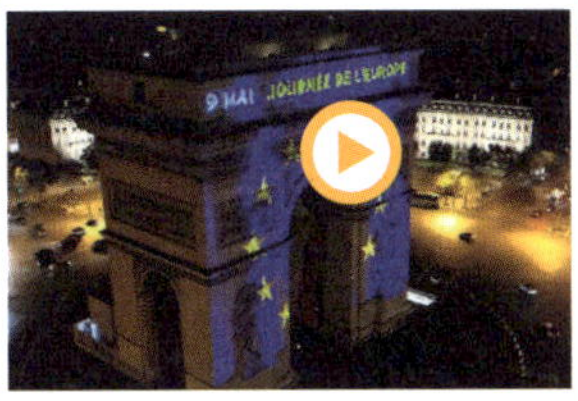

3 Les symboles de l'Union européenne

5'40 min

4 L'hymne européen : l'*Ode à la Joie*

C Une citoyenneté commune

- **Projeter le texte et répondre aux questions sur les droits du citoyen européen.**
  – Depuis quand existe-t-il une citoyenneté européenne avec des droits pour les citoyens européens ? Depuis 1992 avec le traité de Maastricht.
  – À 18 ans, est-ce que vous aurez le droit :
  - *d'étudier en Espagne ? Oui.*
  - *de voter aux élections des députés européens qui siègent au Parlement européen de Strasbourg ? Oui.*
  - *d'habiter en Allemagne et participer aux élections du maire de Berlin ? Oui.*
  - *de partir en vacances en Grèce sans montrer son passeport à la frontière ? Oui.*
  - *de travailler en Italie ? Oui.*
- **Explique que depuis 1992, les habitants de l'Union européenne sont devenus des citoyens européens.** Ils peuvent vivre, voyager, étudier, ou travailler dans n'importe quel pays de l'Union européenne. Ils peuvent également voter aux élections européennes, être élu et voter aux élections municipales dans tous les pays membres.

- Le droit de voter et d'être élu aux élections municipales de tous les pays européens.
- Le droit de voter aux élections européennes au Parlement européen de Strasbourg.
- Le droit de circuler librement et de séjourner dans les pays de l'UE.
- Le droit de travailler et d'étudier dans les pays de l'UE.

Extraits du traité de Maastricht, 1992.

5 Les droits du citoyen européen

Bilan de la séance

- **Rappeler la problématique posée en introduction.**
  Les Européens ont en commun un territoire, des valeurs, des symboles et une citoyenneté.

Pistes pour la trace écrite au choix

1 Texte à reproduire

L'Union européenne est une union de 27 pays d'Europe de plus de 448 millions d'habitants. Les Européens ont en commun des valeurs et des symboles : le drapeau européen ; une devise, « Unie dans la diversité » ; un hymne, l'*Ode à la joie* ; et une Journée de l'Europe, le 9 mai, en souvenir de la déclaration Schuman de 1950.

Depuis le traité de Maastricht de 1992, il existe une citoyenneté européenne et des droits en tant que citoyen européen.

2 Texte à compléter

▶ **Complète le texte avec les mots suivants :**
l'Ode à la joie – 27 – citoyenneté européenne – « Unie dans la diversité » – 9 mai.

L'Union européenne est une union de .... pays d'Europe de plus de 448 millions d'habitants. Les Européens ont en commun des valeurs et des symboles : le drapeau européen ; une devise, ... ; un hymne, ..., et une fête, ..., en souvenir de la déclaration Schuman de 1950.

Depuis le traité de Maastricht de 1992, il existe une .... et des droits en tant que citoyen européen.

3 Carte mentale

▶ **Complète la carte mentale avec les mots suivants.**
l'Ode à la joie – citoyenneté – l'euro – symboles – territoire – 27 – « Unie dans la diversité » – 9 mai.

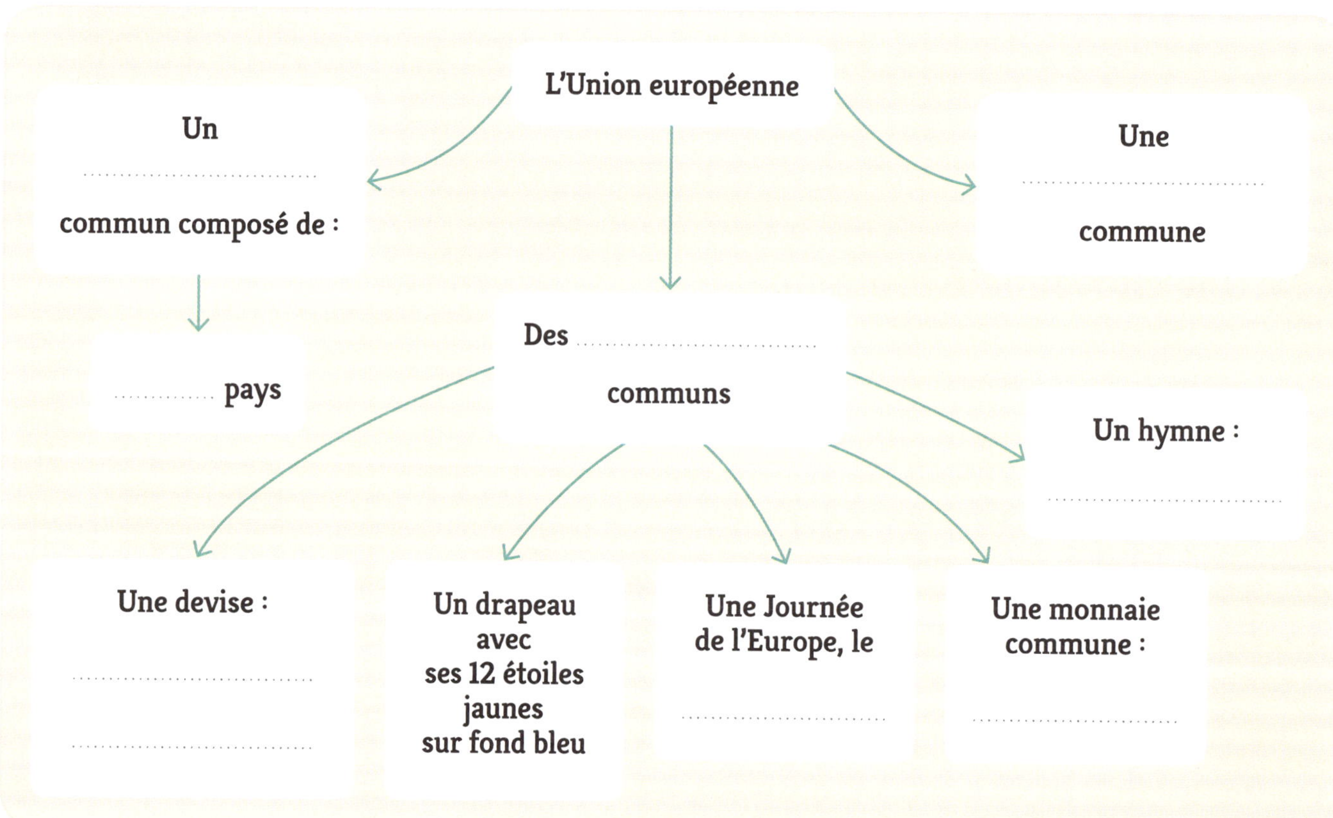

PROLONGEMENTS

▶ **Arts visuels :** présenter, décrire et analyser une œuvre d'art de Bansky montrant un personnage enlevant une étoile au drapeau européen pour dénoncer le Brexit : ecole.nathan.fr/f28-banksy

▶ **Activité :** réaliser la fiche d'activité à télécharger sur les symboles et les valeurs de l'Union européenne sur un billet de vingt euros.

CRÉDITS

P4 ht Ph. C. Roux © Archives Larbor ; m Ph. Hubert Josse © Archives Larbor reprise P93-94-97-105-115 ; bas © Photo Josse/Leemage reprise P117 ; **P5** ht © Alain Gesgon/CIRIP/akg-images ; m Ph. Jean-Loup Charmet © Archives Larbor reprise P186 ; bas © Everett/Bridgeman images reprise P252-256-257 ; **P10** Capture « L'assassinat de l'archiduc François-Ferdinand le 28 juin 1914 », série *Apocalypse la première guerre mondiale - Furie* © CC&C Clarke Costelle & Cie - FranceTV Distribution reprise P232 ; **P17** *1* - Le travail de l'historienne et de l'historien ht © POLONIO VIDEO - stock.adobe.com ; bas g Ph. Sebastian Corneanu © Archives Sejer ; bas d © Xolodan - istock.com ; **P18** *3* - ht g © Archives Larbor ; bas g Ph. Sebastian Corneanu © Archives Sejer ; ht d Ph. H. Josse © Archives Larbor ; bas d Capture « Paul Chytelman raconte la guerre aux ados » (Troyes) www.youtube.com/watch?v=lBDE5rlrZcs - © Canal 32 ; **P19** © Collection Dupondt/akg-images ; **P21** © thipjang - shutterstock.com ; **P22** *3* - © Dan Courtice Lascaux IV ; *4* - ht © David Parsons - istock.com ; bas © Stevica Mrdja - istock.com ; **P26** *2* - ht © Gregory Dubus - istock.com ; bas © Domagoj Burilovic - istock.com ; *3* - Musée du Grand Pressigny en Indre-et-Loire © Christophe Rimbault - CD37 ; **P27** *4* - g Ph. J.-M. Labat © Archives Larbor ; bas d Ph. Henry de Montferrand © Archives Bordas ; *5* - « Les experts remontent le temps : le Néolithique », réalisateur : Pierre-Emmanuel Lyet, production ARTE France, Inrap, Doncvoilà Productions © ARTE France - Inrap - Doncvoilà Productions - 2015 ; **P28** ht g Ph. Luc Joubert © Archives Larbor ; ht d Cliché Gilles Puech © Musée de la préhistoire d'Île de France ; bas g © Sandy Sandy - stock.adobe.com ; bas d Ph. J.-M. Labat © Archives Larbor ; **P33** ht © N. Weydert, Inrap ; bas © travelview - stock.adobe.com ; **P34** © Bibracte/Archäologiepark Belginum, cliché Antoine Maillier ; **P38** © Luc Olivier/Photononstop ; **P39** *3* - d © Archives Larbor ; g © Archives Larbor ; *6* - © Archives Nathan ; **P42** Capture Scénario : Guillaume Huitorel Production et réalisation : Past & Curious Illustration : Astrid Amadieu - Animation et montage : Maxime Garnaud © Past & Curious https://archeologie.culture.fr/fr/mediatheque/annee-campagnes-gaule-romaine ; **P43** *4* - Capture animation Reconstitution 3D de la Villa Griffon à Vitrolles © Héritage Virtuel - Ville de Vitrolles 2013 https://www.dailymotion.com/video/x2h4cvq ; *5* - © ministère de la Culture - www.archeologie.culture.fr/villa/fr/villa-village-medieval ; **P44** *6* - © Musée Départemental Arles antique ; *7* - ht g © saiko3p - stock.adobe.com ; ht d © Keitma - stock.adobe.com ; bas g © dukyoung - stock.adobe.com ; Ph. Elena Eliseeva © Archives Sejer ; **P48** *2* - © StockSolutions - istock.com ; *3* - g © klug-photo - istock.com ; d © Rainer Lesniewski - istock.com ; **P52** Ph. J.-L. Boutillier © Archives Nathan reprise P67-85 ; **P56** *3* - © Bridgeman Images/Leemage ; *4* - Ph. Hubert Josse © Archives Larbor reprise P67-68 ; **P60** g © Bibliothèque nationale de France - cote : N08455903 ; d © Bibliothèque nationale de France - cote : N08452766 ; **P61** © Luisa Ricciarini/Leemage ; **P67** *1* - d © Archives Larbor reprise P68-70-85 ; **P68** *2* Ph. J.-L. Boutillier © Archives Nathan ; Ph. Hubert Josse © Archives Larbor ; © Archives Larbor ; © Photo Josse/Leemage reprise P85-86-98 ; **P71** *1* - Ph. XtranvaganT © Archives Sejer ; *2* - © ekaterinapokrovsky - istock.com ; **P72** *3* - d © Michael Evans - stock.adobe.com ; g Ph. Bernard © Archives Sejer ; *4* - capture « Du roman au gothique », production : Réseau-Canopé © Canopé Normandie, 2015 ; 5 - ht g © Hervé Champollion/akg-images ; ht d © Jorge Alves - stock.adobe.com ; bas g © akg-images ; bas d © Hervé Champollion/akg-images 5 - reprise P73 ; **P75** *Les trois ordres*, Philippe de Croy © Bibliothèque nationale de France ; **P76** © Archives Bordas ; **P77** *4* - g © Archives Nathan ; m © Archives Larbor ; d Ph. Hubert Josse © Archives Larbor ; *5* - capture « L'Église au Moyen Âge » © Canopé Normandie ; *6* - « La pyramide féodale », réalisation Angèle Domenech © Éditions Nathan ; **P78** © Archives Nathan ; **P82** *1* - Philippe Camus, « Histoire d'Olivier de Castille et d'Artus d'Algarbe », dans la version remaniée par David Aubert © Bibliothèque nationale de France ; *2* - © Château de Beynac ; *3* - Ph. Algol © Archives Sejer ; *4* - Capture reconstitution réalisée par Okénite Animation pour l'exposition « Un roi pour deux couronnes », Troyes 1420. © Département de l'Aube, direction des Archives et du Patrimoine, 2020 ; **P86** *4* - © Archives Bordas ; **P87** © Photo Josse/Leemage ; **P88** © Brad Pict - stock.adobe.com ; **P90** *3* - © Photo RMN - Bulloz ; 5 - Capture « J'étais français à l'époque des chevaliers et des châteaux forts » documentaire *Histoire au quotidien* © Link Production ; **P93** *1* - img1 Ph. Hubert Josse © Archives Larbor ; img2 © Toulouse Musée des Augustins. Photo Daniel Martin **; img3** Ph. H. Josse © Archives Larbor ; img4 Ph. Hubert Josse © Archives Larbor **; 1 reprise P97**-105 ; **P94** *3* - d Ph. Hubert Josse © Archives Larbor ; g © FineArtImages/Leemage ; 4 - g Ph. Frédéric Hanoteau © Archives Nathan ; d Ph. David Bleja © Archives Sejer ; **P95** *5* - © Gabor Izso - Istock.com ; *6* - Capture « Léonard de Vinci », réalisation par Gaëlle Mary © Éditions Nathan ; **P98** 2 - Capture *1 jour, 1 actu*, « C'est qui Henri IV » © Jacques Azam - Milan Presse https://www.1jour1actu.com/info-animee/cest-qui-henri-iv ; *3* - g © Toulouse Musée des Augustins. Photo Daniel Martin ; d © Photo Josse/Leemage ; *4* - Extrait de l'ouvrage *L'Histoire de la France en BD*, Dominique Joly et Brno Heitz © Casterman, 2012 ; 5 - © Archives Larbor ; **P99** © EQRoy - shutterstock.com ; **P101** Capture « La vie des Français sous Louis XIV », documentaire *Histoire a quotidien* © Link Production https://www.youtube.com/watch?v=UBS9SXGOXsw ; **P102** *2* - © Bibliothèque municipale de Rouen (Leber 6116-2-237) ; *3* - © Archives Larbor ; **P106** *2* - Ph. H. Josse © Archives Larbor ; *3* - © BIS/Ph. Luc Joubert © Archives Larbor **P107** *5* - © Selva/Leemage ; *6* - © Brad Pict - stock.adobe.com ; **P110** *2* - capture extrait https://www.youtube.com/watch?v=wfncC3OLbQU Droits réservés ; *4* capture « Pourquoi parle-t-on de la traite des Noirs ? » - *1 jour, 1 question* © Jacques Azam - Milan Presse ; **P111** © photo Josse/Leemage ; **P115** *1* - bas img1 Ph. Hubert Josse © Archives Larbor ; img2 © Toulouse Musée des Augustins. Photo Daniel Martin **; img3** Ph. H. Josse © Archives Larbor **; img4 Ph. Hubert Josse** © **Archives Larbor ; ht** Ph. J.-L. Boutillier © Archives Nathan ; Ph. Hubert Josse © Archives Larbor ; © Archives Larbor ; © Photo Josse/Leemage ; **P116** © Archives Larbor ; **P117** © Photo Josse/Leemage ; **P119** *2* - g Ph. J.-L. Charmet © Archives Larbor ; d © Archives Larbor ; **P120** 3 - © Archives Bordas ; 4 - ht g Ph. Scala © Archives Bordas ; ht d © Archives Nathan ; bas d Ph. Hubert Josse © Archives Bordas ; bas g Ph. Jean Tarascon © Archives Larbor ; **P124** Ph. Jeanbor © Archives Larbor reprise P125 - P142 ; **P125** *3* - g © Bibliothèque Nationale de France/Ph. Coll. Archives Nathan ; d © Archives Bordas ; 4 - Extrait de l'ouvrage *Olympe de Gouges*, Catel et Bocquet, bande dessinée, © Casterman, 2012 reprise P126 ; **P126** © baona - istock.com ; **P130** *2* - © Philippe Lissac/Godong/Photononstop ; *3* - © Archives Larbor ; **P131** *4* - © Archives Larbor ; 6 - g Ph. Michel Didier © Archives Larbor ; d © Musée de la Révolution française, Vizille - Archives Larbor ; **P134** *2* - Ph. G. Dagli Orti © Archives Bordas ; *3* - Ph. H. Josse © Archives Larbor reprise P135 *4* - © Archives Nathan ; *5* - © Archives Nathan **P138** Ph. Josse © Archives Larbor reprise P139 ; **P142** *3* - © Les collections du Musée des Archives nationales ; **P143** *4* - © Centre historique des Archives nationales - Atelier de photographie ; 5 - Extrait de l'ouvrage *L'Histoire de France en BD*, Dominique Joly et Bruno Heitz, Casterman, 2012 ; *7* - Ph. Michel Didier © Archives Larbor ; *8* - Franc © Archives Nathan ; lycéen © Réseau Canopé - Musée national de l'Éducation ; Préfet © Photo Josse/Leemage ; Code civil Ph. G. Dagli Orti © Archives Larbor ; **P150** *2* - *La Marseillaise* Jean Béraud ; *4* - © Archives Nathan **P151** © Paris Musées/Musée Carnavalet - Histoire de Paris ; **P153** *1* - ht Ph. Jeanbor © Archives Bordas ; bas © Marco Herrndorff - stock.adobe.com ; **P154** 2 - © Xavier Richer/Photononstop ; **P158** *1* - Tableau de Jean Geoffroy, « En classe, le travail des petits », 1889 ; *2* - © Réseau-Canopé - Le Musée national de l'Éducation ; **P159** © Réseau-Canopé - Le Musée national de l'Éducation ; **P160** © Réseau-Canopé - Le Musée national de l'Éducation ; **P164** - *1* © Archives Nathan ; *2* - Capture vidéo « Les symboles de la république » © Archives Nathan, 2021 ; 3 - © Pixabay ; **P165** © Philippe Wojazer/Pool/AFP ; **P167** Ph. Archives des Pères Blancs, Rome/Coll Archives Bordas ; **P168** © Archives Nathan ; **P169** *4* - © Archives Charmet/Bridgeman Images ; *5* - © Albert Harlingue/Roger-Viollet ; *6* - © Bibliothèque Forney - Archives Larbor ; **P172** *1* - Capture « C'est quoi la Laïcité ? » - *1 jour, 1 question* https://www.youtube.com/watch?v=TFdOCfU859w © Jacques Azam - Milan Presse ; 2 - Capture La laïcité en 3 minutes © Coexister France ; **P176** *1* - Capture « C'est quoi la Liberté de la presse ? » - *1 jour, 1 question* https://www.youtube.com/watch?v=ILX0dXyiQPY © Jacques Azam - Milan Presse ; *4* - © Fédération Française des Associations de Chiens guides d'aveugles ; *5* - Capture « Qu'est-ce que ces enfants comprennent que votre patron ne comprend pas ? » © Finansforbundet ; **P177** *6* - © RMN (Château de Versailles)/Réunion des Musées Nationaux ; *7* - © Gusman/Leemage ; **P180** *1* - Capture « C'est quoi la Démocratie ? » - *1 jour, 1 question* https://www.youtube.com/watch?v=fw8lA9Z1Yow © Jacques Azam - Milan Presse ; *3* - © Archives Nathan ; **P181** *4* - © Bibliothèque nationale de France ; 5 - Capture « Depuis quand les femmes ont-elles le droit de voter ? » - *1 jour, 1 question* https://www.youtube.com/watch?v=eubfMZ0K4mw © Jacques Azam - Milan Presse ; **P186** *2* - Capture bande-annonce documentaire *Une si* *belle époque* https://vimeo.com/363785333 © CBP Films ; *3* - ht 1 © Mary Evans/Bridgeman images ; ht 2 © Archives Larbor ; ht 3 © Archives Nathan ht 4 © SSPL/Leemage ; bs 2 © SSPL/Leemage ; bs 3 © Musée National des Techniques, Paris ; bs 5 © Archives Nathan ; **P187** *4* - © Archives Larbor ; *6* - © Archives Nathan-DR ; **P188** *8* - Capture *L'arrivée du train en gare de la Ciotat* © Institut Lumière ; **P192** *3* - © Photo Josse/Leemage ; *4* - Capture Paris 1890 https://www.youtube.com/watch?v=NjDclfAFRB4&t=0s © Institut Lumière ; *5* - g © ADOBE STOCK ; d © Archives Larbor ; **P193** *7* - Capture « Les sépas et la machine à vapeur », série d'animation *L'aventure des Sépas où les Terriens apprennent la science aux extraterrestres !* © Xd productions - Tralalere - Moonworks productions - Réalisation : Audrey Mikaelian ; **P196** *1* - Capture *Karambolage* - « le magasin : Le Bon Marché » auteure : Claire Doutriaux réalisateur : Nicolas Cappan © Arte https://www.arte.tv/fr/videos/097852-000-A/karambolage-le-magasin-le-bon-marche/ ; *2* - Ph. Jeanbor © Archives Larbor ; **P197** *4* - Ph. Léonard de Selva © Archives Larbor ; **P199** © Archives Larbor ; **P200** *2* - © Archives Nathan ; *3* - © Bridgeman Images/Leemage ; **P201** *5* - g © Ville de Paris/Bibl. Forney - Henry Gerbault ; d © Shutterstock ; **P202** © Archives Bordas ; **P205** *1* - Capture *Karambolage* « la Tour Eiffel », auteur : Olaf Niebling, réalisateur : Cédric Villain © Arte https://www.youtube.com/watch?v=8lq06KUDRtU ; **P206** *2* - © Photobeps - stock.adobe.com ; *3* - Ph. Dornac © Archives Larbor ; *4* - Raoul Dufy, *La tour Eiffel* 1935 © Bridgeman Images - Adagp, Paris, 2021 ; **P207** *La tour Eiffel, calligramme* Guillaume Apollinaire © Bridgeman images/Leemage ; **P210** *2* et *3* capture Germinal de Claude Berri © 1993 Pathé Films - France 2 Cinéma - Alternative Film ; **P211** *5* - © Archives Larbor ; *6* - © Centre Historique Minier (prêt ANMT) ; **P212** *7* - *Le temps des ouvriers* - Un documentaire de Stan Neumann © Les films d'Ici & Arte France - 2020 https://www.youtube.com/watch?v=d0M60DYV-xk ; **P216** *1* - Boulevard Henri IV, de la place de la Bastille, Paris IVe, 1876 Charles Marville ; *2* - d © Bridgeman Images/Leemage ; g © École nationale des ponts et chaussées ; **P217** *5* - « Le Paris du baron » - *Karambolage* - ARTE auteure : Suzanne Berjot réalisatrice : Elsa Perry © Arte https://www.youtube.com/watch?v=YjjlxUUEH-c ; **P219** © Archives Larbor ; **P220** *2* - Ph. Hubert Josse © Archives Larbor ; *3* - capture L'HISTOIRE PAR L'IMAGE | « La révolution industrielle » © Histoire par l'image https://www.youtube.com/watch?v=m_4LccGe7Wg ; **P226** *2* - DR ; *3* - ht © Photo Martine Aubry ; ht g © Olaf MICHEL ; m g © Harald Lueder - stock.adobe.com ; m d Mary Evans Picture Library/Photononstop ; *4* - g © Photo Martine Aubry ; d © Micheline Casier ; **P227** *5* - d © Denis ALLARD-POOL/SIPA ; g © Bibliothèque national de France ; **P232** *2* - Capture « Le carnage », série *Apocalypse la première guerre mondiale*, CC&C Clarke Costelle & Cie - FranceTv Distribution ; 3 - « L'assassinat de l'archiduc François-Ferdinand le 28 juin 1914 » série *Apocalypse la première guerre mondiale* - Furie © CC&C Clarke Costelle & Cie - FranceTv Distribution reprise ; 8 - « La signature de l'armistice », série *Apocalypse la première guerre mondiale - la délivrance* © CC&C Clarke Costelle & Cie - FranceTv Distribution ; **P233** 5 - © adoc-photos ; *6* - ht g © Collection Archives Nathan/Le Dellée ; ht m © adoc-photos ; bas g © Bridgeman ; bas d © adoc-photos ; g Droits réservés ; Ht d © API/Gamma ; m d © Ullstein Bild/Roger-Viollet ; bas © DeAgostini/Leemage ; 7 - g Illustrateur : Camille Boutet - © coll. La contemporaine ; ht d © adoc-photos ; bas d © akg-images/Science Source ; bas m © shtterstock.com ; **P234** Capture écran vidéo « La signature de l'armistice » série *Apocalypse la première guerre mondiale - la délivrance* © CC&C Clarke Costelle & Cie - FranceTv Distribution ; **P238** *3* - © Eric BERACASSAT/GAMMA-RAPHO ; Capture « Le carnage », série *Apocalypse la première guerre mondiale* - CC&C Clarke Costelle & Cie - FranceTv Distribution ; **P239** *6* - Ph. Jeanbor © Archives Larbor ; *7* - © Archives Larbor ; **P240** *8* - Ph. Jeanbor © Archives Larbor ; **P243** *1* - © E.C.P.A. - Archives Larbor ; **P244** *2* - © E.C.P.A./Archives Bordas ; **P245** *5* - ht d © Bibliothèque municipale de Reims. ; ht g ©Mary Evans Picture Library/Photononstop ; **P248** - *3* © Imperial War Museum, Londres - Archives Larbor ; 5 - © Joe Sacco/Futuropolis & ARTE Éditions pour la version française Dist. La Collection ; **P252** *2* - © Everett/Bridgeman images ; *3* - ht d © Gérard Cercles/AFP ; ht g Photononstop ; m g © JPchret - stock.adobe.com ; m d © Romain Talon - stock.adobe.com ; **P253** *4* - © Pascal Deloche/Godong/Photononstop ; **P256** *2* - ht Ph. Ryman et Cabannes/© Archives Nathan/Sejer ; bas © Everett/Bridgeman images ; g © Glasshouse/Photononstop ; *3* - Capture *Un jour, une question* : « Pourquoi y a-t-il eu la seconde guerre mondiale ? » © Milan Presse ; *4* - 1 © MP/Leemage ; 2 © Mary Evans Picture Library/Photononstop ; 3 © Mary Evans/Bridgeman ; 4 © Suddeutsche Zeitung/Leemage ; **P257** *5* - ht g © Alain Le Bot/Photononstop ; ht d © DPA/Photononstop ; m g © Everett/Bridgeman images ; *6* - capture du site http://bombsight.org/#11/51.5395/-0.0148 ; *7* - capture « Le débarquement du 6 juin 1944 et la bataille de Normandie » filmé par le Signal Corps américain © ECPAD ; 8 - © Archives Larbor ; **P262** *2* - © X.D.R. Signal - Archives Bordas ; *3* - © E.C.P.A./ Coll Archives Bordas ; 4 - © Archives Larbor ; **P263** *5* - © Archives Larbor ; *6* - Ph. Coll Fonds France Soir - Archives Bordas ; *8* - © Réseau-Canopé - Le Musée national de l'Éducation ; **P264** *9* - © DPA/Photononstop ; **P268** *1* g © Pieyre de Mandiargues, Veronique - Maison Rouge (Rigo, Grete) BArch R 165/51 Bild Nr. 850 ; d © Mémorial de la Shoah/coll. Francine Christophe ; *2* - Capture Le grenier de Sarah - © Mémorial de la Shoah http://www.grenierdesarah.org/index.php/fr/component/grenierdesarah/?view=parcours&id=3%206%20min ; *3* - Capture Ceija Stojka à la maison rouge © BeauxArts.com https://www.beauxarts.com/videos/visite-guidee-ceija-stojka-a-la-maison-rouge/ ; **P269** *4* - © Mary Evans Picture Library/Photononstop ; **P271** *1* - Ph. Hubert Josse © Archives Larbor ; **P272** *3* - g © PVDE/Bridgeman images ; ht m © Photo Josse/Leemage ; d © Archives Larbor ; 4 - ht g Musée de la Résistance en Drôme et de la Déportation, Romans-sur-Isère ; ht m © MRN/collection historique, 1985 ; ht d © Archives Larbor ; bas g © PVDE/Bridgeman images ; bas m © Fondation de la Résistance - photo Défense de la France ; bas d © PVDE/Bridgeman images ; **P273** *5* - © BPK, Berlin, Dist. RMN-Grand Palais/image BPK ; **P276** *1* - © Studio Harcourt/RMN-GP ; **P277** *4* - Capture *1 jour, 1 actu* « C'est quoi le Brexit » © Jacques Azam - Milan https://www.youtube.com/watch?v=yBHI2nL7apk ; **P283** *3* - Capture « Les symboles et valeurs de l'Union européenne » réalisation Gaëlle Mary © Éditions Nathan, 2021 ; 4 - Capture *L'Ode à la joie* © Banco de Sabadell - https://www.youtube.com/watch?v=GBaHPND2QJg&feature=emb_logo.

Conception graphique : Julie Lannes - Élise Le Quément

Édition : Marion Noesser - Guénaëlle Lumalé

Mise en pages : Frédérique Buisson, Patrick Droit

Cartographie : AFDEC

Frises chronologiques : Renaud Scapin

Iconographie : Sylvie Leneveu

N° éditeur : 124279 - Code projet : 10302066 - Dépôt légal : août 2021
Imprimé en France en juin 2024 par la Nouvelle Imprimerie Laballery - N° 405449

2 Keltische Hochstraße und Gambachtal

1/2 Tag 5.15 Std. – 18,5 km 320 m HU

Mit Mozart unterwegs im westlichen Vorwald

Unsere Wanderung besteht aus zwei recht unterschiedlichen Teilen: zuerst laufen wir nordwärts auf dem bewaldeten Hochkamm dahin, der einst den wichtigen Heer- und Handelsweg von Regensburg über Nittenau nach Böhmen trug, einen „Weg", den die Kelten anlegten und auf dem später zwecks wichtiger Kriege bayrische und böhmische Herzöge, Kaiser Rudolph und im 30-jährigen Krieg auch allerlei Söldner entlangzogen. Man spürt hier die Oberpfalz: weiche Hügel, Sandböden und die dazugehörigen Föhren, seltener Fichten. Der Höllgraben liefert dann den Übergang zum innigen Frieden im engen Reithenauer Bachtal und im Gambachtal, die beide wir ab Schneckenreuth in Südrichtung abmarschieren. Stauweiher, felsdurchsetzter Fichtenhochwald, dunkel gerahmte, blendend frische Wiesentälchen, Fischweiher unter weitauskragenden Eichen, Birkenwald, ein Schlößchen mit Gutshof. Im Gambachtal wandern wir Hand in Hand mit verspielten Bachschleifen, Arm in Arm mit Mozart, dessen Weisen hier überall durch die Lüfte flöten. Man muß nur seine Ohrwaschel aufmachen! . . . Vom Dorfe Fußenberg laufen wir westwärts am Feldweg zum Schnaitterhof hinauf, und ab dort nördlich zum Waldrand. Nun immer auf der „Hochstraße" dahin (heute ein Forstweg), erst links ausholend auf den flachen Höhenrükken hinauf und dann auf ihm N durch Föhrenwald, zuweilen auch am oberen Rand von Feldertafeln dahin mit Ausblicken auf die letzten Wald-Wellen und auf Kürn. Bald wieder leicht steigend durch Wald zur Einöde Maad, einst wahrscheinlich Maut-Station: 6,1 km = 1.45 Std.! – Dicht nach Maad am Waldrand rechts Ö (WW: Kürn. Rot. Dreieck) auf breitem Weg abwärts, zuletzt halblinks am Pfad kurz steil in den Höllgraben hinunter. Im Graben links N auf deutlichem Weg und angenehm einsam aufwärts, manchmal etwas morastig, zuletzt oberhalb eines kleinen Weihers rechts abbiegend einen baumgesäumten Hohlweg hinauf nach Schneckenreuth: + 3,3 km = 1.00 Std.! – Brotzeit oder nicht – das ist hier die Frage! Dann S die Teerstraße bis zur Linkskurve, aber gerade am Feldweg zum Waldeck, dort scharf links Ö einen schattigen Pfad hinunter ins Tal. Jetzt gehts nur noch südwärts: immer verfolgen wir den Reithenauer Bach, erst rechts von ihm auf leicht fallender Teerstraße bis nach der Brücke (ehem. Eichelmühle, P. 463), dann auf deutlichem Weg durch schönen Hochwald, mal links, mal rechts, und zuletzt fast eben am rechten Rand des offenen Wiesentals („Schinderwiese") zur Einöde Thalhof – drüben ist Löchl. Auf dem Sträßchen kommen wir zu einem interessanten, langgezogenen Fischzuchtweiher. Ausgerechnet hier ist Fischen verboten! Wo man endlich mal was erwischen könnte! . . . Über den Damm ans linke Ufer zu einem schattigen Fußweg unter ausladenden Laubdächern. Die Straße kommt zu uns herüber und geht wieder, wir bleiben links des Baches, es wird immer reizender um uns, und dann sind wir plötzlich vor dem Schloßgut Hauzenstein: + 5,5 km = 1.30 Std.! – Die Teerstraße zieht jetzt unter alten Bäumen S durchs weite Wiesental. Am Waldrand zweigen wir rechts ab und erreichen bald den Gambach. Immer am linken Wald- und Talrand, immer unter Buchen und Eichen, marschieren wir dem zu vielen erlengesäumten Windungen aufgelegten Bach entlang; es ist eng und heimlich um uns her, bis sich das Tal wieder weitet und wir die Talverzweigung erkennen. Scharf rechts zieht eine Fußspur in den Zwickel zwischen Waldhang und Bächlein, dem Bächlein gehen wir S entlang. Zuletzt über ein Brückerl durch das abermals breiter werdende Wiesental – oder am linken Ufer auf einer Trampelspur oberhalb von Gärten entlang und dann hinab zum Fußenberger Weiher: + 3,6 km = 1.00 Std.

AP/EP: Fußenberg, 359 m, nordöstlich von Regensburg.

Anfahrt: Autostraße B 16 Regensburg–Roding bis Gonnersdorf, dann links ab Richt. Kürn–Nittenau. Parken in Fußenberg kurz vor dem Weiher links. – Bahn: Haltepunkt Irlbach der Strecke Regensburg–Falkenstein (am Geleise entlang Pfad zum Steg am Wenzenbach bei Grafenhofen, dann auf Straße N nach Fußenberg: + 1,5 km = 0.30 Std.

Charakter: Einfache, zwar stadtnahe, doch bestenfalls an schönen Sonntagen vielbesuchte Wanderung auf nicht markierten, aber gut zu findenden Wegen: viel Wiesen, viel Wald, Stille am Waldkamm der Keltenhochstraße, bezaubernde Anmut im kleinen Reithenauer Bachtal und vor allem im Gambachtal. Gute Schuhe, denn ein kleines Stück zuweilen morastig! Beste Zeit: Frühjahr und Herbst! – Höchster Punkt: Schneckenreuth, 529 m.

Einkehr: Dorfwirte in Schneckenreuth und Fußenberg.

Baden: Viele Weiher, aber mit reizenden Schildchen „Baden verboten" – oder zu schmutzig. Kneippfußbad im frischen Bach dagegen möglich!

Karte: Topograf. 1 : 50 000, L 6938, Regensburg (auch mit Wanderwegen).

Hinweis: Ein möglicher Abkürzer: von Maad kommend im Höllgraben nicht nördlich aufwärts, sondern südlich abwärts: man spart 4,5 km = 1.30 Std. ein – begeht aber eine Todsünde!

Bild: Das Schlößchen von Hauzenstein im engen Gambachtal zwischen Schneckenreuth und Fußenberg, dicht oberhalb Regensburg im Vorwald.

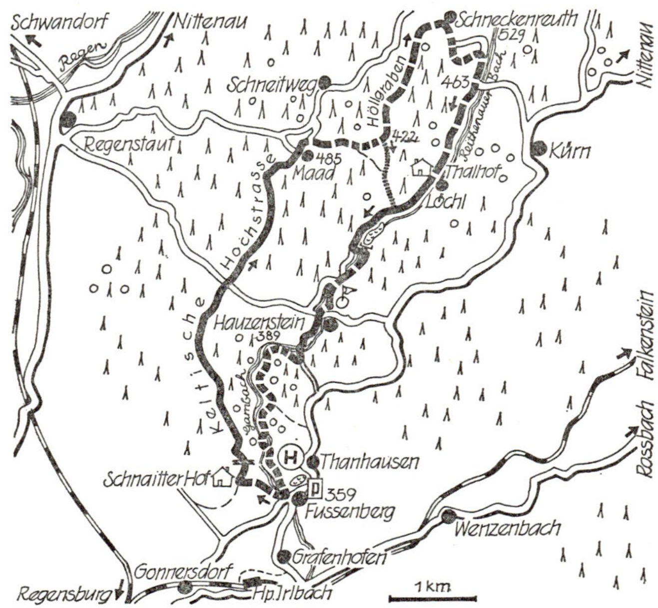

3 Im Regenknie bei Marienthal

1/2 Tag 4.15 Std. – 12,8 km 440 m HU

Hirschling – Hohenstein – Stockenfels – Regenufer

Der größte und längste Fluß des Bayerwaldes entschließt sich nach schicksalsreichen Umwegen im Waldgebirge genau bei Marienthal, dicht unter der Burgruine Stockenfels, zu einer vehementen Wendung von West auf Süd. An diesem auffallenden Regenknie tastet der Vorwald noch einmal kurz über die Regen-Grenze hinaus. Weil nur knapp 30 km von Regensburg entfernt, ist unsere Wanderung sonntags manchmal überlaufen. Ansonsten ist man relativ allein und des Entzückens ist kein Ende. Das schwarzbraune Regenwasser erzählt vom alten Gneis- und Granitgebirge ostwärts, sonst herrscht eitel Eichendorffstimmung. Dieses Regenknie liegt kaum 340 m hoch, das bedeutet, daß der Frühling 4 Wochen früher kommt und mit grünem Elan. Im Herbst wandern wir durch flammenden Buchenwald, das Gehen und Schauen ist eine einzige stille Augenweide . . . Aber nun los, mit kleinem Proviant im Mini-Rucksack: Vom Forsthaus Süssenbach gehen wir Ö durch die Umzäunung auf der m i t t l e r e n der drei Forststraßen (Fahrverbot) in vielen Windungen durch prachtvollen Buchenwald, da und dort mit Fichten versetzt, mäßig steigend zum oberen Rand von Wiesen und Feldern überm Weiler Gibacht. – Nun mit dem Grünen Dreieck stark links NÖ einbiegend auf der Forststraße, bald flacher N über eine Kreuzung (WW) und zum höchsten Punkt unserer Wanderung, dem Hohenstein. Keine Aussicht! Aber links die „Wackelsteine“: riesige, aufeinander getürmte, prächtig verwitterte runde Felsblöcke und einer davon, der mit kleiner Grundfläche – ein Supervergnügen für erwachsene Kinder – kann durch geschickte Körpergewichtsverteilung zum Wackeln gebracht werden. Jeder probiert es . . . 3,3 km = 1.15 Std.! – Jetzt in grünen Buchenhallen immer auf dem Kamm N auf und ab, immer auf der Forststraße mit Rotem Dreieck, knapp neben einem Höhenrücken mit hübschen Felsgebilden: hier rechts die Riedelhöhe mit Treppe zur total eingewachsenen Felsgipfelkanzel – ohne Aussicht! – Weiter gegangen zum Knotenpunkt, 510 m, einer Straßenkreuzung, dann gerade bergan, doch kurz vor der Höhe, bei einer Gabelung zweigen wir links ab (Roter Punkt) zum nahen Felskopf des Beilnstein mit Tiefblick auf das Regenknie und die gegenüberliegenden Höhen: + 2,4 km = 0.45 Std.! – Jetzt weglos östlich fünf Minuten zur Franzenshöhe, 558 m, hinauf, der höchsten Kuppe des Gailenberges (Keine Aussicht). Von da wieder dem Roten Dreieck nach auf anfangs gepflastertem Weg recht steil nördlich durch hellen Buchenwald hinab, mehrere Wege kreuzend und zuletzt links biegend nach Marienthal: + 1,5 km = 0.30 Std.! – Auf unsere Bitte hin setzt uns der Wirt mit dem Kahn über ans westliche Ufer. Wir steigen dort N (WW. Grün. Dreieck) recht steil zur raffiniert im herrlich hohen Mischwald versteckten Ruine Stockenfels hinauf. Selbstverständlich genießen wir rachsüchtig die Leiden der Brauer- und Wirtsseelen, die hier nach einer Sage eingesperrt sind: die Brauer, weil sie zu wassersüchtig waren, die Wirte, weil sie beim Einschenken betrogen. Wie jedermann feststellen kann, ist die Geisterburg gewaltig überfüllt... Wieder am Regen unten, der in majestätischer Ruhe daherkommt und dem man seine vielen Leiden tief drinnen im Urgestein kaum noch ansieht, gehen wir immer flußab: eine feine Sache. Das unergründlich schwarzbraune Wasser zieht lautlos dahin, schwillt vor rundgeschliffenen Granitkugeln leise auf, oder gischtet über eine Stromschnelle . . . Unter Erlen und Buchen führt der Fahrweg später langsam vom Ufer weg, aber bevor er es rechtsabbiegend ganz verläßt, nehmen wir den Trampelpfad links durch Wiesen, dann wieder am Wasser hin bis Hirschling. Über die Brücke zurück zum Forsthaus: + 5,6 km = 1.45 Std.

AP/EP: Forsthaus Süßenbach bei Hirschling, 341 m, im Regental. – Busbenützer evtl. Haltestelle Heilinghausen.

Anfahrt: Regentalstraße Regensburg–Regenstauf–Nittenau), in der scharfen S-Kurve bei Hirschling = Forsthaus Süßenbach. Parken direkt südlich, sonst 300 m weiter N bei Forststraßenabzweigung. – Bus: (sonntags nur selten) Regensburg–Nittenau.

Charakter: Reizende Halbtagswanderung im klassischen Regensburger Ausflugsgebiet, nur sonntags überlaufen. Waldige Höhenzüge, Felskanzeln, Burgen, die „Wackelsteine“, und dann neben dem Regen dahin (Bild). Alles auf Forststraßen oder gut markierten Wegen. Entzückend im Frühjahr ab April, hinreißend im Feuer des Herbstes. – Höchste Punkte: Hohenstein, 580 m (ohne Sicht); Franzenshöhe, 558 m. – Baden: da und dort im Regen.

Einkehr: Bei Wirten in Marienthal, 345 m, und in Hirschling, 343 m.

Wissenswert: Burg Stockenfels (Bild), etwa um 1270, im 30-jähr. Krieg zerstört. Nach der Sage eine „Geisterburg“ – der Verbannungsort für wasserfreundliche Bierbrauer und schlecht einschenkende Wirte. – Hirschling, seit 980 erwähnt, Schloß got., 1679 renoviert.

Karten: Topograf. Karte 1 : 50 000, Blatt L 6938, Regensburg UND Blatt L 6738, Schwandorf. Das Regensburger Blatt auch mit Wanderwegen.

Bild: Die Ruine Stockenfels über dem Regenknie bei Marienthal (zwischen Nittenau und Regenstauf). Auf unserem Rückweg wandern wir am rechten Regen-Ufer, also im Bild ganz links.

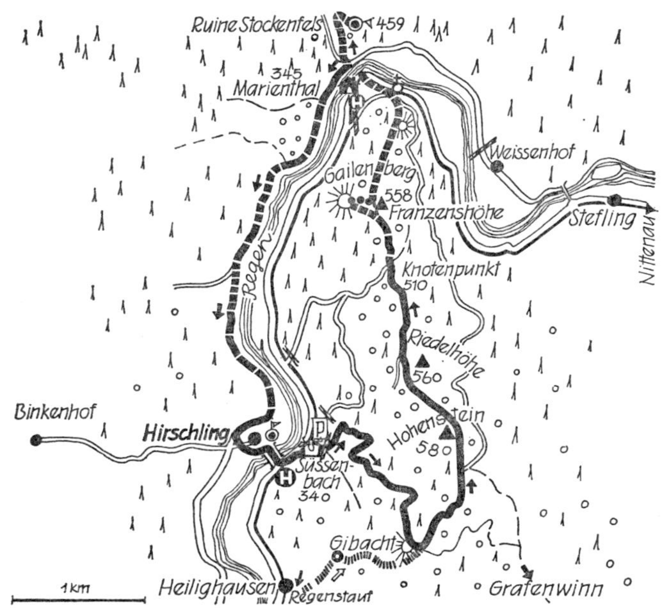

8 Auf und ab im Wörther Forst

1 Tag 6.15 Std. – 22,3 km 560 m HU

Wellerbachtal – Weihern – Schmalzgrub – Aumbach – Perlbachtal

Am Südrande des Vorwaldes, dem sanften Vorgebirge des zentralen Bayerwaldes, trifft man erstaunlich große geschlossene Wälder. Sie überziehen die nächst dem Donaustrom gelegenen Höhen wie ein dichter Pelz, spenden Schatten, Pilze, Beeren, und dann und wann eine Lichtung mit einem stets verblüffenden Ausblick in die große platte Ebene, die erst im fernsten Blau des Dunstes ihre Grenze findet. Und sie spenden frisch quellende Bachläufe mit grünenden Talböden, Waldkulissen rechts und links, und versteckte Badewannen für bescheidene Ansprüche . . . Halben Weges zwischen Regensburg und Straubing wird das Donaustädtchen Wörth von einer mächtigen alten Burg (Bild) überragt. Dort beginnt unsere Wanderung. Sie zieht durchs Wellerbachtal nordostwärts zum Badeweiher von Weihern, dann nordwärts durch Waldtiefen zur Schmalzgrub hinauf und weiter bis Brieberg, dann geht es wieder südwärts retour über die Höhen von Aumbach, über freie Hänge und letztlich durch das Perlbachtal . . . Am Wörther Marktplatz biegen wir S in die Straubinger Straße ein und bald links Ö ab nach Hungersdorf. Dort gehen wir abermals links N, an der Ziegelei vorbei – auf gesperrtem Sträßchen – ins Wellerbachtal hinein. In ihm, wo hinter jedem Baum und Strauch der Taugenichts des Herrn von Eichendorff sitzen könnte, geht es NÖ durch den Forst. Bei Hungersacker öffnet sich der Wald und es geht Ö an Waldrändern dahin. An der Kreuzung im Wieseneck (südlich von Hornau) gehen wir halblinks, also NNÖ auf Feldwegen weiter, erst noch am Waldrand, später links haltend NNW durch ihn auf einen Wiesenhügel. Von dort dann leicht rechts NÖ hinunter kommen wir zum Wirt am Weiherner See: 7,5 km = 2.00 Std.! – Die Situation ist reizend, aber weil Autos (auf anderer Route) bis hierher fahren dürfen, kommt man an den Wirtstischen manchmal ins Gedränge. Also weiter: An der Nordwestecke des Sees wandern wir von der Teerstraße links weg auf einem guten Pfad NW hinunter zum Perlbach, gehen über ihn hinweg und halten uns dann scharf links W, bleiben also im Tal. Kurz vor Vorder-Zirnberg (P. 483) müssen wir scharf rechts abbiegen und am Fahrweg durch schönen Mischwald hinaufsteigen nach Schmalzgrub. Dort schauen wir das erste Mal weit in den Gäuboden hinaus . . . Nun auf der Teerstraße (nicht auf Karte) links N hinauf nach Brieberg, eine Streusiedlung. Hier gehen wir links, am Kinderheim mit dem verwegenen Namen „Kastel Windsor" vorbei, hinauf zum höchsten Punkt des Tages, auf 674 m Höhe. Auf Feldrainen steigen wir von dort insgesamt SW ab (Rotes Dreieck) bis zum Wirt des Dorfes Aumbach: + 7,5 km = 2.15 Std.! – Wieder Blick auf die Ebene, auf Schloß Wörth und hinüber nach Brennberg. – Heimzu, nun immer südwärts, nehmen wir am unteren Ortsende den Fahrweg (Rotes Dreieck) zum Einödhof Oberelend ... Die Namen dieser Tour dürfen uns nicht beeindrucken, sie verweisen alle auf das schwere Waldlerleben . . . Jetzt senkt sich der Fahrweg S über Piehl hinab ins Perlbachtal, das ist noch ein gutes Stück Weges. Wir können uns ab Oberelend den Umweg leisten, halblinks SÖ, am Hof Unterelend vorbei in ein idyllisches Tälchen mit Fischweihern abzuzweigen und dann ins Perlbachtal zurückzusteuern. Beide Routen treffen sich bei der verfallenen Bierschneidermühle, wo wir die Talstraße verlassen und auf Forstwegen (Rotes Dreieck) links des Baches am Waldhang zum Schwimmbad Wörth laufen und dann rechts zur (von Falkenstein kommenden) Hauptstraße. Sofort nach der Einmündung steigen wir noch rechts am Pfad auf den Herrenberg, um einen Prachtsblick über Städtchen, Burg und Ebene zu genießen. Dann nach Wörth hinab: + 7,3 km = 2.00 Std.

AP/EP: Wörth/Donau, 335 m.

Anfahrt: Autostraßen von Regensburg und Straubing, auch von Falkenstein. – P bei der Kirche. – Bus: täglich von Regensburg, werktags von Straubing und Falkenstein.

Charakter: Eine ergiebige, lange, aber reizende und vielfach aussichtsreiche Wanderung durch Bachtäler und über Höhen, meist auf selten befahrenen Sträßchen: viel Wiesen, Waldränder, abfallende Feldertafeln, Bachläufe, Waldschatten – dann und wann faszinierende Ausblikke von den Höhen auf eine grenzenlose Ebene... Am schönsten im Frühjahr und Herbst. – Höchster Punkt: Beim „Kastel-Windsor", 674 m.

Einkehr: Am Weiherner See und in Aumbach. – Baden: Im Weiherner See und an der Mündung des Perlbachtales im Schwimmbad Wörth.

Wissenswert: Schloß Wörth, 16. Jh., nur der Bergfried mittelalterlicher Bestand. Seit 1812 im Besitz der Thurn und Taxis, heute Bundesbahnschule. Besichtigung der Kapelle auf Ersuchen beim Kastellan möglich. Der Fürstenbau mit seinen Portalen, Holzdecken, bemalten Gewölben, Prunköfen, Festsälen – alles aus der späten Renaissance – wäre auch sehenswert!

Karte: Topograf. Karte 1 : 50 000, Blatt L 6940, Roding (auch mit Wanderwegen erhältlich). Dazu notfalls Blatt L 7140, Straubing.

Bild: Auf dem letzten Hügel des Vorwaldes vor der mächtigen Ebene thront das ehem. fürstbischöfl. Schloß über dem Donaustädtchen Wörth.

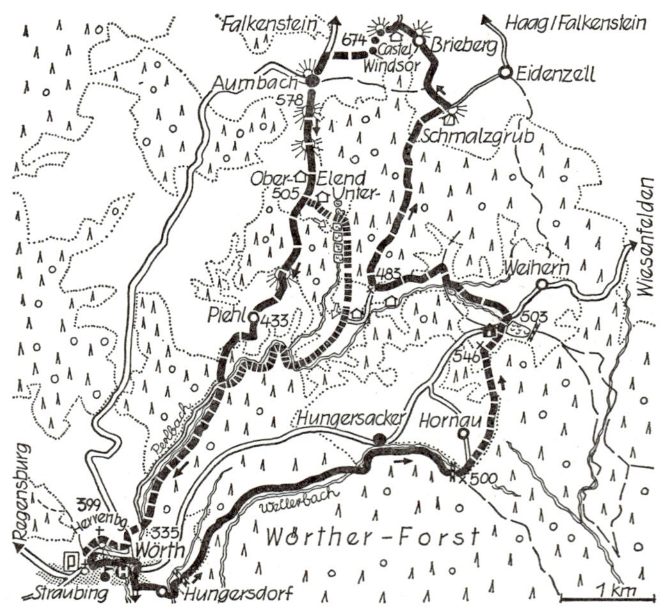

9 Über eine Asam-Kirche in die „Hölle“ und retour

Frauenzell – Ruine Brennberg – „Hölle“ – Höllbachtal

Gut 1/2 Tag — 5.45 Std. – 19,3 km — 485 m HU

Drei Trümpfe erwarten uns auf dieser Wanderung von der Donau-Ebene tief hinein in den Vorwald: in Frauenzell eine der kostbarsten Spätbarockkirchen in Altbaiern; von der romantischen Burgruine in Brennberg eine tief beeindruckende Aussicht auf Vorwaldgehügel, Donau-Ebene und, bei Glück, bis zu den Alpen; und im Naturschutzgebiet der „Hölle“ ein gewaltiger Tiefblick in die Urnatur des Waldgebirges . . . Wir steigen vom Forsthaus Heilsberg auf der Forststraße NW durchs Birkleitenbachtal an, bis die Steigung nachläßt. Dort – WW und Rotes Rechteck – verlassen wir die Straße scharf nach links, gehen S auf Wiesenrücken hinauf und von dort W nach Frauenzell und ins Innere der großartigen Rokokokirche: 3,0 km = 1.00 Std.! – Man kann dort eine oder auch zwei Stunden vertun, ehe man sich von dem architektonischen Esprit dieser in ihrem christlichen Glaubenseifer so heiteren Baumeister trennt: die Asam's, wohlgemerkt, erdachten nur die Pläne, aber die sie ausführten, waren Mettener, Prüfeninger, Regensburger, Wessobrunner, Landshuter und Frauenzeller Männer . . . Nun wieder Ö der Klostermauer entlang, bei der Verzweigung links zur Hauptstraße nach Brennberg. Kurz auf ihr, aber bald wieder NW auf den Fahrweg zu Höfen am Waldrand. Jetzt durch ein Wäldchen, und – die Straße nochmals querend – durchs Dorf Loidsberg. Dann wieder auf die Straße, auf ihr geblieben und nach Brennberg hinein, woher bauernschlaue Landwirtschaftsminister kommen. Hinauf zur Kirche, am Burggasthof vorbei und auf den Burgberg mit seiner romantischen, herrlich überwachsenen Burgruine – eine Kastanienallee, ein zum Einstürzen bereiter Torbogenrest, im Burghof zwei weitausladende Linden. Die Aussicht ist umfassend . . . 3,5 km = 1.00 Std.! – Wieder ins Dorf hinunter gestiegen, dann Ö auf Fahrweg durch Felder und Wiesen über Öd, und südlich an der Kuppe des Seidelberges vorbei zu einem schönen Gehöft am Osthang: dort noch 100 m rechts und bei einer Scheune links Ö auf Waldpfaden (eher leicht rechts haltend) ins Tal des Höllbaches hinunter. Dort überm Steg erreichen wir wieder die Rote Dreieck-Markierung und folgen ihr bachauf. Etwa 10 Minuten später – wir gehen höher am Hang dahin – biegt die Markierung im zweiten Seitentälchen links ab, wir b l e i b e n am Weg NÖ und gelangen, bald auf einem Fahrweg Ö, am Gasthaus Weigl vorbei, zur Teerstraße. Rechts S liegt der Stausee, links gehen wir ins Dorf Postfelden: + 4,2 km = 1.15 Std.! – Bei der Kapelle am Ortsende (WW) zweigt halblinks (Rot. Dreieck) der Weg ins Naturschutzgebiet der „Hölle“ ab: ein urweltliches, chaotisch verworfenes Blöckegewirr unter herrlichem Buchenwald, mit schwellenden, stürzenden Wassern . . . Leider sind die Wasser fast dahin. Ein einziger Kraftwerkunternehmer setzte sich mit einem „Gutachten“ und politischer Hilfe gegen das schärfstens protestierende Amt für Naturschutz durch und bekam seine Genehmigung auf Kosten der Naturfreunde. Wir sehen es mit Schaudern. Hat man Glück, suchen kleine Restmengen Wasser glucksend ihren Weg, wo einst Schwälle rauschten. Nun auf gut markiertem Pfad rechts des Bachlaufes auf und ab, hin und her und über erlengesäumte Wiesen zur Dosmühle. Der WW führt uns übers Wasser, an dem wir nun bleiben, bald höher am Hang, mit Schleifen in Seitentälchen, doch immer wieder zurück zum dunklen Wasser. Es geht oberhalb eines Stausees entlang zur Fahnmühle (kein Gasthaus), dann 100 m auf der neuen Teerstraße S, dann wieder am linken Talhang auf neuem Weg zur Höllmühle. Bald passieren wir auch die Hammermühle, und Buchenwald begleitet uns an einem olivfarbenen Stauweiher bis hinaus zur Brücke und nach Heilsberg: + 8,6 km = 2.30 Std.

AP/EP: Forsthaus Heilsberg, 370 m, im Wildbachtal ob Wiesent.

Anfahrt: Autostraße Regensburg–Wörth, ab Wiesent kleine Straße zum Forsthaus. P kurz vorher. – Bus: Regensburg–Wiesent, dann Straße, oder Fußweg am östlichen Talrand: + 5,4 km = 1.30 Std.

Charakter: Eine besonders abwechslungsreiche, an landschaftlichen und kulturellen Höhepunkten reiche, im Ganzen sehr stille Wanderung vom äußeren in den inneren Vorwald. Forststraßen, markierte Wege. Auf Strecke Brennberg–Höllbachtal Karte erforderlich! – Höchster Punkt: Ruine Oberbrennberg, 653 m, mit bedeutender Aussicht!

Einkehr: Frauenzell, Brennberg, Gasthaus Weigl bei Postfelden. – Baden: im Postfeldener Stausee (trotz Verbot geduldet), im Höllbach.

Sehenswert: Ehem. Benediktinerabteikirche Frauenzell, malerisch in den stillen Vorbergen gelegen. 1321 Schenkung an Eremiten, ab 1324 Kloster. Got. Turm. Die schon stark auf Joh. Mich. Fischer und Dom. Zimmermann deutende Grundform der von den Brüdern Asam entworfenen Kirche mit ihrem mutigen Grundriß eines zentralisierenden Hauptraumes mit angefügtem kreisrunden Chor und querovaler Vorhalle zählt zu den bedeutendsten Kirchenbauten des Spätbarocks in Altbaiern (Schnell & Steiner-Führer). Brennberg: ab 11. Jh. Lehensleute des Stiftes St. Emmeram. Obere Burg 1642, untere 1689 abgebrannt.

Karten: Topograf. 1 : 50 000, L 6940, Roding (auch mit Wanderwegen).

Bild: Im Naturschutzgebiet der „Hölle“ zwischen Falkenstein und Brennberg. Die großartige Urwaldszene wurde fast allen Wassers beraubt.

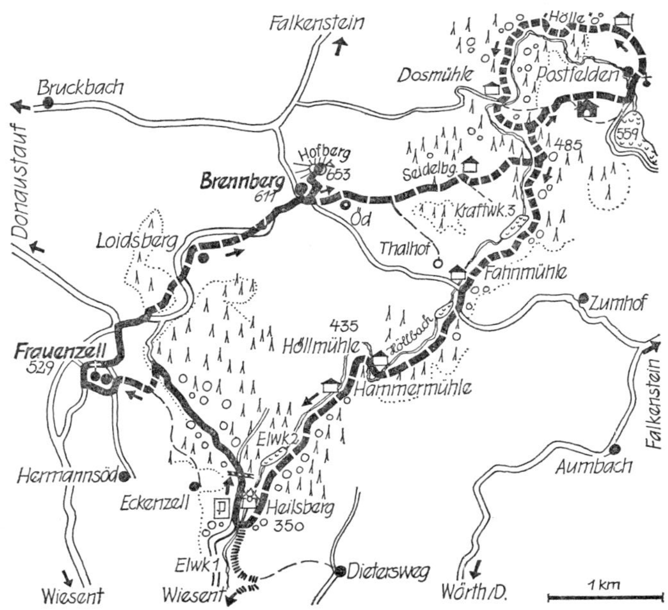

10 Im Vorwald um die Burg Falkenstein

1 Tag 6.30 Std. – 19,5 km 600 m HU

Die große Vielfalt im Kleinen

Unser Bild lügt nicht: wir wandern durch heiteres Hügelland. Hier streiten Wald und Wiese in ewiger Fehde um den Vorrang und errichten dabei die reizendste Wanderkulisse, die sich denken läßt. Keine Alpenberge verstellen den Horizont, die Unendlichkeit ist gesichert. Dazu da und dort ein Tiefblick in ausgebleichte Bayerwaldgeschichte: Grafen und Regensburger Domvögte, Hussiten und schneidige Weiber, Schweden, Einsiedler und Kirchenmaurer begleiten uns auf unserem Rundgang, – den nur ein Narr in sechseinhalb Stunden abrennt... Genau in der Mitte des Vorwaldes, zwischen Regensburg, Cham und Straubing, liegt der Markt Falkenstein und über ihm seine mittelalterliche Burg: eine ideale altbairische Sommerfrische... Nochmals zu unserem Bild: es zeigt uns fast den kompletten Wanderweg: Wir gehen von Falkenstein nordwärts bis zur Ruine Sengersberg (im Bild rechts) und laufen dann über Marienstein (Mitte) und Lauberberg (links) wieder südwärts retour. Das geht etwa so: Vom Marktplatz Falkenstein gehen wir durch den Schloßpark (Markierung: 8 / Grün. Dreieck) NNW abwärts und am 2. Wiesen-Querweg rechts nach Mühltal. Überm Perlbach drüben steigen wir von der Mühle halbrechts am Feldweg aufwärts, schauen über das freundliche Wiesental bis zur blitzweißen Wallfahrtskapelle Marienstein hinüber – und verschwinden links im Wald. Hier NW abwärts nach Schweinsberg. Jetzt wieder mit der Markierung N nach Hagenau, weiter zum Wald und steil hinauf zur Schulter des Sengersberges. Dort biegen wir links und gehen südlich ausholend bis auf den höchsten Felsen: 5,3 km = 1.45 Std. – Kümmerliche Burgreste, überwucherte Wälle und Gräben, viele Kirschbäume: der Rest einer großen Burg! Der Ausblick könnte von Mozart komponiert sein – eine fröhliche Symphonie mit strengem Kontrapunkt. – Jetzt steil westlich am Wegerl (Markg.) hinunter nach Au. Hier wenden wir uns südwärts! – Auf der Straße laufen wir links bis Haushof und steigen dort rechts zum Wald hinauf. Bald sind wir in Marienstein und vor seinem Wallfahrtskircherl: + 2,2 km = 0.45 Std.! – Das hat ein feines Platzerl auf einem Felsen und einen Schutzmantel aus Wald... – Auf dem neuen Teerstrasserl laufen wir jetzt südwärts zwischen Feld und Wiesen zu einer sehr langen Geraden, biegen aber bald links Ö am Damm zum Waldrand ab (WW. 10 / Rot. Rechteck) und steigen steil auf den Lauberberg hinauf. Auf seinem Kamm passieren wir pfundige Felsbrocken: es sind angeblich germanische Opfersteine mit Opferschalen und Blutrinnen. Nun rechts hinunter, über die Straße hinweg und gegenüber am neuen Fahrweg (13 / Rot. Rechteck) erst W, dann S kurvend durch Wald wieder zu einer Teerstraße und über die Bahn-Unterführung. Links versetzt geht es drüben auf Forstwegen südwärts, wir kreuzen eine Straße und marschieren nach neuer Markierung (2 / Rot. Dreieck) bei der Verzweigung links (WW). Mitten im Wald steht unter alten Linden die hölzerne Tannerl-Kapelle: + 5,5 km = 1.45 Std. – Über einen Weg und eine Forststraße (3 / Rot. Rechteck) kommen wir dann schnell SÖ zum Weiher am Feriendorf Holzmühle, laufen dort über den Bach und Ö zur schönen Rokokokirche in Arrach: + 2,1 km = 0.30 Std. – Nun auf der Straße N zur Kreuzung, dann aussichtsreich am Waldrand dahin (1 / Blaues Dreieck) und hinein nach Falkenstein: + 3,1 km = 1.00 Std. – Jetzt aber endlich in den Schloßpark mit seinem großartigen alten Baumbestand. An der Promenadenkreuzung links, ansteigend an grotesken Felsbildungen (Froschmaul, Himmelsleiter) vorüber und in die verfallende Burg. Vom Turm aus genießen wir noch einmal die herrliche Wanderung. – Dann wieder hinab: + 1,3 km = 0.45 Std.

AP/EP: Markt Falkenstein, 573 m.

Anfahrt: Autostraßen von Regensburg, Straubing, Cham und Roding. – Bahn: von Regensburg. – Bus: nur werktags von Regensburg u. Cham.

Charakter: Sechseinhalb Stunden auf und ab in einem Hügelland, das Wald und Wiesen kulissenhaft prägen. Teilweise markierte Wege und kaum befahrene Sträßchen bringen uns zu vielen kleinen Attraktionen: Ruinen, Kapellen, Kirchen und Wirten. – Wenig Aufstiege. – Höchste Punkte: Sengersberg, 615 m, schöne Aussicht! Marienstein, 529 m; Lauberberg, 593 m; Burg Falkenstein, 625 m, weite Rundschau.

Einkehr: In Au, Marienstein, im Feriendorf Holzmühle, in Arrach und Falkenstein. – Baden: Im Weiher von Holzmühle, im Schwimmbad Falkenstein.

Sehens- und wissenswert: Burg Sengersberg, einst größer als Falkenstein, ab Mitte des 16. Jh. Ruine. – Wallfahrtskirche Marienstein von 1719, nach Blitzschlag 1829 neu aufgebaut. – Tannerl-Kapelle, seit 1665 Wallfahrt, Kapelle und Klause; Neubau 1949. – Arrach, Pfarrkirche, Umbau von 1750 mit Rokokoausstattung. – Burg Falkenstein, seit 1074 Sitz Regensburger Domvögte. Erfolgreiche Verteidigung gegen Hussiten durch die Burgfrauen, und 1648 gegen Schweden.

Karte: Topograf. 1 : 50 000, L 6940, Roding, (auch mit Markierung).

Bild: Der Zwiebelturm der Burgkapelle von Falkenstein im Vorwald. Rechts neben der Spitze im Hintergrund das Kirchlein von Marienstein, links vorne der Lauberberg, rechts am Bildrand der Sengersberg.

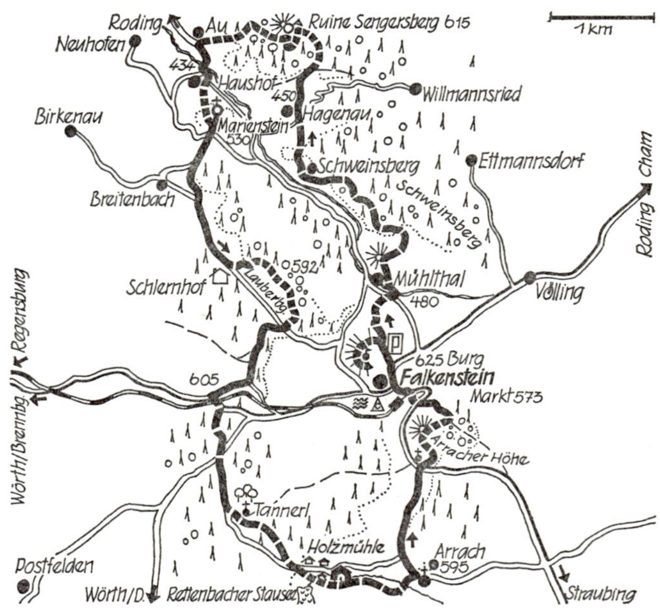

11 Straubinger Umwege zum Büscherl

Falkenfels – St. Johann – Saulburg – Auenzell – Kragenmühle

1/2 Tag 4.45 Std. – 16,8 km 420 m HU

Zugegeben: im Vorwald zwischen Regensburg, Straubing und Cham gibt es keine Berge und der Ruch des echten Bayerwalds ist auf den flachen Kuppen und Höhen kaum zu spüren. Aber die Bilder der letzten Vorwaldwanderungen wie auch das dieser Tour deuten doch eine Fülle von Wanderfreuden an. Es gibt keine Ebene mehr, es gibt nur Höhen, Hügel, Kuppen und das, was dazwischen hineingehört, Täler, Bachschlingen, weltentlegene Waldwiesen und Waldränder, Einödhöfe, aber auch alte Burgen, versteckte Kapellen, und da und dort bedeutende Kirchen. Man kann also mit gewissen Stadtfräcken sagen: dort ist nichts los! – Wir sagen: dort ist viel los, dort ist die Natur los! – Nur wer an Aug und Seele blind ist, der darf, der muß daheimbleiben! . . . Wir fangen unter der Burg Falkenfels an, die (heute Hotel) knapp 500 m hoch zwischen Waldkuppen und Feldertafeln liegt und bereits den Blick auf die Höhen des Donaukammes gewährt. Dort gehen wir am Ostrand S auf der Straße, später am Fahrweg (WW. Weiß-blau-weiß) davon, an Feldern, einzelnen Häusern, Wiesen vorbei bis zur Wallfahrtskirche St. Johann am Rande bunten Mischwaldes. Sie liegt in einem kleinen Wiesensattel, man blickt zurück auf Falkenfels und hinaus auf Straubing. Der Fahrweg führt nun noch einmal dieselbe Strecke fallend am Hang südwestwärts, am flachen Rücken aber biegen wir rechts W in einen Waldweg ein (Markierung). Gleich darauf trifft dieser Weg auf einen Querweg, dem wir kurz rechts N folgen und von dem wir bald links W auf ein Waldwegerl abzweigen (Mark.). Wir kommen hinaus auf einen Seitenrücken und gehen rechts ausholend ins Tal der Kößnach hinab. Dort erst am Bach entlang, dann auf seiner anderen Seite zur Teerstraße hinauf und links zu einigen Häusern. Bei ihnen müssen wir aber scharf rechts NW im Tal des Auenzeller Baches erst am Waldrand, dann links haltend am Wiesenrücken zur Grabmühle und ab dort W steiler nach Saulburg hinauf: 6,6 km = 1.45 Std.! Nun auf der Straße (WW + Weiß-rot) rechts N, am Schloß vorbei und nach dem Weiher am zweiten Fahrweg halblinks N leicht bergan. Erst im Wald, dann durch Wiesen nach Auenzell, gerade durch das Dorf, dann oberhalb links W am breiten Waldweg und bald N empor. Am oberen Waldrand (Mark.) fast weglos, rechts NÖ den Hang hinauf (oder über Feldweg dann rechts auf Teersträßchen) nach Hauptenberg, 670 m. Der Blick zurück in den Gäuboden kann großartig sein! Oberhalb halten wir uns rechts und im Wald nochmals rechts zu den verfallenen Höfen von Halmgrub, knapp unterm 740 m hohen Büscherl: + 5,0 km = 1.30 Std.! – Wir rasten in tiefer Stille, über hundert Kuppen und Täler hinsehend. Nach der Rast folgen wir erst dem fast ebenen Weg am unteren Rand der wiederaufgeforsteten Lichtung, wandern dann durch Wald eindeutig ostwärts bergab. Bei einem Maschendrahtzaun zweigt die dürftige weiß-rote Markierung (WW) halbrechts ab, wir b l e i b e n aber so eben wie möglich weiter NÖ bis zu einem Haus und gehen N zu einem Feldstadel. Dort wenden wir uns scharf rechts SÖ durch das Tälchen zur Kragenmühle (Rotes Dreieck) hinunter und queren dann auf gutem Weg halblinks am Hang und bald über freie Wiesen mit einzelnen Häusern. Beim ersten Haus von Hirschberg (WW + Mark.) nehmen wir den Fahrweg rechts SÖ auf den Wiesenrücken hinaus und durch ein Waldstück leicht bergab. Vom unteren Rande dieses Waldes sehen wir nochmals überraschend weit über Falkenfels und St. Johann hinaus bis in die große Donauebene: ein großartiger Augenblick! Gerade südlich kürzen wir dann am Wiesenweg etwas ab und gelangen wieder auf die Straße und hinein nach Falkenfels – endlich zu einem Wirtshaus: + 5,2 km = 1.30 Std.

AP/EP: Falkenfels, 488 m.

Anfahrt: Autostraße von der B 20 (Straubing–Cham) in Ascha abzweigend, und von Straubing über Kirchroth. – Bus: nur werktags von Straubing.

Charakter: Schöne, beschauliche Rundwanderung im Vorwald dicht über der Straubinger Donau-Ebene mit viel Wiesen, Laubwäldern, Bachtälern und oft hübschen Ausblicken, vor allem in den Gäuboden hinaus. Meist markierte Wege. Frühjahr und Spätsommer! Höchster Punkt: Halmgrub am Büscherl, 720 m – schöne Aussicht!

Einkehr: Saulburg. – Badegelegenheiten nur in versteckten Bächen, evtl. Gäste-Schwimmbad im Schloßhotel Falkenfels.

Sehenswert: Burg Falkenfels, jetzt Schloß-Hotel mit Schwimmbad (Bergfried 13. Jh.). – Saulburg (Privat!), reizvolle Renaissance-Lauben, Wandmalereien des 15. Jh., Rokokokapelle, 1754 von Joh. Mich. Fischer, teilw. verfallen.

Karten: Topograf. Karte 1 : 50 000, Blätter L 6940, Roding (auch mit Wanderwegen), und L 7140, Straubing.

Bild: Ausblick von Hauptenberg am 740 m hohen Büscherl, einer Kuppe im Südrand des Vorwaldes. Man blickt über die Stadt Straubing hinweg auf den niederbayrischen Gäuboden und sieht dabei auch die Donau aufblitzen.

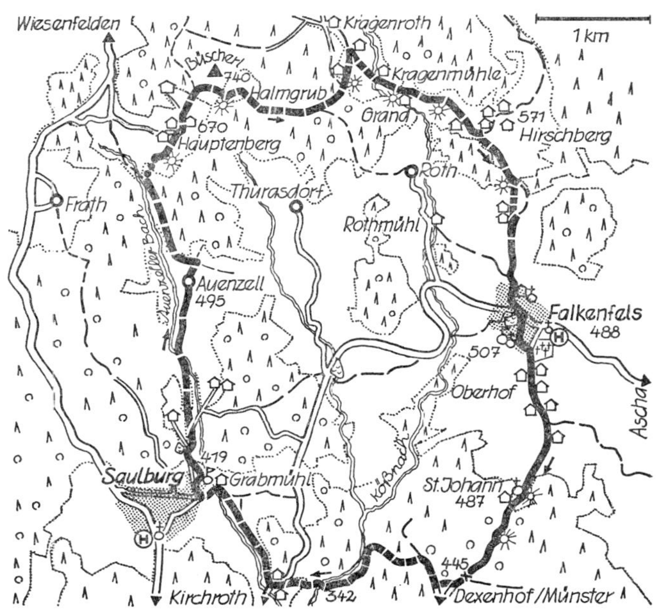

12 Straubinger Türme und eine Donauschleife

Stadtrundgang zwischen Gäuboden und Wald

1/2 bis 1 Tag — Etwa 14,0 km

Das alte Straubing zwischen Gäuboden und Wald, das einige verwegene Donauschleifen von den ersten Waldhöhen energisch abtrennen, ist dennoch „die Stadt" der Bayerwaldler, wenn sie herauskommen aus ihrem dunklen Holz- und Glaskummer. Straubing gehört zum Bayerwald. Deshalb machen wir dort einen feinen Rundgang, und dann gehen wir auch noch um eine Donauschleife herum. Es zahlt sich aus! – Am besten fangen wir an der Donaubrücke an, laufen W am Stromufer unterhalb des herzoglichen Schlosses hin, passieren Salzstadel, Agnes-Bernauer-Turm, und gehen dann halblinks durch die Grünanlagen zwischen Moosmühlbach und alter Stadtmauer. Am Spitaltor vorbei kommen wir zum Pulverturm, dort müssen wir links die Gasse stadteinwärts, dann nochmal links durch die Weißgerber- und Spitalgasse und gleich rechts den Kalvarienberg hinauf zur großen Kirche St. Jakob, einer grandiosen gotischen Hallenkirche. Durch die Jakobsgasse kommen wir später S zur Dreifaltigkeitssäule am Theresienplatz, passieren Rathaus und Stadtturm, sehen erstaunt die andere Seite des Ludwigsplatzes – und fühlen uns in einem Zentrum altbairischer, oder sagen wir besser: niederbayrischer Tüchtigkeit. Hier haben keine überschwenglichen Oberbayern gebaut, sondern strenge, derbe Niederbayern: mit viel Geld, eigenständig, ein bisserl behäbig. Durch die Fraunhoferstraße links kommen wir zum Stadtmuseum mit seinem berühmten, 1951 gefundenen Römerschatz und interessanten Beispielen guten alten Brauchtums. – Schräg gegenüber gehen wir durch die Zollergasse zur Karmeliterkirche, einer dreischiffigen Hallenkirche von Hans Stethaimer, nach 1700 von einem Dientzenhofer barock verändert, im Rokoko prächtig ausgestattet. – Aber es kommt noch stärker daher: gleich stehen wir auch vor der „Asamkirche" der Ursulinen, einem 1738 vollendeten Zentralbau der beiden Egid und Cosmas. Ein hochgetriebenes, beinahe unbegrenztes Rokoko, sprühend von strahlendem Glaubenseifer ... Nun geht es S zurück zum Ludwigsplatz, um die Patrizierhäuser aufs Detail zu prüfen, – vielleicht auch, um dazwischenhinein zu brotzeitln. Dann aber auf in die Rosengasse zum Viktualienmarkt, Käse und feine Kräuter geschmeckt, weiter durch die Kolbstraße abwärts und endlich links in die Grünanlagen am Allachbach ... Bei der dritten Brücke wechseln wir auf die Nordseite und gehen N durch die Stockerstraße in die Altstadt und fragen uns zur Peters-Kirche durch, einem großartigen Beispiel bairischer Romanik: 4,7 km. Östlich von dem alten stimmungsvollen Friedhof siedelten einst die Kelten, lag das Römerkastell. Nun die Petersgasse stadtein, nach der Krönungskapelle rechts zur Donau hinab und am Uferweg zur Brücke retour: + 1,4 km. Wir bummeln jetzt am nördlichen Donauufer flußab, bald auf dem Damm, später auf einem anderen, von links her ziehenden Damm westwärts zwischen Auwiesen und einem verschilften See bis zur Brücke der B 20 über die Alte Donau. Dort aufs Nordufer und auf dessen Damm NW, dann der Kössnach entlang nach Sossau mit seiner kleinen, von den Windbergern geführten Wallfahrtskirche Mariae Himmelfahrt: + 5,0 km. – Hinterher zurück zum Brückerl über die Kössnach und SÖ übers Bschlächt zum Gasthaus Wundermühle: + 1,1 km. Am Damm der neuen Donau gehen wir dann zurück zur Stadt: + 1,7 km ... Immer bewußt, daß wir nur einen kleinen Teil des großen Straubinger Bauschatzes gesehen haben! Man nehme sich vor, 1. den Stadtplan zu kaufen, 2. den guten Stadtführer. Auf unserem beschränkten Raum war nur möglich, den großen Schatz anzudeuten und den Leser vor bösen Autostraßen zu schützen.

AP/EP: Donaubrücke in Straubing, 318 m. Straßen- u. Bahn-Knotenpunkt.

Charakter: Ein Rundgang durch „die Stadt" am Bayerwald und durch ihre Geschichte, mit einer Auenwanderung um die Donauschleife.

Sehens- und wissenswert: Die beispielhaft altbairische Stadt ist doppelt so alt als München. Erst waren es Kelten, dann römische Gefreite, die hier das Wort führten, im 6. Jh. kam die bayrische Invasion. Die Bayern blieben. Sie bauten Kirchen, ein Schloß, einen herrlichen Straßenmarkt, breite Häuser mit steilen Giebeln, bauten romanisch, gotisch, barock und klassizistisch. Wer im Münchner Nationalmuseum das Modell des Straubinger Tischlers Jakob Sandtner sieht, erkennt das heutige Straubing wieder. Die Straubinger haben halt Glück gehabt, nicht nur mit Weizen, Holz, Zuckerrüben und Fleckvieh – auch mit den Amis. – Das S c h l o ß Herzog Albrechts von 1356 steht mit dem Rücken zur Donau. – Ein A g n e s B e r n a u e r - T u r m erinnert an die verliebte Augsburger Baderstochter, die der Vater Albrechts III. 1435 in die Donau werfen ließ. – Die D o n a u, einst nur Altwasserarm an der Stadt, wurde „umgebaut", jetzt schwillt die richtige Donau an der Stadt vorbei. – Die Pfarrkirche S t. P e t e r, Musterbeispiel bairischer Romanik, 3-schiff. Basilika, großartiges Vesperbild, romanische Portale. – Pfarrkirche S t. J a k o b, Hallenkirche Ende 14. Jh., vom Landshuter Stethaimer geplant, eine große gotische Einheit. – S & S - Kirchenführer kaufen!

Karte: Stadtplan Straubing + Top. Karte 1 : 25 000, Bl. 7041, Münster.

Bild: Am Nordufer der Alten Donau: Blick auf die Türme Straubings.

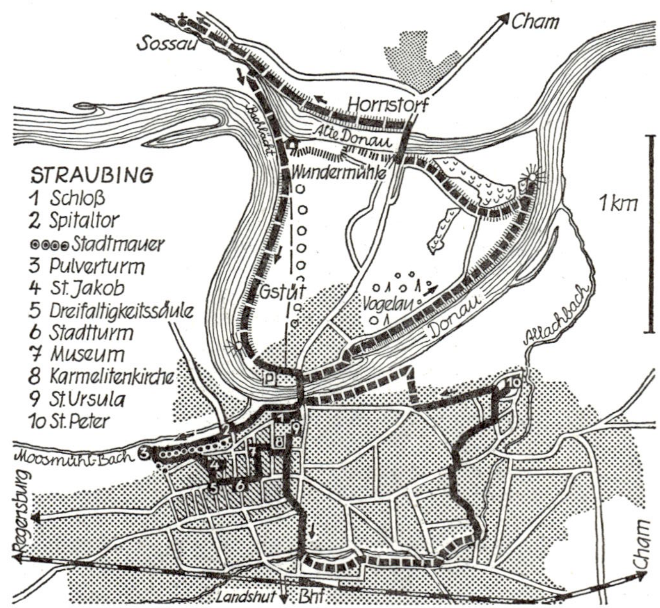

13 Zwischen Bogenberg und Oberalteich

Vorposten des Donaukammes

1/2 Tag 2.30 Std. – 7,6 km 125 m HU

Wo der brettebene und langweilige, aber höchst fruchtreiche Gäuboden bei Straubing von den Donauwassern gesäumt wird, steigen jenseits sanft die Donauhöhen auf, grün unten, dunkel verblauend oben. Ihr Vorposten ist der alte Bogenberg, geschichtsträchtig bis in die Bronzezeit hinab, Fliehburg, Stammsitz der Grafen von Bogen, berühmte Marienwallfahrt... als die Grafen ausstarben, fiel ihr Besitz an die Wittelsbacher und mit ihm das geliebte weiß-blaue Rautenmuster der Bayern. Ein Grund, sich dort umzuschauen. Zweiter Grund: die Nähe von Oberalteich, einst bedeutendes Benediktinerkloster, im 16. Jahrhundert abgebrannt, im Schwedenkrieg geplündert. Die Klosterkirche wurde nach 1600 von dem eigenwilligen Abt Vitus Möser in einem merkwürdigen Renaissancestil wiederaufgebaut. Ab 1727 wurde sie barock ausgemalt. – Unsere Wanderung beschränkt sich diesmal auf reichlich zwei Stunden, die wir für Auf- und Abstieg am Bogenberg, vor allem aber für die Dammwanderung zwischen diesen beiden (im Bild sichtbaren) merkwürdigen Glaubensburgen verwenden. Selbstverständlich ist dem Bummeln und Flanieren keine Grenze gesetzt: mit den beiden Kirchenführern (Verlag Schnell & Steiner) oder mit Reclams Kunstführer in der Tasche kann man weitere zwei Stunden auf höchst fesselnde und amüsante Weise „vertun". – Der Wagen steht am Marktplatz in Bogen, von dort gehen wir bei der Schule Ö durch ein Gasserl zur Unteren Bergstraße und vom Gasthof Aldersbach am Kreuzweg SÖ mäßig steil bergan, zuletzt rechts haltend, bis wir auf der freien Bergkante über der Donau und vor der alten Wallfahrtskirche stehen: 1,0 km = 0.25 Std. – Das Schönste ist nicht das blaue Gehügel der Donauhöhen, nicht der Nahblick auf das nahe Oberalteich, nicht der auf das entferntere Straubing, – das Berückende ist der Tiefblick auf die Donauwasser, die hier, in zwei hell blinkende Arme gespalten, die scharfe Zäsur zwischen flachem Gäuboden und hügelig ansteigendem Waldgebirge vollziehen. Den einst von Kelten besetzten Berg und uralten Burgsitz hat man um einer starken Legende willen – „die Donau hat das Gnadenbild stromauf getragen und auf einem Felsblock abgesetzt!" – zum Wallfahrtsort gemacht. Hier standen schon viele Kirchen. Die von heute, eine spätgotische Hallenkirche, zeigt neben der steinernen Muttergottes und etlichen guten Plastiken rechts und links des Chorbogens riesige, nämlich 13 Meter lange Kerzen, die alljährlich einem alten Gelübde zufolge von Holzkirchen bei Vilshofen 75 Kilometer hierher getragen werden. – 50 Meter SÖ der Kirchenmauer zweigt rechts der Straße ein Fußpfad ab, der im Laubdickicht gleich W umknickt, nordwestwärts den felsdurchsetzten Abhang quert und zuletzt, stärker abfallend, in die Obere Bergstraße ausmündet. Nun nicht rechts zum Marktplatz, sondern links in die Deggendorfer Straße, bis wir scharf rechts NW zum Donaudamm abbiegen können. Der ist angenehm still, wir bummeln erst am Seitenarm der Donau, dann an der Mehnach entlang, zeitweilig durch hohes Gras auf die beiden Türme von Oberalteich zu und in den Klosterbereich: + 4,0 km = 1.15 Std.! Die von Abt Möser und seinem einzigen Maurermeister selbst entworfene Kirche darf nicht nach ihren wie angeklebt wirkenden, dünngliedrigen Fensterumrandungen beurteilt werden; der eigenwillige Bau birgt in seinem Inneren viele für den Kunstfreund hochinteressante Einzelheiten. Man sollte sich wirklich genau umsehen! Zurück nach Bogen gehen wir erst durch den Klosterhof Ö zur Straße und bleiben dann am Fußweg neben ihr; + 2,5 km = 0.45 Std.! – Natürlich kann man beide Kirchen auch mit dem Auto erreichen – aber erst das Gehen öffnet die Augen!

AP/EP: Bogen, 322 m.

Anfahrt: Autostraße von Straubing, Deggendorf, St. Englmar, P am Marktplatz in Bogen. – Bahn: Linie Straubing–Cham. – Bus: Strecke Straubing–Viechtach.

Charakter: Mehr kleiner Kunstspaziergang als Wanderung, der aber beliebig ausgedehnt werden kann. Ganzjährig angenehm! Bei klarem Wetter besonders ergiebig wegen der Aussicht vom Bogenberg.

Einkehr: Terrassenrestaurant am Bogenberg, 431 m. Wirt in Oberalteich. – Bademöglichkeit im Freibad Bogen zwischen Stadt und Donaudamm.

Sehenswert: Wallfahrtskirche Bogenberg (Schnell & Steiner-Kirchenführer). – Landkreis- und Heimat-Museum am Bogenberg gegenüber der Kirche. – Ehem. Benediktiner-Abteikirche Oberalteich (Schnell & Steiner-Kirchenführer).

Hinweis: Kunstfreunde suchen nach dem Besuch der Wallfahrtskirche auf dem Bogenberg auch das weiter östlich stehende Salvatorkirchlein auf, eine kleine spätgotische Anlage, deren Inneres um 1770 in heiterster Rokokomanier ausgemalt wurde.

Karte: Topograf. Karte 1 : 50 000, Blatt L 7142, Deggendorf.

Bild: Die ehemalige Benediktiner-Abteikirche von Oberalteich (links vorne) und die Wallfahrtskirche auf dem Bogenberg, beide von den Grafen von Bogen begründet, stellen sich über dem Donauufer zwischen Gäuboden und Waldgebirge als spannungsreiches Bild dar.

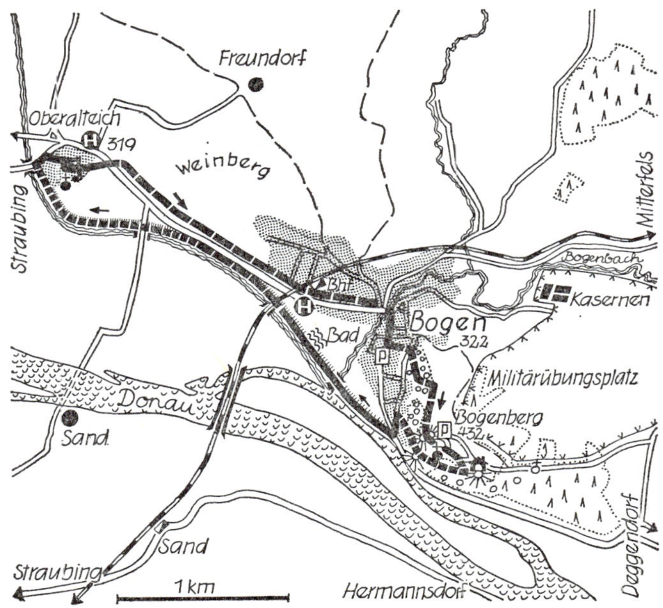

31

14 Von Windberg: Hügel, Strom und Waldgebirg

Mittelalter und Rokoko, hoch überm Land

1/2 Tag 3.00 Std. – 10,9 km 350 m HU

Unser Bild erzählt besser als Worte: am auslaufenden Waldgebirg wellige Hügel, ein mittelalterliches Kloster am Hang, Fruchtfelder, der letzte Aufschwung am Bogenberg, dann Strom und Ebene: ein wahrhaft klassisches Landschafts- und Kulturgemälde. Es ist schwer, den Eindruck von Kloster Windberg samt Kloster- und Friedhofskirche zu beschreiben: man ist, auch als Liebhaber eines bayerischen Pfaffenwinkels, aufs äußerste erstaunt, ja tief erregt, wenn man in die alte romanische Halle tritt, deren strahlendes Rokokogewand die sakrale Strenge in feierlich-festliche Anmut verwandelt. Hundert Einzelheiten von hohem künstlerischem Rang: Anlage, Portale von 1220 aus Granit, spätbarocke Sakristei, Hochaltar, Seitenaltäre, Plastiken, die köstlichen Emporen ... man muß in der Tat den Kirchenführer bei sich haben, um die bedeutende Fülle begreifend zu genießen. Dann wird man die folgende kleine Wanderschaft mit umso größerer Freude aufnehmen, Natur und Geist innig verbindend: wir gehen vom Dorf Windberg NÖ auf der neuen Teerstraße Richtung Meidendorf abwärts in das kleine Bachtal, dann rechts zu einem höher am Hang laufenden Fahrweg. Nach den Häusern von Herrnbirket kreuzt er die Straße (WW. Weiß-rot-weiß) und läuft N in den Wald. Wir müssen aber gleich darauf rechts NÖ bergauf trachten, zuletzt über Wiesen, um beim Feiertaghof den ebenen Fahrweg (WW) zu erreichen. Hier wandern wir gegenüber, am Waldweg NÖ zum kleinen Sattel hinauf, dann eher links durch bunten Mischwald, bald aber wieder zwischen Wiesen und Feldern hinunter nach Wolfessen. Hirschenstein und Pröller tauchen gegenüber auf! Im Dorf führt dann leicht links versetzt ein Fahrweg N abwärts durch Birkenwald, dann an einzelnen Häusern vorüber ins Wiesental und zur Buchamühl. Direkt nach dem Sägewerk (WW) biegen wir links über den Steg ab und folgen dem Pfad NW durch das reizende Wiesental des Mühlbaches nach Schickersgrub: 6,5 km = gut 1.45 Std.! – Hier erfolgt die große Wendung zurück, südwärts: erst gehen wir S über zwei Brücken zu den alten Häusern von Rimbach (WW) und bleiben dann links Ö kurz am Fahrweg. Gleich aber halbrechts SÖ ab von ihm und auf einem Waldweg ansteigend (weiß-rot-weiß) und am Hof Buchaberg vorbei gelaufen. Immer S bergan, eine versteckte Kapelle rechts liegenlassend, geht es bald flacher dahin und zuletzt durch Wiesen hinauf nach Oberbucha. Unser Bild zeigt den großartigen Ausblick über Felder- und Wiesenhügel, auf die Klosteranlagen von Windberg, und weit draußen auf den Bogenberg mit der berühmten Wallfahrtskirche vor der Donau-Ebene. Sogar die Türme von Straubing können wir bei Gutwetter ausmachen. – Den weiteren Rückweg nach Windberg vermittelt ein Fahrweg, der erst SW am Hang dahinläuft; aber dann sollten wir ihn verlassen und einen Abstecher nach rechts zum kleinen Wallfahrtskircherl am Kreuzberg machen mit seiner Einsiedlerklause. Der fromme Einsiedler regiert eine winzige christliche Welt: die armselig bescheidene Klause, ein bescheidenes Gärtchen, eine bescheidene Geste, um den Besucher zum Einwerfen eines Bußpfennigs oder zum Kauf eines Glases Limonade zu bewegen ... Wieder schauen wir vom hohen Hügelrand hinaus zum Gäuboden, aus dem das alte Waldgebirge mählich ansteigt. Aussichtsreich ist auch das letzte Stück des Weges hinab nach Windberg, das wir nun ständig im Blickfeld haben und bald erreichen: + 4,4 km = 1.15 Std.! – Wer nur einen kleineren Spaziergang machen will, der gehe am Feiertaghof gleich links am ebenen Fahrweg, ein Wiesental ausrundend, dann um einen Waldmugel herum direkt nach Oberbucha. Das erspart ihm 5,4 km bzw. 1.30 Std.

AP/EP: Waldkloster Windberg, 419 m.

Anfahrt: Autostraße von der Strecke Bogen-Steinburg bei Hunderdorf abzweigend. – Bahn: Bhf. Hunderdorf der Linie Straubing–Cham, dann 1,3 km = 0.30 Std. zu Fuß über Apoing, erst Straße, dann Fußweg.

Charakter: Dem Besuch einer kostbaren mittelalterlichen Klosteranlage mit glänzender Rokokoausstattung in der romanischen Hallenkirche folgt ein knapp 3-stündiger Spaziergang auf den ersten Höhen überm Donaustrom. Wald und Wiesen im Wechsel, stets neue Ausblicke, intime Wiesentäler, am Ende der klassische Blick vom ansteigenden Waldgebirge in die Ebene. – Höchster Punkt: nahe dem Feiertaghof, 570 m.

Einkehr: Wirte in Haggn, 10 Min. abseits von Schickersgrub. Evtl. Getränke in der Klause am Kreuzberg. – Badeverstecke am Mühlbach.

Sehenswert: Die mittelalterliche Prämonstratenserabtei Windberg mit roman. Münster, dessen (soeben erneuertes) Rokokogewand eine triumphale Leistung darstellt, sollte samt ausgemalter got. Friedhofskirche nebenan (mit dem Schnell & Steiner-Kirchenführer in der Hand!) genau studiert und genossen werden. Schon die Lage (Bild) ist einzigartig. Klostergasthof von 1507.

Karte: Topograf. Karte 1 : 50 000, Blatt L 7142, Deggendorf.

Bild: Ausblick vom Weiler Oberbucha auf Kloster Windberg (links) und Bogenberg (rechts oben mit der Wallfahrtskirche). Dahinter der Donaustrom und der weite ebene Gäuboden.

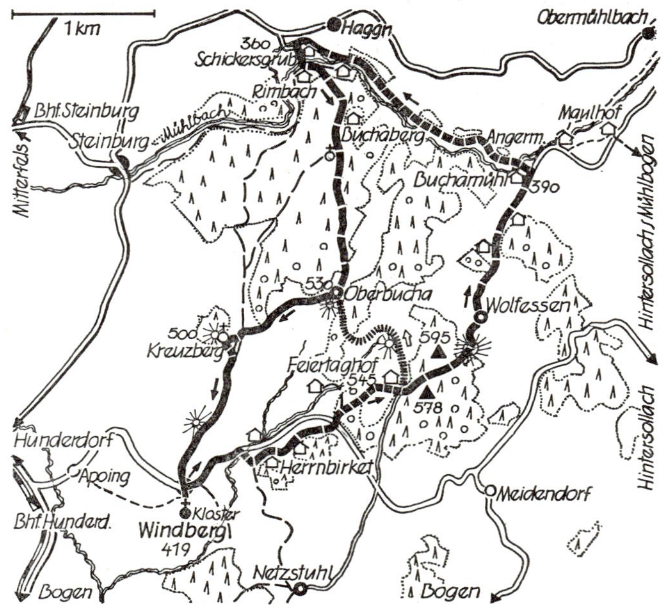

15 Regenschleifen zwischen Chammünster und Chamerau

1/2 Tag — 4.15 Std. – 13,8 km — 265 m HU

Im „böhmischen Wind", wo der Wald aufhört

Further Senke, Chamer Becken und westwärts der Regenfluß scheiden den Bayerwald vom Oberpfälzer Wald. Genau an dieser Grenze, wo schon in Urzeiten Heer- und Handelsstraßen nach Böhmen zogen und mutmaßlich auch schon keltische Obergefreite Dienst taten, wollen wir diesmal wandern: am Rande des Chamer Beckens erst über den Lamberg (Bild) trocken nach Chamerau, dann ein bisserl feucht am dunklen Regenfluß dahin und nach Chammünster zurück. Von diesem Chammünster ist schwer fortzukommen, denn die gotische Hallenkirche mit dem äußeren Habitus einer romanischen Kirche reizt zum Verweilen. Und wer läßt sich schon entgehen, die mitgeführte Braut ins Gebeinhaus des Karners zu geleiten, wo schön säuberlich die Knochen von beiläufig 5000 toten Waldlern zu Knochenwänden aufgebaut sind, um auch die eitelste Dame davon zu überzeugen, daß alle Lust ihr knöchernes Ende nimmt . . . In Chammünster gehen wir an der Teerstraße kurz östlich hinaus, biegen vor der neuen Siedlung rechts SÖ ab und bei den letzten Häusern nochmals rechts, um auf dem Feldweg zu einem Sattel anzusteigen. Vom Kreuz dort führt ein Weg links OSÖ in den Wald, wir müssen aber bald links Ö auf dürftiger Spur ansteigen (Mark.-Reste: Weiß-rot-weiß + Rotes Reh), bis sie in den Jägersteig mündet. Auf ihm schräg rechts SÖ bergan, dann eben durch Mischwald, zuletzt NÖ zur Fahrstraße gelaufen. Sie kurvt links W steil zum Wallfahrtskircherl und Gasthaus auf dem Lamberg: 3,4 km = 1.15 Std.! Da und dort schaut man zwischen Bäumen und Gebüsch auf die Regenschleifen, auf den sanft gefalteten Vorwald und bis ins Rodinger Becken. – Dann steigen wir vom Lamberg auf der Straße ostwärts ab und gehen über die Kreuzung (WW) gerade weiter am Weg (Weiß-blau-weiß + Grün. Kleeblatt), erst steil durch Mischwald, dann über Wiesen und Feldertafeln nach Chamerau hinein: + 2,4 km = 0.45 Std.! – Ab hier können wir – kräftig abkürzend! – mit der Eisenbahn zur Haltestelle Runding fahren. Besser ist, wir gehen zu Fuß dorthin: also vom Bahnhof erst auf der Kötztinger Straße, dann links NW auf dem Fahrweg, immer den Regenfluß zur Linken, und nun rundum mit seinem Bogen nach Göttling unterm Eyerberg. Hier laufen wir westwärts auf Wiesenwegen zum Regen und ihm entlang, bei seinem scharfen Knick auf Süd aber müssen wir nordwärts hinüber zur Straße bei der Haltestelle Runding: + 4,2 km = 1.15 Std.! – Jetzt geht es westwärts auf der neuen Straße dahin und beim Bahn-Telefonhäusl abkürzend gerade westlich übers Gleis nach Satzdorf. Ein Fahrweg führt nun W an Altwassertümpeln entlang und biegt S zum Regenufer. Wir gehen mit, müssen ihn aber vor der Kiesgrube, sofort nach dem Überschreiten eines Altwasserarmes, rechts W verlassen; wir wandern jetzt auf Wiesenwegen, dann in einer immer dürftigeren Pfadspur auf die türmereiche Stadt Cham zu und zur längst sichtbaren Regenbrücke. Über sie zweigen wir links nach Chammünster ab: + 3,8 km = 1.00 Std.! – Wer sich nur eine kürzere Variante erlauben kann, der steige vom Lamberg zwischen Wirt und Kircherl (WW) am Wiesenrand, dann NW am steilen Waldrücken abwärts, halte sich aber, sobald es flacher wird, rechts N hinab bis zu einem breiten Querweg. Ihm folgt man links N leicht fallend, dann fast eben am Rande von Feldern und Wiesen mit weitem Blick übers Regental. Der Weg biegt nun westlich um, wir schauen am Ödenturm vorbei auf die Doppeltürme von Chammünster und auf Cham. Nun rechts direkt zur Turm-Ruine: dieser Ödenturm ist aufs 12. Jahrhundert zurückzuführen. Um ihn legte sich die einstige Burg Chameregg . . . Nach Chammünster ist es nur ein kurzes Stück. Insgesamt: 6,3 km = 2.00 Std.

AP/EP: Chammünster, 376 m; evtl. Haltepunkt Niederrunding, 375 m.

Anfahrt: Autostraße B 85 Cham–Viechtach. P im Ort. – Bus: nur werktags von Cham nach Kötzting. – Bahn: Haltestelle Niederrunding der Strecke Cham–Straubing.

Charakter: Rundwanderung auf meist dürftig markierten Wegen, landschaftlich weiträumig und licht; außerordentlich reizvoll für einen Wanderer mit glücklichen Augen. Erst schwingende Hügel, dann träge Regenschlingen. Lieber im Frühjahr und Herbst als im Hochsommer! – Höchster Punkt: Lamberg, 602 m (teilweise gute Aussicht).

Einkehr: bei Wirten am Lamberg, in Chamerau und Bhf. Niederrunding. – Baden: im Regen. Die Kiesgrube bei Satzdorf soll Badesee werden.

Sehenswert: Die frühgot. Kirche von Chammünster mit beschränkter barocker Ausstattung und einem rekonstruierten Turm. Siehe Schnell & Steiner-Kirchenführer „Cham und Chammünster". – Wissenswert: Die von Regen und Chamb markierte „Further Senke", die den Bayerwald vom Oberpfälzer Wald scheidet, seit Urzeiten Heer- und Handelsstraße, spielte auch kulturell frühzeitig eine wichtige Rolle. Chammünster stellt die älteste Bayerwald-Kirche vor: auf eine Stiftung von 739 (!) des Bayernherzogs Odilo zurückgehend.

Karten: Topograf. 1 : 50 000, L 6742, Waldmünchen, + L 6942, Viechtach.

Bild: Blick aus dem Flugzeug von Westen über Dorf Chammünster auf Lamberg (rechts oben), Roßberg und Kaitersberg. Links das Regental, auf dem flachen Lambergsockel der Ödenturm.

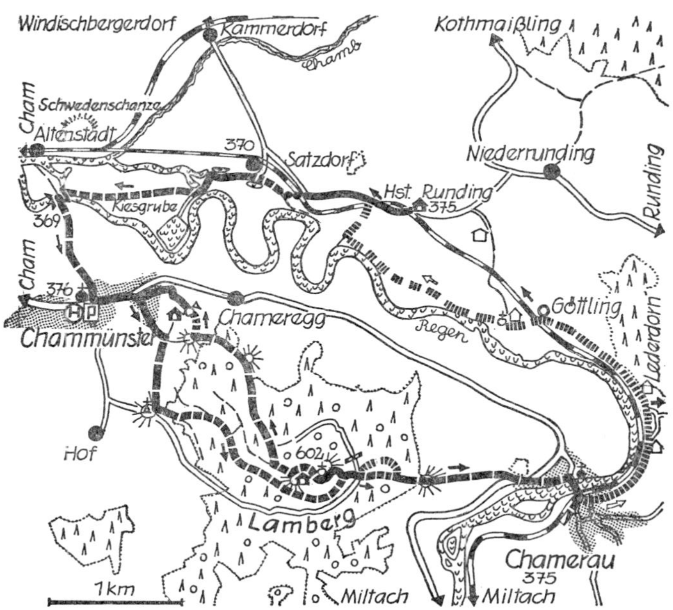

16 Zum Haidstein – Rundgang von Runding

1/2 Tag 5.00 Std. – 16,3 km 540 m HU

Zwischen Chamer Becken und Weißem Regen

Der Haidstein steht als waldverbrämter Rundbuckel am Nordwestende des Grenzkammes, vom Kaitersberg abgeschieden durch den Regenfluß, vom Hohen Bogen durch die tiefe Senke um Rimbach. Seine bescheidene Höhe von 742 Metern vergißt sich, wenn man den Haidstein überwandert, wie wir es vorhaben. An vielen Stellen entdecken wir ihn als liebenswertes Ziel für glückliche Augen: denn aus tief wehender Waldstille hinaus zu schauen ins Chamer Becken, in dem der Regen seine schönen faulen Schleifen zieht, auf die Türme von Cham und Chammünster, auf die dunkle Silhouette der Waldkuppe mit der Ruine Runding, hinüber in die Oberpfälzer Waldhöhen, wo lichte Dunstwogen durch die Talungen fließen – das schafft Besinnung und läßt zehn rasende Italienreisen aufs angenehmste vergessen ... Wir sehen auf der Skizze unseren Plan: der Haidstein wird in sanftem Anstieg südlich umwandert, – von Ried geht es dann nordwestwärts steiler zum Gipfel, – und von dort westwärts nach Runding zurück. Wobei der Abstecher zum kühlen Blaubergsee angelegentlich empfohlen sei. – In Runding also an der Friedhofsmauer ostwärts abmarschiert und rechts abbiegend am alten Fahrweg die Grundrichtung Südost eingenommen. Unbedrängt von Wälderdunkel wandern wir auf der neuen Straße nach Lufling und in gleicher Richtung quer durch Felder- und Wiesengehänge nach Meinzing. Von hier, rechts über die neue Teerstraße, ist es nicht mehr weit bis Lederdorn: 3,6 km = 1.00 Std.! – Durch den Ort östlich weiter, in der weiten Rechtskurve erst links, dann beim kleinen Weiher halbrechts Ö ab und bei der Gabelung des Feldweges nochmals halbrechts bis zu zwei Höfen unterhalb eines Wäldchens. Von dort gehen wir weglos am oberen Wiesenrand in das etwas sumpfige Bachtälchen und drüben am dürftigen Pfad, kurz durch Wald, NÖ hinauf ins abseitig liegende, verträumte Dorf Ried: + 2,2 km = 0.45 Std. – Hier steht die 1000-jährige Wolframs-Linde, deren 16 Meter Umfang gerade noch glaubhaft werden, trotz Kernfäule, ja Kernleere – denn im hohlen Stamm unter der gewaltig ausladenden Laubkrone haben 12 Menschen Platz. – Nun W zurück zum Dorfeingang, dort rechts NW ab (rot-weiß-rot), erst einer Gebüschzeile entlang (Rückblick auf Pröller-Hirschenstein und Kaitersberg) und dann durch Mischwald schräg am Hang ansteigend zur Forststraße. Auf ihr links zum Gasthaus und gerade am Fußweg weiter zum Gipfelfelsen des Haidstein: + 2,4 km = 0.50 Std.! – Wallreste der einstigen Burg, das schöne Kirchlein – aber schöner als dies das Laubfenster, durch das wir westwärts auf das Teppichmuster aus Wald, Wiese und Feld sehen, das sich um die Regenschleifen dehnt. Bei gutem Herbstwetter stellen sich die Kulissen von Chammünster und der Stadt Cham, aber auch die Waldkuppen davor und im Hintergrund wie Scherenschnitte dar. – Stiller Ausblick, Rast im Gasthaus, – dann laufen wir auf der Straße W abwärts. Wo sie im Wald rechts abbiegt, gehen wir gerade dem Kreuzweg nach (auch dort noch, wo ein ebenfalls mit grünem Dreieck markierter Wegast links abzweigt). Bei der Kapelle fängt der breite Weg an. Wo er links abbiegt, bleiben wir geradeaus W am markierten Steig, kommen auf einen Fahrweg und nach kurzer Gegensteigung zur Teerstraße. Diese kreuzend gelangen wir durch Wiesen nach Runding hinüber: + 3,9 km = 1.00 Std.! – Die lohnende Zuwaage: Vom Kirchplatz auf den Schloßberg gestiegen und die Rundsicht genossen! Dann NW abwärts zur Straße und zu den Häusern von Garten, hier links und nach gut 100 m rechts zum kraterartigen Blaubergsee – gebadet! – und wieder nach Runding zurück: + 4,2 km = 1.30 Std.

AP/EP: Runding, 483 m.

Anfahrt: Autostraßen von Cham und von Kötzting. – Bahn: Station Niederrunding der Strecke Cham–Straubing: + 3,0 km = 0.50 Std. entfernt. – Bus: werktags Cham–Runding–Kötzting.

Charakter: Aussichtsreiche Rundwanderung mit nicht unbeträchtlichen Höhenunterschieden, teils im freien Gelände, teils im Wald. Wege nur zum kleineren Teil markiert! – Höchste Punkte: Haidstein, 742 m (Weite Sicht gegen Westen), Schloßberg Runding, 546 m (Rundblick).

Einkehr: Lederdorn, 453 m; Ried, 560 m; Haidstein, 712 m; Runding, 483 m; Blaubergsee, 460 m. – Baden: möglich im kalten Blaubergsee des ehemaligen Steinbruchs, einem wildromantischen Einschnitt.

Wissenswert: Der Haidstein wurde einst von einer Burg überragt, auf der um das Jahr 1200 der bedeutende Minnesänger Wolfram von Eschenbach gelebt hat (der seinen „Parzival" aber haupstächlich auf Burg Wildenberg im Odenwald dichtete). Die Burg wurde im Böckleraufstand 1467 zerstört, an ihrer Stelle sehen wir heute die 1657 erbaute Kapelle (die einen kostbaren romanischen Kruzifixus birgt). – Schloß Runding, 1118 erstmals erwähnt, einst größtes Schloß der Gegend, erst ab 1829 unbewohnt, wurde dann aber als „Steinbruch" ausgebeutet.

Karten: Topograf. 1 : 50 000, L 6742, Waldmünchen, + L 6942, Viechtach.

Bild: Ausblick vom Haidstein gegen Westen in das Chamer Becken und darüber hinaus in den Oberpfälzer Wald. Links einige Schleifen des Regen und die Stadt Cham. Davor am Waldbuckel Dorf und Ruine Runding.

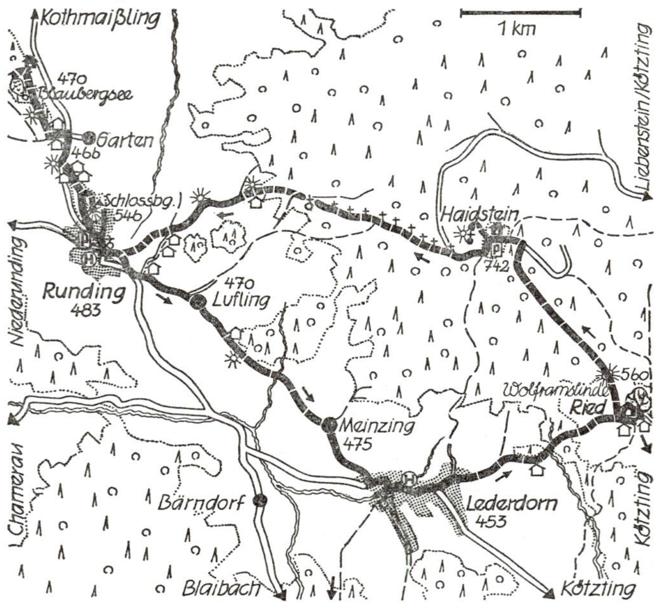

17 Die große Chamer Runde

Chammünster – Lamberg – Roßberg – Haidstein – Runding – Blaubergsee

1 Tag | 9.15 Std. – 30,1 km | 885 m HU

Ein großes Vorhaben – 30 Kilometer auf und ab, links und rechts des Regenflusses, mit drei Waldgipfeln inmitten, und mit Anlauf und Auslauf im brettebenen Dreieck des Chamer Beckens, wo Regen und Chamb zusammenkommen. Das Aufregende sind diesmal weniger die kulturellen Begegnungen mit dem Münster, mit Burgruinen da und dort und mit der Wolframslinde – das Aufregende und nachhaltig Abenteuerliche ist und bleibt der fortwährende Wechsel schöner, einmal episch ausgreifender, einmal zu rührenden Idyllen geronnener Landschaftsbilder ... Hügel an Hügel bis in blasse Fernen, Waldkonturen an allen Himmeln, und darunter weiche grüne Feldertafeln und Vierecke und waldumkränzte Becken von Wiesen ... Wiesen, die ohne Waldränder fad wären. Und Bergkuppen, die ohne Talebenen nicht diesen starken Reiz besäßen. Hier ist die alte Weisheit fühlbar: nur der Kontrast schafft die Bildspannung ... Vom ehrwürdigen Chammünster im flachen Tal steigen wir genau wie bei Tour 15 südostwärts zum Lamberg hinauf: 3,4 km = 1.15 Std.! – und dann nach Chamerau hinab: + 2,4 km = 0.45 Std.! – Dort gehen wir am jenseitigen Regenufer nur kurz ostwärts durch die Kötztinger und rechts durch die Bachstraße zum Roßbergweg, der links Ö abbiegt (Wanderweg Nr. 3 grün markiert). Bei seiner Gabelung erst rechts am Teersträßchen Ö steil zum Waldrand, dann halblinks am Waldweg zum einsamen Hof und auf gutem Fahrweg S weiter zum oberen Rand des Mischwaldes. Südostwärts kommen wir dann über eine Wiese und durch Gebüsch zur neuen Straße und ins Dorf Roßberg. Nach den letzten Häusern bei der Fahrweggabel halbrechts zum Waldrand, dann auf Privatstraße rechts in steilen Windungen zum Roßberg hinauf: + 3,4 km = 1.15 Std.! Da Gipfel und Hütte („Böhmerwaldfensterl") Privatbesitz sind, kann man die feinen Ausblicke nur in den Bewirtschaftszeiten genießen. – Später zurück zum Beginn der Gipfelzufahrt, dann mit WW (weiß-blau) scharf rechts ab und gleich wieder links ostwärts auf gutem Weg am Waldrand und über aussichtsreiche Wiesen abwärts. Unterhalb eines Einzelhofes folgen wir der weiß-blauen Markierung abkürzend plötzlich rechts auf einer Pfadspur durch den Wald und zuletzt auf einer Forststraße Ö zur Straßenkreuzung am Waldsattel. Jenseits wandern wir nach 100 m links N auf einem breiten Fahrweg (kein WW, keine Markierung!) erst durch Wald, dann leicht abfallend zwischen Feldern und Wiesen nach Lederdorn: +3,7 km = 1.00 Std.! – Von hier steigen wir wie bei Tour 16 über das reizend entlegene Dorf Ried mit der uralten Wolframslinde zum Haidstein hinauf: + 4,6 km = 1.30 Std.! – Und von da westwärts nach Runding hinab und über die malerische Burgruine Runding weiter zum versteckten, kraterartigen Blaubergsee: + 6,1 km = 1.45 Std. – An seinem grabenartigen Ausgang wenden wir uns auf gutem Waldweg links WSW (ohne Markierung), bei der zweiten Gabelung aber wieder links zum unteren Waldrand und gehen an Häusern vorbei zur Kreuzung. Gegenüber gelangen wir auf einem Fahrweg S nach Niederrunding und gehen dort rechts auf der Teerstraße südwestlich zur Haltestelle Niederrunding: +2,7 km = 0.45 Std. Ab dort streben wir – wie in Tour 15 – westlich, bei Satzdorf die Regenschleifen berührend, auf die Türme der Stadt Cham zu. An der längst sichtbaren Regenbrücke machen wir einen Knick links S nach Chammünster zur frühgotischen, aber zunächst romanisch wirkenden Hallenkirche mit ihrer zurückhaltenden barocken Ausstattung. Schlußstrecke: + 3,8 km = 1.00 Std.! Wer diese Riesenwanderung im Frühling oder Herbst gemacht hat, dem ist ein Bündel an Lebensfreude zugefallen.

AP/EP: Chammünster, 376 m.

Anfahrt: Auf der Autostraße Cham-Viechtach B 85 bis Chammünster. – Bus: nur werktags Cham-Kötzting über Chammünster bzw. Runding. – Bahn: Haltepunkt Niederrunding der Strecke Cham–Straubing.

Charakter: Die sehr große Rundtour durch die nördlichsten Bayerwaldtäler und über deren angenehm vergessene Bergkuppen ist so abwechslungsreich, so abgelegen und still, wie man es sich nur wünschen kann. Die Wanderung ist lang und vielfach auch sonnig: Frühjahr und Herbst wären die idealen Zeiten! – Höchste Punkte: Lamberg, 602 m; Roßberg, 667 m; Haidstein, 742 m – überall gute Fernsicht!

Einkehr: Lamberg, Chamerau, „Böhmerwaldfensterl" am Roßberg (zugänglich erst ab 12 Uhr. Nur sonntags vom 1. V. bis 8. IX. und in den Ferien täglich). – Dazu noch Lederdorn, Ried, Runding und Niederrunding. – Baden: Im Blaubergsee bei Runding, im Regen bei Satzdorf.

Wissenswert: Das Chamer Becken ist vermutlich das am frühesten besiedelte Gebiet im Bayerwald (Steinzeitfunde).

Sehenswert: Die großartige Kirche in Chammünster (siehe Tour 15).

Karten: Topograf. 1 : 50 000, L 6742, Waldmünchen, + L 6942, Viechtach.

Hinweis: Da sich diese Wanderung mit den Touren 15 und 16 stückweise überschneidet, lese man zuvor deren Texte!

Bild: Ausblick vom „Böhmerwaldfensterl" auf dem Roßberg bei Chamerau gegen Osser (links), Kaitersbergkamm und Arbermassiv.

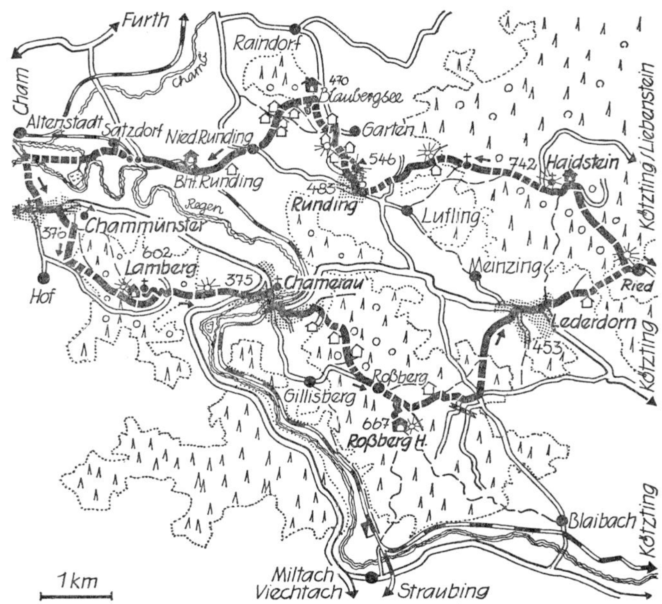

18 Schöne Umwege zum Hohen Bogen

1 Tag 6.15 Std. – 20,5 km 730 m HU

Aus der Further Senke auf den Burgstall

Bei dieser großen Wanderung aus dem Talboden von Furth im Wald hinauf zur Nordwestschulter des Hohen Bogen stellt man wieder einmal fest, um wieviel schöner es ist, von einer Ebene aus anzusteigen: der Kontrast zwischen flachem Talboden und Bergaufschwung verschärft sich zur Faszination und eben dies reizt unsere Sinne. – Die Further Senke beherrscht den natürlichen Zugang nach Böhmen von altersher, sie trennt mit eindeutiger Geste den Bayerwald vom Oberpfälzer Wald: Chamb und Regenfluß vollziehen diesen Akt Aus dieser mächtigen Senke also brechen wir am Stadtrand von Furth auf, streben aber nicht direkt dem Burgstall zu, sondern verstecken uns zuerst in der grünen Wildnis, indem wir den flachen Waldhügelkamm zwischen Sengenbühl und Arnschwang südwärts ablaufen, dann beim Teufelsbauer die Hauptstraße überqueren und von Südwest her steil zum Gipfel ansteigen. Zurück steigen wir, abermals steil, nördlich nach Ober-Dörfl ab und gewinnen dann nordwestwärts über Sengenbühl wieder jenen Waldrücken, an dem wir begonnen haben. Eine lange Strecke, eine stille Strecke, ein herrliches Abenteuer – wenn man besonnen wandert, ohne Eile, ohne viele kurze, aber mit einigen längeren Rasten . . . Aus der Stadt Furth laufen wir südlich über die Chambbrücke und gehen bei der „Waldbühne" mit dem WW halbrechts zum Waldrand. Bald aber verlassen wir den Fahrweg und halten uns streng an das Grüne Dreieck, das uns südwärts leicht steigend durch Wald, dann am Wiesenrand und über die Teerstraße zum Weiler Grub führt: 3,1 km = 1.00 Std.! – An der Kapelle nehmen wir den linken Weg und gehen wieder mit dem Grünen Dreieck zwischen Wiesen und Feldern südwärts – rechts das flache Chambtal und Oberpfälzer Gehügel, links böhmische Waldhöhen – es folgt Mischwald, der Weg steigt erst und fällt später bis zum Rand von Wiesen. Wir bleiben an der Markierung, die den Weg nach halbrechts verläßt und uns durch Jungwald zu einer Kreuzung mit Kruzifix leitet, wo wir links zur Teerstraße laufen (Rastplatz). Auf der anderen Seite führt uns die Markierung (WW) zum Teufelsbauer: statt an dem stark verwachsenen Weg geht man besser auf der Forststraße Ö bis zur Linkskurve und von da rechts S weglos zum Teufelsbauer: + 6,3 km = 1.45 Std.! Die Hauptwanderlinie folgt nun der öffentlichen Teerstraße zur Diensthütte. Aber wir gehen 150 m nach der Gabelung links NÖ den steilen „Kabelweg" hinauf. Die Abzweigung muß man freilich suchen: ein mit „Blitz" gezeichneter Stein im Straßengraben zeigt sie uns an! Dann geht es schnurgerade durch steilen, aber wunderschönen Buchenwald zum Gipfel des Burgstall hinauf: + 1,4 km = 0.50 Std.! Vor der Orientierungstafel stehend, sehen wir Osser, Arber, Kaitersbergkamm, den Oberpfälzer Wald und den Böhmerwald, und ein Halbdutzend lichter Talböden. Wir könnten jetzt die große Kammwanderung ostwärts über alle 10 Gipfel beginnen (siehe Tour 19) . . . denken aber nicht daran. Wir wollen nach Furth zurück, steigen also NNW auf einem versteckten Steig (rot-weiß) recht steil ab, passieren das Ende einer Forststraße, bleiben aber auf dem Bug der Bergwaldflanke im schönen Buchenschatten, bis wir endlich links hinaus über Wiesen Ober-Dörfl an der Eschlkamer Straße erreichen. Gerade weiter überqueren wir auch die Further Straße. Ein Teersträßchen und dann bald rechts N ein Fahrweg bringen uns nach Sengenbühl; dort biegen wir links ins Tal hinab, bleiben am Weg zum Wald, und halten uns dann nordwestwärts immer möglichst eben. Bei P. 515 treffen wir auf den Hauptwanderweg; auf ihm rechts gehen wir über Grub nordwärts nach Furth: + 9,7 km = 2.45 Std.!

AP/EP: Furth im Wald, 407 m.

Anfahrt: Autostraßen von Cham, Waldmünchen, Kötzting und Lam. Parkplatz an der Wutzmühle = Waldbühne, evtl. in Grub. – Bahn: Strecke Nürnberg-Furth. – Bus: täglich von Passau über Regen-Eisenstein.

Charakter: Eine reizende, wenn auch nicht kurze Bergwanderung auf markierten Waldwegen und Forststraßen; der Auf- und Abstieg am Gipfelstock ziemlich steil. Viel schöner hoher Buchenwald. Obwohl wir auf den Further Hausberg steigen, ist unser Anstiegsweg doch recht still. – Höchster Punkt: Burgstall, 976 m, mit schöner Aussicht!

Einkehr: Nur durch Abstecher (2 mal 25 Minuten) zur Diensthütte!

Wissenswert: Auf dem Burgstall errichtete im frühen 12. Jh. ein Bogener Graf eine Burganlage, die aber nie vollendet wurde. Dafür gibt es natürlich eine wunderbare Sage über diese Burg mit Hirt, verborgenem Schatz, verwunschener Jungfrau, Erdbeben und trümmerreichem Finale . . . Ein moderner Fernsehturm wacht heute über ungehobenem Schatz und unerlöster Jungfer.

Hinweis: Unsere Wanderung stellt die Startstrecke der Nördlichen (Grenzkamm-)Hauptwanderlinie dar. Fortsetzung: Diensthütte–Seelenbrunnen–Unterzettling–Watzlsteg + Tour 25 bzw. 26 zum Kaitersberg.

Karte: Topograf. Karte 1 : 50 000, Blatt L 6742, Waldmünchen.

Bild: Aufblick aus der Further Senke gegen den mit einem Fernsehturm bestückten Nordwestgipfel des Hohen Bogen, den Burgstall.

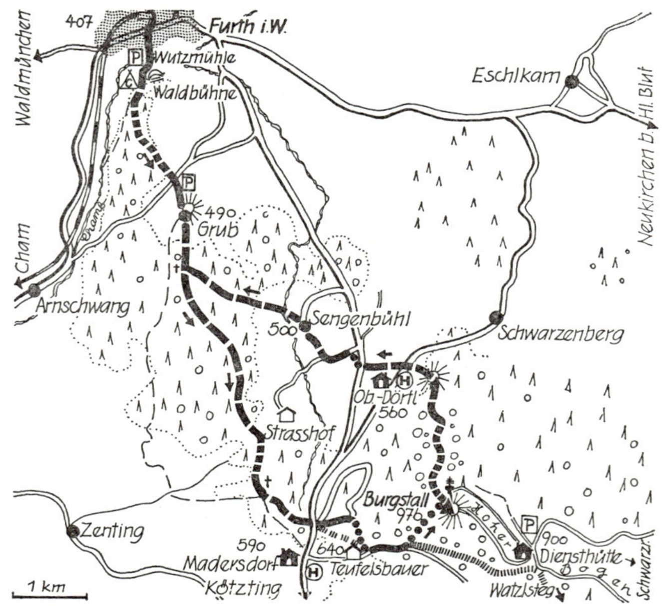

19 Von Rimbach über den Hohen Bogen

1/2 Tag — 6.00 Std. – 16,4 km — 820 m HU

Am nördlichsten Bayerwaldgipfel: 10 Kuppen – 1 Kamm

Der nördlichste Berg des Bayerwaldes ist natürlich auch ein langer Waldrücken, aber weil er isoliert zwischen Further Senke und Lamer Winkel steht und diese Punkte gar um volle 600 Meter überragt, so macht er großen Effekt. Dazu kommen seine sieben Kilometer Gipfelgrat mit zehn Erhebungen und zwei hohen Schiffsmasten: Fernsehsender und Funküberwachung. Wer vom Kaitersberg hinüber schaut, sieht ein gewaltiges Schlachtschiff vor sich, abgewrackt und dicht überwaldet. Von jenen Gipfeln schaut man in den Oberpfälzer Wald hinüber, auf das Chamer Becken, nach Böhmen hinein, auf Kötzting und den Kaitersberg, zum Arber ... man kann sich sattsehen. – Der Wanderer wird überrascht sein: er geht zumeist durch herrliche Buchenwälder. – Der Faule kann natürlich mit dem Auto bis zur Kammhöhe bei der Diensthütte auffahren, – aber wir wollen lieber beim Wandern bleiben. Unser Plan: wir steigen von Rimbach nordwärts über Ruine Lichteneck zum Westgipfel Burgstall, überwandern von hier ostwärts den gesamten Kamm, und unterlaufen dann denselben Kamm fast eben westwärts in seiner stillen Südflanke, zuletzt südwestwärts absteigend nach Rimbach zurück. – Von der Further Straße in Rimbach führen uns am Ortsende der Wegweiser und die Markierung (Weiß-blau / Rot 4) steil NW zur Aubergsiedlung, weiter am Fahrweg durchs Dorf Lichteneck zum Waldrand, dann zweimal rechts und zuletzt links biegend zur Ruine Lichteneck. Vom runden Turm aus ein fesselnder Umblick ... 2,0 km = 0.45 Std.! – Nun durch eine Mauerpforte nach der Markierung NW zum unteren Waldrand und rechts zur Teerstraße beim Teufelsbauer. Hier können wir zur Diensthütte auf der Straße steil Ö ansteigen, oder 150 m nach ihrer Gabelung links NÖ am noch steileren, aber stillen „Kabelweg" direkt zum Burgstall mit seiner fantastischen Aussicht: + 2,0 km = 1.15 Std.! – Vom Gipfelkreuz geht es auf verstecktem Steig sehr steil NW (rot-weiß) abwärts, ehe uns ein Querweg Ö zur Forststraße und dann zur Diensthütte leitet: + 2,0 km = 0.30 Std.! – Dort führt ein WW genau Ö (weiß-grün-weiß) auf den Farrenruck; dem folgt eine Mulde, übermooste Felsen leiten zu weichen Grasböden über, und durch leuchtenden Buchenwald wird der Sattel zwischen Eckstein und Schwarzriegel erreicht. Dann ergötzen wir uns an dem Ungetüm des Turmes über uns. Ein markierter Schleichpfad führt neben der Umzäunung durch Fichtendickicht weiter zum höchsten Punkt des Hogen Bogen: zum Schwarzriegel, 1079 m. Hinter ihm bleiben wir am Kamm, steigen den Felsen entlang Ö ab, queren die Militärstraße und gelangen aus dem folgenden Sattel zum Gasthof Schönblick (nicht auf Karte), der seinen Namen verdient: Die Häuser von Neukirchen liegen köstlich an der Straße aufgereiht, zwischen tausend Feldtafeln, und überall rundum atmet das alte Gebirge in sanften Höhen und weitschwingenden Talböden ... + 3,9 km = 1.30 Std.! – Jetzt führt uns der WW „Sautrift" zu einem breiten Weg und diesen kurz steil bergab. Nun verlassen wir die Markierung und laufen am Fahrweg (nicht auf Karte) genau SÖ zur Langen Höhe, 877 m, der letzten Schulter des Kammes. Hier – angesichts von Osser, Arber und Lamer Winkel – machen wir sozusagen kehrt und wandern am Forstweg (Riegelweg) immerzu westwärts, später auf der rotmarkierten Grenzstraße. Lichter Buchenwald deckt uns zu, Himbeerschläge schaffen Licht und seltene Ausblicke, dann kommen wir zum Forsthütterl am Seelenbrunnen: + 3,5 km = 1.00 Std.! – Wir gehen die Grenzstraße gute 15 Minuten weiter, dann – nach einem kleinen Bach – folgen wir links SÖ der roten Markierung und steigen am Waldweg, immer leicht rechts haltend, nach Rimbach zurück: + 3,0 km = 1.00 Std.

AP/EP: Rimbach, 488 m. – Für Autofahrer: Diensthütte, 900 m.
Anfahrt: Auf der Autostraße Kötzting–Furth i. Wald nach Rimbach bzw. von Madersdorf östlich auffahren zur Diensthütte. – Bus: Kötzting–Rimbach–Neukirchen nur werktags. Ab Neukirchen Zubringerbus und Lift zum Gasthaus Schönblick, 960 m, geplant für 1970/71.
Charakter: Sicher eine der schönsten Wald- und Höhenwanderungen im Hauptkamm auf meist markierten Wegen und Forststräßchen; erstaunliche Fernblicke, feine Tiefblicke in die großen Talungen um Cham, Furth, Kötzting und Lam. Einzig der „Kabelweg" stellt sich als sehr steile Fußspur dar. – Höchste Punkte: Burgstall, 975 m; Schwarzriegel, 1079 m; von beiden sehr schöner Ausblick.
Einkehr: Diensthütte, 900 m, privat, ganzjährig bewirtet; Gasthaus Schönblick, 960 m, privat, ganzjährig bewirtet, Nächtigung möglich. – Baden: nur im Schwimmbad Rimbach.
Wissenswert: Die Ruine Lichteneck ist auf die Burg der Bogener Grafen aus dem 13. Jh. zurückzuführen, der Name „Burgstall" stammt von einem nie vollendeten, schon um 1200 begonnenen Burgenbau.
Hinweis: Variante ab Diensthütte: Auf der Forststraße am SW-Hang zum Burgstall. – Dann ab Seelenbrunnen NW ansteigen! Insgesamt: 4 Std.
Karte: Topograf. Karte 1 : 50 000, Blatt L 6742, Waldmünchen.
Bild: Ausblick von der Langen Höhe – der 877 m hohen Ostschulter des Hohen Bogen – gegen Südosten auf den Lamer Winkel. Links der Osser, etwa in Bildmitte der Brennessattel, rechts der Arber.

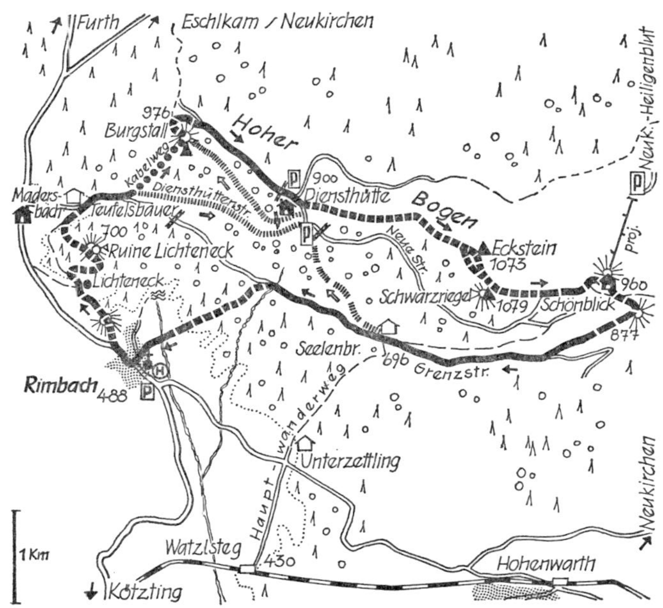

20 Zu den Stauseen am Schwarzen Regen

Höllenstein- und Blaibachersee

1 Tag — 4.30 Std. – 15,7 km — 375 m HU

Stauseen sind Kinder einer oft wenig souverän gelenkten Technik; ihre regelmäßige Absenkung kann das Schöne schockierend ins Häßliche verwandeln. Höllenstein- und Blaibachersee bleiben jedoch gleichmäßig gefüllt, ihre Ufer wirken überall gewachsen, und beim Rudern ist man entzückt, von einem See in den andern zu kommen, denn die Schlingen des Höllsteinsees öffnen immer wieder neue, in sich abgeschlossen scheinende Seeplatten. Ein Hauptreiz: ringsum überzieht fast ungebrochen dichter Wald die Uferhöhen. Unser Plan: im ersten Teil wandern wir von Kötzting „über Land", zuerst über den Ludwigsberg, am Schneiderriegel vorbei zum aussichtsreichen Dorf Sackenried und dann zum Ende des 5 km langen Höllensteinsees: dort rasten wir oder fahren mit dem Kahn den See ab. Dann wandern wir heimwärts das Ostufer des Blaibachersees ab, einmal überm Ufer, einmal unten, steigen dann zur Wallfahrtskirche Weißenregen hinauf und drüben hinab nach Kötzting. Das geht etwa so: ab Kötzting steigt gegenüber den Regenbrücken S ein Steigerl (WW. Weiß-Rot + Rot 2) über die steile Böschung hinauf und führt uns am Waldrand (und Schwedenstein) vorbei zum Ludwigsberg. Von dort leitet uns die Markierung am Waldrücken lange Zeit S aufwärts zum oberen Waldrand und in einen kleinen Wiesensattel. Dort biegen wir rechts SW (die Markierung verlassend!) ab und gehen in das freundlich vor uns gelegene Dorf Sackenried hinein mit seiner ummauerten Wehrkirche: 4,0 km = 1.15 Std.! – Schräg gegenüber zweigt SW ein Feldweg zu einem neuen Wiesensattel ab mit feinen Ausblicken auf Roßberg, Haidstein, Gibacht, ins Waldtal des Schwarzen Regen und darüber auf den Donaukamm. Hier laufen wir dem halblinks S eben in den Wald ziehenden Weg nach, der bald zu einer Teerstraße abfällt, die uns zum Aussichtsrestaurant am Hochstein und hinunter zur Staumauer des Höllensteinsees führt: + 2,8 km = 0.45 Std.! – Wenn nicht gerade Sonntag ist, sollten wir einen Kahn nehmen und südwärts den stillen See zwischen seinen schwarzen Waldufern abrudern, von Bucht zu Bucht, an teilweise felsigen Uferrampen vorüber: sagen wir 2–3 Stunden, die Sache ist gesund, nicht nur fürs Auge! – Später von der N-Seite der Staumauer über eine Treppe zum Unterlauf des Schwarzen Regen. Dann kann man weitergehen, wie es unsere Skizze zeigt, halbrechts NW hinauf zur Teerstraße und W zur Zufahrt nach Ried, dann den Feldweg nach Riedersfurt, dort durch den Hof und nach 100 m links W einer Wiesenfurche entlang durch hohes Wildgras zum Seeufer hinunter. Oder wir bleiben auf einem neuausgebauten Uferweg (Blau 9) immer am Wasser, das sich allmählich zum Blaibacher Stausee verbreitert. Dort finden wir einen Pfad, der später als breiter Weg unter den Wiesenhängen am Seeufer entlangführt (Bild), angenehm zu wandern, – weil wir bald im Gasthaus am Haberbach sind: + 4,8 km = 1.15 Std.! – Nach der Rast kommen wir zur nördlichen Staumauer am Biegenstein und gehen unter der Straßenbrücke durch und am Uferweg NW zur Lernbecher Mühle am Zusammenfluß von Schwarzem und Weißem Regen. – Nun rechts Ö mäßig steil die Straße nach Weißenregen hinauf und zur Wallfahrtskirche, die hier einmal wirklich thronend den herrlich freien Hügel besetzt hält: + 2,3 km = 0.45 Std.! Zuerst geht es in die Kirche, vor die Fischerkanzel, die guten Plastiken und die rührenden Votivtaferln. Das Brotzeitln unter den Bäumen, einfach, gut, mit entzückenden Seitenblicken auf das stille Land, ist eine Sache von reizendem Ernst. Erst dann gehen wir am geteerten Weg NÖ hinab, über den Weißen Regen und nach Kötzting: + 1,8 km = 0.30 Std.!

AP/EP: Kötzting, 396 m.

Anfahrt: Autostraßen von Cham, Viechtach, Bodenmais, Lam und Furth i. W. – Bahn: von Cham. – Bus: täglich von Regen-Bodenmais und von Lam–Neukirchen.

Charakter: Eine beschauliche Rundwanderung über die Höhenzüge südlich Kötzting durch Wald und über Wiesen mit dem folgenden Paukenschlag am Ufer des „Schwarzen Regen", der jetzt zwischen **dunklen Waldufern schöne Stauseen birgt.** Zu unserer Wanderzeit von 4.30 Std. sollte man 3.00 Std. für eine Kahnfahrt rechnen.

Einkehr: In Sackenried, 560 m, überm Höllensteinsee, 425 m, am Blaibacher (Pullinger) **See (beim Haberbach), 388 m, Weißenregen,** 474 m.

Sehenswert: In Kötzting Pfleger- und Kirchenburg, Pfarrkirche mit Barockausstattung, Wehrturm und Kamplmacherhaus (vor 1700). – Oberhalb des Schwedensteins am Ludwigsberg 8 aufrecht stehende Grenzsteine der ehemaligen Hinrichtungsstätte. – Sackenried: Wehrkirche mit sehenswerten Votivgaben. – Vor allem aber: Wallfahrtskirche Weißenregen, eine volkstümlich gestaltete Rokokokirche (1750–65) mit einer originellen, als Architektur geradezu verwegenen Fischerkanzel. (Kirchenführer Schnell & Steiner). – Bezaubernd: die glückliche Verbindung von Kirche, Baum und Hügellage.

Karte: Topograf. Karte 1 : 50 000, Blatt L 6942, Viechtach.

Bild: Ausblick vom Biegenstein – dicht über der hier nicht mehr sichtbaren Staumauer – gegen Süden über den Blaibacher See hinweg.

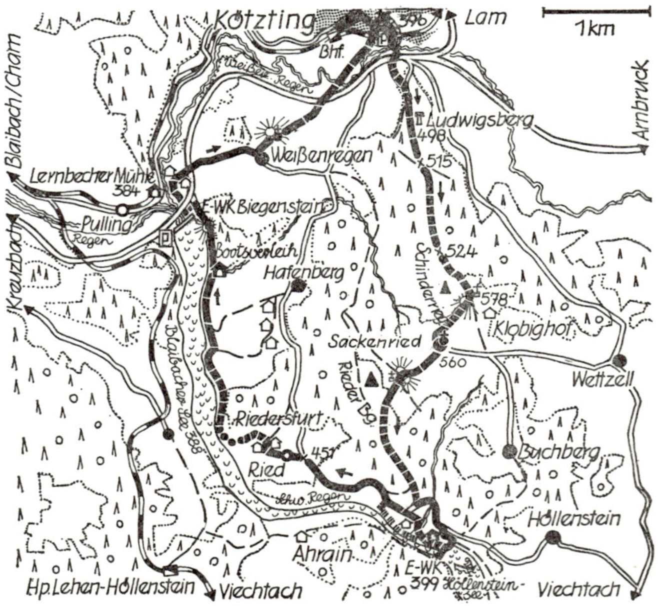

21 Vor der Haustüre von Viechtach

1/2 Tag 6.00 Std. – 17,7 km 590 m HU

Kleiner Pfahl, Großer Pfahl, Distelberg und Diverses

Wo der Schwarze Regen nicht mehr eigensinnig durch unzugängliche Felstäler zieht und wo er sich durch den Stau vor dem Höllensteinsee beruhigt, da liegt zwischen Ostmarkstraße und Flußtal das nette Städtchen Viechtach um seine brillante Rokokokirche herum. Wer als Bayerwaldfreund Viechtach sagt, meint den Pfahl, der sich als Kleiner Pfahl südwärts, als Großer Pfahl dicht westwärts der Stadt aufbäumt – erstarrte Quarzflüsse aus schon wieder abgewitterten Erdspalten. In jedem Falle etwas Aufregendes für das Auge! Neben diesen beiden „Pfählen“ nehmen wir uns auch die sanften, hier im Waldsamt, dort im Wiesengrün stehenden Höhen vor, den Distelberg zumal, und dann noch einige bäuerliche Hochsitze auf aussichtsreichen Buckeln und als Dessert das intim geschlossene Riedbachtal ... Vom Bahnhof Viechtach gehen wir durch Stadtpark, Schulstraße und Mönchshofstraße südwärts ansteigend aus der Stadt und queren über die stark befahrene B 85 hinüber zum parallel mit ihr verlaufenden Kleinen Pfahl. Der ist dicht eingewachsen und auf seinem wallartigen Felsrücken spazieren wir in NW-Richtung dahin, oftmals versucht, den weißen Quarz mit Händen abzutasten, schauen rechts nach Viechtach hinab, links zum Pröller hinauf und kreuzen beim Antoni-Kircherl die Englmarer Straße. Hier gehen wir nach 150 m (WW + Blau 3) links SW in ein Wiesental hinunter und queren in einem reizenden Auf und Ab den Hang bis zur Kneippanlage am Riedbach. Jenseits folgen wir dem Fahrweg talaus, biegen aber vor dem Sägewerk Riedmühle scharf links ab und wenden uns westwärts: WW + Blau 1! – Der Fahrweg steigt durch den Wald steil an und führt uns an der hölzernen Kapelle vorbei bis zur bewirtschafteten Distelberg-Hütte hinauf: 5,7 km = 2.00 Std.! – Man sitzt im Baumschatten, schaut hinüber zu Kaitersberg und Arber, und bedauert, daß es für eine Maß Bier noch zu früh ist. – Jetzt geht es weiter: nach WW (und Weiß-rot-weiß) gehen wir am Waldsteig kurz S eben, dann der Stromleitung nach rechts W bergauf (schwarz-rot), über den Rücken hinüber und auf immer besserem Weg zum Hof Schwaben: ein schönes altes Holzhaus mit Fernblicken auf Hohen Bogen, Haidstein, Lamberg und den Oberpfälzer Wald. Wieder fein, um hocken zu bleiben und schöne Gedanken durchs Gemüt zu filtern ... Aber auf, links SÖ am Weg (Weiß-rot-weiß) über einen Sattel und in buntem Laubwald nach Ramersdorf gegangen, an den oberen Rand einer weiten Grünmulde mit abermals köstlichem Ausblick. – Nach der ersten Häusergruppe nun links am Wiesenweg abwärts, kurz die Straße berührt, eine Serpentine abgeschnitten, und dann hinaus nach Rechertsried. Hier wandern wir vor der Brücke links N am Wiesenpfad, bald am breiten Weg durchs Riedbachtal, erst überm Wasser, dann am Wasser durch schönen Wald, hinaus bis zur Riedmühle: + 6,6 km = 2.00 Std.! – Der dritte Akt: wir steigen N zwischen den Häusern zur riesigen Talbrücke der B 85 und sind am Fuß des Großen Pfahl. Gratartige Felsen, Scharten, Türme, die Hände werden begierig. Wir unterlaufen die Felsbänke zumeist, gehen dann auf Pfadspuren am Absperrseil des Steinbruchs entlang, schließlich rechts versetzt am flachen Rücken weglos NW durch lichten Mischwald zu den höchsten und wildesten Türmen mit den schwierigsten Kletterrouten. Gefährlich leben ist schön, aber unser Durst ist NOCH schöner geworden, – also wenden wir uns am Ende der Felsen weglos nordöstlich bis wir auf einen Weg treffen. Wir folgen ihm südostwärts, kommen links versetzt zu einem breiteren Weg und zur großen Brücke zurück. Dort hinab zur alten Straße und nach Viechtach hinein: + 5,4 km = 2.00 Std.

AP/EP: Viechtach (Regenbrücke), 402 m.

Anfahrt: Autostraßen von Cham und Regen (B 85), Straubing und Kötzting. – Bahn: Cham–Gotteszell–Deggendorf. – Bus: von Straubing.

Charakter: Eine dreigeteilte Wanderung nahe Viechtach: strahlenförmig laufen wir ins Gebiet des Kleinen Pfahl, steigen dann über den Distelberg zum Hof Schwaben und durchs Riedbachtal zurück, und laufen drittens den Großen Pfahl ab. Nur teilweise markierte Wege; die 5.45 Std. Zeit sind für einen besinnlichen Wanderer schlecht gemessen – denn Ausblicke, fesselnde Quarztürme, bäuerliche Hofburgen überm Land halten uns vielfach angenehm auf.

Einkehr: Distelberg-Hütte, 700 m, priv., im Sommer bewirtet, Frühjahr und Herbst nur an Wochenenden; Hof Schwaben, 700 m; Rechertsried 524 m. – Baden: Schwimmbad beim Großen Pfahl.

Wissenswert: Der Pfahl streicht als teilweise hochgetürmte Quarzmauer über 150 km in NW-SO-Richtung durch den Bayerwald. Die schönsten Teile sind Naturschutzgebiet.

Sehenswert: Die Stadtpfarrkirche in Viechtach, ein fein dekorierter Rokokobau von 1757–65.

Karte: Topograf. Karte 1 : 50 000, Blatt L 6942, Viechtach.

Bild: Unter den Quarztürmen des Großen Pfahl bei Viechtach. Die meisten Quarzsäulen stehen gruppenartig zwischen Waldkulissen und stellen einen hervorragenden Klettergarten: aber nur für Könner!

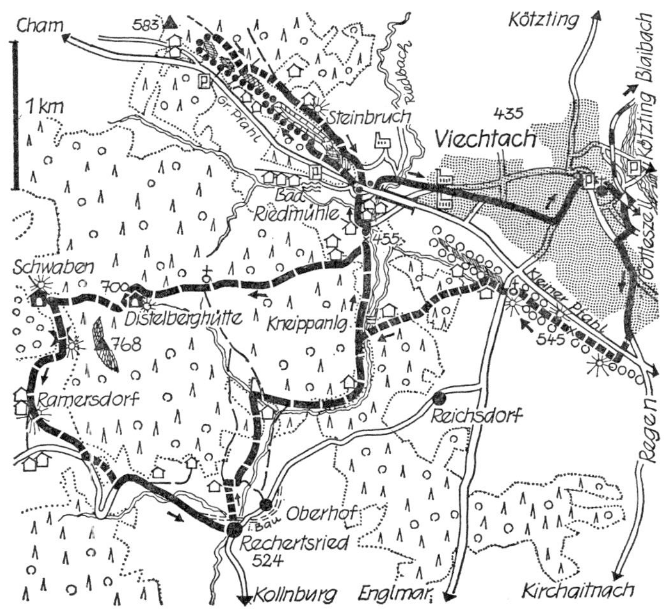

22 Zwischen Schwarzem Regen und Zellertal

1 Tag — 6.15 Std. – 20,7 km — 765 m HU

Viechtach – Neunußberg – Brennersried – Kronberg

Wir wandern und steigen diesmal in jenem unauffälligen, sozusagen unoffiziellen Gebiet zwischen dem Schwarzen Regen bei Viechtach und dem Zellertal bei Drachselsried: man könnte es den „dritten" Kamm des Bayerwaldes nennen, weil er in der Mitte zwischen Grenzkamm und Donauhöhen steht. Aber seine Waldhügel erreichen halt nur 898 m Höhe und von keinem sieht man in die Ferne. Immer nur von den Waldrändern unterhalb der Waldkuppen schauen wir – siehe Bild – hinaus, zum Arberstock hier, zu den auslaufenden Donauhöhen dort. Das Gebiet ist nicht in Mode, es ist still und eigentlich gerade recht für einen Waldgänger, der seine Ruhe haben möcht. Natürlich bietet auch diese Tour, ist man erst mal unterwegs, ihre „Attraktionen": die geschichtsträchtige Burgruine Neunußberg, zwei Waldberge „ohne Ausblick", bäuerliche Hochsitze, zahlreiche einsame Waldränder und Wiesenbuchten, Walddämmer, Waldstille und einen Gratismarkt an Beeren und Schwammerln. Keiner – das behaupten wir – der von dieser großen Runde nicht einen Riesenpacken an heiteren Frohgefühlen heimträgt. Trotz Knieschnackler... Von Viechtach aus wandern wir über die alte Regenbrücke, dann rechts am Sträßchen dem Fluß entlang bis zur Sägmühle. Sofort dahinter geht es ohne WW und ohne Markierung steil N in den Wald hinauf, wo wir auf einen breiten Weg kommen, der uns bald östlich nach Rattersberg führt. Nun gleich weiter am Weg durch Felder NÖ, vor dem nächsten Waldrand zum linken Hof und dort scharf rechts NÖ (Weiß-rot-weiß) auf immer steilerer Fußspur durch Mischwald hinauf zur Ruine Neunußberg: 5,4 km = 1.45 Std.! – Von dem mächtigen Turm sehen wir den ganzen Kaitersberg-Arberkamm, sehen das Regental mit Viechtach, sehen die Donauhöhen... An der Kapelle nehmen wir dann den Weg ins Dorf, gehen auf der Teerstraße noch 100 m nördlich, dann aber halbrechts auf gutem Weg durch eine Häusergruppe (WW und Weiß-rot-weiß). Der Weg zieht nun ostwärts leicht steigend durch schönen Mischwald, dann etwas steiler um den ganzen Südhang des überwaldeten Riesberges, senkt sich dann NNW zum Waldrand und über Wiesen erreichen wir Ö die stille Einöde Brennersried. Erleichtert und froh blicken wir ins Zellertal. – Schon hier reut uns nichts mehr: + 4,5 km = 1.15 Std.! – Später vom Weiher beim oberen Hof am Weg W durch Wiesen, sofort rechts durch Jungwald und gleich wieder links NW bergan. Bei der ersten Gabelung im Hochwald links W, dann aber gerade ansteigend auf die Pfaffenzeller Höhe, wo wir – ohne Aussicht, eine Aussicht zu haben! – gleich auf dem leicht fallenden, nun besser markierten Weg (Weiß-grün-weiß) weitergehen können, eher etwas rechts haltend zur Einöde Pfaffenzell hin. Rechts NW folgen wir nun dem Fahrweg, kommen durch herrlich aussichtsreiche Wiesentafeln, sehen Viechtach und Pröller wieder und sind schon auf der Hauptstraße (WW): + 4,2 km = 1.15 Std.! – Gegenüber laufen wir nun SW zur Gabelung bei Bühling und steigen abkürzend NW durch ein Wäldchen hinauf zum Fahrweg. Der Weg rundet eine Hangfalte aus, knickt dann auf West um und bringt uns schließlich zu den Höfen von Kronberg hinauf: + 2,0 km = 0.45 Std.! – Hier geht es vom Trafo südwärts zum Wald (Rot 2), dort kurz rechts, aber gleich wieder südlich abwärts. Wir halten nun immer die Hauptrichtung Süd ein, kreuzen Querwege, passieren Einödhöfe, Wiesenränder, Wald und eine Nebenstraße, und kommen schließlich bei Hartbühl zur Blossersberger Straße. Bei der Kapelle biegen wir rechts SW ab, kreuzen bei den Häusern von Stein eine andere Straße, gehen zum Regen hinab und ihm entlang nach Viechtach: + 4,6 km = 1.15 Std.!

AP/EP: Viechtach, 402 m.

Anfahrt: Autostraße B 85 von Cham und Regen, von Straubing, Kötzting und Arnbruck. P. bei der Regenbrücke. – Bahn: Regentalbahn Cham–Blaibach–Gotteszell–Deggendorf. – Bus: von Straubing täglich.

Charakter: Eine große, nicht zu unterschätzende Rundtour von 20 km Länge im vergessenen „dritten" Bayerwaldkamm zwischen Grenzkamm und Donauhöhen. Waldstrecken, aber zur Hälfte auch Wiesen und Felder. Nur teilweise markierte Wege. Immer wieder schöne Ausblicke, doch nie von den überwaldeten Kammhöhen, an denen wir 875 m Höhe an der Pfaffenzeller Höhe und 754 m am Kronberg erreichen. Die Route dürfte zu den wenig bekannten, kaum begangenen, gehören.

Einkehr: In Neunußberg, 645 m; an der Straßenkreuzung bei Wiesing, 655 m; die Kronberghütte ist unbewirtschaftet. – Baden: nur im kleinen Weiher bei Brennersried.

Wissenswert: Ruine Neunußberg – 1320 erbaut, später zeitweilig Aufbewahrungsort der herzoglich-bayrischen Kleinodien, 1564 und 1843 abgebrannt. Der alte Wohnturm wird vom Bayerwaldverein instand gehalten; Schlüssel im Hof darunter, auch für die Kapelle von 1716.

Karte: Topograf. Karte 1 : 50 000, Blatt L 6942, Viechtach.

Bild: Von den Höhen zwischen Zellertal und Regental schauen wir (unterhalb Brennersried stehend) auf Drachselried im Zellertal, über dem sich die Waldkuppen zwischen Heugstatt und Kleinem Arber erheben.

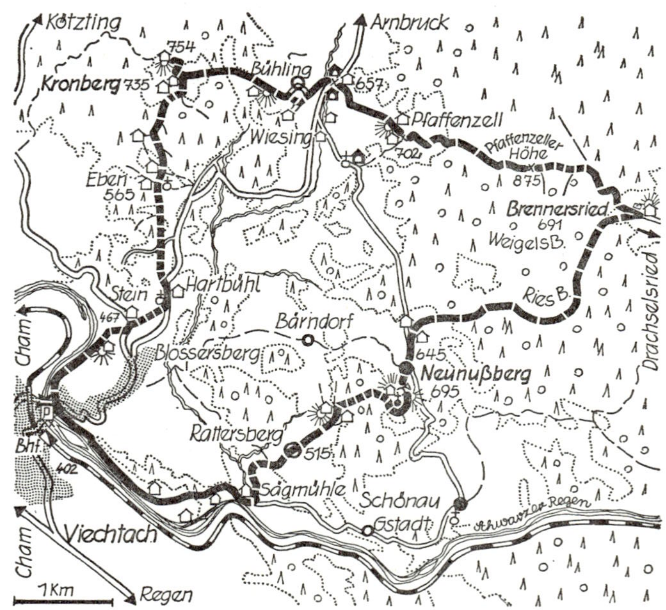

23 Eine Regenschleife hinter Teisnach

Teisnach – Gumpenried – Schloßberg – Knogelberg – Kuhberg

1/2 Tag 4.00 Std. – 12,3 km 420 m HU

Wir wollen eine Regenschleife ausgehen, aber der alte Wildfluß erlaubt es uns nur zur Hälfte: also müssen wir von Teisnach bis Gumpenried mit der Eisenbahn fahren. Kein Nachteil! Die Fahrt ist reizend, man studiert das Malheur dieses vielgeplagten Waldflusses auf die angenehmste Weise . . . Was und wer ist aber dieser Regen? Mit 180 Kilometer der längste Fluß im Wald, päppelt er sich mühselig um Eisenstein herum auf, sammelt Geigenbach, Teufelsbach, Regenbach, Deffernik, Kölbersbach, und nennt sich schon Großer Regen, ehe er gnädig den Kleinen Regen aufnimmt; dann zwingt ihn das schlechte Gewissen, sich hinter Zwiesel Schwarzer Regen zu nennen. Zwischen den Städten Regen und Viechtach schließt er sich endlich ganz von der Welt ab, rauscht und schleift zornig und unzugänglich über Granitböden hin, eingezwängt von Felsrampen und steilen Leiten, und dann macht er schließlich zwischen Teisnach und Viechtach jene große merkwürdige Ostschleife. Auch die ist nur zum Teil begehbar . . . Wir fahren also von Teisnach mit der Regentalbahn, natürlich am Fenster der rechten Waggonseite sitzend, erst ost-, dann nordwärts die halbe Schleife aus, wo der Schwarze Regen in düsterer Pracht seinen Weg sucht: Wald ringsum, Steilgewänd, Granitbarren und Granitkugeln im Bett, überall mit ausgewaschenen Gumpen ausgestattet – wunderbar . . . Und da sind wir auch schon bei der Haltestelle Asbach-Gumpenried und müssen aussteigen. Ohne Bedauern! Wir kreuzen die Hauptstraße und bleiben dann am Fluß, immer nahe den Geleisen, marschieren auf der Forststraße westwärts am südlichen Uferhang durch schönen Mischwald dahin. Die dunklen Regenwasser strudeln und schleifen durch ihre felsdurchsetzten Uferhänge, wir passieren den Haltepunkt Altnußberg, das Tal wird weiter und freundlicher. Gegenüber winkt die Kirche von Schönau herab, die Straße endet, etwas tiefer führt ein Weg in derselben Richtung aus dem Wald zum Haltepunkt Gstadt. Hier verlassen wir den Schwarzen Regen, der uns als herabgekommener und oft verschmutzter Papiermacherkanal kein Bad erlaubt hat. Sein altes wildes Tal über den Wassern war immerhin ein echtes Stück Wald, Bayerwald . . . Aber nun weiter: Vom Haltepunkt links am Wiesenweg SÖ zum Wald, dort halblinks ohne Steg über den Bach, dann erst am Waldweg, später zwischen Wiesen und Feldern aufgestiegen zu den Höfen von Hinterberg. Am Fahrweg weiter bergan, doch vor dem Sattel biegen wir scharf links N zu den Häusern von Oberleiten ab: reizender Rückblick auf das Regental, auf Viechtach, Pfahl und Pröller! – Nun weiter zum Wald, kurz und steil auf den Höhenrücken hinauf und ihm rechts SÖ folgend auf einer Wegspur durch Mischwald zum Gipfelfelsen des Schloßberges: 7,8 km = gut 2.15 Std.! Keine Aussicht – aber Einsicht in die Geschichte der einstigen Burg Altnußberg: wir orientieren uns an den ebenen Plätzen, Wällen und Gräben und schauen dann zurück ins Jahr 1469, in dem die Burg zerstört wurde... Auch der alte Burgweg ist noch zu erkennen. Auf ihm steigen wir zum unteren Waldrand ab, genießen einen weiten Ausblick südwärts (unser Bild), und wenden uns dann eben links, am Rand der Wiesen entlang, zur Kapelle im Sattel zwischen Schloßberg und Knogelberg. Dort müssen wir rechts S abwärts, zweigen aber schon bei den ersten Häusern wieder links Ö zu einem guten Fahrweg ab, der, wenig steigend, dem Hang entlang (gelb-weiß) durch Wald und Wieseninseln zum Hof Felburg zieht. Dort steigen wir halblinks SÖ am Kreuzweg (blau-rot) zur Steinzen-Kapelle am Kühberg. Später 50 m zurück, links steil südlich abgestiegen, dann flacher links abgebogen und zur Straße. Auf ihr laufen wir nach Teisnach: + 4,5 km = 1.30 Std.

AP/EP: Teisnach, 450 m.

Anfahrt: Autostraße von der B 85 Viechtach–Regen in Patersdorf abzweigend, außerdem von Deggendorf, Drachselsried und Bodenmais. – Bahn: Linie Deggendorf–Gotteszell–Cham, auch Busse.

Charakter: Wir schlagen, vom Wildfluß Regen gezwungen, eine Kombination vor: zuerst die kurze, hochamüsante Eisenbahnfahrt Teisnach–Gumpenried, dann ein Drittel Regentalwanderung und zum Abschluß eine feine Berg- und Talwanderung an Südwesthängen, oft mit Ausblick auf die Donauhöhen. – Höchster Punkt: Schloßberg über Altnußberg, 673 m (vom Gipfel selbst keine Aussicht).

Einkehr: Nur in Altnußberg, etwa 10 Minuten vom Wanderweg abseits. – Baden: Im Regen unmöglich, da er durch die Abwässer der Papierindustrie stark verschmutzt ist: vielleicht nicht in alle Ewigkeit!

Wissenswert: Altnußberg, Burgruine. Die größte Burg der ganzen Umgegend wurde 1469 im Böckleraufstand zerstört. – In Teisnach führten einst die Holzflößer das Wort, heute tun es die Männer der Papierfabriken.

Karten: Topograf. 1 : 50 000, L 6942, Viechtach, und L 6944, Zwiesel.

Bild: Heimkehrend von der Regentalwanderung nach Teisnach stoßen wir auf das Dorf Altnußberg am Hang (Vordergrund), von dem aus wir südwärts, an Teisnach vorbei, auf die Höhen der Oberbreitenau im Donaukamm schauen (rechts oben)

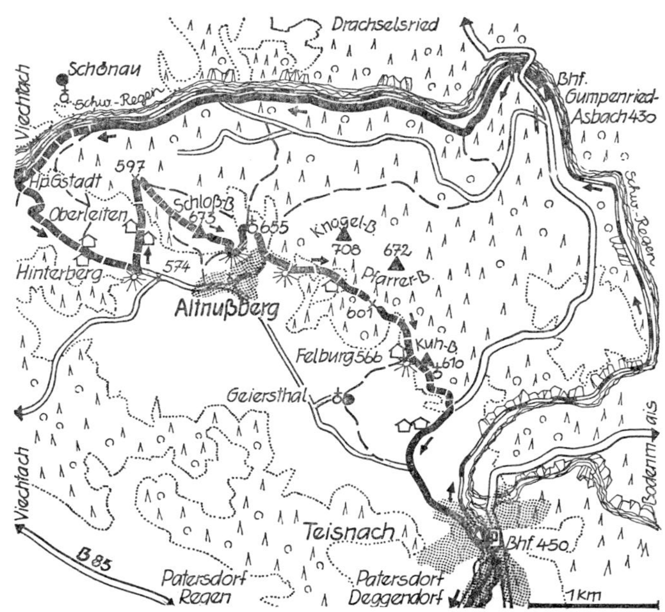

24 Abseits – zwischen Regenschlucht und Zellertal

1/2 Tag — Gute 5.30 Std. – 15,9 km — 720 m HU

Böbrach – Wolfgangkapelle – Sternknöckel – Harlachberg

Unser Bild kennzeichnet den Charakter dieser sehr abseitigen Bergwaldwanderung: hier blüht allenthalben Stille und Einsamkeit, Aug und Herz suchen keine großartigen Ziele, sie begnügen sich aufs glücklichste mit der nächsten Nähe, mit Walddämmer, mit Raseninseln, mit dem starken Ruch des Waldgebirges. Je mehr einer an Empfindungskraft mitbringt, desto froher kehrt er heim. Wir wandern „abseits" – weil das nahe Bodenmais mit seinen vielen Gästen selbstverständlich auf das Attraktive abzielt, auf Arber, Riesloch, den Silberberg. Unser Gebiet liegt in einem toten Winkel, hier ist „nichts los". Der Plan: von Böbrach an der Straße Teisnach-Bodenmais wandern wir nordwärts zur Wolfgangkapelle, zielen von der Platte ostwärts über den Sternknöckel bis Bodenmais, und machen dann ein südlich ausbuchtendes Halbrund über den Harlachberg zurück. – Also von der Böbracher Kirche NW (WW + Rotes Dreieck + Weiß-blau) am Frather Weg links haltend zum Waldrand gestiegen, dort rechts ab (Weiß-blau) über Wiesen N, dann am Kreuzweg immer steiler durch Mischwald hinauf zur Wolfgangkapelle. Sie duckt sich unter überhängende Felsen und mächtiges Laubgewölbe: 1,4 km = 0.35 Std.! – Unter den Felsen queren wir kurz rechts Ö, gehen dann links steil N bergauf durch ein Blöckefeld und bald wieder auf Wegen zum Höhenrücken (WW). Hier rechts Ö am Steig über den wenig ausgeprägten Gipfel der Platte, 876 m, dann an einer Lichtung vorbei abwärts, und bald steiler auf gutem Weg NÖ zu einem Sattel. Von ihm wandern wir weglos Ö den ebenen Waldrücken entlang bis zum nächsten Sattel mit Kreuz und dann wieder am markierten Steig (Roter Punkt) gerade SÖ auf den wuchtigen Felsriegel des Sternknöckel: + 2,6 km = 1.00 Std.! Zwischen Tannen, Fichten, Buchen und Birken schaut man aufs Bodenmaiser Treiben hinab und zum Arber hinüber. – Nun heißt es aufpassen: eine Pfadspur führt über die Felsen kurz SÖ hinab, dann halten wir uns scharf links N unter ihnen zurück bis zu einem Weg. Der leitet uns scharf rechts Ö zu einem Kreuz, dann halblinks NÖ weiter und am unteren Rand von Wiesen vorbei zu einer Waldhütte. Erst 100 m nach der Hütte gehen wir rechts SÖ nahe am Waldrand abwärts nach Hammerbruck. Hier links auf der Straße über die Brücke, dann halbrechts Ö (Rot 5) auf anfangs breitem Weg, dann auf schmalem Pfad, immer am Rothbach entlang bis zur Brücke bei Miesleuthen gegangen. Dort aufs andere Ufer gewechselt und nach Bodenmais marschiert: + 4,1 km = 1.15 Std.! Gelegenheit zur Einkehr! – Dann wandern wir weiter, S den Kronbergweg hinauf, bald steil durch Wald (Blauer Punkt), vorbei an den Häusern von Glashütte, und hinauf zur weltverlorenen Lichtung von Harlachberg (unser Bild): hier ist gut sein! . . Genau beim Hof steigen wir rechts N (Blauer Punkt) durch wundervollen Buchenwald zur Nordostschulter der Harlachberger Spitze (WW), queren dann unter den Gipfelfelsen zur Südwestschulter und steigen weglos auf den höchsten Punkt: + 3,2 km + 1.15 Std.! Auch hier ist gut rasten und träumen, um den inneren Frieden zu erreichen. – Von der Schulter marschieren wir später noch kurz eben dahin, steigen dann S sehr steil hinab zu einem auffallenden Querweg (er kommt vom Hof) und verfolgen ihn rechts abwärts. Er biegt aber bald links ein, während wir geradeaus W (Blauer Punkt) am Pfad weitergehen, der aber sofort in einen ebenen Waldweg einmündet. Hier wird links SW in die Lichtung von Pfefferhaus abgestiegen, dann rechts gehalten und NW schräg am Pfad zum Rothbach hinunter! Jenseits kommen wir bald zur Zufahrt des Feriendorfes Maisried und auf ihr rechts zur Hauptstraße, die uns W nach Böbrach bringt: + 4,6 km = 1.30 Stunden.

AP/EP: Böbrach, 576 m.

Anfahrt: An der Autostraße Teisnach–Bodenmais. P an der Kirche. – Bus: nur werktags von Viechtach–Teisnach, als Sonntagstour evtl. ab Bodenmais (Bahn von Zwiesel – Bus von Regen und Kötzting tägl.).

Charakter: Eine stark beeindruckende, herrliche Waldwanderung, auf und ab, in einem völlig abseits liegenden, deshalb unberührten Gebiet. Feiner Laub- und Mischwald, aus dem Sternknöckel und Harlachbergspitze rauhe Felskämme bis auf 913 m Höhe recken. Selbst im Hochsommer bekömmlich!

Höchste Punkte: Platte (Wolfgangriegel), 876 m (Sicht nach S); Sternknöckel, 818 m (Sicht nach O); Harlachberger Spitze, 913 m.

Einkehr: Nur durch kleinen Abstecher nach Bodenmais hinein. – Baden: Im Rothbach unterhalb Maisried.

Wissenswert: Um 1280, sagt man, wurde im Tal der „Pöbrach" (jetzt Rothbach) Gold gewaschen. Niemand ist verboten, dies abermals zu versuchen! – Die Wolfgangkapelle, zu der sehr steile Stein- (Wallfahrts-)Treppen hinaufführen, wurde zu Ehren des Hl. Bischofs Wolfgang von Regensburg erbaut, der auf der Reise nach Prag hier vor Unwetter Schutz suchte. Jetziger Bau von 1849, interessante Votivtaferln.

Karte: Topograf. Karte 1 : 50 000, Blatt L 6944, Zwiesel.

Bild: Am Einödhof Harlachberg an der Ostschulter der 913 m hohen Harlachberger Spitze zwischen Schwarzem Regen und Bodenmais.

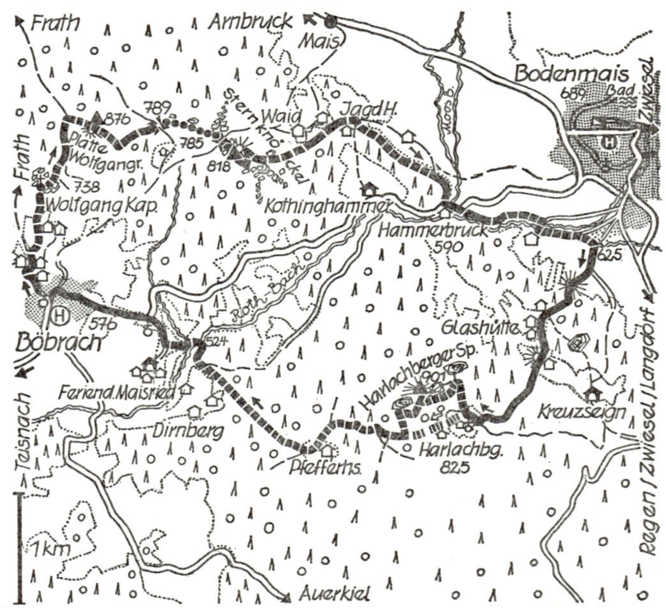

25 Zum Kreuzfelsen des Kaitersberg

999 Meter hoch am Kötztinger Hausberg

1/2 Tag Gut 6.00 Std. – 18,0 km 650 m HU

Diese Westschulter des langen Kaitersbergkammes zwischen Zellertal und Lamer Winkel ist kein einzeln aufragender Felsturm ... taucht man aus der Waldtiefe auf, so entdeckt man im Bereich der letzten ruppigen Wetterfichten eine ganze Walstatt, eine Masse verworfener und ineinander verkeilter, verschliffener, zerrissener und ausgewaschener Granitplatten, Blöcke, Türme und Klippen. Auf der höchsten Klippe steht das neue Kreuz, und an ihm beginnt eine der klassischen Kammwanderungen im Bayerwald, jener 9-Stundengang über Riedelstein, Ödriegel, Schwarzeck, Enzian und Kleinen Arber zum Großen Arber. Von Kötzting her wirkt dieser Kreuzfelsen etwas unansehnlich, über und über mit Waldpelz beschlagen: aber er gilt als der Hausberg. Wir haben ihn bei Gutwetter begangen, ohne einem Menschen zu begegnen, und ein zweites Mal vom Klettergarten des Steinbühler Gesenks her und in Sturm und Wolkentreiben: es waren immer unterschiedliche, aber starke Gefühle, die uns beim Übersteigen der mächtigen Gipfelplatten bewegten. – Vom Kötztinger Bahnhof laufen wir Ö am Fußweg (WW) zur Krankenhausstraße, passieren Kirchenburg und Regenbrücke und stromern dann die Lamer Straße hinaus. In Zellertal werden Bahn und Hauptstraße gekreuzt, wir verlassen die Reitensteiner Straße nach 300 m halblinks NÖ, gehen auf Wiesenpfaden nach Reitenstein hinauf und auf der Dorfstraße zur Gabelung am Waldrand. Hier läuft ein Weg ganz gerade Ö (Grün. Dreieck, Rot 3) zu den Häusern von Frauholz, dann etwas rechts versetzt in gleicher Richtung weiter, nun aber als vielverzweigter grabenartiger Pfad bei mäßiger Steigung bis Reitenberg. Bis hierher 4,6 km = 1.45 Std.! – Beim Gasthaus schickt uns ein WW scharf nach rechts S, und erst eben am oberen Rand der Wiesen, dann im Wald mäßig bergan (Grün. Dreieck) geht es weiter. Sobald der Weg etwas abfällt, halten wir uns halblinks Ö (WW) und schon haben wir den Lohn der Plage vor uns, denn aus dem leuchtenden Mischwald wachsen recht unvermittelt die schwarzen nackten Kammfelsen. Manche scheinen überhängend, wir sehen Risse und Verschneidungen im chaotischen Verwurf, und dann entdecken wir auch den „Schluf", der als Höhle des armen Räubers Heigl berühmt geworden ist. Gott sei ihm gnädig! ... Mehr auf Nord-Ost abbiegend geht es steil weiter, mitten aus dem Himbeerdickicht stoßen wir auf den Gratsockel, und über Granittreppen und enge Spalten kommen wir in die kleine Scharte mit dem Wegweiser, der uns scharf nach links, nun ganz und gar über Urgestein, zum Gipfelkreuz schickt: + 1,6 km = 0.45 Std.! – Beim Abstieg nach Kötzting hat man Orientierungssinn zu beweisen: zurück also zur kleinen Scharte und dann noch eine Minute am Kamm weiter ostwärts, hier zweigt links aus einer unscheinbaren Waldlücke eine im hohen Kammgras gut eingetretene Spur ab, ohne Wegweiser! Sie biegt gleich als Pfad auf Nordwest und wird ein Ziehweg. Steil geht es nach Reitenberg hinab: + 1,7 km = + 0.30 Std.! – Nun nicht links in die Aufstiegsroute, sondern vom Gasthaus rechts N weg den ebenen Feldweg oberhalb der Wiesen, dann links W drehend zum Waldrand. Im Wald bald scharf rechts N abgezweigt und steil (Grün. Dreieck, Blau 1) bis Schönbuchen hinab. Bei der Kirche NNW anfänglich am breiten Weg, später nach dem Grünen Dreieck zum Haltepunkt Watzlsteg: + 3,3 km = 1 Std.! – Wir bleiben vor der Bahnlinie links am Fahrweg bis Grafenwiesen, überschreiten (Blau 3) Hauptstraße, Bahn und Fluß und kommen zum Zittenhof. Nun S (Rot 4) auf Wegen, teils auf Pfaden – immer möglichst nahe am erlengesäumten Wasser – geht es nach Kötzting zurück: + 6,7 km = 2.00 Std.!

AP/EP: Kötzting-Bahnhof, 395 m.

Anfahrt: Autostraße von Cham, Viechtach, Bodenmais, Lam und Furth Bahn: Kötzting, evtl. Bhf. Zellertal (Rückfahrt evtl. ab Watzlsteg). – Bus: täglich von Regen über Bodenmais.

Charakter: Ungewöhnlich aussichtsreiche Bergwanderung auf die zerklüftete Westschulter des Kaitersberges mit 999 m Höhe. Nur teilweise markiert, gut zu finden.

Einkehr: Wirte in Reitenstein, 470 m; Frauholz, 545 m; Reitenberg, 760 m; Schönbuchen, 515 m; Grafenwiesen, 439 m; Café Zittenhof, 415 m. – Badegelegenheit mehrfach am Weißen Regen.

Wissenswert: Dicht unter dem Gipfel passieren wir die „Räuber-Heigl-Höhle", vor gut 100 Jahren Unterschlupf eines Landstreichers, der, zu Stockschlägen verurteilt, auf jahrelanger Flucht zum Räuber wurde. Später gefangen und von Mithäftlingen erschlagen. – Das riesige Gipfelkreuz verbrannte nach der Sonnwendfeier 1968, das neue Kreuz zerbrach beim Versuch, es aufzustellen. Das dritte steht weithin sichtbar, auf neue Schicksalsschläge gefaßt. – Sehenswert: Pfleger- und Kirchenburg in Kötzting mit Graben und Wehrturm.

Karte: Topograf. Karte 1 : 50 000, Blatt L 6942, Viechtach; und dazu L 6742, Waldmünchen.

Bild: Ausblick vom Kreuzfelsen, 999 m, der Westschulter des Kaitersbergkammes, über Kötzting hinweg auf den Vorwald.

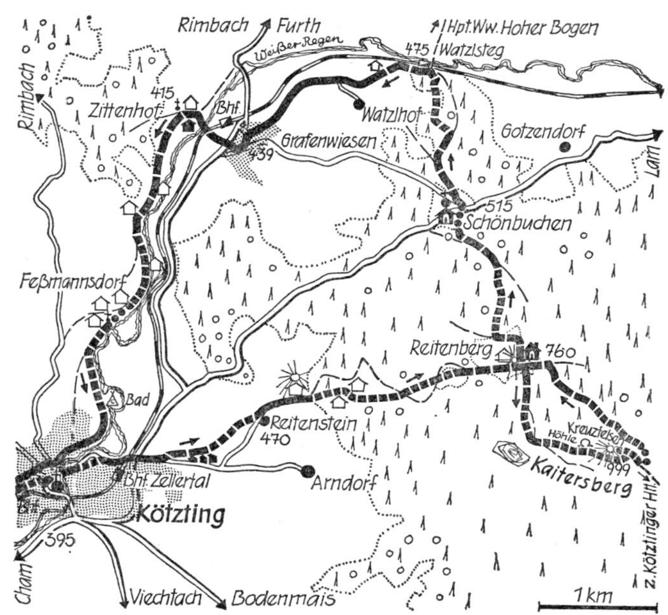

26 Über den Kaitersbergkamm

1 Tag — Gut 7.00 Std. – 20,1 km — 940 m HU

Kreuzfelsen — Rauchröhren — Riedelstein — Hohenwarth

Der hohe Waldkamm des Kaitersbergs zwischen Zellertal und Lamer Winkel überrascht in der Gipfelzone mit einer felsigen, im „Steinbühler Gesenk“ gar alpinen Gratzone: das sieht man ihm von den Tälern her nicht an. Eine weitere Besonderheit: auf diesem Kammweg kann man meist – was auf keinem anderen Hochkamm derart möglich ist – rechts und links Ausschau halten: bei klarer Sicht überschaut man von den Kuppen des Oberpfälzer Waldes, der böhmischen Rumpfplatte, dem langen Grenzkamm bis zu den Donauhöhen und Teilen des Vorwaldes fast die ganze Welt des Waldlers. Es kann freilich auch sein, daß sich dieser Hochkamm wie ein Stauwall gegen eisige Oststürme wehren muß, oder daß durch die Felskluft der Rauchröhren regennasse Wolkenbündel jagen. Die Formen der gedrungenen Bergfichten dicht unterm Kamm bezeugen es. – Von Kötzting steigen wir genau wie bei Tour 25, an der Räuber-Heigl-Höhle vorüber, zum Kreuzfelsen an, wo Granitquadern, abgesprengte Blöcke, Bänke und Platten durcheinandergeschüttelt liegen wie nacktes Gebein. Zuhöchst das Kreuz, das oft aufgestellte: 6,2 km = 2.30 Std.! Die erste stark beeindruckende Aussicht! – Von den Gipfelfelsen interessant über Felsen Ö zurück, am Kamm geblieben und dem Grünen Dreieck nach, teils am Sockel riesiger Türme, durch lichten Wald zum Mittagstein, 1034 m, und dann gleich zur freundlichen Kötztinger Hütte: + 1,6 km = 0.30 Std.! – Weiter geht es kurz steil in einen Sattel hinab und ostwärts am felsdurchsetzten Kamm auf und ab, hin und her, immer dem Grünen Dreieck nach, – bis die ganze Welt um uns felsig wird – wir sind am berühmten „Steinbühler Gesenk“. Über den aussichtsreichen Hochsteingipfel, 1044 m, kurz unter den Felsen dahin und anschließend mittels leichter Kletterei zwischen Gneisblöcken und Rampen hindurch vor den oberen Rand der Rauchröhren – lotrechte Türme rechts und links, wie von einer Axt gespalten. Wir steigen die Röhre hinab und stehen gleich 30 m tiefer am Sockel der Türme, vor senkrechten Graten, Verschneidungen, unter Überhängen und Rissen. Alles zusammen: ein anspruchsvoller Klettergarten für erfahrene Bergfreunde. „Mir gangst!“ lauten die meisten Kommentare. – Hier verläßt der Pfad den Kamm, zieht SÖ fallend in dichten Wald, aber bei der Quelle (links Ö abzweigen!) geht es durch junge Buchen wieder auf den Rücken und verhältnismäßig flach hinauf zum Riedelstein mit seinem feinen Gneisblock. Er bietet einen einzigartig schönen Schau- und Rastplatz: + 2,7 km = 1.15 Std. oder viel, viel länger noch... Von dort steigen wir am Hauptwanderweg NÖ abwärts zur Liftschneise und an ihrem Rand steil Ö durch Wald und Wiesen zum Sattel von Eck (Gasthaus): + 1,6 km = 0.45 Std.! – Nun weg vom Kaitersbergkamm – wir gehen NW die Teerstraße hinab zur ersten Serpentine (WW), von dort links NNW am alten, leicht fallenden Fahrweg zum Gasthaus und Freibad Hinter-Eschlsaign: + 2 km = 0.30 Std.... Jetzt auf der Teerstraße N, 20 m nach dem Waldrand links NW auf spärlichem Pfad ab: WW, Grüner Punkt + Grün 5! Er wird bald besser und mündet in einen sehr steilen, steinigen Weg, der im Bachgrund rechts biegt auf Nord. Nach dem Wasserbecken, wo er flacher wird, scharf links W ab – WW + Markierung! – und durch Jungholz über den Bach zu einem guten Weg. Auf diesem rechts, aber am Waldrand direkt vor Simmerleinöd links W bergan auf einen Wiesensattel, halbrechts zum Gebüschrand, ihm entlang weglos zum Waldpfad und nach Thenhof. Ab dort links auf der neuen Straße und, wo sie rechts abbiegt, gerade am Fahrweg nach Hohenwarth: + 6 km = 1.45 Std.! Hier Zug nach Kötzting.

AP: Kötzting, 395 m. – **EP:** Hohenwarth, 450 m (Zug nach Kötzting).

Anfahrt: wie bei Tour 25 nach Kötzting.

Charakter: Die möglicherweise schönste Kammwanderung im Bayerwald, da man großenteils einen Felsgrat begeht und nach beiden Seiten Aussicht hat. Markierte Wege. Achtung: im Abstieg bei Simmerleinöd genau auf den richtigen (dürftigen) Pfad achten! – Im Gebiet der Rauchröhren finden passionierte (sehr gute) Kletterer an Steinturm und Rauchröhrenblock extrem schwere Felstouren (30 m, IV, V, VI), daneben auch leichtere Kletterei wie am Jungfernschluff (II) usw.: siehe Froidl-Kletterführer! – Höchste Punkte: siehe Skizze!

Einkehr: Reitenberg, 760 m; Kötztinger Hütte, 1025 m, priv. ganzj., auch Nächtgg.; Gasthaus Eck, 843 m; Gasthof Eschelsaign, 785 m; Pension Simmerleinöd, 587 m. – Baden: Gästefreibad Eschelsaign.

Hinweis: Diese Überwanderung des Kaiterbergmassivs ist zugleich ein Teilstück der Hauptwanderlinie Kötzting–Arber, man könnte vorher Tour 25 machen und dann Tour 27 anschließen. Wer vom Hohen Bogen kommt (Touren 18 + 19) kann von Watzlsteg direkt nach Reitenberg ansteigen (Grün. Dreieck).

Karten: Topograf. 1 : 50 000, L 6942, Viechtach + L 6742, Waldmünchen.

Bild: Unterm Gipfel des Riedelstein, 1133 m, der Ostschulter des großen Kaitersbergzuges. Auf der Gneisplatte das Denkmal für den Heimatdichter Maximilian Schmidt.

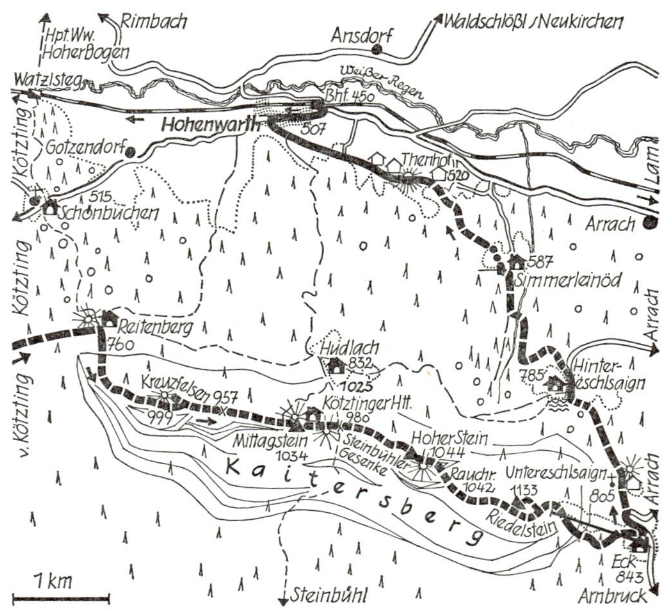

27 Am Waldkamm Mühlriegel – Schwarzeck

Von Schareben in stille Wald- und Beerenwildnis

Gut 1/2 Tag — Etwa 5.00 Std. – 13 km — 440 m HU

Wir begehen das stillste Teilstück des Hochkammes zwischen Kaitersberg und Arberstock, einen verlorenen Waldkamm zwischen Zellertal und Lamer Winkel. Weil wir auf über 1000 m Höhe beim Forsthaus Schareben starten, haben wir uns wenig zu plagen. Wir wandern und bummeln erst unterm Waldkamm im Südhang, wo Mischwald, aber auch reine Buchenstände vorherrschen, bis zum aussichtsreichen Mühlriegel hinaus, und kehren dann brav am Waldkamm zurück, der mit Ausblicken so sehr geizt, daß wir die wenigen, Talblicke bietenden Kammflecken wie Oasen begrüßen. Oasen einer streng geschlossenen Waldwelt. Auch auf Urgestein treffen wir, etwa am Schwarzeck, wo ein gewaltiger Felsklotz die Aussicht besorgt; ansonsten droht Gefahr nur in den zahllosen Beerengärten, wo wir uns, knietief in Gestrüpp und Gier versunken, blaue Hände und blaue Lippen holen. Während sich unsere Uhr in der Tasche schämt... denn Gratis-Beeren kosten Zeit! – Der Ausgangspunkt Schareben, einst ein weltverlorenes Forsthaus, ist heute auf guten Straßen zu erreichen. Wir wandern vom Gasthaus die ebene Straße NÖ bis zur Gabelung (WW), dann am oberen Ast (nicht auf Karte) N und gleich darauf halblinks ab NW, um hier am Hauptwanderweg, auch „Eckersteig" genannt, dem Grünen Dreieck nachzulaufen. Es geht am Hang, fast immer eben, durch angenehmen Mischwald, später mäßig steigend, immer parallel zur Forststraße, die wir nur einmal kurz benützen und am Ende auch wieder erreichen. Hier führt die Hauptwanderlinie ansteigend gegen den Kamm hinauf WNW, vereinigt sich mit dem Kammweg und wir sind am Mühlriegel auf 1080 m Höhe: 6 km = 2.00 Std.! Wir sind vom Ausblick entzückt, entdecken Hohen Bogen und Künisches Gebirge mit Osser und Zwercheck, sehen auf Arnbruck im Zellertal hinab und hellgrüne Wiesenfülle, hinaus zu den Donauhöhen. Unter unseren Sohlen Glimmerschiefer und Katzensilber – man ist versucht, nach Gold und Silber zu graben! Wer Glück hat, sieht einen Habicht. – Man kann als Abstecher nach Eck zum Wirt – + 2,1 km = 0.45 Std. und zurück + 1.00 Std. – aber es zahlt sich kaum aus. – Also umgekehrt und nun den ganzen Waldkamm dahin: erst Ö wieder in den kleinen Sattel mit WW, dann links am Kammweg geblieben und den grünen Dreiecken folgend recht steil auf den dicht verwachsenen Ödriegel hinauf, 1156 m hoch, – keine Aussicht, aber versprengte Würfel und Blöcke, von ruppigem Wald und Beerendecken überwuchert... Wieder weiter, immer am flachen Höhenrücken dahingewandert, Ö bis SÖ, meist durch Jungholz und hüfthohe Heidelbeerwälder mit blokkigen Fußangeln. Man achte auf die Markierung, der Trampelpfad verästelt sich zuweilen! Später kommen wir an einem aufgelassenen Feldspatstollen vorbei, endlich sind alle Kammrücken überwunden und wir ersteigen den recht ausgeprägten und interessanten Felskamm des Schwarzeck, 1238 m. Zwischen schwarzen Kammfichten schauen wir hindurch in den Lamer Winkel hinab oder hinüber zum Arbermassiv! Dann müssen wir weitergehend den Felsgrat verlassen und südlich erst steil hinunter, dann flacher durch Hochwald, zuletzt links Ö auf den zuwachsenden Reischfleck hinaus: + 5,3 km = 2.15 Std.! – Vom WW am Hochwaldrand weg gehen wir dann entweder W bis SW (weiß-grün-weiß) am Weg zur Straße und auf ihr links nach Schareben zurück: + 1,5 km = 0.30 Std.! – oder am flachen Rücken (weiß-grün-weiß), später steiler (Grünes Dreieck) auf die Heugstatt, 1261 m, dann SW über die Gipfelwiese auf erkennbarer Spur zum nächsten Wiesenfleck hinab und dort halbrechts NW nach Schareben zurück: + 1,0 km = 0.30 Std. mehr!

AP/EP: Schareben, 1015 m (auch ab Eckersattel, 843 m möglich!).

Anfahrt: Autostraße von Arnbruck oder – besser – von Drachselried-Oberried bzw. Bodenmais. – Bus von Straubing über Viechtach zum Eckersattel, nur im Sommer einmal täglich!

Charakter: Eine sehr typische Bayerwald-Wanderung, stets in dichten Waldtiefen, einmal in der Flanke des Hauptkammes, dann am völlig überwaldeten Kamm selber, oft umfangreiche Beerengärten streifend, selten Aussicht von kleinen weltverlorenen Lichtungen oder Felskuppen. Alle Wege markiert! Bei Nässe zuweilen unangenehm wegen der hohen Heidelbeersträucher! Besonders schön im Frühjahr und Herbst.

Höchste Punkte: Mühlriegel, 1080 m, mit freier Sicht! – Schwarzeck, 1238 m (nur Durchblicke)! Evtl. Heugstatt, 1261 m, ohne Ausblick.

Einkehr: Keine am Kamm! Also Proviant mitführen! – Ansonsten Schareben, schon 1015 m hoch gelegen! Wirt, privat, keine Nächtigung. – Evtl. Gasthaus Eck, 843 m, priv., Nächtigung nur bei Anmeldung.

Hinweis: Die Tour ist Teil der großen Höhenwanderung Kaitersberg-Arber. Man kann Tour 26 vorspannen, Tour 28 anhängen!

Karte: Topograf. Karte 1 : 50 000, Blatt L 6944, Zwiesel.

Bild: Ausblick vom 1080 m hohen Mühlriegel oberhalb des Ecker Sattels gegen Süden auf Arnbruck im Zellertal und auf den Waldkamm Pfaffenzeller Höhe – Riesberg. Im Hintergrunde die Donauhöhen vom Pröller (rechts oben) bis zum Graflinger Sattel.

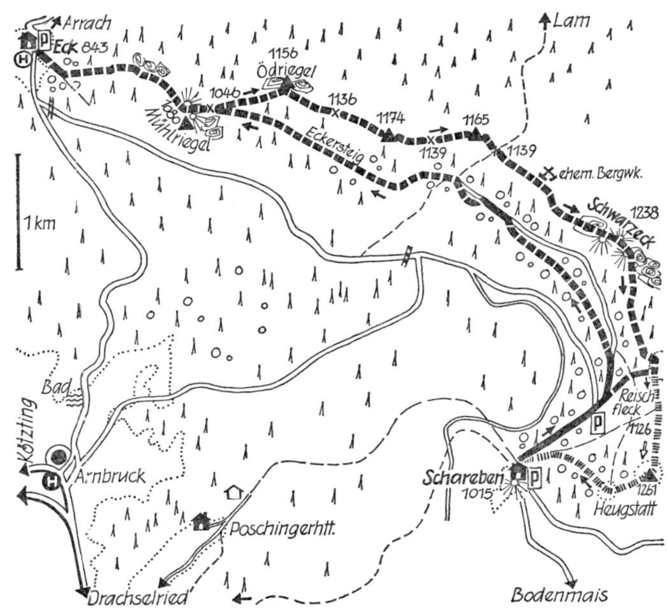

28 Vier Waldtäler und der Kleine Arber

1 Tag — 6.30 Std. – 17,8 km — 970 m HU

Vom Lamer Winkel über Heugstatt und Enzian

Bramersbach, Steinbach, Sollerbach und Seebach drängen sich vom waldschweren Hauptkamm zwischen Reischfleck, Enzian und Kleinen Arber nordwärts hinaus gegen den Lamer Winkel. Alle vier Täler, kühl, still, verschwiegen, berühren wir. Im ersten, dem Bramersbachtal, steigen wir zum Kamm an; den Seebach sehen wir als Abfluß des Kleinen Arbersees nur kurz, den Sollerbachgrund streifen wir samt Wasserfall in 10 Gehminuten, und den Steinbach überschreiten wir, ehe er sich dem Weißen Regen ergibt. Das entscheidende Ereignis unserer Tagestour bleibt dennoch der Wald, seine Tiefe, sein frischer Schatten, sein gefiltertes Leuchten, seine Unendlichkeit – denn immerfort, am Weg zum Kamm, am ganzen Hauptkamm und im Abstieg umschließt uns die Welt des Bayerwaldes mit dem rauhen, nie den nahen Granitgrund verbergenden Boden unter Waldkräutern, Waldbeeren, Farnen, Baumleichen und nackten Felstrümmern. Um uns ist Walddichte und der schwere Ruch nach gebrochenem Holz, nassen Schwämmen, Moder und fernem Schnee. – Von der Regenbrücke in Lohberghütte gehen wir am Fahrweg S (WW + Rotes Dreieck + Blau 8) im Bramersbachtal erst links, dann rechts des Baches zwischen hohen Tannen, Moosböden, Huflattich- und Farngärten. Bald wird der Weg steinig und blockig, er steigt SW am Hang empor, Buchen mischen sich ins Nadelholz. Nach einem flacheren Stück im Waldschatten kommt der Kleine Hüttenbach daher: hier verliert sich der Pfad in Moos- und Grasplatten. Aber die Markierung hilft weiter, steil S erst, dann rechts W abgebogen durch Jungwald, zuletzt durch einen Heidelbeerenwald gelangen wir zum Reischflecksattel – einer ersten freien Lichtung am Kamm: 4,6 km = 2.00 Std.! Der Ausblick weckt uns aus dem Wäldertaumel, man ist entzückt! – Nun am oberen Rand der Lichtung (WW) auf deutlicher Spur links, südlich am zuerst flachen Rücken (weiß-grün-weiß), dann steiler empor (Grünes Dreieck) und schon stehen wir auf der Heugstatt auf 1261 m Höhe... Jetzt immer am Kamm SÖ dahin, den Enzian, 1285 m, passiert und vor und hinter und auf ihm immerzu ruppigen rauhen Grenzwald mit viel Beerensträußen, Blockwerk und Habergras, dann auf und ab, dann steil zum Kleinen Arber hinauf. Vom Gipfelfels ein freier Blick ins Zellertal, hinaus zum Hirschensteinkamm, nach Böhmen hinein, zum Osser – und zum nahen Großen Arber... Dann steigen wir Ö steil in der Ski-Schneise zur Chamer Hütte ab: + 5,0 km = 2.00 Std.! Abermals freier Aufblick zum Großen Arber mit seinen Granitnasen! – Nun nördlich (WW am Waldrand) davon, bald steil abwärts, dann flacher über eine Lichtung, und nach dem WW in steilen Serpentinen Ö zum Seehäusl am Kleinen Arbersee hinunter: + 2,2 km = 0.45 Std. – Hellgrün gesponnenes Schwimmgras im dunklen Moorwasser, die schwarze Waldkulisse darüber, und im Frühjahr und Herbst die lauterste Stille! Wir gehen zurück in die Wäldertiefen, erst N zur Forststraße (nicht in der Karte), aber gleich halblinks (WW/Blauer Punkt + Blau 12) auf ebenem, dann leicht fallendem Pfad, später über einen Rücken hinab zum Sollerbach und seinem kleinen Wasserfall. Wem warm ist, der erfrischt sich. Dann geht es rechts – nördlich – den deutlichen Weg im Bachgrund abwärts und aufs linke Ufer; hier aber müssen wir gleich links NNW ein steiles Wegerl (WW/Blau 12) hinauf, um den ersten Querweg zu kreuzen und am zweiten rechts N zum Schneiderberg zu kommen, an dem ein Wirtshaus sitzt mit Pension und Schwimmbad: + 3,1 km = 1.00 Std.! – Der Osser grüßt mit alpinen Profilen herab, wenn wir weiter wandern: am Abkürzer zur Privatstraße hinunter und NW hinaus nach Lohberghütte: + 2,9 km = 0.50 Std.!

AP/EP: Lohberghütte im Lamer Winkel, 585 m.

Anfahrt: Autostraße von Lam und Brennessattel/Eisenstein. – Bus: täglich ab Bhf. Lam, Furth i. Wald und Passau über Regen.

Charakter: Großzügige Bergwanderung in absoluter Stille durch tiefe schwere Bergwälder auf den Hauptkamm, auf ihm entlang und vom Kleinen Arber, vier Nordtäler berührend, zurück. Markierte Pfade! – Höchste Punkte: Kleiner Arber, 1384 m, evtl. Großer Arber, 1456 m.

Einkehr: Jugendherberge am Kleinen Arber / Chamer Hütte, 1300 m. – Seehäusl, 920 m, am Kleinen Arbersee, priv., keine Übernachtung (Kahn). – Gasthaus Schneiderberg, 736 m. – Baden: Im Moorwasser des Kl. Arbersee. Schwimmbad Schneiderberg.

Wissenswert: Die dicht verfilzten Schwingmoore im Arbersee können sich am Seegrund trotz Bewuchs nicht verankern, der Wind treibt sie hin und her. Sie sind bis zur Begehbarkeit dicht, aber gefährlich. Schwarzföhren und Fichten siedeln sich immer wieder an, werden kaum drei Meter hoch und gehen ein. Interessante Flora dennoch: Bärwurz, Knabenkraut, ungarischer Enzian.

Hinweis: Die Strecke vom Reischfleck über Heugstatt und Kl. Arber zur Chamer Hütte ist Teil der großen Höhenwanderung Kaitersberg–Großer Arber. Man kann Tour 27 vorspannen, Tour 29 anhängen.

Karte: Topograf. Karte 1 : 50 000, Blatt L 6944, Zwiesel.

Bild: Ausblick von der Chamer Hütte (Jugendherberge) im Osthang des Kleinen Arber gegen den Großen Arber.

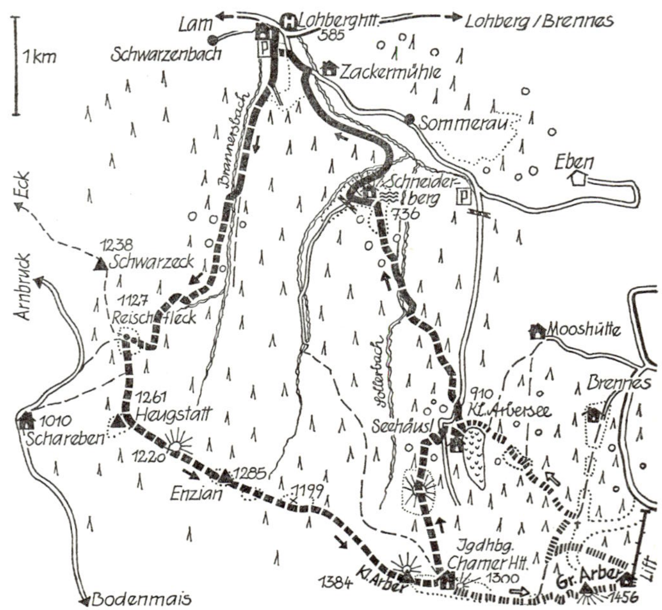

29 Von Eisenstein zum Großen Arber

über Kleinen und Großen Arbersee

1 Tag 4.30 od. 7.45 Std. – 11,6 od. 22 km 605/995 m HU

Als höchster Bayerwaldgipfel streckt der Große Arber keine scharfe, von Eisfichten umgürtete Gipfelschneide in den Himmel, sondern ein stumpfes breites Kuppelfeld, frei von Bäumen, an den Rändern mit felsigen Rampen und Köpfen bestückt. Man genießt von seinen Felsriegeln aus eine umfassende Aussicht: bei Gutwetter – wiesengrüne und forstblaue Wellenschläge bis weit hinaus an die Donauwasser, und südwärts über feingeschnittenen Kammprofilen, tiefblau mit weißen Eisblitzen, die Alpen... Bei Schlechtwetter oder Nebel ist man auf die nächste Nähe angewiesen, man entdeckt die Struktur des in Bänken und Klippen über die torfige Kuppe verteilten Urgesteins, gewahrt den Gneiskern noch dicht an den Wurzelkrallen der Kammfichten, und tiefer in den Hängen Beeren, Blumen, fahle Gräser, tiefer im Nebel auch verwunschene Geister. – Unser Plan: wir gehen von Eisenstein über Brennessattel, Kleinen Arbersee und Chamer Hütte zum Gipfel, abwärts aber benützen wir den vielbegangenen Weg zum Großen Arbersee und nach Eisenstein. – Also von Eisenstein aufgebrochen, SW auf der Hauptstraße zum Sportplatz, hier (WW) rechts zur Eisensteinermühle, am S Ortsrand (WW) halbrechts am Waldweg bergan, vor Steinhütte links WNW am rot markierten Pfad zur Straße vor Hinter-Steinhütte – und hier aufgeblickt zum hohen Ziel! Später von der Straße halbrechts WNW ab, steil am Wiesenrand empor, bei Grafhütte die Forststraße gekreuzt und immer durch Wald weiter, hinauf zum Brennessattel. Ein erster feiner Blick südostwärts auf die Waldschneiden von Falkenstein und Rachel. 5,2 km = 1.45 Std.! – Jetzt nach dem WW auf der Privatstraße nach Mooshütte und zum Kleinen Arbersee: + 2,7 km = 0.45 Std.! Eine vollkommene romantische Idylle, Waldwände rundum, tiefbraune Gewässer und darauf die im Wind treibenden „Schwingmoore“ – Adalbert Stifter aber steht nur im Frühjahr und Herbst neben uns: die „Saison“ und ihre vielzuvielen Gäste vertreiben ihn. – Am Seehäusl beginnt (Grünes Dreieck) der Steig durch groben Buchen- und Tannenwald, erst steil W, dann flacher S zur Chamer Hütte (Jugendherberge): + 2,2 km = 1.15 Std.! Der Kleine Arber könnte in 40 Minuten mitgenommen werden. – Wir nehmen den Hauptwanderweg unter die Füße und laufen dem grünen Dreieck nach Ö, zuweilen morastig, durch schütteren Fichtenwald zu einer Lichtung und hier geradeaus über die steile blockige „Himmelsleiter“ zum Gipfelplateau: + 1,8 km = 0.50 Std.! – Bei Gutwetter mache man jetzt einen Rundgang über die verschiedenen Rampen und Riegel, um am Nordwestrand auf Kleinen Arbersee, Osser und Lamer Winkel samt Hohen Bogen zu schauen, vom Bodenmaiser Riegel (Richard-Wagner-Kopf) ins Zellertal und hinüber auf die Donauhöhen, und von den groben Felsbänken des Seeriegel zum Großen See, auf Falkenstein, Rachel, Lusen – und vielleicht bis zu Dachstein und Zugspitze. – Heimwärts nehmen wir den Osthang, passieren das große Schutzhaus (+ 1,3 km = 0.35 Std.) und gehen rechts SÖ am steinigen Hauptwanderweg mit dem Grünen Dreieck bis zum Großen Arbersee hinab: + 3,6 km = 1.00 Std.! – Melancholische Stille im Oktober, im Mai, bei Schlechtwetter – ansonsten leider Autogetöse, grelle Lautsprecher, viel Menschen, die ihre Sehnsüchte nach Ruhe nicht anzubringen wissen. – Nun kreuzen wir die Straße und wandern mit dem Grünen Dreieck NÖ immer mäßig bergab über Arberhütte und jenseits des Teufelsbaches rechts – oder vor Arberhütte Ö zur Forststraßenkreuzung und links N – nach Eisensteinermühl. Beim E-Werk steigen wir halblinks zum Kanal hinauf und spazieren ihm entlang nach Eisenstein: + 5,2 km = 1.30 Std.

AP/EP: Bayrisch Eisenstein, 725 m, oder Brennessattel, 1030 m.

Anfahrt: Autostraße B 11 von Deggendorf über Zwiesel, von Kötzting über Lam. – Bahn: Deggendorf–Eisenstein. – Bus: von beiden Seiten zum Brennessattel, im Sommer auch von Bodenmais zum Brennes.

Charakter: Große Rundtour mit beträchtlichem Höhenunterschied, größtenteils abseits des sommerlichen Massenbetriebes. In der sogenannten „Hochsaison“, also Juli/August meiden! Ideal Mai/Juni und den ganzen Herbst. – Höchster Punkt: Großer Arber, 1456 m.

Einkehr: Hintersteinhütte, 796 m; Brennessattel, 1030 m; Mooshütte, 919 m; **Seehäusl, 920 m; Jugendherberge Chamer Hütte, 1300 m;** Arberschutzhaus, 1380 m, BWV; Restaurant Großer Arbersee, 934 m. – Baden in beiden Arberseen.

Wissenswert: Siehe die Bemerkungen über die „Schwingmoore“ in Tour 28 und 36.

Hinweis: Wem 22 km Weglänge zu viel erscheinen, der beginne die Tour am Brennessattel. Vom Großen Arbersee kann man dann zum Brennes mit dem Bus zurückfahren: insgesamt nur 11,6 km = 4.30 Std.

Karte: Topograf. Karte 1 : 50 000, Blatt L 6944, Zwiesel.

Bild: Blick vom Seehäusl gegen Süden auf den Kleinen Arbersee und zum Großen Arber (links oben). – Den Kleinen Arber mit der Chamer Hütte in seinem Osthang muß man sich rechts oben – knapp außerhalb des Bildrandes – denken.

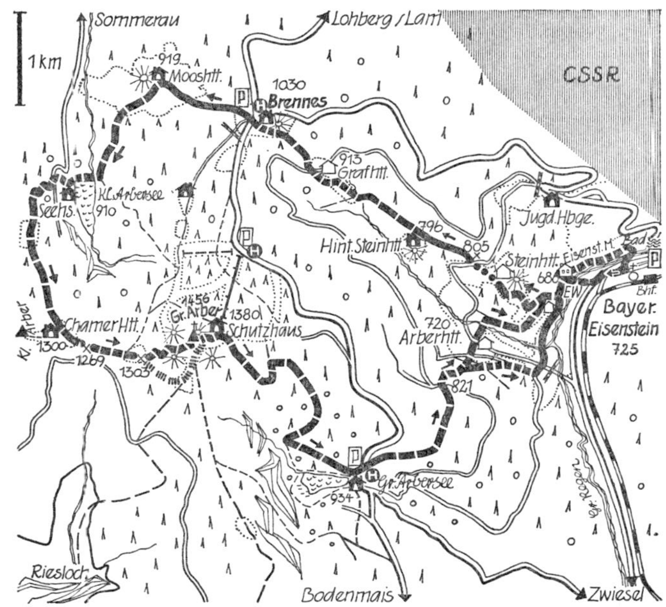

30 Türme und Grate am Osser

1/2 Tag — 5.30 Std. – 15,7 km — 850 m HU

Über Lohberg hinauf, über die Stierwies herunter

Unter den „Bergwanderungen“ im hohen Grenzkamm des Bayerwaldes nimmt der spitze, doppelgipfelige Osser mit seinen 1292 Meter Höhe einen besonderen Rang ein: er umhüllt seine Gipfelfelsen nicht mit einem Pelz aus rauhnadligen Kammfichten, sondern streckt sie auf „alpine“ Manier mit wuchtigen Türmen, Klippen und Scharten in den Himmel. Im scharf zeichnenden Licht der Höhensonne erlebt, oder auch in der Teufelsküche stürmender Wolkenfetzen, – diese Osserfelsen werden dem Wanderer unvergeßlich bleiben. – Wir queren vom Lamer Winkel her durch die Südflanke des Osserzuges, steigen von Lohberg gerade hinauf zum Ostgrat; abwärts aber streichen wir über den langen markanten Westkamm mit Stierwies und Maria-Hilf-Kapelle hinab nach Lam. Das geht so vor sich: in Lam, dessen Kirche unter einer dicken Zwiebel einen schweren massigen Turm zeigt – alles sehr im Gegensatz zu dem heiter blühenden Rokoko des Inneren – laufen wir aus der Arber- zur Kastlmühlstraße, gehen bei der Mühle am Wiesenweg rechts SÖ nach Thürnstein hinauf (Bis Oberlohberg Blau 3), hier Ö über die Straße und dann leicht auf und ab und halblinks durch ein Wäldchen zur alten Linde von Silbersbach. Nach 100 m von der Teerstraße halblinks auf dem Fahrweg zum Wald gegangen, hier rechts SÖ erst leicht fallend, dann am flacheren Stück halbrechts zu einem Bacherl und durch Wiesen ansteigend nach Eggersberg. Schon liegt der Lamer Winkel als lichte wiesengrüne Oase in der unabsehbaren Wälderschwärze unter uns! – Nun weiter eben durch das Dorf, Ö am mittleren Weg durch Wald zum Bach, jenseits gerade Ö hinauf nach Oberlohberg: 5,4 km = 1.45 Std.! – Jetzt wird es ernst: beim großen Hof am Waldrand (WW) beginnt der gut markierte Aufstiegsweg zum Osser (Rot. Dreieck + Blau 1). Er zieht entschieden nordwärts durch anfangs von Birken durchsetzten Fichtenwald und steilt sich bald auf. Später beginnt der Boden rauh und steinig zu werden, Granittrümmer und Wurzelwerk weichen den Farnsträußen, wir trachten rechts, erreichen bald P. 1099 der Karte, steigen hier links weiter bis dicht unter den plötzlich sichtbar werdenden, felsigen Grenzkamm. Wir bleiben erst unter ihm, dann steigen wir auf Felstreppen und Bänken über den Gipfel hinweg zum Schutzhaus, das sich nördlich an die Gipfelfelsen lehnt: + 3,3 km = 1.35 Std.! – Böhmische Fernen, der ganze Arber, Kaitersbergkamm und Hoher Bogen, und heller und weiter draußen noch die Kammbögen des Oberpfälzer Waldes... Aber auf Schrittnähe auch die Grenze, die schockierende Leere einer entvölkerten Grenzzone, ein eisiger Hauch. – Absteigend faszinieren uns wieder das chaotische Gewürfel des zerschundenen und gesprengten Urgesteins ringsumher und später der schwere Waldruch, der rauhe, ozonreiche, nach gebrochenem Holz riechende Lüftestrom, der in satten Schwällen aus der Waldtiefe strömt. Welch ein Genuß, auch wenn der Vorgang nicht ins Bewußtsein dringt! – Kurz am Fahrweg, dann aber (Grünes Dreieck) gerade am Waldsteig unterm Kleinen Osser hin bis zur aussichtsreichen „Stierwies“ am Westkamm ist das Absteigen ein Vergnügen. Man bleibt hier an der grünen Kante, schaut sich satt, hält aber spätestens an der schräg auffahrenden Felsplatte mehr nach rechts, geht NW in den Forst hinein und sehr steil hinab zum Sattel auf 927 m Höhe am markierten Weg. Nun auf neuer Markierung über die Kreuzung und wenig fallend zum Wallfahrtskircherl Maria-Hilf hinaus: + 4,0 km = 1.15 Std.! – Von hier nicht am breiten Kreuzweg SW, sondern hinterm Nebenkapellchen am Plattensteig W durch Birkenwald und zuletzt südlich hinab nach Lam: + 3,0 km = 1.00 Std.!

AP/EP: Lam im „Lamer Winkel“, 575 m. – Anfahrt: Autostraße über Kötzting oder Brennessattel. – Parken am Marktplatz oder in Seitenstraßen. – Bahn: Kötzting–Lam. – Bus: von Neukirchen, Eisenstein oder im Sommer Bodenmais.

Charakter: Eine beliebte, weil ungewöhnlich aussichtsreiche Bergwanderung auf den felsigen Grenzkamm, stellenweise steil. Dürftige Markierung zwischen Lam und Oberlohberg.

Höchste Punkte: Großer Osser, 1292 m; Kleiner Osser, 1266 m.

Einkehr: Wirte in Silbersbach und Eggersberg. – Osser-Schutzhaus des BWV (Betten, Lager, April–Oktober voll bewirtschaftet, sonst an Wochenenden). – Mariahilf-Berggasthaus, ganzjährig, privat. – Jugendherberge Lam. – Baden: Schwimmbad Lam an der Kötztinger Straße.

Sehenswert: Kirche St. Ulrich in Lam, Turm um 1300, Neubau nach Brand 1699. – Die historisch belegte, sagenhafte „Osserburg“ der Grafen von Bogen (12. Jh.) ist längst verfallen. Dafür findet man im Glimmerschiefer der Gipfelregion rote Granatkristalle – wenn man Glück hat. – Wallfahrtskirchl Maria-Hilf, jetziger Bau von 1752. – Wissenswert: Im Lamer Winkel leben die Nachkommen jener Tiroler Bauern, die von Benediktinern aus Rott am Inn um 1500 dort angesiedelt wurden.

Karten: Topograf. 1 : 50 000, L 6744, Rittsteig, und L 6944, Zwiesel.

Bild: Ausblick vom Gipfel des Großen Osser über den Lamer Winkel hinweg gegen Süden auf Gr. und Kl. Arber. Rechts im Tal Lohberg.

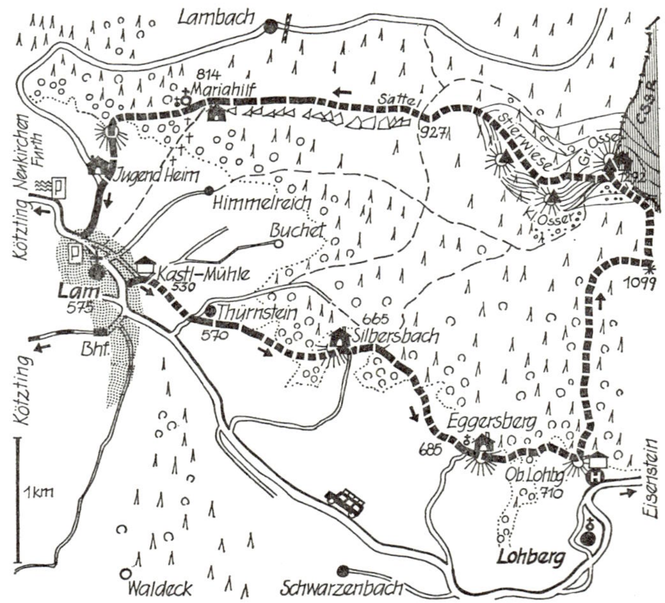

31 Stille Wanderschaft am Zwercheck

1 Tag — 6.00 Std. – 17,8 km — 760 m HU

Sommerau – Zwercheck – Brennes – Kl. Arbersee – Sollerbachtal

Ein Gang von sechs Stunden, viel bergauf, viel bergab, zumeist in Fichten- und Buchenwäldern, oft bis zu den Knien im Beerengestrüpp. Lunge und Auge werden mählich trunken im starken Wälderruch und das Gemüt schläft sanft ein – bis zum großen Paukenschlag: wenn man aus dem rauhen Niederholz plötzlich mit wenigen Schritten auf die freie Felsklippe tritt und Arberkamm und Lamer Winkel, Osser und Kaitersberg, und weit drunten auch noch Falkenstein und Rachel im Sonnendunst stehen. Und vorne und hinten und rechts und links Waldkamm an Waldkamm, zuletzt in immer durchsichtigeren Scheiben vergehend – und kein Mensch ringsum, nur ein kalter Hauch von der ganz nahen Grenze her... Vorsicht an den Grenzschildern, Vorsicht vor Pilzen und Heidelbeeren – man könnte die doppelte Zeit vertun! – Vom stillen Sommerau im Talschluß des Lamer Winkels steigen wir NNW auf der Straße zur Kapelle, nehmen dort den rechten Ast Ö zum Waldrand und verschwinden im kühlen Schatten (Bis Scheibensattel Blau 10). Bei der Verzweigung gehen wir scharf links N mit der Stromleitung steil aufwärts und zuletzt NÖ durch Wiesen und Felder zur guten, stillen Pension Oberhaiderberg: 1,7 km = 0.45 Std.! – Nun S am Zaun entlang zum WW am Wald, dort links ONÖ dem roten Rechteck nach und über die Scheibenstraße hinüber. Der Weg verschwindet nun im Zwerchecker Wald, wird zum Pfad. Mageres Gras deckt den Boden, dann gelangen wir in immer rauheren, oft dicht verfilzten Jungwald, wir gehen in Serpentinen, in der Hauptrichtung immer noch Ö – bis wir ins Helle treten und dicht vor uns einen Felskopf entdecken. Er gleicht einer Klippe und markiert die steil abfallende Südkante der Zwercheck-Kammfläche. Bis hier: + 3,4 km = gute 1.30 Std. – bei mehr als 450 m Höhendifferenz! Wir haben unversehens jenen gewaltigen Ausblick, von dem oben die Rede war. Allein, ungestört, nie ganz ohne melancholische Untertöne... In nächster Nähe steht die Ruine der einstigen Prager Hütte, unsichtbar spüren wir den Eisernen Vorhang. Der nahen Grenze wegen gehen wir von unserem Felskopf genau 100 m nördlich zu einer einzelnen Fichte mit verstecktem WW, von ihr genau östlich auf ebenem Trampelpfad durch hohes Gras (schwach rot-weiß-rot mark.). Wo der Wald dichter wird, stoßen wir bei einem Felsblock mit Grenztafel auf einen deutlicher ausgeprägten Pfad, der uns rechts – SSW – erst sehr steil, dann rechts drehend und wieder flacher weit hinab führt bis zum Scheibensattel: + 2,4 km = 0.45 Std.! – Nun gut 100 m S auf der Teerstraße geblieben, dann auf der letzten links abzweigenden Forststraße (nicht auf Karte) leicht auf und ab – mit Ausblicken in den Lamer Winkel hinab – bis zu ihrem Ende. Hier führt links ein Trampelpfad am Rand des Hochwaldes zu einem kleinen Sattel. Dort fast weglos abwärts, über die erste Forststraße weg und auf der zweiten rechts zum Brennessattel: + 3,3 km = 1.00 Std.! – Nun auf dem üblichen markierten Sträßchen über Mooshütte zum Kleinen Arbersee – wo man je nach Jahreszeit das Phänomen der Schwingmoore studieren kann oder jenes einer zum Lärm verdammten Menschheit. Im Herbst, wir haben's erlebt, versinkt diese strenge Idylle in Stifter'scher Stille und Würde. – Bis hierher: + 2,7 km = 0.50 Std.! – Nun vom Nordende des Sees mit dem WW N zur neuen Forststraße, auf ihr aber nicht direkt nach Sommerau, sondern gleich links ab NNW zu einem Pfad und, dem WW „Schneiderberg" folgend, leicht fallend ins Sollerbachtal. Auf gutem Weg im kühlen Bachgrund, zwischen Farn und Huflattich hinaus zum Weißen Regen und hinauf nach Sommerau: + 4,1 km = 1.15 Stunden!

AP/EP: Sommerau, 660 m, oder Oberhaiderberg, 860 m.

Anfahrt: Autostraßen von Lam und Brennessattel, Abzweigung in Lohberghütte nach Sommerau; oder von der Brennesstraße nach Oberhaiderberg. – Bus: täglich Lam-Eisenstein, bis Haltestelle Oberhaiderberg.

Charakter: Eine lange, ungewöhnlich stille Bergwaldwanderung, meist völlig vereinsamt bis zum Brennessattel. Bei Nässe im hohen Gras ums Zwercheck unangenehm! Vorsicht im Kamm- = Gipfel- = Grenzbereich! Schöne, wenn auch seltene Ausblicke machen diesen Rundgang um den inneren Lamer Winkel zu einem starken Erlebnis.

Einkehr: Wirte in Oberhaiderberg, am Brennessattel, in Mooshütte, am Kleinen Arbersee. – Baden im Kleinen Arbersee, dann im kleinen, eiskalten Weiher dicht am Weißen Regen unterhalb Sommerau.

Wissenswert: Die einstige Prager Hütte am Zwercheck-Gipfelkamm, früher ein idealer Stützpunkt am großen Kammweg Osser-Arber, ist jetzt eine Ruine; sie wurde niedergebrannt, um die heimlichen Grenzertreffen von hüben und drüben zu vereiteln.

Hinweis: Vom Scheibensattel kann man – die Tour um 2.30 Std. abkürzend! – direkt nach Oberhaiderberg oder Sommerau absteigen.

Karte: Topograf. Karte 1 : 50 000, Blatt L 6944, Zwiesel.

Bild: Auf unserem Abstiegswege vom Zwercheck zum Brennessattel schauen wir gegen Nordwesten in den Lamer Winkel und zum Hohen Bogen. Im Hintergrund die Höhen des Oberpfälzer Waldes.

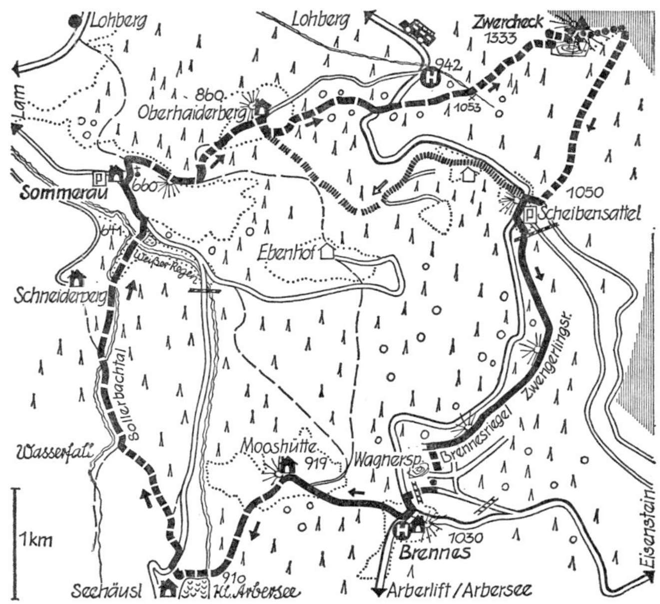

32 Großer Arbersee — Seewand — Gipfelfelsen

Naturgeheimnis und Menschenverkehr

1/2 Tag — 4.15 Std. — 9,4 km — 550 m HU

Wir gehen vom Großen Arbersee aus und kehren zu ihm zurück: der Durchstieg der naturgeschützten Seewand schenkt das erste Abenteuer, der Rück- und Tiefblick zum See das zweite. Abenteuerlich ist auch der Rundgang über die freien Gipfelrampen und der Rundblick über eine strenge weite Welt aus runden Waldkämmen, über die wolkenschwer, rein, kräftig und würzig Ströme von Waldlüften fließen ... Der erste Blick auf den See erweckt Abschiedsgefühle: er stirbt still einen langsamen Tod, er verfilzt, vertorft, verlandet in seinem mächtigen Waldkessel. Die Autostraße, das laute Wirtshaus ... nein! Das klassische Bild des klaren dunklen Spiegels, unter dem so viel totes Leben im Schlamm der Jahrmillionen ruht, über ihm der schwere dichte Wald und aus ihm geisterhaft hervortretend die felsverblockte, hier modernd bleiche, dort feurig leuchtende Seewand, — dieses Bild ist nur noch im stillen Herbst aufzufinden. — Immerhin, hundert Schritte vom Parkplatz weg wird uns wohler. Vom Wirtshaus führt uns der WW am Waldpfad südwärts leicht bergan (Grün 9), der Weg kreuzt einen Fahrweg, wird steiler. Der zweiten Straße (nicht auf Karte) folgen wir nach rechts W, gehen mäßig steigend (Rot 5), dann eben bis zum kleinen Bach am Eintritt ins Naturschutzgebiet. Von hier zieht die stark ausgetretene Fußspur 400 Höhenmeter durch ein urweltliches Labyrinth im steilen Geklüfte: riesige schwarze Fichtensäulen, alte Buchen und Ahorne, greisenhaft gebrochen, gestürzt, modernd absterbend, aber vom jüngsten Nachwuchs strahlend übergrünt, dazwischen bleiches Wurzelwerk, feuchte Schwämme, nasse Dächer von Granitklippen — eine köstliche Unordnung! Wir steigen steil empor, im Ganzen nordwestlich, diagonal durch die Wand, Treppen und Serpentinen helfen da und dort, — dann sind wir im grünen Habergras und Farn der ebenen Oberkante, sind auf der stillen Kammhöhe des Hochg'fichtet und steigen schnurgerade nordwärts (WW. Blauer Strich + Rot 1) bergan. Die Welt scheint vollkommen still. Aber kaum haben wir die Waldgrenze durchstiegen und die Felsköpfe des freien Arbergipfels erreicht, sind wir wieder in Gesellschaft. Bis hierher: 4,4 km = 2.15 Std.! — Es ist schön, sich auf einer der vier Felsrampen gliederfaul zu lagern, sich epikureisch abzusondern, und nur das Bekömmliche wahrzunehmen: beispielsweise den fröhlichen Chor einer Pariser Mädchenklasse, die uns gegenüber, mit schlaksig schlanken Beinen unter feinsten Stoffen, ihre helle Lebensfreude hinausschmettert. Beispielsweise auch die Fernsicht an einem klaren späten Herbsttage: wenn Böhmerwald und Bayerwald eine einzige Welt von Waldbergen sind, wenn am Himmel weiße Wolkenschiffe ziehen und da und dort in letzten Fernen lichtblaue, lichtgrüne Flecken ebene Paradiese versprechen ... Gewiß, es gibt auf diesem Großen Arber, den ein Sessellift als „König des Bayerwaldes" längst entthront hat, auch Wohlstandsfiguren mit Lautsprechern: aber wir sind ja auch von dieser Welt und schauen weg. Wir wandern nach dieser Gipfelrunde (+ 1,0 km = 30—60 Minuten) am steilen Osthang abwärts, passieren das Schutzhaus, und springen dann SÖ am Hauptwanderweg dem Grünen Dreieck nach. Zweimal biegt er links aus, dann scharf rechts ab. Wir können an der folgenden Serpentine (überall WW) entweder am breiten Weg direkt hinab zum Großen Arbersee laufen, oder schöner neben dem Geigenbachfall durch bunten Mischwald zum hinteren See-Ende (weiß-grün-weiß). Dort folgen wir dem Rundweg am Knüppeldamm links oder rechts herum, unser Foto wird zur „packenden Tatsache". Fazit: + 3,9 km = 1.15 Std.! — Einschließlich Umwanderung des Sees etwa + 1,0 km = 0.20 Std. länger!

AP/EP: Parkplatz am Großen Arbersee, 934 m.

Anfahrt: Autostraße von Bodenmais, Zwiesel, Lam und Eisenstein. — Bus: von Lam, Eisenstein und nur im Sommer von Bodenmais.

Charakter: Die großartigste und eigenartigste Bergwanderung zum Großen Arber! Von ungemeinem Interesse im Naturschutzbereich der düstersten Urwald darbietenden, oft alpin anmutenden Seewand. Im Aufstieg absolut einsam. In der steilen, teils felsigen, möglicherweise auch glitschigen Seewand Trittsicherheit und gutes Schuhwerk unerläßlich! — Höchster Punkt: Großer Arber, 1456 m.

Einkehr: Arber-Schutzhaus, 1380 m, BWV, auch Übernachtung. — Seehaus am Großen Arbersee, 935 m, privat. — Baden: am Arbersee.

Wissenswert: Der Arberstock kam erst 1764 zu Bayern. Die ungeheuren Waldmassen sind zu 3/4 Staatsbesitz, zu 1/4 Besitz des Fürsten von Hohenzollern. Am Gipfel isländische Lappenflechte und Legföhren. — Der Name Geigenbach erinnert an dort wachsendes wertvolles Holz für Resonanzböden von Streichinstrumenten.

Hinweis: Seerosen unter Naturschutz! — Der Eilige geht nur um den See (2 km). Oder er fährt mit dem Sessellift zum Gipfelstock und macht unseren Seewand-Aufstieg als Abstieg. (Bus: Arbersee—Liftstation).

Karte: Topograf. Karte 1 : 50 000, Blatt L 6944, Zwiesel.

Bild: Am Großen Arbersee unter der Seewand. Im Mittelgrund ein für beide Arberseen charakteristisches Schwingmoor, eine dichte verfilzte Vegetationsdecke aus Gräsern und Moorpflanzen.

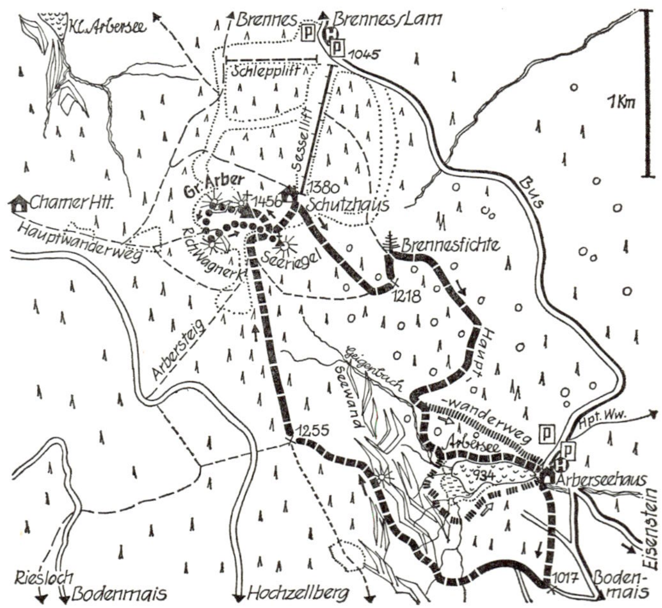

33 Hochzellberg – Großer Arber – Riesloch

1 Tag | 7.00 Std. – 17,5 km | 950 m HU

Der schönste Arberweg von Bodenmais

950 Höhenmeter Aufstieg bis zum höchsten Bayerwaldgipfel verlangen den rüstigen Wanderer, 7 Stunden Steigen und Laufen im Walddämmer den besinnlichen Mann. Viele wissen mit Stille und Einsamkeit nichts anzufangen, sie begreifen nicht, daß es der einzige Zugang zu sich selber ist... Wir gehen nicht direkt von Bodenmais zum Arber, sondern machen den großen Umweg über den weltverlorenen Hochzellberg, schauen dann vom oberen Rand der Seewand zum Großen Arbersee hinab, tauchen nochmals in die Waldschwärze und steigen zum freien Gipfel hinauf, – abwärts streben wir direkt Bodenmais zu, laufen die Südflanke hinab und durchstreifen dann das Riesloch mit seinen prallen Wasserspielen und Granitwürfeln. – Vom Ortsteil Scherau zieht nordöstlich der „Waldweg" ziemlich steil, an der Liftstation vorbei, bergan. Ein Wegweiser schickt uns aber bald scharf nach rechts und die Markierung (Grün 1) zwingt uns nun steil Ö weiterzusteigen. Der Weg kreuzt zwei Forststraßen (die obere nicht auf Karte), dreht auf SO und umrundet dann flacher den ganzen oberen Hochzellberg mit anfangs weiten Ausblicken! Im bald immer gröberen Wald wendet sich der Steig NÖ und wird zum fast ebenen, grün überwucherten Pfad. Wir sind gefangen im harzigen Waldruch, gefangen zwischen hunderttausend in bestechender Vertikale aufstrebenden Fichten und Tannen, gefangen vom Reichtum des Waldbodens an Farnen, Beerengärten, Pilzen und Urgesteinsbrocken. Man atmet Wohlbehagen ein und Weltschmerz aus. Nun schnurgerade nach der Markierung (Grün 1) weiter über die gottverlassene, moorige „Wildau", durch Sumpfgras, hohen Farn und rauhesten Fichtenwald. Man spürt, wie dieser höchste Bergwald von Eis- und Schneestürmen geschunden und zerfetzt wird, fühlt sich am Polarkreis. Alles ist streng, ernst, – und doch eine unsagbare Erleichterung für den von tausend zivilisatorischen Nichtigkeiten belasteten Stadtmenschen. – Der Weg steigt mählich an, wir zweigen links ab (Rot 1) und betreten den oberen Rand der Seewand: tief unten der dunkle Große Arbersee im Waldtrichter und viele Pechbrenner, Faßbinder, Forstarbeiter, Köhler und Zundernsammler – aber nein, es sind nur dreihundert flotte Autobesitzer im Lärm einer Lautsprecher-Gaudi. Wir treten zurück ins verblockte Hochg'fichtet, laufen NNW durch eine Kampfzone des Bergwaldes und steigen gegen den Gipfel an. Die letzten Krüppelfichten treten zurück, nackte Felsrampen über uns, wir sind am Großen Arber: + 9,4 km = 3.45 Std.! – An klaren Tagen sieht man die Alpenkette. Bestürzender ist der einzigartige Rundblick auf eine vollkommen geschlossene Waldwelt. – Nach der gehörigen Umwanderung aller vier exponierten Gipfelkuppen und den einschlägigen Tiefblicken auf Arberseen, Lamer Winkel, Zellertal und Regental gehen wir zum SW gelegenen Bodenmaiser Riegel: + 1,5 km = bummelnd 1.00 Std.! – Der Abstieg erfolgt genau S durch eine Schneise in die Bodenmaiser Mulde, dann am „Arbersteig" (Rot. Dreieck + Grün 2) SW abwärts, scharf links SÖ über eine neue Forststraße, dann biegt der Waldsteig scharf rechts um auf WNW, kreuzt die Arberhochstraße und bleibt am Bach. Wir halten uns an sein linkes Ufer und sind bald unten im Riesloch, an den stürzenden Wassern, im Gedränge der nackten Blöcke und gestürzten Baumleichen. Beim zweiten Brückerl auf die rechte Wasserseite: wer gesund ist, badet hinter Blöcken unter kräftigen Brausen, oder im transparenten Smaragdgrün einer Gumpe – über sich das dichte grüne Dach riesiger Buchen. Bei der Wasserfassung wechseln wir ans linke Ufer und dann zurück nach Bodenmais abgestiegen: + 6,6 km = 2.15 Stunden!

AP/EP: Bodenmais, 665 m.

Anfahrt: Autostraße von Kötzting, Zwiesel, Regen, Brennessattel-Arbersee. Parken am Bahnhof oder im Ortsteil Scherau. – Bahn von Zwiesel. – Bus durchs Zellertal von Kötzting und von Regen.

Charakter: Großzügige, im ersten Teil absolut vereinsamte Bergwaldwanderung mit beträchtlichem Höhenunterschied, aber auf langer Strekke. Gute markierte Wege und Pfade. Interessant: Tiefblick über die Seewand, Passage des Riesloches. Bei Gutwetter bedeutende Gipfelschau. Höchster Punkt: Großer Arber, 1456 m.

Einkehr: Arberschutzhaus, 1380 m, BWV. – Baden: Gumpen und Staubecken im Riesloch, kalt, erfrischend. Schwimmbad Bodenmais.

Sehenswert: Kristallglasschleiferei in Bodenmais an der Arberseestraße. Wissenswert: Bodenmais war einst freie Bergstatt, Erzabbau bis 1962. – Am Arber ist fast alles Staatswald, bayrisch seit 1764. Am Gipfel isländische Lappenflechte und Legföhren (Baumgrenze).

Karte: Topograf. Karte 1 : 50 000, Blatt L 6944, Zwiesel.

Bild: Am Großen Arber, dem höchsten Gipfel des Bayerwaldes. Ausblick vom Seeriegel gegen den sogenannten Richard-Wagner-Kopf (Bodenmaiser Riegel) und über das Zellertal hinweg gegen Südwesten.

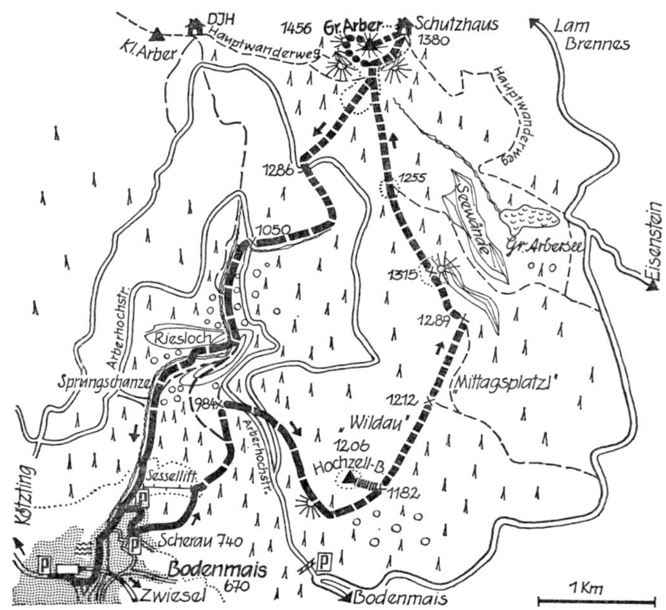

34 Riesloch, Arberhochstraße und Silberberg

1/2 Tag 5.30 Std. – 15,3 km 630 m HU

Der schönste Rundgang über Bodenmais

Gleich weit entfernt von Regen, Zwiesel, Eisenstein und Teisnach liegt Bodenmais am oberen Eingang ins Zellertal: Bergstatt, Ski- und Luftkurort, Arber- und Waldgemeinde. Wenn der auf einem Hügel gehäufte Ort im Hochsommer überlaufen ist, tut das dem passionierten Waldwanderer wenig; das Netz der Forste ringsum ist so weit und unerforschlich, daß sich dort Tausende verlaufen könnten. Zudem wissen Großstädter als Gäste Wald und Einsamkeit nur schwer aufzufinden. „Ist dort oben was los?" fragten uns bunt ausgeflaggte Berlinerinnen. „Nein", sagten wir, „nur Natur ist los dort oben!" Worauf sie erleichtert abdrehten ... Wir besteigen diesmal keinen Arber, sondern machen einen gewaltigen Rundgang an den Arberhängen, lassen uns von den Riesbachschwällen imponieren, versinken wieder in Waldstille und machen zum Schluß dem Bodenmaiser Silberberg einen Besuch, einem abgewrackten Erzberg. Ein halber Tag wird so auf die herrlichste Manier vertan! Und so fängt es an: Westwärts durch die Bahnhofstraße, dann in die Scharebenstraße und nach 100 m (WW) halbrechts N den Klausenweg hinauf gegangen! Vor dem Wald noch ein feiner Rückblick, dann folgen wir WW und Markierung (Blauer Punkt) am rechts NÖ ansteigenden Fahrweg im Wald. Hier wandern wir unter einem dichten Blätterdach, durch das Myriaden Sonnentropfen fallen – wenn's keine Regentropfen sind. Nach einer halben Stunde Waldganges biegen wir vor dem Rechensöldenbach bei der zweiten Abzweigung (WW + Markierung) rechts Ö ab, ein schmaler Steig führt uns im Buchendämmer unter überhängenden Riesenfelsen dahin, und zuletzt sogar etwas exponiert in die enge Schluchttiefe des Rieslochs: 3,8 km = 1.20 Std.! Welch eine Welt! Weiß und grün gischtend, gurgelnd und kochend drängen und stürzen die Wasser zu Tal, tausendfach von nackt polierten Granittrümmern aufgehalten. Gefallene Baumriesen liegen kreuz und quer, verborgene Schwälle, Duschen und Wannenbäder warten mit eisigen Erfrischungen auf uns. Man kann sich nun zu lohnenden Fleißaufgaben entschließen: 1. Von der kleinen Brücke links W in steilen Serpentinen (Blauer Punkt) zur Aussichtsbank Schweiklruhe oberhalb des Felsabbruches steigen und zurück (+ 1,2 km = 0.35 Std.) – oder 2. am orographisch rechten Ufer der Wasserfälle auf Naturstufen zum Staubecken absteigen und dann wieder zurück (+ 0,5 km = 0.25 Std.). Beides ist romantischen Empfindungen äußerst bekömmlich. – Dann aber weiter im großen Rundgang: nach WW und Markierung (Rotes Dreieck + neu: Grün 2) am jenseitigen Ufer erst auf breitem Weg 200 m bachabwärts, dann aber halblinks SW abzweigend auf schmalem Waldpfad (Roter Punkt) dahin durch faszinierend schöne, weil felsdurchsetzte steile Buchwaldhänge. Man mündet in einen steilen Weg. Auf ihm steigen wir links zurückdrehend an und nach 400 m rechts zur geteerten Straße hinauf: es ist die Arberhochstraße, für Kfz. verboten! Wie schön! Auf ihr nun unausgesetzt SSÖ eben dahin, mit gelegentlichen Ausblicken ins Zellertal und in die Ferne. Dann kommt man auf die Verkehrsstraße. Man geht auf ihr nur bis zur großen Rechtskurve von Schöneben (WW) – hier zweigt S ein Waldweg ab (blauer Punkt), dessen linker Ast südwest-, dann westwärts zieht, bis er sich in Pfadspuren auflöst. Sie führen durch die hellen Birken- und Lärchenbestände der Gottesgab-Ebene zu den schwarzen Felsen des Silberberges: + 6,5 km = 2.00 Std. – Kurz Ö zurück, dann S abwärts und am Fuß der Felsen zum Barbarastollen: + 0,8 km = 0.20 Std.! Später durch Birkenwald zur Straße und bei der Kreuzung im Hochwald halblinks W am Fußweg nach Bodenmais hinab: + 2,5 km = 0.45 Stunden!

AP/EP: Bodenmais, 665 m

Anfahrt: Autostraßen von Kötzting, Teisnach, Regen, Zwiesel und Eisenstein. Parkplatz: Bahnhof oder Scharebenstraße. – Bahn: von Zwiesel. – Bus: von Kötzting und Regen, im Sommer auch vom Brennes.

Charakter: Keine richtige Bergwanderung, aber eine ungewöhnlich schöne, abwechslungsreiche Waldwanderung am Arbersüdhang mit 630 m Höhenunterschied, auf 15 km verteilt. Stärkster Eindruck: die klammartige Urwaldlandschaft des Riesloches mit ihren Wasserkaskaden. Überall gut markiert, doch nicht im Silberbergbereich. Höchste Punkte: Schweiklruh, 1025 m; Arberhochstraße, etwa 1030 m; Silberberg, 955 m.

Einkehr: Nur am Barbarastollen, Getränke. – Baden: nur für Kaltwasserfreunde im Riesloch unter vielen Güssen und Schwällen.

Wissenswert: Bodenmais (maissen = roden) war eine alte Bergstatt, schon um 1300 erwähnt. Förderung von Brauneisenerzen, Schwefelkies, zuletzt Polierrot (für die Glasindustrie). Erstaunlich viele Minerale, aber doch unergiebig. Deshalb wurde der Betrieb im einstigen „Geologischen Wunderberg" 1962 ganz eingestellt. Besichtigung des Barbarastollens zeitweilig möglich.

Karte: Topograf. Karte 1 : 50 000, Blatt L 6944, Zwiesel.

Bild: Im Riesloch oberhalb Bodenmais, einer klammartigen Wildwasserschlucht in der romantisch verworfenen Urwelt der Arber-Südflanke. An schönen Tagen tropft die Sonne in Myriaden leuchtender Perlen durch die grünen Dächer der hohen alten Buchen.

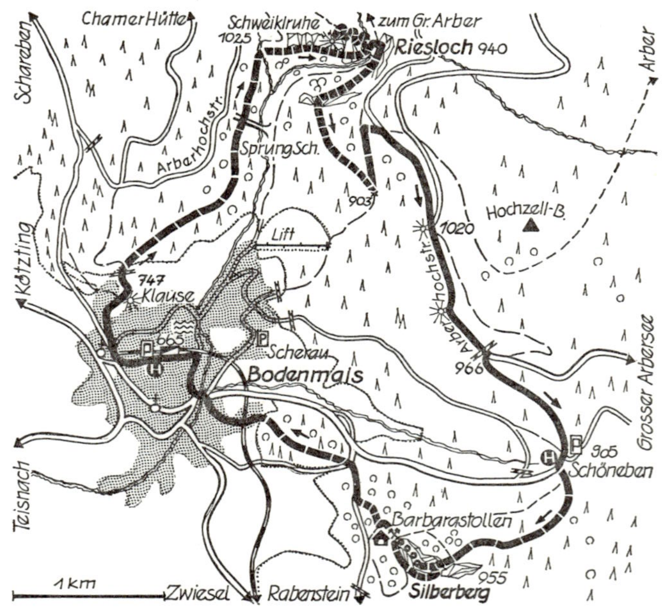

35 Von Zwiesel über den Hennenkobel

Blick über die großen Bayerwaldberge

1/2 Tag — 4.45 Std. – 14,3 km — 450 m HU

Im langen Südostkamm des Großen Arber folgt auf Hochzellberg und Hahnenriegel der 965 m hohe Hennenkobel, dem niemand ansieht, daß er in seinem Waldpelz bis zu 30 m hohe Granitriegel versteckt. Zu diesem Hennenkobel gehen wir vom Fremdenverkehrs-Zentrum Zwiesel aus, das sich auch gerne „Herzstück des Bayerwaldes" nennt. Dafür ist diese Industriestadt ein bisserl zu nüchtern. Weniger nüchtern wirkt die grüne Dependance von Zwiesel, das kleine Dorf Rabenstein, das wir am Abstiegsweg berühren. Unser Plan: wir steigen von Südosten her in der Südflanke des Hennenkobelstockes auf, erst über helle Wiesenhänge, dann im tiefen Forst; überschreiten den ganzen Gipfelkamm in Ostrichtung, genießen eine klassische Aussicht und wandern dann über Rabenstein südostwärts zurück. Dieses fünfstündige Unternehmen läßt sich mit Vorteil verlängern, denn jeder Ausblick nach dem großen Waldgange fordert zur Rast heraus und zum gelassenen Betrachten bei kräftig gefüllten Lungen und angenehm schmerzenden Wadeln ... Am Nordrand von Zwiesel gehen wir mit der Markierung (Rot 4) westlich über die Geleise zum Waldesruhweg, dann links S durch die Stormbergstraße und rechts einbiegend die Röckkellerstraße entlang. Sie leitet uns westwärts, bald nur noch als Weg durch ein kleines Wäldchen zur Teerstraße und nach Innenried. Wir sind 649 m hoch und weil das Dorf am freien Rücken aufsitzt, schauen wir entzückt in die Ferne. Wunderbar und kaum zu fassen, wie das große, schon aus Schulbüchern erträumte Bayerwaldbild entsteht, wie die Talungen mit den Dörfern in der Tiefe versinken und sich der ganze Horizont nur noch mit sanften Höhen und mächtigen schwarzen Waldbergen füllt. Nur da und dort das winzige Viereck einer Wieseninsel ... Wir biegen im Dorf rechts ab, zum Wald hinauf und verlassen die Welt der Wiesen und Felder. Am Waldrand nicht im Hohlweg, sondern halbrechts auf einer Fußspur, bald aber auf festem Weg, wandern wir immer NW bergan. An den Gabelungen finden wir Wegweiser und Markierung (Rot 4). Später passieren wir am flachen Rücken dichten Jungwald, dann eine kleine Lichtung und kommen zuletzt steil hinauf zur Forststraße bei P. 788. Wir laufen auf ihr, die Markierung verlassend, links durch schönen Mischwald bis zur Einmündung der neuen oberen Straße und steigen bald darnach am Weg nahe dem Kiesbach halbrechts an (jetzt wieder Rot 4). Es ist die große Wende: wir gehen nun ostwärts zum Kamm hinauf, dann auf ihm unter den Granitriegeln entlang und erreichen schließlich über eine Felstreppe das Gipfelkreuz: 7,8 km = 2.45 Std.! – Der Gipfelblock fällt südwärts schroff ab; wir schauen auf Zwiesel und über das Regental hinweg auf den unteren Bayerwald. Von zwei Felsklötzen in der Nähe kann man auch die großen Berge im Grenzkamm sehen. – Nach der Rast führt die Pfadspur (Rot 4) zwischen Blöcken erst kurz nord-, dann ostwärts zu einem kleinen Sattel (WW). Ein guter Weg leitet uns von dort SÖ hinunter zur oberen Forststraße (nicht auf Karte), die ostwärts abfällt. In ihrer scharfen Linkskurve verlassen wir sie nach rechts Ö, um auf steilem Fußweg die untere Forststraße zu gewinnen. Über diese und die folgende Teerstraße kommen wir nach Rabenstein: + 2,3 km = 0.45 Std.! Feiner Ausblick über Wiesenmulden zum Rachel! – Wenn wir die interessante Kirche angeschaut haben, wandern wir vom Kirchplatz über die Hauptstraße weg und dann links SÖ am Fahrweg zum Gasthaus „Waldesruh". Von hier führt ein Waldpfad (Rot 1), der später zum guten Weg wird, zum untersten Waldrand, und wir bummeln durch das idyllische Wiesental nach Zwiesel zurück: + 4,2 km = 1.15 Std.!

AP/EP: Zwiesel (Bahnhof), 578 m.

Anfahrt: Straßen- und Bahnknotenpunkt, also Anfahrt von überallher. P. am Bahnhof. – Bus: von Passau über Regen, von Furth über Eisenstein.

Charakter: Zu Beginn und zum Ende eine steigende und fallende Bergwanderung über Wiesenhänge und Bachtälchen, im Zentrum ein gewaltiger Waldmarsch über den völlig eingewaldeten Kamm, der in der Höhe nicht nur Buchen, sondern auch mächtige Urgesteinsbarren versteckt. Die Wege und Forststraßen sind meist markiert. – Höchster Punkt: Hennenkobel, 965 m (weite Sicht nach S).

Einkehr: Wirt in Innenried, 649 m; mehrere Wirte in Rabenstein, 700 m; in der Nähe im Gasthaus Waldesruh. – Baden: Schwimmbad Zwiesel.

Sehenswert: Die 1964 aus einem Forststadel (von 1767) umgebaute Kirche in Rabenstein mit einem reichen Barockaltar aus dem 1806 säkularisierten Kloster Niederalteich. Man beachte die uralte Außenmauer aus Granitbruchstein mit den schießluckenartigen Fenstern. – In Zwiesel interessiert das Heimat- und Waldmuseum. – Wissenswert: In Rabenstein steht das „Schloß" einst mächtiger Glashüttenherren, heute Erholungsheim. Bei Rabenstein stand die erste Glashütte (1421!). – Zwiesel (= Verzweigung), am Zusammenfluß von Kl. und Gr. Regen, ist Zentrum der Glas- und Holzindustrie.

Karte: Topograf. Karte 1 : 50 000, Blatt L 6944, Zwiesel.

Bild: Aufblick vom Ufer des Großen Regen – der hier noch sehr klein ist – über Dorf Rabenstein nach Westen zum Hennenkobel. 965 m.

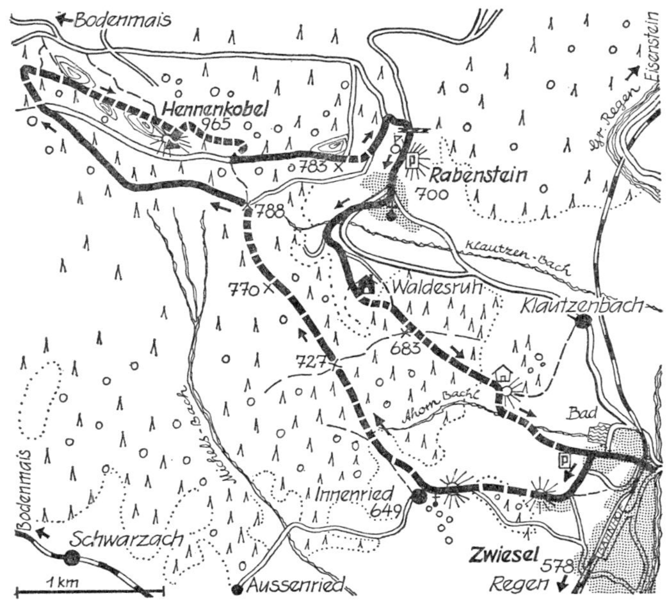

Salzsäumer im 18. Jahrhundert
Zwieseler Waldhaus

36 Eisenstein — Zwiesler Waldhaus und retour

1/2 Tag 5.00 Std. — 13,8 km 410 m HU

Drei Urwälder und fünf Stunden im kühlen Schatten

Wir wandern diesmal gute fünf Stunden zwischen Bayerisch-Eisenstein und Zwiesler Waldhaus hin und her, und Waldruch, Waldstille und Waldschatten bestimmen das Geschehen. Uns erwartet viel unverletzte Romantik: die schwüle Karl-May-Romantik für den schlichten Mann, Richard Wagner'sches Nibelungen-Pathos für den Halbgebildeten, und ein stilles Zurücktreten ins eigene Innere im Geiste Adalbert Stifters für ein beleseneres Menschenpaar. Jedem das Seine! Drei unberührte kleine Naturschutzgebiete sind die Trümpfe neben dem permanenten Genuß des Waldgängers, auch Bade- und Kneippwasser sind anzutreffen sowie Kuriositäten... Regelrecht vom „Eisernen Vorhang" weg, an dem in der Mitte geteilten Eisensteiner Bahnhof beginnen wir zu wandern. Der WW der Hauptwanderlinie (Grün. Dreieck) schickt uns auf eine Forststraße (in der Karte: Bahnhofsteig), die SÖ mäßig durch Hochwald ansteigt. Am Sattel, das ist P. 847 der Topogr. Karte 1 : 25 000, halten wir uns an einen Wegweiser, der uns südöstlich, also von der Straße links ab, durch schönen Buchenwald schickt, erst steiler, dann flacher, später aber wieder auf einer Forststraße. Nach einer guten Stunde treffen wir auf 50 m hohe Tannenriesen mit weit auskragenden Ästen über einem gelbgrünen Meer von Gräsern und Farnen: wir sind im Naturschutzgebiet des „Hans-Watzlik-Hains". Es ist so urig ringsum, daß man darauf wartet, einem alten Germanen oder doch wenigstens einem Märchenzwerg zu begegnen, aber es kommt nur ein Halbdutzend frommer Marschierer vorbei, Sommergäste des nahen Zwiesler Waldhauses, die ihre Füße unter schrillen Rufen in ein klares eiskaltes Bachwasser tauchen. Es folgt die Brücke über den Großen (in Wahrheit kleinen) Deffernikbach, wir halten uns Ö und stehen bald vor dem alten Zwiesler Waldhaus (Bild): 4,8 km = 1.30 Std.! Hier rasten wir am alten „Böhmweg", essen mit Appetit und amüsieren uns vor den bizarren bis ulkigen Naturplastiken des Wurzelsepps im Kramerladen nahebei. Hinterher gehen wir direkt vom Schankgarten weg NNW hinein ins Naturschutzgebiet „Mittelsteighütte" bis zur düsteren Lichtung des „Gütlplatz": Alte Ahorne recken gebrochenes Geäst wie moderndes Gebein in die grüne Wildnis, und trotz ungehemmt nachdrängendem jungem Grün bestimmen Altern, Modern und Bruch diese Urwaldszene. Wir kehren um, gehen W zur Teerstraße hinab (+ 1,5 km = 0.45 Std.) und passieren wieder die Deffernikbrücke. Nach 100 m biegen hier am Kanal links ab (WW). Es ist ein Kneipp-Kanal, quellfrisches kaltes Wasser auf goldbraunem Steingrund. An ihm bleiben wir, gehen im dichten Grün junger Buchen unter, kommen wieder unter mächtige Tannen, und drehen dabei langsam auf Nordwest. So kommen wir gemütlich zum Schmalzbach-Schwellteich mit dem „Schwellhäusl": + 3,0 km = 1.00 Std.! — Hier können wir Brotzeit machen, jausen, speisen oder menagieren, bevor wir gegenüber vom Wirt (WW) einem westwärts abziehenden deutlichen Weg (Rotes Rechteck) folgen. Wieder lange und tief in schattendes Grün hinein, nur mäßig steigend. Bald kommt eine Forststraße (nicht in Karte), die wir NW begehen, an der folgenden Gabelung aber am oberen Ast bleiben. Dort zweigt nach 5 Minuten scharf rechts SÖ ein undeutlicher Pfad ab, der kurz und steil zu einem Quersteig mit WW führt. An diesem Quersteig nach links — N (Blauer Punkt) — und bald sind wir in „Johannesruhe", dem dritten Naturschutzgebiet dieses Tages: ausladende Buchen, schöne Felsgruppen, Waldrausch, starke Gefühle... Nun eben weiter bis unter den auffallenden Hochstein und links N abwärts, die Forststraße gequert und zuletzt rechts zum Bahnhof: + 4,5 km = 1.35 Std.

AP/EP: Bayerisch Eisenstein, 724 m oder Zwiesler Waldhaus, 701 m.

Anfahrt: Mit Auto über B 11 von Zwiesel oder von Lam über den Brennessattel. — Bahn: Von Zwiesel + Bus: Von Furth i. W. bzw. Passau nach Eisenstein.

Charakter: Ungewöhnlich schöne stille Wanderung auf Waldstraßen und Waldwegen, wobei drei Urwaldzonen (Schutzgebiete) passiert werden. Auch im Hochsommer angenehm, weil schattig.

Einkehr: Im Zwiesler Waldhaus, 701 m; im „Schwellhäusl", 674 m. — Baden im Stauweiher am Schwellhäusl möglich.

Wissenswert: Ab 1100 Brauneisenförderung um Eisenstein. Von 1500 bis 1579 böhmisch-bayerischer Streit um Eisenstein, der Ort wird bayrisch. Seit 1774 Glaserzeugung. 1852 Verkauf der Forste an den Fürsten von Hohenzollern, dem heute noch 85% der Gemeindefläche gehören.

Hinweis: Unsere Tour ist ein Teilstück des Nördlichen Hauptwanderweges. — Wer die Abzweigung zum Naturschutzgebiet „Johannesruhe" nicht findet, der bleibe auf der Forststraße!

Karte: Topogr. Karte 1 : 50 000, Blatt L 6944, Zwiesel.

Bild: Das Zwiesler Waldhaus am Westsockel des Großen Falkenstein wurde schon im Jahre 1764 als erstes Rast- und Schutzhaus am alten Handelsweg zwischen Böhmen und Bayern, „Böhmweg" genannt, erbaut. Die „Salzsäumer" brachten ihre Ware natürlich zuerst als „Säumer" auf Rossen über den Kamm, ehe sie mit bespannten Wagen fuhren.

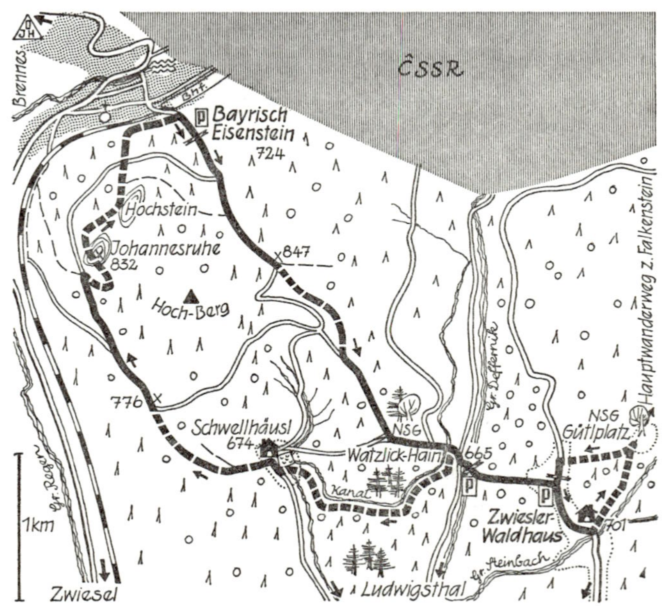

37 Die Kleine Falkenstein-Runde
und der Rukowitz-Schachten

1/2 Tag — 4.00 Std. – 11,2 km — 645 m HU

Von überall her erscheint der Falkenstein als ein langer Waldkamm, kaum einer Gipfelform fähig; erst bei einer Überwanderung spürt man, daß dieser Waldkamm innerhalb seines dichten Pelzes doch sachte gipfelt und felsige West- und Südflanken versteckt. Die scharfe Granitkante in der obersten Westflanke mit ihren senkrechten Wänden bietet sogar schwierige Klettertouren. Aber das ahnt keiner, der in das satte Waldwesen versinkt und bis zum Gipfel nichts mehr wahrnimmt als sein grünes Dach hoch oben, das dämmrige Leuchten einer wohltätig kaschierten Sonne, die tausend Farnsterne und da und dort die einmal nackten, einmal überflochtenen Granittrümmer – welch eine Wonne für den geschundenen Städter, der diese Einsamkeit verträgt! – Wir haben auf dieser 4-Stunden-Tour nichts weiter vor, als vom Zwiesler Waldhaus direkt über den Kleinen zum Großen Falkenstein zu steigen, dort am Haus zu rasten, und dann – östlich eine Parallele ziehend – über den Hauptkamm mit dem Rukowitzbuckel und den Rukowitzschachten wieder zurückzukehren. 645 Meter Höhendifferenz auf und ab gewandert, bis auf drei lichte Ausbrüche immer im dichten Wald, da darf einer anstelle von vier auch fünf oder sechs Stunden brauchen: er kann nur gewinnen!... Man halte sich an die Skizze und die Karte: vom Schankgarten des Zwiesler Waldhauses durchsteigen wir nach dem WW auf dem NNÖ abziehenden Hauptwanderweg (Grün. Dreieck) fast vom Haus weg das erfreulich unberührte Naturschutzgebiet „Mittelsteighütte" mit seinen bis zu 50 Meter hohen Tannen, jahrhundertealten Buchen, kreuz und quer gefällten Baumriesen, üppig nachdrängendem Jungvolk. Am einzigen hellen Schlag des „Gütlplatz" genießen wir diese Urwelt wie eine „Freischütz"-Szene... aber gerade hier gabelt sich der Weg (WW), wir folgen nicht der Hauptwanderlinie, sondern steigen rechts OSÖ durch schönen Mischwald (Blau 2), kreuzen zwei Forststraßen und steigen dann zu den Steinbachfällen bergan. Der Waldboden ist fast beschwerlich grob geworden, wir überschreiten den Steinbach und kommen zum Kleinen Falkenstein und seinem wuchtigen Westabbruch. Ostwärts steigen wir nun zum Großen Falkenstein hinauf mit Haus, Wetterwarte und kantigem Aussichtsfelsen samt Bankerl: 4,6 km = gut 2.00 Std.! Vor den Fußspitzen senkrecht abbrechende Gneiswände, und über den Wipfeln der Nähe endlos schwarzes Waldgebirge, oft weiße Dunstbetten in den Senken. Waren im letzten Teil des Anstiegs Fels, Farne und grobes Wurzelwerk dominierend unter den immer ruppigeren Bäumen, so treffen wir beim Abstieg NÖ am Kamm auf mächtigen Hochwald über teils grasigen, teils stark verblockten Böden (Grün. Dreieck, weiß-blau-weiß). Bei der ersten Abzweigung (WW), wo wir nach links abbiegen müssen, leisten wir uns schnell den kurzen Abstecher geradeaus weiter in den freien „Sulzschachten" mit seinen pfeilschäftigen Bergfichten, alten zerfetzten Buchenstämmen und einer weltverlorenen Wildöde dicht vor der nahen Grenze. Nun zurück zum WW (+ 0.20 Std.) und NW, anfangs fast eben, im Hochwald über den kaum spürbaren Rukowitzberg und dann plötzlich hinaus ins Freie, ins Helle – in das uralte, abfallende Geviert des großen Rukowitz-Schachten, eine versteppte Hochmatte aus Rodungszeiten mit weitem Ausblick auf Arber und böhmisches Gebirg. Da und dort bizarr zerzauste Kammfichten, absterbende Ahorne, abgefegte Buchen (Bild) – ein Schritt zurück in die stille Welt unserer Vorväter. Hinab nun zum WW, dort am Forstweg links S hinaus zur Teerstraße gelaufen, diese abwärts, in der Serpentine aber h a l b links (Grün. Dreieck) W abgezweigt und zurück zum „Gütlplatz" und Waldhaus: + 6,6 km = 1.45 Std.

AP/EP: Zwiesler Waldhaus, 701 m.

Anfahrt: Autostraße – Seitenstraße der B 11 Zwiesel–Eisenstein, großer Parkplatz. – Bahn/Bus: Ab Eisenstein: siehe Tour 36!

Charakter: Mittellange, unschwierige Bergwanderung, fast durchgehend in märchenhaft stillen und schattigen Bergwäldern. Weite Aussicht von den freien Gipfelfelsen. Markierte Wege und (gesperrte) Forststraßen. Selbst bei Hochsommertemperaturen angenehm und lohnend! – Höchster Punkt: Großer Falkenstein-Aussichtsfelsen, 1312 m.

Einkehr: Falkenstein-Haus, 1300 m, BWV, in der schneefreien Zeit bewirtschaftet. Übernachtungen (in der Hauptsaison telefonische Anmeldung ratsam!)

Wissenswert: Am alten „Böhmweg" (Salzhandel) entstand schon 1764 als erste Schutz- und Einkehrstätte das „Zwiesler Waldhaus". – Im nahen Kramerladen sehe man sich die Naturplastiken des Wurzelsepp an! – „Schachten" sind in der Rodungszeit aus den Urwäldern geschlagene große Lichtungen für die Aufzucht von Jungstieren bzw. Jungrindern.

Karte: Topograf. Karte 1 : 50 000, Blatt L 6944, Zwiesel.

Bild: Rast am Rukowitz-Schachten im Nordkamm des Großen Falkensteins. Im Hintergrund der Große Arber. Unter den uralten Laubbäumen dieser „Schachten", die man einst bewußt als schattenspendenden Schutz für die Jungtiere stehen ließ, rasten heute anstelle junger Stiere alte Bayerwaldmarschierer.

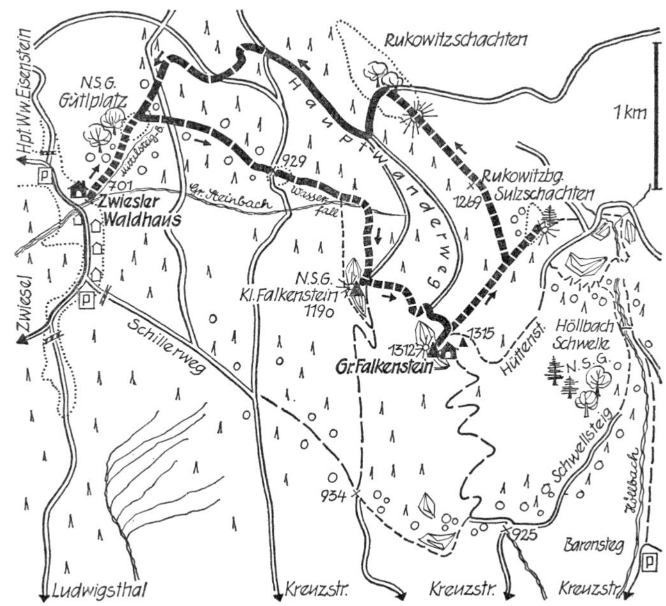

38 Die Große Falkenstein-Runde

1 Tag 13 od. 17 km – 4.45 od. 6.00 Std. 755 m HU

Mit Höllbachgspreng, Schwellsteig und Schillerweg

Man ist versucht, diese Um- und Überwanderung als die „Modelltour" des Bayerwaldes zu bezeichnen, denn sie umfaßt alle seine Besonderheiten: den stillen Gang durch alle Zonen dichten Bergwaldes, die immer wieder unverhoffte Begegnung mit den aus dem Walddämmer senkrecht aufsteigenden Granitwänden, den glanzvoll erlösenden Ausbruch in die weltverlorene Einsamkeit zweier Schachten, den dramatischen Abstieg durch das chaotisch verworfene, von rauschenden Wasserschwällen erfüllte Höllbachgspreng, und zum guten Ende das friedsam beschwichtigende Ablaufen von Schwellsteig und Schillerweg unter dichten grünen Dächern . . . Unser Plan sieht vor, vom Zwiesler Waldhaus über beide Falkensteingipfel östlich ins Höllbachgspreng zu wandern, und von dort zurück zum Ausgangspunkt. Als außerordentliche Variante wird vorgeschlagen, ab Kleinem Falkenstein links auszubrechen und in einem nur 1.15 Std. zusätzlicher Zeit kostenden, relativ flachen Umweg den Rukowitzschachten und den Sulzschachten mitzunehmen: einen „Umweg" ins Zentrum waldlerischer Strenge und Verlorenheit. – Wir gehen vom Zwiesler Waldhaus wie bei Tour 37 über das Naturschutzgebiet des „Gütlplatz" und die kleinen, aber reizvollen Steinbachfälle bis zum stark verklüfteten, als Gipfel aber kaum hervortretenden Kleinen Falkenstein und von dort weiter zum Haus am Großen Falkenstein: 4,6 km = gut 2.00 Std.! – Der Ausblick von der felsigen Gipfelrampe muß Menschen aus Betonstädten in Euphorie versetzen, falls er nicht ins Regenwasser fällt. Nach der Rast im Haus geht es an den Abstieg: der WW führt uns kurz NÖ, dann SÖ davon (WW. Grünes Dreieck + Blau 1), wir berühren im struppig gefegten Wald allerlei felsige Rampen, aber erst auf der neuen Forststraße mit dem neuen Schutzdach am Beginn und nach der scharfen Abzweigung von ihr (nach 200–300 m) rechts zurück und hinab beginnt die große Szene des Tages: der Abstieg über 350 Höhenmeter durch das berühmte „Höllbachgspreng", zugleich auf einem Forstlehrpfad! Letzterer bietet eine überraschend aufschlußreiche Unterrichtsstunde über „Versäumtes" in Naturkunde. Alle anderen Eindrücke sind dennoch stärker, bewegender, schockierender. Auf felsigen, bei Nässe glitschigen Steilstufen absteigend, oft in kurzen Serpentinen, dringt man in eine schaurig unbehauste, dabei zugleich märchenhaft beseligende Urwelt ein: durch riesige Laubdächer fleckt scharfes Licht in die gewaltige Unordnung aus lebenden und toten Bäumen, aus Moos- und Farngärten, Felswänden, Felstürmen und Felsspalten. Man ist entzückt, alle zivilisatorischen Ordnungen aus dem Stadtleben herrlich widerlegt zu sehen! – Weiter absteigen! Am unteren Ende des Felsenriegels quere man links NÖ hinein und steige dann zwischen Farnen, Wasserfällen, Huflattichsträußen und Blöcken S steil zur dunklen Höllbachschwelle hinab: + 2,6 km = 1.00 Std.! Hier fühlt man sich aufgeregt wie nach einem großen Theaterabend. Am Triftteich gehen wir W zum rechten Hang und von dort SSW am fast ebenen Pfad (Blau 3. Nicht bachabwärts!) – immerzu durch hohe grüne Buchenhallen, in denen Sonnenlicht glüht. Der Schwellsteig wird bald zum Sträßchen, es folgt eine steile Teerstraße (WW), auf der wir 200 m rechts hinaufgehen. In der folgenden Serpentine (WW) zweigen wir wieder links S ab und laufen durch tunnelartig geschlossenen jungen Buchenwald bis zum Ahornriegel. Dort knickt der Weg rechts auf Nordwest um und zieht mäßig fallend am Waldhang entlang; bald kreuzt er einen Fahrweg und trifft dann auf eine Forststraße. Etwa 50 m links versetzt leitet uns der „Schillerweg" in gleicher NW-Richtung hinaus zum Zwiesler Waldhaus: + 6,0 km = 1.45 Std.

AP/EP: Zwiesler Waldhaus, 701 m.

Anfahrt: Auto auf Seitenstraße der B 11 Zwiesel–Eisenstein, großer Parkplatz. – Bahn/Bus: keine Möglichkeit! – Evtl. schöner Hin- und Rückweg von Eisenstein, wie in Tour 36.

Charakter: Eine längere, mit der Variante Rukowitz- und Sulzschachten sogar fast 6-stündige, ungewöhnlich eindrucksstarke Wald- und Bergwanderung. Markierte Wege. Trittsicherheit nur im Höllbachgspreng erforderlich! Höchster Punkt: Gr. Falkenstein-Aussichtsfelsen, 1312 m!

Einkehr: Falkenstein-Haus, 1300 m, BWV, in der schneefreien Zeit bewirtschaftet. Übernachtung möglich, evtl. telef. Anmeldung. Baden: evtl. im sehr kalten Höllbach-Schwellteich für Kneipp-Freunde.

Hinweis: Diese Tour ist ein Teilstück des Nördlichen Hauptwanderweges durch den Grenzkamm. Siehe Tour 83 und Skizze.

Karte: Topograf. Karte 1 : 50 000, Blatt L 6944, Zwiesel.

Bild: Im sehr steilen, von mächtigen Gneisfelsen durchsetzten Ostabfall des Großen Falkenstein (450 Höhenmeter!), unweit der Staatsgrenze, stößt der vom Gipfel absteigende Wanderer auf das als Naturschutzgebiet hart verteidigte „Höllbachgspreng". Hier führt ein verblüffend lehrreicher „Forstlehrpfad" durch eine chaotisch verworfene, bei Nebel gespensterhaft bedrückende Urwelt, in der schroffe Felsformen, stürzende Wasser und sterbende Baumriesen eine märchenhafte Kulisse stellen.

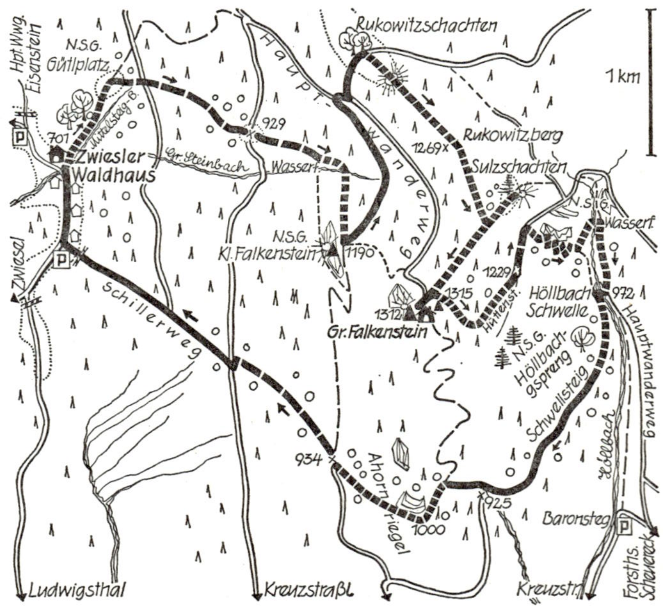

39 Forstwelten zwischen Falkenstein und Rachel

Am Hauptwanderweg – oder über die Hochschachten

1 Tag 7.30 od. 9.00 Std. – 24,1 od. 29 km 950/1150 m HU

Wie unsere Skizze schon darstellt, haben wir zwischen Falkenstein und Rachel die Wahl zwischen zwei höchst unterschiedlichen Möglichkeiten: 1. die Berg- und Talwanderung auf Forstwegen und Nebenstraßen, wie sie der offizielle Hauptwanderweg mit seinem „Grünen Dreieck" benützt, wobei wir nach dem schönen Abstieg durchs Höllbachgspreng die Talorte Spiegelhütte, Buchenau, Dörfl und Oberfrauenau berühren, um dann wieder zum Rachel aufzusteigen, – eine Wanderung, eingesponnen in endlose Forsten, die nur jene Rastorte erhellen ... Oder 2. wir bleiben am Hoch- und Grenzkamm, im Urwald nahe der Vegetationsgrenze mit den merkwürdig verwilderten Lichtungen der Schachten. So oder so verfallen wir jenem herrlichen Waldrausch, der unsere Sinne nicht verwirrt, sondern zur heitersten Frische aufputzt. – Im Falle 1. steigen wir vom Falkenstein wie bei Route 38 durchs abenteuerliche Chaos des Höllbachgsprengs zur Höllbachschwelle ab, gehen aber dort links am stillen Fahrweg unter herrlichen Buchenhallen südwärts bis zur Bauhüttenbrücke über die Kleine Deffernik und weiter bis zum Wirtshaus Scheuereck mit seinem Rotwildgehege: 5,5 km = 1.45 Std.! – Auch der Weiterweg auf Straßen über Spiegelhütte nach Buchenau ist markiert: + 5,6 km = 1.30 Std.! Hier machen wir einen Knick von SO auf S, überschreiten bald die große Forststraße, kommen am Waldweg zum Kleinen Regen und über den Steg nach Dörfl. Die Hauptwanderlinie knickt hier abermals ab, um bei Haus Nr. 10 scharf links Ŏ durch ein Wäldchen und dann über einen Bach pfadlos zu einem Weg zu kommen, der Ŏ über Wiesen- und Felderhügel sehr freundlich nach Oberfrauenau ansteigt: + 5,9 km = 1.45 Std.! – (Man könnte auch von Dörfl auf Straßen über Frauenau nach Oberfrauenau kommen: + 1,3 km Mehrstrecke). In jedem Fall steigen wir ab Oberfrauenau wie bei Tour 41 zum Rachel auf, das heißt über die großartige Rachelwiese zum Waldschmidt-Haus unterm Gipfel: + 7,1 km = 2.30 Std.! – Im Falle 2. vermeiden wir die Täler und verlassen mit dieser Wanderung über Grenzkamm und Hochschachten alles zivilisatorische Gefild. Weltenferne umgibt uns, wenn wir aus der schweren Tiefe der Wälder unvermutet in einen der totenstillen Schachten hinaustreten – siehe das Bild nebenan. Hier mischt sich Beklemmung mit einem Gefühl von ungeheurer Befreiung und fantastischem Losgelöstsein von irdischer Schwere ... Dabei steigen wir vom Falkenstein erst ebenfalls NŎ ab, bleiben aber auf der neuen Forststraße oberhalb des Höllbachgsprengs und queren dann SŎ, an der Bachmannhütte vorbei und über eine unbenannte Schachtenwiese. Kurz darauf zweigen wir links NŎ zum Rindelbach ab, steigen S bis zur Brücke auf 1000 m Höhe ab, kommen links bergan zur „Böhmweg"-Straße und folgen ihr Ŏ. Bei der zweiten Kreuzung gehen wir rechts zur Diensthütte und wieder rechts S hinauf zum Sattel zwischen Scheuereckberg und Kiesruck. Von dort führt halblinks SŎ eine neue Straße (nicht auf Karte) auf und ab bis zur Hochschachtenstraße unterhalb des Lindberger Schachten: + 14 km = 4.00 Std. Nun wandern wir entweder immer auf dieser insgesamt SŎ weiter – oder umgekehrt wie bei Tour 40 über die Schachten – bis schließlich zur Serpentine der Hochschachtenstraße unterhalb des „Verlorenen Schachten": + 10,6 km = 3.15 Std. – Ab hier laufen wir auf neuer Straße (nur Anfang auf Karte) erst SŎ, dann SW bis zu ihrem Ende kurz vor dem Kleinen Rachelbach. Weiter geht es auf dürftigem Pfad, bald auf SO drehend in steilen Serpentinen bergan zu einem Quersteig und halbrechts (jetzt Blau 7) hinauf zur Rachelwiese und mit dem Grünen Dreieck zum Gipfel: + 4,4 km = 1.45 Std.

AP: Falkenstein, 1315 m (siehe Tour 38). **EP:** Rachel, 1453 m (siehe Tour 41–43).

Charakter: 1. am Hauptwanderweg aus Abstieg, Talwanderung und Wiederanstieg auf gutmarkierten Wegen und Forststraßen bestehend – 2. als Höhenwanderung über die Hochschachten wohl meist auf Forststraßen, da und dort auf schwer zu findenden Wegspuren (nur teils markiert)! Bei 1. eine großartige Bayerwaldwanderung mit vielen stillen Trümpfen, bei 2. eine zuweilen abenteuerliche, jedenfalls tief beeindrukkende Höhenwanderung in entlegenen urwüchsigen Forsttiefen.

Einkehr: Scheuereck, Spiegelhütte, Buchenau, Frauenau (auch Jugendherberge) und Oberfrauenau. Bei der Schachtentour unterwegs keine Einkehrmöglichkeit. – Baden: An der Höllbachschwelle, im Schwimmbad Frauenau. Bei der Höhentour im Höllbach, Hirschbach, Rachelbach.

Karten: Topograf. Karte 1 : 50 000, Blatt L 6944, Zwiesel und L 6946, Hirschbach, und L 7144, Regen und L 7146, Grafenau. – Für die Schachtenwanderung nehme man unbedingt die 1 : 25 000er Ausgaben mit!

Hinweis: Unsere Vorschläge bieten keine selbständigen Touren! Route 1 ist Teil der nördlichen Hauptwanderlinie (gut markiert); wer als Variante Route 2 begeht (Hochschachten), studiere vorher Tour 40 + Karte!

Bild: Im hohen Grenzkamm zwischen Falkenstein und Rachel stoßen wir auch auf den „Großen Schachten", an dessen oberem Ende dieses vielsagende Foto aufgenommen wurde.

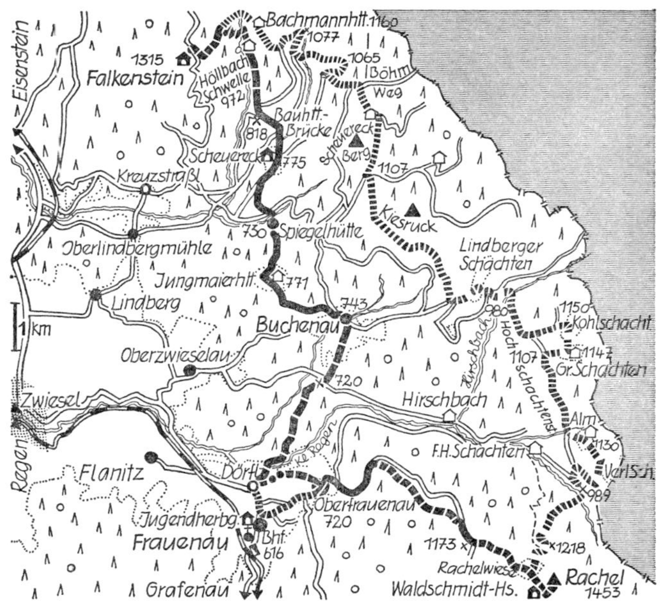

40 Am stillsten Ende der Welt

1 Tag — 7.15 Std. – 23 km — 860 m HU

Von Buchenau über die Hochschachten

Zwischen Falkenstein und Rachel, immer nahe an der Staatsgrenze und jenseits der 1000-Meter-Höhenmarke ist „der Wald" am dichtesten, dort dehnen und falten sich endlos schwarze Forsten über den abgeschliffenen runden Hauptkamm – nur da und dort unterbrochen von den in den Urwaldpelz eingehauenen Schachten. Man hat sie einst in jenen entlegenen Hochlagen gerodet, um sie als Stierweiden zu nutzen, und man ließ da und dort Buchen und Ahorne als Schattenspender stehen. Die stehen heute noch da, vergreiste Ahnen, mit beinigem Geäst, aber auch sie noch blühend in den kümmerlichen Kronen, wenn der späte Frühling gekommen ist. Wir müssen auf unserem großen Waldgang auf leisen Sohlen gehen, denn Hirsche, Urhähne und niedrigeres Waldvolk herrschen in den schweren, oft filzigen Wäldern. Am Kohlweiher (Bild), der im schwärzesten und entlegensten Moorwald aufblitzt, erkennen wir Adalbert Stifters „unheimlich Naturauge", das, „gesäumt von der Wimper dunkler Tannen, wie eine versteinerte Träne" aufblinkt... dort „stört kein Laut die durch das Gemüt sinkenden Gedanken"... Wir marschieren von Buchenau erst dem Grünen Dreieck nach südwärts bis zur Forststraßenkreuzung und laufen von dort ostwärts bis zum verlassenen Weiler Hirschbach. Noch ein Stück auf der Straße Ö weiter, dann aber müssen wir am Kleinen Regen bleiben und auf einem erst schlechten Weg zum Forsthaus Schachten laufen: 7,1 km = 2.00 Std.! – Nun auf der Teerstraße aufwärts (Blau 6), an der Verzweigung links N, aber 50 m vor dem Verlorenen-Schachten-Bach rechts SÖ ab (ohne Markg.). An dem anfangs steilen Weg gehen wir durch herrlichen Mischwald und bei der ersten Abzweigung links N zur untersten Ecke des „Verlorenen Schachten". Der Weg zieht nun nordwestwärts weiter durch jungen dichten Buchenwald zur „Alm", 1130 m, wo er sich im Grase verliert... mächtige Buchen und Ahorne, alterslos... Am untersten linken Eck der verlorenen Wiese beginnt ein Waldweg, der uns NW zur Hochschachtenstraße hinab leitet. Auf ihr wandern wir rechts N, kaum steigend, bis zu einem flachen Sattel und biegen rechts Ö (Blau 6) ab zum „Großen Schachten" (1147 m). Wieder ungebrochenes Schweigen, ein Labsal ohnegleichen für den Stadtmenschen mit heilen Sinnen... Nun direkt vor der Diensthütte links nördlich durch eine schnurgerade Schneise und – als Abstecher – gleich nach dem kleinen Bachlauf rechts im Moos auf nassen Schwämmen zum Kohlweiher (Bild): dunkles Totenbett tausendjähriger Vegetation, „das Wasser unbeweglich, Wald und Himmel schauen aus seiner Tiefe wie aus einem ungeheuren schwarzen Glasspiegel..." Wieder zurückgetreten von diesem tonlos ruhenden Weltenende, und nun N am Bohlenweg entlang durch ein beklemmendes Gewirr von Morasttümpeln, federnden Moosbetten und verstrüppten Latschenbündeln. Der offene freie „Kohlschachten" nimmt uns dann auf, seine mächtigen Baumriesen umarmen uns: + 8,0 km = 2.30 Std.! – Von hier treffen wir links auf eine neue Straße (nicht in Karte), wandern auf ihr mäßig fallend zur Hochschachtenstraße und auf dieser – das Hirschbachtal ausrundend – bis zum tiefsten Punkt (kleine Hütte). Von dort steigen wir am neuen, sehr steilen Serpentinenpfad westwärts (Blau 6 A) hinauf zum „Lindberger Schachten". Wieder ein erlösender Wiesenfleck, vereinzelte Fichten, alte müde Ahorne ... Man muß sich durch Schwarz- und Himbeeren hinaufessen, um am oberen Rand die schönste Rast unseres Rundganges zu halten: + 4,1 km = 1.30 Std.! – Im Abstieg vom unteren Schachten rechts SW am steilen Ziehweg zur Straße und durch Wald nach Buchenau: + 3,8 km = 1.15 Std.!

AP/EP: Buchenau, 743 m.

Anfahrt: Autostraße von Zwiesel. – Bus: nur werktags ab Zwiesel. – Sonst Bahn bis Frauenau + zu Fuß nach Oberfrauenau und auf Forststraße (Blau 7) zum Forsthaus Schachten. – Im Rückweg bleiben wir von Buchenau am Hauptwanderweg (Grün. Dreieck / siehe Tour 39) bis Frauenau! Insgesamt: + 8,2 km = 2.15 Std.

Charakter: Diese große Rundtour im unmittelbaren Grenzbereich nördlich des Rachel, meist auf entlegenen Forststraßen, auch auf markierten Wegen – aber stückweise NUR mit Beschreibung UND Karte zu finden! – führt uns in den urwüchsigsten Teil des Grenzkammes. Einsamkeit versteht sich von selbst. Die hochgelegenen Schachten zwischen schwarzen Waldkulissen gleichen düsteren „Lichtungen" und verlieren nichts vom unheimlichen, oft beklemmenden Zauber der Urwildnis.

Einkehr: Keine! Man muß Proviant mitnehmen und Wetterschutz!

Wissenswert: Wegen der hohen Lage und des rauhen Klimas wurden die auf den (längst verlassenen) Schachten gezüchteten Stiere besonders kräftig und robust und waren auf den Stiermärkten von Zwiesel gesucht.

Karte: Topograf. 1 : 50 000, L 6944, Zwiesel, + L 6946, Hirschbach.

Hinweis: Beschriebene Route niemals verlassen! Grenznähe! Ungangbare Hochmoorböden, Urwald! Lärm unbedingt vermeiden: Hirsche wandern sonst unrettbar über die Grenze ab!

Bild: Der kleine Kohlweiher zwischen Kohlschachten und Großem Schachten dicht an der Grenze in etwa 1100 m Höhe.

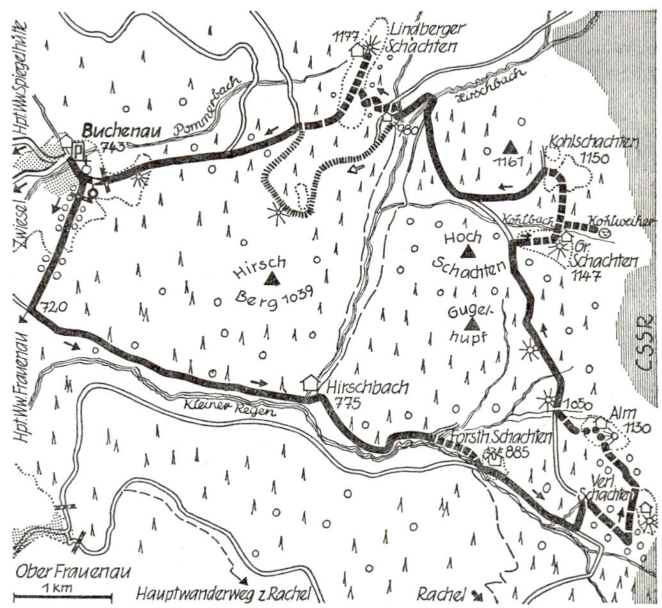

41 Große Rundtour: Frauenau – Rachel – Spiegelau

1 Tag 9.00 Std. – 29,6 km 900 m HU

Am zweithöchsten Bayerwaldberg, in aller Stille

Wie unsere Skizze deutlich macht, gehen wir ein Dreieck aus um den Rachel, zu dessen einfachster Besteigung nicht einmal die Hälfte unserer 9 Stunden nötig wäre... Aber passionierte Waldwanderer sind nun einmal anspruchsvoll: sie wollen die stillsten Wege gehen, wollen die Ur- und Grenzwaldzonen der großen Höhe kennenlernen, wollen das mächtigste Waldgebiet im Grenzkamm in allen seinen Eigenheiten wandernd und schauend genießen – und natürlich den schönen Gipfel auch. – Wenn das Wetter sicher scheint, wandern wir von Oberfrauenau Ö zur einstigen Fabrik und dann rechts SÖ mit der Hauptwanderlinie dem Grünen Dreieck nach. Sie benützt erst das Forststräßchen (nicht in der Karte), dann den parallel verlaufenden Rachelsteig. Er kreuzt später die Straße, auf den Mischwald folgt hoher Fichtenwald mit grünen Graspelzen am Boden, aber auch schon Blockwerk. Wo es steiler wird, weicht der steinige Weg rechts aus und quert den leicht felsigen Südwesthang des Kleinen Rachel, der teilweise feucht ist, aber in der Waldbodenstruktur abermals aufregend wild und urig, wirkt ein Hexenwald für Kinder. Jetzt sind wir bald auf der Rachelwiese zwischen beiden Gipfeln und atmen tief und kräftig die Walddämpfe ein, genießen den hellen Himmel. Rechts SÖ gehen wir zum Waldschmidthaus, und von ihm steigen wir NÖ auf einer Art Trampelpfad zum Rachelgipfel mit seinen aussichtsreichen Gneisbänken: 7,1 km = 2.30 Std.! – Ein geschlossenes Waldmeer rundum, auch ganz Böhmen scheint von Forstmenschen regiert zu werden, helle Filze stechen heraus, und die Bayerwaldberge sind brav abzuzählen, sie stehen ringsum, freilich meist nur als ferne bleiche Silhouetten. Die gute Welt von Waldhäuser ist einzusehen, die Felskappe des Lusen und weit unten am Regen Zwiesel. – Jetzt geht es auf: der steile Abstieg nach dem WW und dem Grünen Dreieck NÖ, dann gleich SÖ hinab zum schwarzen Rachelsee, durch einen felsdurchstockten, unten groben, oben leuchtenden Buchenwald, ist aufregend schön, aber als gute Menschen bedauern wir ausgelassenen Absteiger jeden, der hier heraufsteigen muß. Am Seeufer steht man im Zentrum eines Waldkraters und ist froh um das Stück Himmel über sich. Bis hierher: + 2 km = 0.45 Std.! – Jetzt geht es frömmer weiter, immerzu südwärts, bis Spiegelau: wir folgen dem Grünen Dreieck bis zur Forststraße, gehen rechts über die Brücke bis zum Ende des Holzlagerplatzes. Genau dort steigen wir etwa 30 m rechts aufwärts und finden einen fast ebenen Steig mit Rotem Dreieck. Dieser Steig rennt jetzt parallel zur Straße, aber oberhalb, durch immer schöneren Buchenwald, macht sich dann im Rachelschachtenhang selbständig, quert Blockhänge und das Grün und die Arten des Laubwaldes mischen sich immer neu. Nicht übersehen: in einer sehr verwachsenen Schneise heißt es steil links S abbiegen (Markierung), dann SÖ flacher knapp an einer Forststraße vorbeikommen. Wir befinden uns jetzt schon unterm Hüttenriegel, im Naturschutzgebiet des „Führau-Filz", und stapfen zwischen mannshohem Latschendickicht über federnde Moosböden und am Knüppeldamm dahin, der „Ochsenklavier" genannt wird. Nun schnurgerade der Markierung nach, endlich abfallend, durch Buchenbestände zum Waldrand am „Jägerfleck" und wieder SW durch Wald hinab nach Spiegelau: + 8,4 km = 2.20 Std.! – Ab hier mit dem Zug nach Frauenau. Oder nach dem WW jenseits der Bahn NW auf der Straße übers Gleis zurück, und bei der Brücke links (WW) am Waldhüttenbach, dann am Bahndamm zum Bahnhof Klingenbrunn. Weiter zum Forsthaus Linden und auf der Spiegelstraße über Altposchingerhütte nach Oberfrauenau: + 12,1 km = 3.20 Std.

AP/EP: Oberfrauenau, 720 m; evtl. Spiegelau, 732 m.

Anfahrt: Autostraßen von Zwiesel und Grafenau bis Frauenau, dann östlich bis Oberfrauenau. – Bahn: Spiegelau oder Frauenau.

Charakter: Eine sehr lange, aber auch sehr stille Rundwanderung, mit dem Knalleffekt des Steilabstieges zum Rachelsee. Wir wandern im Bereich des Nationalparkes: die Welt ist am Rachel stiller als am Arber, die Wälder dichter und geschlossener. Markierte Wege, für Kfz. gesperrte Forststraßen. – Umfassende Aussicht vom Rachel: 1453 m.

Einkehr: Waldschmidthaus, 1360 m, priv., Mai bis Okt., bei Nächtg. telef. Anmeldung ratsam. – Spiegelau, 732 m. – Bahnhof Klingenbrunn, 756 m. – Jugendherberge Frauenau, 616 m. – Baden: im kalten Rachelsee, im Schwimmbad Frauenau.

Wissenswert: Frauenau (feine Rokokokirche von 1727 von Joh. Mich. Fischer) war seit 1324 eine Einsiedlerklause des Hl. Herrmann, der später bei Bischofsmais lebte, und ist seit 1492 der Sitz von Glashütten. Schloß Oberfrauenau der Freiherren v. Poschinger 1959 abgerissen. Bei Frauenau, Richtung Zwiesel, die einzige und letzte Köhlerei im Wald.

Karte: Topograf. Karte 1 : 50 000, Blatt L 7146, Grafenau und L 7144, Regen.

Bild: Am Ufer des Rachelsee, den wir – durch die düstere, urwaldhaft verfilzte und verblockte Ostflanke – absteigend erreichen. Er bildet eine merkwürdige Idylle inmitten eines stillen dunklen Waldtrichters.

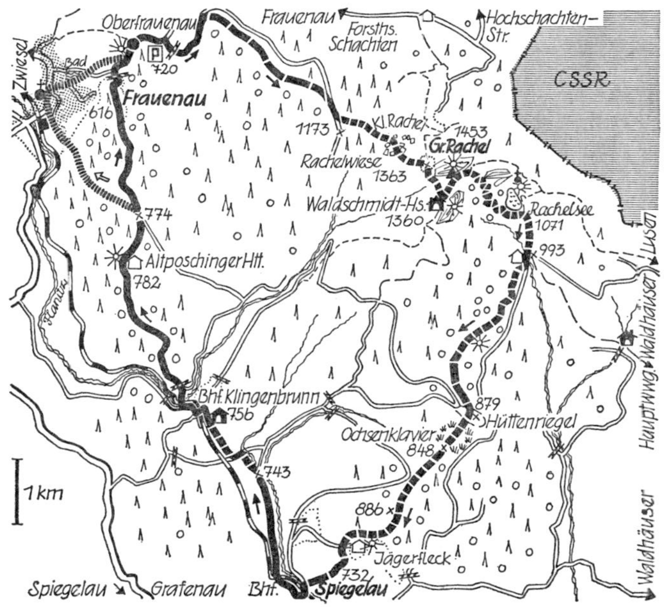

42 Bezaubernd und bequem: die kleine Rachel-Tour

1/2 Tag — 4.45 Std. – 12,5 km — 680 m HU

Diensthütte – Rachelsee – Kapelle – Gipfelgneis ... und retour

Der Rachel hinter Zwiesel, Frauenau und Spiegelau wölbt seine aus Gneis gebaute Doppelkuppel dicht an der Staatsgrenze auf. Auch er ist, wie fast alle großen Gipfel im Grenzkamm, ein ganz und gar von geschlossenen Waldregionen umspülter Berg – eine Insel der Seligen, wo die große Ruhe in die letzte Ader des Wanderers drängt... In Wahrheit ist dieser runde Bergstock unter seinem Waldsamt aufregend verklüftet und zerrissen, in der Seewand türmen sich zersprengte Blöcke aufeinander und der kleine See im Waldtrichter verschlingt wie ein ewig gähnender Rachen Geröll und totes Gestämm. – Wer nicht gerade pünktlich zur Ferienzeit kommt, also zwischen 15. Juli und 28. August, der findet, was er sucht: den ganzen Vorsommer, den vollen Herbst hin sprudeln ihm die Quellen der Einsamkeit und der Besinnung. – Wir machen uns also vom Parkplatz an der Diensthütte auf, gehen am Fahrweg hinauf zur nahen Forst-Diensthütte, treffen auf Wegweiser und Grünes Dreieck und streben gemächlich durch lichten Buchenwald erst W, dann NW aufwärts. Bei einer Wegkreuzung geht es links, fast eben zum Forststraßenknie (P. 993) und gegenüber nordwärts bergan. Bald sind wir oben am Rachelsee und am Rande seines Naturschutzgebietes: 3,4 km = 1.15 Std.! – Vorne Bachgeflüster, dann als Zentrum des schwarz ausgeschlagenen Kraters die dunkle unbewegte Wasserfläche unter der steilen Seewand. Im späten Herbst ist Adalbert Stifter neben uns und schaut mit uns auf dieses Leichenbett von tausend Jahren Wälderpracht. Wir gehen nicht links, sondern rechts N am See weiter (rotes Dreieck) durch einen uralten Wald, dessen offen liegende Wurzeln sich mit Steintrümmern und Moosplatten streiten. Der Weg biegt bald Ö ein und steigt steil zu einer Kreuzung hinauf (WW), die uns nun links nordwestwärts schickt. Beim folgenden Wegweiser machen wir links den kurzen Abstecher zur Rachelkapelle auf ihrer wilden Felskanzel und erkennen die „versteinerte Träne", jenes „unheimlich Naturauge" des Dichters. ... Dann steigen wir im ruppigen Fichtenwald, zwischen fahnigen Habergras und strahlenden Farnsternen westwärts über die Seewand hinauf und lassen uns zuletzt vom Grünen Dreieck steil bergan zum Gipfel führen mit seinem Kreuz: + 2,8 km = gut 1.15 Std.! – Jeder steigt auf die zerbrochenen Gneisrampen, schaut über die nahe Grenze in die böhmische Waldschwärze hinaus, entdeckt tote Filze, gelbbraune Moosdecken, und zählt die ihm bekannten Kuppen ab. Sie sind alle da: der Lusen mit der Felskappe, Hochschachten, Hirschenspreng, Judenberg, Maderer Hochfläche, im Osten der Schwarzberg über der Moldauquelle, im Südosten Kubany und Pleckensteinkamm, dazu weit südwestwärts eine Ahnung vom Donaustrom... Zur Rast im Waldschmidt-Haus führt eine steinige Schneise, später müssen wir wieder bis zum Gipfel zurück: + 1,1 km = 0.30 Std.! – Von der Bergwachthütte folgen wir dem Grünen Dreieck des Hauptwanderweges und steigen diesmal auf der anderen, der Westseite des Sees ab: es geht erst – umgekehrt wie im Anstieg – steinig abwärts bis auf den flacheren Rücken, dann rechts in groben steilen Serpentinen durch den geschützten Buchen-Urwald hinab zum Rachelsee: + 2,0 km = 0.45 Std.! Wieder erfrischt die hier chaotisch zerschlagene Urnatur und man hat große Lust, sein langweilig geordnetes Stadtleben ebenfalls zu Schutt zu erklären. ... Vom See-Ende gehen wir nur 50 m Ö am breiten Weg dahin, dann verlassen wir ihn rechts S an einem Pfad (Grünes Dreieck), der uns hinab zur Forststraße bringt und jenseits SÖ weiter (umgekehrt wie im Anstieg) zur Diensthütte und zum Parkplatz zurück: + 3,2 km = 1.00 Std.!

AP/EP: Parkplatz unterhalb der Oswalder Diensthütte, 876 m.

Anfahrt: Nur mit Auto ab Zwiesel oder Grafenau nach Spiegelau, an der Brücke (WW) Abzweigung Richtung Waldhäuser, später – nahe der Ohe (kleiner WW) – auf der freien Forststraße N ab.

Charakter: Die kurze, recht beliebte, also zuweilen etwas überlaufene Rundwanderung in der Rachel–Südostflanke ist dennoch aufregend schön: Rachelseetraum, Kapellenblick, Gipfelschau, ein erregender Abstieg durchs romantische Naturschutzgebiet zum See hinab – das summiert sich zu einem feinen Wandertag. Vorsommer und Herbst, wenn die „Fremden" fort sind, ist natürlich die „Saison" für die Stillen im Lande – Höchster Punkt: Rachel, 1453 m. (Überragender Ausblick.)

Einkehr: Diensthütte, 876 m, und Waldschmidt-Haus, 1360 m (Mai-Okt.).

Wissenswert: Die Rachelkapelle – von zehntausend Fotografen beschossen – hat natürlich eine Sage aufzuweisen. Sie wurde errichtet, weil sich das Pferd eines im Nebel verirrten Jägers an jener Stelle (gefährlicher Felsabbruch) geweigert hatte, weiter zu traben... Wobei unvorstellbar bleibt, wie berittene Jäger dort oben zu Rande kommen!

Karte: Topograf. Karte 1 : 50 000, Blatt L 7146, Grafenau.

Hinweis: Unser Abstieg ist ein Teil des Hauptwanderweges im Grenzkamm. Man kann Tour 39 od. 41 voransetzen oder Tour 43 anschließen.

Bild: Das längst klassische Bayerwaldbild – die berühmte, auf einer Felskante stehende Rachelkapelle. Im Mittelgrund der Rachelsee – „wie ein zärtlich Auge aufgeschlagen in dem trauernden Waldesdunkel".

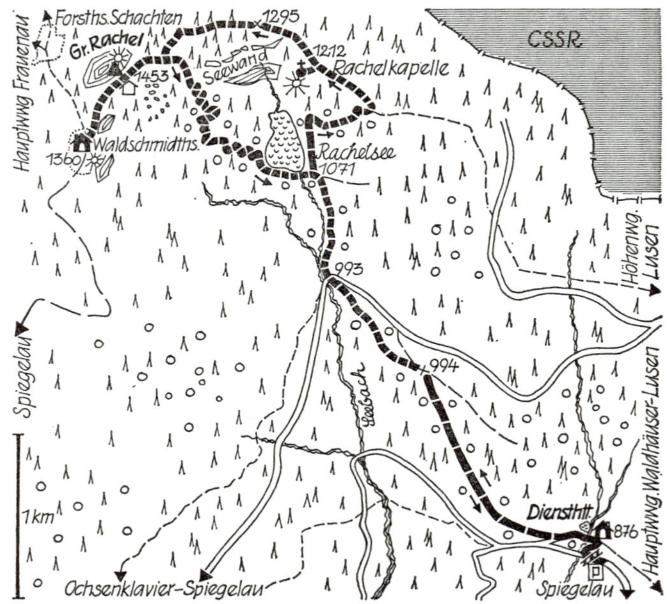

43 Vom Lusen zum Rachel

1 Tag — 9 bis 10 Std. – 27,0 km — 1075 m HU

Ein großer Tag im mächtigsten Bayerwald

Zwischen Lusen und Rachel, im Zentrum des Nationalparkes, liegen die dichtesten, geschlossensten und mächtigsten Wälder des Grenzkammes, und zwar sowohl auf bayrischer wie auf böhmischer Seite. Wir wandern zwischen beiden Gipfeln hin und her, aber auf zwei verschiedenen Wegen, zweimal parallel zur nahen Grenze: erst vom Lusen nordwestwärts auf dem welligen Hochwalddistriktsteig, der sich unterm Hochkamm auf etwa 1200 m Höhe dahinzieht, viele Stunden auf und ab durch endlosen Wald, dann zurück vom Rachel über Rachelsee und Diensthütte, immer zwischen 800–900 m Höhe, mehr im Mischwald. Keine menschliche Behausung am Hinweg, einsam auch der Rückweg nach Waldhäuser. Dafür trifft man am Rachel auf Menschen, und am Lusen sogar auf Menschheit... Wir beginnen diesen anstrengenden Tag in Waldhäuser, einer grünen schrägen Wiesenplatte inmitten der Waldwelt, einem Platz, wo noch „das einfache Leben" möglich erscheint, der glückliche Verzicht auf die vielzuvielen Reize der neuen Zeit. Genau wie bei Tour 44 anfangs am Hauptwanderweg ansteigend, dann auf der Straße und zuletzt am „Winterweg" zum Lusengipfel (und Haus): 4,6 km = 1.45 Std.! – Auf urweltlicher Blockhalde stehend einen Blick zum Rachel hinüber, ein Blick auf die ungeheure böhmische Waldmacht, auf die hellen leblosen Filze, ein Blick zu den Donauhöhen... Vom Gipfel (WW) dann schnurgerade WSW steil die herrliche „Himmelsleiter" hinunter, bald flacher durch ruppigen Fichtenwald und hüfthohe Farne zur Kreuzung bei P. 1176. Nun rechts NW scharf ab über den alten „Böhmerweg" und gegenüber am rechten der beiden Wege (Weiß-grün-weiß) durch rauhen Hochlagenwald mit dichtem Habergras, durchs obere Teufelsloch und weiter. Immer unterhalb der Kammhöhe hin auf und ab, zieht der gut markierte, schmale, manchmal morastige Steig durch bunten Mischwald, später überwinden wir einen Graben und dann geht es wieder mäßig fallend schräg über eine Forststraße (nicht auf Karte) zu einer Wegkreuzung (WW). – Nun halbrechts NW am steilen Weg dem Roten Dreieck (+ Weiß-Grün-Weiß) nach, knapp an der vielfotografierten Kapelle vorbei, und dann W flacher, zuletzt aber wieder steil am Hauptwanderweg (Grünes Dreieck) auf den Gipfel des Rachel: + 11,6 km = 4.00 Std.! – Wieder kann der Ausblick bei Gutwetter imponieren, aber er überwiegt nicht die Trächtigkeit an Eindrücken vom einsamen Waldgang . . . Das Waldschmidthaus liegt S unterhalb des Gipfels, wir können den Abstecher riskieren bei hin und zurück 1,1 km Länge und 30 Minuten Zeitaufwand. Denn wir müssen, um den Rückweg zu beginnen, vom Gipfel erst wieder NÖ (am Aufstiegsweg) absteigen, dann aber dem WW am flachen Rücken folgen und dem Grünen Dreieck des Hauptwanderweges, das uns in steilen Serpentinen SÖ durch Buchenurwald hinunter zum dunklen Rachelsee und zum Grunde des Waldtrichters führt: + 2 km = 0.45 Std.! – Gleich hinter dem See (WW) biegt der Weg mit dem Grünen Dreieck rechts S ab und führt als steiniger Pfad hinunter zur Forststraße bei P. 993 (nicht in der Karte). Gegenüber laufen wir am Hauptwanderweg weiter, wieder durch auffallend schönen hohen Buchenwald, SÖ zielend, teils leicht fallend bis zur bewirtschafteten Diensthütte: + 3,2 km = 1.00 Std.! – Einige Meter unterhalb sehen wir wieder Wegweiser und Grünes Dreieck und laufen SÖ auf dem breiten ebenen Waldweg davon, immer gerade dahin, leicht auf und ab. Hoher Laubwald bleibt die Kulisse unserer Tour, bei einem Bacherl biegt der Weg rechts S ab, kreuzt eine Forststraße und senkt sich zur Kleinen Ohe. Drüben die Teerstraße hinauf nach Waldhäuser: + 4,5 km = 1.20 Std.

AP/EP: Waldhäuser, 953 m, – oder Diensthütte am Rachel, 876 m.

Anfahrt: Autostraßen von Grafenau über Spiegelau oder Neuschönau. – Bus: nach Waldhäuser täglich von Grafenau.

Charakter: Eine gewaltige Rundwanderung im Herzen des Nationalparkes zwischen zwei der besuchtesten Gipfel – Lusen und Rachel – auf den partout einsamsten Wegen, unterm Scheitel des Grenzkammes, zwischen geschlossenen Forsten, Gehölz und Moorbecken. Wege markiert. Klassisch schön und streng im Herbst! – Höchste Punkte: Lusen, 1373 m, Rachel, 1453 m, beide mit umfassender Aussicht.

Einkehr: Lusen-Schutzhaus, 1343 m, BWV, Mai bis Okt., sonst Wochenende. Nächtigung möglich, telef. Anmeldung ratsam! – Waldschmidthaus, unterm Rachel, 1360 m, priv., Mai bis Okt. bew. Bei Nächtg. telef. Anmeldung. – Diensthütte, 876 m, priv. bew., Mai bis Okt. – Waldhäuser, 975 m, Jugendherberge. – Baden im Rachelsee.

Wissenswert: Waldhäuser, mit 910–1050 m Höhe, ist das höchste Dorf im Bayerwald, eine verstreute Hangsiedlung. 1610 gegründet als Unterkunft für die Säumer am „Goldenen Steig".

Karte: Topograf. Karte 1 : 50 000, Blatt L 7146, Grafenau.

Bild: Ausblick vom Gipfel des Großen Rachel, 1453 m. Links oben der Lusen mit seiner Granitplatte am Gipfel. Unser Ausgangspunkt Waldhäuser liegt auf der großen schrägen Wiesenscheibe (rechts oben). Wir übersehen fast unsere ganze Rundwanderung, hin und zurück.

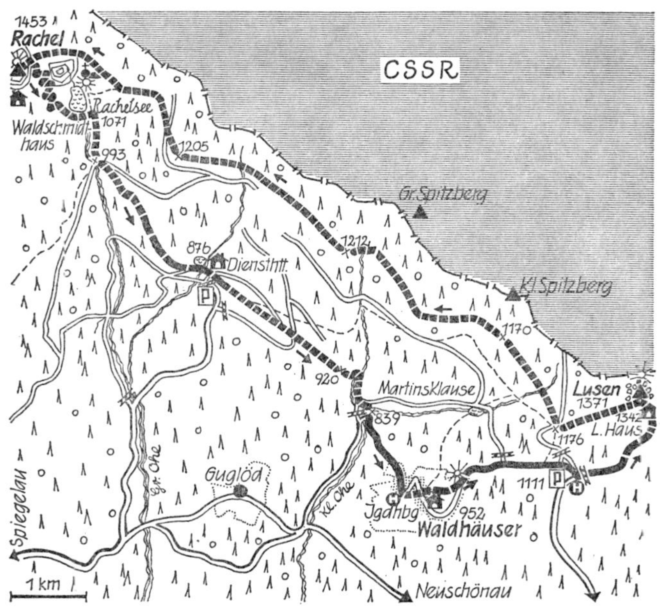

44 Von Waldhäuser zum Lusen

1/2 Tag — 3.30 Std. — 10 km — 520 m HU

Himmelsleiter, Teufelsloch und Martinsklause

Von fernher, vom Rachel oder vom Dreisesselberg, meint man, der dunkle hohe Waldberg im Grenzkamm über Grafenau habe eine grasige Glatze. Kommt man aber aus den Wäldertiefen an den Gipfel heran, dann ist man hoch überrascht, eine ungeheure Halde aus wild verworfenen Granitblöcken zu sehen, die von gelbgrüner Schwefelflechte überhaucht sind. Interessant ist die mutmaßliche Entstehung des merkwürdigen Lusengipfels: in den Jahrmillionen des alten Waldgebirges, das einstmals um 1000 Meter höher war, hat sich am Lusen ein Granitturm länger als andere erhalten, — bis Wasser und Fröste den Turm gespalten und gesprengt haben. Dieses großartige Blöckemeer bildet natürlich das Hauptereignis unserer Wald- und Bergwanderung. Dennoch besticht schon die Situation des Ausgangspunktes, die alte Streusiedlung Waldhäuser am grünen hellen Hang, über die immerzu ein schwerer melancholischer Hauch zieht, erzeugt von der Abseitigkeit dieses Ortes und von den unabsehbaren Forsten ringsumher. In ihnen tauchen wir unter, wenn wir von der Kapelle in Waldhäuser mäßig steil Ö die Hauptwanderlinie am alten Saumweg begehen (Grünes Dreieck). Ein letzter Blick zurück zum Brotjacklriegel und auf die Donauhöhen, dann kreuzt der Weg am Waldrand die Straße, steigt SÖ zum Mischwaldrücken an und folgt ihm flacher nach links. Knapp vor dem Waldhäuserriegel müssen wir uns links halten, NW hinunter, und erreichen die Straße dicht vor der Waldhausreibn bei P. 1111 m: 3,3 km = gut 1.00 Std. — Von hier setzt sich der Fahrweg links ONÖ erst flacher, dann steiler fort, nennt sich „Winterweg" und läßt uns immer schöneren Hochwald genießen mit herrlich groben Waldböden aus Farnen, Blockwerk und bleichen Gräsern. Bald ist das Schutzhaus unterm Gipfel erreicht — + 2,0 km = 0.50 Std. — Es ist für den Waldgänger eine beinahe faszinierende Sache, über die Brocken zu türmen, das rauhe, grobe, aus quarzigen Einsprengseln blitzende Urgestein zu sehen, und wie es von der Schwefelflechte gelbgrün überflammt ist. Weit rennt der Blick über schwarze böhmische Waldberge mit ihren hellen Hochmoorböden, vom Rachel über den Kubany bis zum Dreisessel, über die Passauer Buckelwelt hinaus in blaue Endlosigkeit. — Absteigend begehen wir (WW) die „Himmelsleiter", eine aus dem Blockwerk zurecht geschichtete Granitstiege, die WSW steil abwärts zieht, bis uns ruppiger Fichtenwald umfängt und flacher bis zur Wegkreuzung (WW) nahe der alten Salzstraße. Wer zur Waldhausreibn will, geht links S (Grünes Dreieck) und dann nochmal links SÖ, 0,45 Std. — Wer Waldhäuser anpeilt, geht rechts NW über die Straße weg (WW, weiß-grün-weiß) und am kaum fallenden, etwas morastigen Waldsteig weiter. Steiler auf links drehend stößt man bald auf das Ende einer Forststraße. Dort leitet rechts ein Pfad zum Teufelsloch, eine romantische Waldschlucht mit einem neuen Blöckefeld, unter dem leise die Wasser rauschen. Gleich danach müssen wir den Weg nach links verlassen (WW. Reste von roter Markg.) um auf spärlicher Spur parallel zum Bach steil abzusteigen. Wir kreuzen 2 Forststraßen, gehen aber in der bisherigen Hauptrichtung am Pfad weiter und erreichen zuletzt links haltend — SSW — die stille Martinsklause, einen ehemaligen Schwellteich: + 3,0 km = 1.00 Std. — Über den Staudamm gegangen, dann am deutlichen Weg (blauer Punkt) WSW bergan, und, eine Forststraße kreuzend (nicht auf der Karte), SSW durch feinen Buchenwald fallend weiter zum Waldrand. Der überraschende Blick auf Waldhäuser und darüber hinweg auf Waldberge und Talfurchen lüftet das Gemüt, und schräg über die Wiesen steigen wir hinab zur Kapelle: + 1,7 km = 0,30 Std.

AP / EP: Waldhäuser, 915 bzw. 952 m (Der Faule kann bis zur Waldhausreibn auf 1111 m Höhe fahren).

Anfahrt: Von Grafenau über Spiegelau, Neuschönau oder die einstige Propstei St. Oswald auf guter Straße. — Bus: Täglich von Grafenau. Bei genügender Beteiligung im Sommer Auffahrt bis Waldhausreibn möglich.

Charakter: Leichte Rundwanderung auf markierten Wegen, durchgehend im Hochwald. Umfassende Aussicht, oft bis zu den Alpen, vom freien, aus einem Blockmeer bestehenden Lusengipfel, 1373 m.

Einkehr: Lusen-Schutzhaus, 1343 m, BWV, bewirtsch. Mai bis Okt., sonst an Wochenenden. Übernachtung (telef. Anmeldung ratsam). — Jugendherberge in Waldhäuser, 975 m. — Baden in der Martinsklause verboten!

Wissenswert: Die auffallend hoch liegende, landschaftlich eindrucksvolle Streusiedlung Waldhäuser (910—1050 m) liegt inmitten weiter Wälder im Westabfall des Lusen. Sie wurde 1610 als Unterkunft für die Säumer des einstmals hier vorüberziehenden Salzweges gegründet. Von den sieben ältesten Häusern steht noch der Ameishof (Jugendherberge).

Karte: Topograph. 1 : 50 000, Nr. L 7146, Grafenau

Hinweis: Unsere Wanderung ist ein Teil des Nördlichen Hauptwanderweges, Tour 43 kann vorher, Tour 46 hinterher begangen werden.

Bild: Am Gipfel des Lusen, 1373 m. Im Vordergrund das merkwürdig mächtige, den ganzen Gipfel dieses Waldberges überspannende Blöckemeer aus gelbgrün von Flechten übersponnenem Granitgestein.

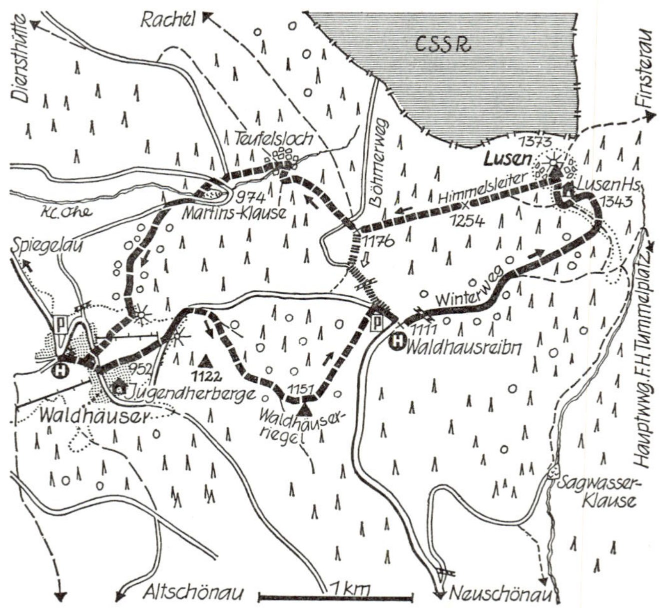

45 Aus der Schönau auf den Lusen

1 Tag · 6.00 Std. – 19,4 km · 830 m HU

Neuschönau – Sagwassertal – Lusen – Teufelsloch – Waldhäuser – Knottenbach

Lusen, Arber und Dreisessel sind die drei Bayerwaldberge, die durch wenig souveräne Planung aus dem Kronschatz des Bayerwaldes ausfallen werden: ein Sessellift und der amtliche Kniefall vor Unternehmern und Fremdenverkehrsmasse, der zwei Forststraßen bis dicht unter die Gipfel für Autos freigab, haben dies bewirkt. Man wirbt für den Bayerwald als letzte klassische, Stille und Einsamkeit bewahrende Wanderregion und zerstört gleichzeitig, was niemals wieder gutzumachen ist. Bitter, traurig! . . . Wer den Lusen als phänomenalen Bayerwaldberg liebt – sein Blöckemeer überm Gipfelmassiv bleibt inmitten der Wälderdichte ein einzigartiges Naturdenkmal – der sollte es mit unserem Vorschlag halten und sechs Stunden in der Stille laufen, steigen, bummeln, wandern, seinen fünf Sinnen zuliebe, damit sie blank und frisch bleiben. – Wir wandern von der Ortsmitte in Neuschönau NÖ auf der Straße in den Wald, zweigen nach dem Sportplatz vor einer kleinen Wiese halbrechts NÖ auf einen Waldweg ab (Blaues Dreieck), der bald zum schmalen Pfad wird, aber angenehm auf und ab durch schönen lichten Mischwald bis hinüber ins Sagwassertal und zu seiner Forststraße zieht. Auf ihr wandern wir neben dem Wasser her, die Straße wird Weg, aber jetzt schickt uns die Markierung halblinks NW steiler zur anderen Forststraße hinauf, die rechts fast eben zur Sagwasserklause läuft: schon dicht vorher biegen wir auf einem Weg links N ab und es geht schärfer aufwärts. Wir bleiben immer unweit des Baches, wandern durch abwechslungsreicheren Wald, im lichten Dämmer junger Buchen, dann im kühlen Schatten hoher Fichten und Tannen . . . In der Ski-Abfahrtsschneise treffen wir auf den Hauptwanderweg, dem wir erst scharf links SW fast eben, aber dann gleich wieder (WW) scharf rechts NNÖ folgen. Zuletzt gehen wir in der Skischneise sehr steil aufwärts (oder holen am Fahrweg in Serpentinen aus) und sind bald am Lusenhaus und mit wenigen Schritten – und Griffen – auf dem Blöckemeer des Gipfels: 8,5 km = 2.45 Std.! – Man kann sich nach dem Waldgang kaum sattsehen an den herrlich durcheinandergewürfelten Quadern, Blöcken, Bänken und Klippen, und sieht bei Gutwetter tiefbefriedigt in den Böhmerwald, auf Kubany und Rachel, in herrlich entlegene Filze, nach Waldhäuser hinaus, auf Spiegelau und Klingenbrunn, ja hinaus zu den Donauhöhen und, wenn man Glück hat, sogar auf die scharfe Kontur der Alpen. – Nach der Rast heimwärts: Genau vom Gipfelkreuz steigen wir, ein hohes Vergnügen, WSW über die „Himmelsleiter" ab und laufen unten durch groben Hochwald zum Teufelsloch – genau wie bei Tour 44! – und an dessen Granittrümmern vorbei zur Martinsklause und hinab nach Waldhäuser: + 4,5 km = 1.30 Std.! – Jetzt gibt es zwei Wege nach Neuschönau: 1. Leichter zu finden – nach WW an der unteren Serpentine erst WSW am Fahrweg, dann S eine Forststraße und die Teerstraße, rechts versetzt, kreuzend (nach Rotem Punkt) nach Altschönau. – Oder 2. hübscher: in Waldhäuser gegenüber der Jugendherberge zum Gasthaus, hinter ihm fast weglos über Wiesen in deren Südostecke. Hier beginnt am Waldrand ein immer deutlicher werdender Steig (blasser Roter Punkt), der durch wunderbaren Mischwald abfällt, später als Fahrweg eine neue Forststraße kreuzt und links haltend zur Teerstraße beim Knottenbach-Stauweiher leitet. Unterhalb des Dammes rechts SW nach Altschönau. Nun gemeinsam weiter: vor dem Bach rechts am Fahrweg (Rot. Punkt) SÖ auf und ab zwischen verstreuten Gehöften und durch kleine Waldstücke, später 100 m auf der Teerstraße, dann am Fahrweg hinab nach Neuschönau: + 6,4 km = 1.45 Std., gilt für beide Wege.

AP/EP: Neuschönau, 752 m.

Anfahrt: Autostraße von Grafenau. – Bus: werktags von Grafenau. Aber täglich von Grafenau nach Waldhäuser: evtl. Ausgangspunkt!

Charakter: Diese ziemlich umfangreiche Rundtour auf markierten Wegen nimmt den Lusengipfel und sein Blöckemeer von seiner „besten" Seite, da wo es noch still ist: durch das Sagwassertal. Auch heimwärts wird über Teufelsloch, Waldhäuser, Altschönau und Knottenbachweiher eine relativ stille Region durchwandert. Wald in allen Formen bestimmt die Kulisse: Stangerlwald, Buchenwald, urwüchsiger Mischwald und urige Hochlagenfichten. Vom berühmten Blockmeer am Gipfel umfassende Aussicht! Höchster Punkt: Lusen, 1373 m.

Einkehr: Lusenhaus, 1342 m, BWV, bew. Mai bis Okt., sonst Wochenende. Nächt. möglich, telefon. Anmeldung ratsam. – Waldhäuser, 953 m (auch Jugendherberge). – Altschönau. – Baden: in der Sagwasserklause, am Knottenbachweiher, im Schwimmbad Neuschönau (südl. Ortsrand).

Wissenswert: Das auffallende Meer riesiger Granitblöcke, die, von gelbgrüner Schwefelflechte überwuchert, das ganze Gipfelmassiv bedecken, hat keinen sagenhaften Ursprung. Vielmehr muß man sich vorstellen, daß hier vor vielleicht 600 000 Jahren riesige massive Granittürme, zernagt und zerrissen von Wasser, Sonne und explosivem Frostaufbruch, zusammengefallen sind.

Karte: Topograf. Karte 1 : 50 000, Blatt L 7146, Grafenau.

Bild: Die Ameiskapelle in Waldhäuser am Westhang des Lusen-Massivs.

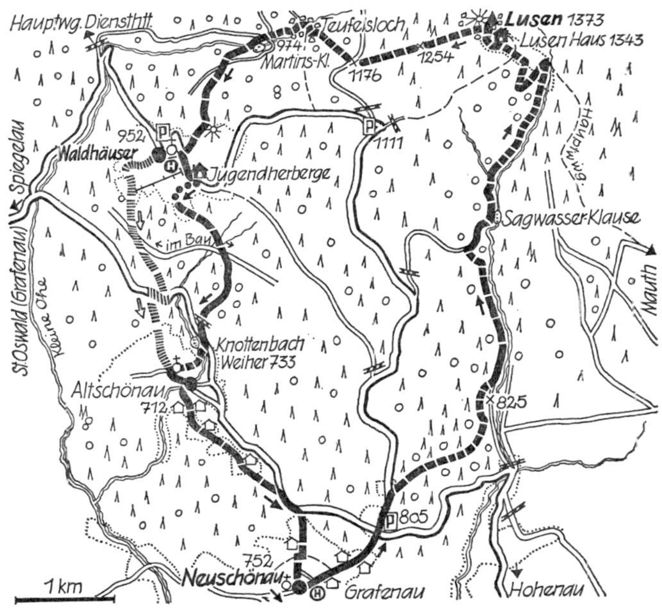

46 Drei stille Wege zum Lusen

1 Tag 7 od. 10 Std. – 23 od. 35 km 670 od. 1025 m HU

1. über Finsterau, 2. durchs Reschwassertal, 3. über die Klausen

Wir wollen den Lusen und sein kurioses Blöckemeer am Gipfel nicht zur Seite stellen, weil nun einmal alle Welt von Waldhäuser bis dicht unter den Gipfel auffährt und Haus und Blöckemeer überflutet. Der Lusen hat immer noch drei Seiten, auf denen allein der Fußwanderer das Wort führt, – vielmehr tapfer schweigt, weil ihm Stille und Waldrausch den Mund stopfen. Wir besuchen den Lusen diesmal von Mauth her auf drei verschiedenen Wegen: in 3.45 Std. durchs Reschwassertal, oder über den Rücken zwischen Reschwasser- und Teufelsbachtal in 4.00 Std., oder weit ostwärts ausgreifend durch das Teufelsbachtal und über die Klausen in 7.15 Std. – Alle diese Wege führen in die Region des geplanten Nationalparkes, oft dicht parallel zur nahen Grenze. Wir treffen auf reine frische Wasser, auf Moosböden, Quellen, auch wenn Wald, Farne, Beerengärten, Blockwerk und Vogelstimmen die Hauptszene füllen ... 1. Vom unteren Dorfende in Mauth auf der Teerstraße westlich abwärts, nach der Brücke wieder rechts N auf der Forststraße ins Reschwassertal und meist eben an Waldrändern dahin talein. Nach 2.00 Std. verlassen wir das Reschwasser und biegen links ein, um zur Kreuzung mit den zwei Hütten am Großen Schwarzbach zu kommen (WW). Nun über den Bach und W auf anfangs breitem Weg teils steil bergan, aber immer im hohen schönen Mischwald, immer unter Steinen und Farnen. Wenn der Weg dicht am Kleinen Schwarzbach entlangführt, müssen wir aufpassen, um rechtzeitig links S (undeutliche Wegstelle!) abzubiegen! Gleich darauf wenden wir uns wieder rechts W bergauf durch gelichteten Fichtenwald der Kampfzone, später flacher zum Grenzeck des Marktfleckel am Kamm und von dort links, steil über riesige Felsblöcke zum Gipfel: 11,4 km = 3.45 Std.! – Der 2. Weg: Vom oberen Ortsrand in Mauth NÖ geradeaus am alten Fahrweg bergan und N auf dem langgezogenen, aussichtsreichen Höhenrücken zwischen Reschwassertal und Teufelsbachtal dahin, Zwölfhäuser passierend, dann N nach Finsterau, 998 m. Am tiefsten Punkt der Dorfstraße (WW/Weiß-Blau) links W ab auf anfangs geteertem Fahrweg, der sich ins Reschbachtal absenkt. Die Markierung leitet nur links über die Brücke, dann am rechten Ast (nicht auf Karte) zum Schlagbaum, hier aber wieder halblinks W am fast ebenen Abkürzer und dann auf einer Straße zur wichtigen Kreuzung mit den zwei Hütten am Großen Schwarzbach. Weiter wie bei 1. zum Lusen hinauf: 11,8 km = gut 4.00 Std.! – 3. Die Route über die Klausen dürfte die längste Tour des Buches sein ... Wir wandern von Mauth wie bei Nr. 47 ins Teufelsbachtal und zur Teufelsklause. Nun W weiter über die Reschbachklause zur Schwarzbachklause. Ab dort queren wir S unterm Steinfleckberg durch und steigen dann W wie bei 1. und 2. zum Lusen hinauf: 22 km = 7.00 Std.! – Als Abstiegsweg für alle drei Aufstiegswege empfehlen wir: direkt vom Gipfel dem Grünen Dreieck nach durch die Skischneise, den Fahrweg (Winterweg) gekreuzt, und rechts auf SSW abdrehend unter kühlen tunnelartig schützenden Laubdächern hinab auf einen ebenen Steig (WW/Markierung). Diesem Steig folgen wir scharf links, eine Bachmulde auslaufend, dann wieder eben SÖ durch Mischwald, bis wir zur Lichtung mit dem Forsthaus „Tummelplatz" kommen. Nun weiter dem Grünen Dreieck nach auf der neuen Forststraße (nicht in der Karte), erst SÖ leicht bergab durch größere Kahlschläge – also mit Ausblick auf die Hügel um Mauth – dann SW drehend bis zu einer ebenen Kreuzung. Dort scharf links ab (WW + Mark.) am Jägerstraßl, später wieder rechts haltend durch Mischwald zum Reschwasser und hinauf nach Mauth: + 11,6 km = 3.00 Std.

AP/EP: Mauth, 821 m.

Anfahrt: Autostraße von Freyung. Bus: Werktags ab Passau und Freyung. – Samstag/Sonntag Bus nach Waldhäuser (siehe Tour 44!).

Charakter: Drei große, für echte Naturfreunde großartige Vorhaben, die auch eine Nächtigung rechtfertigen. Nur teilweise markierte Wege, meist in absoluter Stille! Für das Wegstück zwischen Schwarzbachklause und Kleinem Schwarzbach ist die Karte wichtig! – Höchster Punkt: Lusen, 1373 m. – Proviant mitnehmen!

Einkehr: Finsterau, 998 m; Lusenhaus, 1343 m, BWV, Mai–Okt. voll bewirtsch., sonst nur am Wochenend. Nächtigung möglich, telefon. Anmeldung ratsam. – In Mauth ist eine Jugendherberge.

Baden: In den Klausen verboten! Aber man trifft auf genug Wildwasser, Gumpen und Duschen, um seinen Gipfeleifer zu kühlen!

Hinweis: Der Abstieg vom Lusen ist ein Teil des Nördl. Hauptwanderweges, er kann auch mit unseren Touren 44 oder 49 kombiniert werden.

Karte: Topograf. Karte 1 : 50 000, Blatt L 7146, Grafenau.

Bild: Das Steinemeer auf dem Lusengipfel, das sich wie ein urweltliches Mahnmal über die höchste Kuppe spannt, wird von jedem Wanderer als erregendes Abenteuer empfunden: denn weitum ist von dieser Granitblockhalde nichts anderes zu sehen als tiefes schweres altes Waldgebirge. Über den Blöcken der überwaldete Steinfleckberg.

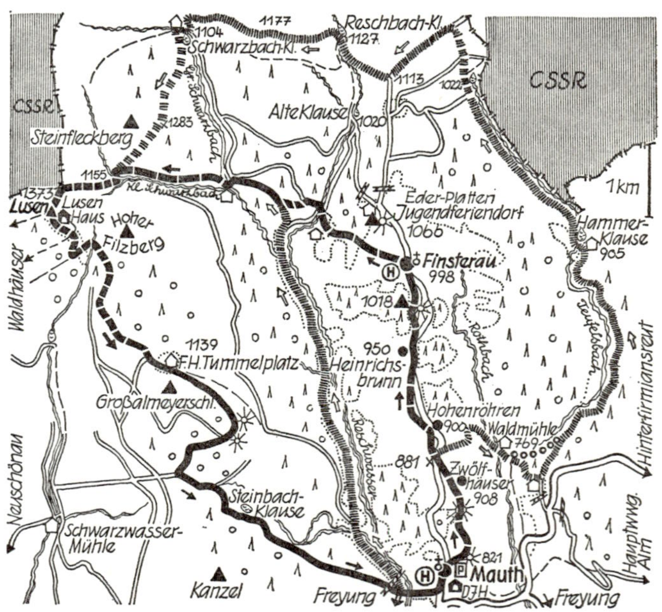

47 Zu den Klausen rings um Finsterau

Einsame Tagestour für passionierte Waldläufer

1 Tag   7 od. 8 Std. – 25 od. 29 km   620 od. 660 m HU

Östlich hinterm Lusen, wo die Grenze nach Böhmen eine scheinbar willkürliche, aber nach den geographischen Gegebenheiten doch vernünftige Ausbuchtung macht, und wo nach Meinung vieler Waldgäste „gar nichts los" ist, – weshalb man auch Teile des Nationalparkes dorthin legen will – genau dort machen wir eine sehr lange Waldtour. Wir gehen von Mauth aus, dem gottverlassenen Kirchdorf am Hang zwischen jungen Saußund jungen Reschwassern, und laufen diesen abgeschiedenen Grenzzwickel ganz und gar aus. Was wir uns als „Attraktionen" ausrechnen, das sind freilich nur überirdische Waldstille, die Abwesenheit alles Zivilisatorischen, und sogenannte Menschenleere; es kommt hinzu, daß dieses Bergwaldgebiet rauh ist und ernst. Man sagt, daß es hier viel Rot- und Auerwild gibt, sowie Fischotter. Wir treffen aber auch auf drei bzw. vier „Klausen", also Schwellteiche von einst, mit deren gestauten Wassern die Holztrift bewerkstelligt wurde: eine dramatische Angelegenheit – wenn man weiß, daß in der Minute des Wasserausbruches Hunderte von Stämmen ins brausend erfüllte Bachbett schossen ... Diese Klausen sind „stillgelegt", eingewachsen, total vergessen, – nur unsere Augen und dahinter das Gemüt entdeckt sie nach langem Waldgange immer wieder als dunkle, waldumschlossene Seeaugen. – Vom oberen Ortsrand von Mauth gerade NÖ am alten Fahrweg hinaufmarschiert auf den langgezogenen Wiesen- und Felderrücken zwischen Reschwasser- und Teufelsbachtal. Der reizend aussichtsreiche Weg führt fast eben durch Zwölfhäuser, dann leicht fallend zur Teerstraße bei Hohenröhren: hier rechts Ö ab und am neuen Sträßchen (nicht auf Karte) hinab zur Waldmühle am Teufelsbach und über ihn weg. Nun entweder 1. am Waldrand SÖ den Weg zum Müllerreutenhof hinauf und von dort angenehm auf der Forststraße ins Teufelsbachtal, oder – 2. mühsamer und weglos direkt ins Teufelsbachtal hinein, vorbei an vielen herrlich ausgewaschenen Granitfelsen. Auf der Forststraße geht es nun am wiesengesäumten Wasser zwischen Waldwänden weit hinauf bis zur Hammerklause: 9,1 km = 2.30 Std.! – Und dann weiter auf der Straße, bald neben dem Bache, der auf eine lange Strecke die Staatsgrenze bildet. Später bei der scharfen Linkskurve, schnurgerade N auf deutlichem Waldweg steil zur Teufelsklause und an ihr vorbei. Keinesfalls dürfen wir jetzt mit dem Weg nach rechts abschwenken! Wir gehen N auf der Wegspur gerade bergan weiter, kreuzen noch einen Fahrweg und treffen schließlich – 200 m von der Grenze weg – auf die Straße, die wir links SW zurück verfolgen bis zur Verzweigung bei P. 1113 m. Nun rechts NW auf der Straße zur besonders schönen und stimmungsvollen Reschbachklause, die unser Bild zeigt: + 6,5 km = 2.00 Std.! – An diesem Weltende vergißt sich viel Leid, hier läßt man Haß, Neid und sogar politische Überzeugungen fahren: man wird zum Kind der Natur. – Nun für den Rest ganz und gar auf Südrichtung geschwenkt und rechts des Reschbaches auf teils übergrastem Steig zur „Alten Klause" gebummelt. Weiter auf der Forststraße, aber nach 150 m am linken Ast (nicht auf Karte) hinauf zur Ederplatte, 1066 m, – Ausblick zum Lusen, ins Reschwassertal und auf die Grenzhöhen! Jetzt auf der Teerstraße hinein nach Finsterau, wo im Winter der meiste Schnee liegt: + 4,1 km = 1.15 Std.! – Durch den Ort S gerade am alten Fahrweg weiter und durch Heinrichsbrunn, an Hohenröhren vorbei, dann halblinks über Zwölfhäuser nach Mauth zurück: + 5,4 km = 1.30 Std.! – Variante ab Reschbachklause: W über den Dreckigen Filz zur Schwarzbachklause, dann S durchs Schwarzbach- und Reschwassertal nach Mauth (+ 4,0 km = 1.00 Std.!)

AP/EP: Mauth, 821 m. – Evtl. Finsterau, 998 m.

Anfahrt: Autostraße von Freyung. – Bus: nur werktags ab Passau über Freyung. Samstag/Sonntag siehe Tour 46! (Bus nach Waldhäuser).

Charakter: Als Ouvertüre Wiesenhügel, grüne Bachsäume, dann dicht geschlossene Forste ohne Ende, oft direkt an der Grenze, dann in großer Höhe durch tiefe, beeindruckend ernste Hochlagen- und Kammwaldungen mit den melancholischen Intermezzi durch drei bzw. vier Klausen, sogenannte Schwellteiche, heute längst eingewachsen. Eine lange Wanderung, sozusagen abseits des Menschengeschlechts! Proviant mitnehmen! Frische Wasser genug am Wege. Höchste Punkte: Reschbachklause, 1127 m, bzw. Dreckiger Filz, 1177 m.

Einkehr: Kein Wirt! Nur am Ende in Finsterau oder Hohenröhren. In Mauth Jugendherberge. – Baden in den Klausen verboten.

Wissenswert: Früher wurde der im Wald wichtige Holztransport hauptsächlich durch Triften bewerkstelligt. Da die Bäche aber zu wenig Wasser führten, wurde es in „Klausen" bzw. „Schwellteichen" gesammelt und mit einem „Schwall" samt Holz abgelassen ... Jetzt gibt es für den Transport moderne Forststraßen.

Karte: Topograf. Karte 1 : 50 000, Blatt L 7146, Grafenau.

Bild: Die Reschbachklause auf 1127 m Höhe im Forst Mauth dicht an der Staatsgrenze, eine der vier früher der Holztrift dienenden Schwellteiche auf unserer großen Wanderung im hintersten Bayerwald.

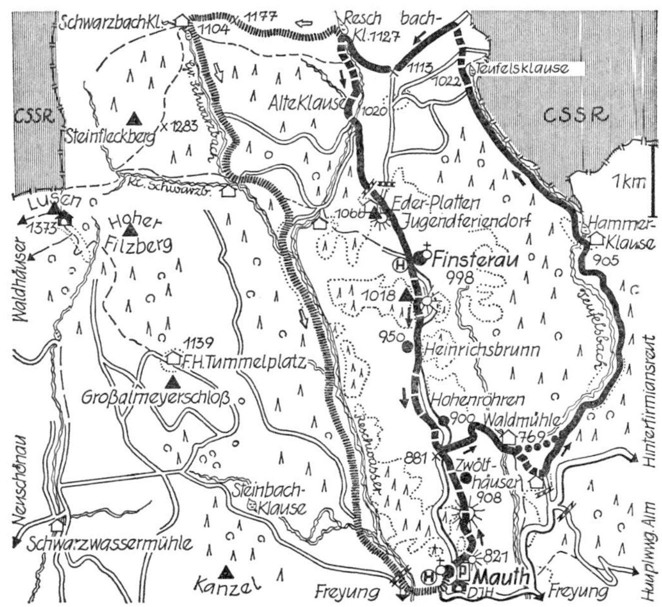

48 Wassersorgen im Tal der Großen Ohe

1/2 Tag 5.30 Std. - 18,1 km 370 m HU

Spiegelau – Steinklamm – Hartmannsreiter und Großarmschlager Stausee

In Spiegelau gehen wir diesmal nicht nordwärts den obligaten Weg zum Rachel hinauf, im Gegenteil, wir laufen diesmal südwärts davon, mit den Wassern der Großen Ohe, die, vom Rachelsee kommend, unsere Gefährtin bildet. Diese Große Ohe, die sich noch viel weiter südwärts bei Eberhardsreuth verzweifelt mit Kleiner Ohe und Mitternacher Ohe vereinigt, ihren Namen aufgibt und als Ilz Donau und Inn entgegenströmt – hat, wir werden die Zeugen sein, ein elendes Schicksal. Kraftwerksunternehmer haben ihr und allen Wanderern die rauschenden Wasser gestohlen, und wo einst schwellende Katarakte durch die Steinklamm schossen, da treibt jetzt ein Rest schmutziger Abwasser durch das schöne Tal ... Das geschah im Zeichen des „Fortschritts", der sich hier, im aufwachenden Fremdenverkehrsgebiet, als böser Rückschritt demaskieren wird. Wir tragen unsere Hoffnung auf klügere Behörden und billigen Atomstrom dennoch durch die Steinklamm, dann hoch über ihr am steilen Hang bis zum Stausee bei Hartmannsreit, biegen hier um, und streifen dann wieder nordwärts über den Großarmschlager Stausee zurück. Wir sehen, immer wenn wir aus den grünen Verstecken dieser Buckellandschaft herauskommen, auf hundert schwarze Konturen, sie gehören zu hundert sanften Waldhügeln, zwischen denen hundert himmlische Tälchen liegen und die Stille hüten. ... Wir laufen also von Spiegelau die Steinklammstraße SW ins Ohetal hinab und suchen beim E-Werk das dürftige Steiglein am Ufer neben dem einst so herrlich rauschenden Bach. Jetzt rinnt er da und dort in kleinen Wasserfällen über Platten und Stufen, dazwischen treffen wir auf Gumpen und Tümpel, die sich unter Buschwerk und Baumästen verstecken. Bald verläßt der Weg leicht steigend die Klamm, doch links haltend (WW), kommen wir nochmals kurz zum Wassser, dann geht es endgültig hinauf an den Hang und heraus aus dem Wald. Wir wandern ein reizendes Wiesenrund aus bis nach Langdorf, dann halblinks auf der abfallenden Forststraße, die südwärts die immer steileren Hänge quert. Mischwald wölbt sich über uns, unten tost der Bach, die Ausblicke sind so entzückend wie die Tiefblicke. Sobald das Gelände flacher wird und die Straße sich verliert, biegen wir links ab und gehen steil zum einsamen Haus von Rehbruck. Wir bleiben aber auf der rechten Talseite, kommen dann kurz weglos durch eine Talenge und zum Hartmannsreiter Stausee: 8,3 km = 2.30 Std. – Schöne Laubbäume, die Atrappe eines Waldsees, Stille ... Auf der anderen Seite steigen wir nach der Markierung (Rot 4, Eichkatzel) kurz NÖ auf und ab, dann rein ostwärts zum oberen Waldrand. Wir haben einen charmanten Ausblick und gehen nordwärts: auf der neuen Straße zum Hof Langfeld, dann rechts versetzt am alten Fahrweg zwischen Wiesen und Feldern nach Großarmschlag: + 4,5 km = 1.30 Std.! – Durch das Dorf gerade zur Bahn und links der Geleise entlang gelaufen, nach dem E-Werk auf die westliche Kanalseite gewechselt und am Damm zum Stausee gebummelt (Bild). Er ist von Wiesen umgeben und von Gebüsch umgürtet, beinahe ein Stück echter Natur. Auch weiterhin bleiben wir am Westufer des Sees bzw. am Kanal (Weiß-grün-weiß), kommen durch reizenden Mischwald und schauen immer wieder hinein ins tief eingeschnittene Tal der Ohe. Wo der Kanal im Dunkel verschwindet, steigen wir rechts empor (Markg.), halten uns dann links über die Bahn und gehen später am Hang entlang zur Straßenbrücke und nach Spiegelau hinauf: + 5,3 km = 1.30 Std.! – Noch hübscher: beim Kanaltunnel gerade weiter und wo der Steig endet, weglos die steilen Hänge gequert, aber mit Vorsicht, denn wir sind dicht oberhalb der Klamm! Vom Wehr über die Treppe neben der Druckleitung hinauf und am Kanal zur Brücke zurück.

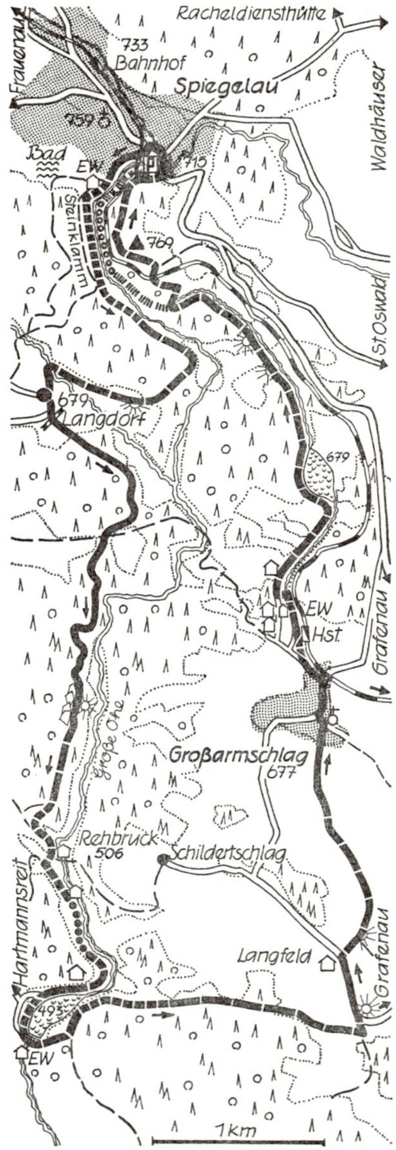

AP/EP: Spiegelau, 733 m. – **Anfahrt:** Straße und Bahn von Zwiesel und Grafenau, P. beim Bahnübergang. – Bus: von Passau.

Charakter: Eine stets interessante Rundwanderung in und über dem Tal der Großen Ohe, nur zum geringsten Teil markiert, aber gut zu finden. Das Ganze ein intimer Gang durch die grüne, wassertreibende „Unterwelt" des Bayerwaldes.

Einkehr: Langdorf und Großarmschlag. – Baden: Stauseen bei Hartmannsreit und Großarmschlag, im Schwimmbad Spiegelau.

Wissenswert: In Spiegelau gibt es große Kristallglasfabriken. Die Ohe ist durch die Kraftwerke ihres Wassers beraubt: in der Steinklamm bei Spiegelau fließen nur Reste, der andere Teil fließt über den Großarmschlager Stausee.

Karte: Topograf. Karte 1 : 50 000, Blatt L 7146, Grafenau.

Bild: Zwischen Spiegelau und Grafenau treffen wir inmitten waldiger Verstecke auch auf den Großarmschlager Stausee. Sein Wasser hat er der Großen Ohe geraubt, es tröstet nur die im Bild sichtbare Idylle.

49 Mauth – Almberg – Schlichtenberger Forst

1 Tag · 7.45 Std. – 26 km · 805 m HU

Einsame Wanderschaft im hintersten Wald

Nordostwärts von Freyung dehnen sich um Mauth, Firmiansreut und Philippsreut – wo die Talhöhen schon 800 bis 1000 Meter betragen und der Schneewinter selten kürzer als sechs Monate dauert – riesige, geschlossene Forsten. Hier liegen oft drei Meter Schnee, zwischen den Liften am Almberg findet ein heiterer Skipistenzauber statt, aber im kurzen Sommer ist alles still, einsam, und arm. Dazu kommt der kalte Hauch von der nahen Grenze. Umso geborgener fühlen wir uns auf dieser großen schönen Waldwanderung. Unsere Skizze erklärt unsere Ziele, unser Bild deutet die Grundstimmung an. Wald, zumal Mischwald, ist fast überall um und über uns, und die strenge kühle Luft, die wir atmen, kommt aus seinen Tiefen ... In Mauth folgen wir dem Grünen Dreieck, gehen Ö an der Jugendherberge vorbei und am Rande kleiner Waldinseln abwärts. Links wird ein Wiesental gequert zum jenseitigen Rand, und dann geht es am alten Fahrweg zur Annathalmühle hinab: 1,6 km = 0.30 Std.! – Jetzt auf der Teerstraße links N nur 100 m gelaufen, dann rechts NÖ in den Laubwald angestiegen (immer noch Grünes Dreieck). Am oberen Rand der Wiesen halten wir uns rechts Ö schräg am Hang und marschieren durch schönen lichten Buchenwald. Der Weg kreuzt zweimal Forststraßen, dann mündet er in die „Almerstraße" ein, auf der wir bleiben, bis sie SÖ einbiegend flacher wird. Nun Achtung: beim dritten Bächlein halblinks OSÖ abgezweigt und auf gutem Weg bergauf (WW); wir kreuzen Skilift- und Pistenschneise und schauen plötzlich westwärts weit hinaus auf Mauth und das Waldland bis zum Lusen, sehen Dorf Kreuzberg auf seinem runden Hügel und sogar den Brotjacklriegel. Nach der anderen Seite, auf Dreisessel und Böhmerwald, sehen wir wenig später, wenn wir die abfallende Wiesenfläche der „Alpe" (Bild) erreicht haben. Einige alte arme, in den Hang geduckte Häuser, wenige greise Bäume, und sonst nichts als Waldweiten, aus denen kühl Stille weht und armselige Verlassenheit. – Natürlich steigen wir dennoch hinauf zum höchsten Punkt des Almberges: + 4,0 km = 1.30 Std.! – Anschließend zurück und SÖ weiter gelaufen am Fahrweg erst abwärts über Wiesen, dann im Wald gerade über die Kreuzung und wieder auf einem Sträßchen leicht steigend zum Sattel zwischen P. 1112 und P. 1099 m. Am Sattel im dichten Mischwald endet die Straße, setzt sich aber Ö als Weg fort. Er wird bald wieder zur Forststraße, die dann halbrechts ansteigt. Dort verlassen wir sie am breiten Fahrweg, wo wir ins Freie treten und über die Wiesen hinunter nach Philippsreut laufen: + 4,1 km = 1.15 Std.! – Die Häuser von Philippsreuth liegen 980 m hoch, hier kommt der Frühling erst, wenn man ihn schon aufgegeben hat ... immer zu spät. – Am südlichen Ortsrand begehen wir die parallel zur B 12 ziehende alte Straße, sie führt zum Wald hinauf, wo wir dann, bei der Gabelung, am unteren Ast SW zum Forsthaus Schlichtenberg zielen. Wieder auf der B 12, gehen wir W zum jenseitigen Waldrand, dann rechts NÖ ansteigend an ihm entlang auf einer Forststraße zur Kreuzung im Sattel zwischen P. 1060 (Schwarzkopf) und P. 956 m. Jetzt quert unsere Straße abwechslungsreiche Hänge, erst NÖ, dann NW, dann – an ihrem Ende – setzt sie sich als Steig fort zu einer anderen Straße, die gleich darauf endet. Nun kurz am Pfad gerade weiter über die zwei Bäche der „Schreienden Seige", links W auf übergrüntem Waldweg leicht abwärts und rechts haltend zur Teerstraße. Auf ihr durch Mischwald bergan, an der Talstation des Skiliftes bei der Bärenbachklause vorbei und dann am Hauptwanderweg links W (wie beim Hinweg) hinab zur Annathalmühle und drüben hinauf nach Mauth: + 15,9 km = 4.30 Std.

AP/EP: Mauth, 821 m, od. Annathalmühle, 745 m (– 3 km = – 1 Std.).

Anfahrt: Autostraße von Freyung. Parkplatz im oberen Ortsteil oder bei der Annathalmühle. – Bus: am Werktag ab Passau über Freyung. Als Sonntagstour evtl. ab Philippsreut (Bus nur am Sonntag ab Passau –Freyung und tägl. ab Grafenau–Freyung).

Charakter: Eine große, stets einsame Rundwanderung auf markierten Waldwegen bei immerhin über 800 m Höhendifferenz, im Rückmarsch meist Forststraßen. Höchster Punkt: Almberg, 1139 m, mit weiter Aussicht über den ärmsten (und höchstgelegenen) Winkel im Bayerwald.

Einkehr: Wirtshäuser in Annathalmühle, 745 m; auf der „Alpe", 1095 m; in Philippsreuth, 980 m. – Baden: in der kalten Bärenbach-Klause.

Hinweis: Der grenznahe Winkel zwischen Mauth-Almberg, Philippsreut und Bischofsreut, überall zwischen 800 und 1000 m hoch, ist das schneereichste Gebiet im Wald, nicht selten liegen hier drei Meter Schnee. Diese Tour ist ein Teilstück der nördl. Hauptwanderlinie. Siehe Tour 83 und Skizze weiter nach Bischofsreut: erst auf der Straße Ö, im Wald dann auf der „Almerstraße" S bergan: + 4,8 km = 1.30 Std.

Karten: Topograf. Karte 1 : 50 000, Blätter L 7146, Grafenau und L 7148, Bischofsreut.

Bild: In schwermütiger Stille und Armut liegt die Einöde „Alpe" zwischen Mauth und Philippsreut in der Südflanke des Almberges, 1139 m.

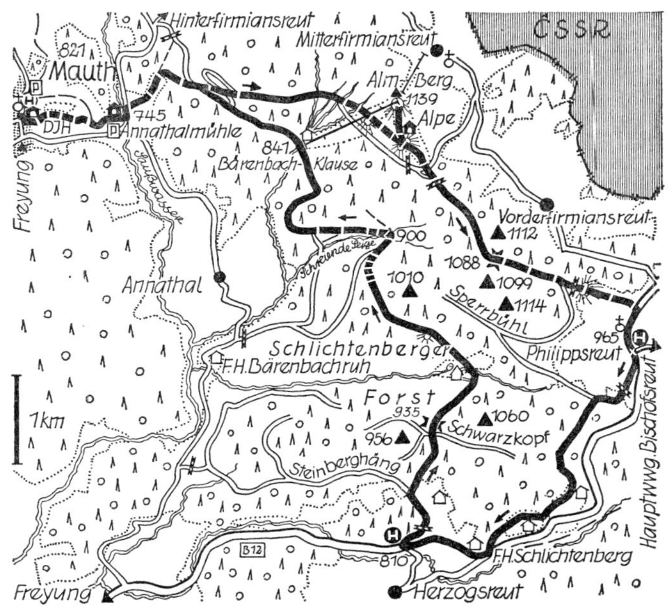

50 Nach Leopoldsreut – totes Dorf am Goldenen Steig

1 Tag 6.45 Std. – 24,3 km 660 m HU

Hobelsberg – Bischofsreut – Leopoldsreut – Haidel

Wir zielen auf das einmal als „Sensation" vielgenannte „sterbende Dorf" Leopoldsreut auf dem über 1000 Meter hohen Waldkamm zwischen Bischofsreut und Grainet – einem Seitenarm des Grenzkammes. Das Dorf ist tot, man wird es erschaudernd begreifen. Von Sträuchern und Brennesseln überwachsen, da und dort Mauerreste, einzig die St. Nepomukkirche am Waldrand, eine Schule ohne Kinder, ein halb verfallenes Forsthaus – 1108 Meter hoch. Bald hat der Wald alles zurückerobert, hier, wo einst der „Goldene Steig" nach Böhmen zog. Aber ein überlanger Winter mit metertiefem Schnee und fegenden Ostwinden, das Fehlen von Wasser und Strom haben das 1618 vom Passauer Fürstbischof Leopold zur Sicherung von Steig und Grenze gegründete Dorf ausgelöscht. Eine unheimliche Stille weht über den Kamm; wer fühlen kann, drückt den Ausgewanderten im Geiste die Hand: schlechter können sie es nirgends mehr angetroffen haben ... Dennoch ist unser großer Rundgang von einer tief besänftigenden, tief tröstlichen Schönheit. – Wegweiser und Rotes Dreieck führen uns vom kleinen Hobelsberg Ö weg, erst auf Straße, dann SÖ am Kreuzweg mäßig steigend durch bunten Mischwald zu den Kohlstattbrunn-Kapellen und dann eben weiter. Der Weg quert später Wiesenstreifen, wir passieren die einsamen Höfe von Reut, und direkt überhalb des dritten Hofes finden wir im Wald die große Wallanlage der Schwedenschanze. An ihrer Ostseite zieht ein Hohlweg NÖ bergan, läuft am oberen Rand der Wiesen von Gschwendet – feiner Ausblick! – hin und steiler hinauf zu einer Forststraße. Auf ihr kurz östlich, später nordwärts (diese Richtung behalten wir bis Bischofsreut bei!) eben weiter bis zur Abzweigung zwischen zwei Bächen (Osterbach). Hier scharf links ab, bei den nächsten Gabelungen jeweils rechts N, am Hang, der dichten Mischwald trägt, immer entlang bis zur Rothbachbrücke, P. 912 m. Leicht fallend gehen wir rechts NÖ weiter – von der Wiese mit Teich Aufblick zum Dreisessel! – zur Straßenkreuzung bei P. 861 zwischen Kiesau und Marderau. Hier links NW (rot-weiß-rot) zur Brücke, dann rechts N auf der Forststraße empor (evtl. mit kleinem Umweg über die Weberaubachklause!) zum Forstamt und auf aussichtsreicher Straße hinein ins Dorf Bischofsreut: 13,6 km = 3.45 Std.! – Hier sollte man auf 982 m Höhe Rast machen, ehe man in der Gegenrichtung zurückwandert. Es geht SW (WW. Mark.: Gelbes Hufeisen) auf dem „Goldenen Steig" hin empor, anfangs ein Fahrweg, dann eben am Wiesenrand oberhalb des Forstamtes gerade über die Kreuzung in den Wald. Bald wird der Weg grasig, aber er ist gut zu finden, denn er verläuft immer SW auf dem Kammrücken des Sulzberges. Später rennt er auf und ab zwischen Fichten- und Laubwäldern zur Straße und nach Leopoldsreut, wo einst sechzehn Höfe standen. Die Aussicht wäre schön, fiele einem nicht das „tote Dorf" auf die Seele. Man geht gerne weiter SW an der Straße, bis sie fallend eine Kreuzung erreicht (WW); hier steigen wir halblinks S schnurgerade dem Blauen Dreieck nach, zuletzt steil zum Fernsehturm am Haidel. In der folgenden Kabelschneise geht es S steil und grob abwärts, bald stoßen wir auf einen querenden Fahrweg (Karte falsch! Es gibt keine direkte Straße S nach Obergrainet!) und folgen ihm links Ö zu einer Forststraße (nicht in Karte), die uns, rechts SW abwärts drehend, nach Obergrainet führt: + 9,0 km = 2.30 Std.! – Der Ausblick wird überraschend hell und weit, die Höhen von Oberfrauenwald und Steinberg, das Freyunger Hügelland erlöst uns aus dem Walddämmer, wir ahnen die Donau und sehen zuweilen die Alpen. Am Sträßchen gehts hinab nach Hobelsberg: + 1,7 km = 0.30 Std.!

AP/EP: Hobelsberg bei Grainet, 759 m.

Anfahrt: Autostraßen von Waldkirchen und Freyung bis unterhalb Grainet, dann kleine Straße nach Hobelsberg. – Bus: Privatbus von Waldkirchen und Freyung nach Grainet. Dann zu Fuß 1,6 km = 0.25 Std. auf der Straße nach Hobelsberg. – Im Rückweg steigen wir von Obergrainet (siehe Skizze) nach Grainet hinunter.

Charakter: Landschaftlich sehr reizvolle, aber große und einsame Rundwanderung, meist auf Forststraßen, nur teilweise auf markierten Wegen: alles in Höhen zwischen 800 bis 1100 m. Die Situation am völlig vereinsamten Kamm beim einstigen Dorf Leopoldsreut erweckt lähmende Eindrücke. – Höchster Punkt: Haidel, 1167 m.

Einkehr: Nur in Bischofsreut am halben Wege! Deshalb neben Wetterschutz auch kleinen Proviant im Rucksack. Wasser überall quellfrisch und klar. – Baden: evtl. im kleinen Weiher unterhalb der Straße nahe der Rothbachbrücke.

Karten: Topograf. Karte 1 : 50 000, Blätter L 7148, Bischofsreut, L 7348, Wegscheid, evtl. L 7146, Grafenau, und L 7346, Waldkirchen.

Bild: Ausblick vom menschenleeren Hochkamm am alten „Goldenen Steig" zwischen Bischofsreut und Grainet gegen Südosten zum Dreisesselkamm. Hier lag einst das arme, als „sterbendes Dorf" vielgenannte Leopoldsreut. Unter dem Talnebel fließt die Kalte Moldau, ein Quellbach der großen Moldau, nach Böhmen hinein.

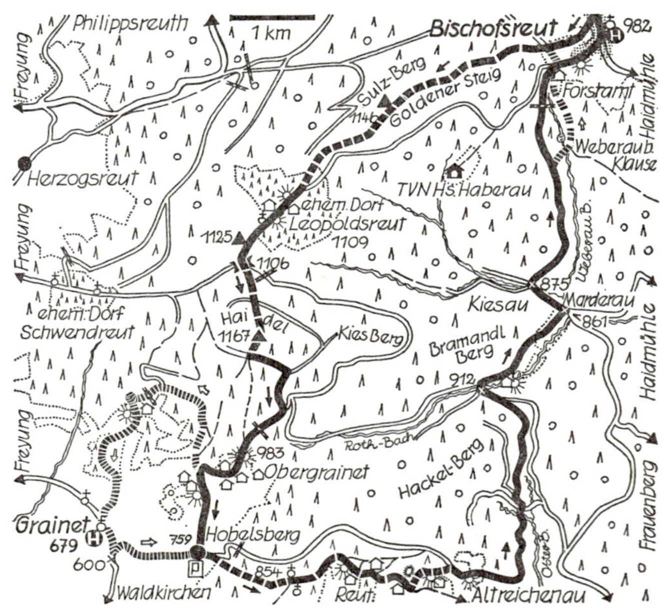

51 Wald und Wiese am „Eisernen Vorhang"

1/2 Tag 4.30 Std. – 15,6 km 245 m HU

Bischofsreut – Haidmühle – Weberaubachklause

Wo wir wandern, ist die bayrisch-böhmische Grenze nicht wie sonst im Bayerwald die Wasserscheide: hier um Philippsreut, Bischofsreut und Haidmühle fließen alle Wasser der Moldau zu. Noch merkwürdiger: mitten durch die Talwiesen geht mit dem schmalen Köhlbach die Grenze – der „Eiserne Vorhang". Diesseits Höfe, fleißige Bauern und gemähte Wiesen bis zum letzten Handbreit an den Bach – jenseits braune verwilderte Wiesen, die der Wald zurückerobert, Menschenleere, verfemte Zonen. Die kleinen Orte aus der jüngsten Kolonisationszeit im Wald, erst im 19. Jahrhundert gerodet und besiedelt, sind arm. Ihr Winter ist bei einer Talhöhe über 800 bis 1000 m zu lang, die Existenzmöglichkeiten sind beschränkt ... und über der im Wechsel von Wiese, Wald und Bach reizvollen Landschaft liegt ein Trauerflor. – Wir wandern von der Kirche (WW) in Bischofsreut S auf der Straße Richtung Haidmühle abwärts. Sehr bald schon, 10 m nach dem km-Stein 81, zweigen wir bei einem Wäldchen links Ö ab und gelangen an einem reizenden Feld-, dann Fahrweg leicht fallend in eine grüne, teilweise leicht moosige Landschaft, und zwar parallel zur Straße. Durch ein Waldstück kommen wir zum einsam gelegenen Hotel Auersberg: 3,0 km = 0.45 Std.! – Auf andere Weise kommen wir hierher, wenn wir ab Bischofsreut erst SW zum Forstamt gehen, dort nach WW halblinks SW die Forststraße abwärts und sofort nochmals halblinks S (weiß-blaue Welle) auf teils steinigem, teils grasigem Waldsteig mäßig fallend zur Weberaubachklause. Ab dort laufen wir halblinks SÖ auf kaum steigendem Knüppelweg, der bald zur Forststraße wird, um den Eibenberg ganz herum, dann nördlich bergab und rechts (vor der Teerstraße) NÖ abkürzend zum Hotel Auersberg: diesmal 4,0 km = 1.00 Std. – Von diesem Hotel, das nur noch 1000 m von der Grenze entfernt liegt, wandern wir erst auf der Teerstraße (auf Karte nur Weg, Grünes Dreieck) Ö nach Auersbergreut und dort rechts SÖ abknickend, wenig fallend, zum Köhlbach: er bildet die Grenze, die grüne frische Wiese diesseits bestätigt es uns so gut wie die braune, niegemähte, langmähnige „Wiese" jenseits, in die schon junge Bäume hineinwachsen. Wir suchen nach der Karte das Dorf Schönberg – es ist nicht zu sehen. Wir suchen die Brandhäuser – sie sind nicht mehr da. Beide Siedlungen wurden eingewalzt, die Menschen ausgetrieben. Alles sieht nach Frieden aus dort drüben, aber uns friert bei diesem Anblick ... Wir gehen weiter SÖ dicht am Bache hin (den wir nie überschreiten dürfen!), passieren die wenigen verstreuten Häuser von Theresienreut, erreichen Haidmühle: + 3,1 km = 1.00 Std.! Wir können über die Brücke der Kalten Moldau in den Ort gehen und rasten, oder den verfallenden Bahnhof sehen, der keine Eisenbahnzüge mehr kennt. Ansonsten biegen wir bei der Moldaubrücke rechts W ab, verfolgen die Teerstraße, kommen in den Wald und folgen nach 450 m halblinks der geteerten Forststraße insgesamt SW fast eben bis zur großen Kreuzung zwischen Marderau und Kiesau bei P. 861 der Karte. Dicht links fließt die kleine Kalte Moldau. Wir biegen aber halbrechts NW (weiß-rot-weiß) ab zur Brücke bei P. 875 und halten uns hier scharf rechts NÖ, später N. Durch schönen stillen Mischwald geht es leicht bergan, wir bleiben ein längeres Stück auf der Straße – oder riskieren rechts, 1,5 km nach der Kurve, den Abstecher zur Weberaubachklause. So oder so, in beiden Fällen kommen wir nordwärts zum Forstamt Bischofsreut und marschieren zum guten Ende von dort entweder rechts NÖ auf der Straße, oder halblinks erst zum oberen Waldrand und dann rechts am Fahrweg ins Dorf Bischofsreut hinein: + 8,5 km = 2.30 Std.

AP/EP: Bischofsreuth, 982 m. – Haidmühle, 814 m.

Anfahrt: Autostraßen von Philippsreut (an der B 12 von Freyung) oder von Waldkirchen–Altreichenau. – Bus: Sonntags ab Passau, werktags ab Grafenau, täglich ab Freyung nach beiden Orten.

Charakter: Rundwanderung in hügeliger lichter Landschaft, auf markierten Wegen und nur selten befahrenen Straßen. Später durch Wälder.

Einkehr: Hotel Auersberger Hof; Auersbergreut; Haidmühle. – Baden evtl. in der Kalten Moldau bei Haidmühle. In der Weberaubachklause zwar nicht verboten, doch wegen betoniertem Steilrand unbequem.

Wissenswert: Bischofsreut, 982 m, einst am „Goldenen Steig" nach Böhmen, 1705 vom Passauer Fürstbischof gegründet (reut = roden). Heute armes, auf den Fremdenverkehr hoffendes Reihendorf mit Waldhufenflur: zugewiesener Landstreifen jeweils hinterm Haus. Im Innern der Statue des Heiligen Nepomuk (der dies stumm ertrug!) beim Forstamt wurde gelegentlich feierlicher Prozessionen gerne Saccharin geschmuggelt. – Die einträgliche Heimarbeit von einst – Siebringe, Holzdraht, Schindeln, Holzschuhe – hat die moderne Industrie beendet.

Karte: Topograf. Karte 1 : 50 000, Blatt L 7148, Bischofsreut.

Bild: Der kleine Flecken Haidmühle, dicht nördlich unterm Dreisesselmassiv (rechts oben), liegt direkt an der tschechischen Grenze. Bäume und Bäumchen im Bild links unten liegen auf tschechischem Boden, die gemähte Wiese rechts vorne ist bayrisch.

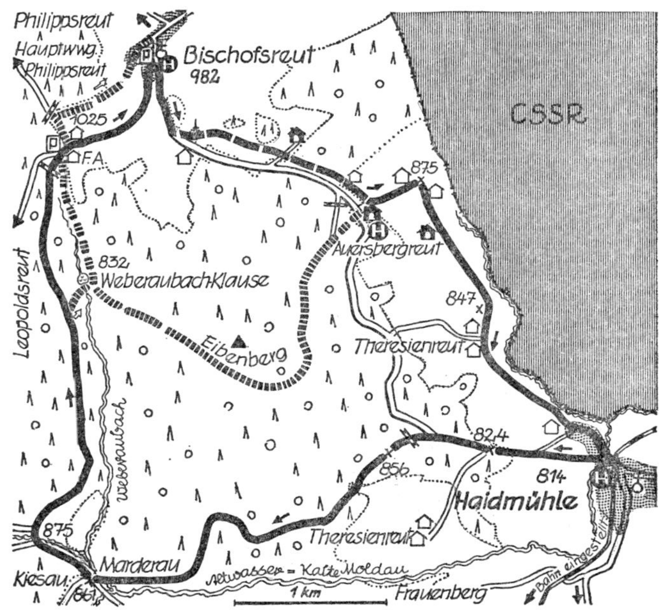

52 Von Haidmühle auf Hochstein und Dreisesselfels

Über die Kreuzbachklause hinauf – über Frauenberg zurück

Gut 1/2 Tag 5.30 Std. – 17,7 km 510 m HU

Hochstein und Dreisesselfels sind die beiden nördlichen Erhebungen im großen Pleckensteinhochkamm des böhmisch-bayrisch-österreichischen Grenzkammes – nahe am Plöckenstein Adalbert Stifters, unter dem der berühmte See liegt. Man soll das wissen, wenn man von Haidmühle zum Hochstein aufsteigt, denn bald umschließt uns Stifter'sches Weltgefühl, ein tiefes, alle Tagesnöte abweisendes Wohlbehagen: wenn wir Stunden durch Bergwald schreiten, dessen hütende Stille nur vom Flüstern winziger Bachläufe unterbrochen wird – wenn nicht Stürme seine Wipfel biegen und brechen ... Von Haidmühle gehen wir nach der Hauptwanderlinie (Grün. Dreieck) auf einem Sträßchen OSÖ bergan bis Haidhäuser, ab dort SSÖ durch ein Wäldchen, dann am flachen Wiesenrücken – ein Blick nach Böhmen hinein! – und dann im tiefen Wald in weiten Schlingen, fast eben bis zur Kreuzbachklause auf 928 m Höhe: 3,5 km = gut 1.00 Std.! Ein kleines strenges Paradies für die Augen, selbst für Badefreunde. – Von hier durch grasigen Fichtenforst am breiten Weg südlich, bald stärker steigend über die erste, dann links Ö einbiegend über die zweite Forststraße hinweg zur Teerstraße (WW). Der Weg setzt sich gegenüber in südöstlicher Richtung fort, berührt das Ende eines Fahrweges (nicht auf Karte) und steigt dann, nun schmäler, kräftig S an, wird steil und grob zwischen hohen Farnen und im urwüchsigen, vielfach verblockten, von blankem Wurzelwerk durchflochtenem Hochwald. Am Beginn des breiten Kammweges ist ein WW, wir halten uns scharf rechts NW (weiß-rot-weiß) und erreichen über Granittreppen den Felsturm des Hochsteins: + 3,5 km = 1.30 Std.! Man schaut wie von einer Tribüne über alle Wipfel hinweg in die weiten böhmischen Wälder mit dem Kubany als höchstem Gipfel, auf die Stadt Wallern, schaut auf den ganzen oberen Bayerwald um Haidmühle und Bischofsreut, erkennt Lusen, Rachel und Arber. Adalbert Stifter steht zu unserer Rechten, Gottfried Keller zu unserer Linken – „Trinkt, o Augen, was die Wimper hält, von dem goldnen Überfluß der Welt". Wir gehen am Kamm weiter zum Unterkunftshaus, und wer es kann, der klettere unterwegs auf einen der hier wartenden herrlichen Granittürme. Am Haus drüben, wo die eigentlichen „Dreisessel" stehen, wie aufeinandergelegte Fladen aus rundem Granit aussehend (Bild), reicht der tschechische Drahtzaun bis an die Sockel jener phänomenalen Felstürme. Die Aussicht ist dennoch großartig: Passauer Gehügel, das helle österreichische Mühlviertel, fernes Donauland und bei klarer Sicht Totes Gebirge und Dachstein – im Spätherbst betörend nahe ... Ab Hochstein: + 0,5 km = 15 Minuten! – Heimwärts müssen wir erst zurück zum Hochstein (WW. Weiß-rot-weiß), von dem aus ein deutlicher Pfad sehr steil und steinig durch Bergfichtenwald mit Gras- und Farnböden NW in die Tiefe läuft, zuletzt zur Teerstraße (WW). Gegenüber setzt sich der Pfad mäßiger fallend fort, wird breiter und kreuzt dann in herrlichem Mischwald eine ganz neue Forststraße (nicht auf Karte). Hier biegt er langsam auf W und erreicht die Jugendherberge. Unter ihr links geht es über Wiesen zur Straße nach Frauenberg: + 5,2 km = 1.30 Std.! – Etwa 150 m westlich der Bahnüberführung schwenken wir rechts ab, nehmen die rechte der beiden Forststraßen (nicht auf Karte) und bleiben nun in strenger Nordrichtung. Es geht immer am lustigen Mirasatbach dahin und erst am Ende rechts über die Geleise zur Teerstraße und nach Haidmühle: + 5,0 km = 1.25 Std.! – Evtl. dorthin auch mit Bus ab Jugendherberge Frauenberg. – Eine Variante, siehe Skizze: Direkter Anstieg ab Frauenberg nach Markierung Roter Punkt steil hinauf zum Hochstein (4,5 km = 1.45 Std.).

AP/EP: Haidmühle, 814 m. – Evtl. Frauenberg, 860 m.

Anfahrt: Bahn eingestellt. – Autostraßen ab Freyung oder Waldkirchen. – Bus: täglich ab Waldkirchen nach Frauenberg und Haidmühle. Nur nach Haidmühle werktags ab Grafenau, sonntags ab Passau–Freyung.

Charakter: Ungewöhnlich großartige Berg- und Forstwanderung auf markierten Wegen und gesperrten Forststraßen, aus grünem buntem Bauernland auf den rauhen, blockreichen Hauptkamm. Die Höhepunkte: Dreisessel-Türme aus Granit, Ausblick in drei Länder, die vollkommene Idylle der Kreuzbachklause. Höchster Punkt: Hochstein, 1332 m.

Einkehr: Dreisessel-Haus, 1302, BWV, im Nov. geschlossen. Übernachtg. nur nach telefon. Anmeldung! – Jugendherberge Frauenberg, 900 m. Wirt in Frauenberg, 860 m. – Baden in der kalten Kreuzbachklause.

Wissenswert: Der Dreisesselberg, in alten Urkunden Hennhardtsberg (= Hühnerhabichtsberg) genannt, wurde erst im 19. Jh. zum Begriff, wohl auch durch den Dichter Adalbert Stifter. Es ist zwar sagenumwoben, aber unbekannt, wie und wann die „steinernen Sessel" in den Gipfelfels gemeißelt wurden. – Frauenberg ist die Wasserscheide zwischen Moldau–Elbe–Nordsee bzw. Ilz–Donau–Schwarzmeer. – Am Frey-Hof in Frauenberg als große Seltenheit eine Glocke aus Glas!

Karte: Topograf. 1 : 50 000, Bl. L 7148, Bischofsreut + L 7348, Wegscheid.

Bild: die „Drei Sessel" am Gipfel des Dreisesselbergs wirken wie aus runden Granitpfannkuchen aufgeschichtete Türme.

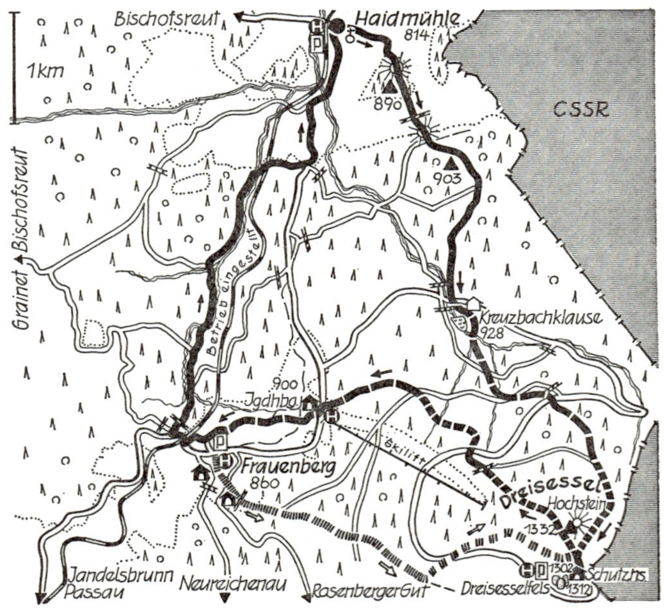

53 Auf den Spuren Adalbert Stifters

1/2 Tag — 4.15 Std. – 13,1 km — 560 m HU

Dreisessel – Steinernes Meer – Rosenbergergut

Die östlichste Aufwallung des Grenzkammes im Bayerwald heißt Pleckensteinkamm und umfaßt eine merkwürdige Kette von Gipfeln, die teils durch ihre kuriosen Felsbildungen wie am Hochstein und Dreisessel berühmt wurden, teils durch die dichterische Glut Adalbert Stifters: seine berühmte Erzählung „Der Hochwald" spielt unter der Seewand des „Plöckensteinersees", am Sockel des Dreisessel im Rosenbergergut wurde das Spätwerk „Witiko" geschrieben. Die Intensität, mit der Adalbert Stifter diese in sich ruhende, weltentrückte und vom schützenden Waldwesen bestimmte Landschaft in vielen Büchern dargestellt hat, hat ihr zugleich klassischen Ruhm verschafft. – Wir machen es uns diesmal leicht, indem wir mit dem Auto oder Bus bis zum Parkplatz dicht unterm Dreisesselhaus auffahren und erst dort zu wandern beginnen: vom Parkplatz in guten 10 Minuten zum Unterkunftshaus, dabei auf Tuchfühlung mit dem Drahtzaun der Grenze, und nun auf steiler Felstreppe auf einen der seltsam aufgeschichteten Plattentürme vor eine ungemessen weite Aussicht gegen Süden und Westen: das österreichische Mühlviertel, freundlich hell gehügelt, gegen Passau das Gemugel um Hauzenberg, wo der herrliche blaue Granit gebrochen wird, und oft auch überm Flachlanddunst die scharfe Silhouette der Alpenberge. Von hier zum nahen Hochstein (0,8 km = 0.20 Std.) geht man am breiten Weg N an neuen wuchtigen Monolithen vorbei, abermals runde breite Pfannkuchen übereinandergehäuft, zum Klettern wie geschaffen, von Sagen umwoben – aber der Geologe weiß es besser: die Eiszeit, die böse, hat diese festen Granittürme in makelloser Gestalt stehen lassen, dann kamen Tausende Jahre Wassersturz und Fröste, und die sprengten die Türme, rissen Spalten auf, schliffen Kanten ab. Rasch weiter zum kanzelartigen Hochstein, wo wir uns wieder satt sehen können an Platten, Blöcken, Elefantenrücken, Kegeln, Würfeln und Säulen, alles aus „gebrauchtem" Urgestein, aber auch an Arber, Rachel und Lusen, und am armen Waldwinkel um Bischofsreut ... Nun am gleichen Weg zurück zum Schutzhaus, auf dem Teersträßchen SÖ abwärts, aber in der Serpentine S am breiten Hauptwanderweg ab (WW. Grün. Dreieck, zum Rosenbergergut). Wir verlassen diesen Hauptweg aber bald halblinks SÖ am deutlich ausgeprägten „Stiftersteig" (WW, noch nicht auf Karte), der, weiß-grün-weiß + blau-weiß markiert, unterm Grenzkamm fast eben den Südhang quert, umfangen von rauhen Bergfichten, bis zum Steinernen Meer am Bayerischen Pleckenstein (Bild). Wir genießen den scharfen Gegensatz von urweltlichem Chaos und sauberer heller Flur drunten im österreichischen Gehügel. – Mäßig fallend kommen wir bald zum gemauerten Seesteig (WW), der in Serpentinen abwärts die österreichische Grenze trifft. Hier rechts SW hinab, über das Ende einer Forststraße und durch prallen Mischwald zum Hauptwanderweg (WW. Grün. Dreieck) – mit ihm links hinab zum Rosenbergergut mit freundlichen Ausblicken: + 7,6 km = 2.15 Std.! Hier, wo die alten Häuser in sicheren Proportionen wunderbar aneinandergefügt sind, lebte und schrieb Stifter in seinen letzten Jahren. – Wir müssen nun nach großem Abstieg wieder 424 Höhenmeter hinauf zum Parkplatz: nach der Skizze das letzte Abstiegsstück zurück und mit dem Grünen Dreieck am Witikosteig, über drei Forststraßen hinweg, an der vierten Forststraßenkreuzung bei P. 1148 (WW) gegenüber zum Fahrweg – dann am unteren Wegast zum Parkplatz: + 4,2 km = 1.30 Std.! – Man kann die Tour um 1.20 Std. verkürzen, wenn man von P. 1153 an der österreichischen Grenze auf der Forststraße eben W zur Kreuzung bei P. 1148 m wandert.

AP/EP: Parkplatz unterm Dreisessel, 1235 m; evtl. Rosenbergergut 811 m.
Anfahrt: Autostraße ab Haidmühle–Frauenberg (WW). – Bus: sonntags ab Passau über Freyung–Haidmühle, werktags zum Rosenbergergut.
Charakter: Eine beliebte, aussichtsreiche Rundtour in klassischer Stifter-Landschaft. Wer sich den Anstieg über 424 m am Ende der Rundtour ersparen will, unternehme unsere Route ab Rosenbergergut.
Einkehr: Dreisesselhaus, 1302 m, BWV, ab Nov. geschlossen. Für Nächtigung in der Hauptsaison telefonisch anmelden! – Jugendherberge Rosenbergergut, 811 m. – Baden: im Schwimmbad Rosenbergergut.
Wissenswert: Adalbert Stifter schrieb auf dem Rosenbergergut, seinem Lieblingsaufenthalt der 10 letzten Lebensjahre, seinen berühmten Altersroman „Witiko". Das Stifter-Zimmer ist zu besichtigen. – Der „Seesteig" zum Pleckensteinersee (im Stifter'schen „Hochwald") endet derzeit Dreiländereck. – Am Rosenbergergut endet der nördliche Hauptwanderweg über den Bayerwald-Grenzkamm (siehe Tour 83 und Skizze). Er findet eine Fortsetzung im österreichischen Nordwald-Kammweg (ab Dreisesselhaus).
Karte: Topograf. Karte 1 : 50 000, Blatt L 7348, Wegscheid. – Es gibt ein vorzügliches Buch „Der Landkreis Wolfstein".
Bild: Ausblick vom „Steinernen Meer" in der Südflanke des bayerischen Pleckenstein gegen Süden auf das österreichische Dorf Schwarzenbach im Mühlviertel. Die Halde von abgeschliffenen Granitblöcken ist typisch für viele höchste Grenzkämme im Bayerwald.

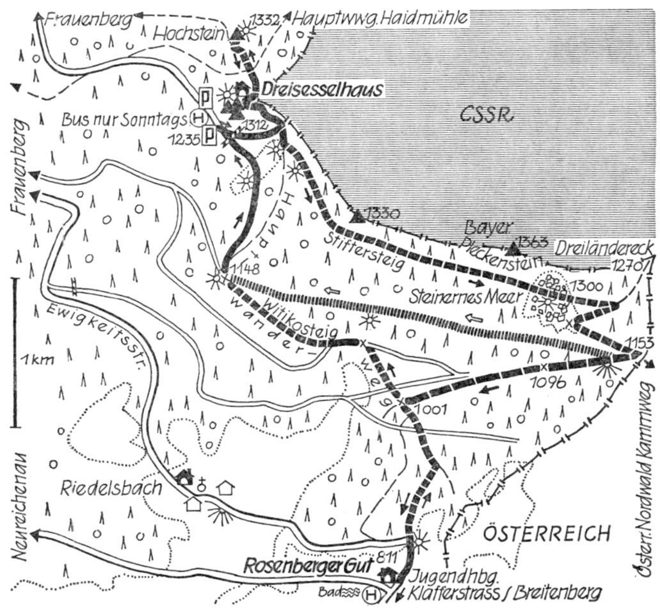

54 Lange Wege über Kreuzhaus, Hadriwa und Birkenberg

1 Tag 6.00 Std. - 19,4 km 685 m HU

Schöne versteckte Welt zwischen Konzell und Steinburg

Viele Kammwege im Bayerwald sind bekannt, ja berühmt: man denke nur an die beiden Hauptwanderlinien im Grenzkamm und in den Donauhöhen. Aber da gibt es auch Nebenkämme, abseits, fast unbekannt. Einer davon zieht zwischen Falkensteiner Vorwald und dem ersten Aufschwung der Donauhöhen in genauer Nord-Süd-Richtung. Er hat keinen Namen. Seine „Gipfel" heißen Sicklasberg, 797 m, Hadriwa, 922 m, Pfarrerberg, 912 m und Birkenberg, 848 m. Dieser unauffällige Kamm schnürt sich immer wieder ein, zeigt freie Sättel, Furchen und Almböden; Wiesen- und Wäldergrün wechseln interessant ab und so gibt es immer wieder Ausblicke – unverhofft zumeist, weil man stets aus Waldrändern tritt. Man schaut dergestalt ins Chamer Becken zu Beginn, dann auf den Vorwald, in die nördlichen Bayerwaldkämme, zu den Donauhöhen hinüber, ja selbst hinaus auf Straubing und seinen Gäuboden. Im ganzen eine stille, feine Unternehmung, bei der nicht einmal ein paar Wirte fehlen ... Karte und Skizze machen alles klar: Vom Bahnhof Konzell-Streifenau (WW) gehen wir südostwärts auf der Sicklasberger Straße, aber schon vor dem Waldrand halblinks am breiten Waldweg bergan (Weiß-rot-weiß). Oberhalb der Wiesen von Hochholz und Gsang dahin, gelangen wir zum Sattel der Umwangerer Höhe und südwärts weiter nach Zierling. Hundsgemütlich, das zeigt schon unser Foto! Geradeaus steigen wir am steilen Feldrain an und von den Kleinzierlinger Wiesen sehen wir zum ersten mal auf den Falkensteiner Vorwald, ein lustiges Gemugel. Auch Straubing läßt sich schon entdecken. Nun geht es halblinks SÖ (WW. Markg.) über den Sicklasberg hinweg und drüberhalb am Rand der Wiesen gerade durchs Gebüsch steil zum Kreuzhaus hinauf: 4,9 km = 1.45 Std.! Hier machen wir die gehörige Rast. Drunten im Norden liegt Rattenberg, darüber stehen Kaitersberg und Hoher Bogen, weit draußen vor den Oberpfälzer Kuppen liegt Cham. – Südlich des Kreuzhauses zweigen wir am Sattel nach dem WW links ab, gehen auf ebenem Waldweg (Rot-weiß-rot) und später über die Wiese von Kufhäusern (wieder Blick auf Straubing!) zur Einöde Riedelswald – wo wir den Osser sehen, Arber und Pröller. Beim ersten Haus (WW) wandern wir rechts zur Touristenhütte Mina Gubisch, queren dann auf und ab im bewaldeten Hadriwa-Nordosthang und erreichen bei P. 860 die neue Straße (nicht in der Karte). Auf dieser unterlaufen wir auch den Pfarrerberg und kommen nach langem Waldmarsch bei Maibrunn plötzlich wieder ins Freie: sehen die Donauhöhen, Bogen, Straubing und weit ins Land hinaus. Strecke: + 4,0 km = 1.15 Std.! – Wir verlassen nun die Straße, bleiben aber am Rücken; bummeln erst über aussichtsreiche Wiesen, dann durch Wald (Markierung beachten!) – und gelangen später fallend durch reizenden Birkenwald auf die Lichtung von Münchszell hinaus. Von da gerade weiter (WW) zum oberen Rand eines wirklich zauberhaften Wiesentales und auf einen Querweg. Auf diesem kurz rechts W, aber gleich wieder links S zum Wald und mit der Markierung am Hang entlang nach Hungerszell. Zum letztenmal ist Straubing zu sehen! Nun links SÖ abgezweigt (WW „Haggn" / Rot) zum einsamen Reisachhof, gleich darnach halbrechts durch Wald steil in die Schlucht der „Vorhölle" hinab und bachabwärts zum Stauweiher. Von hier laufen wir links über Fahrweg und Teerstraße nach Haggn: + 7,0 km = 2.00 Std.! – Nun VOR der neuen Brücke links zum Sägewerk Schickersgrub und zu den Häusern von Rimbach (WW). Hier gehen wir rechts, erst oberhalb, dann (Rot-weiß-rot) direkt am Perlbach dahin – auf die entzückendste Weise durch schattigen Mischwald, immer neben den rauschenden Wassern – bis nach Steinburg und zum Bahnhof: + 3,5 km = 1.00 Std.! – Von dort zurück mit dem Zug!

AP: Bahnhof Konzell–Streifenau, 521 m. **EP:** Bahnhof Steinburg, 341 m. – **Anfahrt:** Autostraßen von Straubing, Cham und Viechtach. – Bahn: Strecke Straubing–Cham. – Je nach Fahrplan und Belieben kann man auch mit der Bahnfahrt beginnen.

Charakter: Lange, abgelegene Höhenwanderung auf markierten Wegen, überaus abwechslungsreich, weite Ausblicke.

Einkehr: Kreuzhaus, 870 m, TVN, im Sommer bewirtet, Nächtigg. nach telef. Anfrage; Touristenhütte Mina Gubisch bei Riedelswald, 870 m; DJH Maibrunn, 855 m; Haggn; Steinburg. – Baden: im eiskalten Stauweiher oberhalb Haggn und im Perlbach.

Karten: Topograf. Karten 1 : 50 000, Blatt L 6942, Viechtach + L 7142, Deggendorf.

Hinweis: Man kann diese Tour ab Schickersgrub über Windberg bis Bhf. Hunderdorf verlängern (s. Tour 14!): + 5,4 km = 1.45 Std.

Bild: In Zierling, 691 m, einer aussichtsreichen Einöde bald nach dem Beginn unserer großen und stillen Kammwanderung.

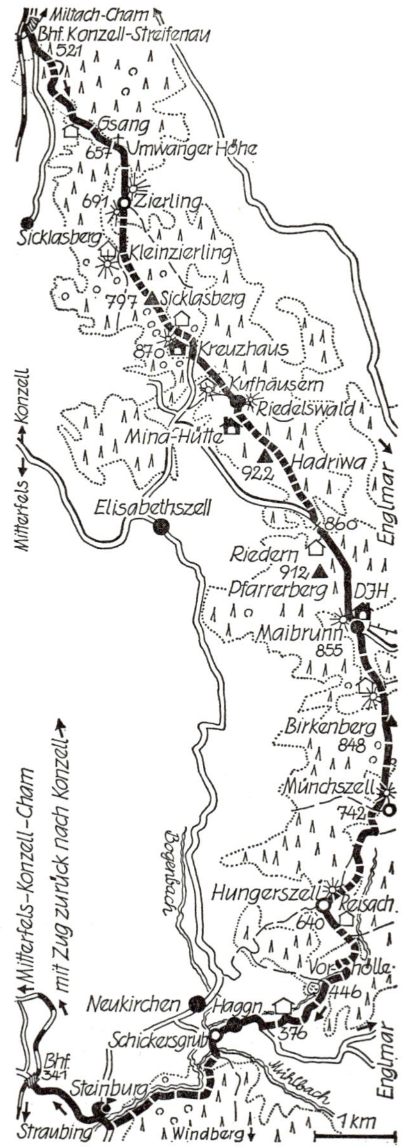

55 Von Rattenberg zum Pröller

Auftakt am Südlichen Hauptwanderweg

1 Tag — 9.00 Std. – 28,0 km — 960 m HU

Die Bahnlinie Straubing–Cham trennt den Vorwald (westwärts) von den (ostwärts) beginnenden Donauhöhen. Dieser Donaukamm setzt dicht östlich jener Eisenbahn mit den ersten Höhen an, die aber schon mit dem über 1000 m hohen Pröller Höhepunkte erkennen lassen. Auch die vorhergehende Käsplatte darf sich sehen lassen, nachdem sie mit 979 m Höhe auch noch ein Blöckemeer wie am Lusen, wenn auch als „Volksausgabe", aufzuweisen hat. Unsere Route stellt den Auftakt zum bekannten Hauptwanderweg durch den Donaukamm dar – wir könnten gleich Route 56 anschließen. Aber: wir gehen diesmal lieber am Herweg zurück, wie nachfolgend beschrieben. Es geht sanft an mit Wiesenmulden und Felderplatten, mit Waldkarrees, armen und reichen Höfen, oft sieht man die großen Gipfel vom Grenzkamm herüberdrohen; dann kommt man plötzlich in eine Zone mit ersten verblockten Wäldern, mit Fichten, Föhren, Birken, Wacholder, Heidekraut und braunem Wildgras auf einem Haufen – so am Sattel zwischen Hinterwies und Ahornwies – und dann warten Käsplatte und Pröller mit zwar einseitigen, aber doch starken Ausblicken auf. Wer klug ist, sagt sich mit Adalbert Stifter, daß das Kleine – genau besehen – groß ist. – Vom Bahnhof gehen wir kurz auf der Straße, dann auf Fußwegen SÖ in das Dorf Rattenberg hinauf, weiter ostwärts am Fahrweg mit dem grünen Dreieck leicht auf und ab nach Unterstein und dann mäßig steigend SÖ weiter durch Wald und Lichtungen zum Einödhof Friedenstadl: schon am Bremeck und auch hier wieder Rückblicke auf Lamberg, Cham, dann auf den Kaitersberg-Arberkamm!... Südwärts geht es dann weiter bis Zell: 6,2 km = 2.00 Std.! – (Der in Siegersdorf parkende Autofahrer geht nach der Karte und ebenfalls grünem Dreieck – genau 3,6 km und 1.00 Std. weniger! – ostwärts, erst über Wiesen, dann steil im Hochwald, und oberhalb Weidenschaft über die Kammhöhe weg nach Zell.) – Von Zell wandern wir am Fahrweg am Zeitlhof vorbei S durch eine weite Wiesenmulde zum Waldrand und zur neuen Straße. Wir bleiben aber auf dem alten Weg, der erst bei Boxberg einmündet und zugleich einen Arberblick gönnt. Auf dieser Straße S am schönen alten Bernhardshof (Bild) vorbei und zum Kolmberger Sattel hinüber gelaufen – freie Wiesen, Wald, nochmals Wiesen: + 3,5 km = 1.00 Std.! – Der Hauptwanderweg (Grünes Dreieck) steigt nun direkt SÖ zur Ahornwiese, wir gehen aber schöner auf dem Waldweg (Rot 8) Ö nach Münchshöfen (Blicke in den Grenzkamm!) und von der Kapelle S nach Ahornwies bzw. Hinterwies; zwischen beiden der oben beschriebene grüne Sattel: + 3,7 km = 1.15 Std. – Nun geht es genau südwärts am schütter bewaldeten Rücken zum Gipfel des Pröller hinauf: + 1,1 km = 0.30 Std.! Der Gipfel gönnt Fernblicke vom Kaitersberg bis zum Dreisessel hinab.... Wir gehen nun n o r d w ä r t s zurück zum Sattel und im Westhang gerade zum nördlichsten Wieseneck, dann aber links W auf gutem Weg (Rot 8), bald aber rechts drehend steiler hinauf in den Waldsattel zwischen Hanichelriegel und Käsplatte. Das letzte Stück zur Käsplatte führt W weglos durch grün überwachsene Blöcke und ist lustig zu begehen: + 2,6 km = 1.00 Std.! – Etwas SW und NW vom höchsten Punkt sind kahle Stellen mit freiem Ausblick auf Kaitersberg, Oberpfälzer Höhen und Vorwald, über Straubing hinaus... – Nun zurück zum Waldsattel, links steil abwärts zum Hauptwanderweg und nach Kolmberg. Jetzt genau wie am Anmarsch über Zell zurück nach Rattenberg: + 10,9 km = 3.00 Std.! – Der Autofahrer geht schon in Unterstein links S auf dem nahezu ebenen Fahrweg nach Siegersdorf: – 1,9 km = 0.30 Std. kürzer.

AP/EP: Rattenberg, 470 m. – Für Autofahrer evtl. Siegersdorf, 575 m.
Anfahrt: Autostraße Straubing–Konzell–Viechtach bis Bhf. Rattenberg bzw. Abzweigung nach Siegersdorf. – Bahn: Strecke Straubing–Cham.
Charakter: Große Wanderung auf markierten Wegen in einer noch mit einfachen Mitteln aufgebauten Landschaft. Das Bild nebenan zeigt in Vollkommenheit den stillen Charakter dieser typischen Donauhöhen-Wanderung. Erst Käsplatte und Pröller lassen den großartigeren Weiterweg am Hauptwanderweg ahnen. An Käsplatte und zwischen Siegersdorf und Zell auf Markierung bzw. Karte achten! – Höchster Punkt: Pröller, 1048 m (Aussicht nach N und O); Käsplatte, 979 m (Aussicht nach SW–NW).
Einkehr: Wirte in Rattenberg-Bhf. und Dorf; Siegersdorf; Rübezahlhütte bei Zell, evtl. Nächtigung, wenn Anfrage beim Kreisbaumeister in Viechtach; Pension Bernhardshof (Bild), 810 m, mit Gästeschwimmbad; Hinterwies, 926 m (Nächtigung); Viechtacher Hütte am Pröller, 980 m (TVN Regensburg, Nächtigung auf Anfrage).
Interessant: Der Gipfel des Pröller wurde vom BWV angekauft und ausgeholzt! Aber die nachwachsenden Bäume sind dagegen...
Karte: Topograf. Karte 1 : 50 000, Blatt L 6942, Viechtach.
Bild, Auf unserer Wanderung von Rattenberg zum Pröller, 1048 m, schauen wir einmal über die Pension Bernhardshof (Vordergrund) hinweg auf die Käsplatte, 979 m. Der Bernhardshof war von altersher ein wohlhabender und schöner Waldbauernhof.

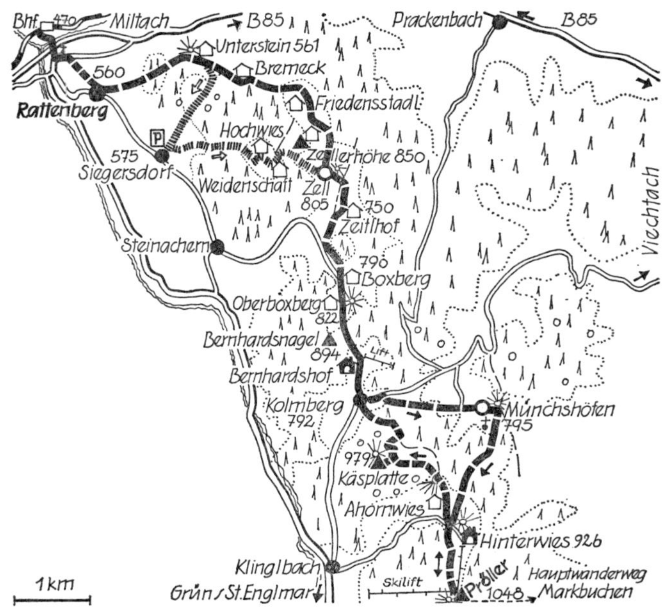

56 Von St. Englmar zum Pröller

Rundwanderung über Kirchensteig, Ahornwies und Markbuchen

1/2 Tag 3.00 Std. – 8,7 km 250 m HU

Unser Bild, am Nordkamm des Pröller bei Hinterwies aufgenommen, kommentiert unser Vorhaben recht gut: von ferne begleitet uns der dunkle Kamm der Waldhöhen vom Grenzkamm, dazwischen hügelt sich das Land, fleckt sich mit hellen Wiesentafeln und schwarzen Waldbuckeln, ganz ohne Dramatik, aber reizend, – und der Pröller mit seinen 1048 m Höhe könnte uns beinahe gestohlen bleiben. Er ist auch nicht mehr als eine erste flache Kuppe, wenn auch schon mit faszinierenden Ausblicken. – Wir beginnen unsere kurze, natürlich allenthalben zu verlängernde Rundstrecke um und über den Pröller in St. Englmar, das über 800 m hoch in der Südflanke des Pröller und schön exponiert in der Sonne liegt, genauer – oberhalb eines runden, südwärts ablaufenden Talschlusses. Neue Hotels deuten auf eine neue Region der „Fremden", ob sie aus Berlin kommen oder aus Straubing. Wir könnten direkt zum Pröller hinaufrennen – aber wir wählen einen Rundgang: erst in der Westflanke des Pröller bis nach Ahornwies, dann steigen wir südwärts hinauf zum Pröller, schauen uns um und bummeln im Waldhauch zurück über den Markbuchener Sattel und die aussichtsreiche Zipflwies ... Wir laufen also von der Kirche St. Englmar westwärts zur Teerstraße hinauf, halten uns kurz rechts auf ihr und gehen bei der Gabelung am linken Ast zum grünen Sattel. Dort zweigt bei den Totenbrettern (WW) halbrechts NW ein ebener Fahrweg ab, den wir aber schon im Wald wieder verlassen, um rechts N (WW + Rot 4) am „Kirchensteig" und oberhalb vom Pröller-Bauer durch angenehmen Mischwald zu wandern. Wir kreuzen später die Liftschneise, der Weg wird breiter und wir treffen am Waldrand auf einen Fahrweg, der uns rechts Ö in den interessanten Sattel zwischen Ahornwies und Hinterwies bringt: 4,0 km = 1.15 Std.! Hier spazieren wir ein bisserl herum – über braunes Wildgras und Heidekraut, zwischen Föhren, Fichten, Birken und Wacholderbüschen. Vom Osthang sehen wir Kollnburg zu Füßen und darüber den Grenzkamm, vom Westhang schauen wir auf Straubing ... Aber jetzt kommt die Charakterprobe: wer geht mit, um – wie bei Tour 55 – nach der Markierung (Rot 8) die stellenweise aussichtsreiche Käsplatte, 979 m, zu ersteigen? Das ist amüsant und kostet hin und zurück nur eine Stunde. – Hinterher gehen wir vom Sattel (WW) den Hauptwanderweg genau südlich hinauf über den dünn überwaldeten Nordkamm, vorbei an der Viechtacher Hütte und an Liftstationen, zuletzt durch dichten Wald bis zum Gipfel des Pröller: + 1,1 km = 0.30 Std.! Da der Gipfel vom Bayerischen Waldverein angekauft und gelichtet wurde, sieht man wenigstens auf Arber, Rachel, Lusen und Dreisessel. Falls einem nicht fliegende Wolken oder kalte Nebelküchen den Spaß verderben. Aber nur der Amateur-, der Gelegenheitswanderer fände das schlimm – den zünftigen Geher tröstet ein angenehm erhöhtes Selbstgefühl. – Nun vom Waldrand südlich des Gipfelkreuzes (WW) auf der Hauptwanderlinie, also mit dem Grünen Dreieck, SSÖ mäßig bergab durch Jungwald, erst links haltend, dann am Querweg einige Meter rechts und wieder links weg zum Wiesensattel von Markbuchen: + 2,5 km = 0.45 Std.! – Der runde Waldrücken des Hirschensteins lockt, ein Blick in die Ebene wird frei. Im Herbst kann der Glückliche in der Sonne stehen, unter sich ein brodelndes, leuchtendes Nebelmeer mit goldenen Wellenkämmen und weit, weit drunten die scharfe blaue Kontur der Alpen ... Heimzu gehen wir auf der Straße kurz rechts, biegen bei den Häusern vor dem Waldrand links SW ab und stolpern über die Zipflwies steil hinunter nach St. Englmar und vor seinen besten Wirt: + 1,1 km = 0.20 Std.

AP/EP: Sankt Englmar, 800–850 m, ein neues Fremdenverkehrszentrum.
Anfahrt: Autostraßen von Straubing über Mitterfels und Bogen, von Deggendorf über Schwarzach, von Cham über Miltach-Rattenberg und von Viechtach. – Bus: täglich Straubing–Englmar–Viechtach.
Charakter: Eine relativ kurze, reizende, aber auch sehr beliebte Rundwanderung auf markierten Wegen am nordwestlichen Auftakt des Donaukammes. Besonders schön im Frühjahr und Herbst! – Höchster Punkt: Pröller, 1048 m (Aussicht nach NO und O).
Einkehr: Hinterwies, 926 m, priv. ganzjährig, wenige Nächtigungsmöglichkeiten. Viechtacher Skihütte am Pröller, 985 m, TVN, nur selten bewirtet; Hotels in Markbuchen, 900 m; TVN-Haus Markbuchen, 880 m, unbewirtet. – Baden: im öffentl. Hallenbad des Kurhotels Markbuchen.
Wissenswert: Der Eremit und spätere Heilige Englmar, der sich Anfang des 12. Jh. im Talschluß festsetzte, wurde von seinem Diener ermordet, der die Leiche versteckte. Man fand den Toten und baute am Fundort eine Kapelle. Tafelbilder in der Kirche erzählen die Geschichte; der jährliche Umritt des „Englmari-Suchen" an Pfingsten erinnert daran.
Karte: Topograf. Karte 1 : 50 000, Blatt L 6942, Viechtach.
Hinweis: Diese Wanderung läßt sich gut mit Tour 55 kombinieren oder in Tour 57 einbauen. Tour 58 kann man anschließen.
Bild: Ausblick von Hinterwies am Pröller-Nordkamm gegen Nordosten. Wir sehen Ruine und Dorf Kollnburg, darüber die Berge um den Arber. Das Bild ist typisch für unsere schöne Wanderung im Donaukamm.

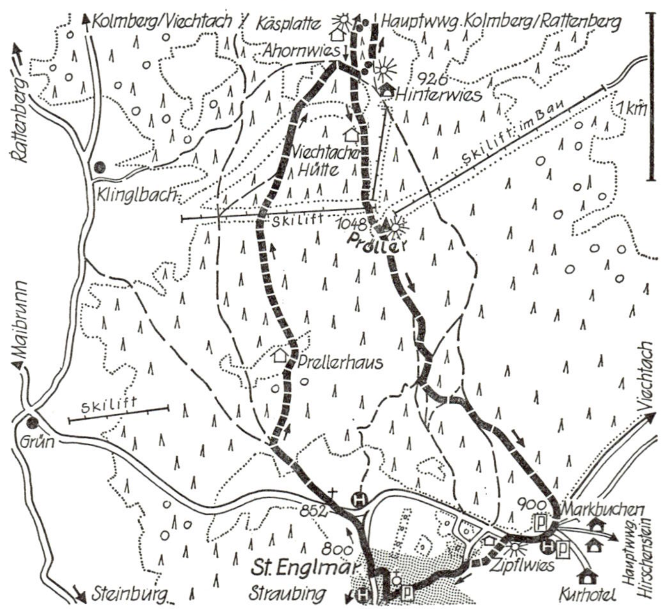

57 Schaukanzeln um St. Englmar

Kleine oder Große Runde ab Hintersollach

1 Tag 5.15 od. 6.30 Std. – 17 od. 20,2 km 570 od. 900 m HU

Wer sich genau die Karte anschaut, der entdeckt, daß sich die Waldkuppen im ersten Anlauf der Donauhöhen zwischen Pröller und Schopf wie eine Sichel zusammenfügen, die nach Südwesten offen ist. Unsere Kleine Runde geht diese Sichel auf halber Höhe aus – die Große Runde aber zieht von St. Englmar direkt über den Sichelkamm und nimmt dabei die ganzen Gipfel mit, alles echte „Tausender"! So oder so: wir bleiben in der Stille, versteckt in Idyllen und Waldzonen, und sind entzückt, immer wieder hinausschauen zu können – genau wie auf unserem Foto – auf das große Teppichmuster zwischen Donau und ansteigenden Höhen. Felder, Wiesen, Wälder, Dörfer mischen sich zu einer feinen, reichen altbayrischen Schauszene, und der Gäuboden draußen, der überhaupt nicht mehr aufhört, verschärft den landschaftlichen Kontrast. Leut mit Augen im Kopf sind hier vielbeschäftigt. Nich nur mit den Haxen ... Unsere beiden Routen führen im Anstieg gemeinsam von Hintersollach nordwärts bis St. Englmar, also auf der alten Straße N ins Tal, über den Bach nach Mühlbogen, dann links am breiten Weg über Oberrottensdorf zur Einöde Meinstorf und gerade hinauf zum Kapellchen am Waldrand. Erster feiner Ausblick! Dort folgen wir (WW. Rotes Rechteck) links NW den Kreuzwegstationen, anfangs am Waldweg, dann auf der Straße und bald nochmals links abzweigend bis zur Kapelle „Weiße Marter". Nun biegen wir rechts ab und wandern schnurgerade nordwärts durch Fichten- und Birkenwald zur Straße, dann links oberhalb an Wiesen- und Feldertafeln zur Kirche St. Leonhard am Eingang von St. Englmar: 5,0 km = 1.45 Std. – Durch den Ort und dann steil nordostwärts über die Zipflwies erreichen wir den Markbuchener Sattel (prachtvolle Aussicht): + 1,3 km = 0.30 Std. – Hier trennen sich die Routen: 1. Die Kleine Runde führt vom Waldrand beim Tannenhof (WW. Rot 5) rechts, südwärts durch Fichten und Wacholder, dann oberhalb der Wiesen von Hienhart entlang und zum Ende der Teerstraße beim Schullandheim Glashütt (WW). Weiter gehen wir am breiten, ebenen Weg südostwärts durch Wald, bei der Gabelung am rechten Ast (WW. Rot 5) über die Lichtung Silberreithen, dann fallend und allmählich auf Südwest drehend nach Rettenbach hinunter: + 5,0 km = 1.30 Std. – Auf der Teerstraße laufen wir bis zur Brücke über den Loderbach und gegenüber am Pfad (WW. Rot 9) auf und ab zur Heilstätte Kostenz. Nun folgen wir einem Sträßchen, das kurz durch Wald, dann an freien, herrlich aussichtsreichen Hängen entlang über Höhenberg nach Oberlindberg zieht: + 3,6 km = 1.00 Std. – Von dort geht es rechts NW am Fahrweg über den Wiesenrücken und dann durch Wald hinab nach Hintersollach: + 2,1 km = gut 0.30 Std. – 2. Die Große Runde führt von Markbuchen wie bei Tour 58 – fast immer durch Wald – über den ganzen Sichelkamm bis zum Hirschenstein: + 6,8 km = 2.15 Std. – Vom Aussichtsturm (WW) steigen wir (markiert Rot 8) steil südwärts durch Buchenwald ab, – am Kahlschlag großer Ausblick! – dann einen Fahrweg kreuzend halbrechts SW zum Forststraßenknoten Schuhfleck (WW). Von da gehen wir eben auf der Schwarzacher Forststraße südwestwärts, dann links versetzt am Rande der Grandsberger Wiesen – ganz langsam! – westlich abwärts: immer wieder in die Weite schauend, siehe unser vielsagendes Foto! Wieder im Wald, von einem dichten grünen Vorhang umschlossen, müssen wir v o r der Serpentine (WW. Weiß-rot-weiß) halbrechts abzweigen und kommen leicht fallend nach Oberlindberg: + 5,0 km = 1.30 Std. – Ab hier geht es wie bei der Kleinen Runde hinab zum Ausgangspunkt Hintersollach!

AP/EP: Hintersollach, 480 m, bei Obermühlbach.

Anfahrt: Autostraße von Straubing über Bogen-Perasdorf, oder von Viechtach über St. Englmar, oder von Deggendorf über Schwarzach. – Bus: täglich von Straubing und von Viechtach.

Charakter: Zwei großzügige Rundtouren, die „Kleine" etwas „abseits der Piste", die „Große" über die sechs „Tausender" im westlichen waldigen Donaukamm, meist auf markierten Wegen und Straßen. Sehr aussichtsreich. – Höchster Punkt bei der Kleinen Runde: Markbuchen, 900 m. – Bei der Großen Runde: Hirschenstein, 1095 m.

Einkehr: St. Englmar, 800 m; Markbuchen, 900 m; Rettenbach, 723 m; Kostenz, 665 m. – Baden: im öffentl. Hallenbad Kurhotel Markbuchen.

Wissenswert: Die „Weiße Marter" erinnert an den dort auf der Flucht vor den Schweden ermordeten Pfarrer von Englmar. – Kostenz: früher ein Kloster, jetzt eine Kinder-Heilstätte der Barmherzigen Brüder.

Karten: Topograf. 1 : 50 000, L 6942, Viechtach, + L 7142, Deggendorf.

Hinweis: Zwischen St. Englmar und Markbuchen kann man ideal die Überwanderung des Pröller einfügen (siehe Tour 56): + 6 km = 2.00 Std. länger! – Als Ausgangspunkt käme evtl. auch Kloster Windberg in Frage (siehe Tour 14): Ab Buchamühl NO über Angermühl zum Maulhof, dann O über die Höhen hinüber (Weiß-rot-weiß) nach Hintersollach.

Bild: Ausblick von Grandsberg im Südwestabfall des Hirschenstein in den Donauhöhen. Wir sehen gegen die Donauebene und auf den Bogenberg (Bildmitte). Rechts die Stadt Straubing.

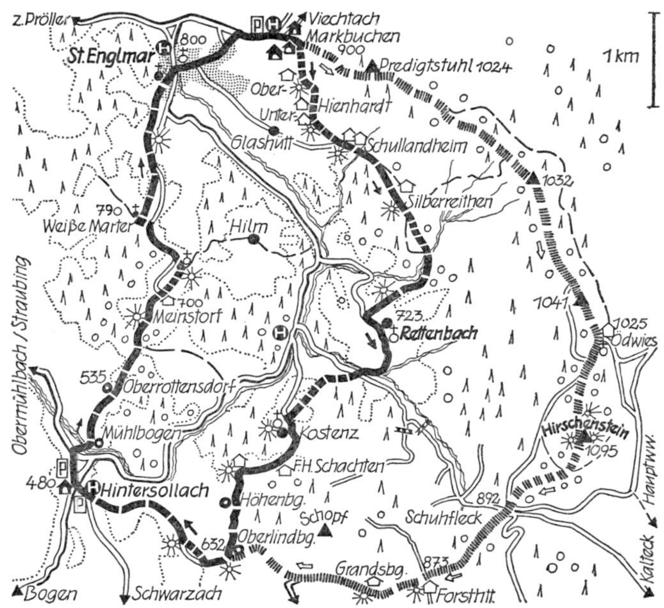

58 Kammwege zum Hirschenstein

Markbuchen – Predigtstuhl – Ödwies – Hirschenstein

1/2 Tag 4.45 Std. – 15,0 km 465 m HU

Unter uns: diese Donauhöhen sind natürlich noch keine richtigen Waldberge. Es sind nur Kuppen, Kämme, Buckel und Hocker, sanft aneinandergehängt, und noch dazu schwarz und grün überwuchert. Hier mit Fichten, dort mit Buchen. Und man geht doch auf einen Berg, um recht weit und viel zu sehen ... Aber hier ist der Waldpelz gerade auf den Kammhöhen so dicht, daß man fast nirgends hinaussieht. Ausblicke gibt es auf unserem Kammweg nur einen – am Hirschenstein. Andererseits gibt es aber nichts Bekömmlicheres für einen denkenden Menschen, als einmal vier oder fünf Stunden ganz stad durch diese grüne Finsternis zu laufen. Immerhin gibt es dort noch fleckenlose Stille. Sonne und Hitze bleiben draußen, und das Himmelslicht, das in unserer grünen Hülle reflektiert, tropft und fleckt, kann den Zauber des Ganges nur verstärken. Außerdem hat Goethe aufgeschrieben, daß dem Manne „mit dem Rhythmus des gelassenen Ausschreitens immer auch der Rhythmus guter Gedanken ankomme". Recht hat er, denn unsere Situation im schattigen Kammwald erzeugt Spannung und nur aus Spannung kommen die schöpferischen Ideen, die Einfälle. Bitte, probieren wir es aus! Unsere Wanderung ist relativ kurz. Wir laufen nur vom Markbuchener Sattel den sichelförmigen Rükken bis zum Hirschenstein ab und wieder retour. Hinzu meist direkt am Kamm (aber im Wald), und herzu parallel in der Kammflanke. – Wir gehen also vom Markbuchener Sattel ostwärts zum Waldrand, schlüpfen nach dem WW ins Walddunkel und lassen uns am Hauptwanderweg vom Grünen Dreieck führen. Erst geht es steil hinauf, dann auf der Höhe knapp unter den „Berggipfeln" Predigtstuhl, Hochberg und Knogl dahin durch schönen, mit wenigen Fichten vermischten Buchenwald, hohes Gras und bemooste Felsen um uns. Wir bleiben immer am Kamm, bis wir endlich am breiten Fahrweg „Ödwies" erreichen, die freie Kammwiese mit dem traurigen Namen: einst schwer erhaltenes Bauernhaus, dann Forsthaus, dann Wirtschaft – heute leer ... 5,6 km = 1.45 Std. bis hierher. – Dann rechts weiter SW auf der Forststraße und beim großen Holzlagerplatz am mittleren Weg hinauf auf die zahme Kuppe des Hirschenstein und seinen Turm: + 1,2 km = 0.30 Std. – Unser Foto zeigt, wie schön es da droben sein kann, – und das nach stundenlangem Gang im grünen Schatten! Die Buchenstämme stehen wie feierliche Walhallasäulen vor uns und dazwischen strömen die Hügel und die Talfalten, strömen Wiesen, Felder und Wälder bis hinaus in den riesigen flachen Teller des Gäubodens. Dies aus der Stille gesehen, und als Folge der langen grünen Spannung, nennt man zu Recht – ein Erlebnis ... Wir sehen Straubing, Deggendorf und Donauwasser, und wir entdecken in blauen Scheiben, wie ausgeschnitten, die Konturen von Kaitersberg, Arber, Falkenstein und Rachel. Das g'langt doch ... ! Jetzt kommt die große Wendung: Vom Turm gehen wir genau ostwärts (mit dem Grünen Dreieck) zu der kleinen Ringstraße am unteren Ende des Kahlschlages und schnurgerade weiter (ohne Markierung) hinab zur ebenen Forststraße, die uns nun nordwärts zurückbringen soll. Bei der Gabelung gehen wir halblinks bergan nach Ödwies (WW): + 2,0 km = 0.45 Std. – Nun kurz auf der Forststraße NÖ zum Waldrand und hier mit dem Grünen Dreieck den guten Weg nordwärts genommen. Durch Mischwald queren wir die Drechslerhänge, leicht auf und ab, und kommen vor dem Hochberg zum Kammweg zurück. Kurz darauf laufen wir mit dem WW „Englmar" (Rot 6) halblinks W über Moorwiesen mit einigen Fichten und Wacholdersträußerl bergab und zuletzt rechst N (WW. Rot 6) nach Markbuchen: + 6,2 km = 1.45 Std.

AP/EP: Markbuchen, 900 m (Paßhöhe); evtl. St. Englmar, 800 m.

Anfahrt: Autostraße Straubing–St. Englmar–Viechtach. Großer Parkplatz. – Bus: täglich von Straubing und Viechtach.

Charakter: Eine zum größten Teil schattige Wanderung auf und ab im großen, fast ganz von einem dichten Waldpelz überzogenen Donaukamm. Markierte Wege bzw. Forststraßen. Am schönsten im späten Frühjahr oder im Herbst! – Höchster Punkt: Hirschenstein, 1095 m (sehr gute Aussicht, siehe Bild!)

Einkehr: Keine! Ödwies ist nicht mehr bewirtet! Etwas Proviant mitnehmen! – Baden nur am Ausgangs- und Endpunkt im Gäste-Schwimmbad Tannenhof, oder im öffentl. Hallenbad des Kurhotels Markbuchen.

Wissenswert: Der Kammflecken Ödwies war seit 1560 als Neu-Rodung bewohnt, nach 1843 Forsthaus, später eine Wirtschaft. Weil „es sich nicht mehr auszahlt!" jetzt leer – aufgegeben.

Karten: Topograf. 1 : 50 000, L 6942, Viechtach + L 7142, Deggendorf.

Hinweis: Diese Wanderung ist ein Teil des Südlichen Hauptwanderweges (durch den ganzen Donaukamm), man kann vorher Tour 56 machen und Tour 59 ideal anschließen.

Bild: Wir stehen dicht südlich unter dem Gipfel des Hirschenstein, 1095 m, im Kamm der Donauhöhen bei Straubing. Vor uns läuft das Gehügel sanft gegen die Donauebene aus, in der Ferne dehnt sich der Gäuboden in eine unabsehbare Weite.

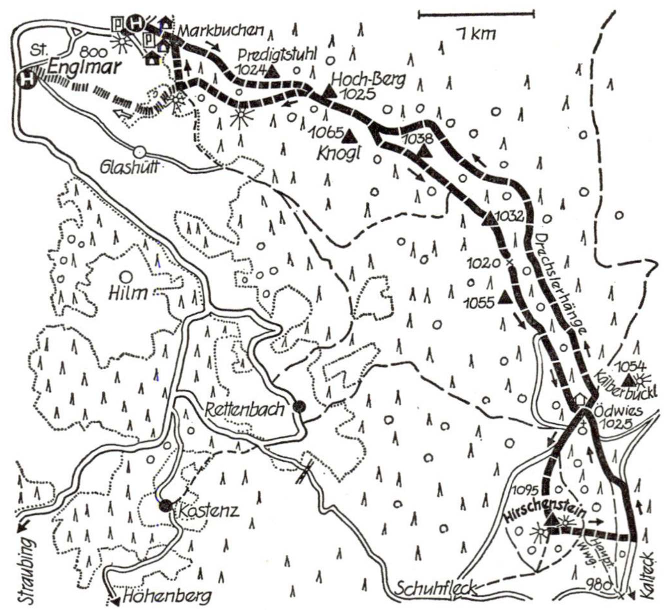

59 Von Kalteck zum Hirschenstein

... aber über den Rauhen Kulm zurück

1/2 Tag 4.00 Std. – 11,2 km 435 m HU

Den Hirschenstein – das zeigen mehrere unserer Touren – kann man von allen Seiten angehen. Immer wird es ein Waldgang sein, ein Versinken in grünen Laubwolken, aus denen man unvermutet hinaustritt ins Freie, ins Helle: das ist immer wie im Theater, wenn der Vorhang aufgeht... Diesmal, bei unserem Marsch vom Kaltecker Sattel über Ödwies zum Hirschenstein und dann über den felsdurchsprenkelten Waldkamm am Rauhen Kulm zurück, kommt ein weiteres dramatisches Element hinzu: das ist die unverhoffte Begegnung mit dem Ernst des Grenzkammes. Der ist ja weit weg, aber hier, unter den kräftig ausgebildeten Felskämmen von Klausenstein und Rauhem Kulm absteigend, treffen wir mitten im Wald auf Massen von Urgesteinsblöcken, Urgesteinstrümmern, Barren und Türmen – ... ein Tummelplatz für das Kind im Manne. Wir haben es nicht nur gesehen, sondern mitgemacht... Vorher also kommt der Anstieg. Der Kaltecker Sattel, auf guten Straßen schnell zu erreichen und bereits 740 m hoch gelegen, ist gerade der richtige Ausgangspunkt für unser Vorhaben. Wir gehen vom Sattel westwärts zur Gabelung am Waldrand (WW). Dort läuft halbrechts ein breiter Weg (Weiß-grün-weiß) erst unterhalb der neuen Forststraße, dann mündet er in sie ein, verläßt sie aber auch bald wieder. Wir bleiben, mäßig ansteigend, an der Markierung und steigen durch prächtigen stillen Mischwald auf, immer nordwestwärts bis hinauf zum flachen Sattel zwischen Klausenstein und Hirschenstein. Man könnte jetzt gleich direkt steil zum Gipfel ansteigen, aber wir gehen aus gutem Grund rechts auf der Forststraße eben, nach der Gabelung aber links hinauf zur alten Rodungsstelle Ödwies, wo man stückweise wieder aufgeforstet hat, nachdem Bauer, Forstleute und Wirt endgültig aufgegeben haben: 5,2 km = 1.45 Std. – Von dem großen leeren Haus weg steigen wir nun links SW dem Grünen Dreieck nach, erst durch eine schöne Allee aus alten Buchen und Ahornen, dann im Wald. Beim großen Holzlagerplatz nehmen wir den mittleren Weg und sind bald auf der flachen Kuppe des Hirschenstein: + 1,2 km = 0.30 Std. – Schöne, hochstämmige Buchen rundum, ein Aussichtsturm unterm höchsten Punkt, – draußen die Donau und ihre „Hauptstädte" Straubing und Deggendorf, die Ebene, bei Föhn die Alpen... Vom Rand der Kahlschläge sehen wir aber auch den ganzen oberen Wald. – Vom Turm weg gehen wir jetzt dem Grünen Dreieck nach steil durch den Kahlschlag östlich abwärts zur Ringstraße am unteren Rand und jenseits halbrechts SÖ weiter zur Kreuzung bei Punkt 983, die wir ja vom Aufstieg her kennen. Jetzt bleiben wir am Hauptwanderweg, gehen SÖ erst in einer flachen Schneise, dann rechts neben ihr durch junge Buchen zum „Stiermoos" – das ist ein 963 m hoher flacher freier Sattel im Beginn des Aufschwungs. Der dürftig markierte Weg ist übergrast, – aber still, einsam, fein – er steigt zum Klausenstein an, dann geht es flacher unter den kräftigen Kammfelsen dahin durch leuchtenden Buchenwald mit Habergras dazwischen und Farnen und zimmer- und haushohen Blöcken. Hier geht uns eine Ahnung auf, was hinten im richtigen Wald, um Osser, Falkenstein, Rachel und Lusen alles los ist... Wo der Weg unter dem Rauhen Kulm links ausweicht und sich mäßig senkt, kann man bei Gutwetter Arber und Rachel entdecken. Dann geht der Weg wieder am Rücken selber und man schaut unverhofft ins brettlebene Niederbayern hinaus. Nach dem Überqueren einer neuen Forststraße muß man links steil zum Waldrand hinunter und ins nahe Gasthaus Kalteck: + 4,8 km = 1.45 Std. – Hier kann man feierlich seinen Durst umbringen und in den Gäuboden blinzeln.

AP/EP: Sattel von Kalteck, 740 m.

Anfahrt, Auf Autostraße Deggendorf–Metten–Achslach–Viechtach. – Bus: nur werktags von Deggendorf. Sonst Anmarsch von Markbuchen (Tour 58) oder ab Bahnhof Gotteszell (Tour 60).

Charakter: Sehr abwechslungsreiche Bergwanderung auf markierten Wegen und Sträßchen. Absolutes Versinken in Wäldern und stets unvermutetes Auftauchen. Die Passage am Rauhen Kulm vermittelt erste rauhe, in ihrer Wildheit großartige „Wald"-Bilder. – Am schönsten im späten Frühjahr oder im Herbst. – Höchste Punkte: Hirschenstein, 1095 m (großer Ausblick!); Rauher Kulm, 1050 m (nur kurze Durchblicke).

Einkehr: Nur am Kaltecker Sattel, 740 m. Unterwegs keine Einkehr! Ödwies – einst ein Bauernhof, dann Forsthaus und Wirtschaft – ist verlassen!

Karte: Topograf. Karte 1 : 50 000, Blatt L 7142, Deggendorf.

Hinweis: Auch diese Tour ist – im zweiten Teil ab Ödwies und dann vom Hirschenstein über den Rauhen Kulm nach Kalteck – Teil des Hauptwanderweges im Kamm der Donauhöhen. Man kann Tour 58 vorspannen und Tour 60 anschließen.

Bild: Im Rückweg vom Hirschenstein treffen wir in den großen Wäldern am Klausenstein und Rauhen Kulm immer wieder auf Granitkolosse wie hier. Sie deuten unter den felsigen Waldkämmen schon recht deutlich auf den „echten" Wald und seinen Charakter, drüben im Grenzkamm.

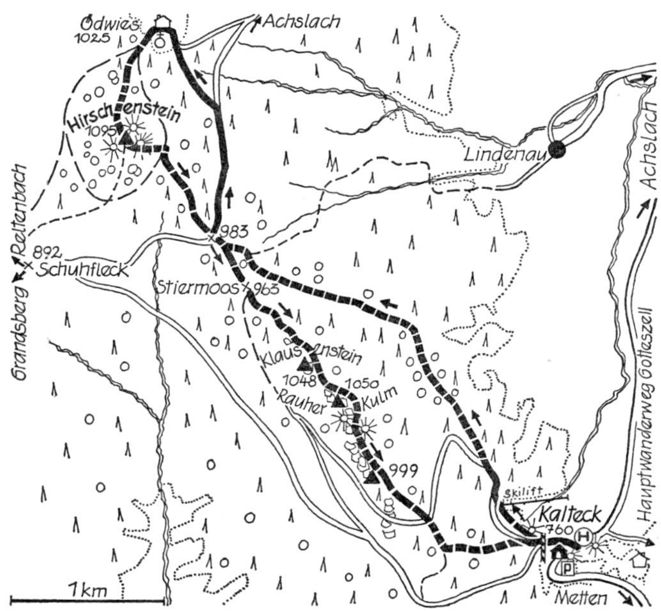

60 Von Gotteszell zum Vogelsang und Kalteck

1/2 Tag — 5.15 Std. – 16,0 km — 590m HU

Waldwanderschaft zwischen Graflinger und Kaltecker Sattel

So schön durchwachsen von Wald und Wiese wie auf nebenstehendem Bild ist es im oberen Bereich unserer Wanderung nicht mehr – da ist man wieder Gefangener der Fichtenwälder und, wo man mehr am Südhang geht, der Mischwälder und der Buchen. Wir wandern und steigen diesmal zwischen dem 740 m hohen Kaltecker Sattel – der eng ist wie ein Windkanal und im Winter eisig wie droben der Grenzkamm – und dem Graflinger Sattel, der nur 584 m hoch ist und die Haupteinfahrt in den Bayerwald darstellt: Bahn und Straße nehmen von Deggendorf her einen gewaltigen Anlauf. Zwischen diesen beiden Sätteln steht isoliert der waldüberzogene Vogelsang, 1022 m, der einen felsigen, aber eingewachsenen Gipfel besitzt, den Klosterstein, und eine Art Dependance im Südhang, den wiederum felsigen, aber recht aussichtsreichen Regensburger Stein. Wir machen ab Gotteszell eine Rundtour um diesen mit besonders schönen Hochwäldern dekorierten Vogelsang, gehen westwärts bis zum Kaltecker Sattel und nach der Brotzeit um den Gipfel herum wieder heim. Bei Hochweid kreuzen sich unsere Wege ... Von der alten Basilika in Gotteszell steigen wir am Kreuzweg W zum Kalvarienberg auf und sehen, was unser Fotograf sah: eine Musterlandschaft aus den Donauhöhen, die das Herz jedes Großstädters höher schlagen läßt. Dann queren wir links SW am Wiesenrand und laufen weglos durch ein Wäldchen nach Gießhübl zur Teerstraße, die uns nach Tafertsried führt. Hier biegen wir links ab und steigen auf einer neuen Forststraße durch Fichtenwald südwärts an, passieren die Wiesen von Bergheim und Waldhaus, ertrinken wieder im schweren Waldruch, und gelangen in die Lichtung von Hochweid und vor die Zitzelsberger Alm. Von hier geht es gleich wieder in den Wald mit seinen auffallend kräftigen, hochschäftigen Fichten, bis wir nach einer leichten Schwenkung auf Südost das verlassene Forsthaus Vogelsang auf 885 m Höhe erreicht haben: + 5,2 km = 2.00 Std. – Eine Wiesenlichtung, keinerlei Ausblick. Wir könnten nun gleich direkt zum überwachsenen Klosterstein hinauflaufen – tun es aber nicht. Wir leisten uns den bekömmlichen Spaß, vom Forsthaus kurz westwärts auf eine fast ebene Ringstraße zu steigen und auf ihr im großen Bogen unterm Vogelsang durch bis zum Sattel von Kalteck zu laufen: + 3,6 km = 1.00 Std. – Das bringt keinen um, dort drüben wartet ein Wirt und man schaut auch über die Fichtenwipfel weg in die helle Ebene hinaus. Nach der Brotzeit nun umgedreht und auf der gleichen Forststraße ein Stück SÖ zurückgegangen (WW. Grünes Dreieck), später halblinks am Hauptwanderweg, durch schönen hohen Mischwald gerade SÖ bergan. Man kreuzt eine Seitenstraße und kommt bald zum Regensburger Stein, einer pfundigen Felskanzel mitten im Südhang des Vogelsang, wo man hat, was man im grünen Kerker des Waldes so kräftig ersehnt: einen freien weiten Ausblick. Strecke: + 2,5 km = 1.00 Std. – Gleich oberhalb kommen wir dann auf eine Ringstraße und folgen ihr nordöstlich. Man kann nach dem Wegweiser einen schnellen steilen Abstecher zum Gipfel machen, aber – unter uns – es zahlt sich nicht aus. Also an der Ringstraße noch 150 m weiter, dann halbrechts ab, am Waldweg mit dem grünen Dreieck über untere Ringstraße und Hochweider Zufahrt hinweg, und bis zum Waldrand bei Weihmannsried marschiert. Jetzt ist die Welt wieder offen und licht, wir schauen auf Gotteszell, Ruhmannsfelden und zum Arber, dann gehen wir unter dem ersten Hof NÖ an Wiesenwegen zum Spirkhof auf die Teerstraße und links nach Gotteszell hinein: + 4,7 km = 1.15 Std. – Unsere Skizze deutet eine Variante ab Bahnhof an.

AP/EP: Gotteszell-Ort, 560 m, oder Bahnhof, 552 m.
Anfahrt: Autostraße von der Hauptstraße Deggendorf–Patersdorf–Viechtach. – Bahn: Strecke Deggendorf–Regen oder Viechtach–Gotteszell.
Charakter: Eine stramme Rundtour durch große schöne Bergwälder mit seltenen, aber umfassenden Ausblicken. Nur der Rückmarsch Kalteck–Regensburger Stein–Gotteszell ist markiert. Am schönsten im späten Frühjahr oder Herbst, wenn der Wald bunt und entleert ist. – Höchster Punkt: Vogelsang–Klosterstein, 1022 m (+ 0.30 Std. zusätzlich).
Einkehr: In Kalteck, 740 m, privat, ganzj. bewirtschaftet (Nächtigung).
Sehenswert: Die ehem. Zisterzienserklosterkirche in Gotteszell hat ein bitteres Schicksal erlitten. Nach dem Modell von St. Peter Straubing ab 1339 als 3-schiffige, querschifflose Basilika gebaut, zehrten Kriege und Brände am Bestand. 1729 von beiden Asam's barockisiert, erfolgte 1889 eine grausame „Erneuerung". Vom Barock blieb nichts als die Pilaster, ein kürzlich freigelegtes Fresko von Cosmas Damian, die stattliche Kanzel, das feine Tabernakel, vom alten Bestand die Grundanlage. – Kalvarienberg von 1720 (Naturschutzgebiet), 1803 zerstört, 1896 erneuert.
Karte: Topograf. Karte 1 : 50 000, Blatt L 7142, Deggendorf. **Hinweis:** Die meisten erwähnten Forststraßen sind in der Karte nicht eingezeichnet.
Bild: Der Kalvarienberg über der ehemaligen Klosterkirche Gotteszell bildet den Ausgangspunkt für unsere sehr schöne Waldwanderung zum Kaltecker Sattel und über den Vogelsang zurück. Im Hintergrunde rechts oben die nordwärts abstreichenden Waldkämme der Oberbreitenau.

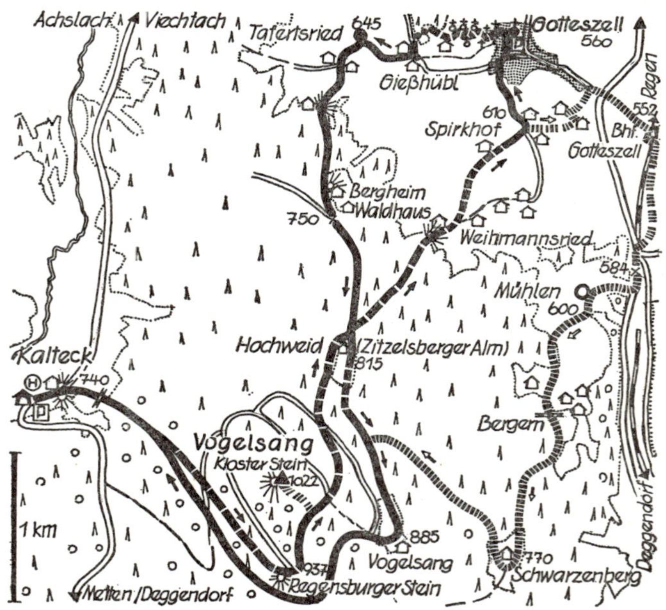

61 Von Gotteszell zur Oberbreitenau

Der stillste Weg zum höchsten Bergstock im Donaukamm

1 Tag — 6.30 Std. – 19,7 km — 710 m HU

Wer die Oberbreitenau im mittleren Donaukamm – genau zwischen Rusel, Bischofsmais, Gotteszell und Graflinger Sattel gelegen – überwandert, den friert es im Herzen, auch wenn er noch nichts weiß von dem bitteren Kampf jener neun Kleinbauern, deren Vorväter vor Jahrhunderten von der Pfahlburg Weißenstein hierher geschickt wurden, um zu siedeln, und deren letzte Urenkel erst nach dem Ersten Weltkrieg aufgegeben haben. Die tote Welt jener größten Hochmatte im Wald, überflutet von lastender Einsamkeit, ist von drei hohen Felsriegeln umstanden... Wir gehen den stillsten Weg hierher: von Gotteszell über die freien Hänge bei Köckersried, und dann in Südostrichtung durch endlosen Wald, Bocksruck und Einödriegel (1121 m!) unterlaufend, um plötzlich auf die riesige Wiesen- und Moosplatte der Oberbreitenau zu treten und vor das gastliche Landshuter Haus. Heimzu werden erst Breitenauriegel, 1114 m, und Dreitannenriegel, 1092 m, bestiegen, dann laufen wir, abermals in schweren Forsten versinkend, den langen Kamm über Steinberg, Loderhart und Englburgsried nordwestwärts zurück. – Vom Bahnhof Gotteszell her gehen wir auf der Hauptwanderlinie, also dem Grünen Dreieck nach Ö auf der stillen Teerstraße hinauf nach Köckersried und gleich oberhalb bei einem Waldstück rechts am Fahrweg empor – immer noch auf Wiesen, immer noch mit reizenden Rückblicken. Bei der Gabelung im Wald (WW) nehmen wir den rechten Weg, der in mäßiger Steigung, immer schräg am Hang durch Mischwald läuft, erst SÖ, dann fast rein südlich. Es geht lang dahin, der Wald ist nicht so dunkel wie im Grenzkamm, doch ebenso geschlossen: Stille und Waldfrische strömen auf uns ein... Ganz plötzlich treten wir aus diesem Wald auf die teils grasige, teils wiederaufgeforstete Riesenhochfläche der Oberbreitenau und queren links hinüber zum Landshuter Haus: 7,0 km = 2.30 Std.! – Wir stehen über 1000 m hoch und sehen auf das Bischofsmaiser Becken hinab und hinüber auf die Waldkämme im Osten. Eine Wolke von Melancholie brütet über diesem verlassenen Hochplatt. – Vom Haus weg steigen wir entweder durch die Schneise oder im Wald (2. WW. Grün. Dreieck + rot-weiß-rot) zum Breitenauriegel: + 1,6 km = 0.30 Std.! Der Gipfel besteht aus Urgesteinsbarren und man sieht zwischen Fichtenwipfeln zum Hirschenstein und in die Donauebene hinaus. – Absteigend benützen wir südwärts nur noch kurz den Hauptwanderweg, biegen dann halbrechts ab (Weiß-rot) und kommen westwärts zur Forststraße am Riegelsattel (WW). Gegenüber führt nun ein Wegerl (blaß-roter Punkt) erst SW, dann rechts auf W drehend hinauf auf einen flachen Rücken und auf dem Trampelpfad links zum Dreitannenriegel (Bild): + 1,6 km = 0.30 Std.! – Wieder ist der Gipfelfelsen recht eingewachsen, man kann nur die Osterhofener Donauschleifen sehen – bei gut Glück freilich auch mal die Alpen. – Nun den gleichen Weg zurück bis zum Riegelsattel, dann links NW auf der leicht fallenden Forststraße dahin. Kurz nach dem Ende der Teerdecke steigen wir links (WW + Weiß-rot-weiß) an einem abzweigenden Fahrweg W an, der dann am langen Rücken Geißriegel-Steinberg nordwestwärts abfällt. (Abstecher zum Kreuzfelsen!) – Bald kräftiger abwärts bis zum Haus Loderhart: + 4,0 km = 1.15 Std. – Dann in derselben Richtung weiter (weiß-rot-weiß), wir kreuzen, leicht auf rechts drehend, die neue Straße und halten uns wieder NW hinab, passieren den verfallenen Hof Loderhart und kommen endlich in den lichten Wiesensattel von Engelburgsried. Nochmals in den Wald tauchend, wandern wir N zum Weiler Grub und parallel zur Bahn nach Gotteszell: + 5,5 km = 1.45 Std.

AP/EP: Bahnhof Gotteszell, 552 m.

Anfahrt: An der Autostraße Deggendorf–Patersdorf–Viechtach/Regen. – Bahn: Strecke Plattling–Deggendorf–Gotteszell–Regen bzw. Cham.

Charakter: Eine sehr schöne, stille Rundwanderung im höchsten Bereich der Donauhöhen, durch sehr viel geschlossene, aber doch interessante Wälder. Den Höhepunkt der Tour bildet das Überschreiten der einzigartig großen, vereinsamten und schicksalsreichen Hochmatte der „Breiten Au", um die sich drei felsige Kuppen gruppieren. – Höchste Punkte: Breitenauriegel, 1114 m; Dreitannenriegel, 1092 m.

Einkehr: Wirt in Köckersried, 600 m; Landshuter Haus auf der Oberbreitenau, 1018 m, BWV, auch Jugendherberge, neu aufgebaut; Haus Loderhart, 926 m, TVN, beide ganzjährig, mit Nächtigungsmöglichkeit.

Wissenswert: Auf der Oberbreitenau lebte im 14. Jh. der Niederalteicher Benediktiner und spätere Heilige Degenhard. – Die Rodung der sehr hochgelegenen Matte erfolgte im 16. Jh. 9 Bauern kämpften auf ihren Höfen dort oben gegen einen barbarischen Winter, Einsamkeit und Armut, – nach dem 1. Weltkrieg gaben sie auf. Die strenge, nicht nur der Bauernschicksale wegen melancholisch wirkende Hochlandschaft ist botanisch interessant, doch leider teilweise aufgeforstet.

Karten: Topograf. 1 : 50 000, L 7142, Deggendorf, + L 7144, Regen.

Bild: Am Gipfel des Dreitannenriegel in den Donauhöhen. Wir erreichen ihn von Gotteszell über Landshuter Haus und Breitenauriegel.

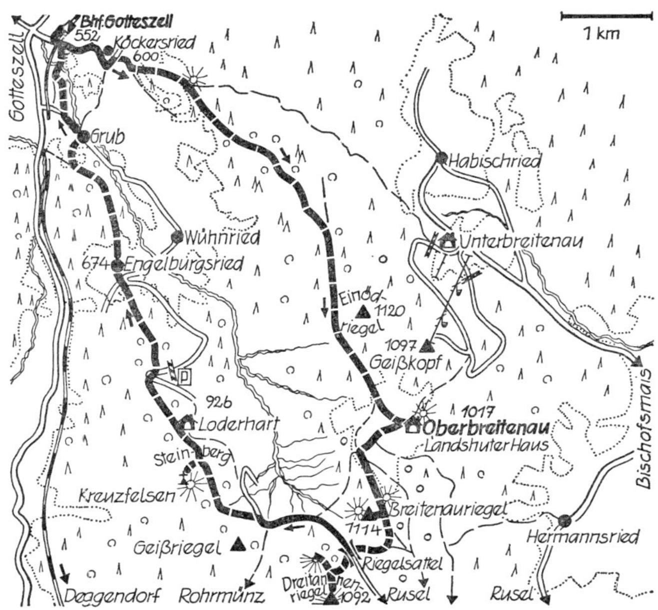

62 Forstweiten, Granitriegel und ein Weltenende

1/2 Tag — 5.30 Std. – 16,8 km — 590 m HU

Umgänge zwischen Bischofsmais und Oberbreitenau

Die mächtige Oberbreitenau zwischen Deggendorf und Regen wölbt in ihrem Zentrum eine schon über 1000 m hoch liegende Moos- und Grasplatte auf, um die sich drei überwaldete Gipfel gruppieren: Einödriegel, 1120 m, Geißkopf, 1097 m, und Breitenauriegel, 1114m. Dies alles zusammen macht den höchsten Kammstock der Donauhöhen aus. Bei allen Anstiegen kommt man aus herrlich dichter Wälderschwärze, und doch – tritt man bei der Oberbreitenau ins Freie, so gleicht das dem Erreichen eines Weltenendes: man ist bestürzt über die unheimliche Leere, das völlige Abgeschiedensein von den belebten Talungen. Man wandert durch falbes müdes Gras neben moorigen Böden, und der gelegentliche Ausblick in blaue Grenzkammweiten tröstet kaum. Man weiß natürlich, daß sich hier 300 Jahre lang bitterarme Waldler um eine Existenz bemüht haben, und daß sie zuletzt doch alle aufgeben mußten: nach dem Ersten Weltkriege. Kein Hof mehr zu sehen, Fichtenwände ringsum, in der Mitte aller Leere das Landshuter Haus, Jugendherberge, Heimstatt – man geht gerne hinein. Wer allein weiter geht, hört tief hinein in das kaum faßbare Schweigen. Aber das kann unendlich gut tun ... Unser Plan: wir laufen von Bischofsmais west-, dann nordwärts zum Teufelstisch; dann geht es in einer riesigen Waldkurve über die Unterbreitenau zur Oberbreitenau hinauf, von dort auf den Breitenauriegel und in seinem Osthang, wieder durch mächtigen Wald, über Hermannsried zurück ... Also von Bischofsmais am Bach entlang westwärts zum großen Wallfahrerziel von einst mit den drei Kirchen und Kapellen von St. Hermann. Von dort wandert man rechts N am Waldrand hinüber zum Hotel Wastlsäge, geht dicht daran vorbei und am Sträßchen NW durch Wald empor. V o r dem großen Steinbruch (WW. Grün 6 + alt „2“) steigen wir rechts auf schwachen Spuren sehr steil über Geröll und durch Gesträuch auf den überwaldeten Kammrücken. Rechts kommen wir zum Aussichtsfelsen, doch weiter geht es links, also nordwestwärts weglos am Waldkamm dahin zwischen Birken, Eschen und Fichten zum fantastisch aufgetürmten Teufelstisch: die einen staunen, die anderen stöhnen unter diesem Denkmal der Urwelt! ... 3,3 km = 1.15 Std.! – Bei einem zweiten, ähnlichen Felsturm gehen wir vom Kamm (und der Grün. Markg.) links weg, quer über einen Kahlschlag zum Fahrweg hinab, auf ihm rechts zur alten Habischrieder Straße und gegenüber SW am Waldweg weiter zur Unterbreitenau: + 2,6 km = 0.45 Std.! – Nach dem WW und der Markierung (Weiß-rot-weiß) geht es nun erst gerade, dann quer am Hang südwärts bergan, bald durch großartigen Buchenwald und ab der Forststraßenkreuzung laufen wir am ebenen Fahrweg zum Landshuter Haus auf der Oberbreitenau: + 2,6 km = 1.00 Std.! – Man sieht das Bischofsmaiser Becken und weit darüber den blauen Grenzkamm. – Nun über die teils grasige, teils aufgeforstete Hochfläche südwestwärts in den Wald und bei der 2. Abzweigung links (Grün. Dreieck + Weiß-rot), mäßig steil auf den Breitenauriegel: + 1,6 km = 0.30 Std.! – Vom Gipfelfelsen sehen wir Hischenstein, Bogenberg, Straubing und die Ebene. – Jetzt 100 m am selben Weg zurück, dann halbrechts N durch die Ski-Schneise abwärts und am Rand des birkenbestandenen Moorbodens am zweiten ebenen Querweg rechts davon (Weiß-rot-weiß), erst östlich, später im Hochwald südlich. Bei der Gabelung (WW / „5“) biegen wir links ab, passieren das Hütterl in der Lichtung und kommen schließlich bei Hermannsried wieder ins Helle. Von dort marschieren wir auf der Straße NÖ, bald aber am Feldweg links nach St. Hermann hinab und am Bach nach Bischofsmais zurück: + 6,7 km = 2.00 Std.!

AP/EP: Bischofsmais, 682 m, oder St. Hermann, 697 m.
Anfahrt: Autostraße B 11 Deggendorf–Regen, bei Hochbruck abzweigen. – Bus: werktags von Regen, täglich von Deggendorf (Privatlinie).
Charakter: Eine große, trotz langer Waldgänge erstaunlich abwechslungsreiche Rund- und Bergwanderung: Die hellen frischen Talwiesen, dann der drastisch aufgetürmte Teufelstisch (Bild), die verlorene Hochmoorfläche der Oberbreitenau und der abschließende Waldgang über einen Gipfel und hinab nach Hermannsried (wo man wieder ins Helle tritt) sind die Trümpfe dieser für besinnliche Leute vielleicht unvergeßbaren Wanderung. – Die Wege sind teils nur dürftig markiert. – Höchste Punkte: Teufelstisch, 901 m; Breitenauriegel, 1114 m (Ausblicke).
Einkehr: Hotel Wastlsäge; Unterbreitenau; Oberbreitenau: Landshuter Haus, 1018 m, BWV + Jugendherberge, ganzj., Nächtig.; Hermannsried.
Sehenswert: Die alte hölzerne Wallfahrtskapelle St. Hermann mit vielen Votivtafeln und einem Berg von Gaben: Krücken, Holzbeinen, Holzhänden. Baulich interessanter die kreisrunde, brillant überdachte Brunnenkapelle von 1611 daneben. (Kirchenführer).
Karte: Topograf. Karte 1 : 50 000, Blatt L 7144, Regen.
Hinweis: Wer von Unterbreitenau mit dem Lift zum Geißkopf auffährt und S zum Landshuter Haus absteigt, spart 0.30 Std.! – Unsere Tour läßt sich bis zur Rusel erweitern bzw. ab dort machen (siehe Tour 65!).
Bild: Links: der Teufelstisch oberhalb der „Wastlsäge“. Rechts: Blick aus der Brunnenkapelle in St. Hermann auf Einsiedelei-Kapelle von 1690.

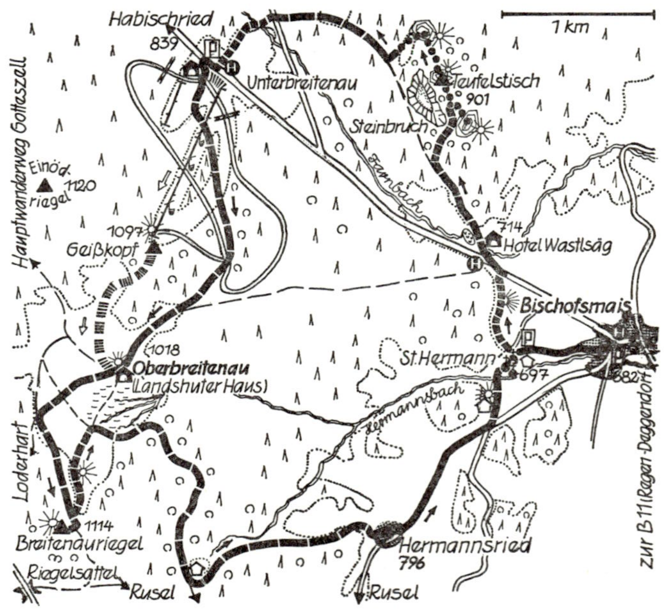

63 Große Regen-Tour bei Sonne

1 Tag | knapp 9.00 Std. – 28,2 km | 520 m

Stadt Regen – Pfahl – Rinchnach – Zwiesel ... am Schwarzen Regen

Wir laufen diesmal zwischen Grenzkamm und Donauhöhen ein Dreieck aus: im ersten Drittel von der Stadt Regen über die aussichtsreiche Burgruine Weißenstein auf dem Pfahl zur herrlichen Klosterkirche von Rinchnach, im zweiten Drittel wundervoll eingeschlossen von weit ausschwingenden Wiesenmulden und luftigen Mischwaldzonen bis zum Stadtrand von Zwiesel und im letzten Drittel durch das romantische Tal des Schwarzen Regen. Der Regenfluß – schon in Tour 23 vorgestellt – ist ein Wildwasser von 180 km Länge und müßte zum wertvollsten Bestand eines künftigen Erholungsgebietes namens „Bayerwald" gehören: aber wo noch vor wenigen Jahrzehnten quellfrische Bergwasser über den dunklen Goldgrund ihres Granitbettes quirlten, da fließen heute... sprechen wir es nicht aus! – Machen wir das Beste aus dem, was blieb: Aus der Stadt Regen gehen wir von der Brücke (WW. Rot 4) südwestwärts durch die Heiliggeistgasse, unter der Bahn und der B 85 durch, dann über Wiesen bergan und südostwärts einbiegend durch ein Waldstück. Bald sehen wir vor uns die Burg Weißenstein auf den Quarzfelsen des Pfahl, kommen beim Thurnhof kurz auf die Straße, nehmen dann den Weg durch den Wald – unter schroffen weißen Felstürmen und versuchen uns als Gipfelstürmer... Über steile Treppen geht es auf die verwegen ausgesetzte Burgruine und vor einen kolossalen Ausblick: Donauhöhen, Grenzkamm, vor allem aber die Wald- und Wiesenwellen dazwischen und in der Nähe! 3,2 km = 1.15 Std.! – Nun wandern wir südostwärts (WW. Rot 5), erst am Rand des nur mehr wallartigen, grün überwucherten Pfahl entlang, später links NÖ zum Weiler Falkenstein und auf der Straße ostwärts bis Kandlbach. Ein neuer Fahrweg leitet uns NÖ durch eine grüne Mulde – sanft, mit grüner Seide ausgeschlagen – nach Kasberg. Dort über die neue und die alte Straße weg, dann ostwärts fort, hinabgestiegen zum Ufer der Ohe und nach Rinchnach hinein, dessen Mönche im frühen Mittelalter den noch unbesiedelten Nordwald erschlossen haben. Welch feine Barockkirche!... + 5,3 km = 1.30 Std.! – Nun auf der neuen Teerstraße NÖ nach Klessing, bald darnach halblinks am Wiesenweg (Grün 2) steil und heiß nach Oberasberg hinauf. Wieder Ausblick über große grüne Wellenschläge zwischen schwarzen Waldhöhen... Weiter auf der Straße immer streng nordwärts, über den Waldrücken hinweg und durch Bärnzell hinaus bis nach Zwiesel gelaufen: + 8,0 km = 2.30 Std.! – Gleich nach der Eisenbahnbrücke links, dann am Pfad dem linken Regenufer entlang, erst über Wiesen, dann durch Wald und kurz oberhalb der Bahnlinie dahin, aber gleich wieder rechts hinab zum Uferweg. Nun geht es flußabwärts durch Auengebüsch, Schilf und wieder durch Wald etwas abseits (WW): rundgeschliffene Granitbarren und eiszeitliche Gumpen, Felstöpfe, von Regenstrudeln in ewiger Zeit ausgewaschen. Später laufen wir am grasigen Ufersaum unter Erlen und Weiden bis zum Haltepunkt Bettmannsäge, bleiben aber rechts der Geleise (ohne Markg.) – hinein in die Schluchtenge: Waldschatten, Waldufer, Waldhänge verdunkeln das schmale Tal, Felsgewänd baut romantische Bühnen auf, die Wasser ziehen still oder wirbeln um herrliche Steine, dann hell blinkende Wiesenstücke im Dunkel, – endlich die große Eisenbahnbrücke. Auf ihr hoch über das Tal hinweg, und neben dem Geleise weiter. Bei km „114" kreuzt unter dem Damm ein Weg durch, auf ihm wandern wir über Wiesen, später lange Zeit unter Erlen am Ufer des Stausees dahin. Wir passieren Kraftwerk, Bahnbrücke, Umgehungsstraße und erste Häuser, queren am Hang und landen schließlich am Regener Marktplatz: + 11,7 km = 3.30 Std.

AP/EP: Regen, 520 m; evtl. auch Zwiesel, 555 m.

Anfahrt: Autostraßen von Cham bzw. Passau (B 85), von Deggendorf bzw. Zwiesel (B 11) und von Bodenmais. – Bahn: Linie Deggendorf–Zwiesel. – Bus: Von Passau, Furth i. W. und von Kötzting.

Charakter. Eine große, ja eine „saftige" Rundtour auf nur teilweise markierten Wegen. Bis Zwiesel auf aussichtsreichen Höhen und durch weite Wiesenmulden, ab Zwiesel durch das romantische Regental auf Pfaden. – Große Chance für Faulenzer: Anfahrt bis Zwiesel mit der Eisenbahn! – Höchste Punkte: Ruine Weißenstein auf dem Pfahl, 753 m (Rundblick); Asberg- und Kühbergrücken, etwa 770 m (Aussicht von Waldrändern!).

Einkehr: Weißenstein, 723 m; Rinchnach, 564 m; Zwiesel, 555 m. – Baden: Nur mit Zurückhaltung zu empfehlen im Regen.

Sehenswert: In Regen das alte Stadtzentrum mit der brillant erweiterten Pfarrkirche. In Rinchnach die gute Barockkirche von Joh. Mich. Fischer auf Fundamenten des 15. Jh., wobei aus einem Rechteck ein fast ovaler Raum hergestellt wurde. Überlanger Chor. Erstaunlich gute und einheitliche Ausstattung. Rinchnach war Filial-Kloster der Niederalteicher Benediktiner und wurde vom Hlg. Gunther 1011 begründet. – Wissenswertes über Regen, Pfahl und Ruine Weißenstein lese man bei Tour 64 nach!

Karten: Topograf. 1 : 50 000, L 6944, Zwiesel + L 7144, Regen.

Bild: Am Ufer des Schwarzen Regen vor der Stadt Regen, wo er sich nach dem Zufluß der Rinchnacher Ohe zum Stausee verbreitert.

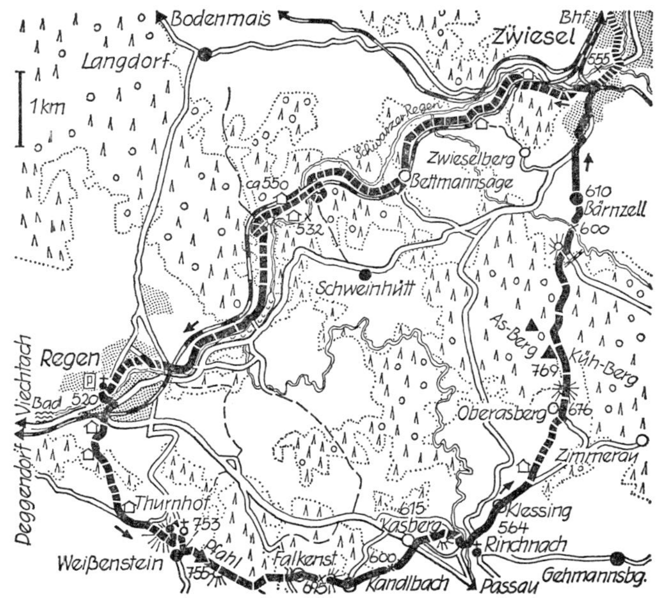

64 Die Ritterburg auf dem Quarzriff

Von Regen auf die Ruine Weißenstein

1/2 Tag 3.00 Std. – 9,0 km 265 m HU

Der mächtige Wald, der blaue Granit, der Reichtum an Waldbeeren und der weiße Pfahl – das sind die offiziellen Kennzeichen des Bayerwaldes. Da wir von Regen zu einer Burgruine auf dem Pfahl ansteigen, müssen wir das Phänomen erklären: bei Regen präsentiert er sich, genau wie bei Burg Thierlstein, bei Moosbach oder bei Viechtach, als markanter, in einem geraden Zuge, aber vielgezackt und gefurcht aufstehender Quarzkamm, der in unreinem Weiß über Wiesen und Wälder leuchtet. Freilich ist er vielfach von Waldflecken kaschiert. Man spricht von einem einzigen Quarzriff, das 140 km von der Oberpfalz bis zur österreichischen Grenze durchbreche. Die Geologen sprechen von einer Reihung quarzgefüllter Gänge, die vor 240 Millionen Jahren die Erdrinde spalteten und sich mit Kieselsäure füllten; daraus wurde der harte Quarz, der der Auswitterung des alten Gebirges besser widerstand ... Unsere Augen, zumal Kinderaugen, sehen dieses echte Naturdenkmal verwundert, wenn nicht verzückt. Deshalb beeilen wir uns auch, den Pfahl zu besteigen. Vom Städtchen Regen, das eine so noble, bürgerlich-behäbig gebaute Innenstadt besitzt und einen so abstoßend häßlichen Neubaumantel, wandern wir über den Riedberg nach Weißenstein, um von dort nordwestwärts durch Beerenwald und Wiesen wieder heimzukehren. Das geht so: Von der Unterführung östlich des Bahnhofes (WW) den Riedhamerweg hinauf. Gleich nach dem Wirtshaus (WW. Grün-weiß-rot) beginnt der interessante Forstlehrpfad, der in Serpentinen steil hinauf zum aussichtsreichen „Schwammerl" führt und in 60 schmucken, vor allem aber urwüchsig bairisch-humorig getexteten Tafeln keinen „Pseudo-Urwald", sondern den echten mitteleuropäischen Waldcharakter erklärt: eine feine Spätlese für gedankenlose Naturfreunde ... Unter uns die Stadt Regen, über dem Stausee der schwarz überwaldete Arber-Rachelkamm. Wir gehen nun rechts SÖ auf den Riedbergrücken, verlassen den Waldlehrpfad und halten uns Ö genau auf der Höhe, bis wir auf einen auffallenden Querweg (Rot 4) treffen, der rechts nach Riedham führt und dann gerade weiter zwischen Wiesen und Feldern zum Regenbühl. – Dann am Feldweg SÖ nach Poschetsried, von dort links am Sträßchen zur B 85 (Hauptstraße), auf ihr 200 m rechts, dann wandern wir sofort links SW am Fahrweg davon und zwischen neuen Häusern (Rot 4) zum Wald hinauf und an seinem Rand weiter auf dürftiger Fußspur, zuletzt auf Feldwegen nach Weißenstein. Bald sehen wir die hellen Quarzriffe herausblitzen, graufleckig, aber wild, griffig, verlockend – nichts als hinauf! Aber ruhig Blut, erst müssen wir unter der Nordseite der Burganlage zu einem Sattel zwischen alter und neuer Burg (Glocke für Turmschlüssel), dann über steile Treppen am schroffen Felsgrat und durch altes Gemäuer auf den Turm: 5,8 km = 2.00 Std.! Wir stehen und schauen von einem zentralen Punkt, sehen Grenzkamm wie Donauhöhen, verschwiegene Talböden, geheimnisvolle Waldberge. Senkrecht unter uns ein Waldboden aus Beeren, – also abgestiegen- und nun auf der Süd- oder Nordseite den Quarzfelsen entlang in den Beerenwald. Die teils schroffen Türme sind in mäßig schwieriger, aber auch äußerst schwieriger Kletterei zu ersteigen, vor allem der mit einem Kreuz bestückte freistehende Zacken. Rechts und links lichter Wald, etwas urig ungepflegt, aber beerenreich. – Sobald auf die Teerstraße geraten, bleiben wir auf ihr bis zum Thurnhof (WW. Rot 4) und nehmen dort halbrechts NW den Wiesenweg. Der führt uns bergab zu einem Wäldchen, durch dieses und zuletzt am Fahrweg mit schöner Sicht N unter der Bahnlinie und der B 85 durch in die Heilig-Geist-Gasse und zur Brücke: + 3,2 km = 1.00 Std.

AP/EP: Regen, 520 m.

Anfahrt: Autostraße B 85 von Viechtach bzw. Schönberg, B 11 von Deggendorf und Zwiesel. – Bahn: Deggendorf–Eisenstein. – Bus: Von Passau über Schönberg, von Furth i. Wald über Lam–Eisenstein und von Kötzting über Bodenmais.

Charakter: Eine kleine, kurzweilige Rundwanderung mit geringen Höhenunterschieden auf markierten Wegen. Reizvolle Aussicht vom erhaltenen Turm, Beerenwälder ringsum, dazu ein prächtiger Klettergarten für erfahrene und besonnene Kletterfreunde. Höchster Punkt: Turm der Burgruine Weißenstein, 753 m.

Einkehr: Wirte in Poschetsried und Weißenstein. – Baden: Im großzügig ausgebauten Schwimmbad an der B 85 mit weitem grünem Areal.

Wissenswert: Die heutige Stadt Regen, die zwar Heidelbeer-Metropole bleibt, sich aber doch zur Industriestadt umfunktioniert, wurde 1070 vom nahen Kloster Rinchnach (Filiale von Niederalteich) gegründet. Heimatmuseum. Großartige umgebaute Pfarrkirche mit kl. Turm von 1270 und mächtigem Wehrturm von 1473, im Inneren 1966–69 hervorragend erweitert und renoviert. – Burg Weißenstein um 1100 zur Sicherung der Grenzen erbaut, in drei Einfällen erbarmungslos zerstört. Daneben gute Pflegerburg, seit 1918 Dichterklause.

Karte: Topograf. Karte 1 : 50 000, Blatt L 7144, Regen

Bild: Rückblick auf die Ruine Weißenstein auf dem Pfahl unweit Regen.

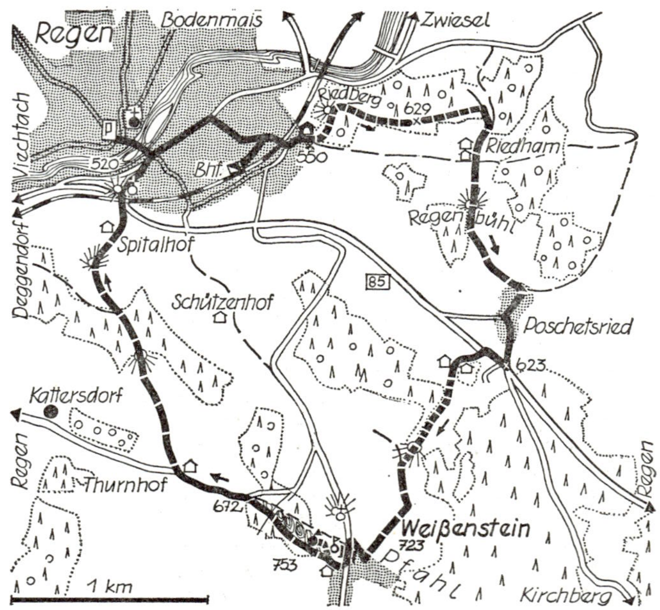

65 Wer viel geht, fährt gut — sagen die Deggendorfer

Deggendorfer Lieblingswege von der Ruselstraße

1/2–1 Tag 3.15–7.15 Std. — 10,2–23,8 km 240–760 m HU

Die Stadt Deggendorf mit ihrem feinen alten Rathaus und ihrer noch interessanteren gotischen Grabkirche mit dem eleganten Barockturm dicht über Stadtplatz und Donauwassern liegt 200 Meter niedriger als München und ist 200 Jahre älter. Die dort ganz dicht an den Waldbergen mit Holz, Vieh und Getreide handeln oder die Donau auf und ab fahren, die sind schlau und wissen, daß nur das Zufußgehen alle Autofahrerleiden austreibt. Deswegen gehen sie viel in den Bayerwald hinein. Zum Beispiel auf unserer Kleinen oder Großen Rundtour, wobei sie bei der Kleinen schön brav und schattig von der Ruselabsetz, 855 m, aus, — bei der Großen Rundtour aber gleich vom Talboden aus — über 700 Höhenmeter — zum Breitenauriegel ansteigen. Das ist doch allerhand! Der Breitenauriegel ist mit 1114 m Höhe nach dem daneben stehenden Einödriegel (1121 m) der höchste „Berg" in den Donauhöhen, und von seinem Felsgipfel schaut man immerhin vom Kaitersberg bis zum Arber, man sieht Hirschenstein, Straubing, Bogenberg, den Gäuboden und, bei klarem Herbstwetter, die Alpen! Was will denn einer mehr sehen?... **Von der Ruselstraße können wir — siehe Skizze — entweder vom tiefgelegenen Mietraching aus reichliche 7 Stunden marschieren oder vom Ruselsattel aus nur 4 Stunden.** Nur unter der Hand erwähnen wir für Faulenzer, daß sie auch mit noch weniger auskommen, wenn sie bis nach Oberfrohnreut hinauffahren: was wir aber gar nicht gern sehen... Ab Mietraching laufen wir auf der B 11 kurz NÖ zum E-Werk, gehen links über die Zwieslerbruck und dann nordostwärts steigend (Weiß-rot-weiß) durch Mischwald und über Feldertafeln nach Tattenberg hinauf. Erster Ausblick! Abermals NÖ steigend durch Wald wird Greising erreicht und auf dem alten Böhmweg wandern wir in Nord-, dann Nordostrichtung bis zur Straßenkreuzung bei Oberfrohnreut: 5,4 km = 2.00 Std. — Hierher kommen wir aber auch vom Parkplatz an der Ruselhöhe auf einer neuen Forststraße in knapp 0.45 Std.! — Jetzt immer streng nördlich weiter auf Forstwegen (WW. Weiß-rot-weiß) mäßig steigend bis zur Kreuzung „Hölzerne Hand", dann flacher durch Buchen- und hohen Fichtenwald. Zuletzt rechts auf schlechtem Pfad durch das Hochmoor der **Oberbreitenau** — oder außen herum — zum Landshuter Haus: + 4,7 km = 1.30 Std.! — Gute Aussicht ins Bischofsmaiser Becken und zu den Grenzbergen! Nun entweder durch die Skischneise oder rechts davon durch den Wald (Grün. Dreieck) hinauf auf den von Fichten umgürteten Gipfelfelsen des Breitenauriegels mit feiner Aussicht: + 1,6 km = 0.30 Std.! — Im Abstieg folgen wir immer südostwärts dem Hauptwanderweg (WW. Grünes Dreieck), der uns mählich fallend wieder hinunter zur „Hölzernen Hand" und gegenüber, weiter SÖ am Waldrücken, zur Böhmweg-Straße bringt. Hier rechts W nach Oberfrohnreut hinüber, wer sein Auto dort stehen hat, — oder gerade südostwärts hinab zur Ruselstraße: + 4,6 km = 1.15 Std. — Wer weiter zu Fuß absteigt, geht nun rechts W auf der Autostraße, aber nach 100 m schleunigst links ab und mit WW und Markierung (Weiß-rot-weiß) erst südlich, dann südwestwärts, wobei ein Abstecher zum aussichtsreichen „Geßingerstein" nicht zu verachten ist. Dann weiter westwärts, jetzt ohne Markierung, bis zum Rand der Wiesen von Freiberg-Ringlwies mit schönen Ausblicken in die Ebene hinaus. Hier rechts hinunter zum tiefer ziehenden Fahrweg und südwärts den Wiesenhang gequert. Vom Waldrand weg halten wir uns leicht rechts, kommen westwärts an den drei Höfen entlang in den Wald und zur neuen Forststraße, die sich erst ost-, dann westwärts drehend zur B 11 bei Mietraching absenkt: + 7,5 km = 2.00 Std.

AP/EP: Mietraching, 395 m, bei Deggendorf. Oder Rusel-Paßhöhe, 855 m; für Autofahrer evtl. auch Parkplatz bei Oberfrohnreut, 875 m.

Anfahrt: Auf der B 11 (Deggendorf–Regen) bis Mietraching, oder bis Rusel-Absatz. — Bus: täglich von Deggendorf.

Charakter: Wir stellen zwei beliebte Bergwanderungen der Deggendorfer Naturfreunde vor: Eine große Schleife, vom Tal aus, mit 720 Anstiegsmetern — eine kleine Schleife, von der Paßhöhe, mit nur 360 m Anstieg — beide auf meist gut markierten Wegen bis zum 1114 m hohen Breitenauriegel. Die Landschaft ist reizvoll gesteigert, Feld- und Wiesenränder, Laubwald unten, dunkler Fichtensamt oben.

Einkehr: Landshuter Haus auf der Oberbreitenau, 1018 m, BWV u. DJH, ganzj. bewirt. + Nächtig. — Evtl. Rusel-Hotel, 776 m (20 Min. abseits).

Wissenswert: Der Niederalteicher Benediktinermönch Degenhard errichtete im 14. Jh. eine Einsiedlerklause auf der Oberbreitenau. 200 Jahre später kamen von Weißenstein einige Siedler in die Einöde, rodeten, darbten, hofften. Aber die Enkel flohen in unserem Jahrhundert. Es blieb nur der „Greilhof" als „Landshuter Haus", brannte jedoch 1956 ab und wurde 1968 neu erbaut. — Der früher wichtige Böhmweg verödete erst nach dem Bau der Ruselstraße 1817. „Rusel" kommt von „ruseln", zutalgleiten der Baumstämme in hölzernen wasserüberronnenen Rinnen.

Karte: Topograf. Karte 1 : 50 000, Blatt L 7144, Regen.

Bild: Die 1018 m hohe Oberbreitenau zwischen Deggendorf und Bischofsmais. Links der Einödriegel, 1121 m, höchster „Berg" im Donaukamm.

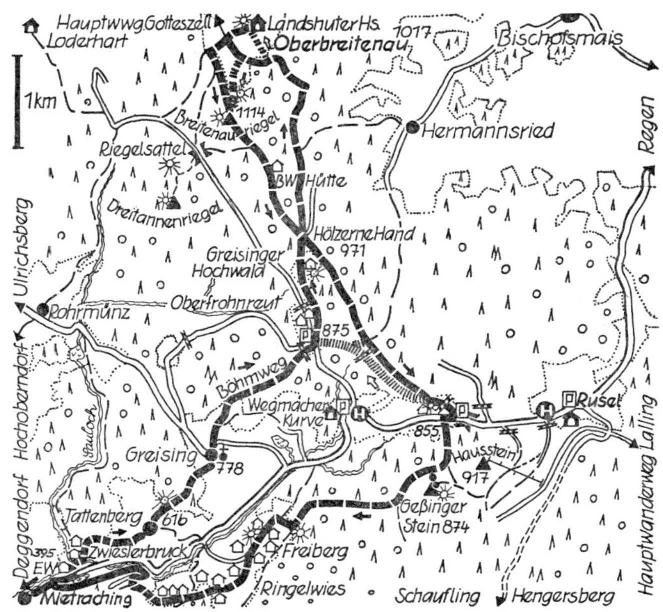

66 Auf die Deggendorfer Hausberge

1/2 od. 1 Tag 3.45 od. 8.30 Std. - 11 od. 25,5 km 400 od. 880 m HU

Sauloch – Dreitannenriegel – Hochoberndorf – Ulrichsberg

Die beiden von Deggendorf ins Zentrum des Bayerwaldes zielenden Hauptstraßen über den Graflinger Sattel und über die Ruselhöhe schließen in einem sauberen Dreieck die höchsten Erhebungen im ganzen Donaukamm ein. Es sind die Gipfel der Breitenauer Gruppe, alles überwachsene schwarze Rundhöcker rings um die bereits über 1000 m hohe Ödfläche der Oberbreitenau: ohne Ordnung stehen Einödriegel, 1121 m, Geißkopf, 1097 m, Breitenauriegel, 1114 m, Dreitannenriegel, 1092 m, und Geißriegel, 1043 m, um das Landshuter Haus herum, nur durch tiefe schwarze Wälder ineinander verkettet und versponnen. Stille, Einsamkeit im Überfluß. Diese Breitenaugruppe schwingt aber im scharfen südlichen Spitz gegen Deggendorf zu in einigen schönen Wellenschlägen aus; da drängt sich auch wieder Wiesengrün in das Fichtendämmer, da blitzen Menschenhäuser auf und das Licht von der unabsehbaren Donauebene her überflutet auch diese Ausläufer. Sie heißen Oberer Berg und Ulrichsberg – man bekommt durch unser Foto eine Ahnung von ihrem Wesen. – Wir haben wieder zwei Vorschläge: 1. eine kleine, knapp 4-stündige Rundtour Mietraching – Sauloch – Rohrmünz – Hochoberndorf – Ulrichsberg, – erst Schluchtenge und Freischützbühne, dann Mischwald, lichte Oasen von Wiesen und Feldern, dann freie Kuppen hoch überm Stromland ... und 2. eine gut 8-stündige Bergwanderung von Mietraching über Greising, Oberfrohnreut, Hölzerne Hand zur Oberbreitenau und auf Breitenau- und Dreitannenriegel, dann aber mit dem neuen langen und schönen Abstieg am Geißriegel vorbei nach Rohrmünz, über Wiesentafeln nach Hochoberndorf, endlich zum Ulrichsberg zum Bier und zum Schluß über Baumgarten und Hofstetten „heim". – Im Frühsommer und im späteren Herbst, wenn man die „Fremden" wieder mag, weil sie weit fort sind, da ist diese große Wanderung ein Tagesmarsch, der sich auszahlt. ... Es geht etwa so: bei der kleinen Runde von Mietraching zur Zwieslerbruck, dann links am Fahrweg dem Bach antlang erst leicht, bald immer kräftiger bergan und hinein in die Saulochenge, hinein in steile Blockhänge, dann in feinen Buchenwald mit schwellenden Farnteppichen, zum Schluß vom Stauweiher durch Wiesengrüne nach Rohrmünz: 5,0 km = 1.45 Std. – Die große Runde verläuft genau wie bei Tour 65 bis zum Breitenauriegel: 11,7 km = 4.00 Std.! – Nun von hier wie bei Tour 61 hinüber zum Dreitannenriegel, wieder zurück zum Riegelsattel und auf der neuen Forststraße nordwestwärts. Genau am Ende der Teerdecke (WW. Weiß-rot) gehen wir diesmal links am Wegerl über einen flachen Sattel und südwärts steil und steinig, aber durch zauberhaften, bunt gemischten Wald hinunter nach Rohrmünz: + 7,8 km = 2.30 Std. – Jetzt auf der neuen Straße südwärts leicht hinauf nach Hochoberndorf und – wo sie rechts zum Sender hinaufbiegt – gerade am Wiesenhohlweg weiter mit prächtigen Ausblicken auf letzte Hügel und Ebene. Wo sich der Weg verläuft, kurz rechts zwischen Steinmauern zum Waldrand, dort halblinks SW hinunter in Birken- und Erlenwald und dann rechts über Wiesen hinüber zum Ulrichsberg: + 3,0 km = 1.00 Std. – Hier läßt sich schön Brotzeit machen, wenn man einen leichten Knieschnackler hat. – Schon vorher sah man da und dort ein Stück Donau, ein Stück Ebene und den eigensinnig am falschen Donauufer stehenden Natternberg. – Jeder findet den weiteren Abstieg über die Straße, dann vor der Serpentine auf dem Fahrweg südwärts hinab über die freien Rücken von Baumgarten und Hofstetten – freut sich, wie brav (und still) Deggendorf von da heroben aussieht, und macht dann in Mietraching Schluß: + 3,0 km = 1.00 Std.

AP/EP: Mietraching, 395 m, bei Deggendorf an der Ruselstraße (B 11).
Anfahrt: Autostraße B 11 Deggendorf–Regen, P. im Dorf. – Bus: täglich ab Deggendorf mehrmals.
Charakter: Hier sind, wie bei Tour 65, abermals zwei Vorschläge: 1. eine kleine Rundwanderung über Hochoberndorf und Ulrichsberg – vielfach aussichtsreich, aber im Sauloch doch mit felsigen Schluchtszenen – Wald, Wiese im Wechsel, reizend. – 2. die große Runde als die eigentlich klassische Deggendorfer Bergwanderung zum Dreitannen- bzw. Breitenauriegel, oben ernst und streng, ja großartig, im Abstieg über die Punkte der kleinen Runde aber wieder bis zur Idylle wechselnd. – Teils dürftig markierte Wege. – Höchste Punkte: Hochoberndorf, 780 m; Ulrichsberg, 636 m; bzw. Breitenauriegel, 1114 m; Dreitannenriegel, 1092 m. – Baden in den Stauweihern verboten!
Wissenswert: Schloß Ulrichsberg, um 1100 von Kaiser Heinrich IV. für den Neffen Ulrich, den Herrn von Deggendorf, erbaut, verfiel, als dessen Urenkel heiratete und auf den Natternberg zog. – Reste der ursprünglichen romanischen Kapelle erhalten. Im 15. Jh. wurde eine got. Sakristei, im 18. Jh. ein Anbau auf der Nordseite angefügt.
Karten: Topograf. 1 : 50 000, L 7142, Deggendorf + L 7144, Regen.
Bild: Donauebene, Donaustrom und das alte Kircherl auf dem Ulrichsberg bei Deggendorf, gesehen im Abstieg von der Oberbreitenau über Hochoberndorf. Ganz links unter dem Ast ist gerade noch der Natternberg jenseits der Donau zu erkennen.

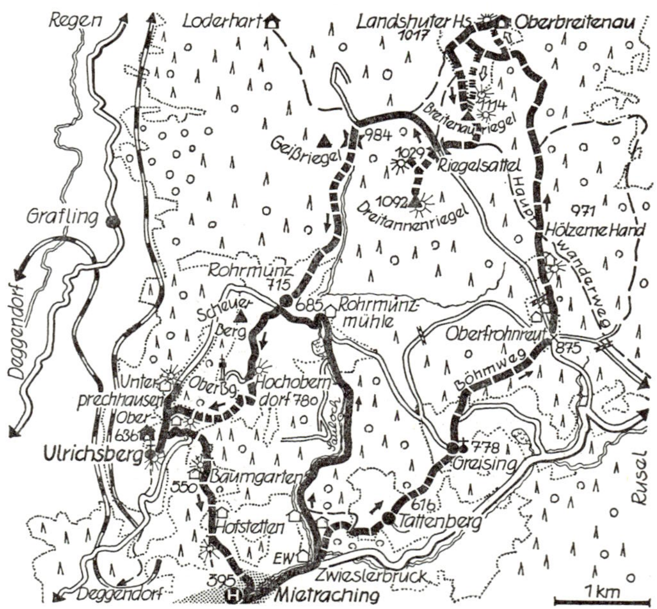

67 Grüne Umwege nach Schloß Egg und Kloster Metten

Über die letzten Ausläufer der Donauhöhen

1 Tag — 6.45 Std. – 20,9 km — 410 m HU

Zwischen Stadt Deggendorf und Kloster Metten drängt der vom Vogelsang in genauer Südrichtung herabkommende überlange Kamm so prall ans Donau-Ufer, daß gerade noch für Eisenbahn und Straße Platz ist – der Natternberg hat sich sogar bis auf das gegenüberliegende Ufer verirrt. An diesem grünen, in immer niedrigeren Kuppen abschwingenden Ausläufer der Donauhöhen gehen wir hin und her spazieren: erst über Wiesen- und Feldertafeln einen Anlauf nehmend, dann hinauf auf den Höhenrücken zu den Dörfern Berg und Rindberg, westlich hinab nach Schloß Egg, – ab hier südwärts, parallel zum Mettenbach auf versteckten Umwegen bis Kloster Metten. Und endlich quer über die allerletzten Buckel zurück zur Grabkirche von Deggendorf, unter ihren unglaublich eleganten Turm und zum herrisch den behäbigen Stadtplatz teilenden Rathaus. Es sind reizvolle grüne Umgänge, doch nicht mit den ähnlich langen Wanderungen dieses Buches zu vergleichen, deren Hauptreiz ja die Stille ist und das Schattenreich der dichten Forste... Wir laufen also vom Stadtpark im Norden Deggendorfs erst am Kollbach entlang, biegen beim Schießplatz links ab und gelangen am Bruckhof vorbei nach Oberkandelbach hinauf. Zwischen den Dämmen bewaldeter Höhen rechts und links schauen wir bereits auf Stadt und Ebene hinaus und bis in den Graflinger Sattel hinein – in ernstere Regionen. – Wo der Fahrweg links einbiegt, gehen wir gerade am Wiesenrain nach Niederkandelbach, zielen auf die nördliche, rechteckige Unterführung zu, und steigen westwärts durch Gebüsch und Wald hinauf ins Dorf Berg: 4,5 km = 1.30 Std.! – Jetzt wandern wir genau am Rücken nordwärts nach Rindberg, von wo wir, bereits 500 m hoch, den weitesten Ausblick in die Donauebene haben, – bei abziehenden Gewitterwolken, wie wir es erlebt haben, ein überwältigendes Bild! Die große Ebene von den Bergen her! Welch ein Thema... Von den unteren Häusern geht es genau westwärts nach Schloß Egg hinab: + 3,2 km = 1.00 Std.! – Das alte Schloß, heute Volkshochschule, läßt trotz der „Verschönerungen" des 19. Jh. Einblicke in seine alte Geschichte zu: der gemauerte Turm ist stark wie eine Festung... Nun südwärts, am besten beim Brunnen in der Mettenerstraße links in den Wald und gerade zu einem versteckten Steig, der durch ein wirklich reizendes Tälchen zum Hof Oberdachsbühl hinaufführt. Von dort halbrechts abwärts zum Mettenbach und auf der Straße bis zu den trüben Stauweihern. Über die Brücke gehen wir SW zum oberen Waldrand, dann aber links SÖ ab, hinunter zu den Häusern an grünen Algenweihern. Gerade hinauf zum „Eichenhain", seinem rechten Rand entlang und vor die große Fassade von Metten: + 4,2 km = 1.15 Std. – Die Klosterkirche, neu und herrlich ausgemalt, strahlt hohe barocke Macht aus, die Bibliothek deutet auf die höchste Höhe des Abendlandes, der Festsaal auf Macht und Esprit souveräner Kirchenfürsten! – Später steigen wir von der Deggendorfer Straße weg südostwärts zum Sickerberg an, zuletzt durch ein Waldstück zu einem Einzelhof, gehen kurz links und beim Feldkreuz rechts Ö hinab zum Schalterbachbrückerl. Drüben durch Wald hinauf in den Grenzschutzübungsplatz bis zur Wegkreuzung im Wiesenzwickel. Bei aufgezogenen roten Warnflaggen LINKS ausweichen, sonst rechts versetzt nochmals durch Wald auf den Wiesenrücken des Hundsbuckel hinaus und hinab zur Bahnlinie: + 4,0 km = 1.15 Std. – Der schönste Stadtweg: Bahnhofstraße, Bogenbach-Ostdamm bis zur Donau, Uferstraße, Pfarrkirche, Grabkirche, Stadtplatz, Rathaus, Bahnhofstraße und wieder am Bogenbachdamm zurück zum Stadtpark: + 5,0 km = 1.45 Std. ... und länger!

AP/EP: Deggendorf, 313 m.

Anfahrt: Autostraßen von München, Regensburg, Passau, Regen und Viechtach, P. im Stadtpark. – Bahn: von Plattling (Anschluß von Regensburg, München und Passau), von Eisenstein und Kalteneck.

Charakter: Eine nicht sehr kurze, oftmals aussichtsreiche Wanderung über die letzten Vorhöhen, nicht markiert. Die Knalleffekte heißen Kloster Metten und großer Blick in die weite Ebene, wenn man vom Gang durch den stets sympathischen Stadtkern absieht. – Höchster Punkt: Dorf Rindberg, 492 m – schöne Aussicht!

Einkehr: in Berg, 437 m; Egg, 389 (auch im Schloß); Metten, 318 m. – Baden: Nur im Schwimmbad Deggendorf am Stadtpark.

Sehenswert: Schloß Egg (Führungen). 1103 erbaut, schwerste Schäden durch Schweden und Panduren, 1840 neugot. erneuert, in Einzelheiten interessant. – Benediktiner-Kloster Metten: siehe S + S Kirchenführer! Großartig der im Hochbarock völlig verwandelte, einst got. Kirchenraum, faszinierend die Bibliothek im Kloster, eines der kostbarsten Beispiele barocker Bau- und Dekorationskunst. – Deggendorf: Eindrucksvoll der lange Stadtplatz mit dem got. Rathaus. der feine barocke Turm Joh. Mich. Fischers an der Grabkirche, hoch den Stadtkern überragend.

Karte: Topograf. Karte 1 : 50 000, Blatt L 7142, Deggendorf.

Bild: Blick auf Kloster Metten. Im Hintergrunde der schwarze Waldbuckel des Rauhen Kulm im Kamm der Donauhöhen.

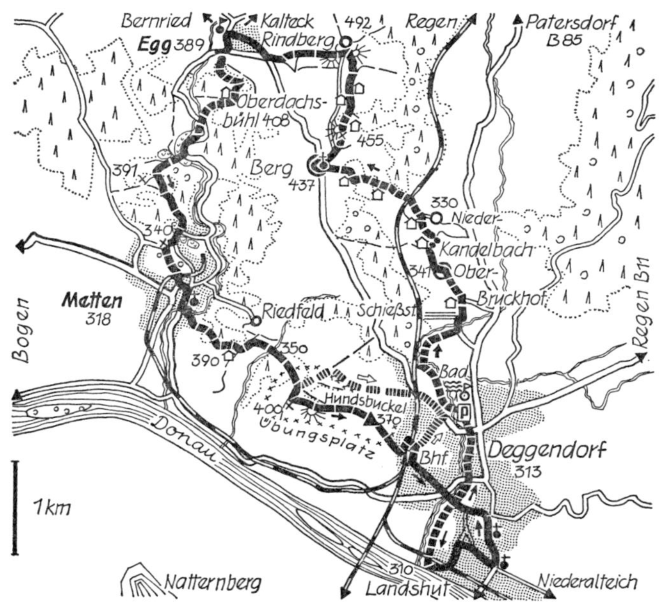

68 Niederalteich und Donauwasser

Eine christliche Urzelle, Fähre und Damm

1/2 Tag — 1.30 bzw. 3.10 Std. – 5 bzw. 11,9 km

Wir sagen es gleich: bedeutend ist diese Wanderung nicht! Sie ist kurz, dafür aber äußerst reizvoll. Denn vom Ufer des kräftig ostwärts schwellenden Nibelungenstromes aus, das tellerflache Niederbayern im Rücken, den großen „Wald" sanft ansteigen zu sehen bis in schwere dunkle Wäldertiefen, das rührt den fühlenden Menschen an. Wer anstelle einer Barnard'schen Herzpumpe noch ein glühendes Herz besitzt, der wird auf dem Donaudamm genau so wie in der gewaltigen Hallenkirche der uralten Benediktinerabtei jenes kräftige Pochen verspüren, das große „Augenblicke" nun einmal hervorrufen. Die zwei wuchtigen Türme des Riesenbaues beherrschen das letzte Stück flachen Landes vor den ersten Donauhöhen: wir sollten diesen Bau, an dem entscheidend Antonio Carlone, der unglückliche Passauer Jakob Pawanger und der große Johann Michael Fischer mitgewirkt haben, nicht ohne den S+S Kirchenführer in der Hand anschauen, der uns Bau- und Kulturgeschichte in verantwortlicher Knappheit darstellt. Man bedenke: im Jahr 731 nach Christi von Mönchen aus der Reichenau im Bodensee begründet, von 13 Bränden heimgesucht und von der Säkularisation dazu, Benediktiner von hier haben die ersten Rodungen im Urwald durchgeführt, haben die ersten Siedlungen von Rinchnach, Regen, Frauenau und Bischofsmais gegründet, 1306 wurde die gotische Hallenkirche begonnen, 1671 brannte sie bis auf die Mauern nieder – heute aber steht über den alten Mauern eine der schönsten und kostbarsten Barockkirchen des Abendlandes: eine übermächtige barocke Einheit aus tausend glücklichen Händen ... Nach dem Kirchgang bummeln wir vom Portal erst gerade, dann links, aber gleich wieder rechts durchs Dorf und weiter schräg links über eine Wiese zum Dammtor. Und schon sind wir an der Anlegestelle der alten Donau- (auch Auto-) Fähre. Der Betrieb ist von rührender Simplizität, er leugnet die Technik und lobt den braven Fährmann. Wer gescheit ist, fährt über, stemmt sich mit der alten Holzfähre kräftig gegen den unheimlichen Schwall des großen Stromes, sieht im Geiste Ulmer Münster, Regensburger Dom, Wiener Stephanskirche und Budapester Parlament, und kehrt heiter zurück ans östliche Ufer. Bewegung muß sein, denn „wer viel geht, fährt gut", – also wandern wir am Ostufer den Strom aufwärts, erst an kleinen Gebirgen aus Granitwürfeln vorüber, die Frachtkähne hier ein- und ausladen, dann durch Auengebüsch. Nach 30, 40 oder 50 Minuten kehren wir um, ersteigen die Dammkrone und wandern langsam zurück. Zuerst haben wir noch seenartige ruhende alte Donauarme vor uns, später feine Durchblicke auf Niederalteich und das aufsteigende Waldgebirge. Haben wir Glück, dann beschäftigt uns die Arbeit eines vorbeifahrenden Donaudampfschiffahrtsgesellschaftskapitäns auf seiner Kommandobrücke – oder Lastkähne, Schlepper, Gänse, schnalzende Fische ... Hinter Niederalteich sitzen die Kirchen von Hengersberg und Schwarzach auf hohen runden Buckeln. Zurückgekehrt nach Dorf Niederalteich notieren wir, je nach Fleiß: 5,0 oder auch 7,0 km = 1.30 oder 2.15 Std.! – Wer kein Auto hat, fährt im Bus nach Hengersberg, – oder geht zu Fuß am östlichen Damm der Hengersberger Ohe, wendet sich an der Badeanstalt rechts und steuert die Pfarrkirche an. Vom Kirchhügel kann man am Rohrbergweg absteigen und halbrechts über den Kirchsteig und die Simon-Breu-Straße zum Marktplatz zurückkommen bzw. weiter S zum Bahnhof. Das sind + 4,0 km = 1.15 Std.! – Wer lieber länger wandert, kann rechts oder links der Fähre seinem Orientierungssinn nachrennen, aber Vorsicht: Im Hochsommer gehen hier Milliarden Mücken und Bremsen auf Menschenjagd!

AP/EP: Niederalteich, 312 m, evtl. Hengersberg, 311 m.

Anfahrt: Autostraße von Deggendorf, Passau, Tittling, Schönberg und Osterhofen (Fähre). – Bahn: Bhf. Hengersberg (von dort 2,5 km = 0.45 Std. nach Niederalteich). – Bus: Nach Hengersberg und Niederalteich auf der Linie Passau–Deggendorf.

Charakter: Ausnahmsweise nur ein kleiner Spaziergang am Donau-Ufer und -Damm, der aber, was die Gehzeit betrifft, durch das viele Gehen im Klosterbereich und in der riesigen Kirche stark aufgewertet wird. Reizend, interessant und erholsam der Gang am Donau-Damm. Ganzjährig begehbar, der direkte Uferweg bei Hochwasser ungangbar!

Einkehr: Wirte in Niederalteich und Hengersberg. – Baden: Ohe-Bad am Rand von Hengersberg.

Sehenswert: Benediktinerabtei und Basilika Niederalteich, siehe Schnell & Steiner-Kirchenführer. – Bestand und Wirken der Benediktinerabtei hatte nicht nur für die Erschließung des Bayerwaldes phänomenale Bedeutung.

Karte: Topograf. Karte 1 : 50 000, Blatt L 7344, Vilshofen.

Bild: In unmittelbarer Nähe der uralten Benediktinerabtei Niederalteich treffen wir bei Beginn unserer kleinen Ufer- und Damm-Wanderung auf die alte Donaufähre nach Thundorf. Man sollte sich die sehr reizvolle Überfahrt (und Wiederkehr) nicht entgehen lassen. Bei diesem Fährbetrieb läßt sich der „Fortschritt" aufs angenehmste Zeit.

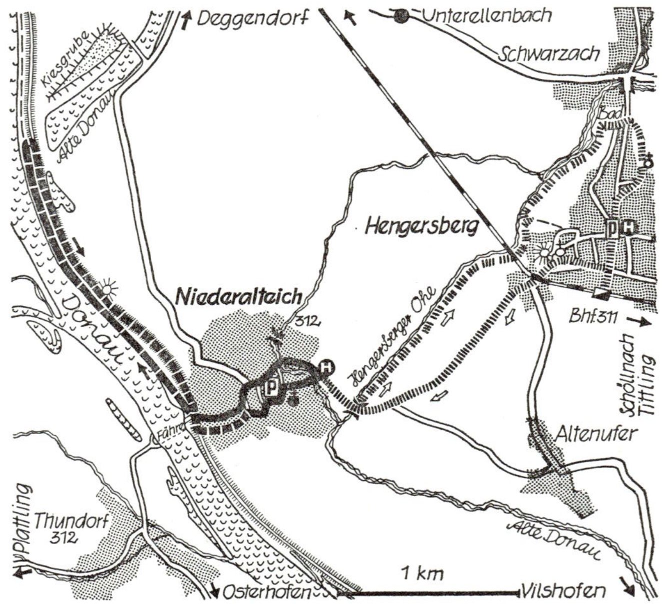

69 Droben im Lallinger Winkel

1 Tag 6.15 Std. – 21,0 km 590 m HU

Obstwälder unter Durchfurther Schuß und Rusel

Ostwärts von der Deggendorfer Donau, zwischen den flachen Granitkuppen der armen Oberbreitenau und dem Brotjacklriegel, meint man, der Donaukamm gehe ein ... er schwindet aber nur knapp unter die 1000-Meter-Grenze, bleibt am Kamm überwaldet und hält so die Verbindung zum Süden. Vielleicht haben das die römischen Besatzungssoldaten so eingerichtet, um den Lallinger Winkel vor scharfen Ostwinden zu schützen: dorthin haben sie nämlich, wenn man glaubensstarken Waldlern trauen darf, erstklassige südalpige Obstsorten eingeschmuggelt, die heute noch gedeihen und selbst am Münchner Viktualienmarkt verkauft werden. Daß die runde grüne, ganz gegen die Südsonne ausgerichtete Wiesenschale des Lallinger Winkels frühzeitig besiedelt war, ist sicher, viele Ortsnamen auf „–ing" bezeugen es. Das „ing" ist stets eine Garantie für die Anwesenheit urbajuwarischer Siedler in Frühzeiten. Kommen wir nach Lalling, so sehen wir auf dem Kirchhügel einen feinen Barockturm, über dem Turm weiche grüne Mulden, und über diesen den unentbehrlichen Kammwald, dunkel, zusammenhängend, nahtlos ... Wir gehen den Lallinger Winkel in einem großen Bogen nach Norden über Ranzing, Durchfurther Schuß, Dattinger Berg, Rusel und Ginninger Berg aus, am Ende über Datting und Kapfing zurück laufend. Schön ist der Aufstieg mit den tausend Rückblicken, noch viel schöner der Abstieg, wenn man unter der Waldgrenze nicht mal mehr den Kopf umzudrehen braucht, um hinauszuschauen über die grünen und schwarzen Buckel, bis sie vor Donau und blauer Ebene armselig eingehen. – Wir marschieren also von der Lallinger Kirche nordwärts hinaus zur Straße, kürzen vom Trafo weg links nach Ranzing ab und steigen hinterher am Weg unter der Stromleitung erst an Höfen vorbei, dann schräg den Hang querend durch Laubwald und über freie, zum Rückblick verlockende Wiesentafeln. Der Weg wächst langsam ein unter Gebüsch, kurz vor dem Hochwald gehen wir scharf rechts über eine Wiese – bei feinen Ausblicken! – zur Teerstraße hinauf und auf ihr nordwestwärts zur Kreuzung im Wald, P. 735 m, dann links südlich zurück zu Wirtschaft und Forsthaus „Ruseler Kreuzstraße": 5,0 km in 1.45 Std. – Nun westwärts als Generalrichtung, erst vom Forsthaus am mittleren, bald leicht fallenden Weg durch schönen Buchenwald zum Durchfurther Schuß – vor ein Haus mit weiter Aussicht! – und eben weiter zur neuen Forststraße (nicht auf Karte). Auf ihr laufen wir ohne bedeutende Höhenunterschiede rundherum die waldige Südflanke des Dattinger Berges aus und kommen schließlich zur Rusel: + 4,5 km = 1.15 Std. – Vor dem Abstieg schieben wir eine lohnende Fleißaufgabe ein; indem wir W zur Paßhöhe der Rusel und dort mit der rot-weißen Markierung links S hinüber zu dem im Wald versteckten, aber unverhofft aussichtsreichen Geßingerstein laufen und dann unter dem Hausstein auf einem der breiten Wege NÖ zur Rusel zurück. Mehraufwand: 4,9 km = 1.30 Std.! – Unser Hauptweg aber führt vom Rusel-Forsthaus (WW) dem Grünen Dreieck nach auf der breiten Teerstraße südostwärts bis zur Serpentine, dann gerade weiter auf der Forststraße durch prachtvollen Buchenwald. Mitten am Ginninger Berg zweigen wir plötzlich rechts auf einen Fahrweg ab, passieren einen Einödhof und laufen hinunter bis nach Datting. Der Wald ist zurückgeblieben, wir sehen schöne Waldlerhäuser. Nun folgt ein feiner Gang, immer südostwärts am flachen Rücken hinab – mit permanentem Ausblick – nach Kapfing und in reizendem Wechsel von Wald und Wiesen weiter nach Gerholling. Von dort laufen wir ostwärts – die Serpentinen der Straße abkürzend – hinüber nach Lalling: + 6,5 km = 1.45 Std.

AP/EP: Lalling, 446 m.

Anfahrt: Autostraßen von Deggendorf, Schönberg und Regen. – Bus: nur werktags Deggendorf–Schönberg–Grafenau. Evtl. als Sonntagstour ab Rusel (Bus täglich ab Deggendorf).

Charakter: Der Lallinger Winkel, berühmt durch seine Obstkulturen, senkt sich vom Leopoldswald der Donauhöhen südwärts als sanfte runde Schale ab. Wir wandern aus Obstgärten über Wiesen – mit tausend Rückblicken gegen die Donauebene – in den Wald, am Hang hin zur Rusel und zurück; eine stille, schöne Rundtour, vor allem im Spätfrühling und Herbst. Nur im Abstieg markierte Wege. – Höchster Punkt: Geßingerstein, 874 m.

Einkehr: Ruseler Kreuzstraße, 740 m; Rusel, 763 m, Hotel und Gasthaus. – Baden: Perlenbachbad unterhalb Lalling.

Sehenswert: Die schöne helle, ländlich schlichte Lallinger Pfarrkirche auf ihrem stolzen Kirchhügel. Barockbau von 1722, 1786 im Rokokostil zurückhaltend dekoriert, neuerdings mit hohem Geschmack ausgemalt. Schöne Altäre. – Wissenswert: Die bedeutende Obstkultur im sonnenreichen Lallinger Winkel ist alt.

Karte: Topograf. Karte 1 : 50 000, Blatt L 7144, Regen.

Bild: Ein schönes altes Waldlerhaus in Datting, das wir – von der Rusel nach Lalling absteigend – passieren. Der gute alte Blockbau verrät Handwerkerhände, die nach guten Proportionen nicht erst suchen mußten.

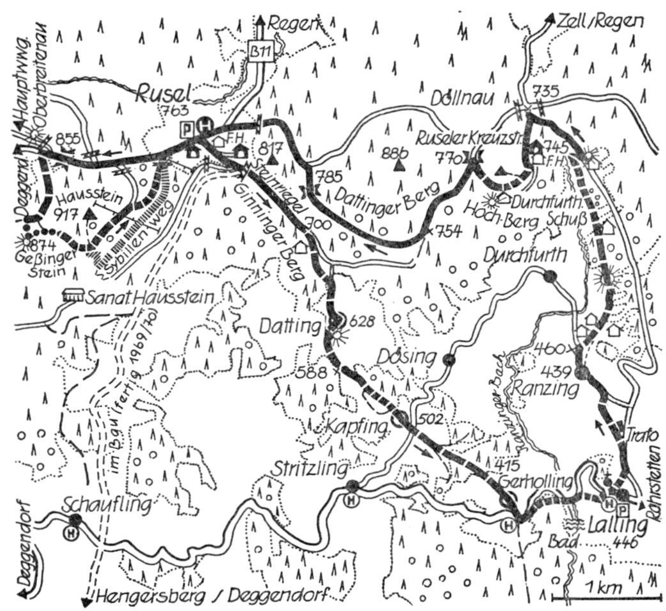

70 Über den Bichlstein zum Brotjacklriegel

1 Tag — 6.00 Std. — 18,5 km — 665 m HU

Rohrstetten — Oberaign — Sonnenwald — Schöfweg — Hunding

Der 1016 m hohe Brotjacklriegel wäre im Grenzkamm garnichts, und er würde nicht mal in den Donauhöhen viel vorstellen, weil der Gipfel vollkommen überwachsen ist. Retten tut ihn nur der riesige Fernsehturm, auch wenn er nicht schön ist: er deutet Tag und Nacht auf diesen letzten hohen Aufschwung des Donaukammes an dessen Südende. Der Aussichtsturm des Bayerwaldvereins versteckt sich dagegen bescheiden im schönen, hohen Buchenwald, und schaut nur gerade so viel über die Laubkronen hinaus, daß der vom Treppensteigen atemlose „Bergsteiger" noch was sieht — das können diesmal die Alpen sein, nicht nur die tausend Bukkel zwischen Donau, Deggendorf und Passau, nicht nur der blauschwarze Grenzkamm. Wir könnten zum Brotjacklriegel auch mit dem Auto bis auf 800 m Höhe fahren und dann in einem 45-Minuten-Aufstieg zum Gipfel laufen, — aber dann verschenken wir das Schönste... Gehen wir also in Gottes Namen von Rohrstetten aus über den feinen Waldhang nach Oberaign hinauf, machen wir den winzigen Abstecher zum Bichlstein, um von seiner senkrecht abfallenden Felsrampe aus einen phantastischen Ausblick zu genießen, bummeln wir dann weiter in der offenen Südflanke zum Aussichtsturm hinauf, — um erst nordwärts nach Schöfweg, und endlich westwärts über Hunding abzusteigen. Wie sich Wald und Wiese in raschem Wechsel ablösen und mit Flanken, Tälchen und Kuppen immerwährend „Landschaft" inszenieren — das ist 6 Stunden wert, und sogar einen Muskelkater. ... Also in Rohrstetten dem Grünen Dreieck nachmarschiert, südostwärts hinunter zur Mühle und dann am Wiesenweg überm Bach schön stad am grünen freien Kamm nach Kieflitz hinauf, — hinter uns liegt der Lallinger Winkel rund, breit, grün und faul in der Südsonne. Jetzt genau so schön und frei südwärts bis zum Waldrand über den Höfen von Reigersberg. Bei einem Stadel geht es durch Jungholz und Buschwerk in den hohen Mischwald, dann immer in Südostrichtung im Wald luftig und grün am Hang aufwärts, nach langem Gang aber durch einen Tunnel aus Haselnußblättern plötzlich hinaus zum Sattel von Oberaign. Hier laufen wir schleunigst eben hinüber zur Felsrampe des Bichlstein, wo ein Kreuz steht und ein Geländer, damit keiner abstürzt: 5,0 km = 1.45 Std. — Man schaue sich auf der Karte an, was da alles an „Aussicht" hergeht! Bis zu den Alpen hinüber!... Die ganze Buckelwelt ist niederbayrisch, es knödelt durch die Luft und riecht überall nach Schweinsbraten und Beinfleisch... Zurück nach Oberaign und dann nordostwärts davon, im Südhang des Steinberg über freie Wiesen gequert. An der Kreuzung vor Langfurth — mit WW und Grünem Dreieck — steigen wir kurz und steil durch Wald, dann ostwärts über eine Wiesenterrasse zum obersten Haus von Neufang und rechts abdrehend zu den mächtigen Buchenstämmen um den Aussichtsturm am Brotjacklriegel: + 4,1 km = 1.30 Std. — Der Turm ist 32 m hoch und man sieht alles — oder nichts. Wenn es nebelt, schneit, regnet, oder Nacht ist... Von hier steigen wir nach WW und Markierung (Weiß-blau) durch Buchenwald nordwärts ab, bald auf der Privatstraße, laufen aber am flachen Sattel unterm Jägerriegel halblinks auf freie Wiesen hinaus und nordostwärts nach Schöfweg: + 3,4 km = 1.00 Std. — Beim Friedhof biegen wir auf Westrichtung, nützen jeden Mugel zur Ausschau, und marschieren dann hundsgemütlich durch Laubwaldhänge, neben Wiesen und zuletzt am Fahrweg, vom Hundinger Bach begleitet, hinunter nach Sondorf. Auf der Teerstraße gelangen wir nach Rohrstetten: + 6,0 km = 1.45 Std.! — Und jetzt ein Bier oder eine Radlermaß, vielleicht ein Radi gefällig!...

AP/EP: Rohrstetten, 460 m; für Autofahrer evtl. auch Hunding, 468 m.

Anfahrt: Autostraßen von Deggendorf, Hengersberg oder Schönberg. — Bus: nur werktags ab Deggendorf oder Schönberg.

Charakter: Ein Viereck von 18,5 km Länge bei viel Steigung im ersten Teil. Das Ganze eine großzügige Bergwanderung auf dürftig markierten Wegen. Die Ausblicke sind von hohem Reiz, weil der Brotjacklriegel mit seinem hölzernen Aussichtsturm völlig isoliert über dem vielfältigen Buckelland steht. — Höchste Punkte: Bichlstein, 831 m; Brotjacklriegel, 1016 m (Schlüssel zum Aussichtsturm des BWV evtl. in Neufang).

Einkehr: Evtl. im Feriendorf Sonnenwald, 840 m (5 Min. abseits); Langfurth, 796 m (10 Min. abseits); Standerl im Aussichtsturm für Getränke und Imbiß, 1016 m; Schöfweg, 772 m; Hunding, 468 m.

Wissenswert: Der Name Brotjacklriegel ist entstellter Dialekt. Brot kommt von „broat" (breit), Jackl von „Jaga" (Jäger). Riegel ist der Bayerwaldbegriff für einen gebankten Urgesteinsgipfel.

Karte: Topograf. Karte 1 : 50 000, Blatt L 7144, Regen.

Hinweis: Diese Wanderung ist — im Anstieg — ein Teil des Hauptwanderweges im Donaukamm. Tour 69 (Lallinger Winkel) kann vorangestellt werden. (Von Lalling weiter auf der Straße, die Serpentinen bei Züding abkürzend, nach Rohrstetten: + 1,5 km = 0.30 Std.) — Tour 72 läßt sich ab Brotjacklriegel anschließen.

Bild: Knapp unterm Gipfel des Brotjacklriegel passieren wir das kleine, im Westhang fast 800 m hoch gelegene Dorf Langfurth.

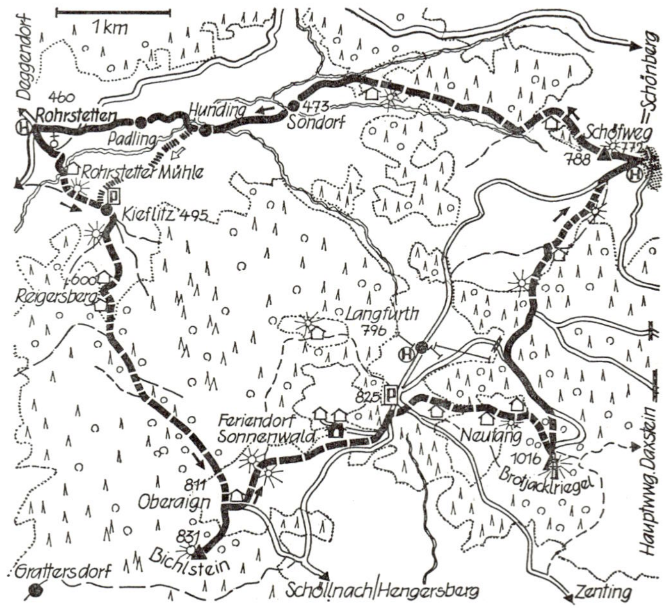

71 Von hinten herum auf den Brotjacklriegel

Hoch droben – am Rande der Ebene

1/2 Tag — 2.45 Std. – 8,3 km — 365 m HU

Am Brotjacklriegel reizt die Autoauffahrt bis zum Langfurther Sattel (825 m hoch) die scharf kalkulierenden Autofahrer. Sie sind empört, daß man auf der bestehenden Straße nicht ganz bis zum Gipfel auffahren darf – weshalb sie sich, nicht selten unter leisen Flüchen, die lächerlichen Dreiviertelstunden von Langfurth über den steilen Weg zum Gipfel plagen. Dort müssen sie dann gar noch 32 Meter auf die Kanzel des Aussichtsturmes steigen... Wir Waldwanderer demonstrieren am Brotjacklriegel gegen jene Einfaltspinsel, indem wir stumm und brav rundum marschieren. Unser Weg ist bei Gutwetter hinreißend schön, effektvolle Ausblicke bietend, die Glieder lockernd, die Lungen füllend, das Selbstgefühl stärkend. Was die letzten drei Vorzüge betrifft, so genießt man sie sogar bei Nebel... Der Plan ist ganz einfach: wir laufen gemütlich um die ganze Süd- und Ostflanke des Gipfelstockes herum, – also über Neufang an hellen Wiesenhängen, anschließend durch Mischwaldzonen mit Laubfenstern, dann über Ölberg an Waldrändern, wieder durch Bergwaldhänge, und bei Daxstein ins Freie und hinauf zum Ostrücken, – hier folgt die große Wende: westwärts zum Gipfel hinauf! Nach den Genüssen auf dem Aussichtsturm steigen wir von dessen Sockel, dort schon mitten im Buchendämmer, in der grünen Westflanke ab, bis sich die hellen Wiesenhänge von Neufang öffnen und uns zum Parkplatz leiten. Unsere Skizze genügt, trotzdem noch einige Details: Vom Langfurther Sattel also erst kurz auf der Zentinger Straße SÖ, dann halblinks am leicht steigenden Fahrweg aus dem Wald heraus und die aussichtsreichen Neufanger Wiesenhänge querend. Weiter möglichst eben geradeaus, Häuser passierend und kleine Waldstücke, dann am schmalen Weg durch junge Fichten. Nach dem Trafo wieder in Buchenhochwald, an der Gabelung rechts und hinab zum Waldrand oberhalb Ölberg – welch eine Aussicht!... 100 m tiefer zweigt links SÖ (WW) ein Fahrweg ab, der zwischen Waldrand und Wochenendhäusern hin, bald schmäler durch angenehm schattenden Buchenwald NÖ leicht bergan zieht und letztlich bergab über Wiesen Daxstein erreicht: 4,2 km = 1.15 Std. – Ab hier auf der Teerstraße NÖ zur Kreuzung am Waldrand („Platzl", WW, und Roter Punkt)! – Damit sind wir am Ostkamm und müssen jetzt streng westwärts zum Gipfel hinauf: das heißt erst links am kaum steigenden Fahrweg, dann bei der Gabelung nicht mit der neuen Forststraße weiter, sondern links geblieben – aber von jetzt an alle weiteren Linksabbiegemöglichkeiten ignorierend! Es kommt das oberste Haus beim Wiesenhang in Sicht und nun geht es steil dem Grünen Dreieck nach. Wir passieren noch eine verwachsene Lichtung, folgen einem ebenen Querweg kurz links, steigen dann steil durch junges Buchendickicht hinauf zum Zaun des Fernsehsenders, dem entlang wir in allerschönsten Buchenhochwald einziehen und zum Sockel des Aussichtsturmes gelangen: + 2,5 km = 1.00 Std. – Der Wahrheit die Ehre: bei klarem Herbstwetter schaut man gerührten Blickes in die waldigen Rücken des Donauzuges, auf den Wald-Feld-Wiesen-Teppich des nahen Dreiburgenlandes, auf den lockenden Grenzkamm und natürlich auf die silbern dahinschleifenden Donauwasser. Mit einem Fernglasl öffnen sogar die Ostalpen ihre eisigen Ausschnitte. – Das Herunterbummeln westwärts zum Auto zurück, wieder dem Grünen Dreieck nach, ist ein Vergnügen, nicht erst vom oberen Rand der Neufanger Steilwiesen ab. Bald sind wir an der Straßenkreuzung bei Langfurth: + 1,6 km = gut 0.30 Std. – Der landläufige Schnellanstieg führt vom Sattel in einem nördlich ausholenden Bogen über neue Forststraßen in gut 50 Minuten zum Gipfel.

AP/EP: Parkplatz am Langfurther Sattel, 825 m; oder Daxstein, 771 m.
Anfahrt: Autostraßen ab Deggendorf über Lalling–Schöfweg oder Hengersberg–Grattersdorf, von Schöllnach, von Tittling über Zenting und von Schönberg über Schöfweg. – Bus: nur werktags von Schönberg.
Charakter: Eine kleine, heitere Rundwanderung als Demonstration gegen die Nurautofahrer. Gute, nur teils markierte Wege. Erstaunliche Fernsicht, vielfach aus grünen Laubfenstern, am 1016 m hohen Gipfel rundum vom Aussichtsturm.
Einkehr: bei Wirten in Daxstein, 771 m; im Aussichtsturm des BWV am Gipfel (nur Getränke und Imbiß, in der ganzen schneefreien Zeit geöffnet; wenn versperrt, Schlüssel im obersten Haus von Neufang).
Wissenswert für Techniker: der Fernsehturm ist nicht schön, aber tolle 107 m hoch und dient als UKW-Sender dem Bayerischen Rundfunk. – Für Neugierige: der so profan klingende Bergname Brotjacklriegel kommt weder von „Brot" noch von „Jackl = Jakob", sondern von breit (broat) und von Jäger (Jaga). Also: verkümmerter altbayerischer Walderdialekt. Riegel ist der Begriff für einen gebankten Felsgipfel.
Karte: Topograf. Karte 1 : 50 000, Blatt L 7144, Regen.
Bild: Der Südhang des mit einem hohen Fernsehturm ausgestatteten Brotjacklriegel wirkt auf unserem Bild langweilig, aber wir sehen genau die freien Wiesen von Neufang, die hübschen Waldränder und Durchlässe rings um die Waldpelzkappe des letzten „Tausenders" im südlichen Donaukamm. Dort führen unsere Wege entlang.

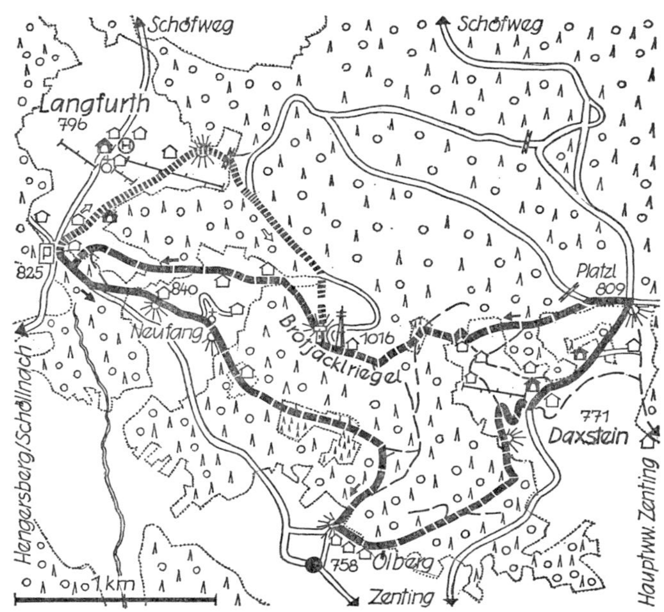

72 Wege zwischen Brotjacklriegel und Saldenburg

Der Hauptwanderweg – und eine stille Variante

Gut 1/2 Tag 4.30/5.00 Std. – 15/16,4 km +300/– 745 m HU

Der Donaukamm des Bayerwaldes verliert östlich des Brotjacklriegel rasch an Höhe und geht ins weniger waldreiche und freundlichere Passauer Buckelland über. Dazu gehört das vom Aussichtsturm des Brotjacklriegel gut einzusehende Dreiburgenland. Dorthin können wir auf zwei verschiedenen Routen gelangen: 1. Brav, sicher und schön am Hauptwanderweg, der vom letzten „Tausender" direkt nach Zenting absteigt und dann im Tal auf winzigen Nebensträßchen zur Saldenburg führt – mit weiten Ausblicken am Starthang, ansonsten eine vergnügliche bis besinnliche Wanderung zwischen Dutzenden von Feld-, Wald- und Wiesenbuckeln hin ... Oder 2. auf einer Art Idealroute für orientierungsbegabte Waldgänger, nämlich über die Ausläufer der Donauhöhen weiter – tief versteckt in dichten, stillen Buchenwäldern bis in die helle Lichtung von Bärndorf, dann in reizendem Wechsel von Wald und ungemein aussichtsreichen Wiesen über Solla nach Loh – und erst zum Schluß südwärts bergab und aus dem Waldrausch heraus ... Im Falle 1. laufen wir vom Aussichtsturm am Brotjacklriegel nach Wegweiser und Markierung (Grünes Dreieck + Roter Punkt) östlich abwärts durch Wald und Gebüsch, zuweilen recht steil. Aber am unteren Waldrand, über Daxstein, vergißt sich der Knieschnackler, denn wir schauen weit hinaus (unser Bild) und sind bald im verstreuten Dorf Daxstein: 1,5 km = 0.30 Std. – Auf der Teerstraße kurz bergan, beim letzten Haus rechts Ö auf einem neuen Fahrweg in die Wiesenmulde und dann am deutlichen Weg südostwärts bergab (Grünes Dreieck). Er führt um Waldecken und schräg über Wiesen, auch einmal in tieferen Mischwald tauchend, bis nach Fradlberg. Von hier streng südwärts, die Kurven der neuen Straße abschneidend, hinunter nach Zenting: + 4,1 km = 1.15 Std. – Weiter folgen wir Wegweisern und Grünem Dreieck, erst SÖ dem Zentinger Bach entlang, dann links NÖ hinauf nach Manzenreuth und rechts SÖ, ein anderes Bachtal querend, hinüber nach Eizersdorf. Nun geht es immer in Ostrichtung weiter, auf in der Karte teils nicht verzeichneten Sträßchen und Wegen über Lindau, Haundorf, Oberöd bis zur Hauptstraße und nach Hundsruck. Hinter dem Ort gelangen wir abkürzend am alten Fahrweg nach Saldenburg und endlich zur Burg hinauf: + 9,6 km = 2.45 Std. – Im Falle 2. steigen wir vom Brotjacklriegel wie bei 1 ebenfalls bis zum Waldrand oberhalb Daxstein ab, doch schon vom obersten Haus weg queren wir links NÖ zur Straßenkreuzung „Platzl" bei P. 809 (WW). Nun geht es mit dem roten Punkt immer in Ostrichtung weiter bis zur Wegverzweigung im Sattel zwischen Aschenstein und P. 913 (Aussichtsfelsen!). Jetzt heißt es aufpassen und auf die spärlichen Reste der rot-weißen Markierung achten: genau östlich abwärts zu einer Kreuzung am Rücken, von dort leicht links am Nordhang des Geißlstein durch Wald hinab und hinaus in die Lichtung von Bärndorf. Nun folgen wir der neuen Straße über den Sattel und südostwärts bergab – oder später auch am parallel laufenden, alten Weg – bis nach Solla. Von freien Wiesenhängen zwischen Waldstücken hat man immer wieder prachtvolle Ausblicke. Strecke: + 7,1 km = 2.15 Std. – Jetzt schneiden wir die Straßenkurve ab, gehen südostwärts zum Wald hinauf und dann neben der Stromleitung ins Dorf Loh hinab. Wo die Straße wieder in den Wald läuft, nehmen wir scharf rechts den Fahrweg (nicht mit der roten Markierung!), erst über eine Lichtung, dann lange Zeit durch wundervollen Mischwald hinab bis zur Hauptstraße. Gerade weiter kommen wir nach Haundorf und gehen dann mit der Hauptwanderlinie – wie oben beschrieben – ostwärts bis zur Saldenburg: + 9,3 km = 2.45 Std.

AP: Brotjacklriegel, 1016 m. **EP:** Saldenburg, 571 m.

Anfahrt wie bei Tour 70/71.

Charakter: Wir stellen zwei höchst unterschiedliche Wege vor: 1. den schönen, gut markierten Hauptwanderweg als Talroute über Zenting (teils neue Wegführung), erst durch Mischwald und über aussichtsreiche Südhänge, dann über Wiesen und Felder, im Ganzen recht still. – Und 2. die einsame Höhenroute über Solla für Feinschmecker und Leute mit Orientierungssinn. Prachtvolle Buchenwälder und viele Ausblicke! Die Strecke ist teils kaum oder gar nicht markiert, ohne Skizze und Karte (+ kleinen Kompaß) ist kein Zurechtfinden.

Einkehr: bei Wirten in Daxstein, Zenting, Lindau, Haundorf, Hundsruck bzw. in Solla und Saldenburg (Gasthäuser + Jugendherberge).

Karten: Topograf. Karten 1 : 50 000, Blätter L 7144, Regen, + L 7344, Vilshofen, + L 7346, Waldkirchen.

Hinweis: Route 1 ist ein Teil der Südlichen Hauptwanderlinie. Vorher läßt sich Tour 70 machen, anschließend die Touren 73 oder 74. – Man kann auch beide Varianten zu einer großen Rundtour koppeln (unbedingt am Hauptwanderweg aufsteigen!): 10.00–11.00 Std.!

Bild: Im ersten Teil des Abstieges vom Brotjacklriegel schauen wir über Daxstein (im Vordergrund) und Zenting (Bildmitte) hinweg nach Südosten in das nahe Dreiburgenland. Im vorletzten Waldkamm erkennt man rechts Schloß Fürstenstein, in der Bildmitte die Englburg (zwei weiße Punkte) und links Tittling (davor Thurmannsbang).

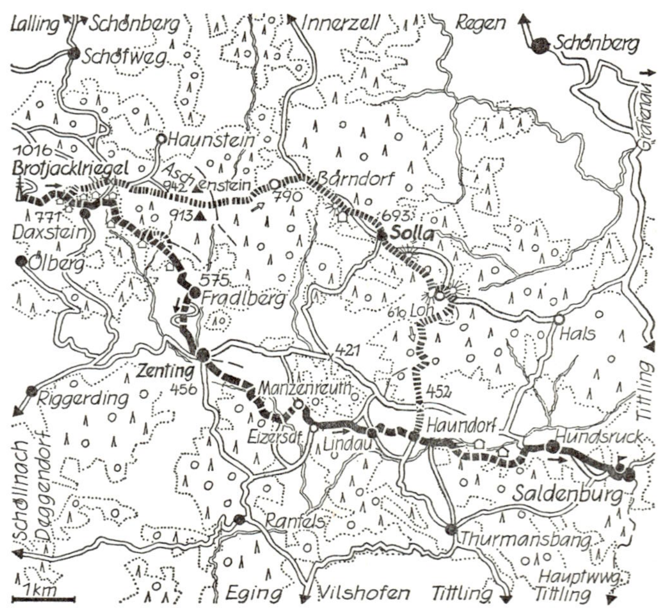

73 Zwischen Saldenburg und Rothauersee

1/2 Tag — 5.00 Std. – 16,4 km — 420 m HU

Abseits von Tittling und Autostraßen

Wir wandern diesmal in jenem nördlichen Teil des Passauer Buckellandes, wo man es das Dreiburgenland nennt. Vom großen Bayerwald ist wenig zu spüren in diesen freundlich, ja heiter verschränkten Wald- und Wiesenhöhen, – aber man sieht auf dem ersten Teil unseres Weges doch so viel davon, daß man zufrieden, wenn nicht gar begeistert ist: Dreisessel, Lusen, Rachel, Arber, Brotjacklriegel zum Beispiel. Die Donauhöhen haben sich völlig im Buckelland verloren, der Wald beschränkt sich gerne auf die Kämme, aber zwischen den Kämmen fließen Wiesen und Felder ab und steigen wieder auf. Da und dort hocken alte Burgen auf den Kuppen. Unser Plan will, daß wir vom Tittlinger Blümersberg aus – parallel zur links in gleicher Nordrichtung ziehenden Ostmarkstraße (B 85) – auf dem höchsten aller freien Rücken über Hohenwart und Stadl bis zum Zwiebelturm von Preying wandern. Vom Kircherl aus laufen wir, die B 85 kreuzend, westwärts in tiefen Buchenwald hinein, streicheln herrlich kompakte Granitkugeln, die dort im Schatten liegen, und steigen gemütlich zum Mühlweiher ab und dann wieder zur Saldenburg auf. Der dritte Teil des Weges zieht südwärts durch verborgene Bachtäler, zwischen Waldbuckeln hin bis zum Rothauersee hinab, von wo aus wir nach einem Bad südostwärts zurück nach Tittling zielen. – Angefangen also wird am Blümersberg, der fast über der Tittlinger Ortsmitte steht. Eine Orientierungstafel in 571 m Höhe klärt Unwissende über die bedeutende Rundschau auf. Dann geht es los: wir marschieren am freien Rücken nordwestwärts, bald weglos zur B 85 hinunter und müssen kurz auf ihr bis zur Linkskurve, dann rettet uns die alte Straße, heute ein Feldweg. Er führt uns sehr schön zwischen Feldern, Wiesen und kleinen Waldstücken – immer bei großer Aussicht nach vorn, links und rechts – an Hohenwart vorbei nach Trautmannsdorf. Bald sind wir drüben in Preying vor den schönen Altären seiner Kirche. Nun links zum Bach hinab, dann gleich westwärts zur neuen Siedlung hinauf und zu den Häusern von Auggenthal. Dort gehen wir über die B 85 hinweg und am Rücken halbrechts NW über Wiesen, dann durch Wald hinunter zu dem von Erlen umstandenen Mühlweiher. Über den dunklen, von hellgrünen Algen durchflochtenen Wassern steht die Saldenburg, ein mächtiger Riesenwürfel, hinter dessen kleinen Lucken die schwarze Tiefe einer vielhundertjährigen Geschichte schlummert. Am kurvenreichen Weg oder mit dem Grünen Dreieck steiler abkürzend ins Dorf hinauf und über die Hauptstraße hinweg zur Burgauffahrt. Bald stehen wir vor dem Würfel: 8,0 km = 2.30 Std.! Eintritt nur für Übernachter, denn wir sind vor einer Jugendherberge. – Wir trösten uns beim Wirt der „Waldlaterne", steigen wieder zum Mühlweiher ab und laufen dann rechts (WW. Grünes Dreieck) im wiederaufgeforsteten engen Tal des Langbaches südwärts. Wo der Fahrweg links in den Rochberggraben einbiegt, gehen wir kurz darnach rechts zum jenseitigen Waldhang, steigen dort steil aber kurz an und dann flach ab bis zu den Höfen von Unteröd. Weiter an der linken Talseite gelangen wir endlich an den Rothauersee. Wenn es Sonntag ist, hören wir schon von weitem, was uns erwartet. Zunächst ein hübscher Wiesengrund unter Waldrändern, und dann eine Sommerwirtschaft: + 5,3 km = 1.30 Std.! – Heimzu laufen wir am Fahrweg ins Dorf Rothau, dann über die Teerstraße hinweg und mit Wegweiser und Grünem Dreieck südwärts, über einen Felderrücken hinüber und durch ein Wiesental, bis wir neben einem Steinbruch zur Fürstensteiner Straße kommen. Auf dieser und zuletzt abkürzend durch ein Gasserl nach Tittling zurück: + 3,1 km = 1.00 Std.

AP/EP: Tittling, 529 m, oder evtl. Saldenburg, 571 m.
Anfahrt: Autostraßen Passau–Regen (B 85), ferner von Vilshofen, Deggendorf, Freyung und Waldkirchen. – Bahn: Strecke Deggendorf–Kalteneck. – Bus: Linie Passau–Regen–Furth i. W.
Charakter: Eine sehr schöne Wanderung im Passauer Buckelland, meist auf guten Wegen, teilweise bezeichnet. – Im ersten Teil auf aussichtsreichen Grünkämmen, dann durch versteckte Wälder und Bachtäler. – Höchste Punkte: Blümersberg und Saldenburg mit je 571 m.
Einkehr: Trautmannsdorf, Stadl, Preying, Saldenburg) (auch Jugendherberge), Sommerwirtschaft am Rothauersee (Camping, Kahnverleih). – Baden im Mühlweiher unter der Saldenburg oder im Rothauersee.
Sehenswert: Das schon von weither sichtbare, schöne Kirchlein von Preying, das unter seiner barocken Turmzwiebel ein rein got. Langhaus mit Chor und feinem Netzgewölbe verbirgt. Die barocke Ausstattung ist auf die guten Altäre beschränkt. – Die Saldenburg aus dem 14. Jh. zeigt uns aus der alten Zeit nur noch den mächtigen festungsartigen Würfel des Wohnturmes. Alles andere ist verfallen. Im Inneren (nur für Gäste der Jugendherberge zugänglich), wäre der große Rittersaal, ein weiterer Saal und in Teilen die Kapelle sehenswert.
Hinweis: Erweiterung der Tour bis Fürstenstein möglich (siehe Nr. 74)!
Karte: Topograf. Karte 1 : 50 000, Blatt L 7346, Waldkirchen.
Bild: Der kleine, zwischen flachen Waldhängen verborgene Rothauersee nordwestlich vom Markt Tittling, eines unserer Ziele.

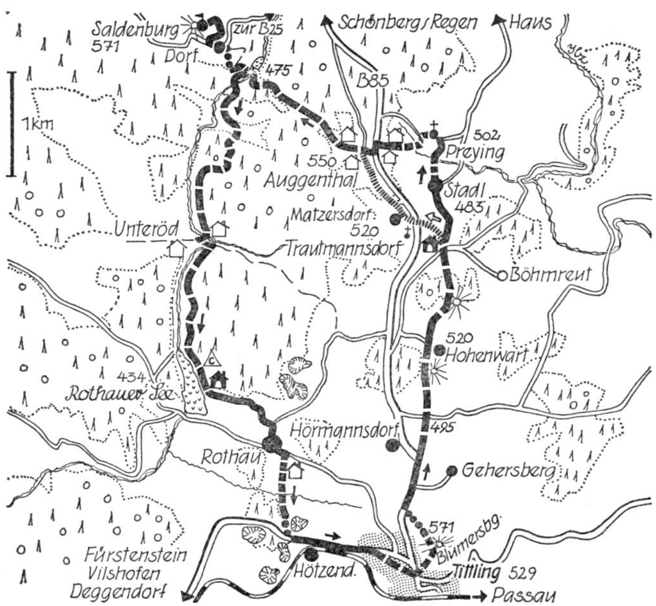

74 Rundlauf im Dreiburgenland

1 Tag — 7.45 Std. – 25,2 km — 790 m HU

Saldenburg – Schloß Fürstenstein – Englburg

Wer von Passau nordwärts in den Bayerwald fährt, passiert das sogenannte „Dreiburgenland". Man sollte die drei Burgen eigentlich nur im Bilderbuch anschauen und ihre erstaunliche Geschichte lesen: von Grafen, Panduren, Pest, Feuerbränden, verstoßenen Burgfrauen und fehlenden Blitzableitern. Aber an den Resten ist halt doch zu sehen, daß hier am Anfang, vor sechs und sieben Jahrhunderten, Prachtskerle von guten Baumeistern, und vor drei Jahrhunderten auch einige geniale Barockmaurer am Werk waren. Um ihretwillen machen wir unsere große Rundtour und nehmen es gelassen hin, vor allen drei Burgen auf verschlossene Tore zu treffen. – Wir wandern also vom Tittlinger Blümersberg, genau wie in Tour 73, nordwärts den ganzen hohen Kamm ab über Hohenwart nach Preying, und nehmen dabei wieder die Parade von 99 Passauer Buckeln ab, von blauem Grenzkamm und Brotjacklriegel, dem letzten „Tausender" der Donauhöhen. Das ist schön. Auch die Strecke westwärts über die B 85 hinweg und im Wald hinab zum Mühlteich unter der Saldenburg, dann die von Dorf Saldenburg südwärts durch das hinreißend stille Tälchen des Langbaches bis zum Rothauersee nehmen wir vergnügt mit. Obwohl es dort kaum Aussichten, sondern nur die Einsicht gibt, daß Wadenmuskeln erlahmen – Durst und Hunger aber immer nur schöner werden. Bis hier sind es 13,3 km = 4.00 Std.! Jetzt müssen wir uns wieder genauer an Skizze, Karte und Text halten, obwohl schon unser Bild alles deutlich verrät. Denn dort sehen wir ja alle drei Burgen auf EINEM Foto beisammen. Kurz vor dem Rothauersee überschreiten wir die zwei kleinen Bäche (springend oder watend!) und gehen am Westufer auf schmalem Trampelpfad zur Teerstraße. Gegenüber laufen wir dann auf neuer Straße im Tal oder am rechts abzweigenden Fahrweg über einen Höhenrücken nach Loderhof: + 2,1 km = 0.45 Std. – Weiter wandern wir am Fahrweg südwestwärts über Wiesen nach Thurmannsdorf (WW) und bald darnach links einbiegend zum schönen Stauweiher der Kollnbergmühl. Nun über die Kleine Ohe weg, dann links SÖ über einen Wiesenrücken bergan nach Wendlberg und bis zu den ersten Häusern von Fürstenstein. Hier rechts durch Mischwald, dann unterm Skilift links hinauf auf den Fürstensteiner Berg: + 4,1 km = 1.15 Std. – Die Aussicht ist bedeutend! Ein Fleckerlteppich von Feldern, Wiesenhügeln und Waldkuppen, Dörfer darin, Kirchturmspitzen da und dort, und weit, weit hinten die verheißungsvolle Kontur der „echten" Berge, der Alpen. – Unter der Burg dahin bis zur Kreuzung, dann nordostwärts am Fahrweg neben der Straße zu einem Sattel und links N durch Mischwald zur Englburg marschiert: + 2,1 km = 0.45 Std. – War Schloß Fürstenstein, weil 1861 wiederaufgebaut, ein Aufguß alter Burgenherrlichkeit – wenn freilich hoch über dem Ort thronend – so begeistert man sich vor der zwar auch wiederaufgebauten, aber in manchen Flanken doch unversehrten Englburg an der Kraft und Sicherheit der Erbauer: wie die beiden achteckigen Türme mit den gedoppelten Zwiebeln darüber die strenge Burgfassade einschließen, ist mit genau so viel Freude anzuschauen wie der nackte Riesenwürfel der Saldenburg drüben auf ihrem Waldhöcker. – Vom Schloßtor der Englburg gehen wir rechts, dem Blauen Dreieck nach, durch Wald und Wiesen zum Haltepunkt Englburg. Wer mag, fährt mit dem Zug nach Tittling (– 2,4 km = 0.45 Std.). Der Standhafte marschiert insgesamt ostwärts, überquert die Bahnlinie, kommt bald in ein flaches Wiesental und läuft aus ihm hinauf nach Tittling: + 3,6 km = gut 1.00 Std. – Eine verkürzte Rundtour ab Loderhof deutet unsere Wanderskizze an!

AP/EP: Tittling, 529 m.

Anfahrt: Autostraßen von Passau oder Regen (B 85), ferner von Vilshofen, Deggendorf, Freyung und Waldkirchen. – Bahn: Strecke Deggendorf–Kalteneck. – Bus: Linie Passau–Regen–Furth i. W.

Charakter: Dem Besuch von Schloß Fürstenstein und Englburg ist die große schöne Schleife von Tittling zur Saldenburg vorgelegt, die in Tour 73 genau beschrieben ist: ab Rothauersee schließt sich ein Bogen mit diesen beiden Burgen an. Die Tour wird dadurch lang. Die Wege sind nur zum geringeren Teil markiert. Im ersten Drittel mit freien Ausblicken; dann auf versteckten Wegen und Sträßchen. Am schönsten, stillsten und aussichtsreichsten im späten Frühjahr und Herbst.

Einkehr: Trautmannsdorf, Preying, Saldenburg, Sommerwirtschaft Rothauersee, Loderhof, Fürstenstein. – Baden: im Saldenburger Mühlweiher, im Rothauersee (dem wärmsten See im ganzen Wald), im Weiher bei Kollnbergmühl.

Sehenswert: Nur die feine gotische Kirche von Preying mit barocker Zwiebel und 3 barocken Altären. – Die drei Schlösser des Dreiburgenlandes sind nicht zu besichtigen, weil Jugendherberge (Saldenburg), Pension ohne Wirtschaft (Englburg) und Internat (Fürstenstein).

Karten: Topograf. 1 : 50 000, L 7344, Vilshofen, + L 7346, Waldkirchen.

Bild: Blick aus dem Flugzeug auf Dorf und Schloß Fürstenstein im Dreiburgenland, nördlich von Passau. Über Fürstenstein die Englburg, am linken Bildrand (als Würfel gut erkennbar) die Saldenburg.

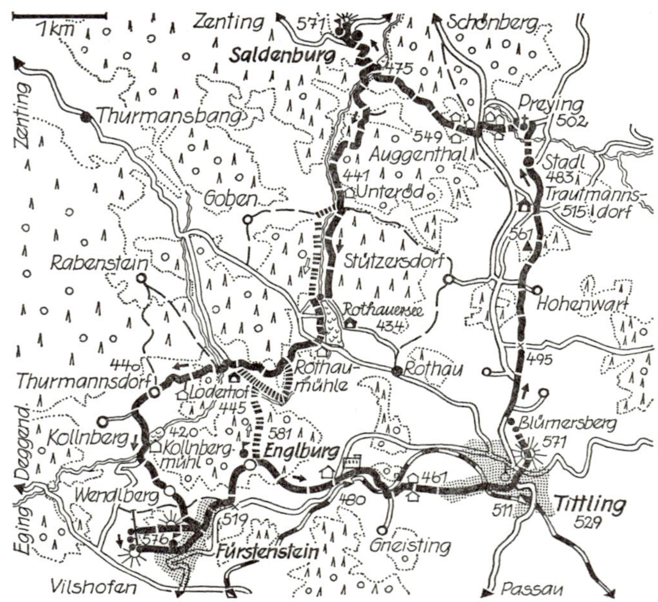

75 Von Tittling ins Ilztal – mit den Wassern nach Kalteneck

... und mit der Eisenbahn zurück

1/2 Tag | 3.15 Std. + Bahnfahrt retour | 10,6 km

Weit abseits vom verdämmernden Blau des Grenzkammes und vom goldenen Dunst über den Donauhöhen breitet sich nördlich von Passau das „Passauer Buckelland" aus. Das ist eine von der schwarzen Ilz durchschnittene Miniaturlandschaft, die keine großen Aussichtsberge bietet, aber tausend freundliche Verstecke zwischen sanften Mulden, sanften Tälchen, sanften Waldkämmen. Dicht westlich schließt sich das Dreiburgenland an, aber es gehört nach seinem Charakter zu unserem Buckelland. Wir gehen von dem uralten Markt Tittling aus, das ohne den Durchtrieb einer rasenden Autokette zum Verlieben altmodisch wäre, gehen also genau ostwärts bis zum Ilzeinschnitt bei Schloß Fürsteneck, steigen dort zu den flinken Wassern hinab und machen es wie die Eisenbahn, laufen – weil ja sonst kein Platz ist – dicht an oder über den Wassern streng südwärts nach Kalteneck zum Bahnhof. Dabei lassen wir links oben „München" und „Prag" liegen, – die sich hier aber als kleine unscheinbare Dörfer herausstellen... In Tittling macht man vor dem Start den 10-Minuten-Abstecher zum 571 m hohen Blümersberg hinauf, um bei klarer Sicht das zu sehen, was das nebenstehende Foto zeigt: große Landschaft, große Kontraste, alpinen Fels und Eis über sanft flutenden Walddämmen. – Dann laufen wir vom Marktplatz – dem Wegweiser und dem Grünen Dreieck nach – SÖ in den Ortsteil Siebenhasen und von dort ostwärts auf neuer Straße nach Anschießing und weiter über die flachen Landwellen, selten zwischen Waldkulissen. Hinter der Adlmühle zweigen wir links von der Straße ab, gehen durch ein Wäldchen, dann an Feldern und Waldrändern hin, kommen rechts haltend zum Langwiesenbach und drüben weglos durch eine Wiesenrinne nach Kafering hinauf. Hinter dem Dorf scharf links von der Straße ab, an der Waldspitze rechts und dann am mittleren Weg leicht fallend ins Ilztal hinab zur ehemaligen Triftsperre. Jetzt weiß man, weshalb am Passauer Ortsspitz zu den hellgrünen Inn- und den blaugrünen Donauwassern so rabenschwarze Ilzwasser kommen. Sie verraten ihre dunkle Herkunft. Hier, dicht bei Schloß Fürsteneck, rennen und springen die Ilzwasser zwischen 100 Meter hohen Walddämmen streng südwärts auf Passau zu, aber wir wissen ja bereits, daß sie schon bald den Atem verlieren und sich von Stauseen in Ketten legen lassen. Hier rauschen transparente Wasserschwälle über schwarze und goldbraune Urgesteinsbarren, vielfach von dichten Erlen-, Weiden-, Buchen- und Eichendächern verschattet. In den Hängen droben folgen schlanke Fichten. – Es geht also über die Brücke, dann Ilz-abwärts, gleich aber an der hier einmündenden Wolfsteiner Ohe flußaufwärts, bis wir über zwei Stege zur Aumühle hinüberkönnen. Dort machen wir Brotzeit: 7,2 km = 2.15 Std. – Vom Gasthaus erst weglos w zu einer Fichtenpflanzung, dann am Weg S zum Ilzufer. Nun wandern wir mit den Wassern weiter, wenn es ganz eng wird, auch mal am Bahndamm. Später überquert der Weg die Geleise und steigt durch buntgemischten Wald am Hang hin mäßig an – aber wir verlieren die Wasser nicht aus Aug und Ohr. Bei der Weggabelung am unteren Ast wieder zur Bahnlinie und zum grün umflorten Ilzufer hinab. Und dann dort, wo sich das Tal endlich öffnet, zum Bahnhof Kalteneck – im letzten Augenblick entdecken wir, daß die Ilz plötzlich träge geworden ist. Wir sind es auch. Wir haben noch + 3,4 km in 1.00 Std. zurückgelegt, es war lustig bis aufregend, und im Waggon, der uns nach Tittling hinaufbringt, denken wir wieder gern an unsere Autofahrermaxime: wer viel geht, fährt gut! und fühlen uns bei diesem Hauptleitsatz wieder einmal recht, recht gescheit...

AP/EP: Tittling, 529 m, bzw. Bahnhof Kalteneck, 335 m.

Anfahrt: Autostraßen von Passau, Vilshofen, Deggendorf, Regen, Freyung und Waldkirchen. – Bahn: Strecke Deggendorf–Kalteneck (dort Anschluß von Passau + Freyung). – Bus: Linie Passau–Regen–Furth i. W.

Charakter: Wir wandern im Passauer Buckelland dahin, im ganzen aber volle 270 m bergab auf knapp 11 km Länge. Die kleinere Hälfte wird im engen Ilztal zurückgelegt; diesmal an klaren Bergwassern über goldbraunen Böden. Zwischen Fichtendämmen erreichen wir Kalteneck und den Eisenbahnwaggon, der uns die 270 Meter wieder hinaufbefördert nach Tittling. Markierte Sträßchen, Wege und Pfade.

Einkehr: bei Wirten in Anschiessing, Kafering, Aumühle, Kalteneck (Jugendherberge 10 Min. vom Bahnhof). – Baden: Improvisierend fast überall an der gut versteckten Ilz.

Wissenswert: Tittling ist der Geburtsort des Walddichters Max Peinkofer, dessen „Pandurenstüberl" sehr zu Unrecht in untersten Schubladen lagert: es ist eine starke Geschichte. – Auf der Ilz wurde einst viel Holz aus dem Wald getriftet, die Triftsperren dienten zur Sammlung der Wasser und der Stämme, die dann mit einem Schwall entlassen wurden auf rauhe Fahrt!

Hinweis: Die vielgepriesene Wanderung Ilz-aufwärts nicht mehr gangbar!

Karte: Topograf. Karte 1 : 50 000, Blatt L 7346, Waldkirchen.

Bild: Ausblick vom Blümersberg (dicht über Tittling) auf die östlichen Ostalpen zwischen Totem Gebirge, Dachstein (Mitte) und Gosaukamm.

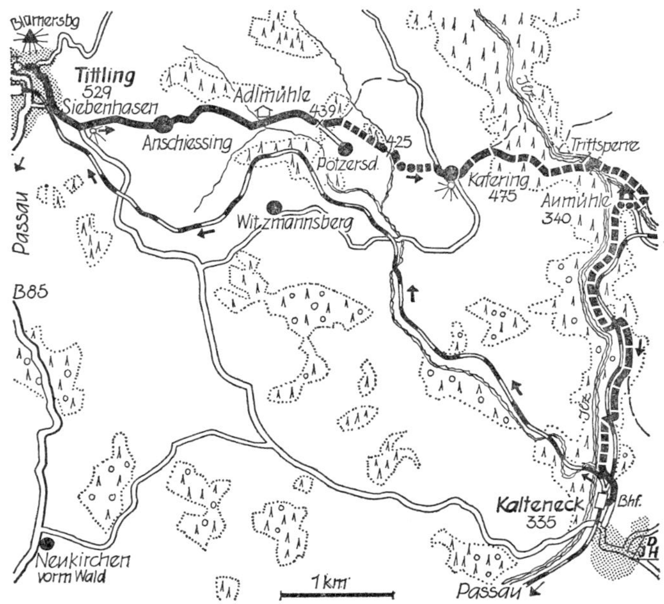

76 Durch die Buchberger Leite

1 Tag — 5.30 Std. – 17,2 km — 450 m HU

Die Wildbachklamm zwischen Freyung und Ringelai

Westlich des auslaufenden Grenzkammes um Dreisessel und Haidel, etwa in der Mitte zwischen Waldkirchen und Grafenau, liegt Freyung, das höchstgelegene Städtchen des Bayerwaldes – auf 655 m Höhe. Westlich von Freyung vereinigen sich der von Schönbrunn kommende Reschbach und der Freyungs Burg Wolfstein umspülende Saußbach zur Wolfsteiner Ohe. Ohen gibt es im Wald so viel wie Achen in den nördlichen Alpen. Diese Wolfsteiner Ohe hat mit jenen Achen gemein, daß sie höchst „alpin" durch eine tiefe, felsige Schlucht rauscht und damit Naturfreunden ein wahrhaft wildromantisches Schaustück bietet ... geboten hat. Denn lange schon rauscht sie kaum noch, rinnt nur noch mit kleinem Wasser, weil ihr die Industrie den größeren Teil ihrer Wasser für Kraftstromwerke gestohlen hat: so ein Wildfluß gehört allen Menschen, und es bleibt unbegreiflich, wie ihn Ämter für die Privatgeschäfte Einzelner freigeben. Die Situation der Klammschlucht, zumal unterhalb der berühmten Buchberger Leite, kann dennoch als für den Wanderer interessant bezeichnet werden. Wir erreichen die Schlucht erst nach einem längeren Umweg: wir zweigen von der Freyunger Passauer Straße S in die Geyersberger Straße ab und marschieren nach dem WW über Solla leicht steigend – mit hübschen Ausblicken da und dort auf Freyung, Kreuzberg und zum Lusen hinüber – bis Geyersberg auf 750 m Höhe. Hier sehen wir auch ins Waldkirchner Grünbecken hinüber. Im Dorf gehen wir rechts W (WW; Marchzipf) am Wiesenhang mit schönen neuen Ausblicken davon und, bevor der Weg stärker abfällt, halbrechts (Grün-Rot) zum Waldrand. Ein Pfad leitet uns W auf und ab durch kühlen Mischwald, dann N und zuletzt auf eine Wiese hinaus, an deren jenseitigem Rand wir uns nach links W wenden. Wo der Weg in den Wald zieht, müssen wir ihn sofort halblinks verlassen (WW) und auf einer Fußspur durch Wald- und Wiesenstücke, zuletzt leicht fallend auf besserem Weg zu den Häusern von Marchzipf laufen und zur Straßenkreuzung bei P. 646. Wir gehen auf der Straße NW, dann W leicht bergab durch Köppenreuth, queren drüberhalb die Hauptstraße (B 12) und biegen im Ort Aigenstadl scharf rechts ab, um steil hinunter zum Carbidwerk zu gelangen: 7,9 km = 2.15 Std.! – Noch vor der Flußbrücke weisen dort Markierung (Blau-Rot) und Wegweiser auf die „Untere Leite". Die marschieren wir nun am Steig des linken Randes der tiefeingerissenen Schlucht ab, direkt am Bachbett (das anfangs leer ist), später etwas höher am Hang, meist schattig und kühl unter großen bemoosten Fichten und Tannen, dann wieder lichter unter Buchen, Eschen und Ahornen. Kurz vor Ringelai kommen wir durch dichtes Auengebüsch auf freie Wiesen: genau dort kehren wir um und gehen den gleichen Weg zurück: + 4,2 km = 1.20 Std.! – Nun von der Brücke am Carbidwerk rechts NÖ (WW. Blau-Rot) durch den dunklen Stollen in die tief eingeschnittene obere Klamm hinüber mit ihren schroffen hohen Felsabbrüchen (Bild). Wir bleiben immer auf dem schmalen Steig an der „Buchberger Leite", zuerst hoch überm Flußbett mit seinen runden Granitkugeln und -blöcken. Später wird die Klammschlucht niedriger, der Weg führt durch Erlengebüsch kurz ins Reschbachtal hinein, über die hohe Brücke, dann rechts am Kanal zum Saußbach zurück. Wieder geht es reizend unter Buchen und Ahornen dahin, man passiert das E-Werk und den auffallend schmutzigen Stausee. Nun weiter am Ufer entlang, erst am Sträßchen, dann am Abkürzer zur Hammermühle und rechts über die Brücke zum Schwimmbad und Parkplatz: + 5,1 km = 1.45 Std.! – Wer Zeit hat, sollte unbedingt Schloß Wolfstein anschauen und sein Heimatmuseum.

AP/EP: Freyung, 655 m.

Anfahrt: Autostraße B 12 von Passau. Parken am Schwimmbad. – Bahn und Bus täglich von Passau.

Charakter: Im ersten Teil eine sehr schöne Höhenwanderung auf kaum befahrenen kleinen Straßen und markierten Waldpfaden. Durch die „Leiten", eine großartige Klammlandschaft, leider unverantwortlich entstellt durch die eigennützige Wasserentnahme der Industrie. Der Steig an der Leite ist schmal, Vorsicht bei Nässe! – Höchster Punkt: Geyersberg, 750 m.

Einkehr: Geyersberg, 750 m. – Marchzipf, 640 m, mit Schwimmbad. – Buchberger Mühle bei der Carbidfabrik. – Seehaus am Stausee.

Wissenswert: Das an sich häßliche Carbidwerk unterhalb Aigenstadl, an der herrlichen Buchberger Leite, stellt neben Calziumcarbid auch synthetische Edelsteine für die Idar-Obersteiner bzw. Kaufbeurer Schmuckindustrie her wie Rubine, Saphire und Spinelle. – Schloß Wolfstein bei Freyung sitzt mit einem 4-geschoßigen, 3-flügeligen Bau auf einem Quarzriff, das der schmale Saußbach auf drei Seiten umfließt. Der Kreis Freyung ist nach diesem Schloß benannt.

Karten: Topograf. Karten 1 : 50 000, Blatt L 7146, Grafenau und Blatt L 7346, Waldkirchen.

Bild: Blick in die klammartige Bachschlucht der Wolfsteiner Ohe (Ache), die zwischen Freyung und Ringelai einen langen Felsriegel durchbricht.

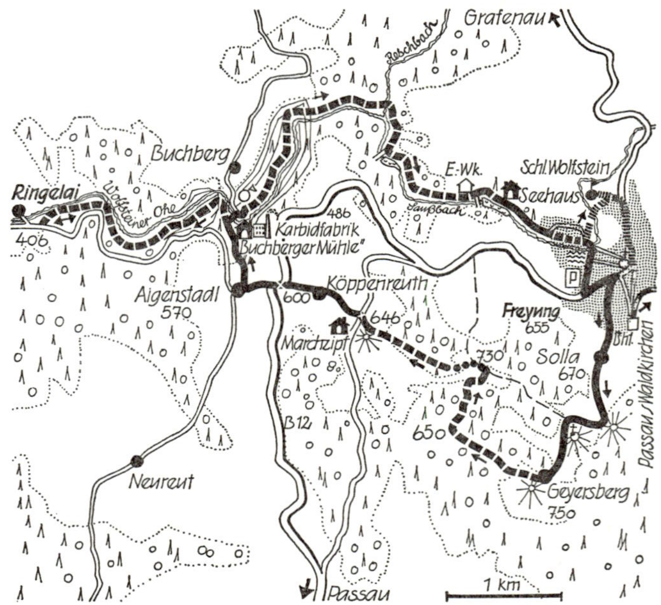

77 Durch die Saußbachklamm

Ein Naturschutzgebiet bei Waldkirchen

1/2 Tag 2.45 Std. – 9,1 km 180 m HU

Im nördlichen Passauer Buckelland, zwischen Freyung und den Hauzenberger Granitbrüchen, – aber mit dem Blick auf Dreisessel und Pleckenstein – thront auf einem breiten Wiesenrücken der alte Markt Waldkirchen. Hier zogen einst auf dem Gefilter Salzsteig, einem Seitenarm des Goldenen Steiges, die Salzhändler nach Böhmen, man handelte auch mit Garn und Leinen. Aber dann kam der Rückfall in arme Bedeutungslosigkeit, dann kamen die Kriege und die Zerstörung des Marktes im Artilleriefeuer von 1945 ... und es kam die ungeheure Flut des Flüchtlingsstromes von Osten, wo die Waldkirchner mit leeren Händen einer Übermacht an Menschennot gegenüberstanden. Heute liegt Frieden über dem grünen Gehügel ringsum, es geht immer noch arm zu, aber der Fremdenverkehr kommt auf leisen Sohlen und weckt Hoffnungen. Umso besser für unser Vorhaben! Wir sind viel allein, finden gute und gar nicht teure Wirte, finden ein feines Freibad, und im Naturschutzgebiet eine herrlich versteckte Klamm. – Man ahnt nichts von ihr, wenn man über den Marktplatz aufwärts geht, an der neugotischen Kirche S abwärts, gerade über die Kreuzung und dann SSW am Krankenhaus vorbei (Rot 1). Jetzt wird gleich der Blick frei in die von kleinen Waldquadraten bestückten Wiesen des Erlautales. Kurz bevor unser Sträßchen die Hauptstraßenkreuzung erreicht, biegen wir mit der uns begleitenden Gebüschzeile links – SSÖ – ab (WW, 1), müssen aber gleich darauf wieder links – OSÖ – abzweigen: nur so kommen wir direkt zum Brückerl über den Saußbach. Er führt eilige und klare Wasser, wir bleiben an ihnen und sind bald in einer tiefen rauhen Waldschlucht mit hellen Granitwänden und grün übermoosten runden Blöcken. Wir folgen nicht dem breiten Weg am südlichen Ufer, sondern dem schmalen Steig (Rot 1) direkt am Wasser, das grau und weiß gischtend, kochend und kreisend seinen Weg sucht. Da und dort findet man aus dem Fels gefräste Wassertöpfe. Das kleine, klammartige Tälchen wirkt trotz Granitkulissen und Fichten- und Buchenschatten wie eine enge, aber heitere Bühne, das Gehen und Schauen ist äußerst reizvoll ... Mäßig steigend erreichen wir das kleine Stauwehr: bis hierher 2,6 km = 1.00 Std.! – Als bekömmliche Fleißaufgabe gehen wir kurz N übers Wehr (Gelb, 2) und zum oberen Waldrand, dann links NW am Feldweg entlang, erst leicht steigend, dann fallend durch Wiesen und Büsche, später am kleinen Kanal, der hier unter Eichen, Erlen und Haselnußstauden immer wieder freie Ausblicke gewährt. Nun über eines der vielen Brückchen, spätestens bei der Wasserfassung, ans andere Ufer und dort durch dichten Mischwald zurück zum Wehr: + 2,2 km = 0.40 Std.! – Am Südufer des Stauweihers können wir weiterwandern, erst auf ebenem Weg, dann – ab Kreuzung – auf dürftiger Spur bis zum See-Ende, dort links – über die Brücke, dann gleich wieder links W dem Ufer entlang zum nächsten kreuzenden Weg, auf ihm rechts zur Teerstraße zurück – und nun n i c h t auf ihr, sondern am alten Strasserl links NW, neben der Telefonleitung, leicht steigend und in einen kleinen Eichen- und Linden-Hain. Dort scharf rechts ab und durch die schöne alte Lindenallee hinauf zur kleinen, äußerlich merkwürdig strengen St. Karolus-Kapelle: + 2 km = 0.40 Std.! – Leider kann man nur durch ein Fenster ins schöne Innere schauen. Nun kurz zurück, rechts am Weg zum großen schönen Schwimmbad, dann halblinks am Rücken nördlich hinaus (unser Bild!) und mäßig abwärts zur Gottinger'schen Kellerwirtschaft an der Jandelsbrunner Straße und zum Markt zurück: + 1,3 km = 0.25 Std.! Das Schwimmbad und der „Gottinger" liegen günstig für äußere und innere Abkühlung am Ende der Tour.

AP/EP: Waldkirchen, 573 m

Anfahrt: Autostraßen von Passau und Freyung, Parkplatz an der Kirche. – Bahn: Passau–Waldkirchen–Freyung. – Bus von Passau.

Charakter: Kurze, reizende Berg- und Talwanderung in relativ großer Stille, an Wald und Wasser. Markierte Wege.

Einkehr: Recht gut nach der Wanderung im hochliegenden Gasthaus Gottinger unterhalb des Freibades. – In der Saußbachklamm nahe dem Wehr, doch etwas abseits des beschriebenen Weges, in der „Haller-Alm" (WW). – Baden: im Saußbach-Stauweiher oder im schönen Schwimmbad zwischen St. Karoluskapelle und „Gottinger".

Sehenswert: St. Karolus-Kapelle von 1665, 1756 umgebaut (versperrt, Blick durchs Fenster). Das Äußere des schlichten, strengen Baues spricht bereits Bände aus über den Geist dieses armen Waldgebietes. – Wissenswert: Waldkirchen, einst ein bedeutender Garn- und Leinenmarkt, blieb von allen Verheerungen mittelalterlicher Kriegszüge verschont, litt aber sehr durch Artilleriebeschuß im Jahr 1945.

Karte: Topograf. Karte 1 : 50 000, Blatt L 7346, Waldkirchen.

Bild: Ausblick vom Hang des Hügels (625 m) zwischen Waldkirchen und Saußbachklamm gegen Norden auf den Markt Waldkirchen mit seiner neugotischen Kirche. Bei klarer Sicht kann man den Turm von Freyung sehen (im Talgrund links oben). Im Hintergrund der Lusen.

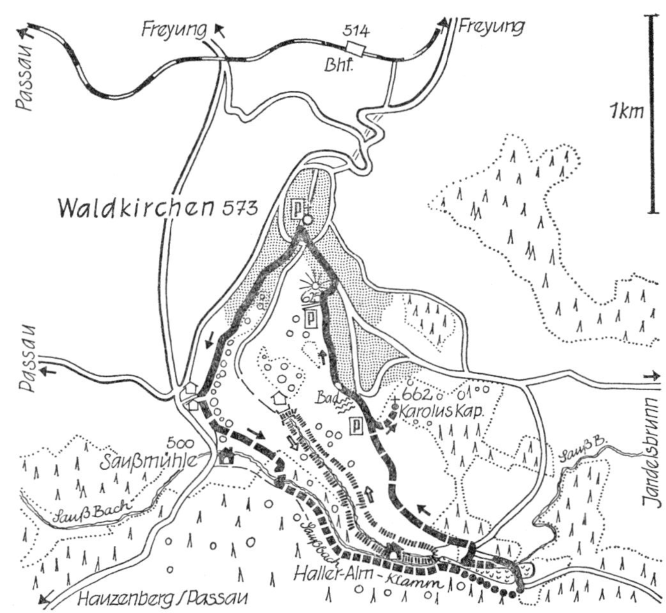

78 Von Hauzenberg zur Oberlichtenau am Steinberg

1/2 Tag — 4.00 Std. – 12,6 km — 440 m HU

Zwischen Granitwürfeln und Wiesenbuckeln

Zwischen Hauzenberg und Waldkirchen steht im „Passauer Buckelland" des unteren Bayerwaldes der 830 m hohe Steinberg – als „Oberlichtenau" und großartige Aussichtskanzel gut bekannt. Von dort verstellt der schwere schwarze Grenzkamm, vom Dunst blau verfärbt, den nordöstlichen Horizont und zwingt uns, die entzückende, ganz unwaldlerisch helle und freundliche Buckel- und Hügellandschaft ringsum zu genießen. Eine lustige Landschaft, buckelauf, buckelab grün übersät mit Feldertafeln, Wiesen- und Wälderstreifen. Heimwärts vom Steinberg laufen wir zwischen Gipfel und Sattel durch aufgelassene Granitbrüche: 40 m hohe Granitwände, glatt wie Spiegel, drohen über tiefgrünen Wasserlachen und faszinieren den Betrachter. Nicht nur den Geologen ... Wir machen also an der Pfarrkirche in Hauzenberg den Anfang und zwar gleich in einer gewissen Rührung, denn die Straße, die wir westwärts hinauslaufen, heißt „Im Tränental". Bei den letzten Häusern geht es abkürzend der Telefonleitung entlang nach Fürsetzing hinunter (Markierung „5"). Dann gelangen wir bei dem Dorf Steinberg an die Hauptstraße und müssen auf ihr bleiben bis nach der Brücke über den Tiessenbach (WW. „5"). Gleich dahinter nehmen wir das Sandsträßchen rechts, das erst nördlich, später NW durch Fichtenholz aufwärts zieht. Kiefern, Buchen, Lärchen und Birken mischen mit. Schließlich erreichen wir durch eine Kirschbaumallee den Gutsgasthof Lichtenau mit seinem schönen Innenhof: 5,0 km = 1.45 Std.! – Man sitzt unter alten Eichen und Linden, hat gut rasten und schaut immer wieder hinaus auf den grünen Teppich, aus dem da und dort Kirchtürme blitzen. Dann geht es in großem Bogen nordostwärts weiter, erst am Waldrand („5"), dann mäßig steigend und wieder eben. Bei der Gabelung (WW) gehen wir links den steilen Fahrweg hinauf zum Steinberg, zur Oberlichtenau: + 1,2 km = 0.30 Std.! – Kommt man zu früh hierher, vielleicht um 8 Uhr morgens und gar ohne Auto und in Wanderkleidung, kann es passieren, daß man nicht ins Haus gelassen wird. Als (unverdächtiger) Autogast aber darf man sogar den Aussichtsturm besteigen und die umfassende Aussicht genießen: vom Grenzkamm bis zu den Alpen, wenn man Glück hat. – Hinterher kann man nicht (wie auf der Karte vermutbar) ostwärts über den Bergrükken absteigen, denn dort warten senkrechte Steinbruchwände auf unser vorzeitiges Ableben ... Wir müssen, ob wir mögen oder nicht, am Fahrweg zur Gabelung zurück und dort scharf links NÖ auf dem Straßerl („5") – an verlassenen Steinbrüchen vorbei – zur Straßenkreuzung am Waldsattel bei P. 746 m. Dort gehen wir noch 50 m NÖ auf der Teerstraße (Richtung Holzfreyung), dann halbrechts (WW: Hemerau) leicht steigend durch Wald bis zu seinem Rand. Bei einer sattelartigen Wiese verlassen wir den Fahrweg, um halbrechts SÖ durch lichten Wald zu den verstreuten Häusern von Bauzing zu kommen. Die liegen alle am aussichtsreichen Südhang und zwischen Granitsteinbrüchen. Dieser blaue körnige Granit, ein wundervolles Urgestein für den geologisch nicht völlig ahnungslosen Betrachter, hat einmal das Pflastersteinzeitalter regiert. Blöcke, Bänke, Tafeln, Würfel, man möchte alles mit den Fingern anschauen, so interessant sind diese „Steine". Weiter am Straßerl, das S in eine andere Straße mündet und nun nach Lacken. Ein paar Häuser ... Dort links, aber beim Kapellchen rechts SÖ von der Teerstraße weg zum parallel laufenden alten Weg, über den wir abwärts die Teerstraße wieder erreichen. Abkürzend gehen wir nun halbrechts zum Kalvarienberg und dann steil die Lindenallee hinunter und zum Marktplatz in Hauzenberg: + 6,4 km = 1.45 Std.!

AP/EP: Hauzenberg, 546 m.

Anfahrt: Autostraßen von Passau, Wegscheid und Waldkirchen. P an der Kirche. – Bahn: von Passau. (Auf Fußwegen zum Marktplatz: + 20 Min.)

Charakter: Eine sehr typische Wanderung im Passauer Buckelland: viel Wiesenbuckel und Wiesentälchen zwischen Waldstreifen. Wir wandern meist auf (kaum befahrenen) Sträßchen und Fahrwegen. – **Höchster Punkt:** Steinberg-Oberlichtenau, 830 m, mit freier Rundsicht!

Einkehr: Im Gut Lichtenau, 705 m; im Burggasthof Oberlichtenau nur zeitweilig. – **Baden:** 20 Minuten abseits der Route am Freudensee.

Sehenswert: Der spätgotische Flügelaltar im Seitenschiff der Pfarrkirche Hauzenberg; der Marienbrunnen von 1667 am Markt; die Bründl-Kapelle.

Wissenswert: Im ganzen Gebiet viele Granitsteinbrüche. König Ludwig I. bestellte für seine Befreiungshalle 18 riesige Granitsäulen, aber sie konnten wegen des großen Gewichtes (40 Tonnen) nicht abtransportiert werden. Der Granit des Bayerwaldes, ist ein grob- bis feinkörniges, mit Quarz versetztes, in der Hauzenberger Gegend oft bläuliches Urgestein (Schmelzfluß).

Karte: Topograf. Karte 1 : 50 000, Blatt L 7346, Waldkirchen.

Bild: Einige Ladungen Granit-Pflastersteine aus einem der vielen Steinbrüche im Passauer Buckelland um Hauzenberg. Im Abstieg vom Steinberg/Oberlichtenau gehen wir bei Bauzing zwischen interessanten Granitsteinbrüchen dahin.

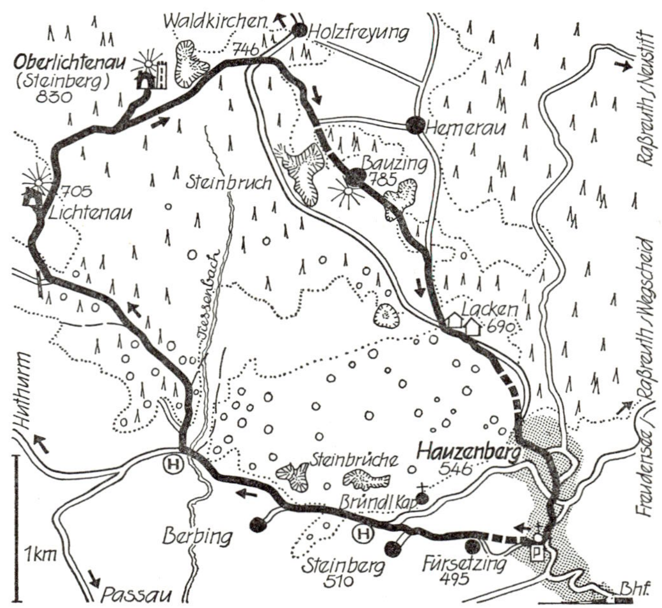

79 Im Buckelland: vom Freudensee nach Oberfrauenwald

Waldbuckel, Wiesentafeln und große Aussichten

1/2 Tag — 4.15 Std. – 12,0 km — 540 m HU

Diese Wanderung zwischen Hauzenberg und Waldkirchen ist das Pendant zur vorhergehenden Tour 78. Der Unterschied: bei Tour 78 halten wir uns nordwestlich, bei Tour 79 nordöstlich von Hauzenberg auf. Der Trumpf unserer Tour heißt diesmal nicht Steinberg, sondern Oberfrauenwald – wir sind dort 948 m hoch und schauen begehrlich zum nahen Dreisesselkamm hinüber. Anfang und Ende der Wanderung liegen am Freudensee, der zwar kein natürlicher See ist, aber auch als Kunstsee mit der Krücke eines Staudammes seine Reize besitzt. Unser Bild beweist es: eingebettet in waldüberzogene, aber auch freie Höhen weist er alle Vorzüge auf, die ein Städterauge erwartet. Unsere Wanderroute ist kaum begangen, weil sie nicht offiziell ist – wir haben uns herausgesucht, was uns gefiel. – Vom Ufer des Freudensee weg gehen wir erst einmal NÖ auf der Straße nach Raßreuth und ab dort kurz in Richtung Breitenberg. Nach der Brücke zweigen wir aber links ab und gehen am rechten der beiden Fahrwege (Markierungs-Reste: „2") NÖ zu einzelnen Häusern hinauf und bei dem obersten Haus am Pfad links und dann gleich wieder rechts zum Wasserbehälter am Waldrand. Dort hat man bereits einen hübschen Ausblick! Nun geht es etwas verzwickt weiter, wir steuern – siehe Skizze und Karte – Geiersberg, 820 m an ... Das geht ab Wasserbehälter so: wir laufen streng nordöstlich, erst weglos am Rand der Wiesen, dann im Wald, in dem wir einen Weg finden (blasses rotes Dreieck + „2"). Auf dem am besten ausgeprägten Weg nun möglichst geradeaus weiter steigend, doch beim zweiten Kreuz nicht links, sondern gerade weiter im bunten Wald bis zu einer Fichtenschonung. Ab hier gehen wir steil weglos zwischen jungen Bäumen bergan und erreichen bald einen Querweg, der uns direkt nach Geiersberg führt: 2,9 km = 1.15 Std.! – Freudensee und Hauzenberg sind auszumachen, dazu viele Wald- und Wiesenbuckel. Bei der Kapelle am oberen Ortsrand folgen wir links dem Fahrweg, der bald rechts zum Waldrand führt. Dort gehen wir halblinks NW durch schönen Mischwald, kommen kaum steigend durch zwei grüne Lichtungen, sehen den Dreisessel zum ersten Mal, und schwenken schließlich mit dem Fahrweg westwärts, um am Waldrand bei Oberfrauenwald anzuhalten: + 2,1 km = 0.45 Std.! – Genau dort führt links SÖ ein sehr steiler Fahrweg zur Liftbergstation am 948 m hohen Gipfel. Nach dem Umblick, der uns vor allem die Waldhöhen im Nordosten zeigt, gehen wir am gleichen Weg zurück zum aussichtsreichen Wiesensattel von Oberfrauenwald: + 1,2 km = 0.30 Std.! – Von hier steigen wir am Fahrweg durch Mischwald südlich ab, zunächst leicht fallend und dann in steilen Serpentinen bis zur Teerstraße bei Gießübl. Auf ihr wandern wir rechts NW sehr schön und mit reizenden Ausblicken bis in den Weiler Neustift: + 2,5 km = 0.45 Std.! Dort vor dem letzten Haus links S am steilen Feldweg hinunter nach Lindbüchl. Hier zweigen wir vor dem ersten Haus scharf rechts W („3") ab, gehen über einen Bach und dann am Weg südlich weiter, bis er um eine Hangfalte kurvt. Ebenda biegen wir mit der Markierung („3") scharf links ab und steigen auf dem kleinen Rücken in den Talgrund hinunter. Erst eben am Talrand, dann leicht steigend kommen wir auf einen grünen Absatz und müssen links SÖ auf einen weiteren Rücken hinaus. Bald etwas rechts S absteigend erreichen wir den Talgrund und das Westufer des von Erlen, Buchen und Eichen umsäumten Freudensees. Während der Fahrweg später rechts zum Dorf Freudensee abbiegt, bleiben wir am Uferweg bis zur Straße: + 3,2 km = 1.00 Std. – Bei Gutwetter kann man sich schwimmend für alle gehabten Strapazen „rächen".

AP/EP: Freudensee, 487 m, bzw. Hauzenberg, 546 m.

Anfahrt: Autostraßen von Passau und Waldkirchen. Parkplatz auch am Freudensee. – Bahn und Bus: von Passau. Fußweg vom Bahnhof zur Stadt, auf der Straße Richtung Breitenberg bis zur Kellerwirtschaft und am Abkürzer ab Feldkreuz NO zum Freudensee etwa 45 Minuten.

Charakter: Eine sehr schöne Rundwanderung im diesmal wieder mehr waldfreien Buckelland bis auf bedeutende 948 m Höhe bei Oberfrauenwald. Meist schlecht markierte Wege; Orientierungssinn und Karte können wichtig sein für die Wegfindung. Die Route wird wenig begangen, man ist fast immer allein unterwegs.

Einkehr: Am Freudensee, 487 m; in Raßreuth, 526 m, in der Berggaststätte vor Oberfrauenwald (nach Unterquerung des Liftes rechts unterhalb des Weges), in Oberfrauenwald, 850 m. – Baden: Sehr schön am Freudensee, Badeanstalt und Kahnverleih.

Sehenswert: Der spätgotische Flügelaltar im Seitenschiff der Hauzenberger Pfarrkirche, der Marienbrunnen von 1667 am Markt.

Karte: Topograf. 1 : 50 000, L 7346, Waldkirchen, + L 7348, Wegscheid.

Bild: Zwischen Hauzenberg – bekannt durch viele Granitsteinbrüche – und Raßreuth treffen wir auf den Freudensee. Wir kommen von der relativ hohen Waldkuppe bei Oberfrauenwald zurück und können hier baden. Das Bild zeigt vortrefflich den intimen Charakter der Buckellandschaft, die am jenseitigen Ufer ausnahmsweise wieder mehr Wald trägt.

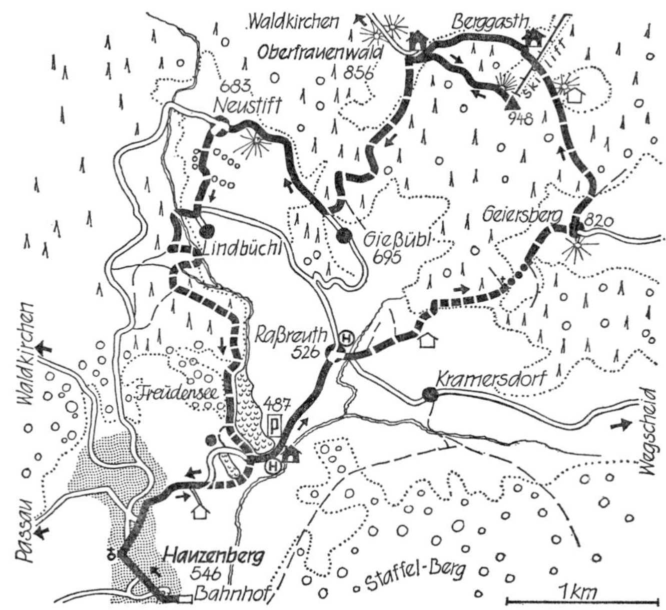

80 Am „Jägersteig“ über der Obernzeller Donau

Im südöstlichsten Zipfel des Bayerwaldes

1/2 Tag — 3.30 Std. — 11 km — 400 m HU

Bayerwald und Böhmerwald als älteste europäische Gebirge haben sich in ihrem südlichen Auslauf nicht an Flüsse und Grenzen gehalten, sondern darüber hinweggesetzt: dicht unterhalb Passau und dann nochmals in der Wachau vollenden sie sich erst jenseits der Donau. Sie haben es dieser Donau nicht ganz leicht gemacht, denn die hat sich mit unsäglicher Mühe in Millionen Jahren durch diese Ausläufer durchfräsen müssen. Folge: zwei klassische Landschaftsbilder! Eines davon genießen wir auf unserer Wanderung am „Jägersteig“, der hoch überm Stromtal durch die steilen Südflanken leitet. Dann schauen wir von mehreren Felskanzeln in die Tiefe, sehen Spielzeugschiffe durch die grünen Fluten drängen, hören ihr Tuckern und ihr Tuten, hüben wie drüben steigen die Waldberge empor und die Stromschleifen gefallen sich als leuchtende Seebecken. Ein feiner, ein großer Anblick, wer viel Geschichte gelesen hat, wird leicht gerührt dabei... Vom Obernzeller Marktplatz gehen wir zunächst westlich, dann rechts N übers Bahngeleise und mit der neuen Straße links NW am Hotel Fohlenhof vorüber zum Waldrand: ein erster berückender Ausblick auf Strom, Markt und Uferwälle! Wenig später zweigt in einer leichten Rechtskurve halblinks der ebene „Jägersteig“ ab, anfangs als Fahrweg. Kurz vor dessen Ende in einem Bachtälchen („Alter Graben“) müssen wir halblinks in einen kleinen Pfad einbiegen (Markierungs-Reste: weiß-blaue Raute). Dieser Pfad quert immerzu den grünen steilen Waldhang, und erreicht schließlich den Felskopf „Jägersruh“ mit dementsprechend imponierender Aussicht. Dann zieht er weiter, mäßig auf und ab gehts ins nächste Bachtal („Trankreut“) und in ihm einige Minuten recht steil und mühsam empor, dann flacher zur zweiten Felskanzel „Hubertushöhe“. Am jenseitigen Ufer liegt der österreichische Flecken Pyrawang. Wir gehen nun nicht rechts hinauf, sondern bleiben am „Jägersteig“, der, teils leicht fallend, dann wieder steigend und zuweilen etwas überwuchert den Hang quert. Bei der Sperre „Durchgang verboten“ gehen wir dennoch bis zur ausgeprägten Hangrippe am Steig, dann aber UNBEDINGT rechts steil über die Rippe hinauf zu einem flachen, aussichtsreichen Absatz. Von den drei Wegen hier nehmen wir den linken, der uns zur Teerstraße und über diese W zum Funkturm der „Max-Matheis-Höhe“ bringt: 5,0 km = 1.45 Std.! — Abermals ein großer Ausblick! Nun auf derselben Straße zurückgelaufen — oder durch das Dorf Haar — bis kurz vor dem östlichen Waldrand. Dort zweigt rechts SÖ ein Fahrweg ab (WW). Er führt uns erst durch Wald Ö und an der Einöde Hötzmannsöd vorüber, dann läuft er als Straße SÖ nach Matzenberg. Auf der darnach folgenden Querstraße gehen wir kurz links abbiegend bis Niedernhof, wo wieder genau ostwärts ein Feldweg zum Waldrand zieht, um im Wald als Forststraße leicht abzufallen. In den ersten Serpentinen machen wir uns kurz nach der Bachbrücke rechts davon, lassen die Straße allein weiterlaufen und benützen einen versteckten Pfad, der (rot-schwarz 9 markiert) erst steil im Bachtal abwärts rennt. Dann läuft er immer eben S am Hang hin, unsere Augen liebkosen grüne frische Wiesen und genießen einen reizenden Ausblick. Erst zuletzt laufen wir leicht abwärts, in einen Fahrweg einmündend, zum Trafo: das ist ein schrecklicher Name für einen Rastplatz, aber der Prachtsblick auf Obernzell und seine Donauufer macht alles gut. Noch einmal schauen wir die große Stromszene und vernehmen die dumpfe Musik der Schiffssirenen, dann gehen wir links zum Altersheim und endlich rechts an der Friedhofskirche vorbei am Kreuzweg schnurgerade hinab auf die Doppeltürme der großen Kirche zu und zur Donau: + 6,0 km = 1.45 Std.!

AP/EP: Obernzell, 293 m.

Anfahrt: Autostraße von Passau B 388 Richtung Wegscheid, P am Marktplatz. — Bahn: Betrieb vorläufig eingestellt, ersatzweise Bus von Passau, täglich. Evtl. Rückfahrt mit Dampfer (nur Sommerfahrplan!).

Charakter: Der „Jägersteig“ im steilen Südhang der Uferhöhen ist schmal, teilweise überwachsen und dürftig markiert. Mit Beschreibung gut zu finden. Er bietet einige glanzvolle Ausblicke auf die große Stromlandschaft zwischen den wie Dämmen wirkenden Uferhöhen. Beim Rückweg über die Höhen ist man stets allein.

Einkehr: In Haar, 520 m, und in Niedernhof, 515 m. — Baden: Nur im Schwimmbad Obernzell, am Ausgang des Griesenbachtales.

Sehenswert: Immer wieder... die Blaue Donau, die hier grün-grau ihren großen Abenteuern im Osten zufließt und dabei souverän die Ausläufer des Bayerwaldes durchbricht. — Die Obernzeller Kirche, ein spätgot. Raum, besitzt eine gute barocke Ausstattung.

Wissenswert: Obernzell nannte man früher Hafnerzell, weil hier Schmelztiegel aus dem nahen Graphit der Gruben gemacht wurden.

Hinweis: Wegen riesiger Fels-Abräumungen im Steilabfall ist das Begehen des „Jägersteiges“ ganz bis Erlau nicht mehr möglich, der Versuch sogar lebensgefährlich!

Karte: Topograf. Karte 1 : 50 000, Blatt L 7546, Passau.

Bild: Rückblick von unserem Wanderweg am „Jägersteig“ hoch über Donau und Obernzell. Das jenseitige Ufer ist österreichischer Boden.

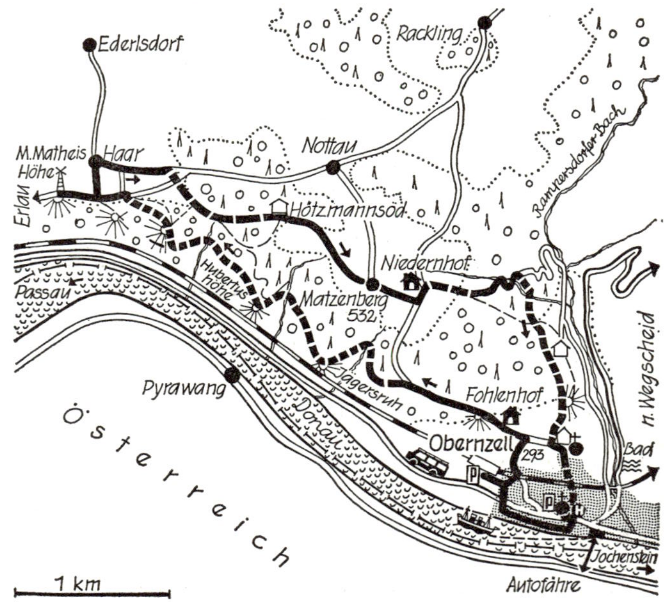

81 Erlautal, König-Max-Höhe und große Donauwasser

1/2 Tag 3.30 Std. – 11 km 270 m HU

Erbauliche Wanderschaft zwischen Passau und Obernzell

Nur die schweren Granitbänke, die wir auf nebenstehendem Bild sehen, erinnern uns daran, daß das Erlautal doch noch zum Bayerwald gehört – zum letzten südöstlichen Zipfel, wo es begreiflich ist, daß ihm der mächtige Donaustrom den Applaus stiehlt. Unsere Skizze deutet die Dreiteilung dieser reizvollen Wanderung an: Anstieg vom Donauufer durch das stille, dunkle und wassertreibende Versteck des Erlautales, dann Aufstieg zur fast plateauartigen, freien König-Max-Höhe, 521 m, dann gemächlicher Bummel auf einsamen, leicht fallenden Wegen zurück in die Tiefe des Donautales. Unten in Erlau: der gewaltig andrängende Strom aus dem Schwarzwald, den so viele schnelle Alpenwasser genährt und zum großen Strom aufgepäppelt haben. Nur eine einzige Wendung nordwärts und wir sind ins idyllische Erlautal geschlüpft... Auch die Eisenbahn schlüpft mit hinein und begleitet uns. Von der Fabrik nördlich des Ortes führt uns die Markierung (Blauer Punkt) erst rechts über die Bahngeleise zum Waldrand hinauf und dann links oberhalb schöner Wiesengründe dahin. Im Wald steigt der Weg an, dann fällt er zu den Häusern von Hinterhammer, wo wir die Geleise überschreiten. Wir bleiben nordwärts am Wasser und kommen später über eine Brücke zum E-Werk. Dort gehen wir einige Meter S zurück, dann aber nach dem Wegweiser wieder scharf rechts N zum gedeckten Wasserkanal hinauf und auf ihm dahin, bis er samt Bahn im Tunnel verschwindet. Da machen wir natürlich nicht mit! Wir queren geradeaus den steilen Hang, steigen dann wieder zur Erlau ab, ein Steg leitet dort zum östlichen Ufer, dem wir folgen und dabei den einmündenden Figerbach überschreiten... Immer ist Wald um und über uns... Das Tal ist nun zum intimen Tälchen geworden, seine Wasser murmeln und treiben unter Buchen, Tannen und Fichten dahin, und sie schwellen und brausen gegen jeden Stein an, der ihnen im Wege ist. Und das sind viele. Im dichteren Erlengebüsch knickt der markierte Steig plötzlich scharf rechts zur Teerstraße ab, das ist kurz vor der Haltestelle Schaibing. Nun auf neuer hoher Brücke übers Tal und westwärts durch einen waldigen Graben ansteigend bis zur Kreuzung am oberen Waldrand – dicht vor das Kurhaus Kellberg. Dort verlassen wir Straße und Markierung nach links, biegen aber gleich wieder westwärts ab zu einem Weiher und zur Kurpromenade. Die führt durch ein seichtes Tälchen SW aufwärts, wird zum markierten Pfad (Blauer Punkt, und WW) und bringt uns zum „Gasthaus zur stillen Einkehr". Ob wir dem Wirt die Ehre geben oder nicht, es geht dann am Fahrweg weiter zu einer Pappelreihe, wir biegen dort links SÖ zu einem einsamen Hof ab und gehen endlich rechts SW hinauf zur unscheinbaren König-Max-Höhe mit einem Gedenkstein: 8,0 km = gut 2.30 Std.! – Hier weilte der König Maximilian II. samt Gattin, etwa vier Jahre nachdem sein Vater Ludwig I. Lola Montez und der 48er Revolution erlegen war, von hier sah er in die Wälderfluchten der Bayerwaldberge hinein und über die österreichischen Donauhügel hinweg zu den Alpen. Wir tun dasselbe. Dann gehen wir SW nach Wingersdorf zur Teerstraße und marschieren stramm südostwärts hinaus und hinab nach Schörgendorf und weiter am steileren Fahrweg hinunter, direkt zum Bahnhof von Erlau, direkt vor den nun doppelt großartigen Nibelungenstrom: + 3,0 km = 1.00 Std.! – Wer an kein Auto gebunden ist, kann von der König-Max-Höhe zur Haltestelle Kernmühle-Kellberg absteigen und zwar erst weglos am Wiesenrain NW nach Wolfersdorf, dann mit blauem Punkt am Fahrweg nach Buchsee. Weiter SW, am Aussichtspunkt Hochstein vorbei und in die Tiefe hinab... Etwa gleich weit!

AP/EP: Erlau an der Donau, 296 m. – **EP:** Evtl. auch Haltestelle Kernmühle/Kellberg.

Anfahrt: Von Passau auf der B 388 Richtung Wegscheid, am Ortseingang von Erlau scharf links zurück zum Bahnhof, hier P. – Bahn: Strecke Passau–Hauzenberg. – Bus: Linie Passau–Obernzell–Wegscheid.

Charakter: Vom großen Strom weg eine intime Talwanderung auf markierten Wegen, dann über die Höhen zur aussichtsreichen König-Max-Höhe (225 m überm Donauufer), endlich eine geruhsame Wanderung auf fallenden Sträßchen zur Donau hinab. Je nach Wetter kann die Tour entzückend sein oder grau; man sollte Frühling oder Herbst bevorzugen!

Einkehr: Am Bahnhof Schaibing (15. Min. abseits des Weges), im „Gasthaus zur stillen Einkehr" oberhalb des Kurhauses Kellberg, bei den Wirten in Wingersdorf, Schörgendorf bzw. in Wolfersdorf, Buchsee und Kernmühle. – Baden: In der Erlau, am schönsten von Schaibing 20 Minuten erlauaufwärts! Unter keinen Umständen beim Kurhaus Kellberg!

Wissenswert oder auch nicht: die König-Max-Höhe erinnert an den Besuch des bayrischen Königspaares von 1852. – Im Stahlbad Kellberg laben sich blutarme Besucher an einer eisenhaltigen Quelle.

Karte: Topograf. Karte 1 : 50 000, Blatt L 7546, Passau.

Bild: Im Erlautal, das zwischen Passau und Obernzell ins Donautal ausmündet – eine letzte große Bayerwaldszene über Granitbänken.

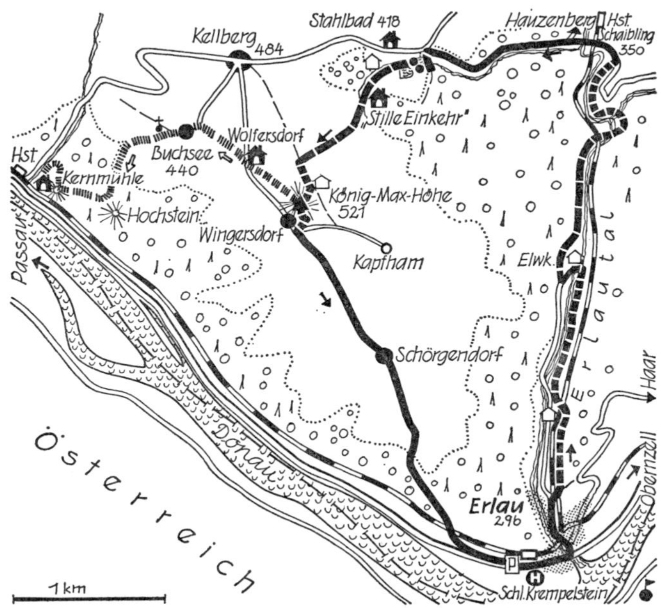

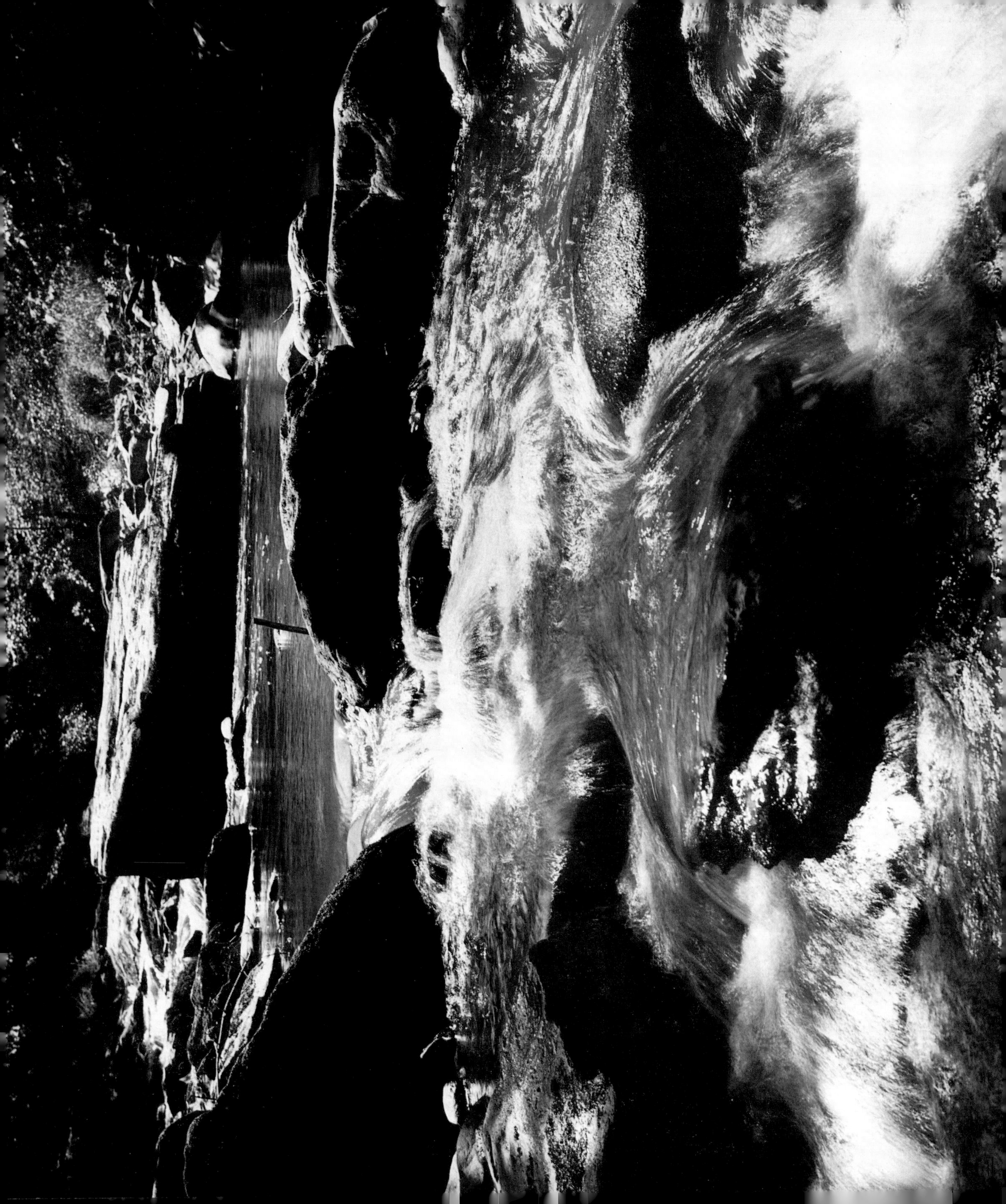

82 Die Weltstadt Passau und ihr Ilztal

1/2 bis 1 Tag   4.30 Std. und mehr – 14,6 km   365 m HU

Passau – Ries – Ilztal – Hals – Veste Oberhaus – ... und drei Flüsse

Die großartig zwischen drei Flüsse gespannte Bischofsstadt Passau – die Humboldt mit vollem Recht zu den sieben schönsten Städten der Erde zählt – verdient diesen Superlativ. Ein einziger Blick von der Veste Oberhaus herab bezeugt es, fast mehr aber noch der Aufblick vom Motorboot, wenn es sich den reißenden Inn aufwärts arbeitet und wir zwei einzigartige Silhouetten übereinander sehen: die der türmereichen Altstadt mit den glatten italienischen Fassaden, und die der vom Wasserdunst umsponnenen Veste Oberhaus. Da fliegt uns ein rührender Stolz auf abendländische Fülle zu.. Wir schreiben hier ein Wanderbuch, deshalb müssen wir betonen, daß die Passauer Wanderschaft den drei Flüssen entlang, und nun gar zu jener Ortsspitze hinaus, wo die drei Flüsse aufeinandertreffen, und durch die alte Stadt auch ein Thema der Bayerwald-Passion ist... Dann kann man unseren Weg ins Ilztal begehen, um zur Besinnung zu kommen, und abschließend auf der Veste Oberhaus ein Glas jenes Kremser Weins zu trinken, den man übers Donauwasser hersendet. – Kurz gefaßt: Vom Domplatz durch Postgasse, Steinweg, Rindermarkt und Roßtränke zur Maxbrücke und jenseits W in die Parkstraße gelaufen. Wo sie sich gabelt, die mittlere „Alte Rieser Straße" nördlich hinauf, über die B 85 hinweg und weiter kräftig ansteigend zum Höhenrücken der Ries. Wir gehen zwischen den Wirten „Ries" und „Post" hindurch (WW. Roter Punkt) und auf dem Wiesenweg NW in den Wald. Durch ihn in steilen Serpentinen hinab zur Straße (WW) und nördlich am unteren Ast der Ilz entlang zur Triftsperre: tiefbraune Waldwasser unter massigen steilen Mischwaldhängen, von grünen Wiesen geschaut. Nun weiter am Wege (WW. Rot. Runkt) des Westufers, bald durch eine felsige Talenge, dann breiter durch Gebüsch auf und ab, zuletzt feucht und fast weglos am unteren Waldrand zur neuen Staumauer: 5,3 km = gut 1.30 Std.! – Der Stausee liegt sanft geborgen zwischen Waldhöhen und Blumenwiesen. – Wir gehen nun über die Staumauer, dann am linken Entersträßchen an der Oberilzmühle vorbei und bei der Linkskurve an der Unterilzmühle gerade S steigend durch Mischwald zu den oberen Hängen und Felsrampen. Feiner Talblick! Später auf der Westseite wieder steil zur Triftsperre hinunter. Während die Ilz hier zu einer weiten Schleife ansetzt, gehen wir Ö durch einen kurzen Tunnel. Nun sehr schön am linken Ilzufer unter alten Buchen, Eichen und Linden dahin, über den „Stockbauersteg" aufs rechte Ufer und nach Hals: + 3,6 km = 1.00 Std.! – Über den Burgweg auf die aussichtsreiche Ruine, später S durch die Bräuhausgasse und oberhalb des Ilzufers eben zur Ilzstadtbrücke. Dort rechts die steile Straße zur Veste Oberhaus hinauf mit vielen Sehenswürdigkeiten. Feiner Ausblick vom Aussichtsturm, auf die drei Flüsse und die Stadt, in den Wald, und ins architektonisch imponierende Gefüge der Veste: + 3,1 km = 1.00 Std.! Vom oberen Tor links zur Aussichtsterrasse, über das Trepperl zur Pilz-Bank, dann links durch Laubwald hinab, immerzu niederschauend auf das glänzende Stadtgemälde, – endlich in den Autodonner der Hängebrücke. Jetzt aber unbedingt hinaus zur Ortsspitze, wo Inn, Donau und Ilz auf dramatische Weise zusammenkommen. Dann am Inn zurück, bei der Brücke durch das überbaute Gasserl und über die Domstiege zum Domplatz: + 2,6 km = 1.00 Std.! – Wer Zeit hat, geht auch über die Innbrücke und nach Maria-Hilf hinauf. Oder er fährt mit dem Motorboot Inn und Donau ab, bewundert die neuen, ausgezeichneten Hausfassaden der von Hochwassern geschundenen Ilzstadt – aber nicht jenes lautstarke Tonbandgerät, das den Fahrgästen arg penetrant abgedroschene Auskünfte vermittelt.

AP/EP: Passau (Domplatz), 313 m.

Anfahrt: Straßen und Bahn von München, Regensburg, Linz, Freyung. Bus von Furth i. W. über Regen.

Charakter: Nach beliebiger Umschau im kostbaren alten Stadtkern eine Höhen- und Ilztalwanderung. Dann triumphaler Abschluß auf der Veste Oberhaus. Markierte Wege. Abseits der Stadt still und erholsam.

Einkehr: Auf der Ries, an der Triftsperre und Oberilzmühle, in Hals, ganz ausgezeichnet im Aussichtsrestaurant der Veste Oberhaus. – Baden: Im Ilztal und -Stausee. In der Badeanstalt oberhalb Hals.

Sehenswert: Die Dreiflüssestadt vom Motorschiff aus (ab Rathausplatz)! Der Domchor, das barocke Dom-Innere, Orgel und neuer Hochaltar. Orgelkonzerte. – Die hinreißend über der Stadt gelegene Wallfahrtskirche Maria-Hilf. – Die umfangreiche Veste Oberhaus mit mehreren Museen. – Der alte Stadtkern abseits des rasenden Autoverkehrs! – Kirchen und Veste mit Kunstführern des Verlages Schnell & Steiner!

Wissenswert: Passau, in vorchristlicher Zeit besiedelt, 500 Jahre unter Römerherrschaft, seit 739 Bischofssitz, später mit 42 000 Quadratkilometern Bereich größtes Fürstbistum des Heiligen Römischen Reiches Deutscher Nation: einschließlich Linz, St. Pölten und Wien.

Karte: Topograf. 1 : 50 000, Bl. L 7346, Waldkirchen + L 7546, Passau.

Bild: Die Dreiflüssestadt Passau von der Veste Oberhaus gesehen mit Dom, Rathaus, Residenz, grünem Inn und blauer Donau.

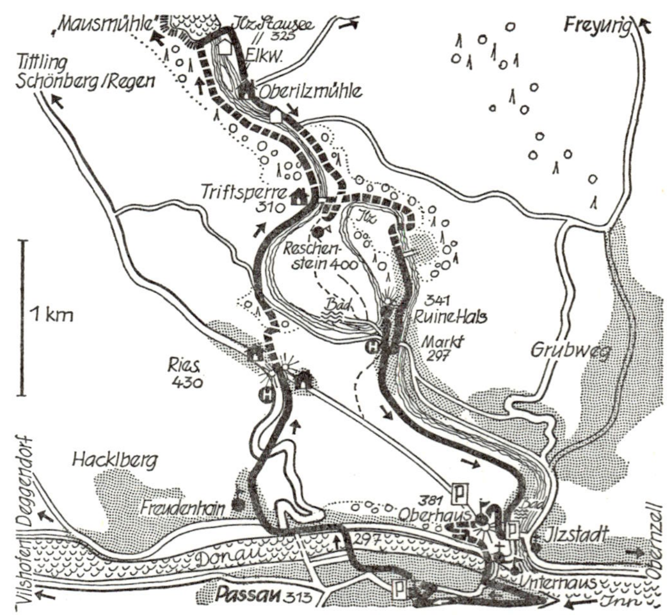

83 Der Nördliche Hauptwanderweg – in einem Zuge

Die große 7-Tage-Wanderung über den Grenzkamm

Mind. 7 Tage (zu 7.30–9.00 Std.) – 180 km Etwa 7500 m HU

Im Bayerwald, dem größten geschlossenen Waldgebiet Deutschlands, spielt der sogenannte Grenzkamm die entscheidende Rolle. Wer als Naturfreund die Karte betrachtet, der entdeckt, daß sich dieser Waldkamm in Böhmen und Österreich fortsetzt und insgesamt eine phänomenale Ausdehnung aufweist. Glückliches Europa im Jahre 1970, in der Zeit der Enge, des Lärms und der Luftpest!... Man braucht jenen mächtigen Waldkamm angesichts der nahen Alpen nicht verteidigen, nicht mit Superlativen dekorieren. Dieser Wald- und Grenzkamm des Bayerwaldes ist ein Gebirge, seine höchsten Höhen sind richtige Berge, und im übrigen ist dieses Waldgebirge sehr viel älter als die Alpen samt ihrem mit Eisdecken prunkenden Urgesteinsrücken. Wer den Bayerwald durchwandert, hat immer Granit- und Gneisboden unter seinen Füßen. Er spürt das nicht nur in den ungeheuren Forstweiten zwischen Osser, Falkenstein und Dreisessel. Überall wird er zwischen den halbmannshohen Farnsträußen und Beerengärten auf Urgesteinstrümmer stoßen, auf Kugeln, Rampen, Platten und Bänke von reinem Granit. Und auf jedem Waldgipfel wird er zwischen den letzten Wipfeln der Kamm- und Eisfichten einen gewaltigen, von den Wettern vieler Jahrtausende zersprengten und gespaltenen Felsgipfel entdecken. So wie er, von manchem großen Waldgipfel absteigend, unverhofft auf einen entlegenen Waldtrichter stoßen wird, in dem der schwarze Spiegel eines Bergsees funkelt. Diese Erscheinungen machen keinen Superlativ aus, aber sie fixieren das absolut Einzigartige an diesem Grenzkamm, sie verdeutlichen seinen Charakter. Wer diesen Charakter ergründen will, muß laufen, wandern, rasten, schauen. Man läuft tagelang durch Waldwelten, um die uns viele Länder beneiden. Man wandert immerzu durch satten Waldschatten, den Milliarden Sonnenblitze durchflecken, geht in tiefer Geborgenheit durch Schwälle reiner Bergluft, wandert als Großstädter in grenzenloser Waldstille und findet plötzlich das eigene Ich wieder – wie einen Verlorenen Sohn. Tritt man dann endlich aus dem Walddämmer auf einen freien Plan, dann dehnen sich Waldkämme und Waldberge bis zum letzten Horizont: blau, blaß, farblos, im goldenen Rauch feinen Dunstes, oder als schwarze Inseln über grundlosen Nebelbetten. Größeres haben die Alpen nicht zu bieten. Obendrein hat uns Adalbert Stifter, in diesem Wald einst lebend und schreibend, gelehrt, was „Größe" ist: es ist die Vielfalt des Kleinen, mit einem denkenden Herz gesehen. – Wir wünschen, daß unsere Leser diesen Vorschlag zu einer 7-Tage-Überwanderung des 180 Kilometer langen Grenzkammes mit 7500 Meter an Höhenunterschieden – nicht allzu ernst nehmen. Es renne jeder in sieben Tagen den Kamm ab, dem es partout an einer Selbstbestätigung fehlt. Von allen anderen erhoffen wir, daß sie sich – soweit es ihr Urlaub zuläßt – an Langsamkeit zu übertreffen suchen. Wandern heißt zugleich rasten, erst bei der gelassenen Rast empfängt man den Lohn aller Plage. Und nur in der vollkommenen Stille wird das Auge sehend, – so wie es das 700-fache seiner Sehkraft binnen weniger Minuten gewinnt, wenn man aus hellem Licht hinaus ins Nachtdunkel tritt... Wer unsere Routen aufmerksam studiert, bevor er zum großen Marsch über den Grenzkamm antritt, der findet auch lohnende Abstecher, interessante Varianten, und mit Gewißheit auch jene entlegensten Plätze, wo er, an Ort und Stelle angekommen, nichts anderes mehr vermißt – als einen Biwaksack. Um hier zu bleiben – im schönsten Zentrum der Welt, 100 000 Kilometer von allen Großstädten entfernt. Um tagelang rastend und träumend Auto, Radio und Fernseher zu vergessen . . aber nicht das Fernglas!

AP: Furth i. W., 407 m (Jugendherberge), an der Bahnlinie von Nürnberg (Anschlüsse von Straubing, München, Regensburg bzw. Hof). – Autostraßen aus allen Richtungen! – Bus: tägl. von Passau. Siehe Tour 18!

EP: Rosenbergergut (Jugendherberge), 811 m, am Dreisessel. – Rückfahrt mit Bus: werkt. nach Passau (sonntags nur ab Dreisesselstraße). Täglich Bus von Passau nach Furth i. W. – Siehe Tour 53!

Grundplan: Der nachfolgende Plan einer für 7 Tage vorgesehenen Überwanderung des großen Grenzkammes richtet sich in erster Linie nach den sicheren Nächtigungsmöglichkeiten. Dadurch kommen wir auf Tagesetappen von durchschnittlich 8 Stunden: das klingt etwas abstrakt und ist es auch. Man rennt nicht über ein so schönes Gebirge, rennt nicht an tausend kleinen Kostbarkeiten vorbei, die Adalbert Stifter so ausdrücklich als das Große bezeichnet. Man nehme sich also Zeit!

Erster Tag: Furth i. W. – Hoher Bogen (Burgstall) – Diensthütte – Watzlsteg – Kaitersberg (Kreuzfelsen) – Kötztinger Hütte: 24,4 km / + 1335 und – 715 m HU. / Reichlich 8.00 Std.

Zweiter Tag: Kaitersberg/Riedelstein – Eck – Mühlriegel – Schwarzeck – Enzian – Kleiner Arber – Chamer Hütte oder Schutzhaus am Großen Arber: 20,8 km / + 1355 und – 995 m HU. / Reichlich 8.30 Std.

Dritter Tag: Arber Schutzhaus – Arbersee – Bayr. Eisenstein – Zwiesler Waldhaus – Großer Falkenstein mit Schutzhaus: 22,0 km / + 965 und – 1030 m HU. / Etwa 7.30 Std.

Vierter Tag: Falkenstein – Höllbachgspreng – Spiegelhütte – Buchenau – Oberfrauenau – Großer Rachel/Waldschmidt-Haus: 24,3 km / + 855 und – 810 m HU. / Etwa 7.30 Std.

Fünfter Tag: Großer Rachel – Rachelsee – Diensthütte – Waldhäuser – Lusen – (Lusenhaus) – Tummelplatz – Dorf Mauth (Jugendherberge): 26,1 km / + 770 und – 1310 m HU. / Etwa 8.30 Std.

Sechster Tag: Mauth – Almberg – Philippsreut – Bischofsreut – Haidmühle – Kreuzbachklause – Hochstein – Schutzhaus am Dreisessel: 28,1 km / + 1120 und – 640 m HU. / Reichliche 9.00 Std.

Schlußtag: Dreisessel-Haus – Steinernes Meer – Rosenbergergut (mit Jugendherberge): 7,0 km / + 60 und – 550 m HU. / Etwa 2.00 Std. Anschließend noch Busfahrt nach Passau und weiter möglich!

Zusätzliche Nächtigungsmöglichkeiten auf der 1. Etappe: in Kötzting oder Reitenstein. – 2. Etappe: evtl. am Ecker Sattel – oder in der Chamer Hütte (Jugendherberge) am Kleinen Arber. – 3. Etappe: evtl. im Zwiesler Waldhaus. – 4. Etappe: Scheuereck, Spiegelhütte, Buchenau und Oberfrauenau bzw. Frauenau (Jugendherberge). – 5. Etappe: in Waldhäuser oder am Lusen-Schutzhaus. – 6. Etappe: auf der Alpe, in Philippsreut, Bischofsreut oder Haidmühle.

Varianten gehen aus unseren Tourentexten hervor. Wir erinnern nur an folgende: bei Etappe 1: von der Diensthütte am Hohen Bogen über den Schwarzriegel zum Seelenbrunnen (siehe Tour 19! + 5,6 km / + 235 m / + 1.45 Std.) – Ab Watzlsteg mit Bahn oder zu Fuß nach Kötzting (siehe Tour 25) und von dort zum Kaitersberg. – Etappe 2: von der Chamer Hütte zum Kl. Arbersee absteigen und über die Arber-Ebene weiter zum Gr. Arber (+ 6,2 km / + 545 m / + 2.30 Std.) – Etappe 6: evtl. mit dem Bus von Philippsreut nach Haidmühle (– 11,0 km = – 3.00 Std.) – Wer am Schlußtag über Passau kommt, lese Tour 82!

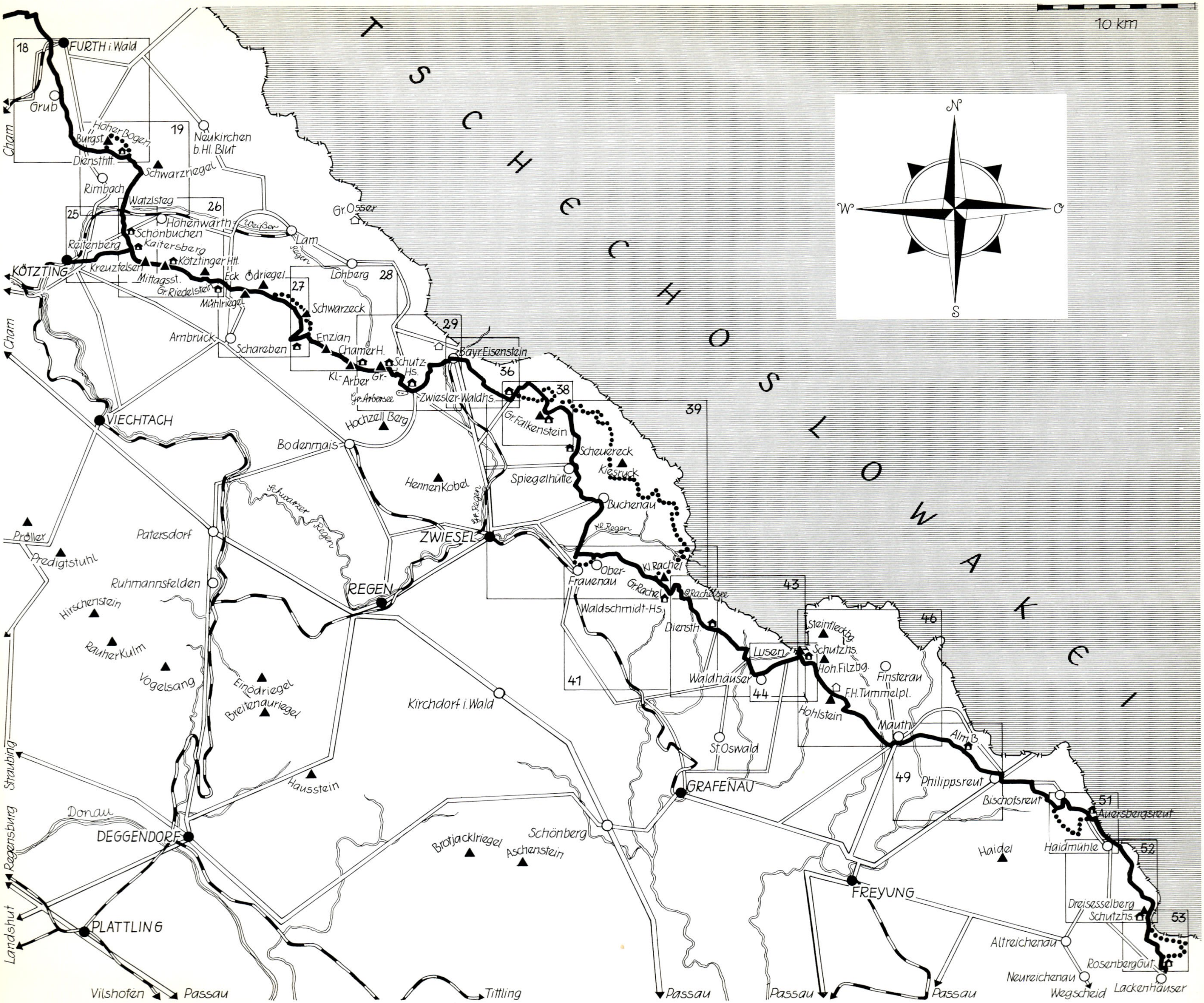

TSCHECHOSLOWAKEI
10 km
N
W
O
S
FURTH i. Wald
Grub
Cham
Burgst.
Hoher Bogen
Dienstht.
Neukirchen b.Hl. Blut
Schwarzriegel
Rimbach
Watzlsteg
Höhenwarth
Schönbuchen
Reitenberg
Kaitersberg
KÖTZTING
Kreuzfelsen
Kötztinger Htt.
Mittagsst.
Gr. Riedelstein
Eck
Ödriegel
Mühlriegel
Gr. Osser
Weißer
Lam
Regen
Lohberg
Schwarzeck
Enzian
Chamer H.
Arnbruck
Schareben
Kl.
Arber
Gr.
Schutz-Hs.
Gr. Arbersee
Bayr. Eisenstein
Zwiesler-Waldhs.
Gr. Falkenstein
Hochzell Berg
VIECHTACH
Bodenmais
Scheuereck
Kiesruck
Spiegelhütte
Hennenkobel
Buchenau
Schwarzer Regen
Gr. Regen
Kl. Regen
Patersdorf
ZWIESEL
Pröller
Predigtstuhl
Ober-
Frauenau
Kl. Rachel
Gr. Rachel
Rachelsee
Ruhmannsfelden
REGEN
Waldschmidt-Hs.
Hirschenstein
Diensth.
Rauher Kulm
Vogelsang
Einödriegel
Breitenauriegel
Lusen
Waldhäuser
Steinfleckbg.
Schutzhs.
Hoh. Filzbg.
Finsterau
F.H. Tummelpl.
Hohlstein
Kirchdorf i. Wald
Mauth
Alm B.
St. Oswald
Straubing
Hausstein
GRAFENAU
Philippsreut
Bischofsreut
Auersbergsreut
Donau
Regensburg
DEGGENDORF
Schönberg
Brotjacklriegel
Aschenstein
Haidel
Haidmühle
FREYUNG
Dreisesselberg
Schutzhs.
Landshut
PLATTLING
Altreichenau
Rosenberggut
Neureichenau
Wegscheid
Lackenhäuser
Vilshofen
Passau
Tittling
18
19
25
26
27
28
29
36
38
39
41
43
44
46
49
51
52
53

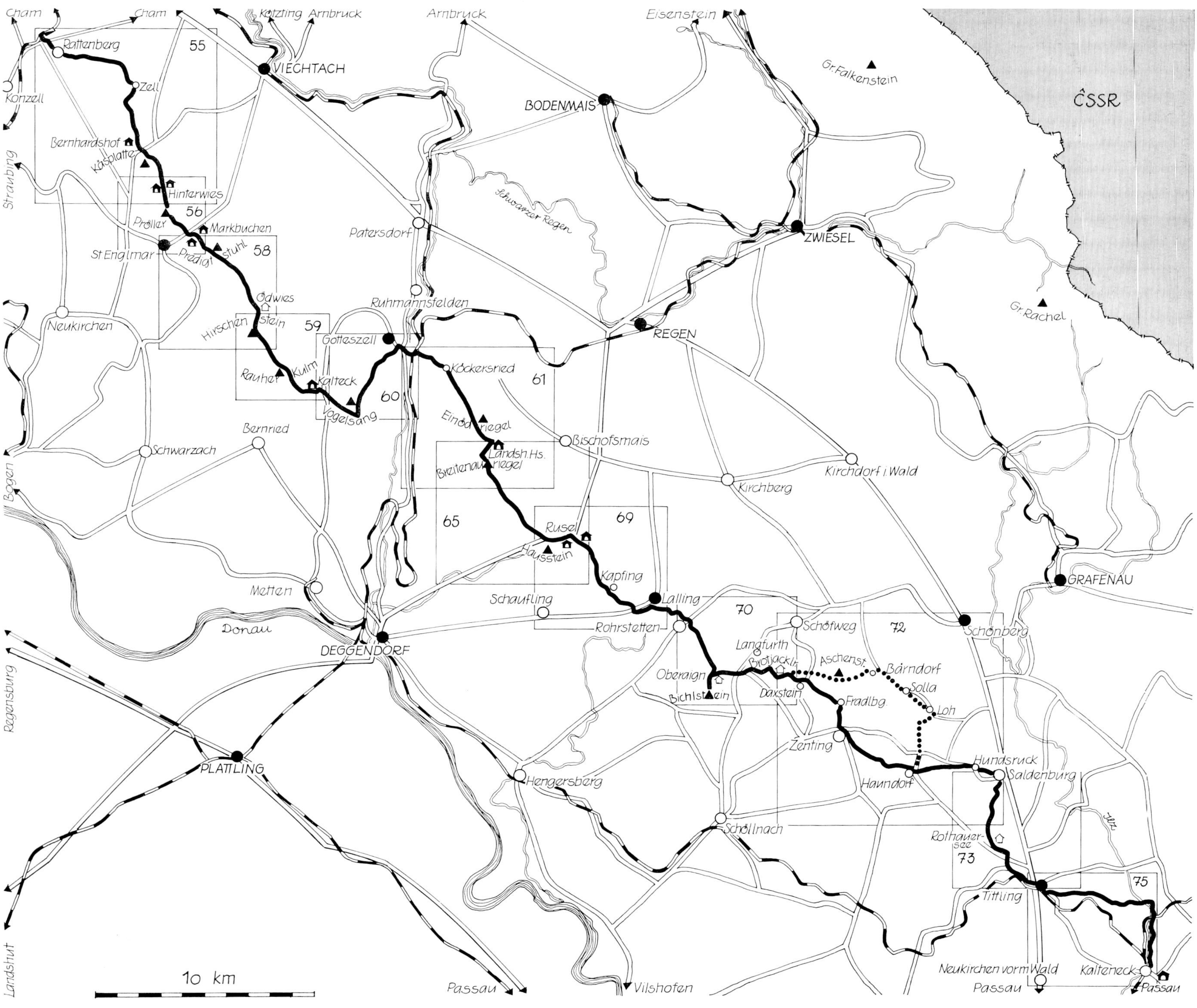
Cham
Cham
Kötzting Arnbruck
Arnbruck
Eisenstein
Rattenberg
55
VIECHTACH
Gr. Falkenstein
ĈSSR
Konzell
Zell
BODENMAIS
Bernhardshof
Käsplatte
Straubing
Hinterwies
56
Schwarzer Regen
Pröller
Markbuchen
Patersdorf
ZWIESEL
St Englmar
Predigtstuhl
58
Ödwies
Ruhmannsfelden
Gr. Rachel
Neukirchen
Hirschenstein
59
Gotteszell
REGEN
Rauher Kulm
Kalteck
Köckersried
61
60
Vogelsang
Einödriegel
Bernried
Bischofsmais
Schwarzach
Landsh. Hs.
Breitenauriegel
Kirchdorf i. Wald
Kirchberg
Bogen
65
Rusel
69
Hausstein
Kapfing
GRAFENAU
Metten
Lalling
Schaufling
70
Donau
Rohrstetten
Schöfweg
72
Schönberg
DEGGENDORF
Langfurth
Brotjacklr.
Aschenst.
Bärndorf
Oberaign
Solla
Daxstein
Regensburg
Bichlstein
Fradlbg.
Loh
Zenting
Hundsruck
PLATTLING
Hengersberg
Haundorf
Saldenburg
Schöllnach
Ilz
Rothauer-see
73
75
Tittling
Neukirchen vorm Wald
Kalteneck
Landshut
10 km
Passau
Vilshofen
Passau
Passau

84 Der Südliche Hauptwanderweg – in einem Zuge

Die große 5-Tage-Wanderung über die Donauhöhen

Mind. 5 Tage (zu 4.30–9.00 Std.) – 105 km 3300 m HU

Nicht jeder, der zum ersten Mal in den Bayerwald kommt, weiß, daß es neben dem berühmten Grenzkamm vom Hohen Bogen und Kaitersberg über Osser, Arber, Rachel und Lusen bis zum Dreisessel auch noch einen zweiten Kamm gibt – den der Donauhöhen. Dieser Kamm wird im Westen vom Vorwald und im Südosten vom Passauer Buckelland begrenzt. Er setzt im Einschnitt von Miltach–Rattenberg–Mitterfels an und hört im Dreiburgenland nahe dem Ilzeinschnitt auf. Die Donauhöhen haben dieselbe Struktur wie der berühmtere Grenzkamm, nur ist eben alles niedriger, statt 1300 und 1400 m Gipfelhöhen werden in den Donauhöhen nur 1000 m erreicht, dies freilich mehrfach. Dieser verminderten Höhe wegen gibt es in den Donauhöhen auch nur selten so völlig geschlossene Walddecken wie im Grenzkamm. Natürlich hat auch in den Donauhöhen jeder Rücken, wie es sich im „Wald" gehört, seinen Waldpelz auf, aber unter seinen Kämmen wird aus dem Fichtenmärchenwald des Grenzkammes doch schneller Laub- und Mischwald, und Lichtungen und Rodungen sind nicht mehr selten. Und an den Sockeln der Berge und im welligen Auslauf zur Donau hin hat der Forst schon kräftig mit Feldertafeln und Wiesenbuckeln, Wiesentälern und Wiesenhängen zu streiten, keine Frage. Kurz und gut: auch in den Donauhöhen trifft man auf Granitfelsen, Granitbarren, auf Granitkugeln, -Trümmer und -Türme, aber im Ganzen ist die Strenge und Härte des Grenzkammes gewichen. Helligkeit und Heiterkeit steigen aus den zahlreichen Dörfern bis zu den Höhen hinauf. Und natürlich auch mehr Dunst und Gewölk. Die liegen dann oft wie goldener Rauch über den tieferen Talungen oder als feierlich überglänzte Nebelmeere über der Ebene. Zum Wandern und zur Stärkung von Leib und Seele gehört das Rasten und Schauen. Das Schauen hat in den Donau-Höhen mehr Chancen als im Grenzkamm: denn von vielen freien Waldrändern auf den Donauhöhen sieht man auf den blauen Damm des Grenzkammes, ein immer wieder betörendes Bild, weil überwältigend kompakt, ein ernstes, den Stadtmenschen glücklich erregendes Abenteuer, – und man sieht zugleich und mit nicht weniger Erregung über tausend Buckel hinweg auf die anscheinend grenzenlose Ebene südwärts, an deren Beginn die glänzenden Schlingen der Donau eine schicksalhafte Zäsur ziehen. Welch großes Bild!... Wenn wir diesen Kamm der Donauhöhen in 5, 6 oder auch 7 Tagen überwandern – je länger wir brauchen, desto größer der Gewinn! – dann dürfen wir nichts am Phänomen des Grenzkammes messen: wir können ein adäquates Wanderglück ganz und gar in der Nähe finden, am Wege, zwischen den hundert Einödhöfen, den vielen kleinen Flecken, den Dörfern und Kirchtürmen, die wir passieren. Jeder Abstecher ist erlaubt! Im übrigen darf man behaupten, daß die blaue Kontur der Alpenkette von den östlichen Donauhöhen öfter wahrgenommen wird als vom Grenzkamm: man braucht nur gutes Wetter, braucht einen schönen klaren Herbsttag, um die Alpen zwischen Dachstein und Zugspitze zu entdecken, betroffen, glücklich, – doch ohne Neid. Auf unseren Wegen in den Donauhöhen gehen wir öfter allein als in den Alpen. Davon nehmen wir nur einige „Hausberge" und „Hauswanderungen" aus, die von den Regensburger, Straubinger, Deggendorfer und Passauer Naturfreunden bevorzugt werden. Es bleibt trotz allem bei unserer Maxime: man fährt nicht durch die Donauhöhen, um allein dem Grenzkamm die Ehre zu geben. Der Grenzkamm ist freilich die Hauptspeise, aber wer sagt denn, daß eine Vor- oder Nachspeise nichts Gutes ist. Oft sind Hors d'Oeuvres das Allerbeste. Dies behaupten zwei naturnahe Feinschmecker...

AP: Bahnhof Rattenberg, 470 m, an der Bahnlinie Straubing–Miltach–Cham bzw. an der Nebenstraße Straubing–Konzell–Miltach. Wirte am Bahnhof und im Dorf. Siehe Ausgangspunkt bei unserer Tour 55!

EP: Kalteneck, 335 m, im Ilztal (nördl. Passau), mit Jugendherberge. – Rückfahrt mit Bahn nach Deggendorf, von dort über Plattling–Straubing nach Rattenberg (evtl. über Passau in Verbindung mit Tour 82).

Grundplan: Der folgende Plan einer für 5 Tage vorgesehenen Überwanderung der Donauhöhen richtet sich nach den sicher zu erwartenden Nächtigungsmöglichkeiten. Demnach planen wir:

Erster Tag: Rattenberg – Ahornwies – Pröller – Markbuchen (TVN-Haus): 15,7 km / + 750 m und – 325 m HU / Gut 5.00 Std.

Zweiter Tag: Markbuchen – Predigtstuhl – Hirschenstein – Kalteck-(Sattel) – Vogelsang – Gotteszell – Oberbreitenau (Landshuter Haus): 26,6 km / + 1035 m und – 920 m HU / Reichlich 9.00 Std.

Dritter Tag: Oberbreitenau – Breitenauriegel – Rusel – Kapfing – Lalling: 16,0 km / + 210 m und – 780 m HU. / Etwa 4.30 Std.

Vierter Tag: Lalling – Rohrstetten – Bichlstein – Brotjacklriegel – Daxstein – Zenting – Haundorf – Saldenburg (Jugendherberge): 25,9 km / + 950 m und – 830 m HU. / Reichlich 8.00 Std.

Fünfter Tag: Saldenburg – Rothauersee – Tittling – Kafering – Ilztal – Aumühle – Kalteneck (Jugendherberge):
19 km / + 260 m und – 500 m HU. / Knapp 6.00 Std.

Hat man 6 Tage zur Verfügung, so unterbricht man möglichst in Kalteck oder Gotteszell, teilt also die überlange Etappe „Zweiter Tag". Man kann aber ebensogut den „Vierten Tag" in Daxstein unterbrechen. Und wer sich ganz und gar allen Ehrgeiz versagen kann und nichts will als gemütlich wandern, schauen, rasten – oder gar noch fotografieren! – der nehme sich volle sieben Tage und lüge neugierige Skeptiker an mit Sehnenzerrungen, Wadelkrämpfen oder räuberischen Überfällen. Denn die Superleute, die diesen herrlichen Wanderkamm partout in 5, ja in 4 Tagen ablaufen wollen und selbstverständlich können, sind unerbittlich. Seien wir gemütlichen Wanderer auf der Hut vor ihnen!

Varianten: Viele mögliche Varianten gehen aus unseren Tourentexten und -Skizzen hervor. Zusätzlich oder besonders empfehlen wir Folgende:

Am 1. Tag sollte man ab Ahornwies die im Gipfelbereich interessante und kaum besuchte Käsplatte mitnehmen. Das sind + 3,0 km = 1.00 Std. bei + 60 m HU. – **2. Tag:** Wer am Kaltecker Sattel kein Bett findet, könnte und sollte nach dem Vogelsang-Abstieg evtl. in Gotteszell unterbrechen, schon um auch die schöne Klosterkirche anzusehen. – **Am 3. Tag:** Nur der Gipfelsammler könnte daran denken, vom Breitenauriegel auch noch den Dreitannenriegel (siehe Tour 61) mitzunehmen, um dann über den Riegelsattel zur Bergwachthütte am Hauptwanderweg zurückzukehren: + 2,4 km = 0.45 Std. / + 80 m HU. – Vom Ruselabsatz sollte man (statt auf der lauten Straße) über den sehr aussichtsreichen Geßingerstein zum Ruselhotel laufen: + 1,8 km = 0.30 Std. / + 40 m HU. – **Am 5. Tag:** Bei gutem Wetter steigt man von Tittling natürlich auf den nahen Blümersberg, der eine bedeutende Rundschau bietet: + 0,9 km = 0.30 Std. / + 40 m HU. – Wer auf der Rückfahrt über Passau kommt, durchstreife (siehe Tour 82) diese herrliche Stadt!

Guter Rat ist nicht teuer

1.
Dieses Buch umfaßt 84 Wanderungen, die sich folgendermaßen verteilen: 2 Stadtrundgänge (Regensburg und Straubing) – 2 Kunstwanderungen (Niederalteich/Donaudamm, Bogenberg/Oberalteich) – 11 Wanderungen im Vorwald bei Regensburg – 29 Bergtouren im großen Grenzkamm – 18 Wanderungen an den Donauhöhen – 13 Wanderungen zwischen diesen beiden Hauptkämmen und in deren Grenzbereich – 7 Wanderungen im Passauer Buckelland und an der Donau. Dazu kommen die beiden klassischen Kammwege über jeweils mehrere Tage: die Überschreitung des Grenzkammes zwischen Furth im Wald und Dreisessel, die Überschreitung der gesamten Donauhöhen zwischen Rattenberg (an der Bahnlinie Straubing – Cham) und Kalteneck im Ilztal.

2.
Unsere Wegzeiten sind für einigermaßen geübte Wanderer berechnet – aber ohne Rasten! Natürlich kann man alle Touren auch abrennen; wir halten es für richtiger, wenn einer sie genießerisch bummelnd hinter sich bringt. – Die angegebenen Höhenunterschiede geben Auskunft über die zu erwartende Steigmühe.

Viele Wanderungen lassen sich miteinander kombinieren. Das ist dann Sache des Kartenstudiums, des Wetters und der zur Verfügung stehenden Zeit. Unsere Touren sind bewußt so ausgewählt (und ausprobiert), daß sie nicht immer die Normalwege oder die kürzesten Wege bevorzugen: wir haben versucht, die schönsten Wege aufzufinden.

3.
Die Wegemarkierungen haben wir in unseren Texten erwähnt. Unsere Angaben beziehen sich auf den Stand von Herbst 1971 bzw. die bis dahin beschlossenen Änderungen; im Rahmen der Naturparkplanung wird nämlich ein neues, einheitliches Markierungssystem eingeführt, das noch nicht abgeschlossen ist: Rundwanderwege sind rot markiert und numeriert, der Hauptwanderweg ist durch grüne Dreiecke gekennzeichnet.

Markierungsarbeit, Anlage von Steigen, Bau und Unterhalt von Schutzhütten sind freiwillig übernommene Aufgaben des Bayerischen Wald-Vereins – ebenso wie die Pflege von Heimat, Volkstum, Landschafts- und Naturschutz – Vorhaben, die man unterstützen sollte!

4.
Unsere Skizzen wurden mit Bedacht maßstäblich angelegt, doch wird man mit ihnen allein nicht immer zurechtkommen. Deshalb sei auch noch die Topographische Karte 1 : 50000 des Bayerischen Landesvermessungsamtes empfohlen. Sie ist ganz ausgezeichnet, wenn auch einige der zuletzt angelegten Forststraßen noch nicht verzeichnet sind. Wir halten es – zumindest bei den größeren Wanderungen – für unerläßlich, die im Text angegebene Karte mitzuführen und vorher genau anzuschauen. Dazu gehört auch ein kleiner Kompaß, um im tiefen Wald oder bei Nebel besser zurechtzukommen.

Von den Topographischen Karten gibt es auch Ausgaben 1 : 25000, die natürlich viel mehr aussagen. Aber sie haben den großen Nachteil, daß man zu einer einzigen Tour oft zwei und sogar mehr Karten braucht.

Als Übersichtskarte gut geeignet ist Fritsch's Wanderkarte 1 : 100000 mit eingetragenen Markierungen (wenn auch im Gelände manchmal stark verblaßt oder mit kleinen Abweichungen). Für die Anfahrt mit dem Auto empfehlen wir die hervorragende „Deutsche Generalkarte" 1 : 200000, Blatt 20 (Mairs Geographischer Verlag, Stuttgart / an Shell-Stationen erhältlich!).

Änderungen im Wege- und Straßen-(Forststraßen) System können sich in den folgenden Jahren durchaus ergeben, wenn die heute (1969/Herbst) aktuellen National- und Naturpark-Planungen durchgeführt werden.

Über die teils leichten, teils schwierigen bis extrem schwierigen Kletterrouten im Urgestein des ganzen Bayerwaldes gibt es einen ausgezeichneten, vorerst im Selbstverlag erscheinenden „Kletterführer" von Hermann Froidl, einem jetzt in München lebenden „Waldler" reinsten Wassers. Anschrift durch den Verlag bzw. die Autoren.

5.
Alle Wanderungen dieses Buches sind mit Kindern ab 8, 10 oder 12 Jahren durchführbar. Das richtet sich nach der Länge der Tour und vor allem nach der Gehtüchtigkeit der Kinder. Stadtkinder, die wenig laufen, die Turnstunden nicht lieben und nicht „gliederschlau" sind wie jene Kinder, die in der Natur aufwachsen, sollte man langsam zum Wandern bekehren, also mit kleineren Touren anfangen. Das Tempo richtet sich nach dem schwächsten Teilnehmer, aber man sorge dafür, daß a) langsam gestartet wird, daß b) nicht immerfort Rastpausen eingelegt werden, sondern nur einige große Rasten.

Es versteht sich von selbst, daß man die richtige Ausrüstung mit sich führt, das heißt jene, die auch einen Wetterumschlag einkalkuliert. Gute feste Wanderschuhe, die man eingelaufen hat, sind so unerläßlich wie ein leichter, aber dichter Anorak, ein Pullover, Handschuhe (im Herbst) und auch etwas Proviant. Wasser gibt es im ganzen Bayerwald genug, man muß es nur aufzufinden wissen.

6.
Eine wichtige Warnung: mehrere unserer Wanderungen bewegen sich in der Nähe der tschechischen Staatsgrenze. Man achte auf unsere Beschreibung des richtigen Weges, achte auf die Markierung, gehe in keinem Falle „querfeldein". Es könnte üble Folgen haben. – Auch im Bayerwald gibt es hier und dort versteckte oder durch feuchtes Moos und Farnbüsche kaschierte, zuweilen glitschige Felsabbrüche. Dies vor allem im Kamm- und Gipfelbereich. Es gibt auch stark verfilztes Jungwalddickicht oder nahezu undurchdringliche Schneebruch- und Windwurfzonen, dazu des öfteren auch sumpfige und moorige Stellen. Man bleibe deshalb am Wege!

7.
Unser dringendstes Anliegen: da der Bayerwald immer noch eine Oase der Stille, also auch eine Region der Waldtiere darstellt, verhalte man sich stets ruhig. Man störe kein Tier und keine Mitmenschen durch Geschrei oder Jodler! Man quere auch nicht pfadlos blühende Sommerwiesen, man respektiere den Privatbesitz, man rauche niemals im Waldbereich, man halte jeden Rastplatz mit Ehrgeiz so sauber, wie man ihn selber anzutreffen wünscht. Deshalb lasse man niemals „Leergut" liegen!

Zeichenerklärung

	Unsere Wanderroute auf ... (siehe links)	Mögliche Variante
Straße		
Weg		
Pfad		
Weglos		

- Parkmöglichkeit
- Fahrverbot
- Eisenbahn
- Bahnhof
- Staatsgrenze
- Umzäunung
- Damm / Wall
- Ski- od. Sessellift

- Stadt / größerer Ort
- Ort mit Gasthaus
- Ort ohne Gasthaus
- Gasthaus
- Einzelnes Haus
- Forsthaus
- Sendeturm
- Aussichtsturm

- Kirche
- Kapelle
- Sehenswerte Kirche
- Feldkreuz
- Ruine
- Burg / Schloß
- Sehenswerte Burg
- Aussichtspunkt
- 946 Gipfel / Kuppe (Höhe)
- 532 Höhenangabe
- Paß / Sattel
- Brücke (Fluß / Bach)
- Schwimmbad

- See / Weiher
- Laubwald
- Nadelwald
- Waldrand
- Wiederaufforstung
- Besonders schöne alte Bäume
- Felsen
- Felsabbruch
- Steinbruch
- Geröll / Blockhalde
- Bus nur werktags
- Bus täglich

Abkürzungen:

AP/EP = Ausgangs- und Endpunkt
B 85 = Bundesstraße (Nummer)
bew. = bewirtschaftet
BWV = Bayer. Wald-Verein

DJH = Jugendherberge
ganzj. = ganzjährig
HU = Höhenunterschied (Summe)

Mark. = Markierung
P = Parkmöglichkeit
P. 643 = Punkt 643 m (der Karte)
S & S = Verlag Schnell & Steiner
Std. = Stunden

TVN = Touristen-Verein „Die Naturfreunde"
WW = Wegweiser
N = Norden / nördlich (entsprechend die anderen Richtungen)

Fotonachweis:

Wilkin Spitta, Burgweinting	1, 4, 8, 9, 13, 18, 67, 70, 71, 76
Ernst Tremel, Regensburg	2, 3, 6, 37, 39, 54, 64, 69
Werner Heiss, München	5, 11, 16, 19, 20, 21, 22, 23, 24, 25, 26, 27, 28, 29, 30, 55, 56, 57, 58, 61, 66, 75
Max Kirnberger, Straubing	7, 12, 14, 17
Foto Molodovsky, Prien	10, 36, 62 rechts, 63, 68, 82
Foto Lindenberger, Künzelsau	15
Walther Zeitler, Regensburg	31, 40
Wolf-Jürgen Winkler, Frankfurt	32, 34, 41, 44, 45, 46, 47, 49, 51, 59, 65, 73, 77, 78, 81
Foto Feuerpfeil, Ebersdorf	33, 35
Heinrich Quadt, Siegburg	38
Werner Neumeister, München	42, 60
Foto Löwenhag, Bischofsreut	43, 48, 72, 80
Friedrich Herzinger, Freyung	50, 53
Foto Kohlbauer, Pfronten	52
Foto Maier, Regen	62 links
Bayer. Flugdienst Bertram, München	74
Foto Dünnbier, Hauzenberg	79

Für die Flugfotos liegen Freigabevermerke vor

UNSERE WANDERUNGEN

Tour		Seite
1	**Quer durch Regensburg – Weltstadt außer Dienst** Stadtrundgang zwischen Dom, Donau und 2000 Jahren	6
2	**Keltische Hochstraße und Gambachtal** Mit Mozart unterwegs im westlichen Vorwald	9
3	**Im Regenknie bei Marienthal** Hirschling – Hohenstein – Stockenfels – Regenufer	10
4	**Regentalklöster, Wälder, Wiesen und kugelrunde Blöcke** Zwischen Reichenbach, Walderbach und Perlbach	13
5	**Über die Hohe Linie zur Walhalla** Im Westzipfel des Bayerwaldes	14
6	**Ellbachtal und Otterbachtal** Zwei idyllische Bachtäler im Vorwald	17
7	**Durch den Fürstlichen Thiergarten** Bach – Aschenbrennermarter – Scheuchenberg	18
8	**Auf und ab im Wörther Forst** Wellerbachtal – Weihern – Schmalzgrub – Perlbachtal	21
9	**Über eine Asam-Kirche in die „Hölle" und retour** Frauenzell – Ruine Brennberg – „Hölle" – Höllbachtal	22
10	**Im Vorwald um die Burg Falkenstein** Die große Vielfalt im Kleinen	25
11	**Straubinger Umwege zum Büscherl** Falkenfels – St. Johann – Saulburg – Kragenmühle	26
12	**Straubinger Türme und eine Donauschleife** Stadtrundgang zwischen Gäuboden und Wald	29
13	**Zwischen Bogenberg und Oberalteich** Vorposten des Donaukammes	30
14	**Von Windberg: Hügel, Strom und Waldgebirg** Mittelalter und Rokoko, hoch überm Land	33
15	**Regenschleifen zwischen Chammünster und Chamerau** Im „böhmischen Wind", wo der Wald aufhört	34
16	**Zum Haidstein – Rundgang von Runding** Zwischen Chamer Becken und Weißem Regen	37
17	**Die große Chamer Runde** Chammünster – Lamberg – Haidstein – Blaubergsee	38
18	**Schöne Umwege zum Hohen Bogen** Aus der Further Senke auf den Burgstall	41
19	**Von Rimbach über den Hohen Bogen** Am nördlichsten Bayerwaldgipfel: 10 Kuppen – 1 Kamm	42
20	**Zu den Stauseen am Schwarzen Regen** Höllenstein- und Blaibachersee	45
21	**Vor der Haustüre von Viechtach** Kleiner Pfahl, Großer Pfahl, Distelberg und Diverses	46

Tour		Seite
22	**Zwischen Schwarzem Regen und Zellertal** Viechtach – Neunußberg – Brennersried – Kronberg	49
23	**Eine Regenschleife hinter Teisnach** Teisnach – Gumpenried – Schloßberg – Kuhberg	50
24	**Abseits – zwischen Regenschlucht und Zellertal** Böbrach – Wolfgangkapelle – Sternknöckel – Harlachberg	53
25	**Zum Kreuzfelsen des Kaitersberg** 999 Meter hoch am Kötztinger Hausberg	54
26	**Über den Kaitersbergkamm** Kreuzfelsen – Rauchröhren – Riedelstein – Hohenwarth	57
27	**Am Waldkamm Mühlriegel – Schwarzeck** Von Schareben in stille Wald- und Beerenwildnis	58
28	**Vier Waldtäler und der Kleine Arber** Vom Lamer Winkel über Heugstatt und Enzian	61
29	**Von Eisenstein zum Großen Arber** über Kleinen und Großen Arbersee	62
30	**Türme und Grate am Osser** Über Lohberg hinauf, über die Stierwies herunter	65
31	**Stille Wanderschaft am Zwercheck** Sommerau – Zwercheck – Kl. Arbersee – Sollerbachtal	66
32	**Großer Arbersee – Seewand – Gipfelfelsen** Naturgeheimnis und Menschenverkehr	69
33	**Hochzellberg – Großer Arber – Riesloch** Der schönste Arberweg von Bodenmais	70
34	**Riesloch, Arberhochstraße und Silberberg** Rundgang über Bodenmais	73
35	**Von Zwiesel über den Hennenkobel** Blick über die großen Bayerwaldberge	74
36	**Eisenstein – Zwiesler Waldhaus und retour** Drei Urwälder und fünf Stunden im kühlen Schatten	77
37	**Die Kleine Falkenstein-Runde** und der Rukowitz-Schachten	78
38	**Die Große Falkenstein-Runde** Mit Höllbachgspreng, Schwellsteig und Schillerweg	81
39	**Forstwelten zwischen Falkenstein und Rachel** Am Hauptwanderweg – oder über die Hochschachten	82
40	**Am stillsten Ende der Welt** Von Buchenau über die Hochschachten	85
41	**Große Rundtour: Frauenau – Rachel – Spiegelau** Am zweithöchsten Bayerwaldberg, in aller Stille	86
42	**Bezaubernd und bequem: die kleine Rachel-Tour** Diensthütte – Rachelsee – Gipfelgneis ... und retour	89

Tour		Seite
43	**Vom Lusen zum Rachel** Ein großer Tag im mächtigsten Bayerwald	90
44	**Von Waldhäuser zum Lusen** Himmelsleiter, Teufelsloch und Martinsklause	93
45	**Aus der Schönau auf den Lusen** Neuschönau – Sagwassertal – Lusen – Knottenbach	94
46	**Drei stille Wege zum Lusen** Finsterau · Reschwassertal · über die Klausen	97
47	**Zu den Klausen rings um Finsterau** Einsame Tagestour für passionierte Waldläufer	98
48	**Wassersorgen im Tal der Großen Ohe** Spiegelau – Steinklamm – Großarmschlager Stausee	101
49	**Mauth – Almberg – Schlichtenberger Forst** Einsame Wanderschaft im hintersten Wald	102
50	**Nach Leopoldsreut – totes Dorf am Goldenen Steig** Hobelsberg – Bischofsreut – Leopoldsreut – Haidel	105
51	**Wald und Wiese am „Eisernen Vorhang"** Bischofsreut – Haidmühle – Weberaubachklause	106
52	**Von Haidmühle auf Hochstein und Dreisesselfels** Über Kreuzbachklause hinauf – über Frauenberg zurück	109
53	**Auf den Spuren Adalbert Stifters** Dreisessel – Steinernes Meer – Rosenbergergut	110
54	**Lange Wege über Kreuzhaus, Hadriwa und Birkenberg** Versteckte Welt zwischen Konzell und Steinburg	113
55	**Von Rattenberg zum Pröller** Auftakt am Südlichen Hauptwanderweg	114
56	**Von St. Englmar zum Pröller** Kirchensteig – Ahornwies – Markbuchen	117
57	**Schaukanzeln um St. Englmar** Kleine oder Große Runde ab Hintersollach	118
58	**Kammwege zum Hirschenstein** Markbuchen – Predigtstuhl – Ödwies – Hirschenstein	121
59	**Von Kalteck zum Hirschenstein** ... aber über den Rauhen Kulm zurück	122
60	**Von Gotteszell zum Vogelsang und Kalteck** Zwischen Graflinger und Kaltecker Sattel	125
61	**Von Gotteszell zur Oberbreitenau** Zum höchsten Bergstock im Donaukamm	126
62	**Forstweiten, Granitriegel und ein Weltenende** Umgänge zwischen Bischofsmais und Oberbreitenau	129
63	**Große Regen-Tour bei Sonne** Stadt Regen – Pfahl – Zwiesel ... am Schwarzen Regen	130
64	**Die Ritterburg auf dem Quarzriff** Von Regen auf die Ruine Weißenstein	133

Tour		Seite
65	**Wer viel geht, fährt gut – sagen die Deggendorfer** Deggendorfer Lieblingswege von der Ruselstraße	134
66	**Auf die Deggendorfer Hausberge** Sauloch – Dreitannenriegel – Ulrichsberg	137
67	**Grüne Umwege nach Schloß Egg und Kloster Metten** Über die letzten Ausläufer der Donauhöhen	138
68	**Niederalteich und Donauwasser** Eine christliche Urzelle, Fähre und Damm	141
69	**Droben im Lallinger Winkel** Obstwälder unter Durchfurther Schuß und Rusel	142
70	**Über den Bichlstein zum Brotjacklriegel** Rohrstetten – Oberaign – Sonnenwald – Hunding	145
71	**Von hinten herum auf den Brotjacklriegel** Hoch droben – am Rande der Ebene	146
72	**Wege zwischen Brotjacklriegel und Saldenburg** Der Hauptwanderweg – und eine stille Variante	149
73	**Zwischen Saldenburg und Rothauersee** Abseits von Tittling und Autostraßen	150
74	**Rundlauf im Dreiburgenland** Saldenburg – Schloß Fürstenstein – Englburg	153
75	**Von Tittling ins Ilztal – mit den Wassern nach Kalteneck** ... und mit der Eisenbahn zurück	154
76	**Durch die Buchberger Leite** Die Wildbachklamm zwischen Freyung und Ringelai	157
77	**Durch die Saußbachklamm** Ein Naturschutzgebiet bei Waldkirchen	158
78	**Von Hauzenberg zur Oberlichtenau am Steinberg** Zwischen Granitwürfeln und Wiesenbuckeln	161
79	**Vom Freudensee nach Oberfrauenwald** Waldbuckel, Wiesentafeln und große Aussichten	162
80	**Am „Jägersteig" über der Obernzeller Donau** Im südöstlichsten Zipfel des Bayerwaldes	165
81	**Erlautal, König-Max-Höhe und große Donauwasser** Wanderschaft zwischen Passau und Obernzell	166
82	**Die Weltstadt Passau und ihr Ilztal** Passau – Ries – Ilztal – ... und drei Flüsse	169
83	**Der Nördliche Hauptwanderweg – in einem Zuge** Die große 7-Tage-Wanderung über den Grenzkamm	170
84	**Der Südliche Hauptwanderweg – in einem Zuge** Die große 5-Tage-Wanderung über die Donauhöhen	173
NB	**Guter Rat ist nicht teuer** Hinweise und Ratschläge für den Wanderer	174
NB	**Was die Zeichen uns sagen** Zeichenerklärung, Abkürzungen, Fotonachweis	175